Bravo-Villasante
Weltgeschichte der Kinder- und Jugendliteratur

Carmen Bravo-Villasante

Weltgeschichte der Kinder-und Jugendliteratur

Versuch einer Gesamtdarstellung

HERMANN SCHROEDEL VERLAG KG

Hannover · Dortmund · Darmstadt · Berlin · München

Das Kapitel »Arabische Länder« wurde geschrieben von Carmen Ruiz-Bravo.
Übersetzung des Gesamt-Manuskripts: Dr. Hiltrud Minwegen.

CIP-Kurztitelaufnahme der Deutschen Bibliothek

Bravo-Villasante, Carmen
Weltgeschichte der Kinder- und Jugendliteratur: Versuch e. Gesamtdarst. / [d. Kapitel
»Arabische Länder« wurde geschrieben von Carmen Ruiz-Bravo].
Hannover, Dortmund, Darmstadt, Berlin, München: Schroedel, 1977.

ISBN 3-507-38000-5

Deutsche Original-Ausgabe unter Benutzung der Werke *Historia de la literatura infantil
universal, Historia de la literatura infantil española* und *Historia y antologia de la literatura
iberoamericana* von C. Bravo-Villasante

Copyright by C. Bravo-Villasante, Madrid

© Deutsche Ausgabe 1977 by Hermann Schroedel Verlag KG, Hannover

Gestaltung des Schutzumschlages Michael Neugebauer

Gesamtherstellung: Konkordia GmbH für Druck und Verlag, 7580 Bühl/Baden

Inhaltsverzeichnis

Die Romantik und ihr Einfluß auf die Kinderliteratur — Die »Bibliothèque rose«
und die Comtesse de Ségur

Jules Verne und die Zukunftsromane — Der vorübergehende Glaube an die
Leistung der Wissenschaft

Abenteuerbücher — Der sentimentale Roman und die »Unglücklichen Kinder« —
Moderne Schriftsteller

Neue Autoren und neue Strömungen in der Kinderliteratur des 20. Jahrhunderts

Vorwort

Der Gedanke, eine »Weltgeschichte der Kinder- und Jugendliteratur« zu veröffentlichen, ergab sich aus der Beschäftigung mit dem überaus reichen literarischen Material, das einer Ordnung und theoretischen Erklärung harrte. In einigen Ländern, so in den deutschsprachigen, lagen bereits ausgezeichnete nationale Übersichten und wertvolle Versuche vor, die Kinderliteratur der gesamten Welt darzustellen. In Spanien führten mich meine Essays über die »Geschichte der spanischen Kinderliteratur« und die »Geschichte und Anthologie der südamerikanischen Kinderliteratur« zu einer umfassenderen Beschäftigung mit der Kinder- und Jugendliteratur in aller Welt.

Dabei untersuchte ich bisher die Situation in Deutschland, Österreich, Frankreich, Dänemark, Tschechoslowakei, Spanien, England, Italien, Polen, Portugal, Rumänien, Rußland, Schweden, Schweiz, Ungarn, Jugoslawien, Nordamerika, Argentinien, Brasilien, Kolumbien, Kuba, Chile, Guatemala, Dominikanische Republik, Puerto Rico, El Salvador, Mexiko, Nicaragua, Panama, Paraguay, Venezuela, Indien, China, Japan, Philippinen.

Besonderen Wert legte ich auf die verschiedenartigen Perspektiven dieser Länder sowie das Studium ihrer neueren Bücher und Strömungen. Bei dem jetzigen Versuch einer »Weltgeschichte der Kinder- und Jugendliteratur« habe ich, wo immer es möglich war, versucht, das Schrifttum der verschiedenen Länder miteinander zu vergleichen. Dabei habe ich überraschende Ähnlichkeiten und Unterschiede entdeckt. Als Beispiel seien die Verwandtschaft zwischen »Aleluyas«, »Bilderbogen« und den »Images d'Epinal« und zwischen »Kinderreimen«, »Rimas infantiles«, »Nursery rhymes« und »Filastrocche« angeführt. Figuren und Themen zeigen ebenfalls Ähnlichkeiten und Varianten: das gute und das böse Kind, die verkehrte Welt, Feen und Menschenfresser, die Robinsonaden und Berquinaden. Ähnliches gilt für die textbegleitende Kunst der Illustration – Flugblatt, Holzschnitt und Stahlstich, Aquarelle und Zeichnungen –, in denen sich die Stimmungen jeder Epoche spiegeln.

Im einzelnen bin ich der Übersichtlichkeit wegen chronologisch vorgegangen. Innerhalb des historischen Rahmens habe ich dann die bedeutendsten Autoren und Bücher, gleichsam als Höhepunkte, hervorgehoben. Selbst einige Autoren, die heute nicht mehr geschätzt werden und deren Werk von geringerem literarischen Wert ist, habe ich aufgenommen, sofern sie in ihrer Zeit großen Einfluß hatten.

Den Ausschlag hat jeweils das historische Kriterium gegeben, das aber vom heutigen Standpunkt aus überprüft wurde. So wurden die literarischen Strömungen untersucht und gleichzeitig die einzelnen Persönlichkeiten analysiert; denn die Persönlichkeit des schöpferischen Menschen überlebt die allgemeine Strömung seiner Zeit. Das ist bei Kinderschriftstellern nicht anders als bei Autoren, die sich an Erwachsene wenden. Denn sie haben ebensoviel Talent wie diese. Niemals glaubte man, es sei schwieriger, ein Heldengedicht zu schreiben als einen Roman. Warum sollte es dann leichter sein, für Kinder zu schreiben als für Erwachsene? Im Gegenteil. Manchmal ist es schwerer, für Kinder und Jugendliche zu schreiben. Jedenfalls bedarf es dazu einer besonderen Begabung.

Daher kann man die Klassiker der Kinderliteratur mit dem gleichen Maß messen wie die traditionellen Klassiker, und ein Kinderreim kann ebenso anmutig sein wie ein vollendetes Sonett. Kinder- und Jugendliteratur stellen deshalb nicht nur den hauptsächlichen Lesestoff für das erste Viertel der menschlichen Lebenszeit dar, sie haben auch ihre eigenen Meisterwerke hervorgebracht und allgemeine kulturelle Strömungen wesentlich beeinflußt.

Neben solchen generellen Überlegungen hat mich aber auch das Fehlen eines orientierenden Leitfadens zu meiner zusammenfassenden Darstellung dieser so verschiedenartigen und reichen Materie veranlaßt. Sie will ihre Leser dazu anregen, selbst Entdeckungen auf diesem so weiten Feld der Literatur zu machen. Leser wünsche ich mir aber auch aus jenem Kreis, der vor allem nach Büchern sucht, die für die Schulen und zur häuslichen Lektüre geeignet sind: unter den Lehrern und den Kindern selbst, die sich für »ihre« Literatur begeistern.

Interessiert an Kinder- und Jugendliteratur sind heute indessen auch Psychologen, Soziologen, Ärzte, Künstler und selbst Philosophen. Doch haben Worte, die Benedetto Croce einst aussprach, nun keine Geltung mehr. Als der italienische Philosoph im Namen der »reinen Kunst« behauptete, Literatur für Kinder könne niemals wahre Kunst sein, begründete er das damit, daß es in Kinderbüchern immer auch nichtästhetische Elemente gebe. Heute, da man soviel von sozialer und engagierter Literatur spricht, beschäftigt man sich auch mit dem, was in früheren Zeiten eine mindere, manchmal sogar verachtete Gattung war. So wurde die Kinderliteratur plötzlich »entdeckt«. Wie alle Literatur kann man sie nicht von den Bedingtheiten der Zeit, der Gesellschaft und selbst des Einzelnen, an den sie sich richtet, ablösen. Doch das gehört bereits zur Geschichte der Polemik, die sich an der Kinderliteratur entzündet hat.

In meinem Buch wird der Leser manche Lücke bemerken. Das ist nur natürlich; denn die Kinderliteratur der Welt ist noch im Prozeß der Entwicklung. So gibt es zum Beispiel im Senegal erst seit drei Jahren eine eigene Kinderliteratur, im Iran erst seit zehn Jahren; ähnlich steht es in Tunesien und Kenia. Wenn die Kinderliteratur jedoch in verschiedenen anderen Entwicklungsländern einen ähnlich starken Aufschwung nimmt, wird sich das Gesamtbild rasch vervollständigen. Die Publikation neuer Teilstudien über Kinderliteratur und systematische Übersichten werden in Zukunft eine noch umfassendere Gesamtschau möglich machen.

Ich sehe als Autorin dieses Buches also durchaus die Grenzen meiner Arbeit, an deren Stelle mehrere Spezialisten eine Geschichte der Kinder- und Jugendliteratur hätten schreiben können. Aber ich ziehe ein Buch vor, das von *einer* Person geschrieben wurde und daher auch nur einem einzigen Wertkriterium unterliegt. Schon viele Literaturgeschichten wurden von einem einzigen Autor geschrieben, und das Ergebnis war eine eingängigere und stärker zusammenhängende Darstellung, die vom Stil einer Persönlichkeit und deren individuellem Geschmack geprägt war.

Vor allem aber wollte ich nicht nur ein nützliches Buch schreiben, sondern eine lebendige, den Leser anziehende Darstellung. Sie könnte in späteren Auflagen noch bereichert werden, da ja die Kinderliteratur auf der ganzen Welt immer reicher wird. Dann könnte auch die Literatur der Zeit nach 1965 vollständiger einbezogen werden als mir das beim Entstehen des Buches zu tun möglich war. Ohnehin ist abzuwarten, was von ihr dauernde Bedeutung behalten wird.

Am Ende meiner Arbeit muß ich gestehen, daß ihr Abenteuer des Suchens und Findens ermüdend war und daß ich davon mindestens so ermattet zurückkehre wie von meinen wirklichen Reisen in viele der Länder, denen meine Studien galten. Diese Besuche verhalfen mir zu einer unmittelbaren Bekanntschaft mit den fremden Literaturen. Sie vertieften auch meine Leidenschaft als Sammlerin bibliophiler Ausgaben. Das Beste aber, was ich davon nach Hause brachte, war die Freundschaft mit denen, die sich für Kinderliteratur interessieren, mit Menschen in der ganzen Welt. Viele Gespräche habe ich mit ihnen geführt – auch fruchtbare *Streit*gespräche. Ich habe mit ihnen brieflich und durch den Austausch von Büchern verkehrt.

Der größte Teil meiner Freunde ist in Einrichtungen für Kinderliteratur tätig, die wiederum miteinander Verbindung haben. Andere sind Schriftsteller und Künstler; die Mehrzahl von ihnen möchte zueinander ständige Beziehungen unterhalten.

Mein größter Wunsch wäre es, daß in allen Ländern Studien-Bibliotheken eingerichtet würden wie die Internationale Jugend-Bibliothek in München, deren Direktor, Walter Scherf, ich für Hilfe und vielfache Unterstützung danke.

Danken möchte ich auch dem Hermann Schroedel Verlag für seine unermüdliche und stets hilfreiche Mitarbeit. Durch sie hat er die Herausgabe dieses Buches ermöglicht, das in der vorliegenden Form für ihn zusammengestellt und teilweise neu geschrieben wurde.

Arrieta 14   Carmen Bravo-Villasante
Madrid 13, Spanien

Kinderbücher wie Alice in Wonderland oder der Struwwelpeter, vor denen die Frage nach Fortschritt und Reaktion lächerlich wäre, enthalten unvergleichlich beredtere Chiffren selbst der Geschichte als die mit der offiziellen Thematik von tragischer Schuld, Wende der Zeiten, Weltlauf und Individuum befaßte Großdramatik Hebbels. . .
Theodor W. Adorno, Minima Moralia

Norwegen

Während vieler Jahrhunderte sorgte eine reiche mündliche Überlieferung an nordischen Sagen für die Unterhaltung von Kindern und Erwachsenen. Nach der Befreiung von dänischem Einfluß – Norwegen trennte sich 1814 von Dänemark – halfen Sagen und Volksmärchen, das erwachte Nationalgefühl zu stärken und die eigenen norwegischen Werte zu festigen. *Peter Christen Asbjörnsen* (1812–1885) und *Jörgen Moe* (1813–1882), die Schüler der Brüder Grimm waren, veröffentlichten eine Sammlung von norwegischen Erzählungen, die neben ihrer folkloristischen und philologischen Bedeutung großen literarischen Wert hat. Der erste Band der »Kindergeschichten« erschien 1850; von da an folgten einander die Neuauflagen; es wurde zum beliebtesten Buch der norwegischen Kinder.

Zur selben Zeit schrieb einer der größten Dichter Norwegens, *Henrik Wergeland* (1808–1845), Gedichte für Kinder. Sein Buch mit dem Titel »Vinterblommer barnekammeret« (Winterblumen im Kinderzimmer) enthält neben eigenen Gedichten einige Übersetzungen aus »Des Knaben Wunderhorn«. *Jörgen Moe* veröffentlichte in seinem Buch »Im Brunnen und am kleinen See« Kindergedichte.

Um 1870 wurden auch Kinderzeitungen herausgegeben; man übersetzte vieles von Dickens, Hector Malot, Marryat, Swift und anderen Klassikern der europäischen und nordamerikanischen Literatur. Ebenfalls erschienen gut illustrierte Bilderbücher und Sammlungen mit Kindergedichten für die Kleinsten. Das berühmteste Bilderbuch war »Norsk billedbok för barn« (Norwegisches Bilderbuch für Kinder) von *Elling Holst* (1849–1915), das von Eivind Nielsen (1864–1939) illustriert worden war. Sehr geschätzt wurden auch die Bücher des Illustrators Louis Moe (1859–1946). Gegen Ende des 19. Jahrhunderts erlebte die norwegische Literatur eine große Blütezeit. In der Erwachsenenliteratur ragten Ibsen und Björnstjerne Björnson hervor, die durch ihre Hochschätzung der Natur und der Wahrheit alle Schriftsteller und zum Teil auch die Kinderliteratur beeinflußten.

Nordahl Rolfsen gab eine »Illustrierte Times für Kinder« heraus, an der die bedeutendsten Schriftsteller mitarbeiteten. *Per Sivle* schrieb 1887 »Sogor«, ein Buch autobiographischen Charakters, in dem er das Leben auf dem Lande beschreibt. Auch *Rasmus Löland* schilderte in seinen Büchern die ländliche Umgebung, klagte aber zugleich die damaligen Erziehungsmethoden an. *Dikken Zwilmeyer* (1853–1913) schrieb Geschichten von der Küste Südnorwegens für Jungen und Mädchen, die psychologisch gut aufgebaut sind. Die verbreitetsten heißen »Inger Johanne« und

»Anniken Prestgaren«. *Bernt Lie* (1868–1906) beschrieb das Leben der Schüler in den kleinen Dörfern der arktischen Küste.

Hans Aanrud (1865–1953) gab eine realistische Beschreibung von dem Leben der Kinder, die auf den Bauernhöfen arbeiten mußten, und von den Hirten in den Bergen in »Sidsel Langröckchen«. *Gabriel Scott* (1874–1958) beschreibt in »Dutch Jonas« das Leben der Matrosen, *Halvor Floden* (1885–1956) stellt die psychologischen Probleme Jugendlicher in seinen Romanen »Frik med Fela« (Frik mit der Fiedel) und »Kari Trestakk« (Kari Wollrock) dar. Hinzuweisen ist auch auf die Bücher von *Marie Hamsun* (1882), der Gattin von Knut Hamsun, über die »Langerudkinder«.

Nach 1920 begann man, obwohl norwegische Kinder sehr gut Bücher in Dänisch und Schwedisch lesen konnten, dänische und schwedische wie auch englische und nordamerikanische Autoren ins Norwegische zu übersetzen. In dieser Zeit bildeten sich als eigene literarische Gattung die Biographie, das historische und das geographische Buch heraus, so von *Odd Brochman* (1894) »Et eventyr om Norge« (Ein Märchen über Norwegen) und von *Bernhard Stokke* (1896) »Bjorneklo«.

Nach dem zweiten Weltkrieg wurde Norwegen von einer Serie von Comics aus den angelsächsischen Ländern überflutet. Die nationale Buchproduktion sank.

In den letzten Jahren ragt das Werk von *Thorbjörn Egner* (1912) hervor, der humoristische Geschichten schreibt, illustriert und vertont. Sein berühmtestes Buch ist »Folk og rovere i Kardemomme« (dt. 1959: Die Räuber von Kardemomme). *Anne Cath Vestly* (1920) muß wegen ihrer Erzählungen über das Leben der Familie erwähnt werden, ebenso *Johanna Bugge Olsen,* die »Stary Dog« (1963) schrieb, und *Babbis Friis,* die 1964 »Kerstii« veröffentlichte.

Von 1948 an verleiht das Erziehungsministerium jährlich Preise für die besten Kinderbücher und seit 1957 auch für die besten Illustratoren.

Bibliographie

Feydt, Astrid: Norwegian books for children. Junior bookshelf, 5/1954.
Hagemann, Sonia: Barnelitteraturen i Norge inntil 1850. Oslo 1965.
Sletvold, Sverre: Barna og litteraturen; en analyse av utviklingen av litteraer vurdering hos norske solebarn. Oslo 1958.
Tenfjord, Jo: Children's Book in Norway. The Junior Bookshelf, 1/1962.

Schweden

Carl Gustav Tessin – Zacharias Topelius und seine Bücher: »Kinderlektüren« – Das Werk der Pädagogen

Die schwedische Kinderliteratur ist in ihren Ursprüngen sehr von der französischen und deutschen beeinflußt. Übersetzungen gab es viele. Die gesprochene Literatur wurde jedoch durch folkloristische Erzählungen und die phantastischen, außergewöhnlichen nordischen Sagen bereichert. Man kann nicht entscheiden, ob zwei Strömungen sich kreuzen oder parallel laufen: die des gedruckten, prächtig ausgestalteten Buches und die mehr malerische der nationalen Folklore.

Um 1751 schrieb *Carl Gustav Tessin* ein Buch in Briefform. Diese Briefe waren an den fünfjährigen Prinzen Gustav III. gerichtet, dessen Hofmeister der Autor war. Er nannte sein Buch »Briefe eines Alten an einen jungen Prinzen«. Die Briefe enthielten Fabeln, Märchen und Betrachtungen. Sie bedeuten den ersten Schritt zu einer Kinderliteratur, die unterhalten und belehren wollte. Tessin war ein sehr gebildeter Mann. Er war Botschafter in Paris gewesen und besaß eine reiche Büchersammlung, die den Grundstock für die Schwedische National-Bibliothek bildete.

Ende des 19. Jahrhunderts gab es mehrere Kinderzeitungen, die von C. Chr. Gjörwell, dem Bibliothekar der Königlichen Bibliothek, herausgegeben wurden. Die bedeutendste war das 1777 erschienene »Magazin För Svenska Ungdomen«. Die Zeitungen enthielten Übersetzungen aus den deutschen Büchern von Weisse und Campe, besonders Versionen des »Robinson«, und einige kleine französische Theaterstücke. Große Verbreitung fanden die Werke von Madame Leprince de Beaumont und Madame de Genlis, die beide in ganz Europa berühmt waren.

Zwei schwedische Literaturhistoriker geben eine vollständige Übersicht über die Publikationen jener Zeit: *Eva von Zweigbergk* in ihrem ausgezeichneten Buch »Barnboken i Sverige (1750–1950)« und *Göte Klingberg* in »Svensk barn-och ungdomslitteratur«. Nach Klingberg gab es zahlreiche Bibelausgaben und Biblische Geschichten; man gab auch Bücher mit pädagogischen Empfehlungen in der Art der Distichen Cato's heraus, die in allen Ländern in der bekannten Form der Ratschläge eines Vaters an seinen Sohn oder seine Tochter nachgeahmt wurden. Bücher mit moralischen Vorbildern wurden immer zahlreicher, ebenso Bücher mit geographischen und historischen Berichten, auch über Naturgeschichte. Ebenfalls kamen eine Reihe von Büchern mit belehrenden und moralischen Geschichten und Abenteuern auf, deren Vorbild der »Telemach« von Fénelon war.

Mit der Romantik des 19. Jahrhunderts wuchs die Vorliebe für die phantastische Erzählung; neue Publikationen erschienen. Man übersetzte die Erzählungen von E. Th. A. Hoffmann, Ernst Moritz Arndt und de La Motte Fouqué, in denen das Geheimnis und das Wunderbare über das Rationale der Zeit siegten. Die Märchen von Grimm und Andersen fanden bei Kindern und Erwachsenen große Verbreitung. *Henrik Reuterdahl* übersetzte sie 1837 mit dem Titel »Ein Weihnachtsbuch für Kinder« (Jullasning för barn). Reuterdahl war Universitätsbibliothekar in Lund; er regte Autoren an, phantastische Geschichten zu schreiben, denn er war von der Bedeutung der Phantasie für die Entwicklung des kindlichen Geistes überzeugt. *Göte Klingberg* faßt diese Tendenzen in der Kinderliteratur, die von einer neuen Erziehungsidee bestimmt waren, sehr gut zusammen. Er bezieht sich auf die Mode der phantastischen Erzählung, wenn er sagt: »Der Romantiker glaubt, daß der Tag Bewußtsein, Klarheit und Vernunft bedeutet, während die Nacht Instinkt und Gefühl ist. Für ihn ist die Nacht viel bedeutsamer als der Tag. Während der Kindheit bleibt man zwischen Tag und Nacht. Der Erzieher sollte nicht einschreiten, weil die Romantiker nicht das gleiche Interesse an der Erkenntnis hatten wie ihre Vorgänger. Daher wurde auch die moralische Belehrung von ihnen zurückgewiesen, obwohl die Kinderliteratur der Romantiker nicht gegen das Bewußte ist oder die moralische Belehrung zu verhindern sucht. Ihr einziges Ziel war vielmehr, die dunklen (nächtlichen!) Kräfte, die im Kind verborgen sind, zu befreien und Gefühl und Vorstellungskraft anzuregen. Daher auch die Vorliebe für den Mythos und die phantastische Erzählung. Man glaubte, daß Märchen aus der Kinderzeit der Menschheit stammten und daher für Kinder am geeignetsten seien. Da es nicht das Ziel der Kinderliteratur war zu belehren, sahen die Romantiker kein Hindernis für die phantastische Erzählung, obwohl man in ihr Spuren von Aberglauben und einen Mangel an Wahrhaftigkeit finden konnte.« Unter den am häufigsten gelesenen Erzählungen war auch »Tausend und eine Nacht«, das beste Beispiel einer phantastischen Erzählung, in der die Phantasie und das Wunderbare alles andere überragt.

Die große Gestalt jener Zeit ist *Zacharias Topelius* (1818–1898). Er wurde in Finnland geboren und lebte in dem finnländischen Gebiet, in dem man schwedisch sprach. Topelius war ein großer Bewunderer von Andersen und schrieb selbst Märchen, Gedichte und Erzählungen für Kinder. Seine »Kinderlektüren« (Läsning för barn, 1847) umfassen acht Bände. Gewöhnlich kommen in seinen Erzählungen Gestalten der nordisch-heidnischen Mythologie vor, die im Gegensatz zum Christentum stehen, wobei der Autor die heidnischen Elemente auf sehr originelle Weise mit den christlichen konfrontiert. Häufig findet man die Geschichte von Lampos, dem kleinen Lappen, der vom König der Berge gefressen werden soll, weil er nicht getauft ist. Vor dem Hintergrund des Nordlichtes gleiten die Rentiere dahin und geschehen die Wunder. Eine seiner bekanntesten Erzählungen ist die von den »Meerkühen«, die Geschichte der ehrgeizigen Frau eines Fischers, die zuletzt gar nichts mehr hat. Diese Erzählung findet man gleichfalls unter den Volksmärchen anderer Länder. Topelius schrieb auch »Das Buch von der Natur« und »Das Buch über unser Land«, das für Finnen und Schweden beispielhaft war. Sein Buch »Finnland in Zeichnungen«

(1845) beeinflußte die Pädagogik und vielleicht auch »Nils Holgersson« von Selma Lagerlöf. Etwa zur gleichen Zeit lebte die bemerkenswerte Schriftstellerin *Frederika Bremmer*, die mit großem Eifer Kinderbücher anderer Autoren in Schweden bekannt machte. Sie gab kleine übersetzte Bücher heraus und schrieb selbst moralisierende Geschichten. C. A. Wetterberg war ein enger Freund von Topelius. Er gab die Kinderzeitung »Linnea« heraus, die hauptsächlich naturwissenschaftliche Themen behandelte. Seine Beiträge unterzeichnete er mit »Onkel Adam«.

Eva von Zweigbergk führt aus, daß ab 1850 die schwedische Kinderliteratur allen Richtungen offen war und daß die Kinderbücher reich illustriert wurden. Von dieser Zeit an waren nordische Sagen und Wikingergeschichten sehr beliebt; man übersetzte fast alle europäischen und amerikanischen Klassiker, besonders »Robinson« und Indianergeschichten. Gleichzeitig wuchs das lebhafte Interesse der Pädagogen an der Kinderliteratur. Man hielt es für zweckmäßig, die Lesebücher zu verbessern; so wurde das »Lesebuch für die Volksschulen« (Folkskolans läsebok) herausgegeben. 1875 veröffentlichte *Victor Rydberg* eine Weihnachtsgeschichte »Die Abenteuer des kleinen Vigg am Weihnachtstag«; das Buch wurde ein Klassiker der Kinderliteratur. Bemerkenswert ist auch die Beteiligung der Frauen an dieser Bewegung für die Kinderliteratur, vorwiegend der Lehrerinnen. Ihre Bücher sind meist realistisch. Man brauchte Bücher für die Schule, die unterhielten, aber auch eine gesunde Moral hatten. Und die Lehrerin dachte beim Schreiben an ihre Schüler, die Schule und die Ferienzeit. *Laura Fitinghoff* ist hier vor allem zu erwähnen; sie schrieb über Kinder von Nordschweden. Eines ihrer besten Bücher ist »Die Kinder vom Frostmogebirge« 1907 (Barnen ifran Frostmo fjället), eine poetische Geschichte über die Hungerzeit 1860 in dieser Gegend Schwedens.

Ungefähr gegen Ende des Jahrhunderts gründeten die Lehrer eine Vereinigung, die billige Bücher und Kinderzeitungen, die für alle erschwinglich sein sollten, herausgab. Das breite Interesse der Lehrerschaft für die Erziehung des Kindes und die Verbreitung von Kinderliteratur fand hier gemäßen Ausdruck. Die Lehrer *Emil* und *Amanda Hamarlund* gaben die Kinderzeitung »Jultomten« und die Sagensammlung »Barnbiblioteket Saga« heraus, die außerordentlichen Erfolg hatte. An »Jultomten« arbeiteten die besten Schriftsteller und Illustratoren Schwedens mit. In diesen Jahren beauftragten der Erziehungsminister Fridtjuv Berg und Alfred Dalin die oben bereits zitierten vier Schriftsteller, ein Lesebuch für die Volksschulen zu entwerfen. Das Ergebnis war ausgezeichnet. *Selma Lagerlöf* schrieb über die Geographie Schwedens »Nils Holgerssons wunderbare Reise mit den Wildgänsen«. Der Dichter *Verner von Heidenstam*, der historische Erzählungen geschrieben hatte, verfaßte »Die Schweden und ihre Führer«, der Forscher *Sven Hedin* schrieb »Von Pol zu Pol«, ein Buch über allgemeine Geographie. Schließlich schrieb *Anna Maria Roos*, die besonders begabt war für Märchen und Kinderlieder, »Sörgarden« und »I Onnemo«. In drei Bänden, die gut von Brita Ellstrom und Ingeborg Udden illustriert wurden, beschrieb sie das tägliche Leben in Schweden.

Selma Lagerlöf vor allem erreichte Weltruhm; sie gehört zu den Klassikern der Kinderliteratur. Während andere, gleichfalls begabte Schriftsteller nur innerhalb ihrer nationalen Grenzen bekannt sind, erhöht der Ruhm Selma Lagerlöfs die ganze schwedische Kinderliteratur. Ihr Buch über Nils faßt alle Bemühungen eines ganzen Jahrhunderts zusammen, es ist eine vollkommene Erzählung, die man auch den »Quijote der Kinder« genannt hat.

Selma Lagerlöf wurde am 20. November 1858 in Mårbacka (Värmland) geboren. Sie stammte aus einer großen Familie und führte wegen ihrer zarten Konstitution ein ruhiges Leben. Sie las viel und erwarb sich früh eine umfassende Bildung. In ihren Erinnerungen schreibt sie: »Meine Großmutter setzte sich während des Tages auf das Sofa in einer Ecke ihres Zimmers und erzählte uns von morgens bis abends Geschichten. Wir Kinder standen und hörten ihr zu. War das wunderbar! Wenn sie eine Geschichte beendet hatte, legte sie ihre Hand auf meinen Kopf und sagte zu mir: ›Und das ist so wahr, wie ich dich sehe und du mich siehst!‹« Selma war immer wie geblendet durch ihre Lektüre. Für ihren Vater fühlte sie sehr große Dankbarkeit, sie sagte von ihm: »Ich sah niemals einen Menschen, der soviel Liebe für die Dichtung und für die Dichter verspürte.« Ihr Vater gab ihr Werke von Tegnér, Runeberg und Andersen zu lesen. Als junges Mädchen hörte sie eine Prophezeiung, die sich später erfüllte: »Du wirst arbeiten und Bücher schreiben, dich aber nicht verheiraten.« Sehr jung schon schrieb sie Verse und Dramen. Mehrmals verbrachte sie eine längere Zeit bei ihrem Onkel und nahm dort an Gesellschaften und Theateraufführungen teil. Wenn sie dann auf den Landsitz ihrer Eltern zurückkehrte, spielte sie ihren Geschwistern vor, was sie gesehen hatte.

Nachdem sie das Lyceum in Sjöberg besucht hatte, trat sie in das Seminar ein, um Lehrerin zu werden. Sie unterrichtete später an der Schule in Landskrona in der Provinz Skåne. Zum Doktor promovierte sie an der Universität von Uppsala. 1890 veröffentlichte sie die ersten Kapitel von »Gösta Berling« und gewann damit den Preis, den die schwedische Zeitschrift »Ilun« ausgeschrieben hatte. In dieser historischen Erzählung herrscht noch die Freude am nur Dekorativen und am Theatralischen vor, die so oft in der Jugend verführt. Ein Übermaß an modernistischer Ausschmückung füllt die lyrischen Seiten, die eine legendäre mittelalterliche Vergangenheit beschwören und im Gegensatz zu dem vorhergegangenen Naturalismus stehen. 1894 veröffentlichte sie »Unsichtbare Bande« (Osynliga); das Buch hatte so großen Erfolg, daß ihr der König von Schweden eine Pension aussetzte. 1895 gab sie den Lehrberuf auf und widmete sich nur noch der Literatur. Sei reiste nach Italien und ins Heilige Land; nach ihrer Rückkehr veröffentlichte sie »Jerusalem«. Wenig später verlieh ihr die Akademie der Wissenschaften die Goldmedaille. 1906 wurde sie beauftragt, ein Buch für die Volksschule zu schreiben; das war die Geburtsstunde für die »Wunderbare Reise des kleinen Nils Holgersson mit den Wildgänsen«. Vor allem für dieses Buch erhielt sie 1909 den Nobelpreis.

Es handelt sich um eine Geschichte, die die Kinder in der Schule wie ein Erdkundebuch lesen (Kinderliteratur als Lesebuch!). Haben sie das erste Kapitel beendet, fühlen sie sich wie durch die Lüfte davongetragen in einen fröhlichen Frühlingstag

Selma Lagerlöf

hinein; sie überqueren das gewürfelte Leintuch der Felder, die wasserreichen Flüsse, die Baumstämme mitreißen, die Wälder und das Sumpfgebiet Lapplands. Genauso geschah es auch Nils Holgersson auf wunderbare Weise mit vierzehn Jahren, als er seinen Eltern ungehorsam war und nicht am sonntäglichen Gottesdienst teilnehmen wollte. Er lag lässig in einem Sessel, als ein Kobold seine Aufmerksamkeit erregte. Der böse und ungehorsame Junge fing ihn sehr rasch mit einem Schmetterlingsnetz und sperrte ihn in eine große Truhe. Aber schon bald stimmten ihn die Angebote des Kobolds um, und er ließ ihn frei. Wenn er es nur nicht getan hätte! Der Kobold rächte sich. Er selbst verschwand, verzauberte aber Nils in einen Kobold von der Größe einer Faust. Es war am 21. März, in der Natur fing es an zu grünen. Eine Schar Wildgänse überflog in Richtung Norden das Haus. Im Hof schauten die zahmen Gänse voller Sehnsucht nach dem freien und reisefreudigen Leben zum Himmel. Ein weißer Gänserich, Martin, schlägt mit den Flügeln, um sich der Schar anzuschließen. Nils versucht, ihn zu halten, damit er nicht entkommt, aber er wird mit in die Lüfte gehoben. Als Däumling überquert Nils auf dem Rücken des weißen Gänserich schwedisches Land und genießt das Vergnügen, nach den Befehlen der Leitgans Akka zu fliegen. Aus der Höhe sieht er das Ergrünen des Waldes, die Lebensfreude, die mit dem Frühling erwacht, die weiße Blütenpracht der Apfel- und Kirschbäume; er betrachtet auf den großen Seen das Schmelzen des Eises unter den Strahlen der Sonne, die auch die Wolken des nächtlichen Himmels vertreibt und die große Traurigkeit der nordischen Landschaft verbannt.

Auf der Reise sagt Nils von Hälsingland: »Dieses Land ist grün wie ein Blatt, und die Täler verzweigen sich, als seien sie die Nerven dieses Blattes.« Selma Lagerlöf hatte selbst das Land durchfahren und kannte seine unendlichen, tiefen Wälder gut. Von dem Augenblick des Abfluges an verstand Nils die Sprache der Tiere und konnte an ihren Unterhaltungen teilnehmen. Fast gleichzeitig begannen aber auch seine wunderbaren Erlebnisse: das Abenteuer mit dem Fuchs Smirre, der die Gänse fressen

Zeichnung von V. Lybeck aus »Nils Holgersson«

wollte, das Abenteuer mit dem im Käfig eingeschlossenen Eichhörnchen, dem Nils die Jungen zuträgt; der Streit zwischen den schwarzen und den grauen Ratten, die Nils wie ein zweiter Rattenfänger von Hameln rettet, indem er auf der Flöte bläst, das Abenteuer mit den Störchen und der Tanz der Kraniche. Die Autorin sagt: »Es gibt bei Tieren manchmal etwas, das uns zwingt, uns zu fragen, mit welchen Wesen wir es eigentlich zu tun haben? Man kommt sogar auf den Gedanken, daß es möglicherweise verwandelte Menschen sind.« Sie gab sich große Mühe, die Welt der Tiere zu verstehen, ähnlich wie Rudyard Kipling später in seinem »Buch der unberührten Lande« und Walt Disney in seinen Filmen.

Die Kobolde können auch mit Menschen oder Waldgeistern die Gestalt wechseln. Wunderlich mutet die Erscheinung eines Waldgeistes an, »der einen Umhang aus Tannenästen, verziert mit Tannenzapfen, trug; in seiner rechten Hand hielt er eine hölzerne Fackel, die mit hoch flackernder rötlicher Flamme brannte.« Das Erstaunlichste an diesem neuen wunderbaren Leben ist jedoch, daß Nils Gutes tut, ohne sich dessen richtig bewußt zu werden. Die Tapferkeit und Klugheit des Kindes retten seine Freunde, die Tiere, aus Gefahren. Er rettet einen Vogel aus den Klauen einer Füchsin, einen Schafbock, den Füchse verfolgen, und ein altes, erschöpftes sterbendes Pferd. Das unhörbare Stimmchen des verzauberten Kindes rettet mehr als ein Tier aus der Bedrängnis; es rettet aber auch Menschen aus Bauernhöfen und Scheunen. In diesem Sinn kann man das Buch als den »Quijote« der Kinder verstehen. Nils beschützt die Schwachen und benutzt seine Geschicklichkeit, um seine bösen und grausamen Feinde zu bekämpfen. Das Buch ist auch ein geographisches Gedicht über Schweden, es ist fast ein episches Rittergedicht der Kinderwelt und ein patriotisches Brevier.

Schon kurze Zeit nach dem Erscheinen des Buches und nachdem es Schullektüre geworden war, erhielt die Autorin immer wieder Briefe von Kindern, die nach Nils fragten und seine Abenteuer kommentierten. Nils gehörte nun auch in die Reihe der erstaunlichen Kinder der Weltliteratur. Selma Lagerlöf sammelte für ihre lange Erzählung Legenden und traditionelle folkloristische schwedische Geschichten, die als Beispiele bei der Unterweisung der Kinder dienen konnten. Sie erzählt die Gründung des armen Landes Uppland, Tiergeschichten, wie die von Karr und dem grauen Haar, die Sage von der Insel Öland, die den Körper eines Riesenschmetterlings darstellt, der ins Meer fiel, als die Wellen vom Sturm gepeitscht wurden. Sie erzählt auch die Sage von Härjedalen, aus der man lernt, daß es immer einen Ausweg aus den Schwierigkeiten gibt, die einem begegnen. Schon in der »Legende von Gösta Berling« sagte die Autorin: »Was ist unbeugsamer als die Resignation, was führt sicherer zum Triumph als die Geduld?«

Zwar gibt es auch pathetische Geschichten im »Nils«, sie sind aber wegen ihres Inhaltes noch annehmbar, so die von den zwei Kindern Åsa und Matts, die viel Böses erlebten, es jedoch mit starkem Geist überwanden und das ganze Land bis nach Lappland hinauf durchquerten, um ihren Vater zu suchen. Ihre Mutter und Geschwister waren bei einer guten Tat ums Leben gekommen, auch Matts stirbt unterwegs.

Als Nils zum Schluß nach Hause zurückkehrt, vollbringt er wieder etwas Gutes: er zieht den schmerzenden Eisennagel aus dem Huf des Pferdes. Als er seine Gestalt zurückgewinnt, sagt er: »Vater, Mutter! ich bin wieder groß! Ich bin wieder ein Mensch!« Sein Wachsen soll symbolhaft bedeuten, daß er gut geworden ist, während er vorher für seine schlechten Taten kleiner wurde. Die Sage vom Däumling hat Selma Lagerlöf über das Unterhaltende hinaus mit einer moralischen Schlußwendung versehen. Sie läßt auch die Zauberkraft des Flötenspielers von Hameln in dem Abenteuer mit den Ratten wieder aufleben. In ihrem Buch finden sich viele autobiographische Züge. Mehr als einmal sagt sie und bezieht sich dabei auf sich selbst: »Es gab eine Person, die nicht aufhören konnte, mit der Idee zu liebäugeln, ein Buch über

Schweden zu schreiben. Es sollte ein Buch sein, das Schulkindern als Lektüre dienen konnte. Ich dachte von Weihnachten bis zum Herbst an dieses Buch ... es sollte belehrend und moralisch sein, und es sollte in ihm vor allem kein Wort geben, das nicht wahr sei.« Da sie aber damals in der Stadt lebte, konnte sie es nicht schreiben: »Wenn sie sich auf dem Land einrichten könnte, wo sie Wälder und Felder sähe, dann fehlte es ihr nicht an Ideen.« Ein andermal sagt sie über ihre Kindheit in Värmland: »Ich habe dort einsam gelebt, aber gerade deswegen konnte ich viele Geschichten und Erzählungen im Gedächtnis behalten.« Die Beschreibung des großen herrschaftlichen Landhauses ist die ihres eigenen Hauses, des alten väterlichen Landsitzes Mårbacka, den sie mit dem durch ihre Bücher verdienten Geld kaufte, um sich dorthin zum Schreiben zurückzuziehen und um dort den Rest ihres Lebens zu verbringen. Die Naturbeschreibungen des Buches sind von großer Schönheit. Der Gang der Jahreszeiten: der Herbst mit roten und gelben Bäumen, der eisige, Schnee bringende Winter, der überschäumende Sommer, das Erwachen des Frühlings, der die winterliche Traurigkeit der Landschaft unter schweigenden Himmeln bekämpft.

An ihrem 70. Geburtstag im Jahre 1928 wurden Feste zu Ehren von Selma Lagerlöf gefeiert; sie erhielt den Ehrentitel »Großmutter der schwedischen Literatur«.

Die Autorin hat noch ein anderes, sehr schönes Buch für Kinder geschrieben: »Die Christuslegenden«, in denen die Erzählungen »Das Rotkehlchen«, »Im Tempel«, »Die Flucht nach Ägypten«, »Das Kind von Bethlehem« und »Die Legende von der Christrose« stehen. Die letzte Geschichte erzählt von dem Wunder, als eine Rose in der Weihnachtsnacht blühte. Die Autorin will sagen, daß Wunder nur in den Herzen derer entstehen, die an Wunder glauben. Dunkle und verhärtete Herzen können weder das leuchtende Licht noch die weiße Rose der wunderbaren Nacht sehen. Die Natur blüht wie im Frühling in der kältesten Nacht des schwedischen Winters. Man versteht, daß für ein nordisches Land das wahre Wunder das Licht und die Wärme des Südens sind. Die Beschreibung vom Aufleben der Natur ist ergreifend. Aus der dunklen nordischen Nacht, aus Schnee und schweigendem Tod wachsen Blumen, füllen sich die Bäume mit Früchten, kehren Vögel zurück und tummeln sich Tiere im Wald. Das Farnkraut wächst gekrümmt wie ein Bischofsstab. Das Licht flutet in wachsenden Strömen. Alles schüttelt den Schlaf von sich und entfaltet sich in der Fülle des Frühlings. Ein Land, das mehr als sechs Monate schlief, empfängt den Sommer wie ein Wunder.

Die schwedischen Schriftsteller von heute:
Astrid Lindgren – Åke Holmberg – Maria Gripe

Seit 1900 ist die Arbeit der Kinder- und Jugendschriftsteller in Schweden sehr erfolgreich. Ein großes Netz von Bibliotheken und eine sehr aktive Kulturpolitik waren der Verbreitung der Kinderliteratur nützlich. Bedeutend war *Elsa Beskow* (1874–1952) mit ihren Bilderbüchern; davon sind besonders »Puttes äventyr i blåbärsskogen« 1901 (Hänschen im Blaubeerwald), »Tomte bo barnen« 1910, »Tant

Grön, tant Brun och tant Gredelin« 1918 zu erwähnen. Einer der Preise der schwedischen Kinderliteratur trägt ihren Namen. Sie erhielt 1952 die Nils-Holgersson-Medaille.

Edith Unnerstad (1900) hatte Erfolg mit Reisebeschreibungen wie »Mormorsresan« 1959 (Die Reise nach Petersburg), »Englandsresan« 1960 (Das Geheimnis von Malvern) und humoristischen Erzählungen (»Pelle Göran«, »Die fidele Pfeiftopfreise«).

Astrid Lindgren, geb. 1907, ist die Erfinderin von Pippi Langstrumpf, einer sehr lebendigen modernen Kindergestalt, die zahlreiche Abenteuer erlebt. Die Autorin erreicht eine Mischung aus Realismus und Humor. Durch außergewöhnliche Umstände erhält Pippi, ein ganz normales Schulmädchen wie viele in Schweden, magische Kräfte.

Astrid Lindgren kennt gut die kindliche Psyche. Sie ist dazu eine große Erzählerin, und ihre feine Ironie hat die gesamte Literatur ihres Landes beeinflußt.

Serienpublikationen wie Pippi Langstrumpf, Meisterdetektiv Kalle Blomquist, Wir Kinder aus Bullerbü und die Karlsson-Bände haben in aller Welt Verbreitung gefunden. Viele Auszeichnungen spiegeln den Erfolg der Verfasserin.

Ebenfalls vom Jahrgang 1907 ist *Åke Holmberg*. Er wurde bekannt mit seinen be-

Zeichnung von R. Rettich aus »Pippi Langstrumpf« (Verlag Fr. Oetinger, Hamburg)

rühmten Kriminalromanen mit dem Detektiv Ture Sventon; er parodiert das Thema auf unterhaltsame Weise. Außerdem schrieb er einen wertvollen Roman »Gritt«, die Geschichte der Liebe und Arbeit eines Mädchens.

Britt G. Hallquist (1914) schreibt Gedichte für Kinder und übersetzt. 1951 veröffentlichte sie »ABC«. Als Frau eines Geistlichen schrieb sie auch Biblische Geschichten in poetischer Form nieder. *Lennart Hellsing* (1919) verfaßte Nonsens-Kinderverse. Für sein Buch »Summa summarum«, das 1950 veröffentlicht wurde, erhielt er die Nils-Holgersson-Medaille. In seinem autobiographischen Buch »Tankar om barnlitteraturan« erklärt er, die Aufgabe der Literatur sei es, das Kind zu lehren, wie man die Sprache beherrscht.

Zeichnung von T. Jansson aus »Sturm im Mumintal« (Benziger Verlag, Zürich)

Tove Jansson (1914), die schwedisch schreibt, obwohl sie Finnin ist, erfand eine seltsame, phantastische Familie, die der »Mumin«, einer Art nordischer Flußpferde. Ihre bedeutendsten Erzählungen sind: »Trollkarlens hatt« 1949, »Muminpappans bravader« 1954, »Geschichten aus dem Mumintal« 1965. Sehr hübsch erzählt ist auch »Trollvinter« 1957. Die Autorin erhielt 1966 die Andersen-Medaille.

Harry Kullman (1919) ist ein realistischer Schriftsteller, der gut mit der Welt der Jugendlichen in Stockholm und dem Problem der Generationen vertraut ist. In seinem Roman »Flucht« 1957 ist die Hauptfigur ein Arbeiterkind, das von zu Hause fortläuft, um sich mit anderen Jungen zusammenzutun.

Maria Gripe (1923) gehört der Richtung des magischen Realismus an; ihre Bücher für kleinere Kinder bezeugen feinen Humor. In anderen Büchern, wie in »Pappa

Pellerins dotter« 1963 ist sie nur realistisch, sie beschreibt hier die Geschichte eines unabhängigen Mädchens und ihr Leben in einem Waisenhaus. 1961 erschien »Josefine« und 1962 »Hugo und Josefine«. Auch in den späteren Romanen behandelt sie Probleme junger Menschen in der Gegenwart. 1974 erhielt Maria Gripe den H. C. Andersen-Preis.

Gunnel Linde (1924) schrieb 1959 »Die Kinder aus der Schornsteingasse«, 1963 »Fröken Ensam Hemma«, die Geschichte eines einsamen Mädchens, das sich eine Phantasiewelt erschafft. Erwähnt werden müssen auch *Ole Mattson* (1922), der mehrere Romane, darunter »Die Brigg Drei Lilien« (1955) schrieb, und *Hans Peterson* (1922), der u. a. »Matthias und das Eichhörnchen« 1956, »Matthias, Martin und Mari« 1957, »Liselott och Garaffen« 1962 schrieb, die Geschichte eines behinderten Mädchens, das mit einem nur vorgestellten Tier spielt, und die Geschichten von »Peter«.

Bibliographie

Bolin, Greta/Eva von Zweigbergk/Mary Örvig: Barn och böcker. En orientering. Stockholm 1972.
Klingberg, Göte: Barnboken genom tiderna. Stockholm 1962. (Kinderbücher)
— Läsning for ungt folk; äldre europeisk barn-och ungdomslitteratur. Stockholm 1966. (Europäische Kinderliteratur)
— Sekelskiftets barnbokssyn och Barnbiblioteket Saga. Stockholm 1966. (Kinderbücher und Sagen)
— Svensk barn-och ungdomslitteratur 1591–1839. In »Pedagogikhistorisk och bibliografisk översikt«. Stockholm 1964. (Kinderliteratur und Erziehung)
Larson, Lorentz/Mary Örvig: Barnböcker i sverige 1945–1965. Stockholm 1966.
— Bild i bok. Stockholm 1965.
— Sagas stora katalog 1899–1956. Stockholm 1957.
Zweigbergk, Eva von: Barnboken i sverige 1750–1950. Stockholm 1965.

Dänemark

Die dänische Kinderliteratur beginnt nach den Studien von *Vibeke Stybe* zu diesem Thema mit dem 1766 veröffentlichten Buch »Den danske Skolemaster«. Es war eine getreue Nachahmung des »Magasin des enfants« von Madame Leprince de Beaumont, allerdings noch schwerfälliger und pedantischer. Die Liebenswürdigkeit der französischen Autorin, der leichte Dialog, der Witz der Erklärungen, der die erzieherische Absicht vergessen ließ, wurde von ihren Nachahmern nicht übertroffen, die allzu offensichtlich in plumpe Didaktik verfielen.

In diesen frühen Zeiten ist ein deutlicher Einfluß der größeren und mächtigeren Länder zu spüren. Man übersetzte Campe, Weisse, Salzmann, Dielitz, Blanchar und Berquin und ahmte sie nach, ohne sie zu nennen; Illustrationen wurden aus Deutschland kopiert, dessen Zeichner dem dänischen Geschmack entsprachen. Diese Übersetzungen und Nachahmungen zeigen deutlich, wer die bevorzugten Autoren Europas bis zum Ende des 18. und Anfang des 19. Jahrhunderts waren. Das erste dänische Bilderbuch war von *Lahde* und hieß »Billedsprog for Börn« (1800).

Um 1847 wurde der berühmte deutsche »Struwwelpeter« übersetzt, er hieß in Dänemark »Den store Bastian« (Der große Bastian) und enthielt sechs Geschichten von Hoffmann und drei eines unbekannten dänischen Autors. Da die Geschichten von guten und von bösen Kindern gerade Mode waren, wurden die Streiche Bastians sehr beliebt.

Erwähnenswert ist das literarisch wertvolle Buch von *J. Th. Lundbye* »Fabeln für Kinder«, das bemerkenswert illustriert war.

Der berühmte Zeichner *Lorens Frölich* gab 1863 zusammen mit dem französischen Verleger Hetzel ein Buch mit dem Titel »Hvorledes Dagen gaaer for lille Lise« heraus, das verschwenderisch illustriert war und nur wenig Text enthielt. Es beschrieb Situationen, in die ein Kind kommen kann. Frölich illustrierte mehr als hundert Kinderbücher in Frankreich, wo er den größten Teil seines Lebens verbrachte. Obwohl er der Schule Ludwig Richters angehörte, wandte er sich doch bald von der prosaischen Realistik ab und der Illustration romantischer Märchen zu, da er selbst viel Phantasie besaß und eine Vorliebe für das Phantastische hatte.

»Mein Leben ist ein wunderbares Märchen«, so beginnt *Hans Christian Andersen* seine Autobiographie »Die Geschichte meines Lebens«. Er wurde am 2. April 1805 in Odense geboren. Sein Vater war ein junger Schuhmacher, seine Mutter eine einfache Frau. Beide waren arm, ihr Ehebett war aus dem Holz des Trauergerüstes gemacht, auf dem der Sarg des Grafen von Trampe aufgestellt gewesen war. Die Jungverheirateten lebten sehr bescheiden in einem Haus mit nur einem Zimmer. Andersen schilderte die Umgebung und das Haus seiner Kindheit: »Eine Leiter führte von der Küche zum Dachboden. In der Dachrinne zwischen unserem Haus und dem Nachbarhaus hatten sie eine Kiste mit Erde aufgestellt, in der reichlich kleine Zwiebeln und Petersilie gediehen: das war der Garten meiner Mutter. In meinem Märchen ›Die Schneekönigin‹ grünt er fort.«

Andersens Mutter hatte keine glückliche Kindheit. Ihre Eltern zwangen sie sogar, betteln zu gehen. Wenn sich das unglückliche Mädchen nicht dazu überwinden

H. C. Andersen liest vor

konnte, zu betteln, flüchtete sie sich unter die Brücke des Odense-Flusses und wagte sich nicht nach Hause. »Ich stellte mir als Kind diese Szene so lebhaft vor« – sagte Andersen –, »daß mir die Tränen in die Augen schossen, wenn ich nur daran dachte. Diese Erinnerung an meine Mutter war mein Vorbild für die alte Domenica in ›Der

33

Improvisator‹ und für die Mutter des Musikers in ›Nur ein Geiger‹«. Viele der bewegenden Szenen, die Andersen schildert, waren aus dem wirklichen Leben genommen. Wahrscheinlich ist auch die schreckliche und trostlose Erzählung »Es nützte nichts«, deren Hauptpersonen eine Wäscherin und ihr Sohn sind, eine autobiographische Erinnerung, da die Mutter des kleinen Andersen nach dem Tode seines Vaters mühsam mit Wäschewaschen den Tageslohn verdienen mußte.

In Erinnerung an seinen früh verstorbenen Vater erwähnt Andersen die Lektüre, die dieser ihm vermachte: La Fontaine, Holberg, Die Bibel und Tausend und eine Nacht. Er blieb viel allein, da seine Mutter den größten Teil des Tages nicht zu Hause war; so spielte er mit dem kleinen Theater, das ihm sein Vater gebastelt hatte, nähte Kleider für die Puppen und fand Zerstreuung beim Lesen dramatischer Dichtungen. Bald entdeckte er die Theaterstücke Shakespeares, den er sehr verehrte. Er lebte für sein Marionetten-Theater und wollte Schauspieler werden; daher sang und rezitierte er auch, denn er wollte an dramatischen Aufführungen teilnehmen. Seine größte Hoffnung war, den Prinzen in »Aschenputtel« zu spielen. In diesen kindlichen Erinnerungen kehrt ein Satz wie ein Kehrreim immer wieder: »Gott kann mich nicht verlassen!«

Der junge Andersen konnte mit Hilfe freigebiger Mäzene reisen und lernen. Er begann, Geschichten zu schreiben, die seine Kritiker als Kindereien ansahen. Frederik VI. gewährte ihm eine Rente, die es ihm erlaubte, sich nur noch der Literatur zu widmen. Er reiste viel, besuchte Deutschland und Italien, wohnte eine Zeitlang in Wien und lernte Prag und Konstantinopel kennen. Häufig lebte er auch in Paris, wo er mit Lamartine, Balzac und Martínez de la Rosa verkehrte. Auf einer Spanienreise lernte er den Herzog von Rivas und andere spanische Schriftsteller kennen.

Die Kritiker beurteilten seine Geschichten weiterhin schlecht; aber er fuhr fort zu schreiben und kümmerte sich nicht um die Meinung dieser schwarzen, Unheil verkündenden Raben.

Andersen erneuerte den Wert der dänischen Folklore, wie es die Brüder Grimm in Deutschland getan hatten. Er erzählte die Volksmärchen, die er bei den Spinnerinnen oder bei der Hopfenernte gehört hatte, z. B. das Märchen von der »Prinzessin auf der Erbse.« Diese Volksmärchen, die von schöner Einfachheit und bäuerlicher Schlichtheit waren, wurden von dem Dichter Andersen künstlerisch gestaltet. Die Dorfgeschichten verwandelten sich, sie wurden schöner durch die Phantasie des Dichters und durch den Einfluß seiner Lieblingsschriftsteller. Die Phantasie Hoffmanns, die Poesie Heines und die bezaubernde Einbildungskraft Walter Scotts begleiteten die Märchen Andersens. Alles ist so voll Poesie, daß selbst die einfachsten Dinge des täglichen Lebens beseelt erscheinen.

Mit Recht spricht der Schriftsteller von der »Blumenseele«; er belebt die Dinge, auch die gewöhnlichsten, und verleiht ihnen unerwartete Beseelung. In dem Märchen »Der alte Leuchtturm« können die Dinge reden; der Leuchtturm berichtet über seine Verwandlungen. In »Das alte Haus« verleiht Andersen den toten Dingen menschliche Züge: »Die Schwerter und Waffenrüstungen schlugen aufeinander los, die Seidenkleider raschelten, das Schweinsleder sprach, und die alten Sessel hatten Gicht in der

Schulter.« Mit der Zeit wurden die Geschichten Andersens trotz des schlechten Urteils der Kritiker berühmt. Er las seine Geschichten nicht nur Kindern von Freunden vor, sondern war zusammen mit Humboldt Gast beim König in Potsdam, wo er vier Geschichten las: Die Tanne, Das häßliche Entlein, Die Kugel und der Kreisel, Die

Zeichnung von L. Frölich zu »Zwölf mit der Post«

Prinzessin und der Schweinehirt. Auch den schwedischen Königen las er vor. Mit Recht konnte Andersen sagen, obwohl er einige Enttäuschungen erlitt, daß sein Leben ein wunderbares Märchen gewesen war. 1844 beendete er sein dramatisches

Märchen »Die Blume der Glückseligkeit«. Er sagte dazu: »Ich wollte darin zeigen, daß nicht der unsterbliche Name des Künstlers oder der Glanz der Krone den Menschen glücklich macht. Das Glück findet sich dort, wo man das Leben liebt und wo man selbst geliebt wird«. Viele Male wurde gesagt, daß in dem Märchen »Das häßliche Entlein« vieles steht, was auch auf das Leben von Andersen zutrifft: »Wie konnte ich von soviel Glück träumen, als ich das häßliche Entlein war!«

In seinen Märchen hebt Andersen die Schönheit der Natur hervor. Er liebte die Wiesen und Wälder, wo Erlen, Kastanienbäume und herrliche Buchen wuchsen. Für ihn waren die blühenden Bäume das Wunder des Frühlings. Er beschrieb den Zauber der tiefen, von Schwertlilien umstandenen Seen; ihn entzückte der Zweig des blühenden Apfelbaumes genauso wie eine bescheidene Pflanze, denn beide kamen aus der Hand des Schöpfers. Andersen war sehr von dem dänischen Philosophen H. C. Örsted beeinflußt, der »Der Geist der Natur« geschrieben hatte, ein philosophisches Werk, das als geistige Grundlage seiner Erzählungen gelten kann. Die Grundidee des Philosophen war, »daß es keinen Unterschied zwischen Geist und Natur, zwischen Realität und Wunder gibt. Daraus folgert, daß die Gesetze der Natur die Gedanken Gottes sind, daß die Natur Geist ist und die Wirklichkeit ein Wunder.« Daher bestätigt Andersen viele Male, daß die Wirklichkeit das schönste aller Märchen sei.

Eine andere seiner tiefen Überzeugungen war, daß die Vorsehung den Auserwählten beschützt und ihm weiterhilft, daß aber die Auserwählten auch beweisen müssen, daß sie ihren Erfolg verdienen. Trotz dieser Ideen hatte Andersen keine idyllische Lebensauffassung. Er glaubte im Gegenteil, daß das Leben hart sei und daß man schwere Prüfungen durchstehen müsse. Nach Paul V. Kubow bietet sein Werk deshalb ein ernstes und wahrheitsgetreues Bild des Lebens.

Oftmals wird Andersen pathetisch; so auch in der Erzählung »Es nutzte nichts«, in der er das Schicksal einer kranken Wäscherin, die stirbt, erzählt und den Mangel an Brüderlichkeit anklagt. Er schildert die Leiden der einfachen und armen Leute, doch wird er niemals bitter und sarkastisch. Bei Andersen ist alles so schön, daß selbst das Leiden noch edel erscheint.

Wer die Märchen Andersens liebt, wird niemals die Anfänge der Geschichten vergessen, die mit der Magie ihrer Worte bezaubern; so heißt es in den »Wilden Schwänen«: »Es war einmal ein König, der hatte elf Söhne und eine Tochter. Die elf Brüder waren Prinzen, sie gingen mit dem Stern auf der Brust und dem Säbel an der Seite in die Schule, sie schrieben mit Diamantengriffeln auf Goldtafeln und lernten ebenso gut auswendig als sie lasen. Man konnte gleich hören, daß sie Prinzen waren. Ihre Schwester Elisa saß auf einem kleinen Schemel aus Spiegelglas und hatte ein Bilderbuch, das für das halbe Königreich erkauft war ...«

Dieser magisch schöne Anfang, dessen Zauber die ganze Erzählung andauert, führt schließlich zu einem Lob der Ausdauer und der Hartnäckigkeit: die Prinzen werden in Schwäne verzaubert und können nur durch Hemden, die aus Brennesseln gewebt wurden, erlöst werden. Ein Prinz, der nur halb entzaubert wird, behält einen Flügel anstelle eines Armes. Dasselbe geschieht in allen Geschichten Andersens: die Poesie enthält eine Lehre, die nicht weniger schön und wunderbar ist als die Poesie selbst.

Andersen war so bedeutend und beeinflußte die gesamte dänische und darüber hinaus die Weltliteratur so sehr, daß er alle zeitgenössischen und späteren Schriftsteller in den Schatten stellte.

Trotzdem gibt es bedeutende Autoren wie *Karin Michaelis* (1861); sie schrieb die Fortsetzungsreihe »Bibi«, deren Hauptperson ein Mädchen ist. In diesen Büchern werden Probleme der Jugendzeit mit Sympathie und Witz gelöst. Die Reisen und die Einfälle Bibis entsprechen dem Geschmack der Heranwachsenden. Die Schriftstellerin schrieb auch eine Erzählung mit dem Titcl »Auf einer grünen Insel«, in der eine Jungengruppe die Abenteuer Robinsons noch einmal durchlebt. Dies Motiv hat viele Schriftsteller gereizt; es wurde mit Erfolg gestaltet, denn die Robinsonade besitzt immer Anziehungskraft.

Zeichnung von J. Grabianski aus »H. C. Andersen, Märchen« (Verlag Ueberreuter, Wien)

Erwähnenswert wegen ihrer Jugendbücher sind außerdem *Estrid Ott* (1900), *Poul Jeppesen* und *Kirsten Bang*.

Das dänische Bibliothekswesen ist beachtlich. Man gibt sich viel Mühe, die Verlagsproduktion in Verbindung mit internationalen Vereinigungen zu verbessern.

ſ

Bibliographie

Christensen, Georg: H. C. Andersen und die dänischen Volksmärchen. Danske Studier 1906.
Simonsen, Inger: Den Danske börnebog i det 19 aarhundrede. Kopenhagen 1942.
Stybe, Vibeke: Fra Askepot til anders and; börnebogen i kulturhistorisk perspektiv. Kopenhagen 1962.
— Historischer Überblick über die dänische Jugendbuchliteratur. Jugendliteratur, 8/1963.
Winther, Christian: Börn og böger. Kopenhagen 1946.
— Danske börnebogs-forfatere. Århus 1955.

Deutschland
Österreich
Die Schweiz

Ursprünge der Kinderliteratur – Der Einfluß von Comenius – Bertuch und seine Galerie

Alle Darstellungen zur Geschichte der Kinder- und Jugendliteratur müssen in der gleichen Weise begonnen werden: man muß sich vorstellen, was Kinder in früheren Zeiten wohl gelesen haben, und dann zusehen, wie die ersten Bücher hießen, die man für Kinder schrieb. Immer aufs Neue muß man dabei wiederholen, daß in der Folklore und in der Sagentradition eine reiche Quelle der Kinderliteratur zu finden ist; dann gehören einige Erwachsenenbücher dazu, die von Kindern geliebt wurden und von denen man später Kinderausgaben machte, ferner die ersten Schulbücher und in Deutschland noch besonders die Vielfalt der Bibelausgaben. Die Heilige Schrift war für alle Länder das Buch der Bücher; sie wurde und wird mit am häufigsten gelesen, und zwar nicht nur aus religiösen Gründen, sondern – wie alle wissen – auch aus historischen und sozialen Motiven.

Die »ABC-Bücher« und die Fibeln stehen am Anfang der Kinderliteratur, obwohl sie weit entfernt sind von dem, was man heute als literarisch wertvoll für Kinder ansieht. Die Beispiele, Ratschläge und Belehrungen der Bibel dienten als Grundlage für spätere Bücher. Wer den ganzen Reichtum dieser, der Pädagogik so nahe stehenden Literatur kennenlernen möchte, brauchte nur das Buch von *Karl Hobrecker* »Alte vergessene Kinderbücher« zu lesen. Es ist reich an Daten, liebenswürdig geschrieben und bildet die Grundlage der modernen Darstellungen deutscher Kinder-Literaturgeschichten wie der von *Irene Dyhrenfurth*. Ergänzt wird der Band durch das Buch von *Arthur Rümann* »Alte deutsche Kinderbücher«, das eine ausführliche Bibliographie und zahlreiche Illustrationen enthält. Es ist von dem Buch Hobreckers beeinflußt, geht aber auch auf die eigene Sammlung Rümanns und die des Buchhändlers Walter Schatzki zurück, der vor seiner Emigration in die USA in Frankfurt am Main lebte.

Fühlte sich das Kind einerseits von den starken und furchterregenden germanischen Sagen und dem Leben der abenteuernden Ritter in den Rittergeschichten angezogen, so fand es in der Schule doch ganz andere Bücher vor. Geistliche schrieben für Kinder religiös-moralische Abhandlungen, die von der Bibel beeinflußt waren und die den täglichen Lesestoff des Schülers bildeten. Das erste uns bekannte Buch dieser Art heißt »Der Seele Trost« (Augsburg 1487); es wandte sich an das christliche Kind mit den Worten, die sich später in dieser Art von Büchern immer wiederholten: »Liebes Kind!« Der Autor, der sicher ein Mönch war, hat Geschichten aus der Bibel ausgewählt und übersetzt, um sie als Beispiele für die Erziehung der Kinder zu verwenden. Außerdem enthielt »Der Seele Trost« noch Lebensbeschreibungen von Märtyrern und exemplarische Erzählungen. Es ist anzunehmen, daß auch Eltern das Buch lasen. Schon 1435 war der Reim-Kalender von *Conrad von Drangolsheim* erschienen. Er enthielt in einfachen und leicht verständlichen Versen den Heiligenkalender des Jahres. Mit der Reformation wuchs das Interesse für Schule und Erziehung. Erasmus von Rotterdam wie Luther beschäftigten sich mit der Bedeutung der Lektüre für die Erziehung der Kinder. 1535 erschien in Straßburg »Ein Christlich Rathbüchlein für Kinder« von *Jacob Fröhlich* mit Fragen und Antworten zu menschlichen und göttlichen Themen, von denen einige recht überraschend ausfielen, vor allem diejenigen, die sich auf die Frauen beziehen.

Holzschnitt aus »Aesop's Fabeln« (1498)

Der Katechismus, die Bibel und das Gesangbuch waren die Texte, auf die sich die Reformation stützte. Die Bilderbibel wurde zum wichtigsten Buch der Familie, oft war sie das einzige im Haus. Die Bibel in Versen war so verbreitet, daß einige Kinder ihr ganzes Leben hindurch die gereimten Vierzeiler im Gedächtnis behielten, die sie in ihrer Kindheit gelesen hatten.
Unter den zahlreichen Ausgaben sind besonders die sehr verbreiteten »Biblischen Historien« (1714) von *Hübner* zur Belehrung der Jugend zu erwähnen. Man könnte noch viele berühmte Ausgaben zitieren. Von der Bibel beeinflußt waren auch andere interessante Bücher wie z. B. »Geistlichen Herzens Einbildungen in Zwei-

hundert und Fünfzig Biblischen Figur-Sprüchen angedeutet« (1699). Sie sind in echt barocker Manier rätselhaft und hieroglyphisch und wollen Lebensweisheiten vermitteln. Zum Beispiel steht bei einer Zeichnung, die einen springenden Hund und einen sterbenden Löwen zeigt, folgender Satz: »Ein lebender Hund ist besser als ein toter Löwe.«

Die Fabeln des Äsop wurden in Deutschland mit dem gleichen Interesse gelesen wie in Spanien, Frankreich und Italien. Übersetzungen dieses klassischen Autors gab es in ganz Europa; man kann von diesem Buch sagen, daß es ein Welt-Buch wurde, das zahlreiche Ausgaben erlebte. *Burchard Waldis* übersetzte und veröffentlichte »Esopus, Gantz new gemacht und in Reimen gefaßt. Mit sampt Hundert newer Fabeln«. Man kann vermuten, daß Kinder auch »Reinke de Vos« (1498) lasen, obwohl ihnen nicht gewidmet.

Zur gleichen Zeit veröffentlichte man Bücher über die Höflichkeit und Traktate über Lebensführung, in denen Regeln über gutes Benehmen bei Tisch, auf der Straße, beim Spaziergang gegeben wurden. Als repräsentatives Beispiel sei der »Zuchtmayster für die jungen Kinder« (1529) erwähnt.

Unter den Ritterbüchern war für Kinder und Jugendliche »Der jungen Knaben Spiegel« von Jörg Wickram (1554) sehr geeignet. Solche »Spiegel« wurden häufig verlegt. In ihnen sollte dem Jugendlichen das ideale ritterliche Bild vorgehalten werden. Es gab viele verschiedene Ausgaben von ihnen, sie haben ihre Entsprechung auch in der französischen, italienischen und spanischen Literatur. Dazu gab es die „Spiegel des christlichen Kindes“, eine Spielart der Ritterspiegel, die wiederum zur geistlichen Literatur gehörten.

Aus dieser Zeit stammen auch die sehr bekannten und verbreiteten »Fliegenden Blätter«, die den spanischen Aleluyas entsprechen. Sie enthielten Stiche mit moralischen Sprüchen, Anleitungen und moralisierende Ratschläge. Diese »Einblattdrukke« waren die Vorgänger der späteren »Bilderbogen«. Eine merkwürdige Abart der Fliegenden Blätter gab es zu jener Zeit in der Schweiz. Es waren die sogenannten Neujahrsblätter, die in Zürich herausgegeben wurden, um in allen Schulen zum Neuen Jahr Glück zu wünschen.

1658 wurde ein Buch veröffentlicht, das die Pädagogik revolutionieren sollte und gleichzeitig Einfluß auf die Kinderliteratur nahm. *Amos Comenius,* der aus Böhmen geflohen war, veröffentlichte in Nürnberg seinen »Orbis sensualium pictus«, den der Autor in einem Untertitel selbst erläutert: »Hoc est: Omnium Fundamentalium in Mundo Rerum & in Vita Actionum Pictura & Nomenclatura.« Man vermutet, daß der Orbis pictus einen Vorgänger in der »Ars Memorativa« mit ihren Holzschnitten (1490) hatte, doch weiß man nicht genau, ob Comenius das Buch kannte. Daß Comenius gerade in Deutschland Zuflucht suchte und dort sein Buch veröffentlichte, war von großer Bedeutung. In Deutschland stand die Wiege der Buchdruckerkunst, gleichzeitig gab es dort die besten Holzschnitte. Der Orbis pictus verbreitete sich schnell. Die Ausgaben folgten einander. Gleichzeitig wurde er auch wegweisend für spätere Bücher wie das vierbändige »Elementarwerk« von *Basedow,* das mit Kupferstichen von Chodowiecki ausgezeichnet illu-

Kupferstich von D. Chodowiecki aus J. B. Basedow's »Elementarwerk«

striert war (1770–1774), »Die Bilderakademie für die Jugend« von *Stoy* (1784), das »Bilderbuch für Kinder« von *Bertuch* mit seinen 36 Bänden (1790–1830) und die »Neue Bilder Gallerie für junge Söhne und Töchter« (1794). Fast alle bebilderten wissenschaftlichen und technischen Bücher kann man im Grunde vom Orbis Pictus herleiten.

Obwohl es in unseren Tagen wenig bekannt ist, zitieren wir doch der Kuriosität wegen das Buch »Die Welt in einer Nuß«. Es war vom Orbis Pictus beeinflußt und enthielt historisches Wissen mit Illustrationen in der Art des Buches von Comenius. Der vollständige Titel dieses liebenswürdigen Buches heißt: »Orbis terrarum in nuce sive compendium historiae civilis cronologicum in sculptura memoriali«. Der Autor was *Christoph Weigel*; es wurde 1722 in Nürnberg herausgegeben.

Das Werk der Erzieher: Basedow und Rochow – Campe und »Der neue Robinson« - ein Gegenpol gegen die übertriebene Sensibilität – Robinson und die Robinsonaden

Nicht nur das Buch von Comenius fand große Verbreitung in Deutschland, auch Übersetzungen hatten im 18. Jahrhundert großen Widerhall: »Die Erziehung des Jugendlichen« von Locke, der »Telemach« von Fénelon und der »Emile« von Rousseau (1762).

1774 eröffnete *Johann Bernhard Basedow* seine Schule in Dessau, die er »Philantropin« nannte. Im selben Jahr schloß er die Veröffentlichung seines »Elementarwerks« ab. Es handelt sich dabei um eine echte Jugend-Enzyklopädie, die die verschiedensten Themen behandelte: Botanik, Zoologie, Mineralogie, Mythologie, Geschichte, häusliches Leben, Spiele und Leibesübungen. Sie ist von dem Bemühen getragen, Kinder zu belehren und zu bilden. Der ganze Enzyklopädismus des 18. Jahrhunderts schuf Werke dieser Art von außerordentlichem Wert. Gewöhnlich ging es den Enzyklopädisten darum, Werke für Erwachsene zu schreiben, aber es gab auch einige, die die gleiche Arbeit für Kinder leisteten. Diese kleinen Enzyklopädien, diese »summae« für Kinder, gehören zu den bedeutendsten Werken der Aufklärung. Eher Lehrbuchcharakter hatten dagegen Basedows »Kleines Buch für Kinder aller Stände« mit seinen moralischen und religiösen Unterweisungen.

In ähnlicher Art wie Basedow schrieb *Friedrich Eberhard von Rochow,* nur waren seine Bücher dem deutschen Bauern und den Leuten aus dem Dorf gewidmet. Rochow wollte einfache Bücher zur Erziehung des Dorfkindes schreiben. Er gründete Schulen auf dem Lande und schrieb für sie ein »Lesebuch für Dorfschulen«, den »Kinderfreund« (1776), der – nicht zu verwechseln mit Christian Felix Weißes Zeitschrift gleichen Namens (1775–1782) – Widerhall in ganz Europa fand. Berquin, der in Frankreich der »Kinderfreund« genannt wurde, übernahm diesen Namen von Rochow für sich und sein Werk.

Das Wirken all dieser an der Kinderliteratur als Mittel der kulturellen und moralischen Bildung und der Unterhaltung interessierten Pädagogen verbesserte nicht nur die Lesebücher, sondern gab auch den Anstoß für Kinderzeitungen und für eine Reihe kleinerer Bücher mit moralischen und belehrenden Erzählungen und Geschichten von allgemeinem Interesse, die sich insgesamt nach der Grundsätzen der Aufklärung richteten.

Die hervorragendste Gestalt unter ihnen war der Pädagoge und Schriftsteller *Joachim Heinrich Campe.* 1778 gründete er in Hamburg eine Erziehungsgemeinschaft, die nach seinen Worten nicht größer sein durfte als eine Familie. Seinen Schülern erzählte er Geschichten, Abenteuer und Entdeckungen und führte Gespräche mit ihnen, die den Keim zu seinem späteren Werk bildeten. Bei diesen Gesprächen redete nicht nur der Lehrer, er führte vielmehr ein Rundgespräch mit seinen Schülern, und während er sie lehrte, lernte er gleichfalls Vieles von ihnen.

Campe begann, eine »Kleine Kinderbibliothek« herauszugeben, die nach Altersgruppen eingeteilt war. Sie enthielt Bücher aus verschiedenen Gebieten und in verschiedenem Stil geschrieben und bedeutete einen Fortschritt im psychologischen Verstehen der Kinder. Campe sagte: »Ich entwarf mir den Plan zu einer Folge von angenehmen und lehrreichen Unterhaltungsbüchern für das ganze kindische und jugendliche Alter; weil ich fand, daß es an einer solchen, mit Rücksicht auf eine jede Stufe der Kindheit und Jugend verfertigten Sammlung von dergleichen Schriften, bisher noch gänzlich fehlte . . . Diese Auswahl und Abstufung suchte ich zu treffen, indem ich zuerst die ›Kleine Kinderbibliothek‹ und nach dieser den ›jüngeren Robinson‹ erscheinen ließ. Robinson aber sollte der Vorläufer von ›Kolumbus, Cortéz und Pizarro‹ sein.« 1779 veröffentlichte Campe »Robinson der

Der
Kinderfreund.

Ein Wochenblatt.

Siebenter Theil.
Dritte verbesserte Auflage.

Mit Römisch-Kayserl. und Churfürstl. Sächsischen
allergnädigsten Freyheiten.

Leipzig,
bey Siegfried Lebrecht Crusius.
1781.

Titelblatt des »Kinderfreund« von Chr. F. Weiße

Jüngere«; er erklärte das Buch zur Kinderlektüre und zur Schul-Enzyklopädie.
Das Vorbild war der »Robinson« von Defoe, der 1719 in England erschien und
1721 zum ersten Mal ins Deutsche übersetzt wurde. Er rief eine Reihe von Nachahmungen hervor, die in der Literatur »Robinsonaden« genannt werden. Campe
stimmte mit den Gedanken Rousseaus überein, der seinem Emile alle Bücher außer
Robinson verbot. Er wollte daher einen neuen Robinson schreiben, der für Kinder
besser geeignet wäre als der von Defoe. Campe hielt das Buch von Defoe vom
Moralischen, Religiösen und Stilistischen her für Kinder nicht zuträglich. In dem
sehr interessanten Vorwort zu seinem Buch sagt Campe, warum er es für brauch-

barer halte. Erstens wolle er darin seine jungen Leser unterhalten, denn er wisse, daß sich die Herzen der Kinder viel leichter der Belehrung öffnen, wenn sie dabei angenehme Unterhaltung finden. Zweitens nehme er sich vor, in das erzählende Buch elementaren Wissensstoff einzufügen.

Dieser Wissensstoff und die Belehrung durch ihn sollten nicht nur durch literarische Themen vermittelt werden, sondern auch durch häusliche, geographische und historische Gegenstände, und vor allem die naturwissenschaftlichen Kenntnisse vertiefen. Weiter betont der Autor ausdrücklich, daß die Lektüre seines Buches dem Kind Respekt und Ehrfurcht vor Gott bei jeder Gelegenheit und in jedem Augenblick seines Lebens einflößen und es fromm machen solle.

Schließlich erwähnt Campe noch einen Grund, der uns heute im Hinblick auf die literarischen Moden sehr interessant erscheint. Er habe den Robinson nicht zuletzt in dem Wunsch geschrieben, der gegenwärtigen Epidemie zu wehren, unter der die Seele leide, die die Kräfte des Körpers und des Geistes verzehre und die seit Jahren drohe, sich in eine verwüstende Plage zu verwandeln. Gemeint ist das „leidige Empfindsamkeitsfieber, diese geistige Seuche". Gegen diese Pest, gegen dieses Gift schrieb der Autor sein Buch als ein Gegenmittel. Es sollte ein Buch sein, das im Gegensatz zu allen sentimentalen Büchern der Zeit stünde, ein Buch, das die Kinder aus dieser Welt der Phantasie und Hirtendichtung, die ganz und gar nichts wert sei, entfernen und zur realen Welt zurückführen sollte. Er wollte also ein lebendiges und gesundes Buch schreiben. Kaum war das Buch erschienen, erfüllte es seinen Zweck (obwohl die Kinder heimlich fortfuhren, phantastische Bücher und sentimentale Geschichten zu lesen!); es wurde als Enzyklopädie und Lektüre von den Schulen ausgewählt.

»Robinson« ist in Form eines Gesprächs zwischen einem Vater und seinen Kindern verschiedenen Alters geschrieben. Sie unterbrechen die Erzählung mit Fragen oder äußern ihre Meinung dazu und veranlassen damit moralische Ermahnungen und Belehrungen des Lehrer-Vaters. Alles geschieht sehr natürlich und liebenswürdig, obwohl manchmal der Faden der Erzählung dadurch unterbrochen wird. Für viele deutsche Leser war das Buch eine Sensation. In den Erinnerungen und Memoiren vieler Schriftsteller wird es als unvergeßlich erwähnt.

Campe bereitete eine Reihe von Reise- und Abenteuerbüchern vor. Der erste Band hieß »Die Entdeckung Amerikas« (1782) und berichtete über die Taten von Kolumbus, Cortéz und Pizarro. Es ist gut möglich, daß die Freundschaft Campes mit Nikolaus Böhl von Faber, dem bekannten Hispanisten, der in Cadiz wohnte, dieses Interesse für die Entdeckungen der großen Spanier weckte. Man weiß, daß die Familie Böhl von Faber ein Haus in Hamburg hatte und daß die Tochter Cecilia (sie schrieb unter dem Namen Fernán Caballero) bei einem Verwandten in Hamburg lebte, der Beziehungen zu Campe hatte.

Der Robinson von Campe hatte großen Erfolg und veranlaßte viele Nachahmungen und Variationen. *Hermann Ullrich* hat in »Robinson und Robinsonaden« (1898) die Familie der Robinsons sehr sorgfältig untersucht. Alle Anstrengungen, die man für die Kinderbibliothek machte, dienten anderen Schriftstellern zum Anreiz. *Christian Gotthilf Salzmann* muß hier mit seinem Buch »Unterhaltungen für Kinder und Kinderfreunde« (1778) erwähnt werden, ebenso das »Bilderbuch für Kinder« von *Bertuch*. Es enthält eine Fülle geschmackvoller Darstellungen von Tieren, Pflanzen, Früchten, Steinen und anderen Dingen in bewundernswerter Drucktechnik und ist heute so gut wie früher eine bibliophile Kostbarkeit. Seit 1790 erschienen in Weimar die zwölf Bildbände mit 1185 farbigen Stichen. Der Autor betrachtete sie als wertvolles Spielzeug für Kinder, so notwendig und bedeutsam wie die Puppe, ein Möbelstück, die Wiege. . . . Mit einem Wort, diese Bücher sind der Schatz einer Kinderbibliothek – natürlich der eines Kindes wohlhabender Eltern.

Kindergeschichten – Musäus und die Volksmärchen – Goethe

Karl August Musäus veröffentlichte 1782–1786 seine »Volksmärchen der Deutschen«, die in der deutschen Erzähltradition stehen, obwohl sie wie kleine Romane wirken. Wenig später gab er mit einer Widmung für Kinder die »Moralische Kinderklapper für Kinder und Nichtkinder« (1788) heraus, die, vermischt mit Prosa, sehr anmutige Verse enthält.

August Jakob Liebeskind veröffentlichte 1768–1788 eine Reihe von »morgenländischen Erzählungen«, die er »Palmblätter« nannte; Herder gab das Vorwort dazu. Auf diese Weise wurde die Jugendliteratur bereichert.

Sehr interessant ist, was Goethe in »Dichtung und Wahrheit« schreibt. Er nennt den Lesestoff, über den ein Kind kurz vor Erscheinen der oben genannten Bücher verfügte. In seinen Kindheitserinnerungen sagt Goethe: »man hatte zu der Zeit noch keine Bibliotheken.« (Damit spielt er sicher auf die Kinderbibliothek von Campe an.) »Die Alten hatten selbst noch kindliche Gesinnungen und fanden es bequem, ihre eigene Bildung der Nachkommenschaft mitzuteilen. Außer dem ›Orbis Pictus‹ des Amos Comenius kam uns kein Buch dieser Art in die Hände; aber die große Foliofibel mit Kupfern von Merian ward häufig von uns durchblättert; Gottfrieds ›Chronik‹ mit Kupfern desselben Meisters belehrte uns von den merkwürdigsten Fällen der Weltgeschichte; die ›Acerra philologica‹ tat noch allerlei Fabeln, Mythologien und Seltsamkeiten hinzu; und da ich gar bald die Ovidischen ›Verwandlungen‹ gewahr wurde und besonders die ersten Bücher fleißig studierte, so war mein junges Hirn schnell genug mit einer Masse von Bildern und Begebenheiten, von bedeutenden und wunderbaren Gestalten und Ereignissen angefüllt, und ich konnte niemals Langeweile haben, indem ich mich immerfort beschäftigte, diesen Erwerb zu verarbeiten, zu wiederholen, wieder hervorzubringen. Einen frömmeren, sittlicheren Effekt als jene mitunter rohen und gefährlichen Altertümlichkeiten machte Fénelons ›Telemach‹, den ich erst nur in der Neukirchischen Übersetzung kennen lernte, und der, auch so unvollkommen überliefert, eine gar süße und wohltätige Wirkung auf mein Gemüt äußerte. Daß ›Robinson Crusoe‹ sich zeitig angeschlossen, liegt wohl in der Natur der Sache; daß die ›Insel

Felsenburg‹ nicht gefehlt habe, läßt sich denken. Lord Ansons ›Reise um die Welt‹ verband das Würdige der Wahrheit mit dem Phantasiereichen des Märchens, und indem wir diesen trefflichen Seemann mit den Gedanken begleiteten, wurden wir weit in die Welt hinausgeführt und versuchten, ihm mit unseren Fingern auf dem Globus zu folgen . . .

Der Verlag oder vielmehr die Fabrik jener Bücher, welche in der folgenden Zeit unter dem Titel Volksschriften, Volksbücher bekannt und sogar berühmt geworden, war in Frankfurt selbst, und sie wurden wegen des großen Abgangs mit stehenden Lettern auf das schrecklichste Löschpapier fast unleserlich gedruckt. Wir Kinder hatten also das Glück, diese schätzbaren Überreste der Mittelzeit auf einem Tischchen vor der Haustüre eines Büchertrödlers täglich zu finden und sie uns für ein paar Kreuzer anzueignen. Der Eulenspiegel, die vier Haimonskinder, die schöne Melusine, der Kaiser Oktavian, die schöne Magelone, Fortunatus mit der ganzen Sippschaft bis auf den Ewigen Juden, alles stand uns zu Diensten, sobald uns gelüstete, nach diesen Werken anstatt nach irgendeiner Näscherei zu greifen. Der größte Vorteil dabei war, daß, wenn wir ein solches Heftchen zerlesen oder sonst beschädigt hatten, es bald wieder angeschafft und aufs neue verschlungen werden konnte.«

War das die Kinderlektüre Goethes, so wandelte sich das Bild einige Jahre später dank den Brüdern *Grimm, Jacob* (1785–1863) und *Wilhelm* (1786–1859), die ihrem Land eine der besten Sammlungen von Volksmärchen schenkten. Die Brüder Grimm waren Philologen, Forscher, Historiker und außergewöhnlich gute Erzähler. Sie lebten, als die deutsche Romantik ihren Höhepunkt erreicht hatte. Zu dieser Zeit richtete man in Deutschland auch die Aufmerksamkeit nach Spanien, um den Geist der spanischen Romantik zu erfassen. Die Brüder Grimm verstanden spanisch und lasen die Übersetzung des »Don Quijote« ihres Freundes Tieck. Sie kannten durch eigene Lektüre und durch die Erklärung der Brüder Schlegel die Stücke von Calderón, Lope de Vega und Tirso de Molina; sie lasen auch – was noch folgenreicher war – spanische Romanzen und veröffentlichten sie. Diese Beschäftigung mit den Romanzen – die kleine Volkserzählungen in mündlicher Überlieferung sind – mag ebenso wie die Kenntnis der nordischen Sagen die Brüder Grimm dazu veranlaßt haben, sich den Volksmärchen zuzuwenden. Hinzu kam noch die 1807 in Kassel geschlossene Freundschaft mit den Schriftstellern Achim von Arnim und Clemens Brentano, die sich mit den deutschen Volksliedern beschäftigt hatten und 1805/08 »Des Knaben Wunderhorn« veröffentlichten. Brentano sammelte außerdem Erzählungen vom Rhein und italienische Erzählungen, die er publizieren wollte.

Die Beziehungen zu diesen Freunden und häufige Reisen durch die deutschen Lande vertieften die Beschäftigung der Brüder Grimm mit der Volksdichtung. Zu dieser Zeit lernten sie auch die bezaubernde Bettina Brentano kennen, die später Achim von Arnim heiratete. In dieser Umgebung voll poetischen Überschwangs und literarischer Schaffenslust, in der einer den anderen zu Rate zog, in der man sich Geschichten erzählte und sie aus der mündlichen Überlieferung sammelte, gedieh die Arbeit der Brüder Grimm.

Brüder Grimm

Als Arnim die erste Version der Märchen der Brüder Grimm las, begeisterte er sich so, daß er zur sofortigen Veröffentlichung riet und bei der Herausgabe half. Clemens Brentano verzichtete darauf, seine stärker literarisierten und brillanteren Märchen zu veröffentlichen.

Jakob Grimm, eine schlanke, feine Gestalt, war der eigentliche Philologe, während Wilhelm, ein kräftiger großer Mann, mehr Dichter war. Für ihre einzigartige Sammlung steuerte Jakob die Methode, Wilhelm die Poesie hinzu. Während des Jahres 1811, in dem Bettina und Arnim heirateten, war das Haus des Schwagers von Bettina, des Bankiers Jordis, Mittelpunkt ihrer Zusammenkünfte. »Die acht Tage, wo der Arnim dagewesen und die Bettina, waren wie ein heller Himmel«, schrieb Wilhelm Grimm noch später nach einem Besuch des Ehepaars in Kassel in sein Tagebuch. Daher widmete er das erste Exemplar der »Kinder- und Hausmärchen« Bettina zu Weihnachten: »An Frau Elisabeth von Arnim für den kleinen Johannes Freimund«.

Den Märchen vorangestellt ist das Bild einer alten Frau, Dorothea Viehmann, die von Ludwig gemalt worden war. Sie war eine Bauernfrau, die mehr als die Hälfte der Märchen erzählte. Sie erzählte sie zweimal: einmal schnell, damit der natürliche

Zeichnung von L. Richter aus »Grimm's Märchen«

Rhythmus der Märchen deutlich wurde, dann langsam, damit die Zuhörer mitschreiben konnten.

Kurios ist, daß noch einige Jahre zuvor den Bründern Grimm der freundschaftlich gesonnene Dichter Wieland sagte, es sei sehr gut, daß die Märchen der Alten, im Stil der Alten erzählt, von Mund zu Mund weitergegeben würden; aber auf keinen Fall eigneten sie sich dazu, gedruckt zu werden. Doch durch die Brüder Grimm kamen sie zum Druck. Ihre Vorgänger waren die Märchen von Perrault (1697), obwohl diese literarischer waren.

Die Brüder Grimm sammelten auch viele Märchen, die ihnen von der Familie Werner von Haxthausens, von der Dichterin Annette von Droste-Hülshoff, von Rheinschiffern, Hirten und Bauern erzählt wurden.

Das Vorwort zu den Märchen, das Wilhelm schrieb, ist ganz dem romantischen Geist der Zeit entsprechend ein Loblied auf Phantasie und Volkstradition. Er sagte: »Der ganze Umkreis dieser Welt ist bestimmt abgeschlossen: Könige, Prinzen, treue Diener und ehrliche Handwerker, vor allen Fischer, Müller, Köhler und Hirten, die der Natur am nächsten geblieben, erscheinen darin; das andere ist ihr fremd und unbekannt. Auch, wie in den Mythen, die von den goldenen Zeiten reden, ist die ganze Natur belebt, Sonne, Mond und Sterne sind zugänglich, geben Geschenke, oder lassen sich wohl Kleider weben, in den Bergen arbeiten die Zwerge nach dem Metall, in dem Wasser schlafen die Nixen, die Vögel (Tauben sind die geliebtesten und hülfreichsten), Pflanzen, Steine reden und wissen ihr Mitgefühl auszudrücken, das Blut selber ruft und spricht, und so übt diese Poesie schon Rechte, wornach die spätere nur in Gleichnissen strebt. Diese unschuldige Vertraulichkeit des größten und kleinsten hat eine unbeschreibliche Lieblichkeit in sich, und wir mögten lieber dem Gespräch der Sterne mit einem armen verlassenen Kind im Wald, als dem Klang der Sphären zuhören. Alles schöne ist golden und mit Sternen bestreut, selbst goldne Menschen leben hier, das Unglück aber eine finstere Gewalt, ein ungeheurer menschenfressender Riese, der doch wieder besiegt wird, da eine gute Frau ihm zur Seithe steht, welche die Noth glücklich abzuwenden weiss, und dieses Epos endigt immer, indem es eine endlose Freude aufthut.«

Später fügt er hinzu, dieses Buch sei nicht für Kinder geschrieben worden, doch, wenn es ihnen gefalle, um so besser! Er hätte nicht soviel Mühe beim Schreiben aufgewandt, wenn er nicht geglaubt hätte, daß ernsthafte und ältere Menschen es vom dichterischen, mythologischen und historischen Gesichtspunkt aus bedeutsam fänden. Das soll heißen, daß diese Märchen ihrem Inhalt nach Kindern gemäß sind, daß ihre tiefere Bedeutung aber erst von Erwachsenen erfaßt werden kann.

Das Buch hatte solchen Erfolg, daß schon bald Ausgaben für Kinder erschienen, die sie mit der ihnen eigenen Fähigkeit, sich gute Bücher anzueignen, verschlangen.

Kinder seien nur für das Epische, das rein Erzählerische aufnahmefähig; aber schon deswegen schuldeten wir ihnen die Bewahrung dieser Schriften. Denn die erzählende Dichtung sei dem einfachen Leben sehr nah, so daß sich hieraus auch ihre weite Verbreitung erklärte; es gebe in der Tat kein Volk ohne sie. Selbst die Neger im Westen Afrikas unterhielten ihre Kinder mit Märchen, wie bereits die Griechen es schon nach Strabos Bericht getan hätten.

Ein Kind in der Zeit der Romantik konnte diese Märchen selbst lesen und brauchte ihnen nicht heimlich zu lauschen, wie es bis zur Klassik nötig war, da man Kindern nur pädagogische Belehrungen und moralische Fabeln zu lesen gab. Das Kind der Romantik erhielt so eine breitere und realere Lebenssicht; es wußte, daß es im Leben Ungeheuer, Schrecknisse, den Tod und die Phantasie gibt; es sah das Leben in seiner poetischen Fülle. Man muß auch festhalten, daß ihm das nichts schadete, wie heute einige Psychologen glauben.

In den Märchen gibt es schattige Wälder, dunkle und undurchdringliche Dickichte, Abartiges, Neid und Grausamkeit. Es gibt die böse Stiefmutter in »Schneewittchen«, die die Leber eines jungen Frischlings ißt und glaubt, es sei die des Mädchens, und die später glühende Eisenschuhe anziehen und sich darin zu Tode tanzen muß. Es gibt Mütter, die ihre Kinder verlassen wie in »Hänsel und Gretel«. Es sind keine Märchen, die alles rosarot darstellen. Aber es gibt natürlich auch sehr vergnügliche Märchen, in denen List und Anmut regieren.

50

Wenn die Themen schon sehr verschieden und immer faszinierend sind, so darf man darüber nicht den Geist und Stil vergessen, den die Brüder Grimm ihren Märchen mitgaben: die ausdrucksvolle, einfache, bäuerliche Kürze, das Volkstümliche und gleichzeitig die verinnerlichte Schönheit und Poesie. Jeder, der die Märchen von Grimm übersetzen will, muß ein Dichter sein. Das Wunderbare in den Märchen ist schon für sich Poesie. Einige Beispiele dafür, wie diese außerordentliche Welt der phantastischen germanischen Mythologie den Leser umfängt. Das Märchen von Jorinde und Joringel fängt so an: »Es war einmal ein altes Schloß mitten in einem großen dichten Wald, darinnen wohnte eine alte Frau ganz allein, das war eine Erzzauberin. Am Tage machte sie sich zur Katze oder zur Nachteule, des Abends aber wurde sie wieder ordentlich wie Mensch gestaltet. Sie konnte die Vögel und das Wild herbeilocken, und dann schlachtete sie's, kochte und briet es. Wenn jemand auf hundert Schritte dem Schloß nahekam, so mußte er stille stehen und konnte sich nicht von der Stelle bewegen, bis sie ihn lossprach. Wenn aber eine keusche Jungfrau in diesen Kreis kam, so verwandelte sie dieselbe in einen Vogel und sperrte sie dann in einen Korb ein und trug den Korb in eine Kammer des Schlosses. Sie hatte wohl siebentausend solcher Körbe mit so raren Vögeln im Schlosse . . .« In diesem Märchen, das so phantastisch beginnt, verwirklichten sich die Forderungen der Poesie, wie es Wilhelm Grimm wünschte.

Auch in dem Märchen »Rapunzel« gibt es Abschnitte von großer Poesie. »Rapunzel war das schönste Kind unter der Sonne. Als es zwölf Jahre alt war, schloß die Zauberin es in einen Turm, der in einem Walde lag und weder Treppe noch Türe hatte, nur ganz oben war ein kleines Fensterchen. Wenn die Zauberin hinein wollte, so stellte sie sich unten hin und rief . . . Rapunzel hatte lange prächtige Haare, fein wie gesponnen Gold. Wenn sie nun die Stimme der Zauberin vernahm, so band sie ihre Zöpfe los, wickelte sie oben um einen Fensterhaken, und dann fielen die Haare zwanzig Ellen tief herunter, und die Zauberin stieg daran hinauf.«

Die Zauberin wußte nicht, daß ein Prinz, der Sohn des Königs, heimlich zusah und nun auch die goldene Leiter emporstieg und daß ihm später Rapunzel, die er zur Frau nahm, Zwillinge gebar. Den Glanz dieser goldenen Haare, die den Turm zwischen grünem Efeu hinabfluteten und sich mit den Blumen des Waldes mischten, vergißt man ebenso wenig wie die Verzweiflung des verliebten Prinzen, als die Zauberin sie entdeckt und Rapunzel aus dem Turm fortbringt. Er stürzt sich vom Turm und fällt zwischen die Dornen, die ihn erblinden lassen. So wandert er einige Jahre im Elend, bis er Rapunzel wiederfindet und ihre Tränen des Mitleids und der Liebe ihm das Augenlicht zurückschenken.

Die poetische Schönheit von Schneewittchen zeigt sich sogar schon am Anfang in den Farben. Das Märchen beginnt: »Es war einmal mitten im Winter, und die Schneeflocken fielen wie Federn vom Himmel herab, da saß eine Königin an einem Fenster, das einen Rahmen von schwarzem Ebenholz hatte, und nähte. Und wie sie so nähte und nach dem Schnee aufblickte, stach sie sich mit der Nadel in den Finger, und es fielen drei Tropfen Blut in den Schnee. Und weil das Rote im Schnee so schön aussah, dachte sie bei sich: ›Hätt' ich ein Kind, so weiß wie Schnee, so rot wie Blut und so schwarz wie das Holz an dem Rahmen.‹ Bald darauf bekam sie ein Töchterlein, das war so weiß wie Schnee, so rot wie Blut und so schwarzhaarig wie Ebenholz und ward darum Schneewittchen genannt. Und wie das Kind geboren war, starb die Königin.« Man könnte noch viele Beispiele für die poetische Schönheit der Märchen, aber auch für ihre bäuerliche Schläue anführen.

Die Grimmschen Märchen wurden in ganz Europa beliebt, so, wie früher die von Perrault und später die von Andersen. Die Kinder freuten sich an ihnen; für sie genügte die reine Erzählung, während Erwachsene ihren tiefen Symbolgehalt erkannten. Sie verstanden den Sinn der Güte, wenn ein schönes und gutes Mädchen einem Ungeheuer einen Kuß gab, das sich darauf in einen Prinzen verwandelte. Genauso verstehen auch wir, daß Dornröschen bei dem Kuß der Liebe erwacht. Denn auch wir sind wie verzauberte Prinzen und schlafende Prinzessinnen und müssen durch die Poesie geweckt werden.

Zeichnung von L. Richter aus »Grimm's Märchen«

Die Brüder Grimm untersuchten auch die Märchen anderer Völker und regten andere Forscher an, Märchen zu sammeln und zu vereinen, wie sie es getan hatten. Die Literatur wurde dadurch bereichert, und diese Sammlungen sind einer der Hauptpfeiler der Kinderliteratur.

Die Erzählkunst der Brüder Grimm erweckte gleichzeitig starkes Interesse an der Folklore und inspirierte andere Erzähler. Ähnlichen Einfluß hatte auch »Des Knaben Wunderhorn« von Arnim und Brentano auf die Dichter der Zeit; sie begannen, sich mit der Volks- und Kinderdichtung zu beschäftigen.

Ernst Moritz Arndt publizierte 1818 »Märchen und Jugenderinnerungen«. *Ludwig Bechstein* sammelte Volksüberlieferungen aus Thüringen und gab 1845 sein »Deutsches Märchenbuch« heraus, in dem andere Versionen der Grimmschen Märchen in einem einfacheren und knapperen Stil wiedergegeben sind. *Karl Simrock* veröffentlichte 1864 »Deutsche Märchen«. Zur gleichen Zeit begann man, alte Legenden, germanische Sagen und die Sagen anderer Völker zu sammeln. Die romantischen Schriftsteller hatten eine besondere Begabung für diese schönen Geschichten der Vergangenheit und übermittelten sie in all ihrem geheimnisvollen Zauber und all ihrer Poesie; sie erscheinen im Glanz ihres melancholischen Sehnens nach dem Übernatürlichen, wo das Unsagbare auf dem Grund der Worte nur aufleuchtet, da es unmöglich ist, das Geheimste zu sagen.

Diese Sagen sind von einzigartiger Schönheit; die Beschwörung der Vergangenheit läßt bei dem Leser eine seltsame Sehnsucht nach den ahnend erkannten Taten und Zeiten früherer Jahrhunderte zurück, die ihm der erzählende Dichter in seinen Bildern und Erinnerungen beschwört.

Die Legenden und Balladen von *Uhland*, die Erzählungen von *Tieck, Friedrich de La Motte-Fouqué* und *Chamisso* sind weitere Beispiele dieser Erzählkunst. Hierhin gehören auch die Dichtungen von *E. Th. A. Hoffmann* wie »Nußknacker und Mäusekönig« und andere mehr, die Kinder, Jugendliche und Erwachsene mit gleicher Freude lesen. Seine poetische und manchmal überschäumende Phantasie führt uns in eine wunderbare Welt von Vorstellungen, wie sie die Aufklärung niemals gekannt hatte.

Bedeutsam und repräsentativ für diese Richtung ist die Erzählung Hoffmanns »Das fremde Kind«, in der die Phantasie und die Vernunft miteinander um das Kind kämpfen. Das zauberhafte Kind in dieser Geschichte ist das Symbol für die Kindheit des Dichters. Seltsame Träume, phantastische Beziehungen, selbst absurde Ereignisse sind Hinweise auf die weiten Möglichkeiten, die sich hier für die Kinderliteratur eröffnen.

Clemens Brentano veröffentlichte nicht nur Kindergedichte, er schrieb auch die »Rheinmärchen«, die er seinen Nichten, den Kindern von Bettina, vorlas. Ein anderer großer Erzähler war *Wilhelm Hauff*, der von orientalischen Märchen aus »Tausend und eine Nacht« beeinflußt war. 1825 veröffentlichte er den »Märchen-Almanach auf das Jahr 1826 für Söhne und Töchter gebildeter Stände«; seine Erzählungen in dieser Sammlung sind fremdartig, farbig und sehr verschieden von den Volksmärchen. Nicht umsonst war »Tausend und eine Nacht« sein Lieb-

Zeichnung von A. Kubin aus »Hauff, Märchen« (Hauffs Märchen. Mit den Zeichnungen von Alfred Kubin. Nymphenburger Verlagshandlung GmbH, München. Alle Rechte bei Spangenberg Verlag GmbH, München 19)

lingsbuch. Zu den bekanntesten Erzählungen gehören »Die Karawane«, »Der Scheik von Alexandria«, »Kalif Storch«. Auch aus späterer Zeit könnte man noch viele Schriftsteller nennen, die mit ihrer Erzählkunst die Kinderliteratur bereichert haben. Zu ihnen gehört auch *Eduard Mörike*, dessen Märchen Kunstwerke sind.

Schon zu Beginn der Zeit, in der diese Schriftsteller die an Legenden und Wundern reiche Volkserzählung pflegten, schrieben andere wie *Christoph von Schmid* kleine Erzählungen, die sich auf Biblische Geschichten, mittelalterliche Legenden und Anekdoten aus dem täglichen Leben stützten. Schmid hatte als Hauslehrer seinen Zöglingen den »Robinson« von Campe und den »Kinderfreund« von Weiße vorgelesen, auch erinnerte er sich immer der Biblischen Geschichten, wie sie ihm sein Vater erzählte; dabei wurde ihm der große Büchermangel der katholischen Jugend bewußt. 1801 veröffentlichte er den ersten Band seiner »Biblischen Geschichten«. Schmid schrieb seine Erzählungen mit der Erfahrung eines begabten Pädagogen, der an seinen Schützlingen die Fehler eines zu ausführlichen Dialogs und zu langer Abschnitte in einer Erzählung beobachtet hatte. 1810 veröffentlichte er nach einer Volksüberlieferung »Genoveva von Brabant« 1816 »Die Ostereier«, wenig später »Heinrich von Eichenfels« und 1823 »Rosa von Tannenburg«; das Buch fand besonders große Verbreitung. Die Rittergeschichten des Mittelalters, in denen die Treulosigkeit den Edelmut der Guten, die Ehrenhaftigkeit, das Ehrenwort, die Treue und die Gerechtigkeit verdüstern, lassen zuletzt doch den Helden über Neid, Haß, Ungerechtigkeit und Verrat siegen.

Der jugendliche Leser (und seine Eltern!) bemitleiden die arme Genoveva, die sich in einer Höhle verbergen mußte und mit ihren langen Haaren ihr armes kleines Kind bedeckte – sie war das Bild der Schwachen und der verfolgten Unschuld im tiefen Walde, der sie vor der finsteren Treulosigkeit der Menschen beschützte. Das Licht des christlichen Glaubens hielt ihre Hoffnung aufrecht, obwohl Elend und Bosheit der Welt sie ins Elend gebracht hatten. Romantisch ritterlicher Geist herrscht auch in »Heinrich von Eichenfels« und »Rosa von Tannenburg« und allen nachfolgenden Büchern, die immer die Tapferkeit des Guten und die Vernichtung des Bösen darstellen. Alle, die an Gott glauben, werden, obwohl sie leiden müssen, letztlich gerettet. Die Geschichten enden mit der Verherrlichung der Religion und des Christentums.

Ein großer Teil des Erfolgs von Schmid erklärt sich einmal aus seiner Fähigkeit, spannend zu schreiben, zum anderen aus der Wahl seiner Motive aus Volksüberlieferungen. Seine Geschichten wurden sehr viel gelesen und dienen auch heute noch – trotz des gewandelten Geschmackes – als Kinderlektüre. Sie erschienen in zahlreichen illustrierten Ausgaben und auf Bilderbogen.

Bilderbogen und »Fliegende Blätter« – Der »Struwwelpeter« von Heinrich Hoffmann

Für die Entstehung eines Kinderbuches ist nicht nur der Text, sondern auch das Bild wichtig. Die Folklore leitet sich aus der mündlichen Überlieferung ab, und Reime und Verse (also gesprochene Literatur!) begleiten oft die Spiele und Bewegungen des Kindes; in ähnlicher Weise begleitet das Bild den literarischen Text und entscheidet häufig über den Erfolg eines Buches. Wir haben bereits die Bedeutung des Bildes im »Orbis pictus« gesehen. Jetzt muß auf die Bilderbogen hingewiesen werden, die Anfang des 18. Jahrhunderts erschienen und unter deutschen Kindern große Verbreitung fanden.

Die »Bilderbogen« entsprechen den spanischen »Aleluyas« und den französischen »Images d'Epinal«, wenn man im internationalen Rahmen nach einer Entsprechung suchen will. Sie stellen auch eine Variante der Volksdrucke dar. Man begann sie in Nürnberg in Schwarzweiß und farbig zu drucken. Die Themen waren mannigfaltig: Darstellungen von Festen und Märkten mit einer Vielzahl von Figuren, von biblischen Szenen, Kinderspielen, dem ABC, Tieren und Fabeln . . .

Münchener Bilderbogen.

5. Auflage.

Nro. 120.

Kgl. Hofbuchdruckerei von Dr. C. Wolf & Sohn in München.

Herausgegeben und verlegt von K. Braun und J. Schneider in München.

Münchener Bilderbogen

Einer der berühmtesten Bilderbogenzeichner war *Th. Hosemann.* 1825 errichtete Gustav Kühn in Neuruppin eine Druckerei und begann Bilderbogen mit solchem Erfolg herauszugeben, daß man bereits 1832 ausrechnete, er habe mehr als eine Million gedruckt, die im ganzen Land bei Groß und Klein verbreitet wurden. Diese »Fliegenden Blätter« hatten eine größere Verbreitung als jede Zeitung und übermittelten mehr Informationen als jedes andere Medium. Da sie von Kindern mit Begeisterung aufgenommen wurden, begann man, auch kleine moralische Erzählungen für die Heranwachsenden, biblische Geschichten und Fabeln zu drucken –, obwohl die Kinder natürlich auch die Satiren auf Gewohnheiten, auf die Mode und die Politik lasen . . .

Hervorzuheben sind die ausgezeichneten »Münchener Bilderbogen«, die sich von den Neuruppiner Bilderbogen durch ihren besseren Stil unterschieden; an ihnen arbeiteten bekannte Künstler mit. *Pocci, Wilhelm Busch, Schwind* und andere trugen zur höheren Qualität dieser Bilderbogen, die der Jugend gewidmet waren, bei. Zum größten Teil wurden die Zeichnungen von einem Text in Prosa oder Versen begleitet, aber es gab auch kleine Zeichnungen, die sich aus sich heraus erklärten und kein geschriebenes Wort mehr benötigten. In der Schweiz existierten bereits Vorläufer dieser Drucke, um den Kindern zum Neuen Jahr Glück zu wünschen.

Unter den illustrierten deutschen Büchern findet sich eins, das man mit den Bilderbogen vergleichen kann und das sich großer Beliebtheit erfreute: der »Struwwelpeter« des Arztes *Heinrich Hoffmann;* er zeichnete das Buch für seinen dreijährigen Sohn, nachdem er vergebens ein Geschenk für ihn zu Weihnachten gesucht hatte. Hoffmann hatte schon oft Zeichnungen für seine kleinen Patienten gemacht, daher gelang es ihm, ein Buch mit ganz leichten, einprägsamen und etwas platten Versen zu schreiben. Obwohl seine Geschichten unterhaltsam sind, haben sie doch moralisierende Absicht. Er nannte sein Buch »Struwwelpeter oder lustige Geschichten und drollige Bilder«. Die Titelfigur ist ein ungehorsames Kind, das sich Haare und Nägel nicht schneiden lassen will; daher sind sie ungewöhnlich lang gewachsen und haben ihn zu einem kleinen Scheusal werden lassen, das Hände wie Klauen hat. Auf den Einband seines Buches zeichnete Hoffmann den Struwwelpeter zur Abschreckung des Lesers; neben sich hat er die Symbole der Reinlichkeit, Schere und Kamm.

Das Buch enthält eine Reihe von haarsträubenden Geschichten über unartige Kinder. Die erste handelt vom bösen Friederich, der den Hunden so gern Fußtritte gibt, daß er zuletzt ins Bein gebissen wird. Schrecklich ist auch die folgende Geschichte von Paulinchen, die so lange mit Streichhölzern spielt, bis eines Tages ihr Kleid Feuer fängt und sie verbrennt. Ihre Lieblingskatzen weinen bitter über ihrer Asche. Noch schlimmer ist die Geschichte von dem Kind, das immer am Daumen lutscht und schließlich zur Strafe alle beide abgeschnitten bekommt, oder die unheilvolle Geschichte vom Suppenkaspar, der einst ein dickes Kind war, aber dann zum Fädchen abmagerte. In ähnlicher Weise soll die Geschichte von Hans, der mit offenen Augen träumt, abschrecken. Er ist so zerstreut, daß er ins Wasser fällt und ertrinken müßte, wenn ihn nicht zwei Männer retten würden. Im »Fliegenden Robert« wird ein eigensinniges Kind vom Wind davongetragen, weil es unbedingt bei Sturm auf die Straße gehen will.

Obwohl der Struwwelpeter in die Reihe der Bücher gehört, die in traditioneller Weise die Moral durch eine Handlung deutlich machen, und auch die üblichen Beispiele dafür bringt, was einem ungehorsamen, lügnerischen und faulen Kind geschehen kann, ist die Darstellung doch neu und sogar humoristisch. Die Bestrafung ist dem Vergehen so unangemessen, daß die kleinen Leser gleichzeitig lachen und beeindruckt sind.

Über diese illustrierten Versgeschichten, in denen das Bild genauso wichtig ist wie der Text, haben sich die Psychologen vielfach geäußert und über ihren Wert und Nutzen diskutiert. Vom ersten Augenblick seines Erscheinens an hatte das Buch jedoch einen derartigen Erfolg, daß eine Ausgabe der anderen folgte und es noch heute eines der meist verkauften Bücher ist, obwohl ein großer Teil der neuen Ausgaben in seiner Illustration übertreibt, die zu grob und bunt ist.

Wie sehr die Kinderliteratur im Kommen war, beweisen die zahlreichen Ausgaben, die von jener Art von Büchern herauskamen. Friedrich Gedike, den *Kunze* zitiert, beschwerte sich 1789 in seinen »Gesammelten Schulschriften« über das große Geschäft, das mit Kinderbüchern gemacht wurde. 1787 sagt er in »Einige Gedanken über Schulbücher und Kinderliteratur«: »Keine einzige Manufaktur ist so sehr im Gange, als die Büchermacherei für die Jugend nach allen ihren Gradationen und Klassen geschieht. Jede Leipziger Sommer- und Wintermesse spült wie eine Flut des Meers eine zahllose Menge Bücher der Art ans Ufer. Und siehe, jung und alt eilt hin und sammelt – wenig Perlen und Ambra; desto mehr Schlamm, höchstens buntgefärbte leere Schneckenhäuser. Da gibt es unter zahllosen Formen und Namen: Kinderalmanache, Kinderzeitungen, Kinderjournale, Kindersammlungen, Kinderromane, Kinderkomödien, Kinderdramen, Kindergeographien, Kinderhistorien, Kinderphysiken, Kinderlogiken, Kinderkatechismen, Kinderreisen, Kindermoralen, Kindergrammatiken und Lesebücher für Kinder in allen Sprachen ohne Zahl, Kinderpoesien, Kinderpredigten, Kinderbriefe, Kindergespräche und wie sonst noch alle der literarische Puppenkram heißen mag, der alljährlich besonders unter dem für die lieben Eltern und Basen anlockenden Nebentitel ›Weihnachtsgeschenk für die lieben Kinder‹ zu Markte gebracht wird ... Wer kann die großen Verdienste in Zweifel ziehen«, fährt er fort, »die ein Campe, Weiße, von Rochow, Salzmann und die wenigen ihnen ähnlichen Schriftsteller sich um die Jugend erworben?«

Dieses Zeugnis ist so interessant, weil in der verächtlichen Aufzählung, in der sich das Wort »Kind« dauernd wiederholt, die beste Klassifizierung der Kinderliteratur steckt.

Aus: H. Hoffmann »Der Struwwelpeter«

Die Dichtung – Die Sammlung von Achim von Arnim und Clemens Brentano – Andere Dichter – Die künstlerische Illustration und bedeutende Illustratoren – Ludwig Richter

Die Erzählung und die Erzählkunst wurde durch die Beiträge der romantischen Schriftsteller beträchtlich bereichert, die pädagogische Novelle war das Werk der Erzieher, aber auch die Poesie blühte in der ersten Hälfte des 19. Jahrhunderts. *Achim von Arnim* und *Clemens Brentano* fügten dem dritten Band von »Des Knaben Wunderhorn« (1808) einen Abschnitt »Kinderlieder« an. Mit seinem ganzen Reichtum an Spielen, Versen, Gebeten, Rätseln und Beschwörungen wurden sie wegweisend für spätere Sammlungen und boten Dichtern echte Inspiration. Einige Jahre später erschien 1815 in Hamburg eine anonyme Sammlung »Dichtungen aus der Kinderwelt«, die alte Lieder, Erzählungen, Belehrungen und Kinderspiele enthielt. Kurz zuvor hatte der Dichter *Friedrich Rückert* seine Dichtungen und Kinderlieder »Fünf Märlein zum Einschlafen fürs Schwesterlein« veröffentlicht. Nicht weniger berühmt wurde die »Kinderheimat in Liedern« (1836) von *Friedrich Güll* mit Illustrationen von Graf Pocci und die »Funfzig Fabeln für Kinder« von *Wilhelm Hey* (1833), zu deren Beliebtheit auch die Zeichnungen von Otto Speckter beitrugen. Gedichte von *Heinrich Hoffmann von Fallersleben* wurden zu bekannten Kinderliedern wie »Kuckuck, Kuckuck, ruft's aus dem Wald«. Nach zahlreichen anderen Lieder- und Reimsammlungen gab *Johannes Trojan* noch 1899 »Hundert Kinderlieder« heraus. Diese ganze, Kindern gewidmete Dichtung fand ihren Höhepunkt in dem ausgezeichneten Buch von *Franz Magnus Böhme* »Deutsche Lieder und Kinderspiele« (1897), das eine große Vielfalt von Melodien und Texten enthält.

Zur gleichen Zeit, da die Poesie fern jeder pädagogischen Absicht und nur erweckt durch die ästhetische Neigung der Romantik blühte, achtete man auch besonders auf die Illustration der Kinderbücher, damit alles einen künstlerischen Zusammenklang ergebe. Illustratoren wie Ludwig Richter (1803–1884) machten Schule; zu seinem Kreis gehörten nicht nur Ernst Rietschel, C. E. Kretzschmar, Ernst F. Oehme, Robert Reinick, sondern auch die unzählige Schar von Zeichnern, die ihn nachahmten. Trotz seines Ruhms und seiner nicht zu leugnenden zeichnerischen Begabung wirkt er doch etwas bürgerlich-bieder, was wiederum den Büchern, die er illustrierte, nicht gemäß war, denn sie entsprangen zum größten Teil romantischer Phantasie. Es besteht ein solcher Gegensatz zwischen dem phantastischen und zum Wunderbaren neigenden Text und der häuslichen Ruhe der guten und braven Bürger und ihrer niedlichen Kinder, daß der Leser, der eine ganz andere Art der Illustration erwartete, sich enttäuscht fühlen muß. Trotzdem haben sich die deutschen Leser daran gewöhnt, die Märchen von Grimm und andere Erzählungen mit den Illustrationen von Richter zu betrachten. Unserer Meinung nach hätten französische und englische Illustratoren besser den Geist der deutschen romantischen Phantasie erfassen können als die Deutschen selbst. Einzig die Zeichnungen von E. Th. A. Hoffmann, der kein berufsmäßiger Illustrator war, geben in ihrem sensiblen Strich die ganze Unruhe, Unbestimmtheit, das Lyrische und Geheimnisvolle der deutschen Erzählkunst wieder. In den Holzschnitten von Richter gibt es nur wenig Perspektive, Hell-Dunkel, starke Kontraste, Maßloses, keine kühn erdachten, im Bild dargestellten Verbindungen wie z. B. bei Cruikshank; es werden nur die Kleinbürgerlichkeit, die Mittelmäßigkeit und die Ruhe friedfertiger Leute gezeigt, die am Feuer Geschichten zuhören, die sie nicht einmal erschauern lassen. Das zu Häuslich-Biedere verhindert die wahre Übereinstimmung mit dem Text. Aber trotz allem erweckten diese Illustrationen die Bewunderung

Es rollt der Topf. Es krümmt voll Quale
Des Katers Schweif sich zur Spirale.

Und Spitz und Kater fliehn im Lauf. —
Der größte Lump bleibt obenauf!! —

Aus: W. Busch »Hans Huckebein der Unglücksrabe«

der Deutschen, und sie gehören einfach zu den klassischen Texten. Graf Pocci erfreute sich der gleichen wohlmeinenden Bewunderung, auch er steht in dieser »biederen« Tradition, die bis zum Kindischen gehen konnte. Sie wurde erst ein Jahrhundert später überwunden, als der Expressionismus die deutsche Kinderbuchkunst von diesem »sanften« Stil befreite. Adolf Glaßbrenner und Gustav Süs waren sehr gute Zeichner, obwohl sie in der Art des heilen und prosaischen Realismus von Richter arbeiteten, der sich noch bis 1910 bei Petersen hielt.

Einzig Karl Fröhlich schuf mit seinen Scherenschnitten etwas typisch Romantisches, Originelles und Schönes. Seine Zeichnungen stimmen mit dem Text überein, in seinen anmutigen und zarten Figuren und Ornamenten lebt der ganze Zauber der poetischen Texte. Fröhlich war in der Tat ein Zauberer und Dichter, und sein magisches Werkzeug war die Schere. Auch Oskar Pletsch war ein tüchtiger Zeichner, obwohl manchmal zu prosaisch; so erreichte er nicht immer die volle Höhe seiner Möglichkeiten. Nur *Wilhelm Busch* befreite sich aus der Abhängigkeit von Richter.

Seine satirische Absicht und die Lebendigkeit seiner Zeichnungen machten ihn zu einem glänzenden Karikaturisten, obwohl hin und wieder noch »Richtersche« Züge erkennbar bleiben. Seine Erfindung von Max und Moritz, diese bösen Buben der deutschen illustrierten Literatur, und seine intensive Mitarbeit an den Münchener Bilderbogen sichern ihm einen hervorragenden Platz in der deutschen Kinderliteratur und unter den Künstlern der Illustration.

Karl May und die Abenteuerliteratur – Die ästhetische Erziehung der Jugend – Erich Kästner und sein Werk

In der zweiten Hälfte des 19. Jahrhunderts wurde von einem großen Teil der Jugendlichen die Abenteuerliteratur bevorzugt. James Fenimore Cooper hatte mit seinem »Letzten Mohikaner« (1826) die Regeln aufgestellt, nach denen andere Schriftsteller sich richteten. In Deutschland begann *Karl May* zu schreiben; er stammte aus Sachsen. In seiner Autobiographie »Mein Leben und Streben« beschrieb er den unruhigen Roman seines Lebens. Unter seinen zahlreichen Büchern ragt »Winnetou« hervor, eine Indianergeschichte nach Art des »Letzten Mohikaners«. Winnetou ist der edle, tapfere und vollkommene Held der Prärien des Westens, der Jugendliche begeisterte. Wie Karl May in seiner Autobiographie erzählt, machte er geographische und wissenschaftliche Studien, um die Prärie, die Wälder und die Landschaften, in denen die Handlung spielt, genau beschreiben zu können. Die Liebe zu wissenschaftlicher Präzision findet sich bei Jules Verne wie bei Karl May, obwohl dieser romantischer war und feuilletonistischer schrieb. Es gibt von Karl May nicht nur Geschichten über den amerikanischen Westen, sondern auch über andere Kontinente. »Von Bagdad nach Stambul« z. B. spielt im Orient. Karl May hatte großen Erfolg und wird auch gegenwärtig noch viel in Deutschland gelesen, ähnlich wie Salgari in Italien, Verne in Frankreich und Cooper in Nordamerika. Sein Ansehen bei der Kritik ist jedoch beträchtlich gesunken. Er wird heute in Deutschland viel diskutiert, einige Kritiker sprechen verächtlich von ihm, andere wiederum treten für ihn ein.

Auch andere deutsche Schriftsteller haben Abenteuergeschichten geschrieben. *F. Pajeken, C. Falkenhorst, August Niemann* und *Sophie Wörishöffer* ließen ihre Helden Abenteuer in Afrika erleben und mischten so Erfindung, wissenschaftliche Reiseberichte und Forschungsergebnisse.

Ende des Jahrhunderts, fast schon zu Beginn des 20. Jahrunderts veröffentlichte *Heinrich Wolgast* (1896) ein bedeutsames Buch, »Das Elend unserer Jugendliteratur«, in dem er sich für die ästhetische Erziehung der Jugend einsetzte und die Forderung nach Poesie in der Jugendliteratur stellte. Gleichzeitig verlangte er, daß jedes Buch für Kinder und Jugendliche – sei es in Prosa oder Versen – ein Kunstwerk sein müsse. In der Folge veröffentlichte man Anthologien und Gedichtbücher, bei denen man auch auf das äußere Bild achtete und darauf sah, daß die Illustration künstlerischen Wert hatte. Die Zahl der Autoren, die man hier nennen könnte, ist sehr groß: es mag genügen, den Schweizer *Ernst Kreidolf* als Vertreter dieser vom Ästhetischen her kommenden erzieherischen und literarischen Bewegung zu nennen. 1898 veröffentlichte er die »Blumen-Märchen«; obwohl man den Einfluß des englischen Zeichners Walter Crane und der Blumenzeichnungen in der Art Kate Greenaways erkennt, ist Kreidolf doch sehr originell. Die Vorliebe für alles Blühende, wie sie dem Präraffaelismus eigen war, und die rein dekorativen

Erich Kästner (Verlag Fr. Oetinger, Hamburg)

Zeichnung von W. Trier aus »Emil und die Detektive« (Verlag Fr. Oetinger, Hamburg)

Ornamente, wie sie am Ende des Jahrhunderts bevorzugt wurden, finden sich bei Kreidolf wieder. Margeriten, weiße Lilien, Schwertlilien, Glockenblumen und Feldblumen gewannen durch den Pinsel des Maler-Schriftstellers Leben und bildeten das Entzücken aller Kinder, die diese Kinderreime und phantastischen Dichtungen lasen, denen ebenso schöne und phantastische Zeichnungen beigetan waren.

In diesen Zusammenhang gehören auch – ebenfalls von Kreidolf illustriert – die Bücher von *Paula* und *Richard Dehmel*, die gleichermaßen die Forderung Wolgasts nach Poesie erfüllen: »Fitzebutze« und »Buntscheck«; sie sind lebendig und fröhlich und von Kinderfolklore und von der Kindersprache beeinflußt; ebenso das Buch von Christian Morgenstern »Liebe Sonne, liebe Erde«, das ein Vorläufer der Bücher von James Krüss ist. Obwohl oberflächlich gesehen keine Verbindung besteht, gehört das Buch »Die Biene Maja« von *Waldemar Bonsels* (1912) auch in diese ästhetische Bewegung. Seine poetischen Naturbeschreibungen und die schöne Handlung haben diesem Kunstwerk der Kinderliteratur mit Recht Erfolg gebracht.

Noch viele Schriftsteller des 20. Jahrhunderts würden es verdienen, erwähnt zu werden, doch können in diesem kurzen Abriß nur die bedeutendsten einen Platz finden. Die Abenteuergeschichte erhielt durch *Erich Kästner* (1899–1974) eine modernere Richtung. 1929 erschien »Emil und die Detektive«, die Geschichte einiger Berliner Jungen, die einem Dieb auf die Spur kommen. Der Scharfsinn und die Tüchtigkeit der Jungen machen die Geschichte auch heute noch interessant; ihr Erfolg beruht nicht allein auf der Lösung des Rätsels, sondern auch auf dem Verhalten ihrer Hauptfiguren. Emil und seine Freunde bewegen sich mit der gleichen Natürlichkeit durch die große Stadt Berlin wie früher Tom Sawyer durch die Prärie am Mississippi. Das Verdienst Kästners besteht darin, den Prototyp der Detektivgeschichte mit Jungen als Helden geschaffen zu haben, der später so viele Nachahmer fand. »Emil und die Detektive« enthält vieles aus dem Leben des Autors. Sein autobiographisches Buch »Als ich noch ein kleiner Junge war« zeigt, wie viele Ähnlichkeiten es zwischen Emil und dem Autor als Kind gab. Zu Kästners Kinderbüchern gehören weiter »Der 30. Mai«, »Das doppelte Lottchen«, »Das fliegende Klassenzimmer« und »Emil und die drei Zwillinge«. Kästner hat sich mit seinem Werk den Christian-Andersen-Preis verdient.

Kinder- und Jugendliteratur in Deutschland nach 1945

Es wäre verfrüht, die gegenwärtige deutsche Kinder- und Jugendliteratur beurteilen zu wollen, noch ehe sie Zeit hatte, »klassisch« zu werden.

Einige bemerkenswerte und originelle Schriftsteller sind zu erwähnen, so *James Krüss* (1926), der 1968 die Andersen-Medaille erhielt. Seine Texte sind heiter und unterhaltsam, der Reim ist sehr ausgeprägt, und es fehlt nicht an »nonsense«. Krüss gehört zu den lustigen Schriftstellern, die Kindern so gut gefallen. Er schrieb »Mein Urgroßvater und ich« 1959, »Der Leuchtturm auf den Hummerklippen«, »Der wohltemperierte Leierkasten«, Texte zu zahlreichen Bilderbüchern und Geschichten für den Rundfunk. Mehrfach mit Preisen bedacht wurde *Otfried Preußler* (1923). Seine phantasiereichen und humorvollen Kinderbücher heißen »Der kleine Wassermann", 1956, »Die kleine Hexe«, 1957, »Der Räuber Hotzenplotz«, 1962, »Das kleine Gespenst«, 1966, und »Krabat«, 1971, eine Erzählung über einen Jungen aus sorbischem Gebiet, der in die Netze eines diabolischen Müllers gerät, der ihn in die Schwarze Magie einführt.

Beachtenswert ist auch *Hans Baumann* (1914), der zahlreiche Bücher geschrieben hat. In seinen Romanen »Die Höhlen der großen Jäger«, 1953, »Die Barke der Brüder«, 1957, »Die Welt der Pharaonen«, 1959, erkennt man einen humanen

Geist, der eine bessere Welt suchen hilft. Er gab auch zwei Anthologien mit Gedichten heraus: »Wer Flügel hat, kann fliegen«, 1966, und »Ein Reigen um die Welt« mit Gedichten aus 75 Sprachen.

Auch der deutsche Jugendroman hat gute Autoren. *Irmela Brender* (1953) schrieb »Noch einmal dankeschön« 1962 und »Der dunkle Spiegel« 1963, in dem sie die Probleme und die Lage der Jugendlichen im Ausland behandelt. *Frederik Hetmann* (d. i. H. Chr. Kirsch, geb. 1934) schrieb »Blues für Ari Loeb« 1961. In dem Buch behandelt er die Problematik der Juden in der heutigen Welt. »Enteignete Jahre«, 1961, hat die moderne Jugend zum Thema und »Bring den Schnee durchs Feuer«, 1926, den spanischen Bürgerkrieg von 1936. In »Amerika-Saga«, 1964, sind die Cowboys, Tramps und Desperados das Hauptthema. Nach einigen dem Sachbuch und herausgeberischer Tätigkeit gewidmeten Jahren wandte er sich mit Büchern über Ché Guevara und Rosa Luxemburg der politischen Biographie für die Jugend zu.

Hans Georg Noack (1926) begann mit »Hautfarbe Nebensache« 1960. In dem Roman stellt er das Rassenproblem dar. Auch seine späteren Bücher behandeln Probleme des menschlichen Zusammenlebens. *Lisa Tetzner* (1884–1963) schrieb zahlreiche Märchen, die in den Bänden »Märchen der Welt für 365 und einen Tag«, 1924, und »Die Märchen der Weltliteratur« veröffentlicht wurden. Außer-

James Krüss (Verlag Fr. Oetinger, Hamburg)

dem verfaßte sie heitere Romane wie »Was am See geschah«, 1932, eine Autobiographie »Der Gang ins Leben«, 1926, »Hans Urian oder Die Geschichte einer Weltreise«, 1919, »Reise nach Ostende«, 1936, und die »Schwarzen Brüder«, 1940. 1945 bis 1949 stellte sie in ihrer neunbändigen Folge »Die Kinder aus Nr. 67« Terror und Krieg, aber auch die Hoffnung auf eine friedliche Zukunft dar.

Michael Ende (1929) schrieb nicht nur die humorvollen Erzählungen »Jim Knopf und Lukas der Lokomotivführer« (1961), und »Jim Knopf und die wilde Dreizehn« (1963), sondern auch ein so versponnenes Buch wie »Momo« (1974), das mit dem Deutschen Jugendbuchpreis ausgezeichnet wurde.

Eine besondere Rolle für das deutsche Kinderbuch spielt *Elisabeth Borchers* (1926), die mit hochdifferenziertem Sprachgefühl Prosa und Poesie – auch für das seit etwa 1960 in der Bundesrepublik Deutschland oft sehr anspruchsvoll illustrierte Bilderbuch – schreibt. Neben zahlreichen anderen Künstlern gehört *Janosch* (1931) zu den erfolgreichen Illustratoren, die zugleich selbst ihre Texte schreiben. Hier sei von diesen Arbeiten nur die schönste genannt: »Der Josa mit der Zauberfiedel«, 1960. Die freche Persiflage »Janosch erzählt Grimm's Märchen« zeigt den auch als Romancier hervorgetretenen Künstler 1974 von einer ganz anderen Seite.

Insgesamt ist das deutsche Kinder- und Jugendbuch bis etwa 1970 aber eher kon-

Otfried Preußler

ventionellen Mustern verhaftet geblieben. In diesem Jahr ließ der kleine Erzäh-
lungsband »Die grauen und die grünen Felder« *(Ursula Woelfel)* durch die lese-
pädagogisch geschickte Einführung sozialer Problematik ins Kinderbuch aufhor-
chen. Seither ist eine rapide, wenn auch nicht immer glückliche Veränderung der
Kinder- und Jugendbuchszene zu verzeichnen. Zugute kam ihr, daß Schriftsteller
wie der namhafte Romancier *Peter Härtling* zum Beispiel in »Das war der Hirbel«,
1974, der eindringlichen Geschichte eines behinderten Heimkindes, neue literarische Maßstäbe setzten. Mit einem verwandten Thema hatte bereits 1972 *Wolf-
gang Gabel* debütiert, als er die im schmerzlichen Ton der Autobiographie geschriebene Erzählung »Orte außerhalb« vorlegte. Hier wie andererseits im Sachbuch für Jugendliche, das an Zahl und Qualität ständig zunimmt, fehlen die früher
als notwendig erachteten altersspezifischen Charakteristika.

Dieser gewandelten Wirklichkeit hat sich die Prämiierungspraxis des vom Bundes-
ministerium für Jugend, Gesundheit und Familie gestifteten und seit 1956 alljährlich verliehenen Deutschen Jugendbuchpreises etwas zögernd angepaßt. Deshalb wurden 1976 auf privater Grundlage zwei konkurrierende Institutionen, die
»Deutsche Akademie für Kinder- und Jugendliteratur« und der »Rote Elefant«
gegründet, die sich aber beide bisher noch nicht profilieren konnten. Immerhin
darf man von ihnen eine Belebung von Kinderbuchforschung und -vermittlung
erwarten, die bisher – direkt oder indirekt – meist auf Initiativen von *Jella Lepman*
zurückgehen. Das gilt für den 1952 gegründeten »Arbeitskreis für Jugendliteratur«
ebenso wie für die 1949 eröffnete Internationale Jugendbibliothek in München, die
heute mehr als 250 000 Bände umfaßt.

Eine der Folgen der Teilung Deutschlands nach 1945 war, daß die Kinderliteratur
der Bundesrepublik Deutschland und der Deutschen Demokratischen Republik
wenig gemeinsame Charakteristika aufweist. Während Westdeutschland viel mit
der anglo-amerikanischen Produktion gemeinsam hat, lassen die Bücher, die in
der Deutschen Demokratischen Republik veröffentlicht werden, Beziehungen zur
Kinderliteratur in der UdSSR und verschiedenen Ländern des Ostblocks erkennen.
Viele dieser Bücher entsprechen theoretischen Ausführungen, die ihren Ursprung
in den Ideen Gorkis haben. Sie behandeln zum großen Teil Themen, die sich mit
den neuen sozialen und politischen Veränderungen beschäftigen.

Weit über die Kinderliteratur hinaus bekannt ist *Anna Seghers,* die für Kinder
»Geschichten von heute und gestern« und »Die Kraft der Schwachen« schrieb.
Das gleiche gilt für zwei weitere Schriftsteller: *Stefan Heym* veröffentlichte »Kreuz-
fahrer von heute«, *Erwin Strittmatter* »Tinko«, einen Roman über Familienpro-
bleme, die von einem Kind erfahren und erlebt werden, und »Pony Pedro«. *Peter
Hacks* schrieb für das Radio Stücke für das Kindertheater und eine Reihe von
Geschichten und Gedichten mit dem Titel »Das Windloch, Geschichten von Hen-
riette und Onkel Titus«.

Die Bedeutung, die man in der DDR der Kinderliteratur zumißt, veranlaßte auch
einen so bedeutenden Autor wie *Bertolt Brecht,* von einigen seiner Werke Bear-

Internationale Jugendbibliothek München (IJB)

beitungen für Kinder zu machen. Dazu gehören »Der verwundete Sokrates«, die Anthologie »Herr Bertolt Brecht sagt« und »Poesiealbum Nr. 1: Bertolt Brecht«.

Fred Rodrian, der den Kinderbuchverlag leitet, veröffentlichte »Felix und das Täubchen Turr« (1960), »Das Entenlied« (1960), »Die Rakete von Bummelsburg« (1964), »Wir haben keine Löwen« (1971) und »Das Wolkenschaf«.

Von *Franz Fühmann* stammen »Das Tierschiff – Tiermärchen aus aller Welt« (1965), »Das hölzerne Pferd« (1968), »Das Nibelungenlied«, »Androklus und der Löwe« und andere Nachschöpfungen großer Werke der Weltliteratur.

Einer der am weitesten verbreiteten Autoren ist *Benno Pludra.* Seine Helden sind immer Kinder, und die Handlung seiner Romane ist stets humorvoll und hat Aktion. Er schrieb »Die Reise nach Sundevit«, »Sheriff Teddy« (1956), »Haik und Paul«, »Bootsmann auf der Scholle« (1959) und »Tambari«.

Sehr bekannt wurde *Horst Bastian* durch »Moral der Banditen« (1964) und »Wegelagerer« (1972). *Lieselotte Welskopf-Henrich* (1901), die als Professorin für Altertumswissenschaften in Nordamerika war und dort das Leben der Indianer studierte, hat deren Leben in der Serie »Die Söhne der Großen Bärin« und in »Nacht über der Prärie« geschildert.

Österreich

Als nach dem Ersten Weltkrieg das deutschsprachige Österreich ein eigener Staat wurde, suchte man die nationalen Werte zu stärken. So nahm der österreichische Kinderschriftsteller eine besondere Stellung ein. Noch stärker aber blühte die Kinderliteratur nach dem Zweiten Weltkrieg auf, als *Richard Bamberger* den Buchklub gründete und die Zeitungen »Jugend und Buch« und »Bookbird« erschienen.

Max Stebich (1897), der unter dem Pseudonym *Max Rott* als Dichter und Dramatiker bekannt wurde, veröffentlichte für die Jugend: »Märchen aus deutschen Landen« 1956, »Donausagen« 1958, »Das große Wiener Sagenbuch« 1960, »Märchen aus Österreich« 1954, »Alpensagen« 1958 und »Volkssagen aus aller Welt« 1959. Mit dem Können des Romanciers und jeweils akribischer Sachkenntnis schreibt *Fritz Habeck* seine historischen Erzählungen aus dem Spätmittelalter und der frühen Neuzeit, von denen die mehrfach neu aufgelegten »Taten und Abenteuer des Doktor Faustus« ihm den großen Erfolg brachten.

Hohes Ansehen genießt *Karl Bruckner* (1906), der erst für Jugendliche zu schreiben begann, als er verschiedene Berufe ausgeübt und zwei Jahre in Brasilien verbracht hatte. Er bevorzugt soziale Themen und vertritt pazifistische Ideen. Seine Bücher wurden in 21 Sprachen übersetzt; er gewann mehrere Male den Jugendpreis der Stadt Wien. Seine Hauptwerke sind: »Die Strolche von Neapel« 1955, »Der goldene Pharao« 1957, »Lale, die Türkin« 1958, »Viva Mexiko!« 1959, »Sadako will leben« 1961, »Nur zwei Roboter« 1963. Seine Themen sind immer interessant und die Handlung dynamisch.

Franz Braumann (1910), der aus einer Bauernfamilie stammt, gab seinen Beruf als Lehrer auf und wurde Schriftsteller. Er veröffentlichte viele Jugendromane, die in verschiedenen Ländern spielen, unter anderem »Gold in der Taiga« 1957, »Ritt nach Barantola« 1958, »Ein Mann bezwingt die Not« 1960, »Vater des Amazonas« 1961 und »Qumran, Tal der Geheimnisse« 1964.

Hinter dem Namen *Gerhard Ellert* verbirgt sich Gertrud Schmirger (1900). Ihre Biographien und historischen Romane sind die Frucht vieler Reisen in Europa, Afrika und Amerika. Sie hatte die Begabung, über sehr verschiedene Umwelten und Menschen zu schreiben. Erwähnenswert sind ihre Bücher »Der Goldschatz« 1956, »Das blaue Pferd« 1958, »Auf endlosen Straßen« 1959, »Propheten, Könige und Kalifen« 1960, »Gregor der Große« 1961 und »Kreuzritter« 1955. Sie schrieb auch Bücher für Erwachsene, die von Jugendlichen gelesen werden können, so 1937 »Wallenstein« und 1948 »Richelieu«.

Auguste Lechner (1905) begann schon früh den Kampf gegen Schmutz und Schund in der Kinderliteratur. Zu ihren späteren Büchern gehören: »Die Nibelungen« 1951, »Herr Dieterich reitet« 1953, »Das Königsgrab im gelben Felsen« 1954, »Der Bruder aus der Höhle und das Mädchen Idis« 1964, »Jenseits des goldenen Nebels« 1965.

Friedrich Feld (d. i. Friedrich Rosenfeld, 1902) verließ nach dem Zweiten Weltkrieg sein Land und ging nach Prag und England. Dort wurde er ansässig und arbeitete bei der BBC, für die er viele Hörspiele verfaßte. Für Kinder und Jugendliche schrieb er »Trilin reist um die Welt« 1931, »Der fliegende Igel« 1953, »Der Papagei von Isfahan« 1960, »Der ungeduldige Ibrahim« 1962, »Der Rabe Yuan« 1962 und viele humoristische Bücher mehr. Dem Kindertheater sind »Der silberne Stern« 1947 und »Der verlorene Schlüssel« 1952 zugedacht.

Wenigstens genannt seien die Bücher von *Kurt Eigl* (1911) »Das geflügelte Haus«, »Alle brauchen Moro« 1960 und »Meine große Schwester und ich«. *Alexis Steiner* (1911) veröffentlichte 1962 »Die stille, die heilige Nacht« und 1963 »Alle meine Pferde« und ausgezeichnete Bearbeitungen des »Don Quijote« und anderer Klassiker. Sehr bekannt sind die Schriftstellerinnen *Mira Lobe* und *Vera Ferra-Mikura*. Mira Lobe (1913) ist einfallsreich, lebhaft und unterhaltsam; ihre Kinderbücher stecken voller Überraschungen und außergewöhnlicher Ereignisse, z. B. »Der Tiergarten reißt aus« 1953, »Der Bärenbund« 1954, »Titi im Urwald« 1957, »Hannes und sein Kumpan« 1961, »Die Omama im Apfelbaum« 1965. Vera Ferra-Mikura (1923) widmete sich völlig der Kinderliteratur, nachdem sie verschiedene Berufe ausgeübt hatte. In ihren Büchern führt sie phantastische Elemente ins tägliche Leben ein; so in »Der Teppich der schönen Träume« 1955, »Zaubermeister Opequeh« 1956, »Der alte und der junge und der kleine Stanislaus« 1962, »Zwei Leute sind kein Dutzend« 1963, »Peppi und die doppelte Welt« 1963 und »Brief an das Christkind« 1965.

Othmar Franz Lang (1921) befaßt sich in seinen Jugendromanen mit der Beziehung zwischen Individuum und Gesellschaft. Dabei stellt er das Zusammenspiel des einzelnen mit der Gemeinschaft in gemeinsamer Arbeit heraus. Seine wichtigsten Bücher sind »Campingplatz Drachenloch« 1953, »Das Leben ist überall« 1965, »Lagerfeuer lodern überall« 1956 und »Siebzehn unter einem Dach« 1959.

Georg Schreiber (1922) verfaßte die historischen Romane »Der Weg des Bruders« 1957, »Schwert ohne Krone« 1962, »Ritt ins Hunnenland« 1964, »Versunkene Städte« 1955. *Käthe Recheis* (1928) schreibt Indianerromane – sie zeigte schon in ihrer Kindheit Vorliebe für solche Bücher – »Kleiner Adler und Silberstern« 1961, »Sinopah und das Pony« 1963, »Die Hunde Wakondas« 1964. Unter den jüngeren Autoren hat sich die schreibfreudige *Christine Nöstlinger* (1936) als das stärkste Talent ausgewiesen. Für »Wir pfeifen auf den Gurkenkönig« wurde sie 1973 mit dem Deutschen Jugendbuchpreis ausgezeichnet. »Maikäfer flieg!«, die im selben Jahr erschienene realistische Geschichte einer proletarischen Wiener Kindheit im Zweiten Weltkrieg, stellt den Kontrapunkt zu dieser phantastischen, aber psychologisch zwingenden Erzählung dar.

Die Schweiz

Die Neujahrsblätter – Die Geschichten von R. Toepffer – Die Bücher und das erzieherische Werk von Pestalozzi – Der »Schweizerische Robinson« von R. Wyss

Die Schweiz ist das Land der großen Pädagogen. In gewisser Weise spiegelt sich das auch in der Kinderliteratur mit ihrer zurückhaltenden Lehrhaftigkeit, Ernsthaftigkeit und Einfachheit; gleichzeitig bezeigen die Schweizer Kinderbücher eine Vorliebe für gesunden Menschenverstand und alles, was praktisch und tüchtig ist. Zudem sind sie von maßvollem Idealismus im goetheschen Sinn erfüllt.

Anfangs waren die Bücher für Kinder belehrend und moralisch: die Fabeln des Äsop, die »Disticha moralia« des *Dionysius Cato* (Zürich 1551) und die weit verbreitete Schrift des *Erasmus von Rotterdam* »Familiarium colloquiorum formulae« (1522). Schon früher hatte *Zwingli* für sein Patenkind »Herrn Ulrich Zwingli Lehrbiechlein« (1524/26) geschrieben. Religiöse Katechismen und die Christenspiegel gehören ebenfalls zu den frühesten, Kindern zugedachten, Büchern in der Schweiz.

Die Schriften des Barock nennt A. Angst »Zeugnis ängstlicher Grundstimmung und des Mißtrauens gegen alles Irdische«. Dazu gehören fromme Werke wie *Jakob Meiers* »Biblischer Kinder- und Jugendspiegel« und beispielhafte Lebensläufe, wie sie *J. J. Graeser* im »Schweizerisch Heldenbuch« aufzeichnete.

Mit dem Erscheinen des »Orbis pictus« von J. A. Comenius (1658) begann ein spezifisches Interesse an der Kinderliteratur. Seit derselben Zeit erschienen im Kanton Zürich die »Züricherischen Neujahrsstücke« oder »Neujahrsblätter«, Glückwunschblätter oder Briefe, die man den Kindern für Beiträge oder Spenden, die die Eltern ihren Vereinen zahlten, gab. Diese Blätter, Vorläufer der »Bilderbogen«, enthielten Bilder, Sprüche und Verse; sie waren sehr verbreitet. Zu dieser Zeit übersetzte man auch den »Telemach« von Fénelon. Große Pädagogen versuchten, Natur und Wesen des Individuums zu entdecken. *Johann Jakob Bodmer* glaubte, daß schöpferische Phantasie die poetische Grundlage des Lebens sei und nicht strenge und engherzige Erziehungsregeln. Er wollte den Einzelnen zum Wohl der Gemeinschaft erziehen und stimmte darin mit den Ideen Rousseaus und Pestalozzis überein. Auch sonst hat Rousseaus Aufenthalt in der Schweiz großen Einfluß gehabt.

Bodmer schrieb als einer der ersten Theaterstücke für Kinder und Jugendliche.

1771 erschienen zwei unterhaltende und stark moralisierende Bücher von ihm: »Die Botschaft des Lebens« und »Der Fußfall vor dem Bruder«. Er verfaßte auch eine »Geschichte der Stadt Zürich« (1773), die zum Vorbild für andere Bücher über Städte wurden, so für das *F. Bernet*s »Kurze Geschichte der Stadt und Republik St. Gallen, zum Gebrauche der Jugend« (1781). Das Interesse für Schweizer Städte wuchs in demselben Maße wie das Interesse für alles, was mit Schweizer Heimat und Schweizer Bergen zusammenhing.

1801 veröffentlichte *Friedrich Meissner* »Alpenreise mit seinen Zöglingen«. Er gründete in Rom ein Erziehungsinstitut; auf seine Schriften hin fanden die »Schulreisen« statt, die späteren Büchern als Muster dienten; so schrieb der Genfer *Rodolphe Toepffer* »Reise im Zick-Zack«, nachdem er mit seinen Schülern eben-

Holzschnitt von K. Girardet aus »Aux Alpes et en Italie«

73

falls Reisen unternommen hatte. Toepffer war mit seiner illustrierten Forsetzungsreihe »Geschichte des Herrn Cryptogam«, »Monsieur Pencil« und »Monsieur Vieux-Bois« eine Art Vorgänger von Wilhelm Busch.

Das Werk *Heinrich Pestalozzis* (1746–1827) hatte große Bedeutung, besonders »Lienhard und Gertrud«. Von jungen Leuten wurde »Wie Gertrud ihre Kinder lehrt« gelesen. Für Pestalozzi war das Leben ständige Erziehung und daher auch jede Kunst Pädagogik. Sein ganzes Werk spiegelt diese Ideen. Als Erzieher war er überzeugt, daß es die Aufgabe des Menschen und des Lehrers im besonderen sei, von den dunklen Intuitionen zu den klaren Erkenntnissen fortzuschreiten.

Der freie Wille bestimme die Moral, glaubte Pestalozzi; er war überzeugt, daß der Mensch in seinem Gewissen die Keime zum Guten trägt. Der Entwurf einer vollkommenen und humanen Erziehungslehre wird in den Gesprächen Gertruds mit ihren Kindern deutlich; es handelt sich um das Ideal einer erreichbaren Vollkommenheit. Dahinter steht der große Satz Kants: »Einzig durch die Erziehung kann der Mensch wahrhaft Mensch werden."

Neben den Büchern Pestalozzis gibt es ein anderes Werk, das über den nationalen Umkreis hinaus Weltruhm erlangt hat: der »Schweizerische Robinson« von *Johann David Wyss* (1743–1818), den dessen Sohn Rudolf herausgab. Er hatte »Robinson der Jüngere» von Campe zum Vorgänger, aber in ihm wird die Robinsonade einer Familie erzählt. Die Schweizer Familie Starck erleidet Schiffbruch und wird auf eine verlassene Insel verschlagen. Der Autor des Buches war Pfarrer in Bern, er machte zusammen mit seinen Kindern viele Ausflüge und pflegte das Gespräch am Mittagstisch. Der Titel des Originalmanuskriptes lautet: »Charakterisierung meiner Kinder während einer Robinsonade«, später hieß der endgültige Titel: »Der Schweizerische Robinson oder der Schiffbruch eines Schweizer Predigers und seiner Familie. Ein belehrendes Buch für Kinder und für Freunde der Kinder«. Das Buch gab seinem Autor die Möglichkeit, eine Vielfalt von Kenntnissen in der Botanik, Zoologie, Handwerkskunst, Geschichte, Geographie und seine Reiseerfahrungen darzustellen. Das grundsätzlich Neue dieses »Schweizerischen Robinson« ist, daß es sich um die Robinsonade einer ganzen Familie handelt, bei der nicht der einzelne von jeder Gemeinschaft völlig isoliert wird. Die in der Gemeinschaft erlittene und überwundene Katastrophe ist vielmehr das Hauptthema dieses Buches. Dabei ist der Zusammenhalt der Familie beispielhaft und typisch für Schweizer. Hinzu kommt, daß der Vater Pfarrer ist und zudem ein wahrer »pater familias«, der die Erziehung seiner Familie nicht aus der Hand gibt. So ist der »Schweizerische Robinson« ein Beispiel mehr für den pädagogischen Geist der Schweizer. In dieser Zeit wurden viele fromme und moralische Bücher veröffentlicht wie »Das Glück der guten Erziehung«, »Ferdinand der Dulder«, »Die Macht des Glaubens und der Liebe«, »Erholung für Christenkinder«. Mode wurden auch Bücher für junge Mädchen wie das von Leonhard Meister »Sittenlehre der Liebe und Ehe für meine Freundin«. Diese Art von Literatur erschöpfte sich jedoch bald, und nach ihr kam ein bedeutsamer Wechsel. 1846 veröffentlichte *Jeremias Gotthelf* eine Erzählung für die Jugend »Der Knabe des Tell«.

»Löwenjagd« a. d. »Schweizerischen Robinson« (Dr. R. L. Wyss, Bern)

Selbst bei dieser knappen Aufzählung der Hauptwerke der Schweizer Kinder- und Jugendliteratur muß man die »Fünfzig Fabeln und Bilder aus der Jugendwelt« von *Wilhelm Corrodi* besonders erwähnen, ebenso von seinem Sohn *August Corrodi*, der Schriftsteller und Maler war (Pseudonym »Onkel August«) »Aus Wald und Feld« (1858) und »Für mein kleines Völkchen«. Das Buch von *Sutermeister* »Kinder- und Hausmärchen aus der Schweiz« ist eine Märchensammlung wie die der Brüder Grimm. Bekannter in der Weltliteratur wurde jedoch das Werk von *Johanna Spyri* (1827–1901); es machte ähnlich wie der »Schweizerische Robinson« die Schweizer Kinderliteratur über die Grenzen hinaus berühmt. Die beiden »Heidi«-Bände (1880 und 1881) erzählen von einem kleinen Schweizer Mädchen, seiner Liebe zu den Bergen des Vaterlandes und seinem Heimweh nach ihnen. Die Vorzüge des Landes werden mit Begeisterung beschrieben, hinzu kommt ein feiner Sinn für das Pädagogische, der Schweizer Schriftstellern angeboren scheint. »Heidi« ist eine moralische und unterhaltende Geschichte, von gesundem und empfehlenswertem Gefühlsreichtum; man meint die reine Luft jener Berge und Wiesen zu atmen, die die kleine Heldin so liebt.

Nach dem Zweiten Weltkrieg trat die Schweiz vor allem durch ihre ausgezeichneten Bilderbuchillustratoren Alois Carigiet, Hans Fischer, Felix Hoffmann und später Walter Grieder hervor. Carigiets »Schellen-Ursli« mit den Versen von Selina Chönz war lange auch ein Lieblingsbuch deutscher Kinder.

Zeichnung von P. Nussbaumer aus »Heidi's Lehr- und Wanderjahre« (Benziger Verlag)

1952 erfolgte in der Schweiz eine für die Kinderliteratur bedeutsame Gründung, die Schaffung des »International board on books for young people« (IBBY) durch *Jella Lepman.* Zu der Vereinigung gehören Schriftsteller, Illustratoren, Verleger, Buchhändler, Pädagogen sowie Personen und Institutionen, die am Kind und der

Kinderliteratur interessiert sind. Seit seiner Gründung verleiht der IBBY den Hans-Christian-Andersen-Preis an einen Schriftsteller oder Illustrator. Die Gründung des IBBY hat internationale Bande enger geknüpft. Alle zwei Jahre werden Kongresse veranstaltet, die die Produktion, die Übersetzungen und das gegenseitige Kennenlernen der Experten verschiedener Länder fördern und weitere Konferenzen, Begegnungen und Ausstellungen anregen.

(Deutschland, Österreich, Schweiz)
Bibliographie

Bamberger, Richard: Jugendschriftenkunde, Leseunterricht, Literaturerziehung. 2. Aufl. Wien 1965.
Bang, Ilse: Die Entwicklung der deutschen Märchenillustration. München 1944.
Beiträge zur Kinder- und Jugendliteratur. Hrsg. Arbeitsgemeinschaft für das Kinder- und Jugendbuch. Berlin 1962.
Bibliographie deutscher Übersetzungen aus dem Französischen. 1700–1948. Bearbeitet von Hans Fromm. Baden-Baden 1950–1953.
Binder, Lucia: Lexikon der Jugendschriftsteller. Wien 1968.
Böhme, Franz Magnus: Deutsches Kinderlied und Kinderspiel. Leipzig 1897.

Bookbird (Zeitschrift). News Bulletin of the IBBY. Vlg. für Jugend und Volk, Wien. Seit 1966 (vierteljährlich).

Cornioley, Hans: Vierhundert Jahre Schweizerische Jugendliteratur. Jugendliteratur, 2/1961.

Doderer, Klaus / Helmut Müller (Hrsg.): Das Bilderbuch. Weinheim/Basel 1973.

Drews, Jörg: Zum Kinderbuch. Betrachtungen. Kritisches. Praktisches. Frankfurt a. M. 1975.

Dyhrenfurth, Irene: Geschichte des deutschen Jugendbuches. 3. neubearb. Aufl. Zürich 1967.

Enzensberger, Hans Magnus: Allerlei rauh. Viele schöne Kinderreime. Frankfurt a. M. 1962.

Fricke, Wilhelm: Grundriß der Geschichte deutscher Jugendliteratur. Minden i. Westf. 1886.

Göhring, Ludwig: Die Anfänge der deutschen Jugendliteratur im 18. Jahrhundert. Nürnberg 1904.

Hasubek, Peter: Die Detektivgeschichte für junge Leser (= Schriften des Arbeitskreises für Jugendliteratur). Bad Heilbrunn 1974.

History and theory of youth literature. Histoire et théorie de la littérature pour la Jeunesse. Internationale Jugendbibliothek. München 1965.

Hobrecker, Karl: Alte vergessene Kinderbücher. Berlin 1924.

Holder, Anneliese: Jugendbuch in aller Welt. Ergebnisse einer Umfrage bei 24 Nationen über den Stand des Jugendbuches. München 1956.

Hürlimann, Bettina: Europäische Kinderbücher in drei Jahrhunderten. Zürich 1963.

— Die Welt im Bilderbuch. Moderne Kinderbilderbücher aus 24 Ländern. Zürich 1965.

— Zu den Anfängen der Schweizerischen Kinderliteratur. Jugendliteratur, 11/1961.

Jugend und Buch (Zeitschrift). Österr. Buchklub der Jugend, Wien. Seit 1951 (vierteljährlich).

Jugendliteratur (Zeitschrift). Juventa-Verlag, München 1955–1963.

Jugendliteratur und gesellschaftliche Wirklichkeit. 2. Jahrbuch des Arbeitskreises für Jugendliteratur. Bad Heilbrunn 1974.

Kaiser, Bruno: Schöne Kinderbücher aus der DDR. Berlin und Leipzig 1965.

Kataloge der Internationalen Jugendbibliothek, München: Alphabetischer Katalog. Länderkatalog. Systematischer Katalog. Titelkatalog. Illustratorenkatalog. G. K. Hall & Co. 70 Lincoln St. Boston/Mass. USA 02111.

Keckeis, Peter: Zur Geschichte des Schweizer Jugendbuchs. Jugendliteratur, 11/1961.

Kinder- und Jugendliteratur. Hrsg. G. Haas. Zur Typologie und Funktion einer literarischen Gattung. Stuttgart 1974.

Köster, H. L.: Geschichte der Deutschen Jugendliteratur in Monographien. 4. Auflage. Braunschweig 1927, Nachdruck München 1968.

Kraut, Dora: Die Jugendbücher in der deutschen Schweiz bis 1850. Schweizer Bibliophilen-Gesellschaft, Serie 2, H. 17. Bern 1945.

Künnemann, Horst: Kinder und Kulturkonsum. Weinheim 1972.

Kunze, Horst: Schatzbehalter vom Besten aus der älteren deutschen Kinderliteratur. Berlin 1963.

Larese, Dino: Schweizer Jugendschriftsteller der Gegenwart. St. Gallen 1963.

Lonchamp, F. C.: Manuel du Bibliophile Suisse. Paris et Lausanne 1922.

Maier, Karl Ernst: Jugendschrifttum. Formen, Inhalte, pädagogische Bedeutung. Bad Heilbrunn 1973.

Merget, A.: Geschichte der deutschen Jugendliteratur. Berlin 1867.

Plischke, Hans: Von Cooper bis Karl May. Eine Geschichte des völkerkundlichen Reise- und Abenteuerromans. Düsseldorf 1951.

Polivka, Georg, u. a.: Anmerkungen zu den Kinder- und Hausmärchen der Brüder Grimm. Neubearbeitet von Johannes Bolte. Berlin 1913–32. Unveränderter Nachdruck Hildesheim 1963.

Rammensee, Dorothea: Bibliographie der Nürnberger Kinder- und Jugendbücher 1522–1914. Bamberg 1961.

Richter, Dieter: Das politische Kinderbuch. Eine aktuelle historische Dokumentation. Darmstadt, Neuwied 1973.

Rümann, Arthur: Alte deutsche Kinderbücher. Wien, Leipzig, Zürich 1937.

— Das illustrierte Buch des XIX. Jahrhunderts in England, Frankreich und Deutschland, 1790–1860. Leipzig 1930.

Scherf, Walter: Politische Bildung durch das Jugendbuch? Bestandaufnahme zu einem aktuellen Thema. München 1963.

Seebass, Adolf: Alte Kinderbücher und Jugendschriften. Katalog bearbeitet von A. Seebass. Basel 1956.

Ullrich, Hermann: Robinson und Robinsonaden. Bibliographie, Geschichte, Kritik. Weimar 1898.

Wegehaupt, Heinz: Ausgezeichnete Kinder- und Jugendbücher der DDR. Verzeichnis von 1950–1964. Berlin 1965.

— Theoretische Literatur zum Kinder- und Jugendbuch. Bibliographischer Nachweis von den Anfängen im 18. Jahrhundert bis zur Gegenwart. München 1972.

Wehrmann, Karl: Kinderlied und Kinderspiel. Leipzig 1909.

Wolgast, Heinrich: Das Elend unserer Jugendliteratur. Ein Beitrag zur künstlerischen Erziehung unserer Jugend. 1. Auflage Hamburg 1897, 7. Auflage Worms 1950.

Zeitschrift für Jugendliteratur. Julius Beltz-Verlag. Weinheim 1967–1968.

Zwanzig Jahre Deutscher Jugendbuchpreis. Herausgegeben vom Arbeitskreis für Jugendliteratur. München 1976.

Zwanzig Jahre Jugendbuchpreis in der Schweiz 1943–1963 (= Schriften des Schweizerischen Lehrervereins Nr. 37).

Niederlande

Der Literaturhistoriker *Dirk Daalder* weist in seiner bedeutenden Geschichte der Kinderliteratur in Holland »Wormcruyt met suycker; historisch-critisch overzicht van der Nederlandse Kinderliteratuur met ilustraties en portretten« (1950) auf *Hieronymus van Alpen* (1746–1803) als den eigentlichen Begründer der Kinderliteratur in Holland hin. In der Art der pädagogischen und moralisierenden Schriftsteller schrieb er ein Buch mit dem Titel »Gedichte für Kinder«, außerdem zahlreiche dramatische Dialoge und Erzählungen, die alle eine Lehre enthalten.

Zweifellos gab es neben dieser neuen, der Pädagogik so verbundenen Kinderliteratur auch eine mehr volkstümliche, die sich großer Beliebtheit erfreute; sie wurde mündlich oder in Volksdrucken überliefert. Das ausgezeichnete Buch von *Maurits de Meyer* »De Vols- en Kinderprent in de Nederlanden« (1962) gibt eine Fülle von Beispielen von Bilderbogen und Drucken, die eigens zur Erholung und Erbauung der Kinder herausgegeben wurden und sicherlich große Freude bereitet haben. »Kinderspiele«, »Le bon Guillaume«, »Alfabet mit Tieren«, »Soldatenmusik« sind die besten Beispiele; sie entsprechen den spanischen »Aleluyas«, den französischen »Images d'Epinal« und den deutschen »Bilderbogen«.

Ein in Holland sehr verbreitetes und beliebtes Buch war »Der brave Hendrik« (1833) von *N. Anslijn.*

Es ist leicht verständlich, daß in Holland, in dem sich die Kulturen und der germanische und angelsächsische Einfluß mischten, sehr bald schon Übersetzungen der Klassiker der Kinderliteratur erschienen: »Reineke Fuchs«, »Robinson«, »Eulenspiegel«, »Gulliver«, »Münchhausen« und die Grimmschen Märchen. Zwischen 1830 und 1880 wurden die damaligen Modeautoren übersetzt: Marryat, Andersen, Verne, Alcott und Dickens. In dieser Zeit wurden auch die ersten Kinderzeitungen veröffentlicht; hervorragende Kinderschriftsteller waren *T. J. Goeverneur* (1809–1899) und *Jan Pieter Heye* (1809–1876).

P. J. Andriessen (1815–1877) widmete sich vor allem der historischen Erzählung und inspirierte sich an der Geschichte seines Landes. Er stand unter dem Einfluß von Sir Walter Scott, der dem historischen Roman soviel Anregung gab. Andriessen schrieb mehr als zwanzig Bücher, unter denen »Niederländische Legende« und »Der Graf von Devonshire« (1838) besonders zu erwähnen sind. Neben der historisch getreuen Milieuschilderung in seinen Romanen erkennt man auch den Romantiker, der die Natur liebte.

Von 1880 bis 1900 übersetzte man Karl May, »Tausend und eine Nacht«, »Alice im Wunderland«, »Don Quijote«. Holländische Schriftsteller dieser Zeit waren *Titia van der Tuck, S. Heimans, Christine Doorman, S. Abramsz* – er schrieb Abenteuerromane – und *P. Louvverse* (1840–1908), der Fortsetzungsromane wie »Alfer en wala« und »De twee Hugo's« veröffentlichte. Dem Abenteuerroman widmete sich auch *J. Stamperius* (1858–1936); er schrieb »Een week vol aventuren« (1893) und »Drie jongens op een ship« (1903).

Zeichnung von R. Cramer aus »Grimms Märchen«

Zu erwähnen sind auch die Autoren *C. Joh. Kieviet* (1858–1931), der »Vit het leven van Dik Trom« (1892) schrieb, und *Frans van Dorentil* (1892).
Zwischen 1900 und 1920 müssen genannt werden: *Nellie van Kol* (1851–1930),

Ida Heijermans (1866–1943) – sie schrieb »Verteiligen van de Maan« (1902) und »In grote Kring« (1904) –, *Nienke van Hichtum* (1860–1939), *Paul Biegel* (1925), *Godfried Bomans, Dick Bruna, Miep Diekmann* (1925) – sie reist viel, schrieb den Abenteuerroman »Die Boote von Brakkeput« und erhielt den Andersen-Preis –, *Johan Fabricius* schrieb »Java Ho« (1933), die Geschichte von vier Jungen auf ihrer Reise in den Fernen Osten –, *Dick Laan* (1898), *An Rutgers, Annie M. G. Schmidt* (1911) und schließlich *Jan Terlow,* einer der jüngsten Autoren.

Bibliographie

Daalder, Dirk L.: Wormcruyt met suycker; historisch-critisch overzicht van der Nederlandse Kinderliteratuur met ilustraties en portretten. Amsterdam 1950.
Meyer, Maurits de: De Vols-en Kinderprent in de Nederlanden van de 15e tot de 20e eeuw. Antwerpen-Amsterdam 1962.
Vries, Leonard de: Kleine blompjes der vreugd. Bouquet van de mooyste verhaaltjes en de vrolijkste vaersjens voor jonge heren & juffers en hunne brave ouders. Geplukt door Leonard de Vries. Met vele konstige houtsneden en fraaije kopergravuren. Amsterdam 1965.

Belgien

In Belgien gibt es eine französisch und eine flämisch geschriebene Kinderliteratur, wobei die flämische noch verhältnismäßig jung ist. Die Literaturhistoriker lassen sie mit *Hendrik Conscience* (1869–1930) beginnen. 1900 versammelte *Lode Opdebeek* (1869–1930) eine Reihe von Schriftstellern um sich, die sich der Aufgabe, für Kinder zu schreiben, widmen sollten. Es waren *Constant de Kinder* (1869–1943), der »Jan zonder Urees« schrieb, und *Auctor* (unter diesem Pseudonym schrieb Jan Bruylants 1871–1928), der »De booren van Olen« veröffentlichte. *Hendrik van Tichelen* (1883 bis 1967), der viel unternahm, um die Veröffentlichung von Kinder- und Jugendbüchern zu fördern, schrieb »Versjes en Liedjes voor her jonge volkje«. 1909 gründete *Edwards Peeters* (1873–1937) die Zeitung »Minerva« in mehreren Sprachen. Er schrieb auch Gedichte für Kinder. In dieser Zeit veröffentlichten *Armand Suls* »Een kapitein aan wal« und *Jos Pierré* »De club van de zwarte ridders«.

1932 berief H. van Tichelen im Zuge seiner Bemühungen um qualitätvolle Kinderbücher den berühmten Zeichner *Felix Timmermans* und andere Illustratoren, damit sie die flämischen Bücher verschönten. Er hatte dabei sicher gegen das Vordringen ausländischer Bücher wie die von Burnett, Nesbit, Twain ... zu kämpfen. Aber es galt, die Literatur in flämischer Sprache zu fördern. So entstand das Werk von *Kiroul, A. van de Velde, Callant* (1858–1943), *P. Stijns, A. Hans, E. Ridder, P. Schepens, Maurits de Praetere, Hisda Casteels* und vieler anderer.

Als nach 1945 die Vereinigung der Jugendschriftsteller entstand, erreichte die Kinder- und Jugendliteratur hohes Niveau. Zu den besten Autoren der letzten Jahre gehört *René Struelens*, der besonders historische Romane wie »Duel met Fortuna«, »Het geheim der dode Steden« und »De woedende aarde« schrieb. Sein Hauptwerk, das den Nationalpreis für das beste flämisch geschriebene Buch erhielt, heißt »Vlucht langs de Anapoer«. Es behandelt den Konflikt eines Jungen und eines Mädchens vor dem Hintergrund einer Naturkatastrophe und ist in sehr plastischer Sprache erzählt.

Hendrik Jespers schrieb Kinderverse in »Lisje virkant en Pietje Rond«, *Rose Gronon* schrieb »Gouden regen«. *Cor Ria Leeman* schreibt vor allem Romane und sehr anregend zu lesende Reisebeschreibungen, von denen die besten »De gouden dolk«, »Het goed de Farao«, »De pesoduikers van Acapulco« und »De zwarte cobra« sind. *Guido Staes* schreibt für das frühe Kindesalter. *Albert van Nerum* brachte ein sehr unterhaltsames Buch über Tiere »Reintje Serie« heraus.

Es sind noch folgende Namen zu nennen: *Johan Balleger* (1927), der »De scheepsjongens van de Keyserinne« schrieb, *Libera Carlier* (1926), der Abenteuergeschichten vom Meer veröffentlicht, *Angèle Dalschaert* (1927), die Gedichte und humoristische Erzählungen schreibt, nochmals Rose Gronon (1901), die zahlreiche Romane, darunter »De ramkoning« schrieb, *Christina Guirlande* (1938), die durch ihre Romane »Juana, een Aymarákind« und »De slapende olifant« berühmt wurde. Auch *Jan Peters, Mariette Vanhalewitjn* und *Cyriel Verleyen* müssen erwähnt werden. Das Werk von Verleyen ist beachtlich vor allem unter historischem Aspekt. Er schrieb »Ein ketterproces in Mechelen« und »Der kleine foerier«. *Leopold Vermeiren* (1914) und *Yvonne Waegemans* (1909) seien noch erwähnt.

Bibliographie

Van Tichelen, Hendrik: Over boeken voor kindsheid en jeugd. Antwerpen 1952.
Verbeeck-Luts/Fred de Swert: Das flämische Jugendbuch. Antwerpen 1973.

England
Kanada
Australien / Neuseeland

Erste Lektüre für Kinder – Das hornbook – Der Handel mit Flugblättern (chapbooks) –
Balladen und Rittergeschichten

Früher als jede andere Kinderliteratur wurde die englische untersucht und klassifiziert.
So hat sie ihren Platz in der »Cambridge History of English Literature« und wird als
Zweig der allgemeinen Literatur betrachtet. In anderen Ländern hat sie diese Ein-
ordnung noch nicht erreicht.

Sehr früh schon wurde für Kinder und Jugendliche geschrieben, auch wenn es nur
moralische Lehren der Eltern an ihre Kinder waren. Der Verleger *Caxton*, der durch
die große Anzahl von Büchern, die er verlegte, berühmt wurde, übersetzte das Buch
des Franzosen Geoffrey de la Tour Laundry »Das Buch, das der Ritter von Tour zur
Belehrung und zur Unterweisung für seine Töchter schrieb«. Das Buch war für Eltern
bestimmt, die es ihren Töchtern vorlesen sollten.

Man findet ähnliche Bücher in allen europäischen Literaturen. Caxton übersetzte
auch 1484 die »Fabeln« des Äsop aus dem Französischen und veröffentlichte sie im
selben Jahr mit 185 Holzschnitten. Fast zur gleichen Zeit erschien in Spanien der
»Isopete historiado«, dasselbe Buch mit den gleichen Stichen erschien auch in Deutschland; es fand überall große Verbreitung.

Caxton druckte auch Ritterromane wie »Die Sage von König Arthur und den Rittern
der Tafelrunde«, eine Auswahl aus der »Geschichte Trojas«, das »Buch der Geschichten über Jason«, »Reynart der Fuchs«. Alle Bücher waren ursprünglich für
Erwachsene gedacht, wurden aber auch von Kindern und Jugendlichen viel gelesen.

Was gab es darüber hinaus noch an Lektüren für Kinder? Da war einmal das »hornbook«, eine Art Schulfibel. Das hornbook war ein Blatt Papier, auf dem das Alphabet, die Zahlen und die täglichen Gebete standen; das Ganze war mit einem Schutz-
film überzogen und von einem Rahmen mit einem Griff umgeben. Mitte des 16. Jahrhunderts besaßen fast alle Kinder diese »hornbooks«; sie konnten sie ohne Sorge vor
Beschädigungen in die Hände nehmen, da ihre Oberfläche geschützt war. Das »hornbook« war eine gute Erfindung; es ermöglichte auf Dauer die Verbreitung elementarer
Kenntnisse, des Alphabets, der Zahlen und der Gebete. Die »primers« waren ebenfalls Fibeln oder Alphabete für Kinder. Gewöhnlich waren es Gebetbücher oder
christliche Andachtsbücher und meist in Lateinisch geschrieben. Obwohl alle diese
»hornbooks« und »primers«, die Fibeln und Lesebüchern entsprachen, für Kinder

bestimmt waren, gehören sie nicht zur Kinderliteratur; eher kann man sie als unvollständige pädagogische Bücher bezeichnen.

In den »chapbooks« (Flugblättern) und in den Balladen ist dagegen der Ursprung einer eigenen Kinderlektüre zu finden. Die chapbooks waren kleine billige Bücher, die sehr einfach aufgemacht waren und einfache, volkstümliche Stiche enthielten. Sie

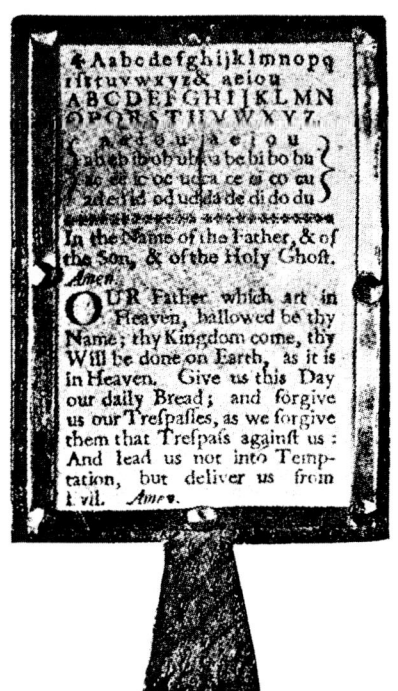

Hornbook

wurden im 16. Jahrhundert herausgegeben, fanden im 17. Jahrhundert größte Verbreitung und wurden bis ins 18. Jahrhundert hinein gedruckt. Sie enthielten Geschichten und Balladen, die den spanischen Romanzen glichen.

Balladen wie Romanzen wurden, ehe man sie aufzeichnete, von Mund zu Mund weitergegeben. Es waren dramatisch bewegte Kompositionen mit einem alle ansprechenden Thema. Es gab die in Versen geschriebenen Balladen von Guy Warwick, Adam Bell, Bevis of Southampton, Robin Hood, Tom Thum und »The Babes in the Wood«. Sir Philip Sidney sagte in seiner »Verteidigung der Poesie« 1595 über die Ballade von Chevy Chase: »Ich muß bekennen, daß ich mich sicher noch in einem barbarischen Zustand befinde, denn jedesmal, wenn ich das alte Lied von Percy und Douglas höre, schlägt mein Herz stärker als beim Schmettern einer Trompete.«

Die »chapbooks« mit ihren Geschichten und Balladen wurden von Hausierern verkauft, die sie in länglichen Körben trugen. Legenden und alte Geschichten wie die von »Jack the giant killer« waren so beliebt und so verbreitet, daß einige Pädagogen zu Anfang des 18. Jahrhunderts die Kinder noch ermahnten, weder Balladen noch verrückte Bücher zu lesen, sondern sich an Heiligengeschichten, Lebensbeschreibungen von Märtyrern und beispielhaften Menschen sowie an Traktate über die Erziehung zu halten.

Bereits Ende des 15. Jahrhunderts wurden auch gereimte Traktate veröffentlicht wie »Das Buch für Kinder oder Traktat darüber, wie Jugendliche sich betragen sollen«; in Lateinisch gab es »Das Kind bei Tisch« und »Weisheitslehren für Knaben«.

Neben den sehr alten und folkloristischen Nursery Rhymes, die zugleich unsinnig und merkwürdig waren, aber von Kindern sehr geliebt wurden, empfahl man moralisierende und belehrende Verse.

Religiöse Bücher – John Bunyan und »The Pilgrim's Progress« – Moralische Sinnsprüche

Während die Welle des Puritanismus in England eindrang, gab es vor allem belehrende Bücher und eine Literatur, die sich mit dem »Göttlichen« beschäftigte. Es war die Absicht von Vätern, Lehrern und Schriftstellern, eine Literatur nach moralisch-puritanischen Grundsätzen zu schaffen; diese Grundregeln besagten, daß man die Sünde fliehen, das Gute tun und sittenstreng leben sollte. Bücher, die nur der Zerstreuung oder Unterhaltung dienten, empfand man als sündhaft.

In dieser Zeit herrschten Bücher wie das von *John Cotton* vor: »Milch für Kinder aus der Brust beider Testamente gesogen« (1646). Der Titel ist lächerlich, aber das Buch gehört zu der Literatur, die die religiöse Erziehung fördern wollte. Sehr verbreitet war auch »Beispiele für Kinder oder glaubwürdige Erzählung der Konversion, des heiligen und vorbildhaften Lebens und des frohen Sterbens einiger junger Kinder«, an die sich Gebete und Bittsprüche für kleine Kinder anschlossen (1670).

Zahlreich waren die »Spiegel des christlichen Kindes«, darunter der »Spiegel für Kinder«, der 1671 veröffentlicht wurde und in dem man Ratschläge gegen die Gefahren der Sünde fand. Es gab auch Versuche, Liederbücher für Kinder zu schaffen; so wurde 1715 eines mit dem Titel »Göttliche Lieder in leichter Sprache zum Gebrauch für Kinder« veröffentlicht. Es handelt sich dabei um ein moralisches und pädagogisches Buch mit einigen Wiegenliedern, das aber großen Einfluß auf die Kinderliteratur jener Zeit nahm. Noch 1808 veröffentlichten *Anne* und *Jane Taylor* »Hymnen für Kinder«.

Das wahrhaft klassische Buch innerhalb dieser religiös bestimmten Literatur, das dazu noch unterhaltend war, ist *John Bunyans* »Pilgrim's Progress«, das 1678 erschien; es wurde mit dem Titel übersetzt »Pilgerreise des Christen oder Der Pilger, Reise des Christen zur himmlischen Stadt während eines Traumes.« Das Buch ist eine Art Ritterroman auf geistliche Art. Der Autor las als Kind mit Vergnügen Rittergeschichten, ganz besonders die »Geschichte vom Leben und Sterben des edlen Ritters Bevis von Southampton«. Auch heute noch liest sich sein Buch wie ein Roman und nicht wie eine Sammlung moralischer Lehren. Bunyan stammte aus armer Familie; er mußte von zu Hause fort, als sich sein Vater nach zwei Monaten des Witwertums wieder verheiratete. In seiner Jugend lebte er verschwenderisch, bis ihn eines Tages ein Gespräch mit einigen armen Frauen über die Religion zur Besinnung brachte. Er wurde Diakon und begann, erschreckt über die Bilder der Verdammnis, mit dem Eifer des Konvertiten zu predigen. Das Ergebnis war ein autobiographisches Buch, das wie mit einer Feder aus Feuer geschrieben erscheint: »Über die Gnade, die über den größten aller Sünder ausgegossen wurde, oder kurze Erzählung über die uner-

Holzschnitt aus einem Chapbook

schöpfliche Gnade Gottes in Christus für seinen armen Diener, John Bunyan«. Es scheint, daß das Buch für Jugendliche geschrieben wurde, denn der Autor wendet sich an sie und gebraucht immer die Formel: »Möge die Gnade mit euch Kindern sein. Amen!« oder »Meine lieben Kinder«. Das Buch ist sehr leidenschaftlich; es wurde von einem Mann geschrieben, der stark litt und dessen aufgewühlte Seele mit Schreien nach Gott rief.

1680 veröffentlichte John Bunyan mit dem Eifer des Predigers, der sich mündlich und schriftlich äußern kann, das Buch: »Leben und Tod des bösen Mannes, der der Welt in dem Zwiegespräch mit dem weisen und achtsamen Mann vorgestellt wird«. Im Vorwort wendet er sich an den Leser: »Wenn ich in meinem Innern das, was ich über die Reise des Pilgers aus der Welt zur Glorie geschrieben habe, betrachte und sehe, wie es von vielen dieser Nation aufgenommen wurde, so möchte ich in derselben Art, wie er in die Glorie einging, das Leben und den Tod des bösen Mannes und seine Reise aus dieser Welt zur Hölle beschreiben.« Im ersten Buch steigt der Pilger die Treppe in die Glorie empor, im zweiten steigt er in die Hölle hinab.

In diesem Buch wurden die Gemeinplätze vom Leben des guten Menschen und vom Leben des bösen Menschen fixiert, die bis zum 19. Jahrhundert lebendig blieben. Mark Twain machte sie endgültig in seiner grausamen Satire »Vom bösen und vom guten Kind« lächerlich, in der er paradoxerweise das gute Kind zur Hölle und das böse in den Himmel schickt.

1686 wandte sich Bunyan in lehrhafter und moralisierender Absicht an Kinder in »Ein Buch für Jungen und Mädchen: oder ländliche Reime für Kinder«; das Buch enthält moralische Lehren in Versen, die von Tiergestalten inspiriert waren, und Sinnsprüche für Kinder. Ein späterer Herausgeber änderte den Titel in »Göttliche Sinnsprüche oder vergeistigte weltliche Dinge«, denn jedem dargestellten Tier entsprachen allegorische Verse, die zur Unterweisung der Kinder dienen sollten.

Diese Sinnsprüche, die im 17. Jahrhundert Mode waren und die es in Italien, Frankreich, Deutschland und Spanien gab, zeugen von der lehrhaften barocken Phantasie; ihren Ursprung findet man bei Comenius. Es gab noch andere englische Bücher dieser Art wie »Sinnsprüche zur Unterhaltung und zur Vervollkommnung der Jugend«.

Die Kindererziehung: John Locke – John Newbery und die erste Kinderbibliothek

Auf der einen Seite schrieben die religiösen Moralisten Bücher zur Erziehung der Kinder, aber auch andere, modernere Erzieher zeichneten ihre Meinung über rechte Erziehung und Kinderlektüre auf. Die Theorien von *John Locke* (1632–1704) waren von großer Bedeutung für die Pädagogik und wiesen neue Wege.

Locke, der in Oxford Philosophie, Medizin und Naturwissenschaft studiert hatte, wurde Erzieher bei dem Sohn und dem Enkel Lord Ashleys. Auf Grund seiner Erfahrungen schrieb er ein Buch »Einige Gedanken über die Erziehung« (1690). Wahrscheinlich hatte er seine eigenen Theorien bei seinen Schülern erprobt.

Im zweiten Band sagt er in dem Kapitel »Über die Wissenschaft oder das, was man Kinder lehren soll«, daß man einem Kind, wenn es lesen kann, einige unterhaltende und seiner Aufnahmefähigkeit angemessene Bücher in die Hand geben sollte: »Mir scheint, daß es nichts Besseres hierfür gibt als die Fabeln des Äsop; sie sind nicht nur geeignet, die Phantasie des Kindes zu beschäftigen und es zu unterhalten, sie können auch noch den bereits erwachsenen Mann zu guten Überlegungen anregen ... Wenn dazu jede Fabel auf einer eigenen Seite steht, gefällt das Buch dem Kind noch mehr, und es greift noch eifriger zu der Lektüre, die auch seine Kenntnisse erweitert ... Ich bin der Meinung daß man einem Kind, wenn es gerade anfängt zu buchstabieren, alle Tiergestalten, die man nur finden kann, zeigen soll; dabei muß dann jedes Tier seinen Namen als Unterschrift tragen ... Es gibt ein englisches Buch, das ›Reinhart der Fuchs‹ heißt, wenn ich mich nicht irre; es könnte sehr gut zu diesem Versuch herangezogen werden.«

Für die religiöse Erziehung hielt er es für notwendig, daß das Kind das Vater-unser, das Credo und die Zehn Gebote auswendig lerne – aber nicht aus Büchern! Dann fügt er hinzu: »Ich weiß nicht, ob es andere englische Bücher von der Art gibt, von der wir gesprochen haben, von Büchern nämlich, die auch zur Unterhaltung der Kinder geeignet sind und sie zur Lektüre anregen. Doch glaube ich eher, daß diese guten Bücher das böse Schicksal erleiden, vergessen zu werden, denn in den Schulen ist man stets getreu der alten Methode gefolgt, wonach man Kinder nur durch Furcht vor Bestrafung, aber nicht aus Freude an der Unterhaltung zur Lektüre gebracht hat.

Holzschnitt aus einem Chapbook

Bei dieser Auffassung war kein Platz für ein Buch der anderen Art, soviel ich weiß, außer den Gebeten, den Psalmen, dem Neuen Testament und dem Alten Testament.

Was nun das Alte Testament betrifft, so möchte ich mit eurer Erlaubnis sagen, daß es in ihm viele Stellen gibt, die sehr geeignet sind, Kindern Freude am Lesen zu geben: Die Geschichte von Joseph und seinen Brüdern oder David und Jonathan und andere mehr, die man sie eigentlich nur zur Belehrung lesen läßt.«

Das Interessante an der Erziehungstheorie Lockes ist seine Idee vom spielend Lernen, der Gedanke, daß Lernen unterhaltsam sein kann. Man soll das Kind nicht mit Gewalt und durch Strafe zum Lernen bringen. Selbst das Lesen-lernen soll eine Art Spiel nach Art des Spieles »Royal Oak« sein. In einem Kapitel seines schon vorher zitierten Buches sagt er: »Wenn man diese Idee weiterverfolgt, könnte man die kindlichen Spiele, die an sich kein Ziel haben, auf ein Objekt hin ausrichten. Es

90

gäbe zum Beispiel viele Methoden, Kinder lesen zu lehren, ohne daß sie überhaupt merkten, daß sie etwas anderes tun als spielen. Man könnte zum Beispiel eine Elfenbeinkugel ähnlich der in der Lotterie ›Royal Oak‹ anfertigen, die 32 Seiten oder noch besser 24 oder 25 Seiten hätte und über einige dieser Seiten ein A, über andere ein B, über andere ein C, über wieder andere ein D kleben.«

Als Folge dieser Überlegungen gab der Buchhändler und Verleger *Newbery* das »Lotterie-Buch« heraus, damit Kinder beim Lotteriespiel das Lesen lernen sollten. Die Kinderliteratur hatte also ihren Ursprung im Spiel. Um des höheren Zweckes willen benutzte man die Spielregeln. Langeweile, Monotonie, Überdruß und Zwang sollten aus der Lektüre verbannt werden. Zum Lesen sollte niemand gezwungen noch mit Gewalt an ein Buch herangeführt werden. Locke ist ganz modern. Schon auf der Universität zeigte er seine Abneigung gegen die aristotelischen Lehren und die von diesem Philosophen beeinflußten Erziehungsmethoden. Dieser grundsätzliche Wandel in der Auffassung über das, was Erziehung sein soll, zeigte sich auch in der Kinderliteratur. Theoretiker und Schriftsteller beeinflußten sich gegenseitig. Einmal gingen die Theoretiker voran, und die Bücher richteten sich nach ihren Lehren, ein anderes Mal konnten Kinderbücher auch die Theoretiker beeinflussen. Mit Recht sagte Darton: »Kinderbücher haben auf indirekte Weise die Theoretiker beeinflußt, es war nicht umgekehrt.«

Um 1744 eröffnete John Newbery sein Geschäft »Juvenile Library« bei Saint Paul Churchyard und gab ein Kinderbuch mit folgendem Titel heraus: »Das kleine Taschenbuch zur Unterweisung und zur Unterhaltung für den jungen Herrn Tommy und das schöne Fräulein Polly mit einem freundlichen Brief von Jack, dem Riesentöter, einem Ball und einer Nadelbüchse, deren Gebrauch aus Tommy einen tüchtigen Jungen und aus Polly ein tüchtiges Mädchen machen.« Als Vorwort schrieb der Autor einen Brief über die Erziehung, den er voller Bescheidenheit an die Eltern, Ammen und Kinderfrauen richtete und in dem er die Regeln aufstellte, wie Kinder stark, gesund, tüchtig, intelligent und glücklich werden könnten. John Newbery verkaufte die Bücher umsonst und erbat nur einen Penny für das Einbinden. Goldsmith, der Autor des »Vikar von Wakefield«, lobte ihn sehr, »diesen philanthropischen Buchhändler von St. Paul . . ., der soviele Bücher für Kinder schrieb«.

John Newbery verkaufte mit nicht erlahmender Tüchtigkeit Fabeln, Gedichte, Erzählungen und Novellen, 1765 »Goody two Shoes«. Das war das erste wirkliche Kinderbuch, es wurde von Thomas Bewick illustriert. Newbery gab auch 1753 das »Lilliputian Magazine«, 1758 das »Museum für junge Herren«, 1762 »Tom Telescope«, 1765 die »Geschichten der Mutter Gans« heraus.

Es gibt heute noch Kindern und Jugendlichen gewidmete Stiche der »Jugend-Bücherei«; auf ihnen kann man die große Zahl der veröffentlichten Bücher sehen. Man sieht auch Kinder, die, von ihren Müttern begleitet, die berühmte Bücherei aufsuchen.

Defoe und »Robinson« – Swift und »Gullivers Reisen« – Zwei Bücher für Erwachsene, die Kinderbücher wurden

1715 veröffentlichte *Daniel Defoe* seine »Familienbelehrung«. Er war ein ehrenhafter, fleißiger Mann, verheiratet und mit Kindern gesegnet, dazu Journalist und ein noch unbekannter Schriftsteller. In dieser Zeit beschäftigte man sich in England wie auch in Europa sehr viel mit Pädagogik und Erziehungsproblemen. In fast allen Häusern mußten sich die Väter selbst um die Erziehung ihrer Kinder kümmern, es sei denn, sie konnten sich Hauslehrer von Rang halten, die ihnen eine gute Ausbildung garantierten. 1719 veröffentlichte Defoe »Das Leben und die seltsamen und überraschenden

Titelkupfer der ersten französischen Ausgabe von »Robinson Crusoe«

Abenteuer des Seemannes Robinson Crusoe aus York«. Es handelte sich dabei um die Abenteuer des schottischen Seemannes Alexander Selkirk, der bei der Insel Juan Fernández Schiffbruch erlitt. Der Held verkörpert in seiner Einsamkeit das Leben des Menschen und seinen Fortschritt zur Zivilisation. Einsam und allein durchläuft er alle Stufen der Menschwerdung, entdeckt das Feuer, sucht sich Nahrung, lernt zu fischen und zu jagen, baut sich eine Hütte, arbeitet sich ein Fellkleid, um sich vor der Kälte zu schützen, und einen Sonnenschirm gegen die Hitze des Sommers. Er beginnt zu säen und legt so den Grundstein für den Ackerbau, und beginnt später auch, Tiere zu halten und zu pflegen. Obwohl er ganz allein auf der Welt zu sein scheint, ist er es doch nicht, denn die göttliche Vorsehung begleitet ihn. All seine Handlungen werden vom Höchsten gelenkt, und all seine Schritte zielen auf ihn hin. Robinson fühlt ständig die göttliche Gegenwart, die ihn tröstet und schützt. Der Autor war ein sehr frommer Mann, der in einer starken religiösen Tradition erzogen war; man spürt sie in all seinen Büchern.

»Robinson Crusoe« ist ein lehrreiches Buch, das die Energie und den Willen des einzelnen und seine Erfindungskraft verherrlicht. Als der Autor es für nötig hielt, daß Robinson einen Gefährten fände, erscheint ein Eingeborener, den er Freitag nannte. An ihm konnte Robinson seine pädagogischen Fähigkeiten beweisen und den Diener oder untergebenen Gefährten bekehren, zivilisieren und ihn in alle möglichen Kenntnisse einführen. Das seltsame und unglaubliche, jedoch wahrhaftig gelebte Leben des Robinson auf der Insel dauerte 28 Jahre. Das Buch hatte so außerordentlichen Erfolg, daß der Autor Ende desselben Jahres (1719) »Weitere Abenteuer des Robinson Crusoe« und 1720 die »Ernsthaften Reflexionen, die während des Lebens und der überraschenden Abenteuer des Robinson Crusoe gemacht wurden«, veröffentlichte.

»Robinson« ist in der Art eines autobiographischen Tagebuches geschrieben, auf die der Autor in seinen späteren Büchern zurückkam.

Kindern ist das Bild des im Winter in Fell gekleideten Robinson, der im Sommer mit seinem Sonnenschirm gezeigt wird, so vertraut, daß schon eine einfache Darstellung seiner Gestalt auf dem Buchumschlag für den Erfolg des Buches genügt. Jedes Kind identifiziert sich mit Robinson in seinen Spielen, wenn es Hütten baut, Feuer anzündet, sich einen Bogen mit Pfeilen schnitzt und auf die Jagd geht. Man sieht daran, wie bedeutende Bücher die Spiele der Kinder bestimmen. Genauso erweckte Fenimore Cooper mit seinen Geschichten über Indianer in Kindern die Freude am »Indianerspielen«.

Als der Erfolg von Robinson noch lebendig war, erschien 1726 »Gullivers Reisen«. Der Autor, *Jonathan Swift* (1667–1745), war ein exzentrischer, kenntnisreicher, humorvoller Mann mit Freude am Paradox, ein glänzender Gesprächspartner, Dekan der St.-Patrick-Kathedrale in Dublin und Liebhaber von Büchern. So schrieb er »Der Kampf der alten und der neuen Bücher«. Sein Leben war so voller Widersprüche, daß uns noch heute seine Eigenheiten betroffen machen.

Er orientierte sich an der Geschichte Lukian's, an »Nova Atlantis« von Francis Bacon, an »Utopia« von Thomas More – einige sagen, auch an »Reineke Fuchs« –

und schrieb eine heftige Satire mit ausgesprochen politischer Tendenz gegen die Gesellschaft und seine Zeitgenossen.

Zeichnung von A. Rackham aus »Gulliver's Travels«

Auch Gulliver war ein Schiffbrüchiger. Er gelangte in das Land der Lilliputaner. Er beobachtet die Sitten dieser Zwergmenschen, während er bei ihnen lebt. Er wird mit tausend Fäden gebunden, die von winzigen Händen geflochten worden waren, dann wird er zu den Königen geführt, die er auf der Hand halten könnte. Er ißt von Spiel-Tellerchen und trinkt aus Fässern, die für ihn wie Fingerhüte sind. Schneider und

Putzmacherinnen arbeiten für ihn Anzüge und nehmen von Leitern aus dazu Maß. Wenn er niesen muß, verursacht er Zerstörungen wie bei einem Sturm.

Auf der folgenden Reise gelangt Gulliver in das Land Brobdignag, das von Riesen bewohnt wird. Jetzt ist er ein Zwerg, den sie in der Hand halten können; er muß fürchten, zertreten zu werden. Der Wechsel der Perspektive führt zu neuen Betrachtungsweisen. Wenn ein Mensch allmächtig ist, fühlt er sich wie ein Riese und sieht die anderen in seiner Umgebung als Zwerge an. Wenn er jedoch herabsteigt und auf einer unteren Stufe anlangt, haben die anderen für ihn gigantische Ausmaße.

Obwohl diese beiden Reiseabenteuer die bedeutendsten und bekanntesten sind, gelangt Gulliver noch zu der fliegenden Insel und in das Land der Pferde, wo er wieder seine Beobachtungsgabe schärft und seinem unersättlichen Hang zur Satire und seinem Zynismus Ausdruck gibt.

Wie war es möglich, daß Robinson und Gulliver fast sofort nach ihrem Erscheinen zu Kinderbüchern wurden, ja, daß man heute kaum noch weiß, daß sie ursprünglich für Erwachsene geschrieben wurden? Weil beide Bücher eine außerordentlich starke erzählerische Ausstrahlung besitzen: Der Schiffbruch, der einsame Mensch, der sich alles selbst anfertigen muß, Robinson, der den natürlichen Menschen und seinen Weg zum zivilisierten Menschen verkörpert, die Natur und ihre Urkraft, das schreckliche Gegenüber von Riesen und Zwergen in den Erfahrungen Gullivers, all das sind Erfahrungen mythologischen Ursprungs. Man erinnere sich nur an die Sage von Polyphem und an die Begegnungen von Menschen, Göttern und Halbgöttern.

Das Kind ist sehr aufnahmefähig für diese Bilder, Symbole und Mythen. Es bemächtigt sich der großen Bücher und befreit sie von allen wissenschaftlichen und philosophischen Abhandlungen, um sie auf eine einfache Geschichte von großer Erfindungskraft und eine mitreißende Handlung zurückzuführen.

Eine Vielfalt von Kinderbüchern – Schriftstellerinnen: Hannah More, Sarah Trimmer, Mary Edgeworth und andere – Thomas Day und seine pädagogischen Ideen in »Sandford und Merton«

Nach der großen Anregung, die John Newbery der Kinderliteratur gab, wurden viele Bücher mit unterhaltender und zugleich erzieherischer Absicht veröffentlicht. Zu diesen Autoren gehört *Thomas Boreman*. Er schrieb 1736 »Eine Beschreibung der großen Vielzahl von Tieren und Pflanzen, eigens zur Unterhaltung der Jugend geschrieben«. 1740 veröffentlichte er »Gigantic Histories«. In diesem Buch beschrieb er große Baudenkmäler wie den Tower von London und die Westminster Abbey.

Da sich die Jugend für alles interessiert, war es nicht nur nützlich, sondern auch ein gutes Geschäft, Bücher für Kinder herauszugeben. Als *Samuel Richardson* seine sentimentalen Novellen »Pamela« (1741) und »Grandison« (1753) veröffentlichte, gab es kaum ein Haus, in dem sich nicht ein Exemplar fand. In »Pamela« erklärt der Autor, er veröffentliche das Buch »mit der Absicht, die Grundsätze der Tugend und der Religion in den Köpfen der Jugendlichen beiderlei Geschlechts zu festigen«. *Baldwin* veröffentlichte schon bald darauf gekürzte Ausgaben beider Bücher und ebenso auch von »Clarissa«.

Das Sentimentale in »Pamela« begeisterte die Jugend jener Zeit wie später »Die Leiden des jungen Werther«. Diese neue Vorliebe für das Sentimentale griff Campe in seinem »Neuen Robinson« an; er suchte Geist und Körper zu stärken.

Der Autor des »Vikar von Wakefield«, *Oliver Goldsmith* (1728–1774), stellte für Kinder einen »Auszug aus den Lebensbeschreibungen des Plutarch« zusammen (1765), schrieb eine »Geschichte Englands« (1764) und veröffentlichte sogar einen Band mit Poesie »Gedichte für junge Damen«.

Die Jugend blieb weiterhin ein Objekt der Fürsorge und Aufmerksamkeit. *Lord Chesterfield* (Sir Philip Stanhope 1694–1773) schrieb 1768 »Briefe an meinen Sohn«. In einem dieser Briefe teilt er ihm seine Gedanken über die Bücher mit, die Jugendliche lesen sollten: »Viele Leute widmen einen großen Teil ihrer Zeit der Lektüre, aber sie lesen leichtsinnige und unnütze Bücher mit unsinnigen Geschichten und lächerlichen Novellen, in denen mit Geschmacklosigkeit Charaktere dargestellt werden, die niemals gelebt haben. Dazu gehören die Träume und orientalischen Überspanntheiten in den ›Arabischen Nächten‹ und den ›Geschichten des Moguls‹, auch die neuen, phantastischen Broschüren mit Märchen, die zur Zeit in Frankreich wie Ameisen herumwimmeln.« Tatsächlich war die Mode, Märchen und phantastische Geschichten zu lesen, so stark geworden, daß man diese auch in England übersetzte.

Die Ratschläge Lord Chesterfields an seinen Sohn sind genau die, die ein Mann von Welt zur Orientierung im Leben geben konnte. Obwohl seine moralisierende Absicht deutlich wird, verraten sie auch mehr als einmal Weltklugheit und Suche nach dem eigenen Vorteil. Es gab solche Briefe oder Ratschläge an einen Sohn oder eine Tochter in Fülle; es lohnte sich, sie einmal genau zu untersuchen.

Mitte des 18. Jahrhunderts gab es eine Reihe intelligenter, kluger und pädagogisch begabter Frauen, die – obwohl man sie manchmal »Blaustrümpfe« nannte – verdienstvolle und hervorragende Arbeit geleistet haben, die man nicht übersehen kann. Viele dieser englischen Damen waren Töchter begüterter Familien. Sie besuchten künstlerische und literarische Kreise und hatten so Gelegenheit, ihre schöpferischen Kräfte zu bilden und zu entfalten. Sie erhielten Anregungen von Männern wie Doktor Johnson, sie wohnten der Gesprächsrunde des Malers Reynolds bei, und dieser Umgang mit hervorragenden Menschen bestärkte sie in ihrem Wunsch, etwas Positives zu leisten.

Die Mehrzahl dieser Damen und jungen Frauen wurde von der Kinderliteratur angezogen. Nach einigen novellistischen und kritischen Versuchen kamen sie zur Kinderliteratur und errangen hier ihre größten Erfolge. Sei es, daß ihnen dieser Zweig der Literatur für ihre pädagogischen Aufgaben am besten geeignet erschien, oder sei es, daß sie selbst eine zahlreiche Familie hatten und daher Kindern viel zu sagen wußten, Tatsache ist, daß ihre Namen in der Geschichte der Kinderliteratur verzeichnet sind. Heute sind diese Schriftstellerinnen ein wenig vergessen, ihre Namen tönen noch nach, aber kaum jemand kennt sie genau, obwohl sie zu ihrer Zeit ohne Zweifel bedeutend waren. Man muß sie ins Leben zurückrufen.

Zuerst sei *Hannah More* (1745–1833) zitiert. Sie war ein frühreifes Kind. Die religiösen Erzählungen und die Geschichten von Plutarch, die ihr Vater ihr erzählte, behielt sie im Gedächtnis. Sehr bald schon verkehrte sie mit den Großen Londons: sie war befreundet mit Garrick, Reynolds und Johnson. Sie bewunderte zutiefst Lady Montagu, die den Taktstock über alle intelligenten Londoner schwang, war Mitglied im Club der »Blaustrümpfe«, kannte Horace Walpole und war befreundet mit Macaulay.

1773 schrieb sie »Die Suche nach dem Glück. Ein Hirtendrama für junge Damen«, 1778 »Aufsätze über verschiedene Themen, besonders jungen Damen gewidmet«. Es reizte sie besonders, für junge Mädchen zu schreiben, heute würde man Teenager sagen, für Mädchen also, die den Kinderschuhen bereits entwachsen waren. Hannah More gründete mehrere Schulen und widmete sich der Erziehung. Sie dachte sicher an ihre Schülerinnen, als sie 1782 »Religiöse Dramen, vor allem Jugendlichen gewidmet« veröffentlichte; das Buch erlebte 24 Auflagen. 1813 kamen »Christliche Moral« und 1819 »Moralische Skizzen« hinzu. Hannah More stand in der Vorhut der Frauenbewegung des 18. Jahrhunderts. Es gibt auch eine Novelle aus ihrer Feder »Der Hirt von Salisbury«; außerdem fand diese aktive Frau noch Zeit, in einem Aufsatz gegen die Sklaverei aufzurufen: »Das Freiheitsfest zur Abschaffung der häuslichen Sklaverei in Ceylon«.

Eine andere tüchtige Frau war *Anna Letitia Barbauld* (1743–1825). Ihr Vater Aikin war einer der Berater der Akademie von Warrington. Dort lernte sie viele Persönlichkeiten kennen und bildete sich literarisch. Da sie mehrere Sprachen beherrschte und sehr belesen war, begann sie früh zu publizieren. 1774 heiratete sie den Protestanten und französischen Emigranten Reverend Rochemond Barbauld. Da sie keine Kinder hatten, adoptierten sie einen Neffen, Karl; er ist der einzige, der in den »Ersten Lektionen« erscheint.

Anna L. Barbauld hatte große verlegerische Pläne, die sie 1811 ausführte. Sie veröffentlichte »The Female Speaker«, eine Auswahl für junge Mädchen, aus den besten englischen Schriftstellern und Dichtern. Ebenfalls veröffentlichte sie mit einem Vorwort die Novellen, die gerade Mode waren, wie »Clarissa«, »Sir Charles Grandison«, »Das Schloß von Otranto«, »Die Geheimnisse des Udolfo«, »Tom Jones«, »Belinda«, »Der Vikar von Wakefield« ...

Sie selbst schrieb »Hymnen in Prosa für Kinder« (1781) und zusammen mit ihrem Bruder »Abende zu Hause« (1782). In der »Kinderzeitung«, die 1798 in Madrid herausgegeben wurde, heißt es: »Abende zu Hause, oder die Schreibmappe für die Jugend wird geöffnet; ein englisch geschriebenes Buch von Doktor Aikin und seiner Schwester Madame Barbauld«. Obwohl Johnson sie als Erzieherin wenig geschätzt haben soll, hat ihr Name doch die gleiche Bedeutung wie der von Madame de Genlis in Frankreich.

Sarah Trimmer (1741–1810) war wie Hannah More einzige Tochter und verkehrte im Haus von Reynolds, wo sie Samuel Johnson kennenlernte und zu seinen Gesprächspartnern gehörte. Ihr Mädchenname war Kirby, aber da sie 1762 James Trimmer kennenlernte und heiratete, zeichnete sie mit dem Namen ihres

Mannes. Sie hatte sechs Töchter und sechs Söhne und widmete sich deren Erziehung. Als Mrs. Barbauld ihre »Ersten Lektionen für Kinder« herausgegeben hatte, überzeugten sie ihre Freunde, daß auch sie die Unterrichtsstunden, die sie ihren Kindern gab, aufzeichnen sollte. In jener Zeit wurden Kinder häufig zu Hause erzogen. Intelligente Eltern versuchten, selbst die beste und angenehmste Erziehungsmethode zu finden. Sarah Trimmer hatte bei ihrer Kinderschar genügend Erfahrung gesammelt und konnte es daher wagen, ihre Schulstunden zu beschreiben.

1782 – vier Jahre nach den »Lektionen« von Mrs. Barbauld – veröffentlichte sie ihr Buch »Leichte Einführung in die Lehre von der Natur«; das Buch erlebte 12 Auflagen. 1782 erschien ihre »Religionsgeschichte«, das war eine Auswahl aus der Heiligen Schrift mit Anmerkungen und Überlegungen, die dem Verständnis Heranwachsender angepaßt waren.

Damit man nicht sagen konnte, sie veröffentliche nur pädagogische Kinderliteratur, gab sie 1866 in den »Wunderbaren Geschichten« auch »Die Geschichte von Robin« heraus. Außerdem bemühte sich Sarah Trimmer um die Erziehung der Armen. 1786 wurden dank ihrer Initiative die »Sonntagsschulen« eröffnet. Sogar Königin Charlotte besuchte sie, um sich über die Schulen zu informieren. Durch diesen Besuch angeregt schrieb Sarah Trimmer ein Buch »Über den rechten Umgang mit der Wohltätigkeit«.

Sarah Trimmer hatte eine neue Idee. Die Lektüre von »Adele und Theodor« von Madame de Genlis gab ihr den Einfall, Stiche mit Szenen aus der Bibel in Verbindung mit Büchern, die die Blätter erklärten, in die Grundschulen zu bringen. Daher veröffentlichte sie 1814 »Neue und leichte Lektionen«. Sie gab auch 1802 eine Kinderzeitung heraus: »Wächter der Erziehung«, in der sie die Märchen angriff, da sie wenig belehrend und nützlich seien. Zweifellos haben Märchen von einem nur vernünftigen Standpunkt aus nichts in einer Kinderbibliothek zu suchen. Ändert sich aber die Erziehungstheorie, so besitzen Märchen Sinn und haben eine hohe Aufgabe zu erfüllen. Aber dazu kam es erst wieder einige Jahre später. Sarah Trimmers Vorliebe für den Journalismus zeigte sich 1788, als sie die »Familienzeitung« herausgab, die sich aber nur ein Jahr hielt. Sie war »zur Unterweisung und zur Unterhaltung der Landleute und der dienenden Klasse« bestimmt. Sie kämpfte darin gegen die vorherrschenden französischen Strömungen und griff die Experimentierschulen von Bell an. Schließlich schrieb sie einen »Aufsatz über die christliche Erziehung«.

Die Zahl der schriftstellernden Frauen war so groß, daß hier nur noch *Lady Eleanor Fenn* (1743–1813), die »Das Spiel mit der Grammatik«, »Der jugendliche Gesprächspartner« (1783) und andere Bücher schrieb, und *Dorothy* und *Mary Jane Kilner*, die »Briefe einer Mutter an ihre Kinder« und »Leben und Abenteuer der Maus Jemima Placid« schrieben, erwähnt werden können.

Mit ihnen hatte – bis auf die Lebensführung – *Mary Wollstonecraft* (1759–1797) viel Gemeinsames; auch sie interessierte sich für Kindererziehung und schrieb 1788 »Geschichten nach dem wahren Leben in Gesprächsform, die helfen sollen, die Leidenschaften zu zügeln und den Geist auf das Gute und Schöne zu lenken«. Sie

Zeichnung von W. Blake aus M. Wollstonecraft »Original stories«

übersetzte »Die Elemente der Moral« (1790) von Salzmann aus dem Deutschen. Salzmann war Rousseau-Anhänger. Für das Buch erwarb Blake einige Zeichnungen des Illustrators Chodowiecki. Ihre eigenen Erfahrungen und das unglückliche Leben ihrer Schwester, die von ihrem Mann schlecht behandelt wurde, veranlaßten sie 1792, die »Verteidigung der Rechte der Frauen« zu schreiben, nachdem sie 1790 einen Brief an Edmund Burke über die »Verteidigung der Rechte des Mannes« gerichtet hatte. Von all diesen Schriftstellerinnen ist die bemerkenswerteste und bekannteste *Mary Edgeworth* (1767–1849). Ihr Einfluß auf die Kinderliteratur der Zeit war groß. Als Kind muß sie einen sehr verträglichen Charakter gehabt haben, denn sie ertrug die vier Ehen ihres Vaters und lebte mit den Kindern seiner vier Frauen, ihren Stiefgeschwistern, zusammen. Das »Dictionary of National Biography« sagt, daß sie sehr unter ihrem kleinen Wuchs litt und alles Mögliche dagegen versuchte; sie hängte sich sogar am Hals auf, aber nichts half: sie wuchs nicht mehr. Im gleichen Maße jedoch, wie ihr Ruhm und ihre geistige Kraft wuchsen, gab sie sich auch mit ihrer äußeren Erscheinung zufrieden, die viele sogar als hübsch bezeichneten. Sehr früh schrieb sie in Zusammenarbeit mit ihrem Vater »Praktische Erziehung«; das Buch basierte auf den Theorien von Rousseau, die sie aber abwandelte. Kurz vorher, 1795, hatte sie bereits »Briefe an literarisch interessierte junge Damen« geschrieben, 1796 folgten »Der Helfer der Eltern« und 1798 »Kleine Komödien«, »Belinda« und »Moralische und volkstümliche Geschichten«.

Da sie ihre kleinen Geschwister erzog, pflegte sie Geschichten auf eine Tafel zu schreiben und sie ihnen zu zeigen; wenn sie zustimmten, schrieb sie diese Geschichten endgültig auf. So entstanden viele ihrer Bücher. Sie veröffentlichte den Roman »Harry und Lucy«, der großen Erfolg hatte. Sie reiste mit ihrem Vater durch Frankreich und nach Paris, wo sie des Ruhmes ihrer Bücher willen herzlich aufgenommen wurde. Mit ihrem Roman »Schloß Rackent«, in dem sie schottische Gebräuche beschrieb, lenkte sie die Aufmerksamkeit Walter Scotts auf sich, der ihm die Idee zu seinen historischen Romanen über Schottland entnahm. Später besuchte sie den Schriftsteller und führte einen Briefwechsel mit ihm.

Wir halten heute Miss Edgeworth für unmodern und übertrieben moralisch. Ihre pädagogische Absicht ist so deutlich, daß sie die Grenzen der Kinderliteratur, wie wir sie verstehen, überschreitet. Aber man muß auch anerkennen, daß sie zu ihrer Zeit Jane Austen sehr gefiel und daß Walter Scott sie bewunderte.

Zu einer abschließenden Beurteilung dieser Schriftstellerinnen gehört auch, daß Sarah Trimmer die Märchen angriff und Mary Edgeworth die Nursery rhymes ablehnte, die sie für absurd und unmoralisch hielt. Sie wollte sie sogar neu gestalten. Man muß sich diese Frauen, die soviel gesunden Menschenverstand hatten, vorstellen, wenn sie ihre eigenen und andere Kinder diese unzusammenhängenden Verse, dieses Kauderwelsch von sinnlosen, unverständlichen und törichten Reimen nachsprechen hörten! Daher schrieb auch Miss Edgeworth zu jedem ihrer Bücher ein Vorwort, in dem sie die Eltern ermahnte, stets die Lektüre ihrer Kinder zu überwachen. In allen Büchern dieser Autorin geht das Nützliche dem Phantasievollen vor. Darton fand es sehr bezeichnend, daß in ihrer Erzählung »Der rote Wasserkrug« ein Mädchen dem Krug die Schuhe vorzog, die es viel mehr benötigte. Der Krug, der nur mit gefärbtem Wasser gefüllt war, sollte das Symbol der Schönheit und der betrügerischen Phantasie sein, während die Schuhe nützlich waren. Die Strafe für das Mädchen, wenn es das Schöne dem Nützlichen vorgezogen hätte, wären seine Enttäuschung und die immer noch unbeschuhten Füße gewesen.

Versuchen wir auch, uns vorzustellen, mit welchem Schrecken Miss Edgeworth und ihre Freundinnen der Welle der Phantasie entgegensahen, die auf England zurollte und die sie noch miterlebten.

Ein guter Freund der Familie Edgeworth war *Thomas Day* (1748–1789), der in seinen erzieherischen Versuchen etwas überspannt war. Er war ein enger Freund des Vaters von Miss Edgeworth und hatte wohl mit Bewunderung und Neid dessen viele Ehen gesehen, denn er selbst hatte kein Glück bei den Frauen. Vielleicht war er zu anspruchsvoll und streng und versuchte zu sehr, das Leben seinen Ideen anzupassen.

Er war ein leidenschaftlicher Rousseau-Anhänger und nannte ihn »den Ersten der Menschheit«. Von »Emile«, der 1761 erschien, war er begeistert und versuchte, die Ideen Rousseaus in die Tat umzusetzen. Aus einem Asyl holte er ein junges blondes Mädchen von 12 Jahren und aus einem Krankenhaus ein dunkelhaariges im selben Alter, um sie zu erziehen. Später wollte er eine von ihnen zu seiner Frau machen. Diese pädagogischen Experimente führten jedoch zu nichts und schafften ihm nur Verdruß. 1778 verheiratete er sich und zwang seine Frau, die eigenes Vermögen hatte, zu einem harten Leben: sie durfte kein Personal halten, weil – wie er sagte – es genügend Arme gäbe, die nicht einmal Brot hätten. Day besaß zuletzt kaum noch etwas. Edgeworth sagte von ihm, er sei »ein sehr tugendhafter Mann gewesen«. Sein Leben, das er ganz einer Idee unterordnete, war sehr exzentrisch. Aber auch Swift und andere Schriftsteller führten ein vom Normalen abweichendes Leben. Es scheint, als hätten sie alle eine Spur von Wahnsinn in sich gehabt.

Thomas Day wurde durch sein Buch »Sandford und Merton« berühmt. Die Hauptpersonen sind nach dem Modell vom guten und vom bösen Kind gestaltet. Der »bad man« von Bunyan und der gute Pilger werden hier erneut in zwei Kindern dargestellt: eines ist schlecht erzogen, böse und schrecklich, das andere edel, geduldig, tapfer im Leiden und außerordentlich gut. Wenn sie einander so gegenübergestellt sind, gibt es keinen Zweifel, welches Kind man vorziehen würde. Thomas Day schuf das Vorbild des wohlerzogenen Jugendlichen, der seinem Gewissen gemäß handelt, aber auch nach den Ideen des Autors, die unmittelbar von Rousseau beeinflußt waren. Was er im Leben mit Frauen versuchte, sie nämlich wie Meerschweinchen im Experiment abzurichten, verwirklichte er in seiner Novelle. »Sandford und Merton« wurde auch jenseits des Kanals übersetzt, fand dort großes Echo und erlebte viele Auflagen.

Noch mehr Schriftstellerinnen – »The Butterfly's Ball« von Roscoe – Dickens – Das Kind als Opfer

In die Reihe der schriftstellernden und sich um Erziehungsfragen kümmernden Frauen gehörten auch die Schwestern *Ann* und *Jane Taylor,* von denen die erste sehr bekannt war (1782–1866); sie arbeiteten in der Kinderliteratur mit den Verlegern Darton und Harvey zusammen. Die »Originalen Gedichte für Kinder«, die Ann 1804 herausgab, wurden oft nachgeahmt, besonders von *Elizabeth Turner,* die für Kinder zwischen vier und acht Jahren »Der Schmetterling oder Vorbeugende Geschichten in Versen« (1807) schrieb.

Damals gab es bereits eine Art »vorbeugender« Literatur, die Kinder vor den Gefahren gefährlicher Spiele warnen wollte. Schon 1808, ein Jahr nach den Versen von Turner, veröffentlichte *James Parkinson* »Gefährliche Spiele«, eine Geschichte für

Kinder, die sie vor den Risiken und Unglücken, denen sie in einigen gefährlichen Situationen ausgesetzt sind, und vor ihren schädlichen Folgen, warnen sollte. In dieser Tradition wurde auch der »Struwwelpeter« von H. Hoffmann 1844 geschrieben. Er ist jedoch mehr als humoristische Warnung vor allen Gefahren, die auf ein Kind lauern, gemeint. Was Hoffmann im Spaß sagt, hatten vorher schon Engländer und Franzosen sehr ernst gesagt. Diese »warnende« Kinderliteratur gab es in allen Ländern.

Mary Elliot mit ihren Büchern »Waisenkind«, »Geschichten für Knaben« und »Geschichten für Mädchen« gehörte ebenfalls zu diesen Kinderbuchautorinnen. Ebenso *Mrs. Sherwood* (Mary Martha Butt 1775–1851), in deren Büchern deutlich ihr missionarischer Eifer zum Ausdruck kommt. Sie folgte ihrem Mann nach Indien und kümmerte sich dort um die Verbesserung der Lebensverhältnisse der Inder. Das literarische Ergebnis ihrer Tätigkeit waren »Der kleine Heinrich und sein Diener« (1814), »Der indische Pilger« (1810), »Der Erzieher und das junge Mädchen« (1813); das Buch wurde in Indien übersetzt und verbreitet. Sie schrieb außerdem »Die Geschichte der Familie Fairchild, oder Handbuch für Kinder«, eine Sammlung von Geschichten, die die Bedeutung und den Nutzen einer religiösen Erziehung zeigen sollten. Mrs. Sherwood verrichtete viele fromme Werke in missionarischer und pädagogischer Absicht; sie gründete Schulen für Waisenkinder, auch Sonntagsschulen. Gegen Ende ihres Lebens begann sie noch, Hebräisch zu studieren und verfaßte ein Wörterbuch. Ihre erzieherische Tätigkeit spiegelt sich in ihrem Werk, das etwas streng und ungewöhnlich fromm ist.

Um der offensichtlichen Monotonie bei der Aufzählung dieser Schriftstellerinnen zu entgehen, sei nun auf ein Ereignis in der Kinderliteratur Anfang des 19. Jahrhunderts hingewiesen. 1806 erschienen in der Zeitung »The gentlemen's Magazin« einige Zeichnungen mit wenig Text, die außerordentlich gefielen. Sie hießen »Schmetterlingsball und Grashüpferfest« und zeigten, wie sich die Tiere benahmen, die zum Fest eingeladen waren. Es wurden mehr als 40000 Exemplare davon verkauft. Der Autor war *William Roscoe* (1753–1831), der »The Butterfly's Ball« für seinen kleinen Sohn Robert schrieb. Der Erfolg der Zeichnungen und Texte erweckte sogar die Aufmerksamkeit des Königs und der Königin, und man vertonte sie für die Prinzessin. »The Butterfly's Ball« wurde von *John Harris,* dem Nachfolger von Newbery, als seine erste volkstümliche Kinderbuchpublikation herausgegeben. Roscoe war ein Dichter, ein Liebhaber der Malerei und ein Büchersammler. Er lebte unter seinen Büchern, seinen Stichen und seinen Blumen.

Das Thema vom Leben handelnder Tiere, die Menschen nachahmen, war so erfolgreich, daß wenig später *Mrs. Dorset* »Der Pfau zu Hause« (1807) herausgab. Später verlegte Harris eine ganze Serie von Büchern, die alle ihre Idee aus dem ersten Buch von Roscoe nahmen, so: »Der Elefantenball«, »Die Maskerade des Löwen«.

Diese Illustrationen waren nur unterhaltend und überhaupt nicht moralisierend. Es wurden die Gewohnheiten der Tiere dargestellt, wobei das Vergnügliche war, daß sie so sehr denen der Menschen glichen. Die Kinder waren von ihnen entzückt.

Von diesem Augenblick an begann die Vorherrschaft der Illustration in Kinderbüchern. Die Romantik schätzte das Malerische, besonders auch in der Kinderliteratur.

Titelzeichnung aus W. Roscoe »The Butterfly's Ball«

1832 zeichnete der berühmte *George Cruikshank* (1792–1878) »Das komische Alphabet«, »Die Kinder-Lotterie« (1804) und die »Deutschen Volksmärchen«; es handelte sich dabei um die Märchen von Grimm mit einem Vorwort von Ruskin. Diese Illustrationen waren sehr humor- und phantasievoll, wie es kennzeichnend für den großen Karikaturisten war; sie wurden verbreitet und nachgeahmt. Cruikshank illustrierte auch »Oliver Twist« von *Dickens*.

Bei diesem Autor müssen wir etwas verweilen und ihn aufmerksam betrachten, was für gewöhnlich in einer Geschichte der Kinderliteratur nicht geschieht. Ein großer Teil des Werkes von Dickens war Kindern, aber vor allem Jugendlichen gewidmet. Doch ist sein Werk auch, wie es oft bei großen Autoren vorkommt, ambivalent: dasselbe Buch eignet sich für Erwachsene wie für Kinder. Man könnte es auch umgekehrt sagen: die Bücher, die Dickens für Erwachsene schrieb, gelangten in die Kinderliteratur, da die Kinder sie sich aneigneten. Genauso war es auch bei Defoe und Swift.

Man muß das Leben von Dickens kennen, um den entscheidenden Einfluß, den seine Kindheit auf ihn hatte, zu verstehen. Er wurde in Lundpost, nahe bei Portsmouth geboren. Seine Kinderzeit war traurig. Sein Vater mußte wegen Schulden ins Gefängnis. Dickens studierte in der Wellington House Academy, wo er eine Zeitung herausgab und Theateraufführungen leitete. Er hatte von seinem Vater eine Erbschaft gemacht, verschwendete sie aber, so daß er nicht auf der Universität studieren konnte. Er verdiente seinen Lebensunterhalt in einem schrecklichen Büro, das er später beschrieb. Er war Bürovorsteher eines Advokaten und versuchte, Schauspieler in Covent Garden zu werden. Mit 20 Jahren war er parlamentarischer Stenograph des »True Sun«. Wenig später veröffentlichte er die »Skizzen von Boz« (1830), so lautete sein Pseudonym in dem »Goldenen Monatsmagazin«, der besten Zeitschrift Londons, und außerdem »Die nachgelassenen Papiere des Pickwick Club«.

Der Ruhm Dickens' war gesichert. Es erschienen »Nicholas Nickleby« und »David Copperfield«, dessen Held und Hauptperson bei allen Abenteuern ein Kind ist. Dieser kleine Held, der den schrecklichsten häuslichen und pädagogischen Martern unterworfen wird, versinnbildlicht die eigene unglückliche Kindheit des Autors, ist zugleich aber auch Ausdruck seiner Anklage, die er gegen eine Gesellschaft erhebt, die solche Dinge geschehen ließ. David Copperfield ist ein echtes, einfallsreiches, intelligentes Kind, das von einigen heuchlerischen, böswilligen, klatschsüchtigen, eigensüchtigen und egoistischen Erwachsenen umgeben ist.

Gewiß, Dickens übertreibt! Nicht umsonst war damals die große Zeit des Feuilletons, das gern die Situationen dramatisierte, aber das Kinderbild, das er zeichnete und in dem er das Kind das Opfer sein ließ, war ein dringender Aufruf zur Änderung der Sitten und zu größerer Beachtung der Jugendzeit, die durch den Dichter geadelt wurde. Dickens wollte wohl seinem Land deutlich machen, daß sich die Ideale des 18. Jahrhunderts noch nicht erfüllt hatten.

David Copperfield litt, und Nicholas Nickleby litt, die kleine Dorrit, Oliver Twist und die kleine Nell aus dem »Raritätenladen« mußten auch leiden. Diese Geschichten, die der Autor »Sittengeschichten« nannte, zeigen uns eine außerordentlich realistische Kinderwelt; obwohl sie mit großer Sentimentalität beschrieben wurde, lasen Jugendliche und ihre Eltern sie mit großem Mitgefühl.

Einen Beweis dafür, daß diese Bücher von Jugendlichen gelesen wurden und auch für sie bestimmt waren, gibt ein Kritiker in der »Quarterly Review«, der in seiner Besprechung von »Oliver Twist« dem Autor den Vorwurf machte: »Es ist ein gefährliches Experiment, Jugendlichen Ungeheuerlichkeiten zu enthüllen«.

Oliver Twist ist die Geschichte eines Waisenjungen, der ins Armenhaus gebracht wird. Er lebt unter Menschen, die wegen ihrer Heuchelei abstoßend wirken; sie erzwingen sich die Wohltätigkeit anderer. Er wird aus dem Armenhaus geworfen, fällt in die Hände schlechter Menschen und und lebt unter Gaunern, die ihn ausbeuten, bis er krank wird. Er gerät in viele böse Situationen, für die der arme unschuldige Junge völlig unvorbereitet ist. Später findet er gute Menschen, die ihn beschützen. Er lebt in einer melodramatischen, aber realistischen Welt. Der Knabe verwirklicht die Idee Dickens: »Niemals engherzig, niemals falsch und niemals grausam sein!«

Als Antwort auf den Vorwurf des Kritikers in der »Quarterly Review« kann man das Vorwort von Dickens in der Ausgabe von 1865 nehmen (sie wurde von Cruikshank illustriert): »Seit einiger Zeit empfindet man es als roh und sieht es als schlechten Geschmack an, daß einige Gestalten dieses Buches aus der verbrecherischen und würdelosen Unterwelt Londons genommen sind ...« Das sei wahr, sagt Dickens, bekräftigt aber in seiner Rechenschaft: »In allen Büchern, die ich kenne, erscheinen diese Gestalten immer anziehend und faszinierend .... Ich dagegen, welche Lebensform beschreibe ich auf diesen Seiten? Das wahre Leben eines Diebes! Welche An-

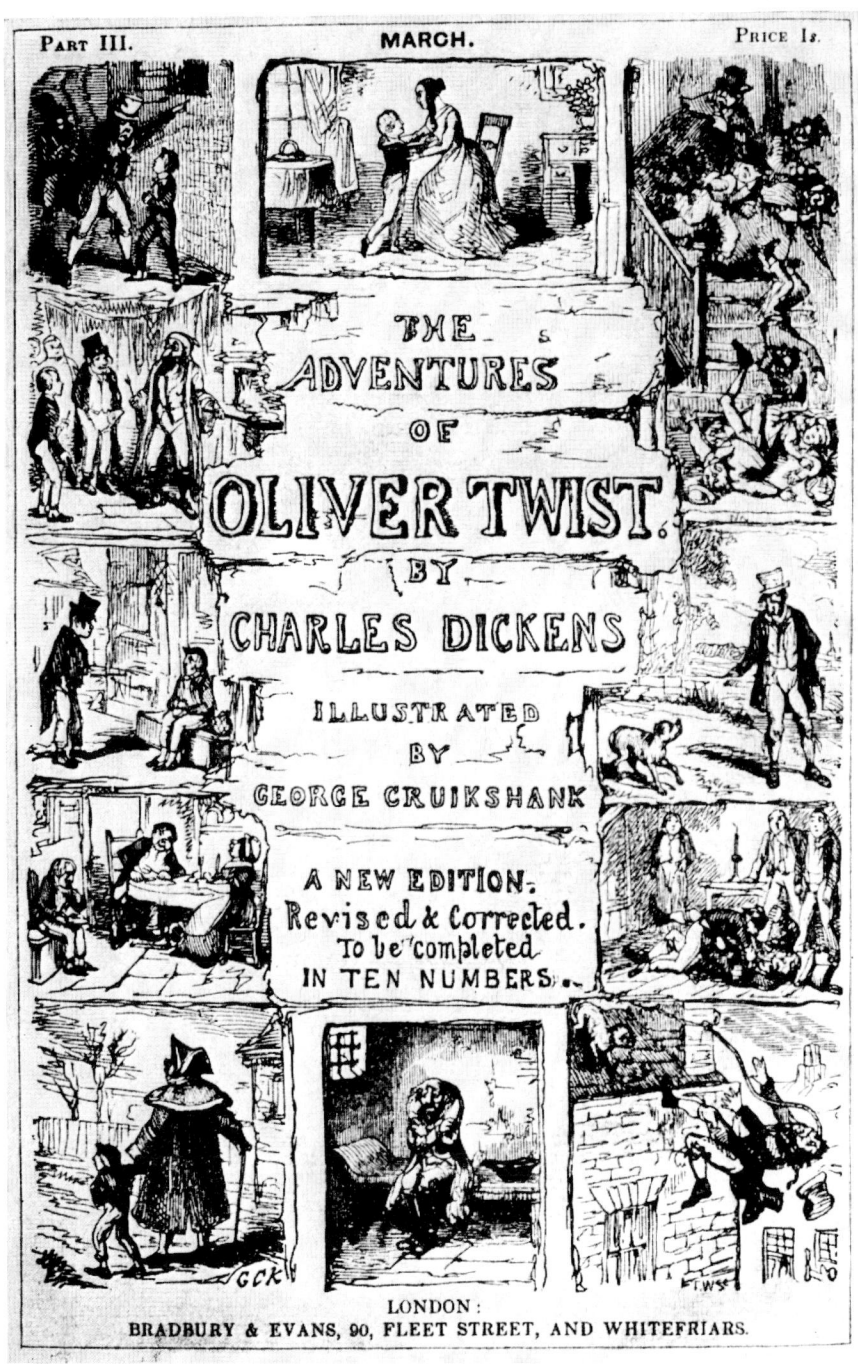

Titelblatt der Fortsetzungsausgabe von »Oliver Twist«

ziehungskraft könnte davon für einen schlecht veranlagten Jugendlichen ausgehen, welche Faszination könnte darin für eine Jugend liegen, wie verrückt sie auch immer sei? Hier gibt es keine Ausritte bei Mondenschein, keinen Rummel, keine Feste in bequemen Schlupfwinkeln, keine schönen, bestickten und ausgeschnittenen Kleider, Stiefel, Samtröcke und Schmuck und keine der Freiheiten, die in dieser Art von Büchern so zahlreich beschrieben werden. Hier gibt es nur die kalten Nächte Londons ohne Schutz, die schmutzigen Wirtshäuser, in denen das Laster sich verbirgt, Hunger und Krankheit und Lumpen, die kaum den Körper bedecken. Was ist hier faszinierend?«

Die Darstellung der Unterwelt und die Intrigen der Menschen um Oliver Twist lassen wieder einmal ein Kind zum ausstrahlenden Mittelpunkt des Romans werden. Die Kindheit wird in aller Schönheit geschildert, sie versinnbildlicht alle Ideale, von denen die Mehrzahl der Erwachsenen sich entfernt hat. Bei dem Schwarz-Weiß der Komposition fällt alle Helligkeit auf die heldenhafte Opfer-Gestalt des Kindes. Mitleid, betroffenes Ehrgefühl und Gelächter begleiten die Lektüre der Romane von Dickens. Wie schrecklich ist die Szene, in der Oliver in aller Treuherzigkeit um mehr Essen im Speisezimmer des Waisenhauses bittet. Die Szene ist brutal und lächerlich. Das arme Kind konnte nicht wissen, was es heraufbeschwor. Der Leser wird sich des Unterschiedes der zwei Welten bewußt.

Die Bücher von Dickens sind so von der Pädagogik der Zeit beeinflußt, daß es müßig wäre, die Zusammenhänge zu leugnen. In »Leben und Abenteuer von Nicholas Nickleby« erklärt der Autor wiederum im Vorwort zu der Ausgabe von 1852 seine Absicht: »Diese Geschichte begann ich bald nach der Veröffentlichung der ›Nachgelassenen Schriften des Pickwick Club‹. Damals gab es viele primitive Schulen in Yorkshire. Jetzt sind es nur noch wenige. Diese Schulen waren ein gutes Beispiel für die ungeheuerliche Vernachlässigung der Erziehung in England und für die Versäumnisse des Staates, gute oder schlechte Bürger, glückliche oder unglückliche Menschen zu bilden.«

Dickens war überzeugt, daß man die Vorbereitung auf den Beruf des Lehrers vernachlässigte, obwohl doch für jeden Beruf eine Vorbereitung erforderlich war. Er folgerte daraus: »Die Lehrer bilden einen Stand von Betrügern und Unwissenden. Dabei sind die Lehrer von Yorkshire die schlimmsten und befinden sich auf der untersten Stufe der Leiter. Sie handeln mit Habsucht und Gleichgültigkeit und machen sich die Dummheit der Eltern und die Hilflosigkeit der Kinder zunutze. Es sind schmutzige und brutale Menschen, denen niemand ein Pferd oder einen Hund anvertrauen würde, und doch sind sie der Meilenstein einer Ordnung, die durch unverständliche Nachlässigkeit und schreckliches Gehen-lassen nicht überwunden wurde.«

Dickens führt einen scharfen Angriff auf die Lehrer, die straflos Tausende und Tausende von Kindern unter dem Vorwand, sie zu erziehen, verformten.

106

Die Welt des Humors und der Phantasie – Die Literatur des »Nonsense« – Catherine Sinclair – Lewis Carroll und »Alice im Wunderland«

Der ernste und moralisierende Ton der früheren Schriftstellerinnen wurde mit dem Erscheinen von »Das Ferienhaus« (1839) von *Catherine Sinclair* (1800–1864) nicht wieder aufgenommen. Es ist ein reizendes, originelles und drolliges Buch, in dem der Humor vorherrscht und selbst die Gestalten der Könige zum Lachen reizen. Die Autorin ging einen neuen Weg, der jedoch für die »Nursery rhymes« bereits klassisch war: sie fügte der Prosa den »nonsense« hinzu. Sie schrieb »Die widersinnige Geschichte von Riesen und Feen« und 1861 »Briefe«. Diese »Briefe« waren in Hieroglyphen geschrieben und mit Zeichnungen versehen und erinnern in gewisser Weise an die »Bibel in Bilderrätseln« früherer Generationen.

Diese »Unsinns-Literatur« gibt es schon, seitdem Juan de la Encina seine »Erfundenen Torheiten« schrieb und seit den Stichen der »Welt auf dem Kopf«. Sie ist gleichzeitig Vorläuferin der späteren Literatur, wie sie von Edward Lear und Lewis Carroll geschrieben wurde.

Edward Lear (1812–1888) stammte aus einer kinderreichen Familie. Er verdiente sich schon früh seinen Lebensunterhalt als Zeichner in der Zoologischen Gesellschaft. Seine Aufgabe war, Tafeln von Pflanzen und Vögeln zu zeichnen. 1836 begann er in Knowsley, der Residenz des Earl of Derby, zu arbeiten und malte hier die »Knowsley Menagerie«. Nebenbei schrieb und malte er auch für die Enkel des Earl das unterhaltsame »Unsinns-Buch«. In der Widmung sagt der Autor: »Für die Enkel und Enkelinnen Eduards des Dreizehnten Earl of Derby ist dieses Buch mit Zeichnungen und Versen bestimmt; einen großen Teil von ihnen dichteten ihre Eltern.«

Der Autor war ein glänzender Zeichner von ganz besonderer Begabung. Man braucht nur einmal seine knappe Zusammenfassung »An Stelle eines Vorworts« in der zweiten Auflage des »Unsinns-Buches« zu lesen, in der er kurz seine Werke, Zeichnungen und zahlreichen Reisen nach Rom, Sizilien, Malta, Griechenland, Konstantinopel, Ägypten und Syrien beschreibt. Er unternahm diese Reisen, auf denen seine besten Zeichnungen und Landschaften entstanden, aus Gesundheitsgründen.

Zu den Zeichnungen Lears, die schon unsinnig sind, gesellen sich Unsinns-Verse. Hier zwei Beispiele, die bei zwei ungemein vergnüglichen Zeichnungen stehen:

> There was an Old Man with a beard,
> Who said, »It is just as I feared! –
>   Two Owls and a Hen,
>   Four Larks and a Wren,
> Have all built their nests in my beard!«

> There was a Young Lady of Norway,
> Who casually sat in a doorway;
>   When the door squeezed her flat,
>   She exclaimed, »What of that?«
> This courageous Young Lady of Norway.

Diese einfachen Flickworte, diese unsinnigen Reime nach Art der Bilderbogen, die so gar nichts mit der Welt der Fabeln zu tun haben und nur unterhalten wollen, darin aber fast einer Kunst um der Kunst willen gleichen, hatten großen Erfolg. Schon 1862 waren mehr als 16000 Exemplare des Buches verkauft. Im selben Jahr veröffentlichte der Autor »Das Unsinns-Buch und noch mehr Unsinn« (1871), »Unsinnige Geschichten und Lieder« und ein Jahr später »Noch mehr unsinnige Geschichten und Lieder«. 1877 erschien »Lyrik zum Lachen«, »Widersinniges Alphabet« und 1888 »Widersinnige Botanik«. All diese Verse sind von den alten nursery rhymes und der englischen Kinder-Folklore beeinflußt. Als Beispiel sei nur auf die »Hochzeit von Uhu und Katze« verwiesen. Die Geschichte von den beiden, die heiraten wollen, kommt auch in anderen Sprachen und Ländern vor, z. B. in dem drolligen Gedicht »Die Hochzeit von Läuserich und Laus«.

Die »Unsinnigen Geschichten« sind sehr originell. Da gibt es zum Beispiel die »Geschichte von den vier Kinderchen, die durch die Welt reisten« und »Die Geschichte von den sieben jungen Störchen«, in der die Unterhaltung der Störche lautmalerisch nachgemacht wird, oder »Die Geschichte von den sieben Schweinchen von Guinea« mit unübersetzbaren Reimen, die auf dem doppelten Sinn der Worte beruhen. Die Schweinchen singen:

»Lettuce! O Lettuce!
Let us, o let us,
O Lettuce leaves
O let us leave this tree and eat
Lettuce, o let us, Lettuce leaves!«

Alle Möglichkeiten des Wortspiels werden bis zum äußersten angewandt; so in dem »Unsinnigen Alphabet«, in dem zahlreiche Kombinationen und Ableitungen von einem Wort gemacht werden. Zum Beispiel:

»A
A was once an apple-pie,
Pidy
Widy
Tidy
Pidy
Nice insidy
Apple-pie!«

Der spielerische und humorvolle Reichtum an Einfällen Edward Lears ist groß und bleibt auf einer geistigen Ebene, die Kinder erfreut und ihnen seit altersher vertraut ist. Es ist durchaus möglich, daß Kinder mit diesen vergnüglichen Alphabeten rascher lernen.

Interessant ist, daß während dieser Periode der »Unsinns-Literatur« eines der bekanntesten Bücher der englischen Kinderliteratur, das zugleich ein bedeutendes künstlerisches Werk ist, geschrieben wurde. Gemeint ist »Alice im Wunderland« von *Lewis Carroll* (1832–1898). Unter diesem Pseudonym schrieb Charles Dodgson. Er beeinflußte einen großen Teil der englischen Literatur. Einige Literaturhistoriker, so *E. Muir*, sprechen von der Zeit vor Alice und von der Zeit nach Alice, als handele es sich um zwei gut abgegrenzte und völlig verschiedene Perioden der Kinderliteratur.

Wer war nun der Autor, und wie kam es zu diesem Buch? Charles Dodgson wurde 1832 in Daresbury (Cheshire) geboren. Sein Vater war der Reverend Charles Dodgson, Geistlicher an der Christuskirche und später ihr Pastor. Der junge Dodgson war ein hervorragender Mann und erhielt eine sorgfältige Erziehung. Die Würde des Amtes hinderte jedoch den Geistlichen Herrn Dodgson nicht, von seinen Reisen manchmal Briefe wie den folgenden an seinen achtjährigen Sohn zu schicken. 1840 beschrieb er ihm aus Leeds das Durcheinander auf der Straße in »unsinnigen« Bildern:

»Was für ein Geschrei! Schweine, Babys, Kamele und Schmetterlinge wälzten sich im Bach; alle fliegen durch die Kamine und die Kühe hinter ihnen her. Enten und gut gemästete Gänse versteckten sich in Kaffeetassen. Der Bürgermeister von Leeds stand auf einem Suppenteller, er war mit Vanillesauce begossen und mit Mandeln besteckt, sodaß er einem Kuchen glich; auf diese Weise befreite er sich von den Zerstörungen der Stadt.«

Der Brief ist im Stil der nursery rhymes geschrieben. Die absurde Welt der Kinderpoesie steckt in diesem Schreiben Dodgsons. Daher ist die spätere Literatur seines Sohnes eine natürliche Folge der Briefe des Vaters. Die Welt dieses Unsinns war die gewohnte Welt, sie war nur umgedreht. Unsinnige Bilder gab es in ihr und häufig Sätze mit noch weniger Sinn.

Charles Dodgson Junior studierte in Oxford. 1855 wurde er zum Mathematiklehrer am Christ Church College ernannt, er blieb dort bis 1881. Während dieser Zeit schrieb er den »Führer der elementaren algebraischen Geometrie« und »Die Formeln der Elementartrigonometrie«.

Einer seiner Freunde hatte drei Töchter, die Dodgson zu unterhalten pflegte und denen er Märchen erzählte. Er nannte sie Prima, Sekunda und Tertia. Sekunda war Alice, ein entzückendes, sechs Jahre altes Mädchen, wie die Photographien von Dodgson beweisen. Er war der Kunst des Photographierens, die zu dieser Zeit gerade aufkam, sehr zugetan. An einem Sommernachmittag ging der Mathematikprofessor mit den drei Mädchen spazieren, und sie stiegen in ein Boot, um zu rudern. Sie ruderten sehr zufrieden an diesem vergoldeten Nachmittag. Der Dichter erzählte später die Entstehung seine Buches in einem Gedicht der Einleitung:

> »All in the golden afternoon
> Full leisurely we glide . . .«

Die drei Schwestern wünschten, daß er ihnen ein Märchen erzähle. Prima rief gebieterisch aus: »Fang sofort an!« Im artigen Tone sagte Sekunda (Alice): »Es soll viel Unsinn enthalten!« Daß die Mädchen als Bedingung für das Märchen forderten, es solle »nonsensical« sein, zeigt, daß englische Kinder mit dieser ungereimten Literatur voller Unsinn sehr vertraut waren.

Dodgson erzählte ihnen eine Geschichte, die ihnen so sehr gefiel, daß ihn Alice, als sie von diesem glücklichen Nachmittag zurückkamen, bat, sie aufzuschreiben. Und Dodgson schrieb – unter dem Pseudonym Lewis Carroll – in Erinnerung an diesen Tag ein Märchen: »Alice im Wunderland«, das er anfangs »Die Abenteuer von Alice unter der Erde« nennen wollte.

Das Thema ist eigenartig. Die Hauptperson Alice – sie heißt genauso wie das Mädchen, das ihn zu der Geschichte anregte – war eines Tages im Garten und langweilte

Lewis Caroll's »Alice«

sich sehr. Zwar war auch ihre Schwester da, aber die las ein Buch ohne Bilder und Dialoge. Plötzlich sah sie ein elegantes weißes Kaninchen vorbeieilen, das einen Augenblick stehen blieb, um auf seine Taschenuhr zu sehen. Alice folgte ihm erstaunt und stürzte ihm nach in ein Kaninchenloch, das einem tiefen Schacht glich; man könnte ihn auch den Tunnel der Zeit nennen. Alles, was Alice nun erlebte, als sie aus dem Tunnel am anderen Ende herauskam, war so seltsam und sonderbar, daß man es kaum erklären kann. Je nachdem, was sie berührte oder trank, wuchs sie oder wurde sie kleiner; auch ihre Sprache wurde so assoziationsreich, daß sie keine normale Sprache mehr zu sein schien. Diese Gedankenverbindungen, Bilder, Visionen und Selbstgespräche sind etwas so vollständig Neues in der Literatur, daß sie die assoziative Sprache von James Joyce vorwegzunehmen scheinen.

Hier ein Beispiel dafür, was Alice dachte, als sie hinunterfiel: »Hinunter, hinunter, hinunter!« Es gab nichts anderes zu tun, so nahm Alice ihren Monolog wieder auf: »Ich glaube, daß Dina mich diese Nacht sehr vermissen wird (Dina war die Katze). Ich hoffe, daß sie nicht vergessen werden, ihr zur Vesper ihr Milchschälchen hinzustellen. O meine liebe Dina, wie gern würde ich dich hier an meiner Seite haben! Es ist zwar wahr, daß es in der Luft keine Mäuse gibt, aber du könntest ja irgendeine Fledermaus fangen, die den Mäusen sehr ähneln, nicht wahr? Obwohl ich nicht weiß, ob die Fledermäuse den Katzen gefallen?« – und bei dieser Überlegung fing Alice an einzuschlafen und wiederholte auf seltsame Weise: »Fressen Fledermäuse Katzen? Fressen Fledermäuse Katzen?« – Manchmal versprach sie sich: »Fressen Katzen Fledermäuse?« denn – wie ihr wohl versteht – da sie sich nicht selbst antworten konnte, spielte es keine Rolle, ob sie die Fragen umstellte. Alice trifft eine Maus; da sie nicht weiß, wie sie sie ansprechen soll, erinnert sie sich an die Deklination: die Maus, der Maus, für die Maus, mit der Maus und entschließt sich, den Vokativ zu gebrauchen: O Maus! Das Absurde dieses seltsamen Dialoges bewirkt, daß für sie die Geschichte, die ihr die Maus erzählt, die Form eines Mäuseschwanzes hat. Damit hat Carroll bereits die Form des Kaligrammes vorausgenommen. Carroll ist mit diesem genialen Griff ein Vorläufer von Apollinaire. Man kann allerdings annehmen, daß schon in den nursery rhymes das Kaligramm in nuce enthalten ist.

Alice lernt viele Persönlichkeiten kennen, meist sind es Tiere, und führt mit ihnen überraschende und höchst seltsame Gespräche. Ein Kritiker sagte einmal, daß wir uns in diesen Gesprächen »der lächerlichen Situationen bewußt werden können, die entstehen, wenn man alles ganz wörtlich, im buchstäblichen Sinne nimmt«. Das Logische im Absurden ist das Hauptargument in der Geschichte von Alice.

In dem Kapitel »Eine verrückte Teegesellschaft« sprechen alle, die sich zusammengesetzt haben, Tiere wie Menschen, reinsten »nonsense-Stil«: vom Siebenschläfer bis zur Schildkröte und zur Herzogin. In diesem Kapitel verkehren die Spielkarten mit den Schachkönigen, und die Herzogin wird von Füchsen mit Schweinegesichtern bedient, deren Schreie nach Grunzen klingen.

Carroll vergaß auch nicht seine Erinnerungen an die Welt der Kinderbücher: der vergoldete Schlüssel, mit dem Alice die Tür zu öffnen versucht, ist das Symbol für die verschlossenen Zimmer, in die man eindringen will. Die Anspielungen, die Alice auf die Kinder aus Geschichten macht, die sie gelesen hat, beziehen sich immer auf Kinder, die wegen ihrer Furchtsamkeit bestraft wurden. Moralische Nutzanwendungen werden in der Gestalt der Herzogin lächerlich gemacht, die überall eine Moral finden will, auch dort, wo es keinen Sinn hat. So sagt sie: »Sei still, sei still, Kind! Jedes Ding hat seine Moral, man muß sie nur finden!«

»Die Partie geht jetzt etwas besser!« sagt sie, um das Gespräch zu beleben.

»So ist es« – sagte die Herzogin – »und die Lehre, die sich daraus ergibt, ist ... ist, daß es die Liebe und die Harmonie sind, die die Welt bewegen.«

Am Ende der ganzen Pilgerfahrt und der unsinnigen Gespräche erwacht Alice aus tiefem Schlaf. Nur so finden die unsinnigen Ereignisse eine Erklärung. Die Welt des Unsinns gehört in die Welt des Traumes, aber sie war wunderbar.

Das Buch wurde in Tausenden und aber Tausenden von Exemplaren verkauft. Für das Manuskript wurden später 15 400 Pfund bezahlt, der höchste Preis, der je in einer Versteigerung erreicht wurde. Der unbekannte Mathematiker wurde durch seine Erzählung berühmt, obwohl er selbst seine ernsthaften und seine mathematischen Bücher mehr schätzte. Als Beweis dafür kann gelten, daß er der Königin Viktoria, die Alice gelesen hatte und ihn um seine Werke bat, nur seine wissenschaftlichen Werke sandte. Sir John Tenniel illustrierte das Buch, aber erst nach mehreren Proben, da Carroll verlangte, daß sich die Bilder dem Text anpaßten.

Die entzückende Alice gab Anregung zu einem zweiten Buch. Sie war, wie Carroll sagte, »ein Geschöpf mit reiner und heller Stirn, mit träumerischen und wunderbaren Augen«. Das nächste Buch hieß: »Alice geht durch den Spiegel und was sie dort sieht« (»Through the Looking-Glass«). Eines Nachmittags möchte Alice wissen, was hinter dem Spiegel geschieht, und tritt in eine andere Welt ein: in das Haus des Spiegels. Dort erscheinen Gestalten aus den nursery rhymes: Tweedledum und Tweedledee und Humpty Dumpty. Sie singen unsinnige Lieder. Am Schluß war alles nur ein Traum, der aber in der Welt des Unsinns weiterlebt.

Als der Dichter das Buch vollendet hatte, schrieb er einen Brief: »Ostergruß für alle Kinder, die Alice lieben.« Es ist ein bewegender Brief, man spürt, daß der Dichter Kinder liebte. Er fragt die Leser: »Sind diese Worte seltsam für einen Dichter, der Erzählungen wie ›Alice‹ geschrieben hat? Gehört dieser Brief in ein Buch mit Albernheiten?«

Später wollte die Kritik, die sich in Hunderten von Artikeln und Essays über »Alice« geäußert hat, beweisen, daß die sogenannten Dummheiten einen besonderen, eines Mathematikers würdigen Sinn hätten, daß das Buch voll von Spitzfindigkeiten sei und einen sehr komplizierten Aufbau besitze. Trotz all der Anmerkungen und Tiefsinnigkeiten, die Erwachsene dem Buch hinzufügten, genossen es die englischen Kinder sehr, denn als Engländer kannten sie das Geheimnis täglichen »Unsinns«.

Die Überlieferung der nursery rhymes erleichtert das Verständnis und das Vergnügen an dem Buch; bat ja auch Alice selbst darum, die Geschichte möge »Unsinn« enthalten.

Der Abenteuerroman: Stevenson und »Die Schatzinsel« – Der Urwaldroman: Rudyard Kipling

Robert Louis Stevenson (1850–1894) war einunddreißig Jahre alt, verheiratet, kränklich und besaß wenig Geld. Er hatte die großen Abenteuerromanschriftsteller Mayne Reid, James Fenimore Cooper, Jules Verne und Kapitän Marryat gelesen, er reiste gern und hatte ganz besondere Freude an der Kartographie. Um einem seiner Söhne zu helfen, der den Plan einer Insel malte, die er »Schatzinsel« nannte, fing er an, Erklärungen dazu zu schreiben, die sich in eine Erzählung verwandelten. Die Suche nach einem verborgenen Schatz nach dem Schiffbruch einer Galeone in den Gewässern von Carácas, die geheimen Anschläge der Piraten, die Meeresabenteuer der wettergebräunten Männer machten diese Erzählung zu einer der interessantesten und besten der Weltliteratur, die sich Jugendliche angeeignet haben. Noch heute hört man bei kindlichen Spielen den Kehrreim aus der Erzählung:

> »Fünfzehn Mann auf des toten Kerls Kiste
> O, ho, ho,
> und 'ne Buddel voll Rum!«

Der Historiker der englischen Kinderliteratur, *F. J. Harvey Darton,* sagt, daß damals, als Stevenson anfing zu schreiben, unbedingt Abenteuerromane für Jungen gebraucht wurden. Denn, nachdem die historischen Romane von Walter Scott aus der Mode gekommen waren, gab es keine guten repräsentativen Abenteuerromane mehr in der englischen Literatur.

Zunächst war das Buch nicht für Kinder gedacht, aber sehr bald schon eigneten sie es sich an, da es ihren Abenteuergeist anregte. Eine entfernte Ähnlichkeit zu Robinson auf der Insel zeigt sich: Die Suche Robinsons nach nützlichen Dingen wie Essen und Kleider verwandelt sich hier in die Suche nach dem Schatz. Einige Männer werden auf einer fernen, im Ozean verlorenen Insel inmitten von Gefahren von ihren Feinden verfolgt. Das Buch hat gleichzeitig einen lebhaften Dialog, eine Verwicklung, die die Aufmerksamkeit fesselt, und bringt eine Spannung zwischen den Guten und den Bösen, die für immer Vorbild für alle Piraten- und Abenteuergeschichten sein sollte. Drei Jahre später veröffentlichte Stevenson in der wöchentlich erscheinenden amerikanischen Zeitung »Young Folks« seine Bücher mit Kinderreimen »Ein Garten voll Verse für Kinder« und später den berühmten Roman »Dr. Jekyll und Mr. Hyde«.

Rudyard Kipling (1865–1936) erzählt in seinem autobiographischen Buch »Etwas über mich selbst« sein Leben. Er wurde in Bombay geboren. Sein Vater war zunächst dort Kunstprofessor, dann Direktor des Museums in Lahore. Nur sieben Jahre verbrachte Rudyard in Bombay, erinnerte sich aber noch immer seiner Palmen und Bananenbäume und der tröstenden Gegenwart seiner Kinderfrau. Er erinnerte sich auch seiner Lieblingslektüren: an »Aunt Judy's Magazine«, eine der beliebtesten Zeitschriften der Zeit, und an »Robinson Crusoe« mit Stahlstichen. Sehr früh wurde er zur Erziehung in eine Schule nach England geschickt und mußte sich für lange Zeit von seinen Eltern trennen. Nach seiner Rückkehr begann er an Zeitungen mitzuarbeiten und wurde von seinem Vater empfohlen. Er stürzte sich jetzt voll und ganz in das Zeitungsleben. Sein erstes Buch »Erzählungen von den Hügeln« wurde gut aufgenommen. Zu diesen Hügeln gingen seine Mutter und seine Schwestern und die ganze englische Kolonie von Bombay im Sommer, um der Hitze des feuchten indischen Klimas zu entgehen, Rudyard erkrankte an der Ruhr und wurde zur Erholung in die kühlere Landschaft des Weges vom Himalaya nach Tibet geschickt. Diese Gegend beschrieb er später in seiner Novelle »Kim«. Er reiste als Reporter und Korrespondent ins Ausland und begegnete in Nordamerika seiner späteren Frau. Als Jungvermählte lebten sie in Vermont. In ihrem einsamen Haus inmitten von Bäumen fing er an, in Erinnerung an seine Jahre in Indien »Das Dschungelbuch« zu schreiben. Im Vorwort des Buches dankt der Autor den Tieren, die ihm geholfen haben: »zuerst dem klugen und hervorragenden Bahadur Shah, einem zur Beförderung von Gepäck bestimmten Elefanten mit der Nummer 174 im offiziellen Register Indiens, der zusammen mit seiner liebenswürdigen Schwester Pudmin ›Die Geschichte von Toomai von den Elefanten‹ möglich machte und einen guten Teil der Informationen in ›Die Diener Seiner Majestät‹ lieferte.«

Das 1894 veröffentlichte »Dschungelbuch« erzählt von einem im Dschungel lebenden Jungen, der Mowgli heißt. Eines Tages finden Mutter Wolf und ihre Jungen ein Menschenjunges, das sie Mowgli, d. h. Kröte, nennen, da es für sie wie eine Kröte aussieht, wenn es sich streckt. Shere Kan, der Tiger, und die Wölfe machen es sich streitig, bis es zuletzt in dem Wolfsrudel bleibt. Vater Wolf behandelt es wie eins seiner Kinder; er bringt ihm seine Künste bei und erzieht es mit den kleinen Wölfen, die für den Jungen seine Brüder sind.

Wahrscheinlich hat die legendäre indische Überlieferung von der Existenz von Wolfskindern die Entstehung des Buches mit beeinflußt. Es waren Kinder, die im Dschungel verlorengingen und die, wenn sie nicht starben, wie richtige Tiere aufwuchsen. Es war auch möglich, daß Kipling in seiner Kindheit den Kopf voll solcher Geschichten hatte, die ihm seine Kinderfrau erzählte. Die Idee des wilden Kindes, des unter Tieren aufgewachsenen Mannes, den er wie einen kleinen Adam im Paradies idealisierte, oder des Robinson unter Tieren, zog Kipling an. Diese Idee des guten Wilden, oder des einzelnen in der Wildnis, die schon in vielen Legenden bestand, wandelte sich hier zu dem Bild einer idyllischen Wildnis voll Fremdartigkeit und von gewisser Großartigkeit. Hier herrscht allein das Gesetz des Urwaldes und wird allein dies beachtet. Die Hauptpersonen unter den Tieren sind: Baghera, der schwarze Panther, Akela, der einzelgängerische Wolf, Baloo, der Braunbär, der Mowgli die Sprache der Tiere lehrt, die der Vögel und der Schlangen, und der ihm sagt, daß die Affen alle Lügner seien und kein Gesetz kennen.

Mowgli wächst zu einem starken Jungen heran; im ersten großen Rat holt er die Rote Blume (eine Metapher für das Feuer) und bedroht seinen großen Feind, den Tiger Shere Kan.

Eines Tages geht Mowgli auf den Rat von Mutter Wolf hin ins Dorf, um die Menschen kennenzulernen. Er wird Büffelhirt. Bei einem seiner Streifzüge mit der Herde wird er

Zeichnung von J. Morton-Sale aus »Peter Pan«

von Shere Kan angegriffen, der ihn seit langem beobachtet hatte. Aber Mowgli ist stärker und tötet ihn. Als er aus der Menschengemeinschaft ausgestoßen wird, kehrt Mowgli in die Wildnis zu seiner Wolf-Mutter zurück und nimmt das Fell Shere Kans mit. »Sie stießen mich aus der Herde der Menschen und der Wölfe aus«, sagt Mowgli, »von nun an werde ich allein jagen.« Nur seine vier Wolfsbrüder begleiten ihn.
Im Dorf werden die vermeintlichen Eltern Mowglis verfolgt und wegen Hexerei angeklagt. Die Frau, die ihn geboren hat, heißt Messina. Mowgli kehrt noch einmal zurück, um sie zu beschützen. Auch Mutter Wolf kommt mit und sieht mit Neugierde die Mutter Mowglis an, denn auch sie fühlt sich als Mutter. Es ist eine merkwürdige Szene, als sich die zwei Mütter betrachten. Mowgli befreit seine Eltern und schützt sie, damit sie aus dem Dorf fliehen und in Ruhe leben können.
Zuletzt weiß Mowgli so viel, daß er eine »Weise Kröte« und Herr der Wildnis ist. Er kehrt noch einmal zu den Menschen zurück, obwohl die Tiere ihm sagen, er sei immer willkommen in der Wildnis. Das Schlußkapitel oder die letzte Geschichte »Frühlingsläufe« erzählt von Mowglis Rückkehr zu Messina. Mowgli ist schon kein Kind

mehr, er ist »wie ein kleiner Gott der Wälder«. Er überrascht seine Mutter, wie sie seinen vor kurzem geborenen Bruder versorgt. Messina sah ihn: »aufrecht stehend, von dem roten Licht der Öllampe beleuchtet, stämmig, groß, schön, während ihm das lange schwarze Haar über die Schultern fiel. Das Messer hing ihm am Hals herunter, mit weißem Jasmin war der Kopf geschmückt; man konnte ihn leicht für einen der Götter halten, von denen die Sagen der Wildnis berichteten.«

Der Ästhetizismus der Jahrhundertwende – J. M. Barrie und »Peter Pan« – Autoren des 20. Jahrhunderts

Das Ende des 19. und der Anfang des 20. Jahrhunderts brächten der englischen Kinderliteratur kostbare Bücher. Große Schriftsteller wie *Oscar Wilde* (1850–1900) veröffentlichten Erzählungen von tiefer moralischer Symbolik, z. B. »The happy Prince« und »The selfish Giant«, die auch großen literarischen Wert haben. Wilde war von der ästhetischen Bewegung beeinflußt, die von den präraffelitischen Malern und Schriftstellern ausging. *John Ruskin* (1819–1890) schrieb die schöne Erzählung »The King of the Golden River« und die humorvolle und phantasiereiche Erzählung »Die Dame Wiggins de Lee und ihre sieben wunderbaren Katzen«, die Kate Greenaway bebilderte.

Da jetzt Dichter gern für Kinder schrieben, zeichneten große Illustratoren die Bilder dazu. Schon 1789 illustrierte *William Blake* die »Fairy Missals«. Will es das Glück, daß ein großer Schriftsteller einen bedeutenden Illustrator findet, dann erhält die Kinderliteratur herrliche Bücher. Aber nur in großen Epochen gibt es diese Zusammenarbeit von literarischen und malenden Künstlern.

James Matthew Barrie (1860–1937), bekannter als J. M. Barrie, schrieb das beliebte Buch »Peter and Wendy«, eines der klassischen Bücher der englischen Kinderliteratur. Er war Theaterautor. 1902 wurde im Londoner Theater das Stück »Der weiße Vogel« uraufgeführt, in dem in einer Geschichte die Gestalt des Peter Pan vorkam. Diese Geschichte verwandelte sich später zu einer Erzählung mit dem Titel »Peter Pan, der Junge, der nicht wachsen wollte« (1904). Alle Kinder wachsen, nur eines nicht. Einzig Peter Pan wächst nie, und er bringt alle Kinder in das »Land Niemals«.

Zu Beginn der Erzählung geht Peter Pan in das Haus der Familie Darling und überredet die Kinder, mit ihm zu gehen. Michael, Wendy und John lernen zu fliegen und kommen zu einer Insel, auf der in einem kleinen Haus Wendy die Mutter spielt. In der Geschichte erscheinen Feen und Piraten, der Kapitän Hook und die Fee Tinker Bell; es kommen Rothäute vor, und es gibt einen Teich mit Sirenen. Es scheint, als habe J. M. Barrie typische Gemeinplätze vieler Kinderbücher, aus Abenteuerbüchern, Indianergeschichten und Kriminalgeschichten stilisiert. Diese Familie im Kleinen, die die Welt der Großen nachahmt, mit der reizenden Wendy, dem männlichen Peter Pan und den kleinen Brüdern Wendys ist eine der schönsten Erfindungen der Literatur. Der Leser fühlt sich von einem warmen Hauch von Poesie und Zärtlichkeit bewegt, er verliebt sich in die humoristische Dichtung der Erzählung

Zeichnung von Kl. Ensikat aus »Der kleine Hobbit« (G. Bitter Verlag, Recklinghausen)

und ist ergriffen, wenn im letzten Kapitel der nach London zurückkehrende Peter Pan Wendy als erwachsene Frau wiederfindet. Die Zeit gleitet vorbei, Kindheit ist eine ferne Insel, das Kind, das für immer in seiner Kindheit verweilen will, ist ebenso eine Erfindung wie die Gestalt Peter Pans. Und immer wieder aufs neue wiederholt sich die endlose Geschichte. Peter Pan bringt die Tochter Wendys in das Land Niemals, in dem schöne und außergewöhnliche Dinge geschehen. »Glaubt ihr an Feen?« fragt der Autor die Kinder, und von ihrer Antwort hängt das Leben von Tinker Bell ab.

Wir müssen noch ein klassisches Buch der englischen Kinderliteratur nennen, »Black Beauty«, ein Pferdebuch, das Anna Sewell 1877 schrieb.

Im 20. Jahrhundert war die Kinderliteratur in England sehr reichhaltig und umfangreich. Der Historiker und Freund Chestertons, *Hilaire Belloc,* schrieb ein humoristisches Buch »Cautionary Tales for Children«. Der Autor fügte hinzu, daß die Geschichten zur Warnung für Kinder zwischen acht und vierzig Jahren geschrieben seien. Seine Parodie auf die »beispielhafte« Literatur ist sehr unterhaltend.

Edith Nesbit war eine sehr bewunderte und viel gelesene Autorin, sie schrieb »The story of the treasure seekers« 1899, »Five children and it« 1904, »The Phoenix and the Carpet« 1904, »The enchanted castle« (Das verzauberte Schloß) 1907, »The Magic City« (Die Zauberstadt) 1910 und »The wonderful garden« (Der Wundergarten) 1911. In seinem Buch »Treasure seekers and borrowers« sagt *Marcus Crouch* über die Kinderbücher in England zwischen 1900 und 1960, daß es in einer Zeit, in der der Markt Bücher forderte, wie sie gewisse nur kaufmännisch denkende Verleger wollten, immer noch einige Autoren mit starker Persönlichkeit gab, die sich einer Normierung widersetzten. Zu ihnen gehörten E. Nesbit und unter anderen auch Arthur Ransome, Mary Norton und Ann Philippa Pearce; man könnte die Reihe noch verlängern.

Arthur Ransome schrieb Romane über das Meer und die Vögel mit interessanter Handlung und stark philosophischem Einschlag. Unter seinen Büchern ragen »Swallows and Amazons« 1930, »Pigeon Post«, »Great Northern« 1947, »Winter Holiday« und »We didn't mean to go to sea« 1937 hervor.

Mary Norton ist die berühmte Autorin von »The Borrowers« (Die Borgmännchen), der Geschichte kleiner Wesen, die am Rande der Gesellschaft leben, sich unter den Teppichen und hinter den Bildern verbergen. Sie steht in der phantasievollen Tradition Swifts und seiner Lilliputaner.

Ann Philippa Pearce schrieb ein köstliches Buch »Tom's Midnight Garden« (Als die Uhr 13 schlug), die Geschichte eines erträumten Gartens, der verschwindet, wenn der Traum aufhört. Außerdem schrieb sie »A dog so small« (Ein so kleiner Hund). Ein bedeutendes Buch, das in Deutschland erst in den letzten Jahren entdeckt wurde, ist auch »The Hobbit or there and back again« von *J. R. R. Tolkien.* Zu Beginn des Jahrhunderts ist das Werk der großen Zeichnerin und Schriftstellerin *Beatrix Potter* zu nennen; sie schrieb »The tale of Peter Rabbit« 1901 und andere, berühmt gewordene Tiergeschichten. Erwähnt werden müssen auch *Hugh Lofting,* der »The story of Doctor Dolittle« 1920 schrieb, *Noel Streatfeild* mit »Ballet Shoes« und »The circus is coming« 1938 und *Richard Hughes,* der mehrere Bände mit Kurzgeschichten schrieb, »The Spider's Palace«, »Don't blame me«, »A High Wind in Jamaica« (Sturm über Jamaica); hierhin gehören auch *Mary Watkins-Pitchford* (Pseudonym BB), die »The little grey men« und »Down the Bright Stream«, und *Pauline Clarke,* die »The Twelve and the Genii« 1962 schrieb.

Interessant ist das erzählerische Werk von *Lucy M. Boston* mit »The children of Green Knowe«, eine Erzählung, in der sie die Abenteuer einiger Kinder in einem alten Haus beschreibt. Man muß auch auf den Welterfolg und die außerordentlich große Verbreitung der Bücher von *Richmal Crompton* hinweisen, die die Fortsetzungsreihe über das kecke und witzige Kind »William« schrieb; der erste Band »Just William« wurde 1922 veröffentlicht. *Enid Blyton* schrieb ein umfangreiches Werk mit zahlreichen Abenteuerromanen und geheimnisvollen Geschichten. *Rosemary Sutcliff*

Zeichnung von K. Greenaway aus »Marigold Garden«

ist Verfasserin historischer Romane, unter denen »The Queen Elizabeth Story« 1950 und »The Eagle of the Ninth« 1954 (Der Adler der Neunten Legion), die Geschichte der römischen Herrschaft auf den britischen Inseln, hervorragen.

Bedeutende Schriftsteller sind *A. A. Milne*, der über den kleinen Bären »Winnie the Pooh« eines der schönsten Bücher der englischen Kinderliteratur schrieb, und *Pamela Travers*, die durch die Gestalt »Mary Poppins« berühmt wurde; *Eleanor Farjeon* erhielt für ihr Gesamtwerk, aus dem »The little Bookroom« besonders zu erwähnen ist, den Andersenpreis. Nicht vergessen sei das klassische Buch von *Kenneth Grahame* »The Wind in the Willows« (Der Wind in den Weiden).

Unter den Dichtern sind *Walter de la Mare,* der einen Band mit Gedichten »Songs of Childhood« schrieb, und *W. H. Auden* zu erwähnen, der zusammen mit *J. Garret* eine ausgezeichnete Anthologie für Kinder veröffentlichte, »Poet's Tongue«.

Zu den bemerkenswerten Ereignissen zählt, daß in England zwei Preise für Illustratoren und Schriftsteller gestiftet wurden. Seit 1935 wird zur Erinnerung an *Andrew Carnegie*, der viele Bibliotheken im Lande gründete, die »Carnegie-Medaille« an den besten Schriftsteller verliehen. Der beste Illustrator erhält die »Kate Greenaway-Medaille«.

Kanada

In dem Gebiet des riesigen Kanada, wo Englisch gesprochen wird, lasen Kinder und Jugendliche lange Zeit in England veröffentlichte Bücher; durch die Nähe zu den Vereinigten Staaten kam zunehmend Lektüre auch aus amerikanischen Verlagen hinzu.

Eines der ersten wirklich kanadischen Bücher war »Canadian Crusoe« 1841 von *Catherine Parr Traill*. Bis zum Jahre 1946, als man einen Preis für das beste Kinderbuch schuf, war man sich der Bedeutung der Kinderliteratur als eigene Gattung nicht bewußt geworden. *R. M. Ballantyne* war der erste Kinderschriftsteller, der in Kanada lebte und arbeitete. Er war sechs Jahre lang bei der Hudson Bay Company tätig und schuf den repräsentativen kanadischen Abenteuerroman. Seine Romane wurden später auch verfilmt. Die großen kanadischen Wälder, die wild dahin strömenden Flüsse, die fernen und mächtigen Gebirge bilden den Hintergrund oder sind manchmal auch der Hauptgegenstand der Schilderung. In dieser Landschaft gestalten tapfere Menschen und kühne Abenteurer, die sich bereichern oder Gerechtigkeit üben wollen, ihr Schicksal.

Autoren wie *Marshall Saunders* lenkten mit Recht die Aufmerksamkeit auf die kanadische National-Literatur. 1897 hatte er mit seiner Geschichte über einen lahmen Hund »Beautiful Joe« großen Erfolg. Geschichten über Tiere waren auch das Thema in den Romanen von *Ernest Thompson Seton*, während Geschichten über die Abenteuer von Jungen das Hauptthema bei *Charles G. D. Roberts* sind. All diese Bücher sind sehr echt, sehr realistisch geschrieben. In solch großartigen Landschaften, wie sie Kanada besitzt, kommen der Natur und den Tieren besondere Bedeutung zu.

1903 veröffentlichte Ernest Thompson Seton »Two little savages: being the adventures of two boys who lived as Indians and what they learned« (Zwei junge Wilde). *Stansfield Belaney* schrieb »Grey Owl«. *L. M. Montgomery* wurde durch seinen Roman »Anne of Green Gables« 1908 berühmt; der Roman war ein Bestseller. *Muriel Denison* schrieb »Susannah. A little girl with the Mounties«. Die Mehrzahl der Schriftsteller schrieb in der Art von Thompson Seton und Roberts. 1931 veröffentlichte *Roderick Haig-Brown* »Silver: The life of an Atlantic Salmon«. Fischfang und Abenteuer auf dem Meer machten das Buch zu einem interessanten Roman. 1934 schrieb er »Ki-Yu. A story of Panthers« und die Erzählungen »Starbuck Valley« und »Saltwater Summer«. In seinen Erzählungen sind die Landschaftsschilderungen vorherrschend, ebenso die Liebe zur Natur und zur Erde, die eines der Hauptcharakteristika kanadischer Schriftsteller ist. Auch *Farley Mowat* schrieb Tierromane »The dog who wouldn't be« und »Owls in the family«.

Fred Bodsworth schrieb »Last of the Curlews«, die Geschichte der Auswanderung der Familie Curlew aus der Arktis in die Steppen Südamerikas. Es handelt sich um einen realistischen Dokumentarroman. *Sheila Burnford* schrieb »The incredible journey« (Die unglaubliche Reise), die Geschichte zweier Hunde und einer Katze, die über 250 Meilen weit den Norden Ontarios durchstreiften. Es ist dies eine der typischen Erzählungen Kanadas.

Zusammenfassend kann man sagen, daß der kanadische Roman mehr in die Jugendliteratur gehört. Er beschreibt realistisch, bringt viel Umweltschilderungen und Abenteuer und ist gleichzeitig geographisches Dokument. Im französischen Teil Kanadas kommt der größte Teil der Lektüre aus Frankreich.

Australien

Wie die Länder spanischer Sprache lange Zeit auch literarisch von Spanien beeinflußt waren und ihre Kinderlektüre aus Spanien erhielten, so waren in Australien die am meisten verbreiteten Bücher englische, die aus Londoner Verlagen kamen. Kinderliteratur, die in Australien selbst verlegt wurde, ist daher sehr jungen Datums, obwohl in dem Buch von *Frank Eyre* »British Children's Books in the Twentieth Century« gesagt wird, daß das erste Kinderbuch bereits 1841 veröffentlicht wurde. Es hieß »A Mother offering to her Children« und war von *Lady Gordon Bremer* geschrieben. Es wurde allerdings nur in Australien bekannt. 1894 fand das Buch von *Ethel Turner* »Seven little Australians« auch außerhalb des Kontinents Verbreitung.

Ein Klassiker der australischen Kinderliteratur ist das 1918 von *Norman Lindsay* geschriebene Buch »The Magic Pudding«, in dem die Abenteuer eines Koalabären, eines Matrosen und eines Pinguins beschrieben werden, die sich um einen Pudding zanken, der dauernd wächst. »Es ist das eine der großen Phantasiegeschichten der Kinderliteratur«, sagt Eyre. Es ist reizend und humorvoll geschrieben und gehört in eine Reihe mit »Alice« und »The Hobbit«.

Nach dem zweiten Weltkrieg wächst die Zahl der guten Autoren, die viele echt australische Bücher veröffentlichten. 1946 wurde der Preis »Australian Children's Book of the Year« gestiftet.

Ein großer Schriftsteller ist *Nan Chauncy*, der Geschichten über Tasmanien schrieb. Die berühmteste und viel übersetzte heißt »Tangara«, außerdem schrieb er »Fortune for the brave« 1954 und »Tiger in the bush« 1957.

Joan Phipson schrieb »The white Dingo«, *Patricia Wrightson* »I own the Racecourse«, die Geschichte eines behinderten Kindes. *Eleanor Spence* schrieb sehr verbreitete historische Romane wie »The Switherly Pilgrims« und »Jamberoo Road, »The Green Laurel« 1963 und »The Year of the Currawong« 1963.

Im allgemeinen ist die australische Literatur realistisch. Die australischen Schriftsteller schreiben mit Vorliebe über das Alltagsleben, und mit Ausnahme des Buches von Lindsay herrscht die Wirklichkeit vor. Möglicherweise interessiert in einem Kontinent, wo noch so viel getan und geschrieben werden muß, das Reale mehr als das nur Imaginäre. Der Schriftsteller beschreibt und beobachtet, während er gleichzeitig Abenteuer erzählt.

Colin Thyles schreibt Bücher über die Natur und über australisches Leben. Ihn interessieren die Vögel, die Tiere und die Flora. Einer seiner Hauptromane ist

Zeichnung aus »The Magic Pudding«

»February Dragon«. *H. F. Brinsmead* schreibt Geschichten über verschiedene Aspekte australischen Lebens und seiner Städte. In »Pastures of the Blue Crane« behandelt er die Probleme, die sich einem Mädchen von sechzehn Jahren stellen, wenn es eine Farm erbt und versucht, sie zu bewirtschaften. Gewöhnlich verfaßt er Romane für Jugendliche und bereichert damit die Jugendliteratur. Seine besten sind: »Season of the Briar« 1965 und »Beat of the City« 1966.

Zu den bekanntesten Schriftstellern gehört auch *Ivan Southall,* der viel übersetzt wurde und viele Preise erhielt. In kraftvollem und zupackendem Stil beschreibt er die Vorzüge und Fehler der Australier. Seine Abenteuergeschichten sind: »Ash Road«, »Hills End«, »To the Wild Sky«, »Finn's Folly« – hier wird ein Autounfall beschrieben – und »The Fox Hole«. Den Autor interessieren besonders die Charakterentwicklung seiner Helden und die Beziehungen zwischen Eltern und Kindern. Er schrieb ferner »Bread and Honey« und »Simon Black in China«.

Unter den zahlreichen Autoren, die in der Gegenwart für Kinder und Jugendliche schreiben, müssen *James Keith,* der 1966 »The Scuba Buccaneers« veröffentlichte, und *Lindon Rose,* die einen Roman über die Traditionen der Maori schrieb, »The parting of the Mist« 1963, erwähnt werden.

Mary Elwyn Patchett schreibt Romane, unter denen »Tam the Untamed« 1954 (Tam mein Silberhengst), »Ajax the Warrior« 1953 und »The Brumby« 1958 hervorragen.

Das Verlagswesen widmet gegenwärtig der Kinderliteratur besondere Aufmerksamkeit. Die Verleger empfehlen den Autoren, in ihren Geschichten und Erzählungen die australische Umwelt zu beschreiben. Koalas, Känguruhs, Gummibäume und australische Landschaften werden von den Schriftstellern bevorzugt, was der Literatur einen Hauch des Exotischen gibt, der der Übersetzung in andere Sprachen nur nützlich sein kann. In jüngster Zeit allerdings glauben die Schriftsteller nicht mehr, daß bloßes Lokalkolorit genüge, es müßten mehr universale Themen angeschnitten werden.

Die außerordentlich interessante Lage Australiens in der Nähe von Indonesien, von Neuguinea und nahe der Einflußsphäre Asiens macht die Entwicklung der australischen Kinderliteratur besonders beobachtenswert; sie hat schon vielfältiges Echo gefunden.

Neuseeland

Wie in Australien ist die Kinderliteratur in Neuseeland sehr jung. Diese Länder englischer Sprache versorgten sich mit englischen Büchern, bis Schriftsteller des Landes begannen, Kinderliteratur zu pflegen.

Dorothy Ballantyne (Neal White) war eine der ersten Autorinnen. 1945 schuf man einen Preis für das beste Geschichtenbuch oder den besten Gedichtband; er wurde *Esther Glen* zuerkannt. *Maurice Duggan* schrieb »Falter Tom and the Water Boy« 1959, *Roderick Finlayson* »The Springing Fern« 1965 und »The Wind and the Rain« 1966; das Buch wurde mit Photographien illustriert. All diese Bücher werden von dem »School Publications Branch of the Education Department« gefördert, da der Staat sich für die Kinderliteratur interessiert. So kam es auch zu Protesten gegen das Buch von *Ann Westra* »Washday at the Ba«, einer Studie mit Photographien über das Leben in einem Maori-Dorf: es stelle den Geist des Landes nicht in rechter Weise dar, ja, es mache ihn verächtlich.

Erwähnt werden müssen außerdem *Stella Morice* mit ihrem Buch »Wiremu«, *Joyce West* mit »Year of the Shining Cuckoo«, *Elsie Locke* mit »Runaway Settlers« und *Anne de Roos* mit »Gold Dog«.

Peter Wells schrieb eine beachtenswerte Arbeit »The New Zeelands School Publications Branch«, UNESCO 1957.

Bibliographie
(England, Kanada, Australien/Neuseeland)

Anderson, H.: The Singing Roads: A Guide to Australian Children's Authors and Illustrators. Sidney 1965.

Avery, Gillian E.: Nineteenth century children. Heroes and heroines in English children's stories 1780–1900. London 1965.

Barry, Florence V.: A century of children's books. London 1922.

Carroll, Anne: The Art of Beatrix Potter. London [1955].

Children's book news. Children's Book Centre. 140 Kensington Church St., London W. 8, Nr. 1, May 1964 (zweimonatlich erscheinende Zeitschrift).

The Children's Book World in Australia. Bookbird 4/1967.

Darton, F. J. H.: Children's books in England. Five Centuries of Social Life. Cambridge 1966.

Delattre, F.: La littérature enfantine en Angleterre. Revue Pédagogique. Paris, Band 51, Nr. 8, 1907.

Doyle, Brian: Who's who of boy's writers and illustrators. London 1964.

Edwards, H. W.: Early Books for Children. Ashmore Green/Newbury 1945.

Egoff, Sheila A.: Children's Periodicals of the Nineteenth Century; a survey and bibliography. London 1951.

Egoff, Sheila A.: The republic of childhood. A critical guide to Canadian children's literature in English. Toronto 1968.

Egoff, Sheila/Stubbs, G. T./Ashly, L. F.: Only connect. Readings on children's literature. Toronto/New York 1969.

Eyre, Frank: British Children's Books in the Twentieth Century. London 1971.

Field, E. M.: The child and his book. Some account of the history and progress of children's literature in England. London 1891.

Fisher, Margery: Intent upon reading: A critical appraisal of modern fiction for children. Leicester 1961.

Green Lancelyn, Roger: Tellers of tales. Children's books and their authors from 1800–1964. London 1965.

Halliwell-Phillips, James O.: A catalog of chap-books, garlands, and popular histories. London 1849.

Johnson, Edna/Evelyn R. Sickels: Anthology of Children's Literature. Boston 1959.

The Junior Bookshelf, 1/1936 (erscheint zweimonatlich).

Ker Wilson, Barbara: Children's Books in Australia: a publisher's Viewpoint. Bookbird, 4/1967.

Little Wide Awake. An Anthology from Victorian Children's Books and Periodicals in the Collection of Anne and Fernand G. Renier. London 1967.

Monographs. The Bodley Head Monographs. London. Lewis Carroll, E. Nesbit, Arthur Ransome, Geoffrey Trease, Walter de la Mare, J. M. Barrie, Beatrix Potter, Rudyard Kipling, Eleanor Farjeon, Noel Streatfeild, Mrs. Ewing, Mrs. Molesworth, Rosemary Sutcliff, George Macdonald, Andrew Lang, A. A. Milne.

Muir, Percy: English Children's Books 1600–1900. London 1954.

National Book League: Children's books of yesterday. London 1946.

Opie, Iona and Peter: The Oxford Dictionary of Nursery Rhymes. Oxford 1951.

Ryder, John: Artists of a certain line; a selection of illustrators for children's books. London 1960.

Saxby, Henry M. A.: A History of Australian Children's Literature (1841–1941). Sidney 1969.

Smith, Lillian H.: The unreluctant years. A critical approach to children's literature. Chicago 1953.

St. John, Judith: The Osborne Collection of early children's books 1566–1910. Toronto 1958.

The Children's Book World in Australia. Bookbird 4/1967.

The Junior Bookshelf, 1/1936 (erscheint zweimonatlich).

Thwaite, M. F.: From Primer to Pleasure. An Introduction to the History of Children's Books in England from the Invention of Printing to 1900. The Library Association. London 1963.

Townsend, John Rowe: Written for children; an outline of English children's literature. London 1965.

Tuer, Andrew C. W.: Stories from old fashioned children's books. London 1899 bis 1900.

— Pages and pictures from forgotten children's books. London 1898–1899.

Vries, Leonhard: Flowers of Delight. An Agreeable Garland of Prose and Poetry ... from the Osborne Collection of Early Children's Books 1765–1830. London 1965.

Wighton, R.: Early Australian Children's Literature: Australian Writers and their Work. Melbourne 1963.

Wilson, John James: Penny dreadful and penny bloods. Connoisseur. London. Band 89, April 1932.

Frankreich

Die Geschichten von Perrault – Die wunderbare Welt der Märchen

Man kann vermuten, daß wie in anderen europäischen Ländern die erste Kinderlektüre aus Fibeln, Lesebüchern, religiösen und belehrenden Schriften und neben dem rein Pädagogischen aus Rittergeschichten bestand.

Montaigne widmete in seinen Essays das 26. Kapitel »Über die Kindererziehung« der Kritik an den traditionellen Erziehungssystemen; dabei gibt er einen Überblick über die eigene Lektüre: »Mein erster Geschmack an Büchern entsprang aus dem Vergnügen an den Fabeln der Metamorphosen Ovids. Denn etwa im Alter von sieben oder acht Jahren stahl ich mich von allen anderen Lustbarkeiten hinweg, um sie zu lesen: um so mehr, da ihre Sprache meine Muttersprache und dies das leichteste Buch war, das ich kannte, und wegen seines Inhalts für mein kindisches Alter das zugänglichste. Denn die Lancelot du Lac, die Amadís, die Huon de Bordeaux und dergleichen Bücherplunder, an dem sich die Jugend ergötzt, kannte ich nicht einmal den Namen nach und kenne auch heute noch ihren Inhalt nicht, so genau war meine Richtschnur. Um so lässiger lernte ich dafür meine anderen vorgeschriebenen Lektionen. Dabei kam es mir ungemein zustatten, daß ich es mit einem verständigen Manne von Lehrer zu tun hatte, der bei dieser und andern ähnlichen Ausschweifungen sehr geschickt ein Auge zuzudrücken wußte. Denn auf diese Weise verschlang ich in einem Zuge die Äneide des Virgil, und dann den Terenz und dann den Plautus, und italienische Komödien, immer durch den Reiz der Fabel verlockt.«

Der Abschnitt zeigt uns, daß es keine spezielle Kinderlektüre gab. Ein gebildetes Kind wie Montaigne, das von ausgesuchten Lehrern erzogen wurde, wählte die seinem Geschmack entsprechenden großen Werke aus: die mit überraschenden Wendungen, verschwörerischen und theatralischen Höhepunkten und unterhaltenden Themen. Auf der anderen Seite suchte sich das Kind aus den einfachen Schichten die Lektüre, die alle Erwachsenen besaßen, die Ritterromane. Sie entsprachen den Romanen von heute mit Superhelden, die unermüdlich von Abenteuer zu Abenteuer eilen.

Eine »Bindfaden-Literatur« (gemeint sind nur geheftete Bücher oder Broschüren), die aus frommen Legenden oder profanen Werken bestand, bot Lesestoff für junge Leser und für ihre Eltern. Die Sagen von »Robert dem Teufel«, »Griseldis«, »Genoveva von Brabant«, »Richard ohne Furcht« waren das übliche Lesefutter. Reiseberichte und mündliche und folkloristische Überlieferungen bildeten ein reiches Kulturerbe, dem aus Mangel an Büchern von Groß und Klein gelauscht wurde.

In Erinnerung an diese in der Kindheit gehörten Erzählungen veröffentlichte *Charles Perrault* (1628–1703) die »Märchen von Mutter Gans« (Les Contes de ma Mère L'Oye), denen er den Untertitel »Geschichten oder Erzählungen aus vergangener Zeit mit einer Moral« gab. Der Autor dieses kleinen Buches mit nur elf Erzählungen

Charles Perrault

konnte wohl kaum die Bedeutung seiner Publikation erfassen, die tausende Male gedruckt wurde und ihn zu einem der berühmtesten Klassiker der Kinderliteratur machte. Heute diskutiert man die Urheberschaft der Erzählungen. Man weiß nicht genau, ob der Vater oder der Sohn der Autor des Buches ist oder ob es gar von mehreren Autoren geschrieben wurde. Was am Anfang so klar erschien, enthält zuletzt ein Geheimnis, das vielleicht sogar Perrault selbst erfand, um seine Zeitgenossen zu verwirren oder auf eine falsche Fährte zu locken. Sicher ist nur, daß Charles Perrault eine bedeutende Persönlichkeit am Hofe Ludwigs XIV. war. Er war akademisch gebildet, zugleich ein Original, das die modernen Autoren den klassischen vorzog, das Spaßmachen liebte und eine »Verteidigungsschrift der Frauen« schrieb. Es erscheint möglich, daß sein Sinn für Späße ihn mit dem Namen seines Sohnes, Pierre Darmancourt, unterzeichnen ließ.

Das Verdienst von Perrault war es, den tradierten, von Mund zu Mund weiter erzählten oder auf einfachen, nur gehefteten Blättern gedruckten Geschichten literarische Form gegeben zu haben. So, wie La Fontaine die Fabeln von Äsop und Phädrus ins Französische übertrug und sie dadurch in ganz Europa bekanntmachte, wurde Perrault das Vorbild für Kindergeschichten.

Die Erzählungen heißen: Griseldis, Die lächerlichen Wünsche, Eselshaut, Dornröschen, Die Feen, Aschenputtel, Rotkäppchen, Blaubart, Der gestiefelte Kater, Däumling, Riquet mit dem Haarschopf.

In diesen Geschichten herrscht das Wunderbare; es gibt Verzauberungen und Besprechungen, es erscheinen gute und böse Feen wie in »Dornröschen«, blutgierige Menschenfresser wie in »Däumling«; sie stellen Erinnerungen an barbarische Epochen dar, vielfach finden sich auch Erinnerungen an antike Mythen. Neuere Forschungen haben gezeigt, daß sich italienische Einflüsse mit keltischen und asiatischen mischen. Sicher ist jedoch, daß Perrault nicht im entferntesten beim Schreiben an diese Dinge gedacht hat. Er erinnerte sich an die bezaubernden Geschichten seiner Mutter und seiner Amme und schrieb sie mit größter Einfachheit nieder, um sie, wie man sagt, in der Zusammenkunft der »Petits Samedis« seiner Freundin und Verwandten, Mlle. Lhéritier vorzulesen; sie liebte Geschichten dieser Art sehr und hatte selbst kleine Erzählungen geschrieben.

Die Welt des Wunderbaren, des Feenhaften und Zauberhaften war am Hofe des Sonnenkönigs sehr beliebt, wo alles selbst wie ein Wunder wirkte, obwohl sich dahinter oftmals Scheußlichkeiten verbargen. Hatte ein Kind diese Geschichten gelesen, so würde es niemals die außerordentlichen Wunder, die in ihnen geschahen, vergessen; ebensowenig aber würde es die Moral, die sie enthielten, vergessen. Am Ende von »Rotkäppchen« sagt Perrault: »Mädchen, wenn ihr jung und schön seid, traut nicht den Wölfen! Es gibt in dieser Welt viele honigsüße und elegante Männer, die sanft und verführerisch reden. Aber gerade sie sind die gefährlichsten!« Diese »Märchen« bringen Beispiele, die die Phantasie anregen; in ihnen vereint sich die schöpferische Kraft der Erfindung mit der Moral wie bei von Dichtern geschriebenen Fabeln. Immer und immer wieder sind diese Bücher herausgegeben worden, und mehr als einmal wurden sie verändert. In vielen Ausgaben unterdrückte man die Moral, in anderen wurde die Sprache nicht respektiert; man machte neue Dialoge hinzu und veränderte den Schluß wie bei »Rotkäppchen«.

Die Märchen in der Art von Perrault fanden besonders unter den Damen viele Freunde. *Jeanne Lhéritier* veröffentlichte »Die Geschichten von König Richard«, unter denen besonders »Der düstere Turm« und »Das Kleid der Wahrheit« hervorragen.

Die *Gräfin von Murat* schrieb 1698 ihre »Märchen«. Die bedeutendste Autorin war jedoch *Madame d'Aulnoy* (1651–1705). Sie schrieb mehrere Bände mit Märchen, die alle sehr überladen, sehr kostbar, immer sehr schön, aber weit entfernt von der Einfachheit Perraults sind. In dem eleganten Nachwort, das sie an Seine Majestät richtete und in dem sie das Wunderbare preist, erklärt sie, daß sie das »Königreich der Feen« erdacht habe. Die Erzählungen von Madame d'Aulnoy fanden große Verbreitung. 1698 schrieb sie »Märchen nach der Mode« und »Die grüne Schlange«. Madame d'Aulnoy wurde auch durch ihre »Spanienreise« berühmt, auf der ihre überschäumende Phantasie überall Motive für Komödien fand, dadurch aber die spanische Realität in eine Fiktion verwandelte. Sie gibt ein gutes Beispiel für die Übertreibung des Phantastischen im Jahrhundert des französischen Barock, die so weit ging, daß Antoine Hamilton Märchen schrieb, in denen sie sich über diese Vorliebe für alles Phantastische lustig machte. In ähnlicher Weise war in früheren Zeiten der große Roman von Cervantes eine Parodie auf die Ritterromane.

Ein für die Geschichte der Kinderliteratur entscheidendes Werk war »Le Cabinet des feés«, das 1774 in Paris in 42 Bänden erschien.

Die »Fabeln« von La Fontaine

Schon Plato empfahl, daß Kinder die Fabeln mit der Milch ihrer Amme einsaugen sollten. Seither wurden Fabeln als die angemessene Lektüre der Kinderzeit betrachtet. Die französischen Fabeldichter hielten außerdem die Fabeln für eine der geeignetsten literarischen Formen, um eine für alle gültige moralische Philosophie auszudrücken.

Jean de La Fontaine (1621–1695) war aus der Champagne gebürtig, scheiterte als Novize, studierte Jura, fühlte sich nicht zur Ehe berufen und wurde von Fouquet, dem Minister Ludwigs XIV., begünstigt. Er gehörte zu den Schriftstellern, die sich einzig ihrer Kunst widmeten. Sehr jung las er Heliodor, »Cyrus« von Mlle. de Scudery, »L'Astreé« von Urfé, Rabelais, die italienischen Schriftsteller Ariost und Tasso und immer wieder Horaz, Terenz, Platon und Plutarch. In den Büchern dieser Lieblingsschriftsteller findet man noch die Anmerkungen von La Fontaine; zumeist sind es moralische oder politische Maximen, die er später in seinen Fabeln verwandte. La Fontaine lebte im literarischen Zirkel der großen Schriftsteller seiner Zeit; er war ein Freund von Madame de Sévigné, deren Tochter er 1667 die Fabel »Der verliebte Löwe« widmete. Vier Freunde versammelten sich, um über Literatur zu reden: La Fontaine (Polisphile), Racine (Acante), Boileau (Ariste) und Molière (Gélaste). Fontaine begann, Fabeln zu schreiben und ahmte anfangs die traditionellen Fabelerzähler nach, wobei er die Knappheit von Phädrus und die lakonische Genauigkeit von Äsop rühmte. Nach und nach wurden jedoch die Vorbilder durch Varianten bereichert, so daß sich die kleine originale Fabel der Antike, die so kurz und schmucklos war, zu einer weit gespannten, erzählerischen Fabel entwickelte, die reich an dramatischen Dialogen, Charakterstudien und Charakterdarstellungen war. Mit Recht sagt der Spanier Samaniego im Vorwort zu seinen Fabeln: »In seiner Abhandlung über die Erziehung sagt ein moderner Autor (ohne Zweifel bezieht er sich auf Locke), daß er in der ganzen Fabelsammlung von La Fontaine nur fünf oder sechs Fabeln kenne, die sich durch kindliche Einfachheit auszeichneten. Aber selbst wenn man diese wenigen untersucht, findet man noch Stellen, die der kindlichen Auffassungskraft nicht entsprechen. Diese Kritik war für mich eine Lehre!« Der spanische Fabeldichter bevorzugte daher Einfachheit und Klarheit in seinen Fabeln. Natürlich beruhte dieser Unterschied auch auf dem Wechsel der Epochen. Im 17. Jahrhundert herrschte eindeutig das Barock, während im 18. Jahrhundert die Aufklärung größere Einfachheit forderte. Die Fabeln von La Fontaine waren ausdrücklich für ein Kind bestimmt, den jungen Dauphin »ad usum delphini«. 1668 sagte La Fontaine in seiner Widmung an »Monsieur Le Dauphin«:

»Monsieur:

Wenn es eine geistreiche Sache im Reich der Literatur gibt, dann ist es die Art und Weise, in der Äsop seine Moral darlegte ...

Jean de Lafontaine

Ich wage es, Monsieur, Ihnen diese Schriften anzubieten. Sie bieten eine Unterhaltung, die Ihren jungen Jahren angemessen ist. Sie sind in einem Alter, in dem Vergnügen und Spiele den Prinzen erlaubt sind, aber zur gleichen Zeit müssen Sie sich auch ernsten Überlegungen widmen. All das findet sich in den Fabeln, die wir Äsop verdanken. Ich gestehe, daß sie zunächst kindlich wirken, aber diese Kindlichkeiten enthalten oft sehr wichtige Wahrheiten.«

Darin bestand das Wesentliche: zu unterhalten und gleichzeitig zu belehren. Das

133

Nützliche und das Angenehme gingen zusammen. La Fontaine wollte den Prinzen belehren und zugleich zerstreuen. Er brachte die Geschichte der Fabel und eine Verteidigung der ganzen Gattung, zugleich wurde er der erste französische Fabeldichter. Obwohl er, wie man weiß, Vorgänger hatte, erscheint doch die französische Sprache in den vorigen Jahrhunderten so anders, daß man seine Vorgänger wie Ausländer ansehen kann. Das Neue seiner Fabeln lag nicht so sehr im Motiv, das hatte er von Phädrus und Äsop übernommen, sondern im Stil und der Ausschmückung.

La Fontaine war überzeugt, daß die Fabel die beste literarische Form war, um Kinder den Unterschied zwischen Gut und Böse zu lehren. Er selbst fragte: »Welch bessere Methode gibt es als die Fabeln? Sagt einem Kind, daß Crassus, als er gegen die Parther zog, in das Land eindrang, ohne an den Rückzug zu denken. Daher mußten er und sein Heer unterliegen, obwohl sie große Anstrengungen machten, sich wohlbehalten zurückzuziehen. Erzählt demselben Kind, daß eine Füchsin und ein Schafsbock auf den Boden eines Brunnens hinabsteigen, um ihren Durst zu stillen. Die Füchsin konnte entkommen, da sie auf den Rücken und die Hörner ihres Gefährten stieg und sie als Treppe benutzte, während der Schafsbock unten bleiben und sterben mußte, weil er nicht voraus gedacht hatte. Jetzt frage ich euch: welches der beiden Beispiele beeindruckt das Kind mehr? Wird nicht das letzte Beispiel seinem noch jungen Geist verständlicher sein?«

Daher kommt La Fontaine zu der Schlußfolgerung: »In meinem Werk sind die Tiere die Lehrmeister der Menschen, und ich bediene mich der Tiere, um die Menschen zu belehren.« Dann fügt der Fabeldichter hinzu, daß die Fabel aus zwei Teilen bestehe: der eine ist der Körper, der andere die Seele. Der Körper ist die Fabel, die Seele ist die Moral. Oft verzichtete La Fontaine auf die Moral und zwang der Erzählung nicht ein moralisches Ende auf, wenn es wie losgelöst von der Erzählung selbst nur angefügt würde. Der Geschmack, das große Gesetz der Epoche, beherrschte alles. Berühmte Beispiele aus den Fabeln sind »Die Zikade und die Ameise«, »Der Fuchs und der Rabe« und »Der Wolf und das Lamm«. Kinder aus der ganzen Welt haben sie schon beim ersten Lesenlernen und beim ersten Studium des Französischen rezitiert. Vom achten Buch seiner Fabeln an ist La Fontaine nicht mehr so knapp im Ausdruck wie in seinen ersten Büchern. Die Fabeln werden jetzt länger, der Autor hat sie bereichert, hat sie durch Abhandlungen, weitschweifige Dialoge und eine ausführliche Moral ausgeschmückt. Viele von ihnen sind jetzt Damen und hohen Persönlichkeiten des Hofes gewidmet, obwohl die Anfangswidmung für den Dauphin war.

Madame Leprince de Beaumont und »Das Kindermagazin« – Rousseau und der Einfluß von »Emile« auf die Kinderliteratur

Madame Leprince de Beaumont (1711–1780) ist deshalb so interessant, weil sich in ihrem Werk die Einflüsse des Jahrhunderts Ludwig XIV. zeigen, gleichzeitig sich aber auch schon die vorherrschenden Strömungen des 18. Jahrhunderts ankündigen. Sie gibt das Phantastische nicht völlig auf, sie benutzt es noch für ihre moralischen Abhandlungen; aber schon erscheint die Vernunft in ihren Schriften.

Da sie in ihrer Ehe unglücklich war, ging sie nach London, wo sie Erzieherin wurde. 1748 veröffentlichte sie »Der Triumph der Wahrheit oder Die Erinnerungen von Madame de la Villete«, 1780 »Das neue französische Magazin«, in dem die Geschichten »Die Schöne und das Tier«, »Fidelia« und andere stehen, und 1757 »Das Kindermagazin« in vier Bänden. Das Buch hatte außerordentlichen Erfolg und wurde durch zahlreiche Übersetzungen in ganz Europa verbreitet. Noch heute gibt es einige ältere Leute, die sich dieses Buches als der Lieblingslektüre ihrer Kindheit erinnern.

»Das Kindermagazin« besitzt ein Vorwort der Autorin, in dem sie seine Entstehung erklärt. Durch ihre Erfahrung als Erzieherin in England kam sie zu der Schlußfolgerung, daß Kinder sich langweilen, weil man ihnen die falschen Bücher in die Hände

Mme. Leprince de Beaumont

gibt, die für sie ungeeignet sind und die sie öde finden. »Ein junges Fräulein von fünfzehn Jahren, das beginnt, Französisch zu lernen, braucht einen einfachen und schlichten Stil wie eine Fünfjährige, die ihre Muttersprache liest. Man stelle sich den Überdruß dieser armen Kinder bei der Übersetzung des ›Telemach‹ und der ›Abenteuer des Gil Blas‹ vor! Auf diese Bücher aber beschränkt sich in England die Lektüre für den Französischunterricht. Beide Bücher, die in ihrer Art Meisterwerke sind, müssen den Kindern so fremd wie Griechisch vorkommen ... Vielleicht sagen mir einige, es gäbe ja zwölf Bände mit Märchen und Zaubergeschichten, in denen die Jungen oder Mädchen lesen könnten. Ihnen erwidere ich, daß die Märchen häufig keinen guten Stil haben und daß sie immer für die frühe Jugend schädlich sind, denn sie bringen nur schädliche und falsche Ideen ... Ich bekenne, daß die ›Geschichten der Mutter Gans‹ echte Kindergeschichten sind, die mir immer geeigneter für Kinder erschienen als viele andere in anspruchsvollerem Stil. Wenn die Mädchen das Märchen vom ›Ritter Blaubart‹ lesen, kann ich ihnen die Schwierigkeiten einer Zweckehe, die Risiken der Neugierde darstellen und auf das Böse hinweisen, das entsteht, wenn man sich nicht den Launen eines Ehemannes fügt; ich kann ihnen auch die Nutzlosigkeit einer Lüge, die nur gesagt wird, um eine Strafe zu vermeiden, verständlich machen. Könnte ich vielleicht ähnliche Überlegungen bei den oben zitierten zwölf Bänden anstellen? Ihre geringe oder gar fehlende Moral wird unter so vielen wunderbaren und lächerlichen Dingen verborgen und unterdrückt, daß man sie Kindern nicht in die Hand geben kann. Gerade aber Kinder brauchen Beispiele, damit sie Tugenden erlangen und Laster ablegen oder verbessern.«

»Das Kindermagazin oder die Gespräche einer klugen Direktorin mit ihren Schülerinnen« ist von außerordentlichem Charme. Der Inhalt ist, wie es das Vorwort sagte, dem kindlichen Alter angepaßt. Die Kinder spazieren mit ihrer Kinderfrau, ihrer Lehrerin oder mit ihrer Erzieherin im Garten umher und unterhalten sich lebhaft. Vor dem Kaffeetrinken erzählt sie ihnen eine Geschichte und nachher beobachten sie auf dem Spaziergang die Pflanzen und die Natur. Manchmal veranlaßt die Erzählung zu moralischen Überlegungen oder zu Betrachtungen über alte Geschichte, ein anderes Mal gibt die Lehrerin bei der Erwähnung eines Ortes geographische Erklärungen. Alles verläuft sehr lebhaft. Die kleinen Leser haben dabei das Gefühl, sie selbst seien die Hauptpersonen. Die Lehrerin ist nur eine weitere Kameradin, nicht eine strenge Herrin. Nie spricht man von Strafen, denn das Gefühl der eigenen Schuld war Strafe genug für den Schüler. All diese Ideen waren neu, obwohl sie sich im Laufe der Zeit in etwas Altes und schon immer Dagewesenes verwandelten.

Madame Leprince de Beaumont verheiratete sich wieder; in ihrer zweiten Ehe mit Tomás Pichón hatte sie sechs Kinder, deren Erziehung sie sich widmete. Sie schrieb für sie viele ihrer Bücher.

Dem »Kindermagazin« folgte 1760 das »Magazin für Jugendliche oder Gespräche einer klugen Direktorin mit ihren vornehmen Schülerinnen«; es sollte seine Fortsetzung sein. Sie veröffentlichte außerdem die »Belehrende Bücherei«, »Die neue Clarissa« (1767), »Merkwürdige und unterhaltsame Briefe« (1770), »Der neue Mentor« und 1773 »Handbuch für die Jugend«.

Alle Märchen, die Madame de Beaumont in ihre Bücher aufnahm, waren von tiefer Symbolik. »Die Schöne und das Tier« zeigt die Kraft der Liebe, Häßliches in Schönes zu verwandeln. Die grausame Bestie, die die Schöne begleitet, verwandelt sich dank der Liebeskraft der gütigen Bella in einen vollkommenen Prinzen. Das Wunderbare ist hier die Verwandlung des Häßlichen in Schönes. Diese Märchen zeigen in Gestalten die Tugenden und Leidenschaften wie in den Mysterienspielen von Calderón. In dem Märchen »Der bewunderungswürdige Prinz« heißen die Personen: Der Absolute, der Aufrichtige, der wahre und der falsche Ruhm. Diese moralischen Allegorien rechtfertigen die phantastische Erzählung und bewahrten für die Autorin die Vernunft. Madame Leprince de Beaumont wurde in Spanien sehr viel gelesen. Man zitierte sie ständig.

Interessant ist das Vorwort zu der Übersetzung »Der Kinderfreund« von Sabatier. Der Übersetzer sagt: »Man muß von dem ›Kindermagazin‹ sagen, daß es ausgezeichnete Regeln enthält; aber es besitzt mehr Kostbarkeiten, die sein Verständnis erleichtern sollen, als Nahrung zur Bildung und Formung des Herzens. Warum sollte man nicht frei und ohne die Wertschätzung, die es auf der anderen Seite verdient, zu mindern, sagen können, daß seine Lehren zu sehr unter dem Schleier der Fiktion und Allegorie verborgen sind?« Der Übersetzer hatte sehr genau das Allegorische in den Erzählungen von Madame de Beaumont gesehen, es aber nicht zu schätzen gewußt.

Ehe man das Studium der französischen Kinderliteratur fortsetzt, muß man *Jean Jacques Rousseau* und sein Werk zitieren, das so großen Einfluß auf alle Geister seiner Zeit und indirekt auch auf die Kinderliteratur hatte, die von ihm mitbestimmt wurde. 1762 veröffentlichte Rousseau »Emile«; es ist eine Novelle oder ein Traktat über die Erziehung, die von vielen Autoren als das grundlegende Buch betrachtet wurde. »Emile« von Rousseau ist die Modellfigur des Kindes des 18. Jahrhunderts, die völlig verschieden von der des 17. Jahrhunderts ist. Rousseau zwingt seine Theorien auf und diktiert seine Vorlieben. Die Fabeln von La Fontaine greift er an, da er sie für ungeeignet hält: »Wie kann man so blind sein und die Fabeln als Grundlage der moralischen Erziehung der Kinder betrachten? Man läßt alle Kinder die Fabeln lernen, und es gibt nicht eines, das sie verstände. Ich sage, daß kein Kind die Fabeln, die man es lehrt, versteht, weil trotz aller Anstrengungen, sie einfach zu gestalten, die Lehre, die in ihnen enthalten ist, Gedanken voraussetzt, die ein Kind nicht lernen kann!«

Rousseau geht noch weiter, wenn er sagt: »Ich hasse die Bücher! Sie lehren nur, von dem zu sprechen, was man nicht weiß!« Seinem Emile nimmt er alle Bücher fort bis auf »Robinson Crusoe«, den er als einen neuen Traktat über natürliche Erziehung betrachtete. Denn auch das Kind muß alles aus eigener Erfahrung lernen und gleicht darin dem einsamen Robinson, der alles allein entdeckt. Ja, Robinson ist ein Traktat über Energie, Mut und Geschicklichkeit, und der rousseausche Emile muß sich energisch, mutig und geschickt gegenüber der Natur verhalten. Die eigene Tat und die Anstrengung des Mannes erschienen Rousseau vor allem lehrreich. Gleichzeitig bestätigten sich in Robinson seine optimistischen Ideen, denn dieser scheinbar auf einer verlassenen Insel ohne Aussicht auf Rettung verlorene Mann rettet nicht nur sich selbst, sondern durchläuft auch ohne jede Hilfe alle Stadien der Menschheit, wie es Rousseau für Emile wünschte. Wichtig war ihm auch die Toleranz des Buches, in dem später die brüderliche Zusammenarbeit von Angehörigen verschiedener Glaubensrichtungen gezeigt wird.

Zeitgenössische Autoren der Kinderliteratur von Rousseau bis Madame de Genlis und Armand Berquin standen unter dem Einfluß dieser Theorien. Lange Zeit wurden die Kinder nach Rousseauscher Manier erzogen, auch Bücher wurden gemäß dieser neuen Lebensanschauung geschrieben. Wenn man eine Geschichte der Kinderliteratur schreibt, muß man den großen Einfluß einiger Pädagogen und die enge Beziehung zwischen Pädagogik und Literatur mit in Betracht ziehen. In ähnlicher Art war die Gestalt und das Werk des Schweizer Pädagogen Pestalozzi einflußreich.

Madame de Genlis und die erzieherische Kinderliteratur – Armand Berquin: »Der Kinderfreund«

Felicité du Crest de Saint-Aubin (1746–1830) ist eine sehr interessante Persönlichkeit, obwohl sie heute vergessen ist und nichtssagend erscheint. Man muß ihr Werk mit Aufmerksamkeit betrachten, sei es auch nur wegen des großen Einflusses, den sie ausübte, und wegen der großen Zahl ihrer Nachahmer, die sie in allen Ländern, auch in ihrem eigenen, fand.

Sie stammte aus einer reichen Familie in Burgund, wurde im Schloß von Saint-Aubin erzogen, widmete sich der Literatur und der Musik und führte ein angenehmes und leichtes Leben, bis ihre Eltern alles verloren und sie mit sechzehn Jahren Mr. Genlis, den Markgrafen von Sillery, heiratete. 1770 wurde sie Gesellschaftsdame der Herzogin von Chartres, die sie zur Erzieherin ihrer Zwillinge bestimmte, als sie ihre literarische Begabung und ihre pädagogischen Neigungen entdeckte. Später übertrug ihr der Herzog die Erziehung seines Sohnes. Diese Aufgabe rechtfertigt und erklärt einen großen Teil ihres Werkes. *Madame de Genlis* begann für die Kinder zu schreiben, die ihrer Erziehung anvertraut waren. In einer Zeit, in der es kaum Bücher für Kinder gab und in der die Kinderliteratur gerade erst als eigene Gattung geboren wurde, schrieb sie Bücher, in denen sich erzieherische Lektionen und literarisch vergnügliche Unterhaltung mischten.

Madame de Genlis war eine sehr lebhafte, liebenswürdige Dame, die ihre Schüler mehrere Sprachen lehrte, mit ihnen aufs Feld ging, um ein Herbarium anzulegen, sie belehrte, während sie aßen, so daß alles wie ein Spiel erschien, und sich auch für die Theateraufführungen interessierte, die im Haus stattfanden. 1779 schrieb sie »Theater zum Gebrauch für die Jugendlichen«, wenig später »Theater der Gesellschaft« (1781) und 1782 »Adele und Theodor oder Briefe über die Erziehung«. In ihnen herrscht trotz des sehr pädagogischen Tones der gesunde Menschenverstand vor; sie stimmten auch den Grundregeln der modernen Pädagogik zu. In gewisser Weise waren sie von den Ideen aus dem Vorwort des »Kindermagazins« von Madame de Beaumont beeinflußt.

Für Madame de Genlis sollte der Schüler kein Gelehrter werden. »Mit dreizehn Jahren muß er nicht die Fabeln von La Fontaine, den Telemach, die Briefe von Madame de Sévigné und die Stücke von Corneille gelesen haben ...«, die die normalen Lektüren eines frühreifen Kindes waren, das eher einem kleinen Erwachsenen glich. Es sollte auf eine natürliche Art erzogen werden. Trotz dieser Natürlichkeit und trotz ihres gesunden Menschenverstandes zeigte sich Madame de Genlis den Märchen abgeneigt. Der räsonnierende Geist der Aufklärung verbannte alle Märchen. Dieser Angriff auf das Wunderbare, das »Märchenhafte«, das dem vergangenen Jahrhundert so lieb gewesen war, wurde nun feste Grundlage der neuen Erziehung. Im dreizehnten Brief antwortet Madame de Genlis auf die Frage, welche Bücher man Kindern und Jugendlichen geben sollte: »Nun, welche Bücher solltest du ihnen geben? Lesen sie nicht bis zu fünfzehn Jahren nur Zaubermärchen und ›Tausend und eine Nacht‹? Ich gebe meinen Kindern keine Märchen und auch nicht ›Tausend und eine Nacht‹. In ihrem Alter sind auch die Geschichten, die Madame d'Aulnoy für sie schrieb, nicht geeignet. Nicht eine von ihnen enthält eine wirkliche Moral. Sie beschäftigen sich nur mit der Liebe. Diese verliebten Prinzen und schönen Prinzessinnen sind schlecht für Kinder, denn da sie einzig das Wunderbare beeindruckt, behalten sie nur die Erinnerung an verzauberte Gärten und Paläste aus Diamanten im Gedächtnis. Diese phantastischen Vorstellungen geben den Kindern falsche Ideen ein.«

Madame de Genlis glaubte, daß das Wahrheitsgetreue und nicht das Erdachte mehr Nutzen brächte. Daher fügt sie hinzu, daß beim Lesen ihrer Werke ihre Zuhörer »niemals vergessen, mich bei jeder Geschichte zu fragen: ›Ist das wirklich geschehen?‹ und wenn ich bejahe, bemerke ich verstärkte Aufmerksamkeit«.

Aber wo Madame de Genlis kritisiert und ablehnt, bietet sie auch eine Lösung an. Am Ende von »Adele und Theodor oder Briefe über die Erziehung« gibt sie einen Lektüre-Kanon, dem Adele von sechs bis zweiundzwanzig Jahren folgt. Mit sechs Jahren lehrt sie ihre Schülerinnen lesen und bereitet sie dafür sechs Monate vor, »indem sie sie kleine Werke lesen läßt, die sie verstehen können und die nur für Kinder bestimmt sind, nicht für alle«, d. h., Madame de Genlis hatte sie selbst zu diesem Zweck geschrieben. Dann liest Adele die »Geschichte von Cefisa«, einem sehr liebenswürdigen und gehorsamen Mädchen, danach die Bibel, »Die Gespräche von Emilia«, »Die moralischen Geschichten« von Monsieur Monget, die in Versen geschrieben und ihrer Meinung nach reizend waren. Mit siebeneinhalb Jahren liest Adele Dramen und »Dialoge für Kinder« von Madame La Fite, danach »Komödien für das Erziehungstheater«, »Agar in der Wüste«, »Die Flaschen«, »Die Taube«, »Das launische Kind«, »Der Blinde von Spa«, »Robinson Crusoe«, »The Beauties of History«, »Die Nachfolge Jesu«, »Father's Instruction to his children«.

1784 veröffentlichte Madame de Genlis »Abendgesellschaften im Schloß«; der Untertitel erklärt den Inhalt: »Sehr nützliche Novellen und Erzählungen, die die Autorin den Familienmüttern zur Unterrichtung ihrer Kinder widmet; sie vereinen Belehrung und Unterhaltung.« Der Übersetzer fügte hinzu, daß die Geschichten geschrieben wurden, um Tugend und Liebe zu Studium und Wissenschaft zu erwecken. Die

Autorin schrieb einen interessanten Prolog zu ihrem Buch: »Ehe ich dieses Buch herausgab, wollte ich genau wissen, ob es meine Leser gut verstünden. Deshalb habe ich in meinem Haus eine Gesellschaft von zwölf oder fünfzehn Jugendlichen, Jungen und Mädchen im Alter von elf bis sechzehn Jahren, versammelt und ihnen mein Buch vorgelesen.« Sie merkte die Zustimmung aller und gab die Druckerlaubnis. Die Absicht des Buches erläutert sie in demselben Prolog: »Meine Hauptabsicht war es, nichts fortzulassen, was den Jugendlichen einfache und wertvolle Neigungen einflößen könnte, die uns der Natur näherbringen und vor allem das einfache und ausgeglichene Leben auf dem Land wünschenswert erscheinen läßt ... Um das Leben auf dem Land angenehm zu finden, genügt schon die Freude und die Neigung zur Naturgeschichte. Diese Idee ließ mich die Erzählung ›Alfonso und Dalinda oder Die Freuden an der Kunst der Natur‹ ersinnen und auch die anderen Erzählungen. Mit einem Wort: statt für ein erfreuliches und unterhaltendes Werk eine moralische Schlußfolgerung zu suchen und ihr anzuheften, habe ich alles einer höchsten Moral untergeordnet und auf sie hin komponiert.«

Das soll heißen, daß die moralische Absicht der Geschichte vorangeht und nicht umgekehrt. Die Geschichte paßt sich der vorher überlegten moralischen Idee an; diese ist nicht die Folge einer freien Erzählung wie es bis jetzt der Brauch war. Durch ihn erklärte sich auch, daß vielen weitschweifigen Erzählungen eine Moral angehängt wurde, die sich nicht aus ihr begründete. Madame de Genlis verstand, daß nur moralische Überlegungen den Leser langweilen müssen, deswegen sagte sie: »Niemals wird man die Menschen durch kalte und geschmacklose Reflexionen tugendreicher machen können; das erreicht man nur, indem man ihnen wirksame Beispiele und eindrucksvolle Bilder vorstellt, die eigens zu diesem Zweck erdacht wurden, damit sie sich ihre Phantasie einprägen und sie ganz durchdringen. Das kann man dann ›tätige Tugend‹ nennen.« Die Bücher von Madame de Genlis sind daher »tätige Tugend und tatkräftige Erziehung«. Sie wußte, daß seit mehr als zwanzig Jahren gefährliche Werke mit dem Titel »Moralische Novellen« und »Moralische Erzählungen« veröffentlicht wurden, aber sie weist gleichzeitig auf das Vorbildhafte bei den Gründern dieser Gattung hin: bei Cervantes, Addison, Richardson und Fénelon. Die Ziele, die Madame de Genlis für die Kinderliteratur vor Augen hatte, sind deutlich: sie sollte der Jugend die Liebe zum Studium, zu den Wissenschaften und zur Kunst einflößen. 1791 veröffentlichte Madame de Genlis »Unterweisungen einer Erzieherin für ihre Schüler«, kurz nach dem Ausbruch der Französischen Revolution. 1793 wurde Charles de Genlis enthauptet. Madame de Genlis war gezwungen auszuwandern. Eines ihrer Bücher, das auf den erlebten Ereignissen beruhte, schrieb sie in der Emigration. Es heißt »Die kleinen Emigranten«. Es war sehr realistisch geschrieben, denn Madame de Genlis nahm ihre eigenen Erfahrungen und die ihrer jungen Freunde als Grundlage ihres Buches, so daß hier die Darstellung wahrheitsgetreuer wurde als je zuvor. In dem kleinen, dem Buch vorangestellten Prolog sprach Madame de Genlis von ihren eigenen Mühsalen und kämpfte vor allem dafür, daß schon Kinder politische Meinungen haben sollten.

Das Buch ist ein Brief-Roman. Die Briefe wurden von Emigranten in verschiedenen

Ländern geschrieben, die sich ihre Eindrücke mitteilen. Hauptperson ist der zwölfjährige Edouard d'Armilly, der einen Brief an seinen Vater schreibt und ihm erzählt, welche Bücher er in der Verbannung zur Vollendung seiner Erziehung liest: »Wie Ihr mir befohlen habt, lese ich jeden Tag eine Stunde lang die ›Grundlehren der Geometrie‹, ich lerne ›Die Karthause‹ von Grasset auswendig, und im Augenblick studiere ich die ›Ode an den Prinzen Eugen‹ von J. J. Rousseau. Den Vikar von Wakefield habe ich beendet!« Edouard zeichnet und hat ein Herbarium angelegt. Er liest auch »Die Reisen von Ciro«. Die dreizehnjährige Adelaide schreibt ebenfalls einen Brief, in dem sie ihre Lektüren aufzählt: »Mister Godwin hat mir vorgeschlagen, den ›Telemach‹ zu lesen. Ich habe den Vorschlag mit Vergnügen angenommen, da Mama mir sagte, daß ich dieses Werk mit fünfzehn lesen dürfte. Ich lese mit unbeschreiblichem Vergnügen. Wie sehr interessiert mich, was diesem unglücklichen jungen Mann geschieht, der von seinem Vater getrennt ist. Ich würde auch gern wie Telemach die Erde durchstreifen, um meine Eltern zu suchen.« Man kann vermuten, daß die Kinder in der Emigration, die auch von ihren Angehörigen getrennt waren, ähnliche Gefühle hatten wie der junge Telemach.

1802 veröffentlichte Madame de Genlis den »Vorschlag für eine Landschule zur Erziehung von Mädchen«, 1803 »Moralische Erzählungen«, und jedes Jahr kam ein neues Buch hinzu. Eines der berühmtesten war »Abende im Landhaus«, das in alle Sprachen übersetzt wurde und viele Ausgaben erlebte. Sie schrieb aber nicht nur für Kinder, sondern auch mehrere Romane und einige interessante Studien wie »Der Einfluß der Frauen auf die französische Literatur« (1811).

Armand Berquin hatte große Bedeutung für die französische Kinderliteratur. Einige nennen ihn ihren wahren Vater. Ob das nun stimmt oder nicht – er hat auf jeden Fall sein ganzes Leben in den Dienst der Kinder gestellt. Er wurde in Bordeaux geboren, siedelte aber bald nach Paris über und betrat die literarische Bühne mit »Idyllen und Romanzen«, die ihn bekanntmachten. In den Idyllen sind viele Elemente der Kinderliteratur. Die Idylle »Die kleinen Kinder«, die Gessner nachgeahmt war, wurde der Ausgangspunkt für spätere Geschichten. Von den Romanzen heißt die erste »Erkannte Unschuld«; das Thema war dem »Leben der Genoveva von Brabant«, das 1723 von dem Jesuitenpater Ceriziers in der »Bibliothèque bleue« veröffentlicht wurde, entnommen. Berquin sagt, es habe »ein Volkslied über dieses Thema gegeben, ›Le Cantique populaire de Sainte Geneviève des Bois‹, das alle Kinder wohl hundertmal mit ihren Kindermädchen gesungen« hätten, und zitiert auch die erste Strophe dieses Liedes:

> Etant Comtesse
> de grand noblesse,
> née au Brabant
> étoit assurement.

All diese Erinnerungen und Anklänge an die Kindheit gingen in sein Werk ein. Berquin übersetzte die »Tableaux anglais« und ahmte den größten Teil der Werke des deutschen Moralisten Christian Felix Weiße nach, der die Zeitung »Der Kinderfreund« gegründet hatte. Von dieser Zeitung nahm Berquin auch den Namen, der ihn berühmt machte: »Kinderfreund«; es war zugleich der Titel seines ersten Buches. In diesem Werk, das mehr als hundert Theaterstücke und Erzählungen vereinte, hatte sich der Autor eine »doppelte Aufgabe gesetzt: die Kinder zu unterhalten und sie zur Tugend zu führen ... Statt extravaganter Dichtungen und statt des Wunderbaren und Überraschenden, das ihre Phantasie so lange Zeit irregeführt hat, zeigen wir ihnen hier nur solche Abenteuer, deren Zeuge sie täglich in ihrer Familie sein könnten.«

Berquin griff die Phantasie an: »Le merveilleux bizarre«, das phantastisch Wunderbare war die Welt der Märchen, die sowohl er wie auch Madame de Genlis verabscheuten, da sie ihnen nicht zur Bildung des kindlichen Geistes geeignet erschienen.

Unserer Meinung nach war jedoch die Welt der Märchen eine der schönsten Schöpfungen des Barock im 17. Jahrhundert; sie waren ein schmückendes und dekoratives Element der Literatur dieser Zeit, deren idealisierte Formen sie mit mythischen und phantastischen Wesen bevölkerten, die sich unter die Menschen mischten und sich als Hirten, Ritter, mythologische Gestalten und Orientalen verkleideten. Für Berquin und die neuen französischen Erzieher und Lehrmeister erfreute zwar diese magische Literatur, dieses phantastisch Wunderbare die Kinder, sie nutzte ihnen aber nicht. Sie war daher eine völlig nutzlose und schädliche Literatur, denn sie nährte ihre Phantasie, ohne sie zu ernähren.

Sehr bald schon fand die Theorie von Berquin, die in allem den erzieherischen Leitsätzen von Rousseau folgte, gute Aufnahme in den Familien und bei den Kindern. Sie lasen seine Bücher, denn sie erkannten sich in all den häuslichen Szenen wieder.

Berquin widmete sein Buch Jungen und Mädchen, denn im frühen Alter gibt es noch keine ausgeprägte Verschiedenheit von Vorlieben und Charakteren. Das war ein Fortschritt. Er folgte dem Motto der »tätigen Moral«.

In dem Buch »Der Kinderfreund« sind die bekanntesten Erzählungen »Jacquot«, der mutterlose Junge, »Der kleine Geigenspieler«, der auf den Festen der reichen Kinder spielt, um Geld für seinen blinden Vater zu verdienen. Er wird des Diebstahls verdächtigt, während in Wirklichkeit, wie sich herausstellt, ein reiches Kind gestohlen hatte. »Das Spatzennest« gibt ein überzeugendes Beispiel für den Umgang mit Tieren, und »Die kleine Ährenleserin«, die Weizenähren für ihre Mutter sammelt, ist ein Beispiel für Güte und Kindesliebe. Diese Szenen, die von reichen, schlecht erzogenen Kindern und armen, guten, fleißigen Kindern handelten, gaben Anlaß zu ernsten moralischen Überlegungen und zu ausführlichen erzieherischen Unterweisungen. Berquin schrieb nach den Gesetzen des Theaters. Er bevorzugte den Dialog; seine Dialoge folgen einander rasch, ohne mit zu vielen Belehrungen belastet zu sein, auch wenn sie sein geheimes Ziel waren. Man kann sich vorstellen, daß sich Kinder leicht in diesen Szenen des täglichen Lebens wiedererkannten. Der schlecht erzogene junge Herr, das launische Mädchen aus guter Familie, der Faulenzer, der Choleriker, sie alle sind hier mit ihren Gewohnheiten dargestellt. Die armen, kranken, fleißigen, gelehrigen und leidenden Kinder erscheinen in ihrer ganzen Armut, in der sie tatsächlich lebten. Andererseits gab es auch reiche Kinder, die großmütig, freundlich und wohltätig waren, gute Gefühle hatten und den armen Kindern halfen. Diese Lektüre bildete das Entzücken von Groß und Klein. Man sagte in der Familie: »Denk an den barmherzigen Jacquot!«; die kleine Ährensammlerin war das Beispiel für ungehorsame Töchter. Idealgestalten von Jungen und Mädchen gewannen von diesen Bildern her Profil, während die schlechten Kinder allen Abscheus würdig waren. Berquin veröffentlichte: »Der Freund des Heranwachsenden«, »Familiäre Unterweisung zur Kenntnis der Natur«, er übersetzte »Stanford und Merton«, »Der kleine Grandison« und »Das Buch der Familie«.

Sein Ruhm war so groß, daß ihm damals die Kinder auf der Straße folgten und ihn umringten. Er wurde in die Akademie gewählt und zum Lehrmeister des Dauphin ernannt. Während der Revolution wurde er verfolgt und angeklagt, Girondist zu sein. Dieser Mann mit den großen sozialen Ideen, der immer ein Liebling des Volkes gewesen war und immer Güte und Gleichheit der Gefühle in seinen moralischen Beispielen für Kinder gepredigt hatte, litt außerordentlich, als er als Verräter an der Sache des Volkes angeklagt wurde. Es war der Augenblick der revolutionären Ausschreitungen. Sein Freund Boully berichtet in dem Lebensbild, das dem »Kinderfreund« vorangestellt war, von seinem Leiden und seinem Verfall. Boully lebte mit ihm im selben Haus, einem kleinen Hotel, und lernte seine Liebe zu Kindern schätzen. Genauso wie »Robinson« allen späteren Robinsonaden den Namen gab – denn Robinson wurde der Titel aller Erzählungen der gleichen Art – leitet man vom Namen Berquin die »Berquinades« ab; diesen Namen gab man den Dichtungen und Erzählungen, die im Stile Berquins geschrieben wurden. Länger als ein Jahrhundert folgte die Kinderliteratur den Regeln Berquins, bis sie unerträglich wurden, denn die Typen und Gemeinplätze waren so überstrapaziert, daß sie verschwommen wirkten oder zur steifen Manier wurden. Die Nachahmer bedienten sich mit Leichtigkeit der Vorbilder, und was zu seiner Zeit revolutionär war, wurde später langweilige und unverdauliche Literatur.

In dieser Zeit gab es so viele Kinderbuchautoren, daß man sie in dieser kurzen geschichtlichen Übersicht nur aufzählen kann. *Jean Pierre Claris de Florian* (1755–1794) schrieb einige Fabeln, die sehr verbreitet waren und von anderen Schriftstellern übersetzt wurden. *Pierre Blanchard* (1772–1856) war ein äußerst fruchtbarer Autor, der 1795 die »Kleine Bibliothek für Kinder«, »Der Reisende für die Jugend in den vier Teilen der Welt« (1804), »Der Spaßmacher der Jugend«, einen Leitfaden der Naturgeschichte, »Plutarch für die Jugend oder Auszug aus dem Leben großer Männer aller Nationen« schrieb. Das Buch war sehr verbreitet und wurde viel nachgeahmt. Es gab auch einen »Plutarch für junge Damen«, und 1818 veröffentlichte er »Kindheitserlebnisse«, ein Thema, das in der Kinderliteratur sehr beliebt war. In England wurden diese Bücher gewöhnlich geschrieben, um Kinder vor möglichen Gefahren zu warnen: mit dem Feuer zu spielen, auf einem zugefrorenen Fluß Schlittschuh zu laufen, Scheren und Messer zu handhaben, Tiere zu schlagen, schlechte Gesellschaft aufzusuchen, auf Bäume zu steigen . . . .

Jean-Nicolas Bouilly (1763–1842) schrieb in der Art Berquins »Erzählungen für meine Tochter« (1809), »Erzählungen für meine kleinen Freundinnen«, »Erzählungen für

(Caricatures) La grande famille des CHATS.

Blatt der »Images d'Epinal«

die Kinder von Frankreich«, »Ratschläge für meine Tochter« und viele andere erzieherische und unterhaltende Bücher. Der französische Einfluß außerhalb Frankreichs war in dieser Zeit sehr groß. Frankreich war das Zentrum Europas, seine literarischen Erzeugnisse verbreiteten sich sehr schnell; Französisch war die Weltsprache. So ist es nicht erstaunlich, daß von all diesen Büchern viele Übersetzungen, zahlreiche Versionen, Bearbeitungen und Nachahmungen entstanden. Berquin, Blanchard, Florian und Madame de Genlis waren Namen, die allen bekannt waren; ihre Werke standen in allen Bibliotheken. Ihr Ruf wuchs auf Grund dieser großen Verbreitung ungewöhnlich stark, was allerdings zum Teil auch auf außerliterarische Gründe zurückzuführen war: auf die politische Vorherrschaft Frankreichs. Es ist möglich, daß einige Autoren anderer Länder bedeutender waren, aber sie blieben mehr im Verborgenen, da ihr Wirkungskreis beschränkter war. Daher muß man beim Studium der Literaturgeschichte die Zeit, in der ihre Werke entstanden, und die politischen und kulturellen Gegebenheiten ihres Landes mit beachten. Später sieht man, daß der französische Einfluß durch den englischen ersetzt wurde. Die Geburt des englischen Imperialismus Ende des 19. Jahrhunderts brachte eine weite Verbreitung der englischen Literatur mit sich. Aus dieser Zeit stammt das Vordringen englischer Bücher, deren Autoren und Helden allen bekannt sind. Im 20. Jahrhundert begünstigte der Aufstieg Nordamerikas die englisch geschriebene Literatur, aber man bemerkt schon bald eine Vorherrschaft der Schriftsteller und Illustratoren aus den Vereinigten Staaten, ganz besonders bei Kinderzeitungen und Buchausgaben. Dafür ist Walt Disney, der außerdem durch seine Filme sehr bekannt wurde, ein gutes Beispiel.

Die Romantik und ihr Einfluß auf die Kinderliteratur – Die »Bibliothèque rose« und die Comtesse de Ségur

Die gleiche romantische Bewegung, die in Deutschland und England dazu führte, daß sich die Literatur den Reichen der Phantasie und der Einbildungskraft zuwandte, begünstigte Frankreich das romantische Märchen, das im Gegensatz zu den übermäßig didaktischen Tendenzen der Aufklärung stand; allerdings wurden erzieherische Richtlinien auch dabei nie ganz außer acht gelassen. Der romantische Schriftsteller fühlte sich zum Phantastischen und Geheimnisvollen hingezogen, das Reich der Feen und des Wunders war für ihn eine Quelle schöpferischer Eingebung. Zur gleichen Zeit wurden die anmutigsten und gewagtesten Tierfabeln zu Geschichten mit Symbolcharakter, die ebenso für das Kind wie für den Erwachsenen gültig waren. So in dem Buch, das wir gar nicht genug schätzen können:»Szenen aus dem privaten und öffentlichen Leben der Tiere«. Es wurde von *Hetzel* herausgegeben und in Zusammenarbeit von Balzac, Nodier, G. Sand, Musset und anderen geschrieben, die den schönen Tierzeichnungen von *Grandville* erzählerisches Leben gaben. Zwar erscheint das Buch seiner satirischen Absicht wegen für Erwachsene geeigneter, aber in seiner Nachahmung entstanden viele Geschichten von Tieren, die nach Art der Menschen gekleidet sind und die Kinder und Jugendliche entzücken. Grandville wurde sehr oft nachgeahmt. Unvergeßlich sind jene Kätzchen im Abendkleid und Fächer, jene Elefanten im Cut, die Affen im Smoking, Krokodile mit Zylinder und Monokel, bezaubernde Ameisenfräulein mit Spitzentaschentüchern, elegante Löwen und Löwinnen, Vögel als Rechtsanwälte, dienstbare Murmeltiere, geächtete und räuberische Wölfe und die ganze soziale Fauna, die ein getreues Abbild der Menschheit darstellt. Daß das Wort im Dienst der Illustration stand, war nichts Neues. So ist es heute noch bei den Bilderbüchern, bei denen der Text von der Zeichnung abhängt und

Aus: Grandville »Scènes de la vie privée et publique des animaux«

beide sich ergänzen. Grandvilles würdig waren die bedeutenden Schriftsteller, die an dem Buch mitarbeiteten.

George Sand veröffentlichte mehrere Bücher, die Kindern gewidmet waren: »Die Geschichten einer Großmutter«, »Die sprechende Steineiche«, »Der Riese Yéous«, »Die Fee mit den großen Augen«, und ländliche Geschichten: »Der verhexte Teich« und »Die kleine Fadette«. Paul de Musset, der Bruder der Schriftstellerin, schrieb einige wertvolle und besonders phantasievolle Erzählungen wie »Der Herr Wind und die Dame Regen«. *Alexandre Dumas* schrieb von Hoffmann beeinflußt »Die Geschichte eines Nußknackers«, eine Neufassung der berühmten Erzählung. Märchen wurden wieder allgemein geschätzt. Man übersetzte Andersen und die großen deutschen Märchenerzähler, keltische Legenden und Sagen wurden verbreitet, ebenso eine Fülle von Volksüberlieferungen, die mit dem Geheimnisvollen in Zusammenhang standen. Das Märchenhafte (féerie), das im Jahrhundert des Verstandes und der strengen Erzieherinnen verschwunden war, durfte wieder zurückkehren.

Die Erben der pädagogischen Literatur wie *Madame Tastu, Ratisbonne, Blanchard* folgten weiterhin ihren Richtlinien, besaßen aber größere Natürlichkeit und Geschmeidigkeit in ihren Erzählungen. Die Erneuerer der romantischen Phantasie

standen in größerer Nähe zu den nordischen Literaturen und zu »Tausend und eine Nacht«, vergaßen aber auch nicht die französische Erzählkunst zur Zeit des Sonnenkönigs. Das 19. Jahrhundert schuf eine neue Kinderliteratur, ohne sich von dem überlieferten Erbe zu trennen.

Die *Comtesse de Ségur* gehört mit Berquin, Madame Leprince de Beaumont und Madame de Genlis zu den französischen Schriftstellern, die die Kinderliteratur am stärksten beeinflußt haben. Sie muß daher – ohne daß man auf den Streit um ihre literarischen Verdienste eingeht – in einer Weltgeschichte der Kinderliteratur aufgeführt werden.

Sie war die Tochter des russischen Generals Rostopchine, der beim Angriff Napoleons auf Moskau den Kreml anzündete. Sofia Rostopchine heiratete den Franzosen Eugène de Ségur und wurde dadurch Französin. Sie schrieb immer Französisch, das schon in Rußland in der aristokratischen Gesellschaft üblicherweise gesprochen wurde.

Die Comtesse de Ségur begann erst zu schreiben, als sie schon Enkelkinder hatte. Freunde baten sie, die Geschichten, die sie ihren Enkelinnen Camilla und Magdalena erzählte, aufzuzeichnen. Diese beiden Enkelinnen wurden auch die Hauptpersonen in »Die kleinen vorbildhaften Mädchen«; das Buch hatte großen Erfolg. Ihr darauf folgendes Buch »Pechvogel Sophie« hatte ein mutwilliges, witziges und lustiges Mädchen, Sophie, zur Heldin, die eine Unmenge Streiche verübte: sie badete ihre Schildkröte und schnitt sich die Augenbrauen und bot ihrer ganzen Familie und dem Personal Schach. Neben ihr und als Kontrast zu der unruhigen und unüberlegten Sophie stand ein sehr gutes und vernünftiges Kind, ihr Vetter Paul. Auf dieses Buch folgten eine Reihe lebendiger Erzählungen wie »Die Ferien«, »Erinnerungen eines Esels« und »Armer Blas«, die als Thema alle den gleichen Gegensatz zwischen vorbildlichen und unartigen, vernünftigen und frechen und eigensinnigen Kindern hatten und so eine neue humoristisch gefärbte »Berquinade« darstellten. Der Humor war das grundlegend Neue bei diesen Geschichten über kindliche Verhaltensweisen. Sie spiegelten die Umgebung, die Kultur, die Moden und die Sitten der Reichen und des französischen Großbürgertums. Die Gräfin erinnerte sich vieler Dinge ihrer russischen Heimat, schaute sich aber auch in der neuen um und beschrieb die Gewohnheiten bürgerlicher französischer Kinder mit dem Vorurteil ihrer sozialen Klasse, das man heute als überholt betrachtet und sehr wenig pädagogisch findet. Trotzdem werden die Bücher der Gräfin von Ségur immer noch gelesen.

Comtesse de Ségur

Über die Comtesse de Ségur hat sich – wie auch über Karl May und L. M. Alcott und andere klassische Kinderschriftsteller – ein Streit erhoben, der heute unter den Kritikern der Kinderliteratur schärfste Ausmaße annimmt. Man zweifelt an Sinn und Nutzen von Büchern dieser Art. Zweifellos muß man aber auch die Klassiker aus ihrer Zeit heraus verstehen, und eine Gesellschaft von 1868 ist nicht dieselbe wie die von 1969. Das Kind jener Zeit gleicht in seinen Streichen dem Kind des 20. Jahrhunderts, doch ist seine Ideologie anders, wie auch die Ideologien der Autoren andere sind. Es anders zu sehen, wäre ein Anachronismus. Die Klassiker der Kinderliteratur der eigenen Zeit anzugleichen, erfordert vom Leser Anstrengung; es sei denn, man würde ganze Seiten streichen, wie es bei einigen Ausgaben von Jules Verne geschah, bei denen man antisemitische Stellen gestrichen hat.

Die Kinder und die Probleme, die die Comtesse de Ségur in ihren Geschichten erfand, hatten ihre Eigenart gemäß ihrer Zeit, genauso aber auch ihre besondere Lebendigkeit und ihren besonderen Charme. Sie sind auch überzeitlich und weit entfernt von der Unnatürlichkeit der Aufklärung, in der Kinder sich gezwungen benahmen und konventionell sprachen. Die Streiche Sophiens sind typisch und werden ohne besonderes Moralisieren und ohne Übersteigerung dargestellt; sie bieten das Bild einer lebendigen und realen Kinderwelt. Die Gräfin schrieb außerdem »Die guten Kinder«, »Das Wirtshaus zum Schutzengel« und »General Dourakine« mit vielen autobiographischen Erinnerungen an Rußland.

Die Bücher der Comtesse de Ségur wurden in der »bibliothèque rose« von Armand Templier veröffentlicht, die dank der Werke der Comtesse große Verbreitung fand.

Jules Verne und die Zukunftsromane – Der vorübergehende Glaube an die Leistung der Wissenschaft

Während der Hochblüte der französischen Romantik wurde *Jules Verne* (1828–1905) geboren, zu einer Zeit also, in der er seine Phantasie mit der außerordentlich reichen Lektüre romantischer Schriftsteller nähren konnte, in der sich das Ich auf den Flügeln der Einbildungskraft erhob. Aber schon neigte sich in der Mitte des 19. Jahrhunderts die Waagschale mehr dem wissenschaftlichen Realismus zu, gerade als der Schriftsteller im Alter von dreißig Jahren das große Abenteuer des Schreibens begann. Mit dem Erbe der romantischen Phantasie und seinen wissenschaftlichen Kenntnissen schuf Verne seine großen Romane.

Bevor Jules Verne sich der abenteuerreichen Laufbahn des Schriftstellers zuwandte, hatte er als Kind versucht, von zu Hause fortzulaufen und sich auf einem Schiff nach Amerika einzuschleichen; er war aber von seinem Vater entdeckt worden. Das war der erste Versuch einer fehlgeschlagenen Reise. Man brachte ihn in ein Internat, und später vollendete er seine Jura-Studien auf der Universität von Paris. Da seine Mutter aus einer Familie von Reedern stammte, zog ihn alles, was mit dem Meer zusammenhing, stark an. Sein Vater verlangte jedoch, daß er studiere, wozu er auch die nötige

Begabung mitbrachte. In Paris schrieb der junge Rechtsanwalt Theaterstücke und veröffentlichte 1852 in der Zeitschrift »Le Musée des Familles« einen ausführlichen Artikel über die »Ersten Schiffe der mexikanischen Marine« und eine kleine Novelle »Eine Reise im Ballon«. Die Reise, die der Traum seiner Kindheit gewesen war, wurde jetzt auf dem Papier Wirklichkeit. Die Schiffe wurden mit der Begeisterung des erfahrenen und kenntnisreichen Reisenden beschrieben, und die »Reise im Ballon« zum Unbekannten enthält so viel Gefahren und Zwischenfälle, daß sie auch den phantasievollsten Jugendlichen und selbst ganze Familien zufriedenstellte.

Neue Bücher folgten: »Martin Paz« und 1855 »Ein Winter im Schnee«.

Da er von der Literatur allein nicht leben konnte und da sich Jules Verne mit Honorine Anne-Hebe Morel, einer reichen jungen Witwe, verheiratet hatte, assoziierte er sich mit einem Börsenmakler. In dieser Zeit las und reiste er viel. Er fuhr nach Skandinavien, England und Schottland. 1862 überreichte er seinem Verleger Hetzel »Fünf Wochen im Ballon«, das einen solch großen Verkaufserfolg hatte, daß ihn Hetzel um regelmäßige Mitarbeit an dem »Magazin d'Education et de Récréation« bat.

Der Vertrag, den der Schriftsteller mit Hetzel schloß, verpflichtete ihn für zwanzig Jahre, bot ihm aber auch Freiheit von allen anderen Verpflichtungen. Der Vertrag garantierte ihm die Existenz als Schriftsteller und gab Hetzel die Sicherheit geschäftlichen Erfolges, wie ihn sich jeder Verleger wünscht. Verne gab jede andere Tätigkeit auf, verließ die Börse und die Geschäfte und widmete sich nur noch dem Schreiben und seinen Romanen. Jahr für Jahr brachte er seine Bücher zu Hetzel. 1865 »Reise zum Mittelpunkt der Erde«, wenig später »Von der Erde zum Mond« mit dem Untertitel »Direkter Weg in 97 Stunden und 20 Minuten«. Dieser Roman wurde gleichzeitig im »Magazin d'Education« und im »Journal de Débats« veröffentlicht und von zwei ganz verschiedenen Leserkreisen gelesen. »Le Magazin« lasen Jugendliche und Kinder, und das »Journal«, eine angesehene und ernsthafte Zeitschrift, Erwachsene mit wissenschaftlichen Interessen.

Die Romane wurden sofort übersetzt. Der Autor gewann an Ansehen, aber auch seine ökonomische Lage verbesserte sich so, daß er 1866 ein Haus in Crozoy, nahe der Mündung der Somme, mieten und sich ein Schiff kaufen konnte, dem er den Namen »Saint Michel« zu Ehren seines einzigen Sohnes Michael gab. An Bord dieses Schiffes entstand seine berühmte Erzählung »Zwanzigtausend Meilen unter dem Meer«. Der Wissensdrang von Jules Verne ließ nichts unerforscht. Mit Recht lautet die Überschrift zu allen Romanen »Außerordentliche Reisen zu bekannten und unbekannten Welten«.

Jules Verne steigt ins Erdinnere und auf den Grund des Meeres hinab, er untersucht den Erdmittelpunkt und die Abgründe des Ozeans, er steigt ins Weltall hinauf und nimmt mit seiner Weltraumrakete die Erfindungen des 20. Jahrhunderts voraus; er gelangt bis an die Stratosphäre, reist zum Mond und weist die Möglichkeit, bis zur Venus und anderen Planeten zu gelangen, hundert Jahre früher auf, ehe die ersten Kosmonauten tatsächlich in den Weltraum flogen, ehe Raketen starteten und Signale von der weißglühenden Venus sandten.

Dieser Reise- und Forschungswille ließ ihn 1873 die »Reise um die Welt in 80 Tagen«

schreiben, eine kühne und frühzeitige Vorausnahme der Wirklichkeit, die es 1950 bereits erlaubte, die Erde in nur wenigen Stunden zu umkreisen.

Weltraum und Zeit beunruhigten ihn nicht. Der Reisende durcheilt die Kontinente, die Meere und den Weltraum. 1874 veröffentlichte er »Die geheimnisvolle Insel«, 1876 »Michael Strogoff« und 1877 »Die schwarzen Indianer«. »Ein Kapitän von fünfzehn Jahren« – das Buch erschien 1878 – zeigt die Kühnheit eines jungen Meeresreisenden, der Jules Verne selbst gewesen sein könnte. Der Schriftsteller reiste indessen auf seiner neuen Yacht »Saint-Michel II« mit seinem Bruder Paul zusammen und beschrieb diese Reisen in »Von Rotterdam nach Kopenhagen«.

1879 hielten »Die Leiden eines Chinesen in China« seine Leser in Atem. Der asiatische Kontinent mit seinen geographischen und legendären Geheimnissen enthüllt sich in diesem Roman, in dem ein Chinese ein ebenso unermüdlicher Reisender ist wie der Autor.

Neue Romane erschienen: 1882 »Der grüne Strahl«, 1883 »Keraban der Starrkopf«, 1884 »Der Archipel in Flammen«, 1885 »Mathias Sandorf« und schließlich 1886 »Robur, der Sieger«; in dieser Erzählung wird endgültig der Triumph der Luftfahrt gefeiert. Der Mensch ist der Herr der Lüfte. Jules Verne schrieb unermüdlich, ja, es war seine größte Freude, zu schreiben. Seine Erfindungsgabe erschöpfte sich nicht, und obwohl sein Werk so groß ist, findet man doch immer wieder neue Variationen über dasselbe Thema: die Macht der Wissenschaft und die Fähigkeit des Menschen, die Welt durch seine wissenschaftlichen Kenntnisse zu beherrschen. 1888 erschien »Zwei Jahre Ferien«, eine Schul-Utopie, 1892 »Das Karpaten-Schloß«, ein Roman voll Erfindungsreichtum; 1895 »Die Propeller-Insel«, 1896 »Gesicht zur Fahne«, 1898 »Der stolze Orinoco«, 1904 »Ein Drama in Livornien« und schließlich im selben Jahr ein Roman mit einem sehr symbolischen Titel »Maître du monde« (Der Herr der Welt). Der Mensch ist durch Wissenschaft und Fortschritt der Herr der Welt; der Schriftsteller aber war zur Höhe seiner Laufbahn und seines Ruhmes gelangt. Es sind hier nur die bedeutendsten Erzählungen dieses fruchtbaren Autors angeführt, er schrieb mehr als sechzig; er versuchte auch, Theaterstücke zu schreiben. Der Ruhm seiner Romane stieg noch, als einige von ihnen vertont wurden, so von Jacques Offenbach.

Worin bestand nun das Erfolgsgeheimnis von Jules Verne? Worin bestand seine Romantechnik? Als Mensch des 19. Jahrhunderts, vor allem der zweiten Hälfte des 19. Jahrhunderts, hegte er große Bewunderung für die Wissenschaft; sie war wie ein Lieblingsspielzeug für ihn, dem er sich mit voller Hingabe widmete. Seine Romane verbreiteten die großen wissenschaftlichen Erfindungen und die Wunder, die die Wissenschaft entdeckt hatte. Verne dachte in die Zukunft voraus und stellte sich vor, wie die Welt von morgen dank des wissenschaftlichen Fortschrittes aussehen würde.

Gewöhnlich ist der erste Teil seiner Geschichten romantisch und geheimnisvoll, darauf folgen wunderbare Dinge und scheinbar übernatürliche Ereignisse, die unerklärlich sind. So erstaunt in »Zwanzigtausend Meilen unter dem Meer« ein geheimnisvolles Ding alle Einwohner und läßt sie verstört zurück: »Ein fliegendes Riff? Ein phantastisches Monstrum?« – Die Einwohner der Küste sind verwirrt.

Das Mysteriöse quält die Leser, es muß enthüllt werden. Jules Verne arbeitet im Stil von »Die Geheimnisse von Paris«. Er behandelt die Geheimnisse der großen Meeresabgründe ähnlich wie die Geheimnisse des Luftraumes, aber – und hier liegt das Originelle seines Vorgehens – er enträtselt die phantastischen Phänomene, wenn er

Aus: J. Verne »2000 Meilen unter den Meeren« (Verlag Bärmeier und Nikel, Frankfurt a. M.)

seinen »technischen Apparat« einführt, ein wunderbares Machwerk, das in das Meer eintauchen und seine Tiefen erforschen kann. Das Unterseeboot »Nautilus« und die Apparate in seinem Innern werden in allen Einzelheiten mit wissenschaftlicher

Genauigkeit beschrieben. Der Leser wird nicht enttäuscht. Im Gegenteil! Der Einfalls-reichtum der Wissenschaft läßt ihn noch mehr staunen. Der Jugendliche (und der Erwachsene!) klettert durch die Schiffsluke ins Innere des »Kapitän Nemo« und betrachtet dort die vielen Apparate, während Jules Verne sagt: »Der von Wasser bedeckte Teil der Erde läßt sich auf drei Millionen achthundertzweiunddreißig Tausend fünfhundert Quadratmeter schätzen ...«

Daten und noch mehr wissenschaftliche Daten, alle sehr genau und präzise berechnet. Auf der Untersee-Fahrt werden dem Leser Lektionen in Naturgeschichte und Geo-graphie gegeben, in dem Roman »Von der Erde zum Mond« lernt er Astronomie und in der »Reise zum Mittelpunkt der Erde« Geographie. Hier findet sich das Erbe jener Unterrichtsstunden, die Jules Verne von seinen Eltern und Vorfahren erhielt; es ist ein Erbe an Wissen, das damals noch stückweise und phantastisch war, heute aber von anerkannten Wissenschaftlern belegt werden kann, die den Theorien und Be-rechnungen des Schriftstellers folgen, ohne ihm zu widersprechen.

In »Robur, der Sieger« vernehmen die Observatorien der ganzen Welt – und Verne zitiert an dieser Stelle die bekanntesten Observatorien der Erde, wohl auch, um seine wissenschaftlichen Kenntnisse zu beweisen! – geheimnisvolle Geräusche, deren Her-kunft sie nicht bestimmen können. Die Astronomen und Meteorologen sehen eine Art Vogelmonstrum und versuchen, der Bahn des geheimnisvollen Flugkörpers zu folgen. Handelt es sich um eine optische oder akustische Illusion? Bis zu dem Augen-blick, da der Erfinder des neuen Flugapparates seine Erfindung in einem Saal von Philadelphia vor reichen und skeptischen Amerikanern erläutert, bleibt der Leser im ungewissen. Ein Flugschiff war (wie früher das Unterseeboot!) Ursprung der Ge-räusche, und sein unförmiger Körper verwirrte die Leute. Dieser seltsame Apparat mit vielen Propellern, die fliegende Maschine »Albatros«, wird bis ins einzelne be-schrieben. Man spürt die Freude, die Verne selbst an dieser Erfindung hatte. Der Held der Erzählung, Robur, zweifelt daher auch nicht daran, daß er – und sei es mit Gewalt! – die Ungläubigen dazu bringen kann, seinen Apparat zu besteigen, damit er ihnen seine wissenschaftliche Existenz beweisen kann.

»L'avenir est aux machines volantes« – sagt Robur – »L'air est un point d'appui solide«. Als sei er ein Priester der Wissenschaft oder ein Seher, der die Zukunft voraussagt, so nimmt Robur Künftiges vorweg. In überzeugender Weise bekräftigt Verne die Behauptungen seines Helden und fügt im 6. Kapitel die wissenschaftlichen Daten mit der Ankündigung hinzu: »Ein Kapitel, das die Ingenieure und Mechaniker und andere Gelehrte überschlagen sollen«. Er gibt dann eine Übersicht über die Geschichte der Raumfahrt von Archimedes von Tarent und Leonardo da Vinci bis Montgolfier, bis er zu seinem Helden Robur kommt, der zum Herrn des Weltraums dank dem Fortschritt der Technik wird. Das Geheimnis, das Unerklärliche und das Wunderbare werden dank der Wissenschaft erklärt.

Natürlich ist Robur, der Eroberer, auch eine Art Übermensch, der starke Mann von morgen. Übermenschlich ist er auch durch seine großen wissenschaftlichen Kennt-nisse, dazu allmächtig, intelligent, stark und robust (wie schon sein Name anzeigt: Robur), kräftig wie eine Eiche. Wenn schon der Meeresgrund von der »Nautilus« aus durch seine seltsame Unterwasserflora und seine unbekannte und nie geschaute Tierwelt wunderbar war, so ist die Welt, die Robur mit Onkel Prudent und Phil Evans vom »Albatros« aus sieht, von phantastischer und abwechslungsreicher Realität: »Steil abstürzende Gebirge, schneebedeckte Gipfel, dichte Wälder und Binnenmeere, Inseln und Inselgruppen, Kanäle und Durchbrüche bis zum Kap Hoorn, wo die Neue Welt endet, bieten ein Panorama, das nur der Flug vermitteln kann.«

Die Jahre vergingen, aber Jules Verne behielt seine Romantechnik bei. In »Das Karpaten-Schloß« beunruhigen seltsame und geheimnisvolle Vorgänge die Dorfbewohner im Gebirge von Transsilvanien. Vor typisch romantischen Szenenbildern mit bewachsenen Felsen, Unterholz, Mondaufgängen und steinigen Bergen werden Stimmen gehört und fliegende Gegenstände gesehen. Alle, die sich nähern, erleiden unerklärliche Ohnmachtsanfälle. Der Roman bleibt weiterhin romantisch und geheimnisvoll, bis zum Ende hin die bewegten Flugkörper wissenschaftlich erklärt werden. Die erschreckenden und dunklen Vorgänge, die nur auf Hexerei, Zauberei und Magie gründen konnten, werden durch die Klarheit der Wissenschaft erläutert.

Die Erscheinungen waren Filmprojektionen, die phantastischen wie aus Gräbern kommenden Stimmen stammten von Schallplatten aus einem Wiedergabegerät, elektrische Schläge bewirkten die unverständlichen Ohnmachten, und die Fernübermittlung geschah durch ein Telephon, dessen Drähte das Schloß mit dem Dorf verbanden. In einem Augenblick wird das, was unerklärlich erschien, erklärt. Und Jules Verne freut sich daran, die neuen Erfindungen ganz genau zu beschreiben, die so wunderbare Folgen haben. Die wissenschaftliche Erklärung macht alles völlig verständlich. Optische und mechanische Geräte begründen für den Romancier die Handlung. In »Robur, der Sieger« begeisterte sich Verne an den Theorien von Camille Flammarion, später wurde der Erfinder Edison sein Idol. Die Wissenschaft begeisterte Verne, er hegte für sie den Enthusiasmus eines gläubigen und fleißigen Kindes, und die wahren modernen Magier waren für ihn die Wissenschaftler. Gewöhnlich sind die Helden seiner Romane geniale Wissenschaftler, die die Gesellschaft abweist, verdächtigt oder für verrückt erklärt und die daher ihre Erfindungen verbergen müssen oder gezwungen sind, für ihren Erfolg zu kämpfen. Der Erfinder und der Wissenschaftler ersetzt den Schwarzkünstler, den Zauberer oder den Hexenmeister früherer Zeiten. Die Wissenschaft ist die wahre Magie, und Jules Verne der begeisterte Autor, der an das Allheilmittel der Wissenschaft glaubt und sie für fähig hält, die Welt von Morgen zu verändern. Wir wollen nicht die Analyse seiner Romane durch weitere Beispiele vermehren. »Doktor Ox« möge als letztes Beispiel genügen: Ganz Frankreich leidet an einer vorübergehenden Euphorie; sie wird von einem aus dem Laboratorium von Doktor Ox ausströmenden Gas verursacht, das alle Einwohner betrunken macht, ohne daß sie ein Glas Wein getrunken hätten. Das Volk, das sich gelangweilt fühlte und alles in Grau sah, erlebt eine Erregung aus Gründen, die sich rein wissenschaftlich erklären lassen.

Im Werke Vernes beobachtet man häufig einen ungleichmäßigen Erzählrhythmus. Die ersten Teile sind sehr lang, die Lösung dagegen kommt rasch und spannend. Man sieht manchmal, daß Verne für seinen Verleger Hetzel eine bestimmte Seitenzahl schreiben mußte und daher häufig Lücken mit botanischen, zoologischen, astronomischen oder ethnographischen Kenntnissen aus dem Lexikon auffüllte.

Die gelungene Mischung aus wissenschaftlichen Kenntnissen, Reiselust und erhöhter Spannung gab seinem Werk in einer Zeit große Verbreitung, als die Erfindungen noch nicht allgemein bekannt und Reisen schwierig waren. Heute, da alle Wunder der Wissenschaft Gemeingut geworden sind und nicht mehr überraschen, da auch Reisen bequem durch Reisebüros organisiert werden, haben die Romane von Jules Verne viel von ihrem Reiz verloren. Dennoch bleibt ihm das Verdienst, als erster die Literatur ins Leben gerufen zu haben, die wir heute »Science fiction« nennen. In gleicher Weise wie Verne stellen die Autoren in ihr die Welt der Zukunft in Verbindung mit wissenschaftlichen Erfindungen vor.

Abenteuerbücher – Der sentimentale Roman und die »Unglücklichen Kinder« – Moderne Schriftsteller

Neben der überragenden Gestalt von Jules Verne hatten die Abenteuerbücher auch andere gute Autoren, die in ihrer Zeit großen Erfolg hatten, wenngleich der Ruhm Vernes sie in den Schatten stellte.

Paul d'Ivoi war ein fruchtbarer Autor, der eine Reihe von Romanen unter dem Titel »Exzentrische Reisen« in Anlehnung an die außerordentlichen Reisen von Jules Verne schrieb. Diese dicken, seitenstarken Bände voller Abenteuer ohne Ende wurden mit großer Begeisterung von Erwachsenen und Kindern aufgenommen. 1894 veröffentlichte Paul d'Ivoi den ersten Band der Reihe »Les cinq sous de Lavarède«, an den sich Jean Paul Sartre in seinen Erinnerungen »Les Mots« mit Begeisterung und Sehnsucht erinnert. Wir finden in ihnen auch eine vollständige Übersicht über das, was ein französisches Kind am Anfang des 20. Jahrhunderts las. Die Lektüre hieß: Die Erzählungen des Dichters Maurice Bouchor, die ihren Ursprung in der Folklore hatten; »Die Leiden eines Chinesen in China«, »Sans Famille« von Hector Malot, und 1912 »Michael Strogoff«. Das Buch entlockte Sartre Freudentränen über die starke Persönlichkeit des Helden. Er entdeckte im Kiosk »Cri-cri«, »Die drei Pfadfinder« von Jean de la Hire; »Die Rückkehr zur Erde im Flugzeug« von Arnould Galopin. Seine Mutter kaufte ihm »Die kleinen rosa Bücher«, eine Sammlung von Märchen, die monatlich erschien. Außerdem las er »Die Söhne des Kapitän Grant«, »Der letzte Mohikaner«, »Nicholas Nickleby«, »Les cinq sous de Lavarède«; allerdings zog er die überspannten Einfälle des Paul D'Ivoi dem so viel gelobten Jules Verne vor. »Ich bewunderte jedoch die Bücher der Sammlung Hetzel, wer auch immer ihr Autor war. Ihre roten Umschläge mit goldenen Eicheln wirkten wie Vorhänge eines Theaters. Diesen Zauberschachteln und nicht den wohlklingenden Sätzen Chateaubriands verdanke ich meine erste Begegnung mit dem Schönen.« Paul d'Ivoi schrieb in klarer Sprache und kurzen Sätzen spannend und spektakulär. Seine Geschichten bestehen zum größten Teil aus Dialogen. »Lavarède«, »Jean la Fanfare« und »Le Docteur Mystère« bildeten das Entzücken unserer Väter und Großväter.

Alfred Assolant (1827) schrieb eine Fortsetzungsreihe: »Die wunderbaren Abenteuer des Kapitän Corcoran«, die in Indien spielte und von all seinen Gefahren berichtete. Er entnahm die Motive zu seinen Büchern aus der Zeitung. Einen ganz neuen Zug gewann die Abenteuergeschichte durch die Einbeziehung des Sentimentalen; eine neue Gattung entstand.

Die Geschichten von *Hector Malot* »Sans Famille« (1888) und »In der Familie« haben ein unglückliches Kind als Hauptperson. Das Kind ist der kleine Held des täglichen Lebens, das Opfer einer grausamen und ungerechten Gesellschaft, die die Kleinen opfert. Das leidende, verlassene Kind wird in diesem Jungen symbolhaft dargestellt, der ganz Frankreich durchreist. Der kleine Held von Hector Malot gehört in die Reihe armer und leidender Kinder, die Berquin in die Literatur einführte, als er den Unterschied zwischen dem reichen und dem armen Kind darstellte. Dickens führte diese Reihe mit seinen unvergeßlichen, ausgebeuteten und verängstigten Jungen und Mädchen fort, und Amicis verewigte sie in der Schule, die er in »Cuore« beschrieb. Die arme Kreatur aus »Ohne Familie« brachte viele französische und europäische Kinder zum Weinen, denn das Buch wurde sehr bald übersetzt und weit verbreitet.

Die Schicksalsschläge, Reisen und Abenteuer dieser Unglücklichen wurden sehr sentimental beschrieben. »Die Geschichte eines Jungen« (1873) und »Jakob« (1878) von *Alphonse Daudet* sind gute Beispiele für diese tränenreiche und humane Welle, die gleichzeitig von sozialer Sorge mitbestimmt war. Das Erbe dieser Erzählweise war groß. Die Bücher von *Madame de Stolz*, die in der »Bibliothèque rose« von Jeanne Cazin und Madame Colomb veröffentlicht wurden, appellieren ebenfalls an unser Erbarmen und Mitleid. Waisen, von Zigeunern geraubte und kranke Kinder sind die Helden dieser Bücher.

Neue Autoren und neue Strömungen in der Kinderliteratur des 20. Jahrhunderts

Im 20. Jahrhundert schrieben viele französische Autoren für Kinder: *Henri Bosco* (1888) »Das Kind und der Fluß«, *Marcel Aymé* (1902), dessen Katzengeschichten viel gelesen wurden, *Daniel Rops* (1901) mit seinen Geschichten nach der Bibel und *Antoine de Saint-Exupéry* (1900–1944), der durch den »Kleinen Prinzen« bei Kindern berühmt wurde. »Der kleine Prinz« ist eine allegorische Erzählung, deren tiefer Sinn von Kindern vielleicht nicht verstanden wird. Aber sie sehen die Phantasie dieses Kindes im Weltraum, das mit Pflanzen und Tieren spricht und Unterricht in Philosophie erhält.

René Guillot, Träger des Prix Jeunesse 1948 und des Andersen-Preises 1964, ist einer der am meisten von französischen Kindern und Jugendlichen gelesenen Schriftsteller. Er lebte viele Jahre als Mathematikprofessor in Dakar in Afrika und später in Senegal. Dieser fünfundzwanzigjährige Aufenthalt im afrikanischen Kontinent ließen ihn die verschiedenen Rassen, ihre Gebräuche, die Folklore und vor allem das Leben im Dschungel und der Tiere während seiner häufigen Jagden kennenlernen. Die Mehrzahl seiner Bücher spiegelt seine Liebe zu wilden Tieren und seine Kenntnis der

Natur. Er schrieb »Der Herr der Elefanten«, »Die Löwin Sirga«, »Grischka und sein Bär«, »Der Panther Kpo«, »Im Land der wilden Tiere« und andere Abenteuerbücher, in denen seine Zuneigung zu Tieren und seine Bewunderung für die Natur Ausdruck finden.

Durch sein pädagogisches und ästhetisches Werk ragt die Gestalt von *Paul Faucher* hervor. Faucher ist der wahre Name des Schriftstellers, der »Le père Castor« (Vater Castor) zeichnete, er schrieb viele Kinderbücher. Er selbst erzählt, wie er, als er mit einigen tschechischen Pädagogen Kontakt erhielt, zu der Überzeugung kam, daß es keine guten Bücher für Kinder gäbe, die deren wahren Notwendigkeiten und Möglichkeiten entsprächen. Nach dem wissenschaftlichen Studium der kindlichen Physiologie schuf er einige illustrierte Alben, die er zur »stufenweisen« Lektüre empfahl. Das Ergebnis waren die Alben mit ihren ausgezeichneten Illustrationen und begleitenden Texten, die die Unterweisung auf zahlreichen didaktischen Gebieten erleichterten. Dieser Versuch gehört, obwohl er auf dem Feld der Pädagogik unternommen wurde, zur Kinderliteratur, denn Kinder lesen diese Bücher, weil sie die Verbindung von Text und Illustration anziehend finden.

Den gleichen Erfolg hatten die Bücher von »Babar« von *Jean de Brunhoff* (1899–1937); er war Zeichner und entwarf anfangs seine Elefanten, um die eigenen Kinder zu unterhalten. Später war er selbst von der begeisterten Aufnahme überrascht, die seine Bücher fanden. Zu den Zeichnungen der Elefanten, einer ganzen Familie, die er

Jean de Brunhoff und »Babar«

Babar taufte, fügte Arturo Celeste einen einfachen und treffenden Text voll humoristischer Einfälle. Auf diese Weise vereinte Jean de Brunhoff Illustration und Text, um zu unterhalten; seine Bücher haben den Vorteil, kleine Kinder zum Lesen anzuregen.

1932 veröffentlichte er die »Geschichte von Babar«, darauf folgten »Babar und die alte Dame«, »König Babar« und andere Geschichten mehr. Sein Sohn Laurent führte die Reihe später fort, da der Zeichner sehr früh starb. Die bedeutendsten Ereignisse zur Geschichte der französischen Kinderliteratur datieren aus jüngerer Zeit. *Paul Hazard*, der »Les livres, les enfants et les hommes« (Kinder, Bücher und große Leute) schrieb (1932), beschäftigte sich mit der Kinderliteratur als Zweig der Literaturgeschichte und wirkte bei der Schaffung des »Prix Jeunesse« 1934 mit. 1950 veröffentlichte *Jean de Trigon* seine »Histoire de la littérature enfantine de Ma Mère l'Oye au Roi Babar«.

Bibliographie

Beraldi, Henri: Les graveurs du XIX siècle. Paris 1885.

Brauner, Alfred: Nos livres d'enfants ont menti. Une base de discussion. Préf. de Henri Wallon. Paris 1951.

Carteret, Leopold: Le trésor du bibliophile romantique et moderne. 4 Bde. Paris 1925–1928.

Champfleury, J.: Histoire de la caricature moderne. Paris 1883.

Dubois, Jacqueline et Raoul: Littérature, presse, enfance et jeunesse. Bibliographie. Préface de Pierre Gamarra. Suppl. zu Nr. 53 von ciné-jeunes. Paris 1968.

Editions du Comité Français du Cinéma pour la Jeunesse. Paris 1968.

Gavault, Paul: Les livres de l'enfance. 2 Bde. Paris 1931.

Hazard, Paul: Les livres, les enfants et les hommes. Paris 1949.

Labry-Hollebecque, Marie: Les charmeurs d'enfants. Paris 1927.

Latzarus, Marie-Thérèse: La littérature enfantine en France dans la seconde moitié du XIX siècle. Paris 1923.

Littérature pour la jeunesse. Revue »Europe«. Nr. 465–466. Paris 1968.

Les livres pour enfants. Enfance. Sonderausgabe. 3, Mai–Juni. Paris 1956.

Nisard, Charles: Histoire des livres populaires ou de la littérature du colportage. 2 Bde. Paris 1854.

Revue »L'Arc«. Nr. 29: Jules Verne. Paris 1966.

Smiontek, H.: L'enfant et la littérature enfantine contemporaine en France. Toulouse 1932.

Soriano, Marc: Guide de la littérature enfantine. Paris 1959.

— Les Contes de Perrault, culture savante et traditions populaires. Paris 1968.

Storer, Mary Elisabeth: La Mode des Contes de Fées (1685–1700). Paris 1928.

Trigon, Jean de: Histoire de la littérature enfantine de Ma mère l'oye au Roi Babar. Paris 1950.

Spanien

Erste schriftliche Zeugnisse – Didaktische Bücher – El Conde Lucanor – Nacherzäh-
lungen der Fabeln des Äsop – Der Marqués von Santillana

In den Anfängen der spanischen Kinderliteratur gibt es viele Bücher, die sowohl
Erwachsene wie auch Kinder lasen. Die »Wunder unserer Lieben Frau« (Milagros de
Nuestra Señora) des Benediktiners *Gonzalo de Berceo,* »Die Gesänge zum Lob der
Jungfrau« (Cantigas en loor de la Virgen) von *Alfons dem Weisen,* die heroischen
Taten des »Cid« von *Bernardo del Carpio* und die »Sieben Infanten von Lara« (Los
siete Infantes de Lara) boten der kindlichen Phantasie viel Stoff. Es gibt außerdem
eine große Zahl von Romanzen aus der karolingischen Zeit und aus der Zeit der
Mauren, die wie Erzählungen für Kinder anmuten.

Unter dem Einfluß orientalischer Bücher, die im Mittelalter übersetzt wurden,
schrieb *Ramón Lull* (1232–1316) das »Buch von den Tieren« (Libro de les
besties), eine Reihe von Fabeln, die beispielhaft für das Leben sein sollten. Für
Kinder schrieb er »Ars puerilis«, ein »Lehrbuch für Kinder« (Libro de la Doctrina
pueril).

Zusammen mit den Romanzen, den Heldenliedern und den Legenden war eines der
beliebtesten Bücher »Der Graf Lucanor oder das Buch von Patronio« (El Conde
Lucanor o Libro de Patronio, 1335) des berühmten Infanten *Don Juan Manuel*
(1282–1348), eines Enkels des Heiligen Ferdinand. In dieser Sammlung von fünfzig
Geschichten findet sich auch die vom »Jüngling, der eine sehr starke und tapfere
Frau heiratet«, eine Vorläuferin der Komödie Shakespeares (»Der Widerspenstigen
Zähmung«) und die vom »König und den betrügerischen Tuchmachern«, die dem
Märchen von Andersen »Des Kaisers neue Kleider« vorangeht.

Don Juan Manuel schrieb das didaktische Buch »Stände-Buch oder Buch des In-
fanten« (Libro de los Estados o libro del Infante). Man muß es in die Reihe der
Bücher mit beispielhaften Lehren stellen, die damals Mode waren und als literarische
»Züchtigungen« den Söhnen von ihren Vätern gegeben wurden; sie fanden vielfache
Nachahmung während des Mittelalters und in der Renaissance.

Zu ihnen gehört das Buch der »Strafen und Schriften zum rechten Leben, das *Don*
Sancho IV., König von Kastilien, seinem Sohn gab« (1293) (Los castigos y documentos
para bien vivir que Don Sancho IV., Rey de Castilia, dió a su hijo).

Natürlich muß auch das Werk von *Miguel de Cervantes,* der »Don Quijote de la

Farbtafel von R. Rojas aus »Der scharfsinnige Ritter Don Quijote de la Mancha«
(Verlag Fr. Oetinger, Hamburg)

Mancha« genannt werden, nach der Aussage des Dichters zu seiner Zeit die Lieb-lingslektüre der Edelknaben (s. das Zitat in Teil 2, Kap. 3, und das Vorwort zu Cer-vantes' »Persiles und Segismunda«). Es gibt von ihm zahlreiche Versionen und Bearbeitungen für Kinder und Jugendliche in fast allen Sprachen der Welt, und mit Recht wird er in vielen Ländern zu den Lieblingsbüchern gezählt.

Große Aufmerksamkeit richtete man in diesen Jahrhunderten auf alles, was mit der Erziehung zu tun hatte; viele Traktate sind daher auch mit moralisierender Absicht geschrieben. Könige beauftragten Schriftsteller und Dichter mit Büchern für ihre

Aus dem »Amadís de Gaula«

Söhne. So schrieb der *Marqués von Santillana* (1398–1458), Don Iñigo López de Mendoza, im Auftrag des Königs Johann II. für seinen zwölfjährigen Sohn das Buch »Ruhmreiche, lehrhafte und nützliche Sprichwörter« (Proverbios de gloriosa doctrina y fructuosa enseñanza). Es ist eine Art Übersetzung der Distichen von Cato.

Ein sehr verbreitetes Buch war das berühmte »Isopete historiado«, das Johannes Hurus, ein deutscher Buchdrucker, 1498 in Zaragoza druckte; es handelt sich dabei um die Fabeln des Äsop mit Holzschnitten. In Zaragoza auch wurde 1493 das Buch »Beispiele gegen die Täuschungen und Gefahren der Welt oder Calila und Dimna« (Exemplario contra los engaños y peligros del mundo o Calila e Dimna) herausgegeben, eine spanische Version des arabischen Originals, die auf Befehl Alfons des Weisen von Juan de Capua gemacht wurde. Das Buch war sehr beliebt und fand als Geschichtensammlung große Verbreitung.

Die Kinder wurden damals von Erziehern oder Hauslehrern und von Schullehrern erzogen; man gab ihnen Fibeln, Katechismen und Lesebücher in die Hand. Das erste Wort, das in ihnen gedruckt stand und das sie aus ihnen lernten, war »Christus«. Die Lesebücher enthielten Gebete, Hymnen und die Fabeln des Äsop.

Zu den farbigsten Büchern über Erziehung gehört auch »Erziehung und tugendhafte Lehre« (La crianza y virtuosa doctrina) von *Pedro Gracia Dei,* das der Infantin Isabella I. von Kastilien gewidmet war.

Im 16. Jahrhundert lasen Kinder die Rittergeschichten: »Amadis de Gaula«, »Las Sergas de Esplandian«, »Oliveros de Castilla«, »Tirant lo Blanc« ...; sie lasen auch kleinere Geschichten wie »Flor y Blancafor«, »Pierres y Magalona«, »La Historia de la Bella Melusina«, »La espantosa y admirable vida de Roberto el Diablo«, »La doncella Theodor«.

1549 veröffentlichte der Bakkalaureus *Hernán López de Yanguas* für Kinder »Die Sprichwörter und Aussprüche der sieben Weisen von Griechenland« (Los dichos y sentencias de los siete sabios de Grecia):

> Es gefällt mir,
> diese goldenen Leckerbissen
> im Dreierrhythmus zu schreiben,
> damit kleine Kinder sie im Chore sprechen.

Der Humanist *Lorenzo Palmireno* empfahl sie seinen Schülern. Er selbst schrieb »Der Dorfschüler« (El estudioso del aldea), einen Traktat über die rechte Erziehung des Dorfkindes (Valencia 1568).

Ein anderer großer Humanist, *Luis Vives* (1492–1540), dachte an Jungen und Mädchen, als er die »Erziehung der christlichen Frau« (La educación de la mujer cristiana) und »Diáloges« schrieb; unter diesen Dialogen steht auch der über die »Schule« (Diálogos escolares).

Man weiß, daß in jener Zeit Kinder zusammen mit den Erwachsenen Theateraufführungen sahen wie z. B. »Hirtengedichte« (Eglogas), »Weihnachtsmysterien« (Autos de Navidad) und »Kurze Theaterstücke« (Pasos) von Lope de Rueda; z. B. »Das Stück von den Oliven« (El paso de los aceitunas) und »Schlaraffenland« (La tierra de Jauja). Sie lasen auch den Schelmenroman »Lazarillo vom Tormes« (El Lazarillo de Tormes), begeisterten sich an Glück und Unglück des Helden, obwohl der Roman nicht eigentlich Kinderlektüre war.

Will man wissen, was ein Kind las, muß man die Geschichtensammlungen von *Juan de Timoneda* (1578) »Der große Schwindler« (El Patrañuelo) und seine »Sammlung

El cueruo, y la rapofa. 'ſ

TOPANDOSE vna vez la rapoſa
y el cueruo, vieron de lexos a vn
miſmo tiempo vn pedaço de carne: a
la qual arremetieron a toda furia, ella a
correr, y el a bolar: de manera que con
ventaja notable llegando primero el
cueruo, y alçandoſe con la preſa, bolo
con ella encima de vn arbol: y ſentado

C   en

Aus dem »Fabulario« von S. Mey

von Erzählungen« (El Portacuentos) heranziehen. Ausdrücklich für Kinder schrieb *Sebastian Mey* 1616 seine »Fabelsammlung« (Fabulario) in Valencia. Von Kinder-Spielen und -Vergnügungen berichtet *Rodrigo Caro* in seinen »Einfallsreichen und ver-spielten Tagen« (Dias geniales o lúdicos), *Juan Rufo* (1547–1620) in seinem »Brief« (Carta) und *Alonso de Lédesma* (1562–1623) in »Köstliche Spiele zum Weih-nachtsabend« (Juegos de Nochebuenas a lo divino). *Lope de Vega* schrieb für seinen Sohn Carlitos »Die Hirten von Bethlehem« (Los Pastores de Belén). Das Buch ist eine Sammlung von Prosastücken und Versen, es bringt die Heilsgeschichte, Hirten-gespräche, schöne Weihnachtslieder und Gedichte.

Die Zahl der pädagogischen Schriftsteller vermehrt sich im 16. Jahrhundert, dem goldenen Jahrhundert der Pädagogik, und im 17. Jahrhundert um *Saavedra Fajardo*

(1584–1648), *Juan de Huarte* (1530–1595), *Juan de Iciar* (1523) und *Pedro Simón Abril* (1530–1590). Sie schrieben alle in rein pädagogischer Absicht, aber nie zur bloßen Unterhaltung der Kinder.

Tomás de Iriarte und seine »Literarischen Fabeln« – Felix de Samaniegos »Moralische Fabeln« – »Aleluyas« und »Aucas«

Für die Entwicklung der spanischen Kinderliteratur im 18. Jahrhundert sind auch die Übersetzungen aus anderen Sprachen wichtig. Bemerkenswert ist vor allem der französische Einfluß. Die Fabeln von La Fontaine und der »Telemach« von Fénelon vervielfachten ihre Ausgaben. Die Ideen Rousseaus verbreiteten sich durch seinen »Emile«. »Das Kindermagazin« von Madame Leprince de Beaumont, die Geschichten von Madame de Genlis und die Werke von Armand Berquin wurden übersetzt.
Minister und vornehme Herren beauftragten Schriftsteller, für Kinder zu schreiben. So schrieb *Tomás de Iriarte* (1750–1791) im Auftrag des Ministers Floridablanca »Fabulas literarias«, die große Verbreitung in den spanischen Schulen fanden. Berühmt davon sind u. a. »Das Eichhörnchen und das Pferd«, »Der Esel als Flötist«. Iriarte schrieb außerdem für den Unterricht »Lehrreiche Lektionen über Geschichte und Geographie« und übersetzte den »Neuen Robinson« von Campe.
Fast zur gleichen Zeit wie Iriarte veröffentlichte *Felix Maria de Samaniego* (1745 bis 1801) moralische Fabeln für die Schüler des Colegio o Real Seminario von Vergara. Am Vorwort erkennt man, daß der Autor einem wohlüberlegten Plan folgt, um Kinder zu unterhalten. In leichten und einfachen Versen schreibt er Fabeln, die von Äsop, Phädrus und La Fontaine beeinflußt sind, dazu aber auch Fabeln eigener Erfindung. Diese Fabeldichter nahmen sich die spanisch sprechenden Schriftsteller Südamerikas zu Vorbildern; sie fanden dort große Verbreitung.
Als sich während des 18. Jahrhunderts die Kunst der Fabeldichtung entwickelte, breitete sich gleichzeitig die Volkskunst der »Aleluyas« und »Aucas« aus. Fabeln wurden in bewußt pädagogischer Absicht geschrieben; in gewisser Weise sind sie »bestellte Literatur«, die strengen, vernünftigen und lobenswürdigen Vorschriften folgt, um das Ideal-Kind zu formen. Die volkstümliche Kunst wuchs dagegen wie von selbst, und die Kinder trugen durch den Beifall, den sie für sie fanden, mit zu ihrem Wachsen bei. Ursprünglich waren die »Aleluyas« kleine Drucke mit religiösen Motiven, die den Aufdruck »Aleluya« trugen. Karsamstag warf sie der Priester unter das Volk. Später nannte man »Aleluyas« kleine Druckschriften, denen Bilder oder Kupferstiche beigefügt waren, die häufig ein Distichon, einen Vers oder einen kurzen Satz als Unterschrift trugen. Es gibt Aleluyas vom Heiligen Isidor, vom Leben der Heiligen Theresa usw. Waren die Aleluyas im Anfang nur religiöse Drucke, so verwandelten sie sich später, gaben anderen Themen Raum und dienten zur Unterhaltung der Kinder. Man kann annehmen, daß die Aleluyas Vorgänger der bebilderten Kinderzeitung sind. Daher rührt auch wohl ihr großer Erfolg und ihre weite Verbreitung.

Der Inhalt der Aleluyas ist sehr verschieden: es gibt den »Kampf mit Steinen zwischen Jungen«, »Das Leben des Mannes, der gut arbeitete«, »Das Leben des Mannes, der schlecht arbeitete«, »Das Leben des dünnen Mannes« ... Anfang des 19. Jahrhunderts erlebten die Aleluyas einen großen Aufschwung. Es gibt »Juan, der Soldat«, »Die Kinder-Spielkarte«, »Streiche des Wellensittich«, »Périco Ventolera auf dem Mond«, »Schlaraffenland« und sogar Märchen wie der »Gestiefelte Kater« und »Aschenputtel«. Viele Aleluyas sind humoristisch. Sie haben ihr Gegenstück in den deutschen »Bilderbogen« und den »Fliegenden Blättern«, aber auch in den »Bildern von Epinal« (Images d'Epinal). Sie sind ein Beispiel mehr für volkstümliche Drucke.

Die »Aucas«, der Name kommt aus dem Valencianischen, verwechselt man leicht mit den Aleluyas. Sie gehören ebenfalls zur Volkskunst, gehen aber auf die Antike, bis in die römische Zeit zurück. »Auca« ist eine Anspielung auf das Würfelspiel, bei dem es in der Antike Terzette und Distichen gab. So kommen die »Aucas« ursprünglich nicht aus dem religiösen Bereich, sondern gehen aus dem Spiel hervor. Es gibt Aucas von den »Berufen« und von den »Kinderspielen«.

Die erste in Spanien veröffentlichte »Kinderzeitung« 1798 – Andere Zeitungen. »Die pintoreske Erziehung« – Fernán Caballero – Autoren und Verlage

John Newbery veröffentlichte die erste Kinderzeitung in englischer Sprache »The Lilliputian Magazine« 1751–1752. In Deutschland erschien 1772 das »Leipziger Wochenblatt für Kinder« und wenig später »Der Kinderfreund« (1775), den Weiße leitete. Die erste Kinderzeitung in Spanien erschien 1798 mit dem Namen »Gazeta de los niños« oder »Allgemeine Regeln der Moral, der Wissenschaft und der Künste, für das frühe Alter bearbeitet« von *José Bernabé Canga Arguelles*. Die Zeitung vertrat die Grundidee, unterhaltsam zu belehren und vereinigte Nachrichten aus der Naturgeschichte, aus Geographie und Geschichte mit Erzählungen, kleinen Theaterstücken und Ankündigungen über neue spanische und ausländische Kinderbücher. Von 1838 bis 1867 wurde das »Familien-Museum« (Museo de las familias) veröffentlicht. Von 1841 an folgten einander verschiedene Publikationen für Kinder: »Der Freund der Kindheit« 1841 (El amigo de la niñez), »Echo der Jugend« (El eco de la juventud), »Lehrer der Kindheit« 1843 (El mentor de la infancia), »Das Museum der Kinder« 1842 (El museo de los niños), »Das Kinder-Museum« 1851 (El museo de la infancia), »Die Morgenröte« 1850, »Der Freund der Jugend« 1856 (El amigo de la juventud), »Die Kinder« 1870, »Das erste Alter« 1873 (La primera Edad), »Der Kamerad« 1887. In Málaga wurde 1849 der »Kinderfreund« veröffentlicht.
Eine der besten Zeitungen dieser Zeit war »Die pintoreske Erziehung« (La Educación Pintoresca) 1857, in der viele große Schriftsteller zusammenarbeiteten. Sie war sehr reich bebildert und enthielt farbige Folien mit Modepüppchen. In dieser Zeitung arbeitete auch eifrig *Fernán Caballero* (1796–1877) mit. Hinter diesem Pseudonym verbarg sich Cecilia Böhl de Faber, die den Realismus in die spanische Novelle ein-

Blatt der »Aleluyas« a. d. 18. Jhdt.

167

führte. Sie war die Tochter des bekannten Hispanisten Juan Nicolás Böhl de Faber und seiner Frau Francisca Larrea, die aus Cádiz stammte und den Wissenschaften sehr zugetan war. Cecilia wurde eine große Schriftstellerin, ihr Vater war Schüler von Campe. Fernán Caballero vereinigte die Artikel aus der »Pintoresken Erziehung« in zwei Bänden: »Erzählungen, Gebete, Rätsel und volkstümliche und kindliche Sprichwörter« 1874 (Cuentos, oraciones y adivinas y refranes populares y infantiles) und

Fernán Caballero

»Volkstümliche Erzählungen und Dichtungen« (Cuentos y poesias populares). Die Schriftstellerin durchstreifte das Land um Cádiz und sammelte gleichsam von den Lippen der Landleute die reiche Folklore ihrer Heimat. Auf diese Art suchte Fernán Caballero die gleiche Mission in Spanien zu erfüllen, die die Gebrüder Grimm in Deutschland verwirklichten. Sie schrieb für Kinder »Mythologie« und »Geschichten zum Freuen« (Cuentos de encantamiento).

168

In der »Pintoresken Erziehung« arbeitete auch der Schriftsteller *Antonio Trueba* (1819–1889) mit; er schrieb »Ländliche Geschichten« (Cuentos campesinos), »Geschichten in Rosa« (Cuentos color de rosa), »Geschichten aus dem Volk« (Cuentos populares) und ein »Liederbuch« (El libro de los cantares).

Auch *Joaquina García Balmaseda,* die Direktorin der »Modepost« (El correo de la Moda) 1850, arbeitete an der Zeitung mit; sie schrieb »Erinnerungen eines Mädchens« (Memorias de una niña).

Mitte des 19. Jahrhunderts treten gleich eine Reihe von Schriftstellern auf, die sich besonders der Kinderliteratur widmeten. *Maria del Pilar Sinués* schrieb 1866 »Moralische Geschichten«, *Faustina Saéz de Melgar* (1834–1895) »Blätter für Mädchen« (Páginas para las niñas), außerdem wären noch *Manuel Ossorio Bernard* und *Carlos Frontaura* zu nennen.

Der große Theaterschriftsteller *Juan Eugenio Hartzenbusch* (1806–1880) schrieb für Kinder »Geschichten und Fabeln« (Cuentos y fabulas), die unterhaltsam waren und tieferen Sinn hatten, wie z. B. in: »Das Dromedar und das Kamel«, wo es knapp und witzig heißt:

> »Das Kamel sagte
> zum Dromedar:
> Verglichen mit dir
> bin ich viel mehr wert.
> Kein Zweifel:
> Ich habe zwei Buckel
> und du nur einen!«

Er veröffentlichte außerdem »Erzählungen«, und 1861 schrieb er auf Bestellung »Theaterstücke für Kinder«, die vor der Königin Isabella II. aufgeführt werden sollten. Eines dieser Stücke hieß nach Berquin »Die Unabhängigkeit der Kinder« (La independencia filial), das andere »Das ungehorsame Kind«. Hartzenbusch schrieb als erster für ein Kinder-Theater.

Pater Luis Coloma (1851–1914) war ein bekannter Novellist und Schüler von Fernán Caballero. Er schrieb eine Reihe sehr hübscher »Geschichten für Kinder«; besonders gefällig ist die erste, »Pelusa«, mit Schilderungen spanischer Folklore. Außerdem gibt es von ihm eine historische Erzählung »Jeromín«.

Mitte und Ende des 19. Jahrhunderts übersetzte man in Spanien viel ausländische Kinderliteratur: Die Märchen der Gebrüder Grimm, die Phantastischen Erzählungen von Hoffmann, die Geschichten von Charles Perrault, die Märchen von Andersen, die Erzählungen von Jules Verne ...

1876 wurde der Verlag Saturnino Calleja gegründet, der bis 1936 bedeutende Arbeit für die Kinderliteratur leistete. Er verlegte bunt illustriert die »Geschichten« und brachte große Sammlungen in der Biblioteca Perla heraus. Die »Geschichten« von Calleja sind völlig anonym, es sind spanische Volksmärchen und Märchen aus aller Welt.

Verdienstvoll war auch die Arbeit des Verlages Sopena. 1862 brachte er in Barcelona die »Moralische und unterhaltsame Bibliothek« (Biblioteca Moral Recreativa) heraus, in der auch die Geschichten des Kanonikus Schmidt erschienen. 1864 kam die »Preiswerte Kinderbibliothek« (Biblioteca Económica de la Infancia) hinzu. In Sevilla erschien die »Sevillanische Kinder-Bibliothek« (Biblioteca infantil Sevillana).

In der zweiten Hälfte des 19. Jahrhunderts erlebt die Novelle eine Blütezeit. Einige der Erzählungen wurden auch von Kindern und Jugendlichen in der Schule gelesen: von *Juan Valera* »Der grüne Vogel« (El pájaro verde) und »Der Ritter von Azor« (El Caballero de Azor); von *Benito Pérez Galdós* (1834–1920) »Der Maulesel und der Ochse«; von *Leopoldo Alas* (1852–1901) »Clarin« und »Auf Wiedersehen, Cordera«; von *Armando Palacio Valdés* (1853–1936) »Polifemo«; von der *Gräfin de Pardo Bazán* (1852–1921) »Leben des Cortés«.

José Ortega y Munilla (1856–1923) schrieb mit besonderer Widmung an die Kinder »Die drei aus Soria« (Los tres sorianitos), die Geschichte dreier nach Amerika ausgewanderter Kinder, und eine Geschichtensammlung »Stimme der Kinder« (La voz de los niños). Er war Mitarbeiter bei Calleja.

Ins Spanische übersetzt und viel gelesen wurden die Bücher der Comtesse de Ségur (1799–1840), die Erzählungen von Jules Verne (1828–1905), die Werke von Mayne Reid und Emilio Salgari und ganz allgemein die Klassiker der Kinderliteratur aus aller Welt.

Kinder-Folklore – Poesie für Kinder – Juan Ramon Jiménez – Federico García Lorca – Zeitgenössische Poeten

In diesen kurzen historischen Abriß muß man die Kinder-Folklore miteinschließen, die als gesprochene Kinder-Literatur zweifellos genauso interessant oder noch interessanter ist als die geschriebene. Als im 20. Jahrhundert das Interesse für folkloristische Studien erwachte, brachten Literaten und Forscher Sammlungen mit Kinder-Folklore heraus. Zu den bedeutendsten Sammlungen gehört die von *Rodríguez Marín,* der gesprochene Kinder-Literatur aufzeichnete: »Volkstümliche spanische Erzählungen« (Cuentos populares españoles). Für die elfbändige »Biblioteca de Tradiciones Españoles« sammelte *Antonio Machado* Material aus der Kinder-Folklore. Sehr interessant ist auch die »Spanische Kinder-Liedersammlung« (El Cancionero infantil español), die *Pater Sixto Córdova* zusammenstellte.

Gebete bilden ein reiches Kapitel innerhalb der Kinder-Folklore. Es gibt Gebete beim Aufstehen und beim Schlafengehen, dafür hier nur ein Beispiel: »Schutzengel / liebevoller Gefährte / verlasse mich nicht / weder bei Tage noch in der Nacht. / Mit einem Vater-unser und einem Ave Maria.«

Große Bedeutung haben auch Formeln und lange Wortreihen bei kindlichen Spielen. Beim Verstecken-Spielen, beim Springen, beim Schaukeln, beim Fangen-Spielen wiederholen Kinder Vers-Reihen, die manchmal nicht zu übersetzen sind, sich aber in jedem Land ähneln. Man denke nur an die englischen nursery rhymes, in denen das Absurde und das rein Lautmalerische vorherrschen.

Kinder begleiten sich in ihren Spielen und auch bei anderen Tätigkeiten mit einer Vielzahl von gesungenen magischen Ritualen und Formeln. Selbst das einfache Auszählen erfordert schon Reime oder ganz besondere Wortverbindungen: »Ich habe einen Hahn / in der Küche, / der lügt. / Ich habe einen Hahn / im Stall, / der mir die / Wahrheit sagt.«

Von klein auf sprechen Kinder täglich Kinder-Folklore: um die Finger an der Hand zu zählen, beim Gehen, beim Balancieren, beim Tisch-decken, beim Setzen, beim Essen ... Auch Kinderwiegenlieder gehören zur Kinder-Folklore.

Gruppenlieder und Lieder beim Seilchen-Springen sind sehr mannigfaltig, dafür ein hübsches Beispiel:

> Kuck, Kuck, sang der Frosch,
> Kuck, Kuck, unter dem Wasser;
> Kuck, Kuck, da kam ein Herr vorbei
> Kuck, Kuck, mit Umhang und Hut.
> Kuck, Kuck, da kam eine Dame vorbei
> Kuck, Kuck, mit einer Schleppe am Kleid.
> Kuck, Kuck, da kam eine Magd vorbei,
> Kuck, Kuck, die trug Salat.
> Kuck, Kuck, er bat sie um ein Zweiglein,
> Kuck, Kuck, sie wollte es nicht geben;
> Kuck, Kuck, da sprang er ins Wasser
> Kuck, Kuck, und zog sich zurück.

Rätsel, Zungenbrecher und bestimmte Volksweisen gehören ebenfalls zu der so reichen und originellen Kinder-Folklore.

Neben der Kinder-Folklore, die das Kind von klein auf in die Poesie einführt, muß man die Werke der Dichter nennen. Mit Ausnahme der Fabeldichtung haben bis zum 20. Jahrhundert nur wenige Dichter Werke mit literarischem Wert für Kinder geschrieben. *Juan Ramón Jiménez* (1881–1958) schrieb in poetischer Prosa »Platero und ich« (Platero y yo); es wurde auch Kinderbuch, lyrische Bilder und poetische Impressionen über ein Eselchen vor dem Hintergrund der andalusischen Landschaft. Eine Auswahl aus dem Werk von Juan Ramón Jiménez ist die »Anthologie für Kinder und Jugendliche«.

Rubén Darío (1867–1916), ein aus Nicaragua stammender Dichter, der nach Spanien kam, widmete den Kindern viele Gedichte. Moderne Dichter wie *Francisco Villaespesa* (1877–1930) schrieben gereimte Erzählungen für Kinder wie »Aschenputtel« und »Rotkäppchen«.

Federico García Lorca widmete Kindern die »Kinderlieder« aus seinen »Gesängen« (Canciones); es ist, als enthielten sie die Essenz der Kinderpoesie. Es sind witzige unsinnige Lieder und Liedchen in dem folkloristischen Rhythmus, den Kinder so lieben. Der Dichter aus Granada schrieb sie in seiner Jugend. In diesem köstlichen

Bändchen der Editorial Calleja (in Orig.-Größe, -Farbe und Druckqualität)

Buch erscheint seine Muse »leicht geschürzt«, wie er selbst sagte, sie spielt und tanzt voll von anmutig kindlichem Einfallsreichtum und ist von verfeinerter und unschuldiger Grazie. Hier ein Beispiel für diese Kinderpoesie:

Die Eidechse weint.   *Für Mademoiselle Teresita Guillén,*
                                                 die ihr Klavier mit sechs Noten spielt.

> Der Herr Eidechse weint,
> die Frau Eidechse weint,
> der Herr und die Frau Eidechse
> mit ihren kleinen weißen Schürzen.
> Sie haben, ohne es zu wollen,
> ihre Brautringe verloren.
> Ach, ihr Ringlein aus Blei:
> ach, ihr aus Blei geformtes Ringlein!
> Ein großer Himmel ohne Leute
> holt in sein Rund die Vögel hinein.
> Die Sonne ist ein runder Kapitän
> und trägt eine Weste aus Atlas.
> Schaut nur, wie alt sie sind!
> Wie alt sind die Eidechsen!
> Ach, wie sie weinen und weinen;
> ach, ach, wie sehr sie weinen!«

García Lorca verstand den Charme der Lieder und Poesie seiner Kindheit und versuchte, ihre flüchtige und fliehende Anmut einzufangen. Er fühlte immer eine süße und traurige Sehnsucht nach der verlorenen Kindheit, oft wünschte er, zu ihr zurückzukehren. So wird er zum Kinder-Poeten, weil er sich wieder als Kind fühlen konnte. Einige seiner Romanzen wie die von den »Kleinen Pilgern« (Peregrinitos) waren sehr beliebt. In seinem ganzen Werk fände man genügend Material, um eine Kinder-Anthologie zusammenstellen zu können. Durch die lyrische Schönheit seiner Verse, durch die Bilder, das Kolorit, die Lebendigkeit der Gegensätze und durch das Schema seiner Komposition fühlen sich gerade Kinder zu dem Dichter hingezogen. Interessant ist auch der Artikel von Lorca über die »Kinderwiegenlieder« (Las ñañas infantiles).
Rafael Alberti (1902) hat viele Gedichte geschrieben, die für Kinder ausgewählt wurden. In dem Buch »Seemann zu Lande« (Marinero en tierra) könnte der größte Teil für Kinder geschrieben worden sein wie:

Physische Geographie (Geografía física)

Niemand weiß von Geographie
mehr als meine Schwester –

Der blaue Aal vom Kanal
verknüpft die zwei Buchten.
Sag mir, wo ist der Vulkan
mit der nachdenklichen Stirn?
Am Fuße des braunen Meeres,
ganz allein, auf einer Sandbank.
Keiner weiß von Geographie
mehr als meine Schwester.

Viele dieser Gedichte sind durch alte Liedersammlungen beeinflußt worden und sind daher Neuschöpfungen überlieferter Poesie. Einige stammen auch aus der Kinder-Folklore:

Dondiego besitzt nichts (Dondiego sin don)

Dondiego besitzt nichts.
Don.
Don Dondiego
von Schnee und Feuer;
don, din, don,
ihr habt nichts!
Öffne dich bei Nacht,
schließe dich bei Tag,
paß auf, daß dich nicht schneidet
die Tante Maria,
denn du hast nichts.
Don Dondiego,
an der Sonne bist du blind,
don, din, don,
ihr habt nichts.

Einige Gedichte von *Adriano del Valle* sind auch für Kinder geeignet. *Pura Vázquez* (1918) schrieb für Kinder das anmutige und sprühende Buch »Schaukel vom Mond zur Sonne« (Columpio de Luna a Sol). *Clemencia Laborda* hat in »Gärten unter dem Regen« (Jardines bajo la Iluvia) auch Gedichte für Kinder geschrieben.
Gloria Fuertes (1918) ist die humorvolle Autorin von »Kinderliedern« (Canciones para niños) mit Kehrreimen voller Unsinn, zu denen die Kinder-Folklore Pate gestanden hat. Anmutig und sehr geeignet für die Kleinen sind die Verse aus »Piruli« und die aus »Don Pato und Don Pito«. Die Autorin schreibt amüsant-unterhaltende Poesie ähnlich wie in Deutschland James Krüss.
Ein großer Dichter ist *Jaime Ferrán,* der »Zirkusnachmittag« (Tarde de circo) schrieb, lautmalerische Gedichte in kalligrammischer Form. *Maria Elvira Lacaci* schrieb »Papiermühlchen« (Molinillo de papel) in sozialer Thematik und christlicher Grundhaltung.

174

Die Kindererzählung – Salvador Bartolozzi und »Pinocho und Chapete« – Elena
Fortún – José Maria Sánchez - Silva und »Marcelino« – Zeitgenössische Autoren

Der Verlag Calleja hat, wie erwähnt, vielen spanischen Erzählern neue Impulse
gegeben. In ihm arbeitete als Zeichner, Autor und literarischer Berater *Salvador
Bartolozzi* (1882–1940); sein Vater war Italiener. Bartolozzi veröffentlichte bei
Calleja »Die furchtsame Prinzessin« (La princesa tímida), »Die Heide-Fee« (La hada
del brezal), »Die Rache des Zwerges Bulfstroll« (La venganza del enano Bulfstroll)
und begann 1917 mit der Fortsetzungsserie von Pinocho, der als Vorbild die berühmte
italienische Puppe hatte; er illustrierte selbst.

Wie Don Quijote sucht der spanische Pinocho phantastische Abenteuer, er möchte
gute Taten vollbringen und allen, die in Gefahr sind, zu Hilfe eilen. Zu diesem ritter-
lichen Pinocho gesellt sich nun eine andere Figur, die nicht weniger überraschend ist.
Chapete erscheint, der spätere Feind Pinochos. Der böse Chapete steht dem guten
Pinocho gegenüber. Chapete ist realistisch und praktisch, Pinocho idealistisch und
verträumt – fast – wie Don Quijote und Sancho Pansa. Die Fortsetzungsserie von
Pinocho und von Pinocho gegen Chapete besteht aus mehr als vierzig Bänden. Einige
Titel sind: »Pinocho als Kaiser«, »Pinocho auf dem Mond«, »Pinocho auf der ver-
lassenen Insel« . . .

Die Erzählungen zeichnen sich durch feinen Humor aus. Pinocho besitzt – wie
Antonio Espina sagt – eigenes Leben, trotz seines italienischen Vorbildes. Unver-
wechselbar und eigenständig erscheint er in der Welt der kindlichen Träume.

Bartolozzi erfand auch »Pipo und Pipa«, ein mutiges Mädchen und ihre kleine
Hündin; sie sind die Helden in den Büchern »Wunderbare Abenteuer von Pipo und
Pipa«, »Pipo und Pipa gegen die seidengekleidete Äffin«, »Pipo und Pipa im Land
der Hampelmänner«.

Eine andere Autorin, die sich sehr um Kindererzählungen und Kindergeschichten
bemühte, ist *Elena Fortún;* hinter diesem Pseudonym verbarg sich Encarnación
Aragoneses Urquijo (1886–1952). Sie begann, für Kinder in der Spalte »Kleine Leute«
(Gente menuda), der Zeitschrift »Weiß und Schwarz« (Blanco y negro) zu schreiben.
Die Fortsetzungsreihe, mit der ihre Mitarbeit begann, hat als Heldin ein sehr ver-
gnügtes Mädchen mit Namen Celia. Celia spricht wie Jungen reden und handelt wie
sie. Sie ist ein unbefangenes schalkhaftes Kind unserer Zeit. In den Büchern von
Elena wird die Persönlichkeit des Kindes betont und abgegrenzt; sie hat mit über-
raschendem Realismus die kindliche Sprache und die unruhigen Bewegungen der
Kinder eingefangen. Der Stil ist einfach und lebendig, der Dialog wird fast durch-
gehend fortgeführt und ist witzig, die Beobachtungen sind genau und zutreffend.
Einige Titel heißen »Celia und was sie sagt« (Celia, lo que dice), »Celia auf der
Schule«, »Celia als Schriftstellerin«, »Mütterchen Celia«, »Cuchifritín, Celias Bru-
der«, »Cuchifritín und seine Vettern«, »Matonkiki und seine Schwestern«, »Maton-
kikis Streiche«. Diese sehr fleißige Autorin schrieb auch Biographien wie »Sankt
Martin als Kind« (San Martin niño) und ein Handarbeitsbuch »Basar aller Dinge«
(El bazar de todas las cosas), außerdem noch einen Band »Kindertheater«.

In Nachahmung Elena Fortúns schrieb *Borita Casas* »Abenteuerliche Antoñita«
(Antoñita la fantastica). Antoñita ist ein munteres und witziges Kind des Mittel-
standes; zusammen mit ihrem Dienstmädchen Nicerata vermittelt sie ein Bild
Madrider Bräuche. Die Fortsetzungsserie über Antoñita »Mehr Geschichten über die
unglaubliche Antoñita« (mas historias de Antoñita la fantástica) und »Als Antoñita
zehn Jahre wurde« ... hatte großen Erfolg.

EL CANGREJO DE ORO

Zeichnung von M. Boix aus »El cangrejo de Oro«

Carmen Conde (1907) schrieb unter dem Pseudonym Florentina del Mar »Die In-
trigen der Chismecita« (Los enredos de Chismecita) und »Die wilde Katze, Doña
Centenito« (Doña Centenito, gata salvaje).
Alejandro Casona (1903–1965), der große Theaterschriftsteller, schrieb für Kinder
»Kranz der Legenden« (Flor de leyendas); er erhielt dafür den Premio Nacional de
Literatura. Außerdem schrieb er »Leben des Francisco Pizarro«.
Concha Zardoya schrieb unter dem Pseudonym *Concha de Salamanca* Geschichten

176

und spanische Legenden: »Die sieben Infanten von Lara«, »Aben Humeya« und »Geschichten und Legenden von Übersee« (Historias y leyendas de Ultramar).

Maria Luz Morales ist Autorin von »Maribel und die Elefanten« (Maribel y los elefantes); sie ist auch als Übersetzerin bekannt und brachte Bearbeitungen fremdsprachiger Texte ins Spanische heraus.

Manuel Abril schrieb Hefte mit Geschichten für Kinder: »Trampolin und der gemalte Drachen« (Trampolin y la pajara pinta), »Die Geschichte vom frommen Pio« (El cuento de Pio pio) und andere. Der Zeichner und Autor Antoniorrobles schrieb »Die Inselgruppe der Puppenwelt« (El archipiélago de la muñequería) und die Serie »Botín Rompetacones«; es sind kommentierende Aleluyas.

Unter den hervorragenden zeitgenössischen Schriftstellern verdient vor allem *José Maria Sánchez-Silva* Erwähnung (1911), er schrieb »Marcelino Brot und Wein«. Der Autor selbst nennt es eine Erzählung »der Väter für ihre Söhne« und sagt: »es ist eine christliche Geschichte, sehr süß und sanft und sogar etwas verliebt in die Idee des Todes, die gewöhnlich den Jugendlichen so fern liegt«.

Die Erzählung »Marcelino Brot und Wein« mutet wie eine der Heiligengeschichten früherer Zeiten an. Es ist die Geschichte eines Wunders, das durch das zärtliche Mitleid eines Kindes geschieht. Obwohl die Erzählung traurig erscheinen könnte, ist sie doch, christlich betrachtet, von fröhlicher Schönheit. Der Tod des Kindes ist die Belohnung, ja, der Preis des Herrn für seine liebevollen Taten.

Der Dialog des Jungen mit dem gekreuzigten Christus, den er liebt, führt den kleinen Leser in eine übernatürliche, in eine religiöse Welt. Das Buch fand durch den nach ihm gedrehten Film große Verbreitung und wurde in viele Sprachen übersetzt. »Marcelino« wurde so weltweit bekannt, und man kann sagen, daß die spanische Kinderliteratur mit ihm zum ersten Mal – abgesehen von »Platero« – die in der ganzen Welt beliebten Kindergestalten wie Alice, Peter Pan und Pinocchio um eine neue bereichert hat.

Sánchez-Silva schrieb weiterhin »Kleinere Geschichten von Marcelino Pan y Vino« (Historias menores de Marcelino Pan y Vino), »Geschichten vom Himmel« (Historias del cielo), »Die Eselin Ungerad« (La burrita Non), »Adiós, Josefina«, »Adam und der Herrgott« (Adán y el Señor Dios) und die Fortsetzungs-Erzählung von »Ladis«, Geschichten über einen Jungen in verschiedenen Ländern. 1968 erhielt Sánchez-Silva den Andersen-Preis.

Miguel Buñuel (1924) schrieb »Das Kind, die Schwalbe und der Kater« (El niño, la golondrina y el gato), ein Buch voller Farbe, Licht und Bildhaftigkeit. Es ist die phantastische und poetische Geschichte eines Jungen auf der Erde, im Meer und im Himmel. Außerdem schrieb er mit sozialer Intention »Manuel und die Männer« und »Rocinante aus der Mancha«, eine Erzählung, in der die Abenteuer von Don Quijotes Pferd beschrieben werden.

Maria Luisa Gefaell veröffentlichte »Die kleine Prinzessin mit den Zauberfingern« (La princesita que tenía los dedos mágicos), eine Sammlung sehr origineller Erzählungen, eine Fortsetzungsreihe »Anton Retaco« und epische Erzählungen »El Cid«, »Roldán« und »Die Nibelungen«.

Concha Castroviejo, eine feinsinnige Autorin (1914), schrieb »Der Garten mit den sieben Türen« (El jardin de las siete puertas), eine Sammlung von Geschichten und Legenden, und ein Kinder-Theaterstück. Vor einiger Zeit veröffentlichte sie Kindheitserinnerungen »Linas Tage« (Los dias de Lina).

Pedro Collado hat zahlreiche Geschichtenbücher geschrieben: »Martas und Totins Abenteuer« (Aventuras de Marta y Totin), »Spanische Erzählungen« und das Theaterstück »Der Schüler Carlos Miranda« (Carlos Miranda alumno).

Concha Fernández Luna schrieb »Unser Freund Olaf und andere Geschichten« (Nuestro amigo Olaf y otros cuentos), »Ein Fest in Marilandia«, »Ein Fest in Terrilandia«. Der Dichter *Jaime Ferrán* ist der Autor eines schönen, poetischen und gleichzeitig humoristischen Buches »Angel in Spanien« (Angel en España), darauf folgten »Angel in Kolumbien«, »Angel in den U. S. A.«, »Angel in Südamerika« und »Der Morgen im Park« (Mañana de parque).

Ana Maria Matute schrieb in ihrer sensiblen und poetischen Art für kleinere Kinder »Die Kinder im Zahlenland« (El pais de la pizarra), »Yungo« (El saltamontes verde), »Carnavalito« und die Geschichten »Paulina« und »Juju und die fernen Inseln« (El polizón de Ulises).

Joaquin Aguirre Bellver schrieb Geschichten und historische Erzählungen wie »Der Gaukler des Cid« (El juglar del Cid) und »Pilgerstab und Stern« (El bordón y la estrella), eine Geschichte vom Pilgerweg nach Santiago de Compostela. Zu den Schriftstellern mit historischen Themen gehört auch *Maria Isabel Molina* mit »Die Ruinen von Numantia« und »Ballade eines Burgherrn« (La balada de un castellano).

Tomás Salvador schreibt Erzählungen aus dem Weltraum: »Nach langer Zeit« (Dentro de mucho tiempo) und »Marsuf, der Vagabund des Weltraums« (Marsuf, vagabundo del espacio).

Antonio Jiménez Landi hat viele Versionen von Klassikern geschaffen und didaktische Bücher geschrieben: »Die Stunden des Tages« (Las horas del dia), »Lehrmeister Pflaume« (El maestro Ciruela), »Das Meer«.

Angela Ionescu, eine häufig übersetzte und mit Preisen ausgezeichnete Schriftstellerin, gab ihr Debut mit dem schönen Geschichtenbuch »Aus einem fernen Land« (De un pais lejano). Sie schrieb außerdem »Hinter den Wolken« (Detrás de las nubes), und »Das Land der verlorenen Dinge« (El pais de las cosas perdidas). Montserrat del Amo schrieb in einfachem und zupackendem Stil »Der Hof« (Patio de corredor), eine Geschichte, in der die Mühen, Freuden und Traurigkeiten der einfachen Bevölkerungsschicht in der heutigen Zeit erzählt werden, außerdem die Fortsetzungsgeschichte von den »Bloks«, einer Gruppe von Jungen.

Als humoristischer Schriftsteller ragt *Juan Antonio de Laiglesia* hervor, er schrieb »Hundert neue Geschichten« und »Radiogeschichten«. *Gloria Fuertes* ist ebenfalls eine bemerkenswerte Humoristin, sie schrieb »Känguruh für alles« (Cangura para todo).

Es ist jetzt Zeit, den spanischen Kinderbuch-Illustratoren verdienten Dank abzustatten. Der Text ist nicht von der Illustration zu trennen, und jeder erinnert sich wohl genauso lebhaft an die Bilder seines Lieblingsbuches wie an seinen Text.

Von den erlesenen Bildern der »Pintoresken Erziehung« an bis heute haben viele hochbegabte Illustratoren ihre Kunst in den Dienst der Literatur gestellt. Es seien nur die Namen von Ximeno, Urrabieta Vierge, Bastinos, Parcerissa, Juan Junceda … genannt.

Der Valencianer José Segrelles, ein Schüler von Sorolla, illustrierte verschwenderisch viele Bücher des Verlages Araluce und eine ausgezeichnete Ausgabe von »Tausend und eine Nacht«. Der berühmte katalanische Illustrator Apeles Mestres widmete Kindern eine Reihe von Büchern mit dem Titel »Lebendige Geschichten« (Cuentos vivos), deren Text er in drei Sprachen schrieb. Ungestüme Dynamik kennzeichnet seine Zeichnungen.

Sancha, Cilla und Xaudaró waren Karikaturisten, die auch in »Kleine Leute« mitarbeiteten.

José Penagos illustrierte in unvergeßlicher Weise die Erzählungen der »Colección Perla« und viele Titelblätter der Bücher von Salgari: Yolanda, die Tochter des schwarzen Korsaren, Honorata de Wan-Guld, Schwarze Haare und blaue Augen sind einige der von ihm gezeichneten Figuren, an die sich alle Jugendlichen erinnern.

Federico vertritt den modernen Realismus. Er zeichnete Tiergeschichten mit reizend gekleideten Tieren, die die Helden in Geschichten aus dem täglichen Leben waren. Bartolozzi gab mit seinen fröhlichen Farben und seinen klaren Umrissen den kindlichen Helden seiner Erfindungsgabe Leben: Pipo und Pipa, dem spanischen Pinocho und seinem Feind Chapete … Bei dieser raschen Aufzählung spanischer Zeichner begegnen wir einer Fülle von ausgezeichneten Illustratoren, die mit ihren Zeichnungen aus dem Kinderbuch wahrhaft ein Kunstwerk machten. Das »Nationalinstitut für das spanische Buch« (Instituto Nacional del Libro Español) hat einen jährlichen Preis, den »Premio Lazarillo«, für Autoren und Illustratoren gestiftet, der seit 1958 dem jeweils besten Werk zuerkannt wird. José Francisco Aguirre erhielt den Preis 1958 für »Das Buch der Wüste« (El libro del desierto). In seinem fröhlich geometrischen Stil hat Aguirre auch »Das Buch vom Feuer«, »Die Legenden vom Karibischen Meer« (Las leyendas del Caribe) und »Das Theater von Lope de Vega« illustriert. 1959 gewann Rafael Munoa den Preis, weitere Preisträger sind: Juan Narro, Lorenzo Goñi, Faustino Goico Aguirre, José Picó, Serny, Boix und Calatayud.

Mit Beginn dieses Jahrhunderts erwacht zum ersten Mal das Interesse an der Erziehung des Kindes zum Theater. Bis dahin gab es außer den Bearbeitungen von Berquin und einigen Komödien von Hartzenbusch nichts Erwähnenswertes.

Jacinto Benavente, der große Theaterschriftsteller, schrieb mehrere Komödien für Kinder: »Der Prinz, der alles aus Büchern lernte« (El príncipe que todo aprendió en los libros) wurde 1902 aufgeführt. Das bemerkenswerte Werk ist gleichzeitig symbolisch und didaktisch. 1909 wurden »Sich das Leben gewinnen« (Ganarse la vida), 1910 »Enkelchen« (El nietecito), ein sehr besinnliches Stück, aufgeführt. 1916 gründete Benavente zusammen mit Gregorio Martinez Sierra das »Kinder-Theater«, in dem »Es gibt ein Märchen« (Y va un cuento), eine Bearbeitung des »Rattenfängers von Hameln«, »Die Schneebraut« (La novia de nieve), »Die Prinzessin ohne Herz« (La princesa sin corazón) und »Aschenputtel« aufgeführt wurden.

Eduardo Marquina schrieb »Die unzerbrechliche Puppe« (La muñeca irrompible), Valle-Inclán »Drachenhaupt« (La cabeza del dragon), die Brüder Quintero »Der Mühlstein des Königs Farfan« (La muela del Rey Farfan). Sie alle beweisen das Interesse großer Theaterschriftsteller für Kinder, wenn auch die Beispiele vereinzelt sind.

Elena Fortún veröffentlichte den Band »Theater für Kinder«, neun unterhaltsame Komödien in einem Akt in Versen und Prosa. Alejandro Casona schrieb »Kindertheater«, mit dem besonders netten Stück »Der hübsche Herr Kater« (El lindo Don Gato). Tony Lay, hinter dem Pseudonym steht Juan Antonio de la Iglesia, hat zwei Kinder-Opern uraufgeführt: »Die Katze mit den Noten« (El gato con notas) und »Glu-Glu«.

Carola Soler hat viele Dramatisierungen und Bearbeitungen von Klassikern für die Zeitschrift »Consigna« geschrieben. Carlos Muñiz ist der Autor von »Das Kasperle-Theater von Herrn Julito« (El guiñol de Don Julito), das aus sechs Stücken besteht. Laura Olmo und Pilas Enciso haben ebenfalls ihre Aufmerksamkeit auf das Kinder-Theater gerichtet. Alfonso Sastre hat die »Geschichte einer verlassenen Puppe« veröffentlicht.

Bibliographie

Amades, Juan: Biblioteca de tradiciones populares. 12 Bde. Barcelona 1933.
Bravo-Villasante, Carmen: Historia de la literatura infantil española. 3. Auflage Madrid 1969.
— Antología de la Literatura infantil en lengua española. 2 Bde. 4. Auflage Madrid 1968.
— Historia y antología de la literatura infantil iberoamericana. 2 Bde. Madrid 1966.
— Historia de la literatura infantil universal. Madrid 1971.
— Antología de la literatura infantil universal. 2 Bde. Madrid 1971.
— Antología de la literatura infantil española. Folklore. Madrid 1973.
Catálogo de libros infantiles y juveniles. Instituto Nacional del Libro Español. Madrid 1965.
Celaya, Gabriel: La voz de los niños. Barcelona 1972.

Cervera, Juan/Antonio Giraù: Teatro y educación. Madrid 1972.

Gasca, Luis: Tebeo y cultura de masas. Madrid 1966.

— Los comics en España. Barcelona 1969.

Larrea, Arcadio: El folklore y la escuela. Ensayo de una didáctica folklórica. Consejo Superior de Investigaciones Científicas. Madrid 1958.

Machado y Alvarez, Antonio: Biblioteca de las tradiciones populares españolas. 11 Bde.

Martín Martínez, Antonio: Apuntes para una historia de los tebeos. Revista de Educación. Nummern 194, 195, 196, 197. Madrid 1968.

Martínez Menchén, Antonio: Narraciones infantiles y cambio social. Madrid 1971.

Primer Acto. Teatro infantil español. Nummern 71, 96 und 97. Madrid 1966 und 1968.

Rovira, Teresa/María del Carmen Ribé: Bibliografía histórica del libro infantil en catalán. Biblioteca profesional ANABA. Bibliografias 1972.

Simón Díaz, José: Educación pintoresca Madrid 1857–1859. Colección de índices de publicaciones periódicas. Consejo Superior de Investigaciones Científicas. Madrid 1948.

Toral, Carolina: Literatura Infantil Española. 2 Bde. Madrid 1957.

Portugal

Die reiche portugiesische Literatur gleicht im Hinblick auf die Kinderliteratur in vielen Aspekten der Entwicklung europäischer Literaturen.

Zu Beginn müssen wir uns vorstellen – wie wir es auch bei anderen Literaturen gemacht haben –, was Kinder lasen und hörten. Didaktische Literatur diente den kleinen Lesern zur Belehrung und zur Unterhaltung, obwohl sie sich in Form des Gleichnisses auch an Erwachsene wandte. Die ganze moralisierende mittelalterliche Erzählkunst konnte auch von Kindern gelesen werden. Die Fabelsammlungen und Sammlungen mit Gleichnissen wie »Das Buch des Äsop«, das so didaktische Fabeln wie »Der alte Löwe, der Esel, der Stier und das Schwein« enthielt, bildeten wohl die Ursprünge dieser Kinderliteratur, zugleich mit der »Fibel, um lesen zu lernen« (1593, Lissabon) von *João de Barros* (1496–1570).

Sah das spanische Kind die Aufführungen von Lope de Rueda auf Plätzen und Tribünen, so freute sich das portugiesische Kind an dem »Mysterienspiel der Heiligen Drei Könige« und den anderen Werken des berühmten Dichters *Gil Vicente* (1465 bis 1540).

Romanzen und Ritterromane waren die bevorzugte Lektüre von Kindern und Jugendlichen; ihre wunderbaren Geschichten wurden auch von Mund zu Mund weitererzählt.

Bernardim Ribeiro (1482–1552) gibt in seinem Buch »Menina e moça« (Kind und Mädchen) ein wertvolles Zeugnis, wenn er erzählt: »Ich war in Eurem Alter und noch im Hause meiner Eltern, wenn wir an den langen Winterabenden ... befahlen, daß eine von uns Geschichten erzähle; und eine schon alte Frau, die viel gesehen und gehört hatte, sagte immer, daß es ihr zukäme; dann erzählte sie uns Rittergeschichten.«

Die zahlreichen portugiesischen Reisenden wie *Fernão Mendes Pinto* (1510–1583), der ein so interessantes Buch wie die »Pilgerfahrt« schrieb (1614), könnten ebenfalls in einer Geschichte und einer Anthologie der portugiesischen Kinderliteratur aufgeführt werden. Der Autor sagt im Vorwort seines Buches, daß er die »Pilgerfahrt« für seine Kinder schrieb. In der Tat ist dieses Leben interessanter als viele Abenteuergeschichten.

Was ist über »Os Lusíadas« (Die Lusiaden) von *Luís de Camões* zu sagen? Es war das Lieblingsbuch aller, das poetische Epos, das alle lasen wie der »Don Quijote« in Spanien.

Natürlich gab es auch eine echte Volksliteratur, die sich bis ins 19. Jahrhundert hinein hielt. Es war die sogenannte Bindfadenliteratur mit den so bekannten alten Geschichten wie »Die Geschichte des Mädchens Teodora« und die »Geschichte der Prinzessin Magelone«; sie waren auch in Brasilien weit verbreitet und bildeten nicht nur das Entzücken von Kindern und Kinderfrauen, sondern auch bereits erwachsener Männer.

Außerdem waren Romanzen sehr beliebt. Diese Form der poetischen Erzählkunst war geistige Nahrung für das Volk und natürlich auch für Kinder. Mit ihnen bereicherte und vervollständigte der Schriftsteller *Almeida Garret* seine »Romanzensammlung«. Er interessierte sich sehr für Volksdichtung und betrachtete sie als die eigentlich nationale Dichtung. Die Volksromanzen oder »Xacaras« waren ihm der beste Ausdruck portugiesischer lyrischer Dramatik. So ist z. B. die Romanze »Nau Catrineta« fast ein richtiges Theaterstück. Der Rezitator verkündet dem Publikum die Geschichte und interpretiert selbst die Dialoge aller Personen. Kinder und Volk waren die idealen Zuschauer dieser kleinen kurzen Stücke, die auch heute noch in Kindertheatern aufgeführt werden könnten, da sie kurz, klar, farbig und sehr ausdrucksvoll sind.

Man kann sich gut denken, daß ein von den Romanzen so begeisterter Autor auch versuchte, sie nachzuahmen und selbst viele historische Romanzen, Ritterromanzen und Liebesromanzen schrieb wie z. B. »Die Possen von Sintra«. Die Bedeutung der Romanzensammlung ist heute auch deshalb so groß, weil wir erkennen können, wie die Kinderfolklore in ihren Rundgesängen und Liedern durch eine Vielzahl von Romanzenmotiven beeinflußt wurde.

Das Interesse, das Almeida Garret für die Romanzen empfand, teilten andere große Schriftsteller und Herausgeber, z. B. *Teófilo Braga* (1843–1924), der 1867 die »Allgemeine Romanzensammlung« veröffentlichte. Beide Schriftsteller hatten auch besondere Vorliebe für portugiesische Liedersammlungen, die Lyrik vergangener Jahrhunderte enthielten. Almeida Garret vergaß niemals die »Liedersammlung von Resende«, und Teófilo Braga gab die »Portugiesische Liedersammlung des Vatikans« (1877) heraus, von der für eine Kinderanthologie eine Auswahl getroffen werden könnte.

Teófilo Braga beschäftigte sich auch mit Kinderspielen und schrieb »Die Volks- und Kinderspiele« (1881) und über die sogenannte Bindfadenliteratur »Die portugiesischen Volksbücher«. Da er sich für die Kinderfolklore und für die Volkserzählungen interessierte, sammelte Braga auch portugiesische Erzählungen und vereinte sie zu einem außerordentlich wertvollen Buch »Überlieferte portugiesische Volkserzählungen«, das wegweisend für spätere Folkloristen und Autoren der Kinderliteratur sein könnte.

Adolfo Coelho veröffentlichte »Portugiesische Volkserzählungen« und »Kinderspiele und Kinderreime« (1883); außerdem brachten noch andere Autoren Sammelwerke für Kinder heraus.

Bis zu den 1886 veröffentlichten »Geschichten für unsere Kinder« von *Maria Amalia Vaz de Carvalho* gibt es keine eigentliche portugiesische Kinderliteratur. Die Autorin schrieb zusammen mit ihrem Mann, dem Dichter Gonçalves Crespo, ein Buch, um Kinder zu unterhalten und zu vergnügen. Sie ließ sich dazu von den Legenden und Märchen nordischer Länder, vor allem von Andersen und Grimm, inspirieren.

In einem kurzen, an die Mütter gerichteten Vorwort weist Maria Amalia Vaz auf die literarische Armut der bedauernswerten portugiesischen Kinder hin; zugleich erklärt sie ihre Absicht, mit den 24 für ihre Sammlung ausgewählten Geschichten diesem Mangel abhelfen zu wollen. Diese überlieferten Geschichten wie z. B. »Der Teufel mit den drei goldenen Haaren«, »Der Wolf und die sieben Geißlein«, »Der kleine und der große Hans« ... wurden die tägliche Lektüre der Kinder.

Die anmutige und liebenswürdige Erzählweise der Autorin und die hohe Moral aller Geschichten machten das kleine Buch unvergeßlich.

Es genügt schon, aufmerksam die reiche portugiesische Überlieferung zu betrachten, um eine Goldmine an Erzählungen zu finden: so haben es Almeida Garret und Teófilo Braga gemacht. Der bedeutenden Schriftstellerin *Ana de Castro Ossorio* gelang es ebenfalls, sehr interessante Geschichten unter dem Titel »Wunderbare Geschichten der portugiesischen Volksüberlieferung« zu sammeln. Das Material, Kinder zu unterhalten und zu belehren, fand sich im eigenen Land. Die Sammlung ist so schön und so bedeutend, daß man sie mit den Märchen von Perrault, Grimm und Andersen vergleichen kann. Alle wunderbaren Elemente, die sich in der portugiesischen Volkserzählkunst finden, die Anmut und Treffsicherheit des portugiesischen Volkes, wie auch seine Poesie der »saudade«, finden sich in diesen Geschichten. Diese Sammlung, die endgültig zur Kinderliteratur gehört, ist der beste Grundstein zum Beginn einer Geschichte der portugiesischen Kinderliteratur.

Zeitgenossin dieser Schriftstellerinnen war *Virginia de Castro e Almeida;* sie schrieb mit einem Vorwort von Maria Amalia Vaz de Carvalho »A Fada Tentadora« und einen Roman »Em pleno Azul«. Es war die Zeit, da einige Frauen zu Initiatoren einer literarischen Gattung wurden, die eine große Zukunft haben sollte: der Kinderliteratur. Die erste von ihnen wandte sich noch schüchtern an die Mütter, daß sie ihren Kindern die Geschichten erzählten, und gab noch Erklärungen ab, warum. Es sollte aber nur einige Jahre dauern, bis sich die Schriftsteller gleich an die Kinder wandten und Autoren von solcher Bedeutung wie *Aquilino Ribeiro* so schöne Bücher wie »O romance da Raposa« für sie schrieben.

In unserer Zeit hat der Schriftsteller *Fernando de Castro Pires de Lima*, der in die Reihe der großen Folkloristen und Pädagogen gehört, mehr als zwanzig Bücher für Kinder und Jugendliche veröffentlicht; unter seinen Büchern ragen hervor »Geschichten für Kinder«, »Geschichten, die euch Poco erzählt« und als neuestes »Fünfzehn Geschichten, die ihr niemals gehört habt«.

Wieviel man auch in den verschiedenen Provinzen schon über die traditionelle portugiesische Folklore gearbeitet hat, das Material erschöpft sich nicht, und immer wieder werden neue Quellen entdeckt, die Kinder und Erwachsene überraschen.

Auf der anderen Seite muß man auf das weit verbreitete Werk des Schriftstellers *Adolfo Simões Müller* hinweisen, der eine Reihe von Biographien über bedeutende Männer und Frauen schrieb: »Große Menschen für kleine Leute«. Der Autor schrieb

Italien

Ursprünge der italienischen Kinderliteratur – Die Schule und die Kinderbücher –
Parravicini und sein »Giannetto«

In einem Land mit so alter Kultur wie Italien, in dem die griechisch-römische Antike ihren Einfluß mit großen literarischen Werken bis zur Renaissance lebendig
erhalten hat, begegnet man zahlreichen Büchern, die besonders Kindern und Jugendlichen gewidmet sind oder für deren Erziehung geschrieben wurden.
Aus dieser reichen Tradition sind an erster Stelle die Klassiker zu nennen: *Cato*
(234–149 v. Chr.), *Phädrus* (30 v. – 44 n. Chr.) und *Plutarch* (46–120 n. Chr.).
Ihr Einfluß breitete sich über ganz Europa aus. Fibeln, Katechismen, Lebensbeschreibungen bedeutender Menschen und die Fabeln waren Grundlage der moralischen und literarischen Bildung der Kinder und Jugendlichen. Sehr früh, schon
im 14. Jahrhundert, finden wir »Äsop, von einem Sienesen in die Volkssprache
übertragen« (Esopo vulgarizzato per uno de Siena) sowie Traktate über die Höflichkeit, zum Beispiel »Novellino o Libro del bel parlar gentile« (Kleine Novelle
oder Das Buch vom schönen und höflichen Reden).
Die großen Schriftsteller verschmähten es nicht, sich der Lektüre der Jugendlichen
anzunehmen, da sie um deren Erziehung besorgt waren. Sie schrieben sowohl in
Latein wie auch in der Volkssprache. So veröffentlichte *Enea Silvio Piccolomini*
(1405–1464), der Humanist und spätere Papst Pius II., den lateinischen »Tractatus
de Liberorum educatione« (Traktat über die Erziehung von Kindern), und im Anhang einer Grammatik für Engländer, die Italienisch lernen wollten, finden wir
eine Schrift »Mescolanza dolce de varie historiette, favole morali, facetie e motti
ad uso dei giovanetti« (Liebenswürdige Zusammenstellung kleiner Geschichten,
moralischer Fabeln, Schnurren und Sinnsprüche zum Gebrauch für die Jugend);
viele davon sind den »Facetie« des Arlotto Mainardi entnommen.
Ohne Zweifel ist die Hauptquelle der Unterhaltung für Kinder das gesprochene
Wort, dazu gehören die »filastrocche« (Kinderreime); das sind Dichtungen, die sich
aus Wiederholungen, Kehrreimen und Rätselreimen zusammensetzen und in allen
Ländern vorkommen. Hierin gehört aber auch die Kurzgeschichte, die Anekdote
und die Schnurre, die die Italiener »facezia« nennen und die in südlichen Ländern von Bulgarien bis Spanien und Marokko weit verbreitet ist.
Viele italienische Romanschriftsteller wurden auch von Jugendlichen gelesen, ob-

wohl nicht alle Romane für sie geeignet waren. Zu den unbedenklichen gehört das Buch »Piacevole notti«, (Erfreuliche Nächte, 1553) von *Gian Francesco Straparola*. Schon Ende des 14. Jahrhunderts veröffentlichte ein anonymer Schriftsteller »Die Blümlein des heiligen Franziskus«, ein Buch, in dem verschiedene Episoden aus dem Leben des Heiligen und seiner Schüler erzählt werden und das begeisterte Aufnahme bei erwachsenen und jugendlichen Lesern fand. Die Wunder des Heiligen von Assisi, der mit den Tieren sprach und die Pflanzen und wilden Tiere Schwestern und Brüder nannte, waren eine Erzählung der »Legenda Aurea«, die während des ganzen Mittelalters weit verbreitet war. Durch ihre einfache und poetische Sprache, die unmittelbar anspricht und gleichzeitig transparent ist, wirken die „Blümlein" wie Verzierungen einer Miniatur.

Auch dieses Buch wurde wie die Werke anderer Schriftsteller, die für einen großen Leserkreis bestimmt waren, späterhin zur Unterweisung von Kindern benutzt; ebenso erging es dem Buch von *Giambattista Basile* (1565–1632) »Pentamerone« (1634), das eine Verknüpfung von fünfzig Geschichten bringt, die zehn alte Frauen zur Unterhaltung erfinden. Anlaß dazu gibt die Betrübnis eines Königs, der seine traurige Tochter zerstreuen möchte, bis sie sich schließlich in einen Prinzen verliebt. Als ihn ihr eine maurische Sklavin entfremdet, unterhält die Prinzessin ihn wie Scheherazade mit Geschichten, bis in der letzten Geschichte die Wahrheit enthüllt wird und sie ihren Prinzen zurückgewinnt. Unter diesen fünfzig Geschichten ist auch die von »Cinderella« (Aschenputtel), die die Erzählung von Perrault anregte und Anlaß zu allen späteren Fassungen gab.

Basile schrieb seine Erzählungen in neapolitanischem Dialekt und verknüpfte sie auf eine barocke Manier, die damals sehr beliebt war. Seine Bedeutung ist groß, denn er war einer der ersten Sammler von Geschichten und Märchen, und er gab Erzählungen wie »Eselshaut«, »Der gestiefelte Kater«, »Der entzückte Vogel« und anderen, die sehr verbreitet waren, die endgültige Form. Trotz ihrer starken Expressivität und der Kühnheit einiger Episoden ist ihre moralische Zielrichtung eindeutig. In den Ausgaben für Kinder hat man auf einige Szenen verzichtet und sich allein auf die Moral beschränkt.

Mit nur erzieherischer Absicht veröffentlichte *Pier Domenico Soresi* 1768 »Novelle piacevoli e instruttive per servir all'educazione della nobile gioventu dell'uno e dell'altro sesso« (Erfreuliche und lehrreiche Novellen, die zur Erziehung edler Jugend beiderlei Geschlechtes beitragen sollen). Da sie ausdrücklich Jugendlichen gewidmet sind, stellen sie ein authentisches Werk der Kinder- und Jugendliteratur dar.

Es genügte damals auch nicht mehr, nur für einen Prinzen zu schreiben, wie *Paolo Mattia Doria* (1662–1746) in dem Trakat »Dell' Educazione del Principe« (Von der Erziehung des Prinzen, 1710); nötig war vielmehr, daß alle Menschen Schriften zur Erziehung und Bücher zur Lektüre hatten. 1752 wurde »Il giovane civile ovvero precetti di civilta practicati in Francia ricordato dal Galateo« veröffentlicht, eine Abhandlung über die Erziehung zur Höflichkeit, deren Regeln weite Verbreitung fanden.

Wie wenig zahlreich jedoch echte Bücher für Kinder und Jugendliche waren, zeigt uns der Dichter Vittorio Alfieri in seiner Lebensbeschreibung, wenn er seine Lektüre aufzählt: die Fabeln des Phädrus, Ariost, den er heimlich las, die Komödien von Goldoni, Gil Blas und – schon etwas älter – die „Lebensbeschreibungen berühmter Männer" von Plutarch, bei deren Lektüre er sich so begeisterte, daß er wie verrückt schrie und weinte.

Der Höhepunkt der Fabeldichtung im 18. Jahrhundert bringt eine Reihe von brauchbaren und viel gelesenen Werken für Kinder. 1795 veröffentlichte *Luigi Fiacchi* seine »Favole« (Fabeln). Hervorzuheben sind auch die Schriften von *Terenzio Mamiani* (1799–1855), *Pietro Fanfani* (1815–1879), *Francesco Domenico Guerrazzi* (1804–1873) und *Niccolò Tommaseo* (1802–1874), zu dessen vielgestaltigem Werk auch eine Übersetzung des Äsop und eine Liedersammlung unter dem Titel »Canti popolari corsi, toscani, greci, illirici« (Korsische, toskanische, griechische und illyrische Volkslieder) gehören. Aus der moralisierenden Absicht der Fabeln entwickelt sich die Mode der moralischen Erzählungen. Sie stellt eindeutig eine neue Schultendenz dar, die gleichzeitig zeigt, wie sehr es an eigentlichem Lesestoff fehlte. Das wiederum weckte das Interesse der Erzieher und pädagogischen Schriftsteller.

Pietro Thouar (1809–1861), den viele als den Vater der italienischen Kinderliteratur ansahen, hatte eine schwierige Kindheit hinter sich. Er war in einer Art Besserungsanstalt, hatte sich in seiner Jugend der Bewegung „Junges Italien" verschrieben, war in seinen politischen Ideen liberal und widmete sich mit Leidenschaft der Erziehung der Kinder und des Volkes. Nach seinen eigenen bitteren Erfahrungen suchte er die Erziehung zu reformieren und schrieb deshalb für Kinder. Er arbeitete an der Zeitschrift »Guida dell'educatore« (Führer für den Erzieher) mit und gründete 1834 »Il giornale dei fanciulli« (Zeitung für Kinder). Er schrieb: »Racconti per i fanciulli« (Erzählungen für Kinder), »Racconti per i giovani« (Erzählungen für Jugendliche), »Racconti morali« (Moralische Erzählungen), »Biografie di uomini illustri« (Lebensbeschreibungen berühmter Männer) und »La madre« (Die Mutter). Raffaello Lambruschini sagt in dem von ihm gegründeten »Guida dell'educatore«: »Zu unserem Unglück ist die Kunst für Kinder zu schreiben unter uns unbekannt ... und man wird sie nicht kennen, bis nicht das Herz einer italienischen Mutter sie lehrt.« Mit der Erzählung »Die Mutter« scheint Pietro Thouar diese Worte bestätigen zu wollen.

In allen Schriften von Thouar werden das patriotische Gefühl und die erzieherische Absicht sehr deutlich.

Wenn man die Geschichte der italienischen Kinderliteratur im 19. Jahrhundert schreibt, muß man die soziale und die politisch-historische Situation Italiens berücksichtigen. Das »Risorgimento«, sein Ruf nach einem geeinten Italien und der Kampf gegen die Österreicher geben allen Büchern einen patriotischen Anstrich. Von Thouar, Taverna bis Collodi und De Amicis und bis in das 20. Jahrhundert hinein ist das Hauptthema das »Vaterland«. Hierhin gehört auch die Formung des Bürgers dieses »Neuen Italien« durch die gerade geborene Idee der »Italianità«.

Die Schriftsteller wollten im Kind nicht nur den künftigen Mann formen, sondern sie bemühten sich um das italienische Kind, das zum ersten Mal eine geeinte Nation vor sich hatte.

Während sich diese Idee des Vaterlandes bildete, suchte man auch im Kinde das Gefühl der Gleichberechtigung anderer Nationen gegenüber zu wecken. In dieser Reihe der geschichtlich und pädagogisch engagierten Schriftsteller steht *Cesare Cantù* (1804–1895). Seine »Weltgeschichte« wurde viel übersetzt. Cantù war ein aufrechter Mann von festen Grundsätzen; neben zahlreichen anderen Büchern schrieb er für die Jugend »Buon senso e buon cuore« (Vernunft und Herz), »Esempio di bontá« (Beispiel der Güte), »Racconti alla buona« (Kunstlose Erzählungen), »Carambrogio di Montevecchio«, »Il buon fanciullo« (Das gute Kind), »Il giovanetto« (Der Heranwachsende) und »Il galantuomo« (Der Edelmann). Er wurde oft übersetzt; in Frankreich verbreitete Madame Aimable seine Bücher. Der Autor jedoch, der damals in der ganzen Welt bekannt war, obwohl heute sein Werk vollständig vergessen ist, war *Alessandro Parravicini* (1799–1880). Er schrieb »Giannetto«. Früh interessierte er sich für Pädagogik und Geisteswissenschaften. Mit seinem Buch »Giannetto« gewann er den ersten Preis in einem Wettbewerb, den die Florentinische Gesellschaft für Erziehung ausgeschrieben hatte und der der Verbesserung der Schulbücher galt. Gesucht wurde ein Buch, das durch Beispiele und Geschichten das Kind in seine Pflichten gegenüber der Familie und der Gesellschaft einführte. Das heißt, die Moral sollte nicht nur rhetorisch erläutert werden, sondern in der Handlung zum Ausdruck kommen wie bei Berquin und anderen französischen Autoren.

Parravicini erfand als Helden der Erzählungen und Beispiele den kleinen Johannes (Giannetto), den Sohn von Dorfbewohnern. Seine Mutter konnte nicht lesen, und sein Vater war ein bescheidener Arbeiter. Das Buch hatte drei Teile: der erste war dem natürlichen und dem moralischen Menschen gewidmet, der zweite der Natur und der Schöpfung, in der der Mensch lebt, der dritte der Familie, der Gesellschaft und der vaterländischen Geschichte. Jede Tugend wurde durch eine kurze Erzählung verdeutlicht. Mit »Giannetto« wollte der Autor dem Lehrer, der Lehrerin und der Familienmutter bei der Erziehung der Kinder helfen.

Sowohl Thouar und Cantù als auch Parravicini wollten Volksbücher schreiben. Sie wandten sich mit ihren Schriften ans Volk, da sie die Bildung Aller erstrebten, um das geistige Niveau des Landes zu heben. Gleichzeitig priesen sie in ihren Büchern den Lehrer, der so zu der bedeutendsten Figur innerhalb dieser Bewegung für Volkskultur wurde. Niemals wurde der Lehrer so gewürdigt wie in diesen Büchern.

»Giannetto« wurde zur Pflichtlektüre in allen Schulen erklärt; das Buch wurde nachgeahmt und übersetzt. »Giannetto« war das vollkommene Kind, es besaß alle Tugenden im Gegensatz zum ungehorsamen und widerspenstigen Kind, nach dem im 18. und 19. Jahrhundert so beliebten Schema vom guten und vom bösen Kind.

Obwohl überwunden, ist die historische Bedeutung dieser Art von Literatur doch groß. Viele Schriftsteller wollen auch heute das Kind gleichzeitig belehren und unterhalten. Was uns an der damaligen Literatur als nicht mehr lesbar erscheint, galt zu jener Zeit als erfreulich.

Zu diesen liebenswürdigen pädagogischen Schriftstellern gehören Schullehrer und Priester wie *Giuseppe Taverna* (1764–1850) mit seinen »Novelle morali ad istruzione dei fanciulli« (Moralische Geschichten), »Racconti storici« (Historische Erzählungen), »Prime letture dei fanciulli« (Erste Lektüre für Kinder) und »Lezioni morali ai giovanetti tratte dalla storia« (Moralische Lektionen nach der Geschichte für Jugendliche), die sich an der Ausübung der Tugend entzünden und nicht an Beispielen aus dem Leben großer Männer der Tat. Nach *Olga Visentini* vermeidet Taverna alles Blutige und sucht das »fantastico sorridente« (das fröhliche Phantastische). Als Liberaler, Republikaner und Patriot suchte er zur Bildung des Volkes beizutragen.

Schriftsteller wie *Giuseppe Porta* mit »I giovanetti« (Die Jungen, 1835) und »I fanciulli« (Die Kinder, 1838) und *Antonio Fontana* mit seinen »Racconti morali« (Moralische Geschichten, 1833) und andere vermehren weiterhin die Zahl der Bücher für Kinder und Jugendliche.

Collodi und die Entstehung des »Pinocchio«

Die volkstümliche pädagogische Literatur mit ihrer Ausrichtung auf die Schule bereitet jedoch den Boden für einen Schriftsteller, der die wahre Erziehung sucht und nicht nur unterweisen will und der das große Werk der italienischen Kinderliteratur schafft. Carlo Lorenzini mit dem Schriftstellernamen *Collodi* (1826–1890) wurde in Florenz geboren, wo er Philosophie, Literatur und Theologie studierte; seine wahre Berufung galt jedoch dem Journalismus, dem er sich sehr früh widmete.

Schon 1847 veröffentlichte er Artikel im Florentiner »Schedario«. Er nahm am Krieg gegen Österreich teil, gründete »Il Lampione«, eine zugleich patriotische und humoristische Zeitschrift, und arbeitete bei »La Scaramuccia« mit. Um Schulden bezahlen zu können, wandte er sich der Kinderliteratur zu und übergab seinen Verlegern 1878 »Minuzzolo« und außerdem eine Fortsetzungsserie, deren Held »Giannettino« (1876) ist; Giannettino ist die Verkleinerungsform von Giannetto, dem Helden bei Parravicini. Er erscheint in »Il viaggio per l'Italia di Giannettino« (Die Reise des Giannettino durch Italien, 1885), »La grammatica di Giannettino« (1883), »La geografia di Giannettino« (1885). Diese Serie hat erzieherische Absicht, ist aber auch sehr unterhaltsam. In diesem Zusammenhang ist interessant, daß Collodi 1875 bereits Werke von Perrault, Madame d'Aulnoy und Madame Leprince de Beaumont übersetzte und das Buch »I racconti delle fate« (Feenmärchen) veröffentlichte.

1880 erscheint in »Giornale per i bambini« (Kinderzeitung) das erste Kapitel der »Storia d'un burattino«, der Geschichte einer Marionette.

Auf das erste Kapitel folgten andere, die von den Kindern mit außergewöhnlicher

Farbtafel von A. Mussino aus »Pinocchio«

192

Begeisterung aufgenommen wurden. Als der Autor, der jetzt Sekretär der Präfektur von Florenz war, seine Mitarbeit an der Zeitung unterbrach, protestierten seine kleinen Leser und schrieben Briefe an die Zeitung, um die Fortsetzung zu erzwingen. Collodi machte weiter, und wenig später wurden die Abenteuer der Marionette unter dem Titel »Le avventure di Pinocchio« (»Pinocchios Abenteuer«, 1883) veröffentlicht.

Die Verwandlung der Puppe in ein Kind ist der eigentliche moralische Höhepunkt der Erzählung. Alle Abenteuer des ungeformten Holzstückes sind vom Anfang bis zum Ende ein Prozeß der Verwandlung unbeseelter Materie und nur instinktmäßigen Daseins zu einem Menschen mit Gewissen, Moral und Geist. In diesem Höhepunkt besitzt die phantastische Erzählung ihren tiefen Symbolgehalt. Alle Abenteuer, die Pinocchio erlebt, bedeuten verschiedene Erfahrungen des Lebens, seiner Gefahren und seiner Schmerzen. Insgesamt lehren sie den Menschen, sich zu vervollkommnen. Vom Egoismus findet die Puppe Pinocchio zur Liebe und zum Mitleid des Kindes mit dem Vater.

Carlo Collodi

Mit dieser Erzählung hat Collodi mehr für die Kinderliteratur getan als viele Moralisten des 18. und 19. Jahrhunderts. Durch die schöpferische Kraft der Phantasie hat er die traditionelle Erzählung vom guten und vom bösen Kind erneuert. Die Kind-Puppe trägt in sich selbst den Keim zur Güte und zur Bosheit. In der Geschichte von Pinocchio und der »Sprechenden Grille« ist sie sein Gewissen; die Fee mit den blauen Haaren ist für ihn eine beschützende Mutter (vielleicht versinnbildlicht sie die Erinnerung des Schriftstellers an seine eigene Mutter, die er sehr verehrte). Die Strafen des zum Tier gewordenen Pinocchio mit Eselsohren und des in einen Hund verwandelten Pinocchio bedeuten die Entartung des Menschen.

Im Grunde ist »Pinocchio« eine moralische Erzählung, die Geschichte einer ungehorsamen Puppe, die von zu Hause wegläuft, ihren Vater leiden läßt und der bei allen Abenteuern immer das Schlimmste zustößt. Aber die Phantasie befreit die Erzählung völlig vom Ballast ständigen Moralisierens, und das Wunderbare in ihr macht sie lebendig und fröhlich. Nicht umsonst war Collodi Übersetzer der Feenmärchen, die das Gegengewicht zu allen pädagogischen Erzählungen und Schriften seiner Zeitgenossen bildeten.

Der Erfolg des »Pinocchio« und seine Verbreitung waren so groß, daß das Buch in der ganzen Welt bekannt wurde. Zahlreiche Essays und kritische Schriften erschienen zu seiner Deutung. Interessant sind die Worte des Schriftstellers Giovanni Papini auf die Frage nach dem Ursprung der Fabel und der Gestalt des Pinocchio: »Man hat viel über die Originalität des ›Pinocchio‹ und über die Erfindung dieser Gestalt gesprochen. Ich erinnere mich jedoch, daß mir meine Mutter, als ich klein war und als das Buch von Collodi gerade erst erschien, eine seltsame Geschichte erzählte, von der ich nur den Namen behielt: ›L'Omino di legno‹ (Das hölzerne Männlein). Vielleicht ist dieses hölzerne Männlein in einer Sammlung toskanischer Erzählungen zu finden, und ich vermute, daß auch die Mutter von Lorenzini sie ihrem Sohn erzählte.« Andererseits sagt M. Valeri in seiner »Storia della letteratura per i fanciulli« (Literaturgeschichte für Kinder) bei der Darstellung von »Alice im Wunderland«, die er mit der Geschichte des »Pinocchio« vergleicht, die Erzählung von Lewis Carrol sei durch ihre Sprache, den britischen Humor und die Anspielungen ein typisch nationales Buch und ausdrücklich für englische Kinder geschrieben. »Welch anderer Sinn für Komik dagegen bei Pinocchio, der so typisch italienisch und oft typisch toskanisch ist und dessen tiefere Bedeutung stets eine konkrete Beziehung zur Realität besitzt.«

Edmondo De Amicis und die »Literatur des Herzens« – Der humanitäre Sozialismus

In seinen schönen und lesenswerten Kindheitserinnerungen erzählt uns *De Amicis* (1846–1908), daß sein Vater aus Genua stammte und königlicher Schatzmeister für die Monopol-Steuern auf Salz und Tabak in einer kleinen piemontesischen Stadt war. »Alle Kindheitserinnerungen«, so fügt er hinzu, nachdem er über seine Familie gesprochen hat, »zeichnen sich in meinem Geiste vor dem lebendigen Grün jener Landschaft ab, vor dem Blau ihrer Wasser und vor dem leuchtenden Schnee der hohen Gebirge«. Die schönsten Eindrücke vermittelte ihm die Natur, der Anblick der Alpen, der Glanz der Sonne und die stürmische Kraft des Frühlings. Das Kind erinnert sich auch an das alte Dienstmädchen Maddalena, das für ihn wie eine zweite Mutter sorgte. Seine Freunde waren arme Kinder, ihre Eltern »demütigten bei jeder Gelegenheit meinen herrschaftlichen Stolz und hämmerten mir das Gefühl der Gleichwertigkeit ein, dazu den Respekt vor der Armut«. Den ersten tiefen Eindruck von einem Buch erhielt er beim Lesen des »Giovanetto« in dem Kapitel vom verlorenen Kind. Später, erinnert er sich, beeindruckte ihn auch »Das Leben eines Banditen« sehr.

Nach Offiziersausbildung und Kriegsdienst wandte sich De Amicis völlig der Literatur zu und schrieb Novellen, Erinnerungen und Reisebilder. In einem Brief an seinen Freund Treves sagt er über die Entstehung des »Cuore«, seines bekanntesten Buches: »Ich habe ein neues Buch im Kopf, das original, kraftvoll und ganz mein eigen ist; allein schon die Idee des Buches ließ mich vor Freude und Begeisterung weinen. Ich sagte mir: ein neues und starkes Buch schreiben kann man nur mit Hilfe derjenigen Begabung, durch die ich mich den anderen überlegen fühle: der Kraft des Herzens. Aber: das Motiv, die Art, die Form? Nun, ich glaube, ich habe sie gefunden. Ich habe die Bände des ›Michelet‹ gelesen. Der letzte war ›Die Liebe‹. Mein ganzes Leben ist vor mir erschienen. So etwas will ich schreiben, habe ich mir gesagt. Das Herz des Zwanzigjährigen, den Verstand des Dreißigjährigen. Das Buch ist in meinem Herzen, es soll ›Cuore‹ (Herz) heißen.«

1886 wurde »Cuore« veröffentlicht. Kurz zuvor schrieb De Amicis an seinen Freund Gino Bertolini einen Brief, in dem er die plötzliche Inspiration beschrieb, die ihm die Idee zu seinem Buch eingab: »Die Idee, dieses Buch zu schreiben, kam wie ein Feuer über mich. Eines Tages wartete ich auf meinen kleinen Sohn, als die Schule aus war. Ich sah ihn zusammen mit einem ärmlich gekleideten Klassenkameraden aus der Vorhalle kommen. Der andere war der Sohn eines Arbeiters und trug eine Jacke, die ihm bis zu den Knien ging. Mein Sohn streichelte den Jungen, der kleiner als er war, und faßte ihn ans Kinn; der andere lächelte sanft. Es war wie ein Feuer: mir erschien eine Traumvision, die Vision der menschlichen Brüderlichkeit, die durch die Stimme der Kinder verkündet wird. Die Idee zu dem Buch wurde in diesem Augenblick von dem entschiedenen Wollen meines Geistes bestätigt.«

De Amicis begann sofort zu schreiben; er arbeitete mit Ungestüm und Eifer, wie es dem leidenschaftlichen Charakter des Autors entsprach, der sich jeder Aufgabe mit voller Hingabe widmete. »Ich war niemals so glücklich wie damals, als ich dieses Buch schrieb. Die Gewißheit, es gut zu schreiben, berauschte mich.«

In Italien wünschte man ein Buch wie das von Benjamin Franklin. Enrico Treves, der Freund und Verleger von De Amicis, riet ihm, etwas Ähnliches wie »Nicholas Nickleby« von Dickens über Kinder und Schule zu schreiben.

Als Vorläufer von »Cuore« gab es schon moralische und humanitäre Schriften, die die Tendenz dieses Buches vorausnahmen. Die »Novelle morali« (Moralische Geschichten) des *Paters Soave* (1743–1806), die der Jugend gewidmet waren, suchten christliche Nächstenliebe und den Wunsch, sich zu vervollkommnen, durch die tiefe Befriedigung, die sie vermitteln, anzuregen. Manzoni erinnert sich mit Bewegung an diese Lektüre seiner Kindheit und verspürt für diese Bücher »ein lebendiges Gefühl der Sympathie . . . ein Höherschlagen des Herzens«.

Ähnlich wie Soave wollten später auch Taverna oder Cantù im Kind das Gefühl für die Pflicht und das Gute wecken. Genau das wünschte schließlich auch De Amicis mit seinem »Cuore«, das er als Tagebuch eines Kindes anlegte. Er widmet es den Jungen zwischen neun und dreizehn Jahren in den Volksschulen und sagt, man könne es »Geschichte eines Schuljahres, geschrieben von einem Schüler der

Edmondo De Amicis

dritten Klasse einer Volksschule Italiens« nennen; der Vater des Jungen habe das Manuskript allerdings durchgesehen. Während des Schreibens beobachtete Amicis oft seinen Sohn und dessen Freunde, die auch seine Schulkameraden waren. Er holte sie von der Schule ab und hörte ihren Unterhaltungen im Hause zu, wenn sie zum Spielen und Lernen zusammenkamen. Er nahm an ihren Sorgen teil und beschäftigte sich mit den großen Konflikten der Kleinen, die die Helden seines Buches werden sollten. Das Buch beginnt mit dem ersten Schultag am Montag, den 17. Oktober, und von der ersten Seite an fühlt sich der Leser angesprochen. Der optimistische Glaube an die Humanität prägt alles. Schon der Lehrer ist die Modellfigur des guten Lehrers. Er hat wahre Berufung für sein Amt, liebt seine ehemaligen Schüler, und wenn er lehrt, straft er nicht barbarisch, sondern korrigiert die Fehler mit Liebe. Er selbst gibt Beispiele des Edelmutes und der Güte. Seine Schüler liebt er, als seien sie seine Söhne oder seine Familie, und als Wichtigstes fordert er von ihnen: »Zeigt, daß ihr ein gutes Herz habt.« »Lernt und seid gut!«

Das Buch ist ein Lob auf den Lehrer, die Mutter, die Freundschaft, das Vaterland und auf alle bürgerlichen und christlichen Tugenden. Zwei große Gefühle bewegen den Autor beim Schreiben: Mitleid und Mitgefühl für die Unglücklichen im Leben, die leiden, und die Überzeugung von der Gleichheit und Brüderlichkeit aller Menschen. Christlicher Geist und tief empfundene soziale Verantwortung kennzeichnen Amicis Nächstenliebe und seinen Willen zur Gerechtigkeit. Seine eigene Großherzigkeit macht alles in seinem Buch großherzig, großzügig und überraschend.

Wenn die kleinen Schüler etwas Gutes tun, sagt der Lehrer: »Du hast eine edle Seele!« Und als er einen Neuankömmling seinen Klassenkameraden vorstellt, sagt er nur: »Er ist gut!« Auch die Fehler – denn alle Menschen haben Fehler – werden so entschuldigt: »Es ist wahr, er hat diese Leidenschaft, aber sein Herz ist gut!« Jede unerklärliche Tat kann damit erklärt werden: »Sie kommt aus einem edlen und guten Herzen!« Das höchste Lob gilt dem guten Herzen. So ruft das Kind aus: »Meine Mutter ist gut, und meine Schwester Silvia ist wie sie: sie hat das gleiche großzügige und edle Herz.« Wenn jemand schlecht ist, heißt es: »Du tust mir leid. Du bist ein Junge ohne Herz.« Ein gutes Herz zu haben, ist das Ideal, kein gutes Herz zu haben, sehr schlimm.

Gefühlserregungen sind häufig; oft können Kinder oder Erwachsene nicht sprechen, so bewegt sind sie. »Cuore« hat seine Leser mehr Tränen vergießen lassen als die meisten anderen Bücher. Manchmal wird das Weiterlesen beschwerlich, denn das Pathos ist herzzerreißend. Unamuno erinnert in seinen »Kindheitserinnerungen«, wie sehr er als kleiner Junge bei dem Kapitel aus »Cuore«, das den Tod der Mutter des kleinen Helden erzählt, geweint habe.

Das Kind soll nach dem Lesen von »Cuore« wünschen, besser zu werden, und anderen helfen zu wollen. Daher schreibt der Junge in dem Kapitel »Der Schulkamerad Coreta« in seinem Brief an den armen Freund: »Du bist am glücklichsten, denn du lernst und arbeitest mehr als ich; du bist deinem Vater und deiner Mutter nützlicher. Du bist besser, hundertmal besser als ich, mein lieber Freund!«

Die Entscheidungen des Helden gehorchen immer dem Befehl des Herzens, und sie werden immer rasch getroffen. »Das macht den Wert des Herzens aus, daß es nicht alles begründen will!« heißt es einmal. Kinder, Lehrer und Eltern widmen sich edlen Zielen und lassen ihr Herz entscheiden. Ein Lehrer, der gerade in Pension will, bleibt spontan noch länger in der Schule, da er einem Neuling in der Klasse helfen will, der ohne Unterstützung ist. Der Junge gleicht seinem toten Sohn, er muß ihn beschützen. In dem Kapitel über den »Jungen« sagt der Vater des kleinen Helden: »Bleib hier! Du hast Herz.« Aus der Kraft ihres Herzens handeln die kleinen Patrioten, die lombardischen Schutzleute, die Maurer und die Kinder aus Padua, die ihr Leben wagen, ja, es verlieren.

Alle aber, die Edmondo De Amicis wegen zu großer Gefühlsseligkeit angreifen (das Buch ist jedoch nicht zu sentimental geschrieben, denn der Stil ist einfach und klar, und alle Personen reden knapp und bündig), seien auf den Absatz über Victor Hugo in dem Werk von Roger Picard »Der romantische Sozialismus« verwiesen, in dem er sich auf die Macht des Mitleids und der Tränen bezieht: »Es ist sicher, daß das Mitleid immer noch eine starke Triebfeder des menschlichen Herzens ist und eine unfehlbare literarische Anziehungskraft besitzt, wenn ein großer Dichter es in den mannigfachen Schicksalswendungen seiner Erzählung darstellt und dadurch das große Bild der sozialen Novelle bewegt und erleuchtet.« Da Amicis Sozialist im Sinne eines erklärten humanistischen Christentums ist, läßt er das arme Kind mit dem reichen Kind verkehren und sie zusammen auf einer Bank in der Schule sitzen. Aus dieser Überzeugung schreibt er Kapitel wie: »Der Kohlenhändler und der Herr«, »Der Schornsteinfeger« und »Der kleine Schreiner«, in denen er eine eindrucksvolle soziale Lektion erteilt. In dem Brief des reichen Vaters an seinen Sohn heißt es mit aller Schärfe: »Sage niemals einem Arbeiter, der von der Arbeit kommt: geh, du Schmutzfink! Du mußt dir sagen: er trägt auf seiner Kleidung die Zeichen und die Spuren seiner Arbeit. Denke daran! Habe den Sohn des Schreiners gern: einmal, weil er dein Klassenkamerad ist, dann aber auch, weil er der Sohn eines Arbeiters ist.«

Der Autor hebt auch die soziale Annäherung durch die öffentliche Volksschule hervor, in der elegante Damen mit Gemüsehändlerinnen und armen Arbeiterfrauen zusammentreffen. »Es scheint, daß die Schule alle gleich macht und aus allen Freunde!« In dem Kapitel »Die Schule der Erwachsenen«, das eine Schule für Arbeiter darstellt, spürt man die Sorge des Autors um soziale Belange besonders.

Diese Literatur, die in Frankreich bei Berquin mit der üblichen pädagogischen und erzieherischen Zielsetzung begann und dort durch Madame de Genlis und Madame Leprince de Beaumont vertreten wurde und für die es auch in der moralischen englischen Literatur zahlreiche Beispiele gibt, hat ihren künstlerischen Höhepunkt in »Cuore« von Amicis. Er fügt ihr noch eine edle politische Aufgabe hinzu, die seine Vorgänger nicht kannten und die sein Buch völlig einzigartig macht. Soziale Forderungen, die aus christlichem Glauben kommen, schaffen hier etwas Neues aus einem Thema, das bereits hinlänglich bekannt war. Aus diesem Grunde wirkte »Cuore« revolutionär. Hinter all diesen Tränen erhebt sich die soziale Forderung. Es gibt Kinder, die viel leiden müssen, wie Percusa, der Sohn des Schmiedes. Das Leiden eines Kindes, dessen Vater trinkt, ist die Anklage gegen Bedingungen des täglichen Lebens, die eine humane und gerechte Lösung fordern. Im gleichen Jahr, in dem De Amicis geboren wurde, 1848, hält Lamartine eine Rede: »Das Leiden der Massen ist wahr, und wahr ist die Notwendigkeit, ihm vorzubeugen ... nicht nur mit gutem Willen, sondern durch vorausschauende Gesetzgebung ... Danton ruft aus: Kühnheit, Kühnheit und immer wieder Kühnheit! Ich aber sage auch: Herz, Bürger, Herz und immer wieder Herz für das Volk; und das Volk gibt euch seins, euch und der Republik.«

Aus diesem Grunde rühmt De Amicis auch Cavour, den Schöpfer der italienischen

Einheit, und König Umberto in den Kapiteln, die ihren Namen tragen. Sie beginnen die sozialen Reformen, die der Schriftsteller fordert.

Ohne Zweifel ist »Cuore« auch heute noch ein gültiges und lesenswertes Buch, trotz allen Wandels im Geschmack und in den literarischen Moden.

Jene kleine Welt der italienischen Einheit sollte sich zur Einheit der Welt weiten; niemals mehr als heute braucht man Herz und sogar Tränen nach soviel intellektueller Trockenheit und einer fast nur verstandesmäßigen Literatur.

Liest man »Cuore« noch einmal, so erhalten Kapitel wie »Der Gefangene«, »Der kranke Lehrer«, »Das tote Kind«, »Das Waisenhaus«, »Die blinden Kinder« und viele andere neuen Wert. Es gibt keine krankhafte Übertreibung, es gibt nur unendliches Mitleid und große Beispiele.

Andere Schriftsteller – Luigi Capuana und der Verismus – Luigi Bertelli (Vamba) – »Il Giornalino della domenica« (Kleine Sonntagszeitung) und seine Mitarbeiter

Zahlreich waren die Nachahmer von De Amicis, einige davon mit eigenem Profil, andere bloße Epigonen, die in der Nachfolge von »Cuore« eine Literatur der Empfindsamkeit entstehen ließen. *Oreste Boni* (1847–1915) schrieb »Muso di lepre« (Hasenschnauze) und *Paolo Mantegazza* (1831–1910) »Testa« (Der Kopf). *Virginia Treves* (1849–1916), die als Cordelia bekannt war, ist die Autorin von »Piccoli eroi« (Kleine Helden) und anderen Büchern, die den Einfluß von D'Annunzio erkennen lassen. *Onorata Grossi Mercanti* (1853–1932) schrieb »Il vestitino di seta« (Das Seidenkleidchen), »Dice il proverbio« (Wie es im Sprichwort heißt), »Cento racconti per i bambini« (Hundert Geschichten für Kinder). *Anna Vertua Gentile di Dongo* (1850–1926) »Cuor forte e generoso« (Starkes, edles Herz), *Anna Franchi* (1867–1954) »Cirillo al reggimento« (Cirillo beim Regiment), »Le guerre dei nostri nonni e la nostra« (Die Kriege unserer Großväter und unser Krieg); *Rosa Errera* »Michelino e la buona gente« (Michelino und die guten Leute).

Eine interessante Figur in dieser Epoche ist *Luigi Capuana* (1839–1915), der den Verismus auch in der Kinderliteratur vertritt. Er ist ein Schriftsteller von starker Eigenart, nüchtern und vital; seine Erzählungen sind von großer Intensität, manchmal außerordentlich tragisch, wie es dem realistischen Stil der Zeit entspricht. Phantasie fehlt in ihnen. Wozu sollte sie auch nötig sein, da das Leben phantastische Motive überreich lieferte, die dazu noch real waren. Die Erzählung basiert auf Beobachtung, die Menschen in ihr leben mit großer Ausdruckskraft. In diesem Sinn sind Capuanas repräsentativste Werke für Kinder »Scurpiddu« (1898), die Geschichte eines Jungen, der Gänse hütet und später Soldat wird, und »Gambalesta« (1903); beide vermitteln dem jugendlichen Leser eine sehr harte Lebensanschauung. Andere Bücher des Autors haben dieselbe Tendenz: »C'era una volta« (Es war einmal) 1894, »Il Drago« (Der Drache), »Re Bracalone« (König Bracalone) und »Che'vuol fiabe, chi vuole« (Wer will, was die Fabeln wollen).

Ida Baccini (1851–1911) war ebenfalls eine fleißige Schriftstellerin in dieser zweiten Hälfte des 19. Jahrhunderts. Ihr Ruf gründete sich auf dem Buch »Le memorie di un pulcino« (Erinnerungen eines Kükens), das sie zwang, weiter für Kinder zu schreiben.

Sie selbst sagt in ihren Erinnerungen »La mia vita«: Ich bin das Opfer der ›Erinnerungen eines Kükens‹ geworden!« Sie machten sie zur Schriftstellerin für nur ein einziges Publikum.

Doch ist Ida Baccini in Novellen und Erzählungen und in ihren Schriften fürs Theater von großer Mannigfaltigkeit. Ihre besten Bücher sind »Zirkusleute«, »Tonino mit den langen Hosen«, »Kleine Komödien und Monologe«. Große Bedeutung hatte die Gründung des »Giornale per bambini«, das sich später mit dem »Giornalino della domenica« von Vamba vereinigte. Vambas Werk stellt eine entscheidende Etappe innerhalb der italienischen Kinderliteratur dar.

Luigi Bertelli (1858–1920) war wie Collodi Florentiner und Journalist aus Berufung; er kam durch die Zeitung dazu, für Kinder zu schreiben. Er war ein geistreicher, humorvoller Mann, begabt mit dem Witz des echten Florentiners, und besaß die große Fähigkeit, Kind unter Kindern zu sein. So ersann er den Plan einer Kinderzeitung »Il Giornalino della domenica«, in der später die bedeutendsten Schriftsteller der Zeit wie Capuana, Grazia Deledda, Emilio Salgari, Milly Dandolo, Ada Negri und Ida Baccini mitarbeiteten.

Berühmte Zeichner wie Filiberto Scarpelli und Hugo Finozzi illustrierten die Zeitung. Das Ergebnis war eine der besten Kinderzeitungen der damaligen Zeit, die die Produktion der Kinderliteratur anregte und derer man sich noch lange erinnerte.

Bertelli benutzte das Pseudonym »Vamba« nach dem Spaßmacher in »Ivanhoe« von Walter Scott. In dem »Giornalino della domenica« veröffentlichte er eine Vorausschau auf seine Bücher und unterhaltsame Artikel, die die Kinder sofort begeisterten. Er wandte sich im Gesprächston an sie, scherzte mit ihnen und gab völlig den Ernst auf, in dem Zeitungen für Kinder gewöhnlich geschrieben waren. Der große Humorist hatte sofort Erfolg mit seiner Zeitung, und das nicht nur wegen ihrer literarischen Beiträge, sondern auch wegen der künstlerischen Begabung ihrer Illustratoren. Ein Gegenstück zu dieser Zeitung finden wir in Spanien in »Gente menuda« (Kleine Leute), der Kinderbeilage des »ABC«, durch die Elena Fortún und die besten spanischen Zeichner der Zeit bekannt wurden. Es ist möglich, daß zwischen dem »Giornalino« und »Gente menuda« Beziehungen bestanden.

Vamba veröffentlichte 1903 »Ciondolino«, die Geschichte eines Jungen, der eine Ameise wird, 1906 »Cinematografo poetico« und sein berühmtestes Buch »Il giornalino di Gian Burrasca«, in dem die Einfälle und Meinungen eines Jungen im Gegensatz zur Welt der Erwachsenen erzählt werden. Der Autor sagt: »Ich widme dieses Buch den Kindern Italiens, damit sie es ihren Eltern zu lesen geben!« Gian Burrasca ist ein Wirbelwind, man muß zittern, wenn er etwas berührt. Dieser Lausejunge – aber er ist ein echter Junge! – erscheint in der Literatur und zerbricht das traditionelle Bild vom Kind. Mit Recht hat man gesagt, das Besondere des

Aus der Zeitschrift »Il Giornalino della domenica«

Buches sei der Bruch mit der Tradition der moralisierenden Erzählung und der Meinung über die Minderwertigkeit der Kinderzeit.

Wenn Vamba wünscht, daß die Kinder ihren Eltern sein Buch zu lesen geben, so deshalb, weil er es eigens der Kinder wegen geschrieben hatte und in ihm eine Parodie auf die Erwachsenen gibt. Gian Burrasca ist ein naives Kind, das sagt, was es denkt; aber in seinen naiven Reden steckt mehr Wahrheit als in vielen verborgenen Kritiken. Der Junge wehrt sich gegen die falsche Welt der Erwachsenen mit ihren Vorschriften und heuchlerischen Erfindungen. Er begeht witzige Taten, die mit seiner Logik übereinstimmen, aber nicht mit der der Großen. So ist er ein

Junge mit eigener Persönlichkeit, der am Anfang des 19. Jahrhunderts alle anderen literarischen Figuren übertrifft.

Vamba kennzeichnet mit diesem Werk einen entscheidenden Abschnitt in der Entwicklung der italienischen Kinderliteratur, deren Hauptvertreter Thouar, Parravicini, Collodi und De Amicis sind.

Abenteuer-Geschichten: Emilio Salgari – Andere Autoren des 20. Jahrhunderts

Zu den Italienern, die in die Weltliteratur eingegangen sind, gehört *Emilio Salgari* (1863–1911). Er war ein höchst fruchtbarer Schriftsteller. In einem winzigen Dorf in der Nähe von Verona wurde er geboren. Nach unterschiedlichen Arbeiten trat er in den Dienst eines Turiner Verlegers und verpflichtete sich, drei Abenteuergeschichten pro Jahr zu schreiben.

Zu jener Zeit begegnet man häufig dem besoldeten Schriftsteller, der Fortsetzungsreihen, Ritterromane, Detektivgeschichten, Spionageromane schreibt und sie einem unersättlichen jüngeren und älteren Publikum zugänglich macht. Die Verlagshäuser hatten das Geschäft groß aufgezogen. Entweder waren es ganze Gruppen, die diese literarischen Produkte fabrizierten, oder ein talentierter Einzelner, der unermüdlich schrieb. So war es auch bei Emilio Salgari, der viel leistete, dafür aber mit seiner geistigen Gesundheit bezahlte.

Da er die übernommene Pflicht ehrenhaft erfüllen wollte, zugleich aber literarisch so begabt war, den Anspruch, den der Beruf eines Schriftstellers an ihn stellte, zu erkennen, arbeitete er gegen die Uhr und bemühte sich, trotzdem einen guten Stil zu schreiben. Eine Welt voll von Schiffbrüchen, Enterungen, Forschungsreisen, Verfolgungen ohne Ende und Verrat begegnet uns in seinen Büchern. Von den »Geheimnissen des schwarzen Dschungels« bis zu den »Piraten von Malaya« durcheilen wir alle Kontinente und entdecken die Geheimnisse der in endlose Kämpfe verstrickten Völker.

Die Erzählungen sind gedrängt voll Handlung und voller Spannung. Die Sprache ist unmittelbar, einfach und klar in den Dialogen. Das Gefühl für Würde, Mut, Tapferkeit und für das Ehrenwort wird verstärkt durch die ritterliche Gesinnung; sie rettet inmitten der gewalttätigen und blutigen Höhepunkte den Geist. Es wird immer für ein edles Ziel gekämpft.

Die Erzählungen hatten großen Erfolg und wurden in alle Sprachen übersetzt. Auch heute noch lesen Kinder sie mit Begeisterung.

Aus der großen literarischen Produktion unseres Jahrhunderts müssen wir kurz die Schriftsteller zitieren, die die Klassiker ablösen. *Giuseppe Ernesto Nuccio* (1874–1933) veröffentlichte »Geschichten von der goldenen Muschel«. Der sensible Schriftsteller *Giuseppe Fanciulli* (1881–1951), der sich schon sehr früh für die Gefühlsprobleme der Kindheit interessierte, begann unter dem Pseudonym Maestro Sapone in dem »Giornalino della domenica« zu schreiben. Seine bekanntesten Werke sind »L'Omino turchino« (Das dunkelblaue Männlein, 1921) und »Die

Silberinsel«. Seine Bücher zeichnen sich durch die Absicht, etwas Gutes zu bewirken, und durch ihren poetischen Geist aus, der charakteristisch für das Zartgefühl und das feine Gespür des Autors ist.

Laura Orvieto (1875–1953) schrieb eine »Geschichte der sehr alten Kinder«. *Sergio Tofano* hat als Schauspieler, Zeichner und Schriftsteller für den »Corriere dei Piccoli« die Gestalt des Herrn Bonaventura erfunden, die er dann in Theaterstücke übernahm.

Renzo Pezzani (1898–1951) ist als Dichter eine bemerkenswerte Gestalt. Er hat »Grüne Engel«, eine Liedersammlung über italienische Bäume (1933), »Belvedere«, »Kleine Reime« und »Filastrocche e indovinelli« (Kinderreime und Rätsel) geschrieben. Außer dieser schönen Poesie mit seltenen Bildern schuf er Prosa, die von religiösen Legenden beeinflußt ist: »Jesus, Josef und Maria« und »Der Knabe aus Galiläa« (1943).

Es gibt in diesem Jahrhundert aber auch die Stimme eines großen Mannes, der die Kinderliteratur ablehnt und ihr jeden künstlerischen Wert abspricht. So sagt *Benedetto Croce* 1914 in »La letteratura della Nuova Italia« (Literatur des Neuen Italien): »Kunst für Kinder wird niemals wahre Kunst sein. Die pädagogische Absicht, den kindlichen Geist zu entwickeln, läßt es nicht zu, Kindern reine Kunst zu bieten. Wahre Kunst muß, um Gefallen zu finden, Reife des Verstandes, Übung der Aufmerksamkeit und vielfache psychologische Erfahrung voraussetzen. Die noch schwachen Augen der Kinder und Jugendlichen können der glänzenden Sonne reiner Kunst nicht standhalten. Man umgeht diese Schwierigkeit nicht, wenn man als Themen Geschichten von Kindern auswählt, denn Kinder verstehen rein künstlerische Darstellungen der kindlichen Seele nicht. Zwar gibt es Bücher mit künstlerischem Einschlag, aber dann enthalten sie auch außerästhetische Elemente wie Neugier, Abenteuer, verwegene Handlungen und Kriege. Schon die einfache Tatsache, für ein kindliches Publikum zu schreiben, genügt, um den künstlerischen Prozeß zu stören. Wenn Kinder ein Werk reiner Kunst lieben, dann nur, weil es für alle geschrieben wurde und nicht für sie allein.«

Der Intellektualismus Croces entspringt so offensichtlich einer Epoche, die die »reine Literatur« bevorzugt, daß ihm jede andere literarische Gattung als unrein und unästhetisch erscheinen muß. Was würde er heute sagen, da man soviel von einer sozialen, engagierten Literatur spricht? Analysiert man im übrigen ein rein ästhetisches Werk, so entdeckt man gleich auf den ersten Blick viele konkrete, zeitbedingte kulturelle Elemente einer bestimmten Epoche, eines Landes, einer Umgebung oder eines Individuums, daß die abstrakte Reinheit eines Kunstwerkes an sich unvorstellbar wird.

Dennoch ist es interessant, die Meinung dieses großen Italieners kennenzulernen, auch wenn viele andere große Italiener sie nicht teilen. Zu ihnen gehört der bebekannteste Vertreter der modernsten Richtung italienischer Kinderliteratur, *Gianni Rodari;* ein witziger Poet und Prosaist; er schrieb »Reime im Himmel und auf Erden«, sie stehen den »nursery rhymes« nahe sowie den italienischen »Filastrocche« und gehören zur Kinder-Folklore. Daneben schrieb er die lustigen »Geschichten am Telephon«, humoristische kleine Erzählungen und reizende Anekdoten wie die kleine Erzählung vom »Mädchen, das das Niesen zählte«. Rodari hat auch »Cip im Fernsehapparat» und »Kartenhaus« veröffentlicht.

Neben ihm ist der Romancier *Italo Calvino* zu erwähnen, der eine ausgezeichnete Sammlung italienischer Volksmärchen veröffentlicht hat. Die Mehrzahl von ihnen ist kurz; es sind traditionelle Erzählungen in der Art der Grimmschen Märchen. Von Calvinos eigenen Büchern haben einige Halbwüchsige als Helden, so die originelle und merkwürdige Geschichte »Il Barone Rampante« (Der Baron auf den Bäumen), in der der jüngste Sohn eines Barons auf einen Baum klettert und aus Ungehorsam nicht mehr heruntersteigen will, so daß er sein Leben in Baumwipfeln verbringt. Das Ganze ist ein phantastisches Spiel. Genauso phantastisch muten auch die Mittel an, deren der Junge sich bedient, um oben in den Zweigen zu bleiben. In gewisser Hinsicht erinnert der Roman an »Robinson« und an einige Piratenszenen von Stevenson. Der Autor ist außerordentlich belesen; der feine Humor seiner Kommentare wird zu einer Quelle des Entzückens beim Lesen seiner Bücher, die mit ihrer Sehnsucht nach einer besseren Welt zwar an viele italienische Kinderbücher und deren Thematik erinnern, im Grunde aber für Erwachsene geschrieben sind.

Bibliographie

Bitelli, Giovanni: Piccola guida alla conoscenza della letteratura infantile. Turin 1963.

Bonafin, Ottavia: La letteratura per l'infanzia. Brescia 1956.

Faeti, Antonio: Guardare le figure. Gli illustratori italiani dei libri per l'infanzia. Turin 1972.

Lugli, Antonio: Letteratura per la gioventù. Guida storica, critica e bibliografica per gli educatori. Florenz 1967.

Marchetti, I., und Enzo Petrini: Buonincontro. Guida criticostorica e antologia della letteratura per ragazzi italiani e stranieri. Florenz 1963.

Michieli, Armando: Svolgimento storico della letteratura per ragazzi. Turin 1962.

Sacchetti, Lina: Storia della letteratura per ragazzi. Prospettive europee e internazionali. Florenz 1966.

Valeri, Mario: Antologia della letteratura infantile. Panorama storico critico. Bologna 1959.

— Storia della letteratura per i fanciulli. Bologna 1961.

Visentini, Olga: Primo vere. Storia della letteratura giovanile. Mailand 1961.

Jugoslawien

Beim Studium der jugoslawischen Kinderliteratur muß man sich die historischen und sprachlichen Bedingungen des Landes vor Augen halten, wie man es ähnlich bei der Tschechoslowakei, Österreich und Ungarn tun muß, die bis 1918 zum Österreichisch-Ungarischen Kaiserreich gehörten, nach dem Krieg jedoch neue Nationalstaaten wurden.

Nach der kurzen Zusammenfassung von *Branka Furlan* über die serbo-kroatische Kinder- und Jugendliteratur muß man in Jugoslawien sechs Bundesstaaten unterscheiden; sie bestehen aus den Regionen, in denen mit Mehrheit Serbisch gesprochen wird: Serbien, Woiwodina, Montenegro, Bosnien, Herzegowina, Kroatien und Dalmatien. Nur in Slowenien und Makedonien wird Slowakisch und Makedonisch gesprochen. Der wichtigste serbokroatische Autor ist *Jovan Jovanović*. Sein Pseudonym »Zmaj« bedeutet Drachen; der Autor zeichnete »Vetter Drache«. Er ist der eigentliche Begründer der Kinderliteratur und schuf als erster Poesie für Kinder und Jugendliche. Jovanović war ein großer Patriot und Verteidiger der Idee der jugoslawischen Einheit. Heute noch rezitieren Kinder wie schon ihre Väter und Großväter seine Gedichte.

Zwei Klassiker aus der Zeit zwischen den Kriegen sind *Vladimir Nazor* und *Ivana Brlić-Mažuranić*. Nazor war der erste Parlamentspräsident der kroatischen Republik; er schrieb viele Legenden, historische Allegorien und realistische Erzählungen. Ivana Brlić nannte man den »jugoslawischen Andersen«; sie schrieb eine Märchensammlung »Aus uralten Zeiten« (1922), die eine Bearbeitung traditioneller Erzählungen ist. Alle diese Märchen gehören in die Folklore und bewahren die ursprüngliche Volkspoesie, obwohl sie von der Autorin künstlerisch überarbeitet wurden. Sie schrieb auch eine größere Erzählung »Die verschwundenen Stiefel«. In der Gegenwart muß das Werk des Schriftstellers *Branislav Nusić* erwähnt werden; er schrieb Komödien und ein Kinderbuch »Hajduci«, eine Sammlung von Erzählungen, in denen die Helden Nationalheroen und Partisanen sind, die während der türkischen Schreckensherrschaft in die Berge fliehen, um später beim Aufstand zurückzukehren. Eine Gruppe von Kindern, die sich für »Hajduci«, Nationalhelden, halten, wollen diesen nacheifern. Sie gehen in den Wald, um sich dort zu verbergen und glorreiche Taten zu vollbringen. Ihre Eltern finden sie, und das Abenteuer ist zu Ende.

Josip Pavičić schreibt mit pädagogischer Tendenz. *Desanka Maksimović* ist Lehrerin und Dichterin; ihr Werk ist voller patriotischem Optimismus. Ihre Verse finden sich in allen Anthologien. Ein hervorragender Dichter ist auch *Gvido Tartalja,* der zusammen mit Wladimir Nazor und Ivana Brlić-Mažuranić als Klassiker der Kinderliteratur gilt.

Mato Lovrak schrieb eine Geschichte nach dem Konzept des sozialistischen Realismus. Die Schule steht im Mittelpunkt seiner Erzählungen. Seine kindlichen Helden machen sich nützlich und führen immer eine soziale Aufgabe aus. Sie helfen beim Wiederaufbau des Dorfes und beteiligen sich am Kampf gegen den Alkoholismus. Seine Bücher handeln stets von einer gemeinsamen Leistung, einem Werk der Zusammenarbeit aller in der Art der Geschichte des russischen Schriftstellers Arkadi Gaidar »Timur und seine Brigade«. Mato Lovrak erhielt den Nationalpreis für Kinderliteratur.

Sehr beliebt bei Kindern ist *Branco Ćopić,* der im 2. Weltkrieg mitkämpfte und in seinen Erzählungen Kriegsthemen bringt, die er lebendig schildert. Trotz der schrecklichen Geschehnisse, die er erzählt, sind seine Hauptcharakteristika Humor und Freude. Meist ist der bosnische Bauer der Partisanenheld in seinen Büchern. Seine Haupterzählung heißt »Verrückte Jahre«.

Unter anderen guten Schriftstellern ragen *Alexander Vučo,* der surrealistische Gedichte für Kinder schrieb, und *Grigor Vitez* hervor.

Das Panorama der slowenischen Kinderliteratur vervollständigt *Martina Sircelj* in ihrem grundlegenden Artikel »Die slowenische Jugendliteratur«. Die Anfänge dieser Literatur finden sich wie immer in der Volksdichtung. *Marco Pohlin* mit seinen »Kurzweiligen Rätseln« und *Valentin Vodnik* mit seinen »Probe-Liedern«, die ihn als echten Kinderdichter ausweisen, sind besonders zu erwähnen.

1848 erschien die erste Kinderzeitung »Vedež«. Unter den Zeitungen ist wegen ihrer Qualität besonders »Das Gärtchen« (Vrtec) 1871 zu erwähnen; sie hatte gute Mitarbeiter. *Fran Levstik* (1831–1887) schrieb in ihr Geschichten und Gedichte und fertigte für sie Übersetzungen aus dem Russischen. Seine Gedichte »Kinderspiele in Liedern« sind unter dem Namen »Najdihojca« (das ist ein Kindername) bekannt und sehr beliebt.

Oton Župančič (1878–1949) ist der große Repräsentant der slowenischen Literatur. Er war ein Dichter für Erwachsene und für Kinder. Seine Dichtung, die von der Volkspoesie beeinflußt wurde, besitzt Farbigkeit und Anmut, ist jedoch schwer zu übersetzen. In dieser sehr heimatverbundenen Poesie erscheint immer das Dorf des Dichters, Bela Krajina.

Die interessanteste Erscheinung ist jedoch die Gründung der Kinderbuchverlage in der Zeit zwischen den Kriegen in unserem Jahrhundert. 1926 wurde in Ljubljana der Verlag »Mladinska Matica« gegründet, der die Zeitung »Nas rod« herausgab, die wiederum von »Novi rod« aus Triest beeinflußt war. Chefredakteur von »Nas rod« wurde Joseph Rivičič; seine Mitarbeiter bevorzugen einen literarisch-ästhetischen Stil. Gleichzeitig wurden von dem Verlag Literaturpreise geschaffen.

Zu den bedeutendsten Autoren dieser Zeit zählt *France Bevk* (d. i. Peter Klepec), er schrieb Erzählungen und Geschichten, deren Helden Hirten und Bauern sind wie: »Die Hirten« und »Zwei Gefährten«. Er schuf die psychologische Erzählung realistischer Art.

Ebenfalls zu erwähnen ist das Werk des Fabeldichters und Erzählers *Tone Seliskar*. In seinen Erzählungen, die sehr gut seine Zeit spiegeln, vertritt er einen sozialen Realismus, wie wir ihn ähnlich bei Dickens und Gorki finden. Seine Hauptwerke sind »Metka« und »Janko«. Während der Zeit des Befreiungskrieges schrieb er seine besten Bücher, »Kameraden« und »Maultiere«, viel gelesen und bewundert.

1945 wurde der Jugendbuch-Verlag »Mladinska Knjiga« gegründet, der Übersetzungen besondere Aufmerksamkeit widmete. Er stiftete den jährlichen Preis »Fran Levstik« zu Ehren des großen klassischen Schriftstellers. Während heute einige Schriftsteller dem sozialen Realismus eines France Bevk und Tone Seliskar folgen und Themen aus Krieg und Kampf wählen, schreiben andere phantastische und folkloristische Erzählungen in der Art von Brlić-Mažuranić. Zu ihnen gehören *Ela Peroci, Branca Jurka* und *Vitomil Župan*. Erwähnt werden muß auch Kristina Brenkova, die Theaterstücke für Kinder schrieb.

Diese gedrängte Übersicht über die Hauptcharakteristika der jugoslawischen Literatur kann durch den Artikel von *Metka Simonćić* »Bemerkungen zur jugoslawischen Kinder- und Jugendliteratur« ergänzt werden. Die Autorin sagt darin, daß im Unterschied zu manchen anderen Literaturen die Schriftsteller, die in Jugoslawien für Kinder schreiben, ursprünglich Erwachsenenautoren seien. Einige Werke, die man heute zur Kinderliteratur zählt, gehörten ursprünglich nicht zu ihr. Erst nach dem zweiten Weltkrieg begann man in Zagreb, Belgrad und Ljubljana, Kinderliteratur ernst zu nehmen und sie zu untersuchen. Da es keine eigene Jugendliteratur gab, lasen Kinder früh die Bücher der Erwachsenen, die zum Teil hohes literarisches Niveau hatten. Als Jugendlektüre nahm man Autobiographien und Erinnerungen berühmter Schriftsteller. So war es bei *Branco Copić* »Die Eselsjahre«, *France Bevk* »Kinderjahre«, *Presžihov Voranc* »Maiglöckchen«, die alle Klassiker der Kinderliteratur wurden. Ebenso *Vladimir Nazor* mit »Erzählungen aus meiner Kindheit«, *Franc Saleski Finžgar* »Aus jungen Tagen« und *Misko Kranjec* »Ich hatte sie gern«; ihre Bücher sind im Stile von Erich Kästner »Als ich noch ein kleiner Junge war« und der Erinnerungen von Tolstoi und Gorki geschrieben.

Bibliographie

Djecji picsi o sebi. 2 Bde. Bd. 1: Biblioteca Lastavica. Bd. 2: Rosmansirane biografije (Biographische Erinnerungen von Schriftstellern). Sarajevo 1963.

Furlan, Branca: Kurzer Abriß der serbo-kroatischen Kinder- und Jugendliteratur. Jugendliteratur 5/1963.

Simonćić, Metka: Bemerkungen zur jugoslawischen Kinder- und Jugendliteratur. Jugendliteratur 5/1963.

Sircelj, Martina: Die slowenische Jugendliteratur. Jugendliteratur 5/1963.

Griechenland

Auch in Griechenland begann die Kinderliteratur im 19. Jahrhundert. Sicher hörten und lasen Kinder und Erwachsene früher schon viel aus der großen mythologischen Tradition, die schönen Sagen der griechischen Klassik und Homer. In allen Schulen Europas diente die Literatur der Griechen Kindern und Jugendlichen als Lektüre: die »Ilias« und die »Odyssee« wurden im Original oder in Auswahl gelesen.

1821 begann der Unabhängigkeitskrieg Griechenlands gegen die türkische Herrschaft. Mit dem Triumph der Patrioten begann die griechische Kultur erneut zu blühen. Neben der großen Dichtung, den Fabeln des Äsop und der außerordentlich beliebten Biographie von Alexander begann man, Bücher eigens für Kinder zu veröffentlichen. *Leon Melas* (1812–1879), der mehrere Male Minister unter der Regierung von König Otto war, veröffentlichte »Gero-Stathis« (Der alte Stathis), den er antike Mythen und kurze Erzählungen aus dem antiken Griechenland berichten ließ. Das Buch liest sich angenehm, obwohl es eine für unsere Zeit veraltete Sprache hat. Der Autor veröffentlichte auch »Der kleine Plutarch«. Melas ging ins Exil nach London; er widmete sich dort unter anderem dem Übersetzen von Büchern aus dem klassischen Griechisch in das moderne. Auch *Alexander Pallis* übersetzte die Dichtungen Homers in modernes Griechisch; er schrieb ferner zahlreiche Kindergedichte.

Ebenfalls im Exil lebten *Argyris Eftaliotis*, der die Odyssee übersetzte, und *Demetrios Vikelas*, ein Neffe von Melas, mit dem er zusammen in London arbeitete. Er schrieb Geschichten über den Unabhängigkeitskrieg, übersetzte die Märchen von Andersen ins Griechische und gründete, als er sich in Athen niederließ, eine Vereinigung zum Verkauf nützlicher und billiger Bücher.

Gedichte für Kinder schrieben *Tantalides* und *Vizyenos*. Im Jahre 1879 gründete *Nicolas Papadopoulos* eine Kinderzeitung »Diaplassis tou paidon« (Die Erziehung der Jugendlichen), die große Verbreitung fand und bis zum Anfang des Zweiten Weltkrieges bestand. Diese Zeitung besaß viel Einfluß; an ihr arbeiteten bedeutende Schriftsteller mit, die auch Kinderbücher veröffentlichten. Ende des 19. Jahrhunderts begann ein Streit, der sich in allen Arten von Veröffentlichungen niederschlug. Auf der einen Seite standen die, die in der Sprache der antiken Kultur schreiben wollten, auf der anderen die, die die Sprache, wie sie im Volk gesprochen wurde, befürworteten. Zuletzt siegte die zweite Richtung, und fast alle Bücher wurden in der gesprochenen Sprache geschrieben. Obwohl auch die berühmte Zeitung »Diaplassis tou paidon« zunächst in Altgriechisch erschien, ging sie später doch zur Gegenwartssprache über.

1917 wurde ein Programm für die Schulen aufgestellt. *Zacharias Papantonio,* einer der besten Schriftsteller, schrieb ein Lesebuch »Ta Psila Vouna« (Die hohen Berge), in dem er die Erfahrungen einer Gruppe von Kindern aus der Stadt, die in die Berge hinaufsteigen und mit Schwierigkeiten und Hindernissen zu kämpfen haben, erzählt. Der Autor ist guter Stilist; er will nicht nur eine moralische Lehre geben, sondern das Ästhetische darstellen, so daß ein sehr schönes Buch entstand.

Eine der bedeutendsten Schriftstellerinnen ist *Penelope Delta* (1874–1941), die 1909 »Für das Vaterland«, ein patriotisches Buch, und 1910 »Die Geschichte ohne Namen«, das später zu einem Theaterstück umgeschrieben wurde, veröffentlichte. 1911 schrieb sie einen historischen Roman aus der byzantinischen Zeit. Zahlreiche Werke machten sie wegen der Spannung und der Dynamik ihrer Erzählungen und vor allem wegen ihres Patriotismus zur berühmtesten Kinderschriftstellerin. Ihr Patriotismus veranlaßte sie aber auch, während des Zweiten Weltkrieges ihrem Leben ein Ende zu setzen.

Eine andere Autorin, *Antigone Metaxa,* schrieb besonders für kleinere Kinder Lieder und kurze Geschichten: »Kommt, wir wollen spielen« und »Guten Morgen, Kinderchen«.

Sehr gute Autoren sind auch *Aliki Gulimis,* die den Roman »Der verlorene Schatz« und »Die goldene Lilie« schrieb, und der Schriftsteller *Stratos Myrivilis* (1890–1969), der »Der Argonaut« veröffentlichte.

In der Reihe der besten zeitgenössischen Schriftsteller müssen *Pipina Tsimikale, Nitsa Tzortzoglu, Gergorios Xenopulos, Elena Balabane* und *Alke Zei* erwähnt werden. Die Gründung der Nationalen Abteilung des IBBY in Griechenland hat der Kinderliteratur starke Impulse gegeben.

Bibliographie

Plakotari, Alexandra: Literature for children in Greece. Athen 1973. Maschinenschriftliches Manuskript in der Internationalen Jugendbibliothek in München.
Scherf, Walter: Griechenland. Literatur für Kinder ausländischer Arbeitnehmer in griechischer Sprache. München 1974.

Türkei

Türkische Literaturhistoriker datieren den eigentlichen Anfang der türkischen Kinderliteratur auf das Jahr 1908. Bis dahin hatten die Kinder nur die mündlich überlieferte Literatur: Geschichten, Kinderreime, Rätsel, Legenden, Spiele, Karagöz-Spiele (etwa wie chinesische Schattenspiele) und Anekdoten über die Einfälle des Nasreddin.

Das erste, von einem Dichter an ein Kind gerichtete Buch war das von *Nabi* (1642 bis 1712) mit dem Titel »Hayriyé«, in dem er seinem Sohn Lehren erteilte. Ein anderes, an den eigenen Sohn gerichtetes Buch mit Regeln für gute Lebensführung schrieb *Sümbülzade ve Vehbi,* der 1809 starb. Sein Buch gehört ebenfalls in die Reihe von Büchern mit Lehren und moralischen Ratschlägen.

Während der Zeit zwischen 1839 – als die Reformbewegung begann – und 1900 erwachte großes Interesse an Kindern. *Rüstü ve Kayseri* schrieb 1859 das erste türkische Alphabet für Kinder mit dem Titel »Der Auserwählte unter den Kindern«. Am Ende des Buches stehen Fabeln und Geschichten wie die »Geschichte vom Kürbis und den Bauern«, »Die Geschichte vom Fisch, der zum Meer geht«, »Die Geschichte von der Katze und den Mäusen«; es sind unterhaltende und lehrreiche Erzählungen.

1869 wurde die Zeitung »Mümeyyiz« mit Rätseln und Fortsetzungsgeschichten veröffentlicht; 1876 erschienen eine Kinderzeitung »Arkadas« (Der Freund), 1885 »Etfal« (Kinder), 1893 »Mektep« (Die Schule) und 1908 andere neue Zeitungen. Man muß bei diesen relativ späten Veröffentlichungen bedenken, daß der Buchdruck erst sehr spät in der Türkei eingeführt wurde. 1923 gab es etwa zwanzig Zeitungen und zwischen 1923 und 1943 über hundert. In der zweiten Hälfte des 19. Jahrhunderts begann man, die mündlich überlieferten Geschichten aufzuschreiben. Großen Erfolg hatten die Bücher von *Boratav, Tezel* und *Güney.* Man übersetzte auch Fabeln aus anderen Ländern. *Ahmet Mithat Efendi* schrieb Fabeln und gab Anthologien heraus. 1869 veröffentlichte er für die Schüler seiner neu gegründeten Schule »Kissadan Hisse« (Kurz gesagt, gut beraten).

Mal Sinasi Efendi schrieb Fabeln und übersetzte La Fontaine. Auch *Recaizade Ekrem Bey* übersetzte La Fontaine; 1928 veröffentlichte *Mehmet Ali* die vollständige Ausgabe der »Geschichten von La Fontaine«.

Ein bedeutender Zeitabschnitt war der, der 1908 mit der Zeit der Zweiten Konstituellen Regierung begann und bis zur Reform der Schrift 1928 unter der Herrschaft

Atatürks dauerte. Türkisch wurde bis 1928 mit dem arabischen Alphabet geschrieben, dann wurde ein neues Alphabet eingeführt, dessen Buchstaben zum größten Teil aus lateinischen Zeichen bestanden. In dieser Zeit erwachte großes Interesse an der Kinderliteratur und für die Poesie.

Als Dichter ragen *Ibrahim Alaettin Gövsa, Ali Ulvi Elövey, Tevfik Fikret* hervor. In den Schulbüchern wurde der Dichter *Mehmet Emin Yurdakul* mit patriotischen und anderen Gedichten viel zitiert. *Siracettin Hasircioglu* übersetzte aus europäischen Sprachen und schrieb Geschichten in poetischer Form. Späterhin sind die Namen von *Yahya Kemal Beyatli, Fazil Ahmet Aykac, Yusuf Ziya Ortac, Orhan Seyfi Orhon, Faruk Nafiz Camlibel, Aka Gündüz, Ali Ekrem Boayir, Fuat Köprülü, Ahmet Cevat* zu nennen.

Epische Erzählungen wie »Ergenekon«, »Alp Er Tunga« und »Bozkurtepos« wurden mündlich überliefert. Der Schriftsteller *Hifzi Tevfik Gönensoy* schrieb das »Oguz Kağan Epos« in Versen für Kinder. Man begann, europäische Romane zu übersetzen; türkische Schriftsteller schrieben Romane, deren Helden Kinder sind, die erwachsen werden. *Resat Nuri Güntekin* schrieb »Calikusu« (Zaunkönig), »Ein Frauenfeind«, »Mitleid« und »Von der Lippe zum Herzen«.

Ebu Bekir Hazim veröffentlichte 1910 den Roman »Der kleine Pascha« und *Mahmut Yesari* »Der leidende Ömer«, von dem Fortsetzungen erschienen, außerdem den Roman »Die Kinder unter der Brücke«, in dem er von dem Leben unglücklicher und armer Kinder erzählt.

Cahit Uçuk schrieb »Türk Ikizleri« (Türkische Zwillinge); er gewann 1958 den Andersen-Preis. *Mehmet Seyda* veröffentlichte »Du wirst auch eines Tages erwachsen« und *Talip Apaydin* den mit einem Preis ausgezeichneten Roman »Wenn man auf die Erde tritt«.

Für das Theater wurden einige interessante Werke geschrieben. *I. H. Baltacioglu* schrieb der »Sieg vom kleinen Hüseyin« (1913) und *Ibrahim Alâaddin* ein Kinderdrama in Versen »Frieden und Krieg« (1923).

Resat Nuri schrieb mehrere Stücke für das Schultheater: »Umit in seiner Schule« (1923), »Die Sonne von Umit« (1924), »Vergnügen auf der Erde« (1924) und »Die alte Schuld« (1925). Im Auftrag des Erziehungsministeriums schrieben *Resat Nuri* und *Mahmut Yesari* (1927–1928) Kindertheaterstücke. Der Dichter *Faruk Nafiz Çamlibel* schrieb »In einem Strauß fünf Blumen«, »Feuer« und »Bauern«. *Aka Gündüz* schrieb über nationale Themen »Dorflehrer« (1932) und »Der blaue Blitz« (1934). In jüngster Zeit haben die Dichter *Cemal Erten, Haydar Ediskun* und *Baha Dürer* für das Theater geschrieben.

In der Gegenwart gibt es eine große Zahl von Kinderbüchern und bemerkenswerte Autoren. Der bedeutendste ist *Eflâtun Cem Güney,* der Volksmärchen, Geschichten und Heldensagen sammelte. Für seine Bücher »Märchen von Dede Korkut« und »Tischlein, deck dich« erhielt er den Andersen-Preis.

Rumänien

Folklore und Balladen – Anton Pann und seine Fabeln – Die Erzählungen von Ispirescu –
Ion Creanga und sein Werk

Die Kinderliteratur in Rumänien hat ihren Ursprung zum Teil in der Folklore,
zum Teil aber auch in der religiösen Literatur, den Lebensbeschreibungen der
Heiligen. Dabei sind vor allem die Lebensbeschreibungen des Heiligen Alexis, der
Heiligen Eustachia, Sankt Georgs und des Heiligen Basilius zu nennen.
Aus Byzanz und aus den Klöstern, die das Kulturerbe bewahrten und weiter ver-
mittelten, kamen so bekannte Werke wie »Barlaam und Josafat«, »Arquias und
Anaden«, »Das Leben Äsops«, »Die Äthiopierinnen« von Heliodor und »Tausend
und eine Nacht«. Zugleich mit den volkstümlichen Heiligenlegenden und den orientalischen Erzählungen wurden auch Sagen des klassischen Altertums verbreitet. Daher
war »Alexander der Große« die bedeutendste Volkserzählung, die auch Eminescu
in seiner Kindheit entzückte. Durch die Beziehungen zu Westeuropa kamen welt-
bekannte Bücher wie »Die besten Listen Bertolds« und der französische »Telemach«
nach Rumänien. Es ist dabei höchst interessant zu sehen, wie sich die universellen
Themen dem rumänischen Geist anpassen, wie sich Legenden ferner Länder bald
in Legenden des eigenen Landes verwandelten und die Geschichte, die Geographie
und die Bräuche der Rumänen spiegelten. Natürlich gab es daneben auch typisch
rumänische Geschichten und Erzählungen.
In Rumänien wie auch im größten Teil der Balkanländer war das Landleben der
Ursprung für eine sehr reiche Folklore, die wiederum die Hauptquelle der Kinderliteratur wurde. Eines der bemerkenswertesten Daten in der Geschichte der rumänischen Kultur war die Veröffentlichung der »Balladen« durch *Vasile Alecsandri*.
1852 sammelte der Dichter die bekanntesten Balladen und ließ so auch Gedichte
aufzeichnen, die bisher nur vom Volk oder von Kindern rezitiert worden waren.
Eine der schönsten und originellsten dieser Balladen ist »Miorita«, eine dichte poetische Erzählung, die an die spanischen Romanzen erinnert. Es wird in ihr die Geschichte eines Hirten erzählt, dem Miorita, sein wunderbares Schaf, verkündet,
daß ihn seine ehrgeizigen Gefährten töten werden. Der tapfere Hirte nimmt sein
Schicksal an und geht dem Tod mit großer Gelassenheit entgegen. Alle rumänischen
Kinder kennen die Ballade von »Miorita«.
Die Mehrzahl dieser kurzen und melancholischen Volksdichtungen scheinen für die

rumänische »Doina« gedichtet worden zu sein; sie ist eine Volksweise oder auch ein Liebeslied, das die Bitterkeit des Sängers sänftigen soll. Kurz und voll Gefühl ist sie in einfachen Versen eine Klage über den, der sie nicht hören will. Oft sind sie auch unübersetzbar und haben einen Kehrreim, dessen Sinn dunkel bleibt, wie auch oft bei primitiven und volkstümlichen Dichtungen anderer Länder. Die Legende »Der Baumeister Manole« ist eine der bekanntesten und hat wie »Miorita« die Kinderliteratur bereichert.

In den alten Überlieferungen einiger Länder heißt es, daß jedes künstlerische Werk ein Opfer verlange. In der rumänischen Legende wird der Bau des Klosters Curtea, das auf Befehl Neagoe Basarabs errichtet wurde, zum Verhängnis für den Baumeister Manole. Er begann auf Befehl des Prinzen mit dem Bau, doch alles, was er am Tage errichtete, stürzte in der Nacht wieder ein. Darauf träumte er, daß das Kloster nur erbaut werden könne, wenn man die erste Frau, die den Arbeitern das Essen brächte, mit einmaure. Am folgenden Tag erkennt er in der Ferne seine eigene Frau. Er ruft alle Kräfte der Natur an, damit sie von ihrem Weg abweiche, aber die Frau, die ihren Mann sehr liebt, folgt trotz eines schrecklichen Sturmes ihrem Weg. Sie wird geopfert und zwischen den Mauern eingeschlossen. Erst dieses persönliche Opfer erlaubte die Vollendung des Kunstwerkes; das Kloster wurde sehr schön. Der Prinz befahl, alle Baugerüste zu entfernen, damit die Bauleute stürben und nie mehr ein anderes Bauwerk errichten könnten. Der Baumeister Manole machte sich Holzflügel und stürzte sich damit vom Dach. An der Stelle, an der er aufschlug, entsprang eine Quelle.

Ebenfalls sehr berühmt ist die Legende von dem Bojarenhelden Alimosch, den sein Pferd begrub, als er von einem Tartaren getötet worden war.

Zu den Schriftstellern, die sich für alles Volkstümliche interessierten, gehörte *Anton Pann* (1796–1854), obwohl man ihn besser als »Gelehrten« der sprachlichen Volkstradition bezeichnen kann. Er stammte aus einer einfachen Familie und mußte schon früh für seinen Lebensunterhalt arbeiten; er wurde Drucker. In seiner Werkstatt stellte er Drucke und Bücher der Volksliteratur her. Er war ein guter Fabelerfinder; oft stellte er in seinen Fabeln menschliche Charaktere in satirischer Absicht dar. Dabei bediente er sich zahlloser Refrains und Sprichwörter. Anton Pann gehört zu den Klassikern; in allen Anthologien für die Jugend sind seine Fabeln zu finden. Er war ein außergewöhnlicher Dichter, dessen Werk sich durch große Anschaulichkeit auszeichnet.

Es gibt sehr viele rumänische Fabeldichter. Allein die »Anthologie rumänischer Fabeln« (Antologia fabulei romanesti Biblioteca scolarului Eduiura Tineretului Bucarest) enthält Fabeln von mehr als dreißig Schriftstellern; unter ihnen sind so berühmte wie *Grigore Alexandrescu* (1810–1858), *Alecu Donici* (1806–1866), *Ion Eliade Radulescu* (1802–1872), *Constantin Stamati* (1786–1869), der »Muza romanesca« schrieb, *Costache Blacescu* (1808–1888), *Gheorghe Tautu* (1823–1885), der berühmte *Vasile Alecsandri* (1821–1890), der »Doine« schrieb und »Poezii populare ale românitor« herausgab, *Gheorghe Sion* (1822–1892), *George Ranetti* (1875–1925), *Ion Luca Caragiale* (1832–1912), *George Topîrceanu* (1886–1937).

Neben diesem Reichtum an Folklore und Fabeln gibt es einen großen Schatz an Volksmärchen, die gesammelt wurden. Sie beeinflußten die literarischen Märchen. Angesehene rumänische Schriftsteller wie *Alexander Adobescu, Ion Slavici, Ion Creanga* und *Mihail Eminescu* schrieben diese beliebten Erzählungen und Legenden.

Petre Ispirescu (1830–1887) gehört zu den besten rumänischen Schriftstellern. Er sammelte Volksmärchen, Sagen »Basme«, Sprichwörter und Rätsel. Später stilisierte Ispirescu kunstvoll die überlieferten Erzählungen zu Phantasiedichtungen, die alle ein Grundthema haben: Rumänien. Sein Hauptwerk ist »Legenden oder Märchen der Rumänen«, das so berühmte Märchen wie »Jugend ohne Alter und Leben ohne Tod«, »Benjamin der Starke und der Goldapfel« und »Der mutwillige Hirtenjunge und Grenceanu« enthält.

Der Schriftsteller *Barbu Delavrancea* hob den Wert dieses Buches hervor: »Wenn du diesen Band liest und wiederliest, meinst du, ein ganzes Volk zu hören.«

Dimitri Bolintineanu (1819–1872) beschäftigte sich hauptsächlich mit historischen Sagen; er veröffentlichte ein Buch »Historische Sagen oder Schlachten der Rumänen«, das Verslegenden enthält und in der ausdrücklichen Absicht geschrieben wurde, Kinder zu erziehen und in ihnen patriotisches Gefühl zu erwecken »durch die Erinnerung an die Tugenden und durch die Beschreibung der Fehler unseres Volkes«. Er ist auch wegen der Werke bekannt, die er Stefan dem Großen, Prinz der Moldau, widmete, der von 1457 bis 1504 lebte und 47 Kriege zur Verteidigung seines Vaterlandes führte. Die Sagen »Mircea der Große und die Boten«, »Daniel der Eremit« und vor allem »Die Mutter Stefans des Großen« wurden weit verbreitet.

In dem Buch »Erzählungen« von Bolintineanu findet sich ein Gedicht von großem Wert, »Mihnea und die Alte«. Es ist die Geschichte einer alten Frau, deren Sohn im Heere Mihneas steht. Sie schließt einen Pakt mit dem Teufel, damit ihr Sohn einen höheren Rang und mehr Sold bekomme. Der Sohn stirbt, und Mihnea wird die Schuld an seinem Tod gegeben. Die Alte, die eine Art Hexe ist, versucht, sich auf verschiedene Arten zu rächen.

Wenn die historischen Erzählungen von Bolintineanu angesichts der bewegten Geschichte des rumänischen Volkes großen Erfolg hatten, so wandten sich bedeutende Dichter am liebsten der patriotischen Lyrik zu. Durch die Lesebücher für Schüler der Grund- und Mittelschulen wurden ihre Gedichte bei der jungen Generation sehr bekannt. *Grigore Alexandrescu* schrieb »Der Schatten Mirceas von Cozia« und »In Tismana«; *Vasile Alecsandri* schrieb die Gedichte: »Penes Cucarul«, »Sergentul«, »Ode an die rumänischen Soldaten« und »Ständchen der Union« aus dem Zyklus »Unsere Soldaten«, der sehr beliebt war. *George Cosbuc* ist der Autor von »Letzte Bitte« und »Drei und alle Dreier«; *Alesandro Vlahuta* beschrieb in poetischer Prosa die Landschaften seiner rumänischen Heimat in seinem Buch »Malerisches Rumänien«; *Octavian Goga* schrieb viele patriotische Gedichte, *St. O. Iosif* schrieb »Auf zu den Waffen«; das Gedicht fand ein starkes Echo. *Andrei Muresanu* (1816–1863) ist bei Kindern und Jugendlichen sehr bekannt, besonders durch sein patriotisches Gedicht »Das Echo! Erwache, Rumäne!«. Begleitet von der

Musik von Anton Pann wurde es zu einer Art rumänischer »Marseillaise«, die so anfängt:

»Erwache, Rumäne, aus deinem todesähnlichen Schlaf, zu dem dich deine barbarischen Tyrannen verdammten. Jetzt oder niemals ist es Zeit, dein Schicksal zu ändern. Vor dem sich deine grausamen Feinde beugen müssen.«

Ion Creanga (1837–1889) ist einer der beliebtesten Schriftsteller Rumäniens. Wie Anton Pann war er ein großer Kenner der heimatlichen Folklore; bäuerliche Gelehrsamkeit verlieh seinen Werken einen ganz eigenartigen Charakter. Er schrieb eine Reihe von Volksmärchen: »Die Schwiegermutter und ihre drei Schwiegertöchter«, »Die Geschichte von Harap Alb«, »Die Geschichte von Stan Patitul«, »Die Ziege mit den drei Zicklein«; sie alle sind sehr realistisch und spielen in der Gegend der Moldau, wo der Schriftsteller geboren wurde. In vielen von ihnen – z. B. in »Flaminzila und Setila« – kommen Personen vor, die genauso sprechen und sich genauso benehmen wie die Bauern des Dorfes Humulesti, Heimatdorf des Dichters. Diese Geschichten können auch auf der Bühne aufgeführt werden; sie ähneln in ihrer Art kleinen dramatischen Stücken.

Creanga beherrschte die Volkssprache, er gebrauchte viele Redewendungen und Reime und gab all seinen Erzählungen eine humoristische Nuance.

Eines seiner meist gelesenen Bücher ist »Erinnerungen an die Kindheit«, in dem er mit großer Meisterschaft die Erinnerung an die Bräuche seines Dorfes wachruft und seine Einwohner beschreibt, bei denen er eine glückliche Kindheit verlebte. Nur gegen die altmodischen Erziehungsmethoden seiner Schule wandte er sich kritisch. Creanga gebrauchte viele überlieferte Redensarten, die schon seit alters her verwandt wurden, und schrieb einen gedrängten, knappen Stil.

Unter den klassischen rumänischen Schriftstellern gibt es solche, die auch für Kinder geschrieben haben. Die Fabeln von Grigore Alexandrescu, die Legenden von Vasile Alecsandri, die Geschichten und Skizzen von *Ian Luca Caragiale* wie »Herr Goe und Vista«, die Geschichten von *Barbu Delavrancea* »Herr Vucea« und »Der Großvater und die Großmutter«, die Gedichte von George Cosbuc »Frühlingsboten« und »Winter auf der Straße«, die Dichtung von St. O. Josif »Wiegenlied« und »Frühlingslied« und von George Topîrceanu »Herbstrhapsodie« und »Die Grillenballade« gehören hierhin. Noch weitere Erzähler müssen erwähnt werden. Unter ihnen *Emil Gîrleanu* (1878–1914). In seinen Erzählungen sind kleine Tiere und Insekten die Helden; seine bekannteste Erzählung ist »Das Reh«, eine dramatische Geschichte über Mutterliebe bei Tieren.

Ion Alecsandru Bratescu-Voinesti (1868–1946) ist ein großer Erzähler, der mit Vorliebe über die im Leben Unglücklichen und das einfache Volk schrieb. Aus seinem Erzählband »Die Welt der Gerechtigkeit« ist besonders die Geschichte »Das Huhn« zu erwähnen, aus dem Band »Dunkelheit und Licht« die Erzählung »Der arme Tric«.

Zu nennen ist auch das Werk der Dichterin *Elena Farago* (1878–1953), die Kindern zwei Gedichtbände widmete: »Für die Kinder« (1913) und »Laßt uns gut sein!« (1923). Auch ihre Erzählungen sind als Kinderlektüre geeignet: »In einem Schwalbennest« und »Tagebuch eines Katers«.

Mihail Sadoveanu (1880–1963) ist ein großer Erzähler, der sich in seinem Werk an Leser aller Altersstufen wandte. Bei Kindern und Jugendlichen sind seine historischen Erzählungen sehr bekannt: »Die Familie der Soimaru«, »Die Brüder Ideri« und »Nocoaras Potcaova«, ebenso die Erzählungen aus seiner Kindheit »Der Stall meiner Großeltern«, »Die Nacht, in der alle Tiere redeten«, »Herr Trandafir«, »In Mestecanei«, »Der Falke«, »Ein verärgerter Mann«, »Das Lied der Nachtigall« und die Geschichten aus dem Band »Das Paradies« (1959), von denen besonders erwähnt werden müssen: »Im Wald von Petrisor« und »Mein Hirsch«.

»Die Familie der Soimaru« ist eine historische Erzählung, zugleich aber auch eine Abenteuergeschichte. Sie berichtet von den Heldentaten eines freien Landmannes, Tudor Soimaru, der zu der Zeit lebte, als sich Stefan Tomsa (1612) zum Prinzen der Moldau erklärte. Nach dem Sieg von Tomsa rettet Tudor auf dem Heimweg die Tochter eines Bojaren, die von Kosaken geraubt worden war. Sie wird seine große Liebe. Als er aber erfährt, daß ihr Vater die freien Bauern unterdrückte und sich ihrer Länder bemächtigte, bestraft er den Bojaren, obwohl er dadurch seine Braut verliert. Sehr gute Erzählungen sind »Der Stock« – sie wurde durch die Ballade »Miorita« angeregt – und »Das entzückende Wäldchen«.

Victor Eftimiu (1889) widmete Kindern viele Bücher in Versen und in Prosa, die von der Folklore beeinflußt waren. Er schrieb auch historische Erzählungen »Aus der Zeit der Woiwoden« und »Die Gerechtigkeit des Ion Vodă« und Verserzählungen »Insirte Margarite« und »Benjamin«. Prosaerzählungen sind »Die Geschichte der Haiduken« und »Die Geschichten von Mos Cocos Cocolos«.

Der Dichter *Tudor Arghezi* (1880–1967) schrieb seit 1927 für Kinder, so »Wiegenlied für Mitura«. Der Kritiker G. Calinescu sagt von seinem Werk: »Tudor Arghezi bevorzugt die kleine Welt, was jedoch nicht bedeutet, daß er mindere Dichtung schreibe; sie ist vielmehr in ihrer Art dem kindlichen Übermut angemessen.« Arghezi ist der erste große rumänische Dichter, der über das häusliche Leben und die Kinderzeit schrieb. Er beugt sich mit großem Interesse auch zu den kleinen Lebewesen herab, die nahe beim Menschen leben: zu der fleißigen und bescheidenen Biene, dem Lamm, dem wachsamen Hund, der Gans und der zärtlichen Katze.

Für ihn wachsen die ›Wunder‹ dieser Welt aus der bescheidenen und schöpferischen Arbeit. In der Kinderpoesie Arghezis sind der klare künstlerische Ausdruck und eine große dichterische Intensität bestimmend; so auch in dem Gedicht, das einer Biene gewidmet ist:

> Ruhig und flink
> hast du viele Edelsteine
> und unzählige Wunder
> mit deinen Flügeln und deinem Mund vollbracht.

In seinen »Kinder-Gedichten« zeigt der Dichter eine beschützende Zärtlichkeit, die Kinder, die Welt der Tiere und der Natur umfaßt. Es zieht ihn zu der fröhlichen, spielerischen Welt der Kinder. Arghezi schrieb so vollendete Gedichte wie »Das Buch mit den Spielzeugen«, »Die Schöpfungsgeschichte« und »Ballett aus sieben Silben«.

Ionel Teodoreanu (1897–1953) wird, obwohl er Prosa schrieb, als Dichter der Kindheit angesehen. In seinen Werken verbindet er Reales und Geträumtes und gibt so dem Leser das Gefühl eines möglichen Wunders, ähnlich wie es zu Zeiten der Entstehung der Evangelien war. So vermeidet er es, die Kinderseele frühzeitig mit Tragödien zu belasten. Er hatte eine idyllische Lebensauffassung. Teodoreanu schrieb mehrere Bücher: »Die kleine Straße der Kindheit«, »Im Haus der Großeltern« und die Trilogie »In Medeleni«, die voller Lyrik und wie durchweht von einer glücklichen Unruhe sind. In seinen Büchern sind nicht so sehr die Handlung, sondern die Gefühle und die lyrische Spannung, die alles bewegt, bedeutsam. »In Medeleni« handelt von den großen Schulferien dreier Kinder: Olguta, Dănut und Monika.

Die letzten Seiten in der »Letzten Erzählung« werden zu wahren Gedichten, die dem Augenblick gewidmet sind, da ein Kind sich von seiner Kindheit löst und eine neue, verwirrende und bisher nie gekannte Empfindung zum ersten Male spürt: die Liebe. Das Buch fand großen Anklang bei Kindern und Jugendlichen.

Otilia Cazimir widmete Kindern viele Gedichte: »Der Alte«, »Der Winter kommt ins Dorf«, »Mein Buch mit Bildern«, »Luchi ist tot«. Die Schriftstellerin und Historikerin Lucia Ulteanu sagt von ihr: »Sie beschränkt sich nicht darauf, eine spielerische Atmosphäre in ihren Werken zu schaffen, sie charakterisiert auch ihre kleinen Helden, in dem sie bestimmte Spiele und Verhaltensweisen der Kinder beschreibt.« Sie bestätigt damit etwas sehr Wichtiges: Spiel und Spielzeug sind die geeignetsten Mittel für die Kinderliteratur, sich der Kinderwelt anzupassen. Man kann sagen, daß die Dichtungen Otilia Cazimirs wie echtes Spielzeug wirken: Ihre Verse sind Spielzeug, das der Wirklichkeit neue Dimensionen öffnet, sie aber auch auf vertraute Weise darbietet, so daß auf diese Art der erste Kontakt des Kindes mit dem Leben erweitert und geschützt wird. Jedes Gedicht verwandelt sich in ein Spiel, durch das die ganze Welt das Kind empfängt.

»Luchi ist tot« ist ein Buch autobiographischer Erinnerungen, in dem die Autorin sich selbst als träumerisches Mädchen zeichnet, das Phantasiemärchen erfindet.

Nach dem letzten Krieg veränderte sich das soziale Leben Rumäniens völlig. Die Kinder- und Jugendliteratur spiegelt diesen Wandel. Bilder und Erzähltechniken wurden erneuert, Komposition und Sprache paßten sich dem Wandel der Zeit und der Ideologie an.

So, wie man in Rußland von Gorki an eine neue Richtung erkennt, ist auch bei vielen rumänischen Schriftstellern ein Wechsel spürbar. Das Kind wird die Hauptperson, und der Schriftsteller erörtert die Geschehnisse zusammen mit seinem kleinen Leser. Die Lyrik dringt in alle literarischen Gattungen ein. Ganz offensichtlich versucht man, Erzählung und Gedicht zu verbinden. So gibt es bei dem Schriftsteller Fanus Neagu in seinen Erzählungen »Die weißen Pferde von Bukarest« gedichtähnliche Stellen. Der Held ist ein Kind von sechs Jahren, das in jeder der Erzählungen einen anderen Namen hat und in jeder in einem anderen Dorf lebt; es bezaubert durch seine Aufrichtigkeit und durch die Poesie seiner Handlungen und kindlichen Wünsche. Der Junge nimmt seine Spiele sehr ernst und schmiedet alle möglichen Pläne: »Die Blätter der Pappel sind gelb geworden, ich werde hundert oder zweihundert Blätter naß machen und sie mir aufs Gesicht, die Arme und die Brust kleben und mich in einen gelben Drachen verwandeln. Dann werde ich den Kater beißen und ihn zwischen meinen Klauen drücken, bis er mir sagt, wo meine Tauben sind. Ich hatte vier und jetzt habe ich keine mehr... Wenn mir Flügel wüchsen, würde ich nie über den Boden gehen. Wenn man Flügel hat, kann man in die Höhe fliegen und in einer Wolke schlafen. Ich würde dorthin gehen, und wenn du, Großvater, nicht schlafen könntest, würde ein Regen kommen und deine Augenlider schwermachen.«

Octav Pancu-Iasi trifft in seinen Büchern den Ton der Alltagssprache, die Kindern vertraut ist. Seine Hauptpersonen sind oft junge Tiere, die vergnügliche Abenteuer erleben. Der Autor kommentiert die Ereignisse und wendet sich dabei an seinen Leser; dadurch erhalten seine Erzählungen eine leichte und scherzhafte Nuance. Er fügt auch oft einfache Verse und kleine Lieder ein.

Sonia Larian schreibt aus dem Blickwinkel eines Kindes und stellt seine Ansicht der Welt dar. Sie schrieb die Bände »Außergewöhnliche Ereignisse« und »Der farbige Kontinent«. Sehr originell ist ihre Erzählung »Die Kinder, die zuerst groß waren und dann wieder klein wurden«. Wie die Kritikerin Lucia Ulteanu sagt, »bevorzugt Sonia Larian manchmal Erzählungen mit drei Hauptpersonen, die eine bestimmte Formel wiederholen, dabei nur die letzte Zeile verändern. Sie erinnert damit an die seltsamen Formeln, denen Kinder einen magischen Sinn bei ihren Spielen geben und die oft von Generation zu Generation überliefert werden. Jede Erzählung ist ein Spiel mit einer bestimmten Symmetrie, sie ist eine Art Rätsel. Die Personen werden durch Symbole gekennzeichnet, sie sind durch überlieferte Zeichen personalisiert: z. B. ›das Mädchen mit weißen Bändern und der Junge mit roten Sandalen‹.«

Ein weiterer bedeutender Schriftsteller ist *Petre Luscalov*, der für sein Buch »Der weiße Hirsch« einen Preis erhielt.

In all seinen Büchern möchte der Autor, daß seine kindlichen Helden das Gefühl für Güte und für Gerechtigkeit entdecken und den ethischen Sinn des Lebens verstehenlernen. Er bemüht sich darum in »Die rote Seerose«, »Das wilde Entchen« und »Die Krawatte«.

Zu erwähnen ist auch das Werk von *Gica Iutes*, die »Die Enthusiasten« und »Die von Crisanta« schrieb. *Mircea Sintimbreanu* hat eine besondere Vorliebe für Themen aus dem schulischen Leben; er macht manchmal Dinge, die Schüler benutzen, zu Hauptpersonen seiner Bücher: einen Bleistift, eine Schulmappe, den Füllfederhalter, und das alles mit viel Sinn für Humor. In den Büchern »Unter der Lupe«, »Mit und ohne Schulmappe«, »Zwei Preisträger« und »Bonbons mit Pfeffer« beschreibt er witzige Ereignisse und komische Situationen.

Patriotische Erzählungen schrieben *Eusebio Camilar* und *Dumitriu Almas*; *Alexandru Sahighian* schrieb »Der Goldhelm«, *Alexandru Mitru* »Die Sagen vom Olymp«;

218

Calin Gruia wurde für seine Sammlung »Jucausul« prämiert; *Mioara Cremene* und *Iuliu Ratiu,* der »Der Planet der Jugendlichen« schrieb, sind noch zu nennen.

Ein interessanter Autor ist *Marin Sorescu.* Er veröffentlichte einen Gedichtband »Wohin gehen wir, wenn wir von Zuhause fliegen?« voller Lyrik und mit einer humoristischen Lebensansicht. Seine Erfindungsgabe und seine Phantasie sind so groß, daß der Leser von einer Überraschung zur anderen geführt wird.

Für das Theater ist das Werk von *Alecu Popovici* bedeutsam; er schrieb »Der Junge von der zweiten Bank« und »Draußen ist der gemalte Zaun, drinnen befindet sich der Leopard«. In diesem Stück mischen sich die Schauspieler unter die Zuschauer, und alle suchen gemeinsam die Lösung für das Stück. Sehr umfangreich und wertvoll ist das dichterische Werk von *Marcel Braslasu, Nina Cassian, Ion Brad, Victor Tulbure, Gelu Naum, Cicerone Teodorescu, Nicolae Labis, Cezar Dragoi, Alexandru Andritoiu, Ion Horea* und *Veronica Porumbacu.*

Tanase schrieb Kriminalgeschichten wie »Die Musikkapelle, die den Ton wechselte« und »Ich floh von Zuhause«, *Constantin Chirita* Kinderabenteuergeschichten wie »Ciresarii«, und *Radu Tudoran* schrieb »Mit vollen Segeln«. Gewöhnlich haben viele dieser Abenteuer- und Kriminalgeschichten das eine gemeinsam, daß ihre Helden bestimmte Ideale hochhalten, während die Erzählungen nur die Absicht haben, etwas Unbekanntes zu erhellen.

Zukunftsromane haben großen Erfolg. Hier seien *Felix Aderca* und *Mihu Dragomir* erwähnt. Der hervorragendste ist jedoch *Vladimir Colin,* der für seine »Erzählungen« den Staatspreis erhielt. Er schrieb zwei sehr originelle Zukunftsromane »Die zehnte Welt« und »Die zweite Zukunft«. Der Schriftsteller stellt sich höhere Welten, die vollkommener sind als unsere, vor; sie sind aber nicht erreichbar, es gefällt ihm nur, ihre fremde Schönheit zu beschreiben. Zu nennen sind auch noch das Buch von *Sergiu Farcasan* »Der Angriff der Cesiomistas« und die »Seltsamen Erzählungen« von *Victor Kernbach.*

Bibliographie

Constantinescu, Al. C.: Literature for the young. Rumanian Review, Bukarest. Vol. 7, Nr. 1, 1953.
Stanciu, Illie: Copilul si cartea. Bukarest 1958. (Bücher und Kinder)
—: Literatura pentru copii. Bukarest 1968.

Ungarn

Wie in fast allen Ländern geht auch in Ungarn der Entwicklung einer eigenen Kinder- und Jugendliteratur eine nur pädagogische Literatur mit Schullehrbüchern voraus. Man kann sagen, daß die Kinderliteratur zur gleichen Zeit wie die Buchdruckerei entstand. Die ersten in ungarischer Sprache gedruckten Bücher waren Lehrbücher im Geiste des Erasmus, die während des 16. Jahrhunderts verbreitet wurden und Kindern und Jugendlichen gewidmet waren. Es gab Vokabelbücher, Grammatiken, ungarische Fibeln, Katechismen und die ungarische Übersetzung der »Formulae puerorum colloquiorum«, eines Werkes von *Sebald Heyden*, der deutscher Lehrer und Schüler von Erasmus war.

Wie zu vermuten, gab es auch vor der Buchdruckkunst einige der Jugend gewidmete Werke wie die »Ratschläge des Heiligen Stephan für den Sohn des Heiligen Emerikus«; sie gehören zu den Büchern mit Beispielen und Strafen, die für das Mittelalter charakteristisch waren.

Von der Mitte des 16. Jahrhunderts an erschienen Werke für die Jugend; meist waren es kleine, für die Schule bestimmte Bücher. Einige von ihnen enthielten religiöse Streitschriften. Während des 17. Jahrhunderts gewann die Schulliteratur große Bedeutung. Es wurden Werke mit moralisierender Tendenz veröffentlicht, hauptsächlich Schuldramen, die aus fremden Sprachen übernommen wurden.

Unter dieser pädagogischen Literatur ragt besonders das Werk von Comenius, der »Orbis pictus«, hervor, der in der ganzen Welt berühmt wurde. Die erste ungarische Ausgabe erschien 1699.

Die Kinder- und Jugendliteratur entwickelte sich bis zum 17. Jahrhundert nicht als eigenständige Gattung weiter. Während dieser Zeit erreichte die Übersetzung und Bearbeitung ausländischer Werke ihren Höhepunkt. Das erste übersetzte Buch war der »Telemach« von Fénelon (1966), ihm folgte der »Robinson« von Campe; beide hatten großen Erfolg und wurden oft nachgeahmt. Von diesen Nachahmungen ist besonders das Buch »Die Abenteuer des Andreas Jelky, eines jungen ungarischen Schneiders« zu erwähnen, das auch heute noch von ungarischen Kindern gelesen wird.

Anfang des 19. Jahrhunderts erreichte die ungarische Kinderliteratur eigenes Profil. Das große Interesse der Romantik für das Kind regte die Verbreitung von Büchern an, die für das Kind bestimmt waren, und zwar sollten diese Bücher nicht nur der Belehrung, sondern auch der Unterhaltung dienen. Die politischen Kämpfe innerhalb des Landes und die Revolution von 1848/49 brachten eine dramatische Spannung mit sich, die sich in einigen Büchern für die Jugend niederschlug. Sie wollten den Patriotismus preisen und den Wunsch nach Unabhängigkeit wecken.

Die erste ungarische Jugendzeitschrift »Der ungarische Kinderfreund« (1843) hatte ausgezeichnete Schriftsteller zu Mitarbeitern.

Aus der Fülle von Kinderbüchern ist das von *Amalia Bezerédj* »Das Buch von Flori« als erstes original ungarisches Kinderbuch besonders zu erwähnen. Hierhin gehört auch das 1848 erschienene Buch von *János Gáspar* »Unterhaltungen für Kinder, die nicht lesen können«; im Vorwort formuliert der Autor einige bedeutende Grundsätze über Kinderliteratur. Sein Werk enthält auch Märchen der Gebrüder Grimm, er selbst interessierte sich für die Weltliteratur.

1848 veröffentlichte *Ignác Karády,* der den Sohn des berühmten Staatsmannes Lajos Kossuth erzog, eine Bearbeitung des Don Quijote für die Jugend. Zur gleichen Zeit erschienen die Märchen von Andersen, in ihrer Mehrzahl von *Julia Szendrey* bearbeitet, der Frau des großen ungarischen Dichters Sándor Petöfi (1823–1849).

Mitte des 19. Jahrhunderts wurden die Indianergeschichten von J. F. Cooper mit großem Erfolg übersetzt, ebenso die »Abenteuer des Baron von Münchhausen«, die Abenteuer des »Gulliver« von Swift und »Onkel Toms Hütte« von H. Beecher Stowe; das Buch erschien 1853. Später übersetzte man auch Mark Twain und Jules Verne.

Diese vielfältige Begegnung mit ausländischer Kinderliteratur hatte fruchtbaren Einfluß auf die ungarische, trotz der widrigen Umstände, in denen sich das Land befand. Durch das Scheitern der Revolution und des Kampfes um die Unabhängigkeit kam ein Regime an die Macht, dem die Veröffentlichung von Jugendzeitschriften, deren Lebensdauer meist nur kurz ist, nicht genehm war. Die Veröffentlichung deutscher Zeitschriften wurde dagegen offiziell unterstützt. Ende des 19. Jahrhunderts erschien nach dem Vertrag mit Österreich (1890) ein Kinderblatt »Meine Zeitung«, die bei den kleinen ungarischen Lesern sehr beliebt war. Von diesem Augenblick an erschien eine Fülle von Zeitungen, an denen bedeutende Schriftsteller mitarbeiteten.

Mór Jókai und *Kálmán Mikszáth* (1847–1910) schrieben außer solchen Zeitungsbeiträgen Bücher und Geschichten für Kinder, während *Pál Gyulai*, einer der großen Kritiker seiner Zeit, Gedichte für sie schrieb. *Mózes Gáál* schrieb Geschichten und bearbeitete ungarische Sagen für die Jugend. *Zsigmond Sebök* (1861–1961) schrieb Bären-Geschichten, die sehr beliebt waren. Sie sind eine Variante der Fabeln, in denen Tiere menschliche Züge haben und wie Menschen denken. »Die Geschichte des Bärchen Macko Muki« ist besonders zu erwähnen. Sebok gründete auch eine Zeitung »Der gute Kamerad«.

Ohne jeden Zweifel war jedoch der bedeutendste Jugendschriftsteller *Elek Benedek* (1859–1929). Er zog von Dorf zu Dorf, um Volksmärchen zu sammeln und sie den Kindern zu erzählen. Der Autor liebte sein Land und die Überlieferungen der einfachen Leute und der Bauern; er wollte auch die Kinder Liebe zu den Armen lehren. Benedek war ein wahrer Apostel der Kinder- und Jugendliteratur. Als Abgeordneter wandte er sich in einem Aufruf voll Pathos an die Nationalversammlung und bat um mehr Aufmerksamkeit und Unterstützung für die Jugendliteratur. Er selbst gab auch Kinderzeitschriften heraus. Seine Bearbeitungen der Folklore gingen denen von Bartók und Kodály voraus.

Zu Beginn des 20. Jahrhunderts muß *Géza Gárdonyi* (1901) erwähnt werden, er schrieb die Erzählung »Die Sterne von Eger«, die auch heute noch gern gelesen wird. Sie spielt im 16. Jahrhundert und berichtet von der heroischen Verteidigung der Festung Erlau gegen die Türken. Das Buch, das vor allem Jungen gefällt, ist wegen der spannenden Handlung, der romantischen Verwicklung und wegen des glorreichen Sieges der patriotischen Helden beliebt.

1907 erschien »Die Jungen der Paul-Straße« von *Ferenc Molnár* (1878–1952). Die Erzählung hatte Welterfolg und wurde in viele Sprachen übersetzt. Die Helden dieser Geschichte, die in einer Straße der ungarischen Hauptstadt spielt, sind eine Bande von Jungen und ihre Feinde, ebenfalls streitbare Knaben. In diesen Szenen voller Mut und Heldentum bleibt eine Jungengestalt unvergessen: Nemecsek. Der Autor wollte zunächst nicht für Kinder schreiben und war von der begeisterten Aufnahme, die seine Erzählung bei ihnen fand, sehr überrascht. Sie beweist gute Kenntnis der kindlichen Psyche, ist voller Humor und Poesie und durch die dramatische Handlung in jedem Augenblick spannend. Ferenc Molnár gehört zu den besten Kinderschriftstellern; obwohl er für Erwachsene schrieb und auf ein großes Werk als Journalist zurückblicken konnte, blieb er doch im Grunde seines Herzens, wie er selbst bekannte, Kinderschriftsteller.

In Erinnerung an seine eigene, in großer Armut verbrachte Kindheit betont er in seinem Werk das Mitleid mit den Armen und den einfachen Leuten, wie er auch mit Vorliebe ihre bescheidenen Häuser und ländlichen Hütten beschrieb. Er gab Bearbeitungen von Volkserzählungen heraus, aber auch eigene Erzählungen voller Poesie. Eines seiner am häufigsten gelesenen Bücher ist »Der kleine Schatzfinder«, in dem Ereignisse des täglichen Lebens, aber auch außerordentliche Geschehnisse berichtet werden. Das Buch wurde Pflichtlektüre in den Schulen. Die Erzählung »Der Sohn des Gefangenen« berichtet von den Leiden des ungarischen Volkes während der türkischen Besatzung im 17. Jahrhundert und bringt die Geschichte eines jungen Helden, der seinen Vater zu befreien suchte. Ferenc Molnár ist bei Kindern und Jugendlichen beliebt, er gehört zu den Klassikern in der Geschichte der Kinderliteratur.

Beliebt ist auch *Zsigmond Móricz* (1879–1942), er schrieb Geschichten und Erzählungen für die Kleinen. Hohes Niveau hat seine Erzählung über ein Abenteuer während einer Überschwemmung »Mohn über dem Meer«. In der Jugendliteratur ist seine Erzählung »Sei gut bis zum Tod« zu erwähnen, die in mehrere Sprachen übersetzt wurde. Sie erzählt von einem gutmütigen und sensiblen Jungen, dem in der Schule böse Streiche gespielt werden und der sogar des Stehlens verdächtigt wird. Als die Wahrheit aufgedeckt ist, will der Junge, der viel gelitten hatte, nicht weiter Schüler auf dieser Schule sein. Er wird später selbst Lehrer und Schriftsteller, um andere zu lehren, daß man bis zum Tod gut sein muß, wie ihm einst seine Mutter sagte. Das

Buch hat viele autobiographische Züge; der Autor erlebte selbst viele Enttäuschungen und sah sich häufig angegriffen.

Andere Schriftsteller der Kinder- und Jugendliteratur in dieser Zeit sind:

Pál Gulyás, Attila József, Dezsö Kostolányi, Gyula Krudy, Miklós Radnóti, György Sárközy, Lórinc Szabó, Ernö Szép, Józsi Jenö Tersánszky, Zseni Várnai

Nach dem Zweiten Weltkrieg und während der russischen Besetzung nahm sich ein Verlag ausschließlich der Kinderliteratur an: der Verlag Ferenc Molnár. Im Schriftstellerverein haben spezialisierte Schriftsteller Versammlungen und Diskussionen. Von 1948 bis 1956 übersetzte man viel aus dem Russischen. Erst nach der Revolution wurden im Zeichen der neuen Unabhängigkeit Bücher aus dem Französischen, Deutschen und Italienischen übersetzt, außerdem wuchs die eigene Produktion.

Unter den bedeutendsten Autoren nach 1945 seien *Imre Csanádi, Gyula Illyés, Ferenc Jankovich, Ferenc Juhácz, Lajos Kassák, János Pilinszky, Lorinc Szabó, Ernö Szép, György Szüdy, Sándor Weöres, Zoltan Zelk*... genannt. Alle veröffentlichten Verserzählungen.

Prosageschichten wurden von folgenden Autoren geschrieben: *Kato Acs, Agnes Bakó, Laszló Hárs, Emil Lolozsvári* und anderen, die hier nicht aufgeführt werden können.

Unter den Jugendschriftstellern ragen *Sándor Tatay, Miklos Vidor, Peter Bogáti, Magda Szabó, Zsuzsa Thury, Gyula Fekete* hervor.

1930 wurde der Versuch einer Geschichte der Jugendliteratur von *Pál Drescher* mit alten Reproduktionen veröffentlicht. Ein großer Teil unseres historischen Überblicks ist *Ferenc Kolta* zu verdanken.

Bibliographie

Kepes, Agnes / Eta Szász: Uj beszélö könyvtár. Budapest 1969.

Tschechoslowakei

Die Volkstradition: Božena Nemcová – Die Dichter: Václav Sládek

Wie bei vielen anderen Geschichten der Kinderliteratur finden sich auch im Anfang der tschechischen didaktische Bücher. Die Blüte der tschechischen Sprache begann Ende des 18., Anfang des 19. Jahrhunderts. In dieser Zeit erschienen eine Reihe pädagogischer und religiöser Publikationen zur Belehrung von Kindern und Jugendlichen, die aber zum größten Teil ohne literarischen oder künstlerischen Wert waren. Die Namen von *Vaclav Matéj Kramerius* (1753–1808) – er schrieb lehrhafte Bücher – von *Karel Alois Vinaricky* (1803–1869) und *Vicenc Zahradnik* (1790–1836), die Fabeln und Gedichte schrieben, sind zu erwähnen.

Mitte des 19. Jahrhunderts erschienen mehrere Bücher mit bewußt patriotischer Tendenz. Gleichzeitig begannen sich viele Theoretiker für die Kinderliteratur zu interessieren. Das zunehmende Interesse für die Folklore, das in ganz Europa verbreitet war, veranlaßte viele tschechische Schriftsteller, Volksüberlieferungen aufzuzeichnen. Sie schufen – nach einer späteren Überarbeitung – eine erste Kinderliteratur aus Erzählungen, Sagen und tschechischen Mythen, die außerdem das Nationalgefühl verstärkten. *F. L. Celakovsky* (1799–1852), *K. J. Erben* (1811–1870) und *Božena Nemcová* (1820–1862) müssen hier erwähnt werden; die Bereicherung der folkloristischen Literatur wurde von *Jan Neruda* (1834–1891) und *Vitezslav Hálek* (1835–1874) fortgesetzt.

Božena Nemcová wird heute als einer der großen Klassiker der tschechischen Kinderliteratur angesehen; ihre Erzählungen und Legenden, die alle Kinder kennen, sind schön und bemerkenswert wegen ihrer Motive.

Zeitgenosse dieser Liebhaber der Volksüberlieferungen war *Josef Václav Sládek* (1845–1912); er widmete Kindern einen großen Teil seines poetischen Werkes und bestimmte die spätere Entwicklung der Kinderpoesie. Seine Verse sind von der Volkspoesie beeinflußt; man kann von ihnen sagen, daß sie für alle geschrieben wurden. »Der goldene Mai« (»Zlaty Máj«) ist eine der schönsten Gedichtsammlungen, ebenso »Die Lieder der Lerche und der Glocken«.

Beachtenswert ist das Werk von *Josef Kožišek* (1861–1933) – er schrieb Verse und Prosa – und *František Bartoš* (1837–1906), der als Dichter von der folkloristischen Kinderpoesie beeinflußt war und in ihr einen künstlerisch höheren Wert sah als in der lehrhaften Poesie seiner Zeit.

Bemerkenswert ist auch der Autor von »Der Johanniskäfer« *Jan Karafiát* (1846–1926), der ein Klassiker der tschechischen Kinderliteratur geworden ist. *Karel Václav Rais* (1858–1926) schrieb Kinderbücher mit Themen aus dem Landleben, realistische Geschichten und historische Bücher: »Die Schüler«, »Mutter und Söhne«, »Blätter zu einer tschechischen Chronik«. *Alois Jirasek* (1851–1930) schrieb »Tschechische Legenden«.

Erste Essays und Studien über Kinderliteratur – Verschiedene Autoren – Ästhetische Tendenzen – Die Zeitschrift »Zlaty Maj«

Anfang des 20. Jahrhunderts war das Interesse an Prosa stark, die Poesie dagegen vernachlässigte man etwas. Zur gleichen Zeit wurden die ersten Essays über Kinderliteratur geschrieben, die von der durch Ruskin begonnenen Bewegung für die ästhetische Erziehung in Europa beeinflußt waren. Zu dieser Bewegung gehörten: *T. G. Masaryk* (1850–1937), *Otakar Hostinsky* (1847–1918), *J. Petr* (1862–1922), *V. V. Suk* (1883–1934) und *O. Pospišil* (1871–1949), die 1924 die erste »Geschichte der tschechischen Kinderliteratur« veröffentlichten. 1913 erschien die Kinderzeitschrift »Uhor« (Brachland).

Die bemerkenswertesten Autoren des ersten Viertels des 20. Jahrhunderts sind *Jindrich Simon Baar* (1869–1925), der Geschichten und regional bestimmte Erzählungen wie »Sagen aus dem Chodenland« schrieb; *Helena Benešová* (1873–1937), die Bücher mit Themen der Jugendpsychologie wie »Grausame Jugend« und »Junge Leute« veröffentlichte, außerdem *Jan František Hruška* (1865–1937) und *Josef Krušina ze Švamberka* (1859–1914), die in realistischer Prosa über regionale Themen schrieben. *Pavel Sula* (1882) ist einer der aktivsten Schriftsteller, der sich unter den verschiedensten kritischen Aspekten mit Kinderliteratur beschäftigte und außerdem Kinderarbeiten für Anthologien sammelte, zusammenstellte und herausgab. *Adolf Wenig* (1870–1940) schrieb vor allem historische Erzählungen. Er entsprach damit dem allgemein wachgewordenen Interesse seiner Zeit an historischen Themen, begnügte sich aber nicht nur mit der historisch richtigen Beschreibung, sondern gab in seinen Erzählungen auch Gefühlswerten Raum. *Franta Supan* (1858–1929) schrieb humorvolle, realistische Erzählungen, die die Kinder sehr liebten.

Nach dem Ersten Weltkrieg und nach der Gründung der Tschechoslowakei im Oktober 1918 entwickelte sich in stärkerem Maße eine eigenständige tschechische Kultur und mit ihr die Kinderliteratur. Man war von der Notwendigkeit nur für Kinder geschriebener Bücher überzeugt. Die Vorherrschaft des Nützlichen und Didaktischen im 19. Jahrhundert wurde zugunsten des Ästhetischen gebrochen, das Phantasie und Kolorit bevorzugte. Sehr verdienstvoll machte sich die Mitarbeit solcher Schriftsteller bemerkbar, die sonst nur für Erwachsene schrieben, aber jetzt durch ihre Bücher die tschechische Kinderliteratur bereicherten und ihr neue und originale Züge verliehen.

Bedeutsam war ferner, daß die tschechische Volkserzählung nicht vernachlässigt wurde; sie bestärkte das Selbstgefühl der wachsenden Nation. In dieser Zeit vermehrten sich auch Kinderzeitungen der verschiedensten Richtungen, die gutes literarisches Niveau hatten wie z. B. »Der junge Herold« und »Der kleine Leser«.

Vereine für Freunde der Kinderliteratur wurden gegründet, Rezensionen und Essays in der Presse publiziert. Bedeutende Kritiker wie *J. Stepanek-Topol* veröffentlichten »Die tschechische Kinderliteratur«, *J. Petrus* »Panorama der tschechoslowakischen Literatur« und *F. Bulávek Dlouhán* (1906) »Literatur für Kinder«.

Diese ganze Bewegung schloß eine große Zahl von Schriftstellern der Kinderliteratur mit ein, es können hier nur die bedeutendsten genannt werden.

Karel Čapek (1890–1938), ein in der ganzen Welt bekannter, bedeutender Schriftsteller, schrieb für Kinder »Neue Geschichten« und »Ich hatte einen Hund und eine Katze«; außerdem werden einige seiner für Erwachsene geschriebenen Bücher auch von Kindern gern gelesen.

František Flos (1894–1961) schrieb Abenteuerbücher wie »Das tapfere Geschlecht« und »Unter der Sonne von Ekuador«. *Josef Stefan Kubin* (1864–1965) schrieb Erzählungen im Stil der Folklore »Geschichten der Jugend« und »Geschichten der Prinzessin«. *Josef Lada* (1887–1957) war ein bedeutender Erzähler und Illustrator (mit Otfried Preußler »Kater Mikesch«).

Vitezslav Nezval (1900–1958) war ein großer, vom Surrealismus herkommender Dichter, der Kinderbücher mit viel Phantasie veröffentlichte wie »Dinge, Blumen, Tiere und Menschen für Kinder«.

Josef Veromir Pleva (1899) schrieb eine Reihe von Erzählungen, unter denen die im Stil des sozialistischen Realismus geschriebene »Der kleine Bobesch« hervorragt; sie erzählt die Kindheit eines Dorfjungen.

Wenn auch nur flüchtig, seien noch *Karel Poláček* (1892–1944), *Václav Riha* (1867–1937) und *Ondrej Sekora* (1899–1967) erwähnt. Sekora war wegen seiner unterhaltenden Tiergeschichten sehr beliebt. Die Tiere, Ameisen und Käfer, benehmen sich darin wie Menschen. Seine beste Erzählung ist »Die Arbeiten des Käfers Pytlik«. *Eduard Storch* (1878–1956) schrieb Bücher, die in Prag spielen wie »Prag im Steinzeitalter«. *Vladislav Vancura* (1891–1942) entwarf historische Bilder der tschechischen Nation. Während der deutschen Besatzung (1939–1945) gab es wegen der scharfen Zensur kaum neue Kinderliteratur. Klassiker wie K. Erben, K. H. Borovsky, B. Nemčová und folkloristische Erzählungen und Berichte kamen damals wieder in Mode. In jener Zeit merkte man, wie notwendig eine Kinderliteratur war, um die Nationalkultur fester zu gründen, und erneut führten Kritiker und Theoretiker ihre Ideen in Essays aus.

O. Audy, N. Cerny, F. Holešovsky, V. Pažorek und *F. Tenčik* (in seinem Buch »Jugendliteratur«) bestanden auf der Notwendigkeit ästhetischer und nicht nur didaktischer Kriterien für die Kinderliteratur. Herausragende Autoren sind *Kamil Bednar* (1912), *František Behounek* (1898) und *Jaroslaw Foglar* (1907).

Zu den bedeutendsten tschechischen Poeten gehört *František Hrubin* (1910). Er bringt Kindern Volkslieder in hoher künstlerischer Form durch Rhythmus und Reim nahe. Seine Hauptwerke sind: »Sagt mit mir«, »Ich bringe, bringe Blumen«, »Der

Farbtafel von J. Trnka aus »Die Karawane«

Hirte und die Sonne«, »Die Monate«. *Maria Majerová* (1828–1967) war eine erfahrene Kritikerin der Kinderliteratur. Sie schrieb selbst Erzählungen: »Die magische Welt«, »Unterhaltende Geschichten aus aller Welt«, »Auf der Suche nach dem Vaterland« und »Robinsonka«; diese letzte Erzählung kann man mit dem »Kleinen Bobesch« vergleichen, denn auch in ihr werden die Konflikte des kindlichen Lebens ohne Sentimentalität und Idealisierung erzählt.

Nach dem Ende der Besatzung 1945 wachte das literarische Leben wieder auf, wobei stets Wert auf die künstlerischen und ästhetischen Kategorien gelegt wurde. Der russische Einfluß, der dem deutschen folgte, verhinderte, daß sich alle Bestrebungen der tschechischen Intellektuellen in voller Freiheit entfalten konnten; auch heute noch leiden sie unter dem Zwang bestimmter Weisungen auf literarischem Gebiet. Das Staatsmonopol für Publikationen und die Kontrolle der Verlage ist sehr stark. Dadurch wurde aber auch eine intensive poetische Bewegung hervorgerufen, und große Dichter erklärten, es gäbe in ihrer Poesie keinen Unterschied für Erwachsene oder Kinder.

Theorie, Kritik und literaturgeschichtliche Aufzeichnungen über Kinderliteratur erhielten durch die 1957 gegründete Zeitschrift »Zlaty Maj« großen Aufschwung. An ihr arbeiten Kritiker und Theoretiker mit: *J. Cervenka* (1925), *F. Holesovsky* (1904), *Vladimir Kovárik* (1913), *Vladislav Stanousky* (1922), *Zdenek Herman* (1934), *Václav Steiskal* (1922) – er schrieb eine »Geschichte der zeitgenössischen tschechischen Kinderliteratur« – *Otokar Chaloupka* (1935) und *Jaroslav Vorácek* (1927), beide sind Kritiker und schrieben »Profil der tschechischen Kinder- und Jugendliteratur«, das in »Zlaty Maj« 1968 und als Buch erschien und als Ausgangspunkt dieser Studie diente.

Kurz erwähnt seien noch einige Schriftsteller der Gegenwart: *Vera Adlova* (1919) schrieb Erzählungen für Jugendliche wie »Blues für Alexandra«; *Jan Alda* (1901) dramatisierte Erzählungen, *Ludvik Askenazy* (1921) schrieb zahlreiche Erzählungen, *Josef Boncek* (1932) »Es geschieht in dieser Nacht«, eine Erzählung ohne Sentimentalität, *Adolf Branald* (1910), *Jan Carek* (1898–1966), ein feinsinniger Dichter, und schließlich *Lumir Civrny* (1915), der Dichter *Ladislav Dvorak* (1920), *Miroslav Florian* (1931), *Josef Hanzlik* (1938).

Bohumil Riha (1907) schreibt für Erwachsene und für Kinder; er war Direktor eines Kinderverlages und Präsident des »Kreises der Freunde des Kindes«. Erzählungen von ihm sind »Doktor Ping«, »Auf der Flucht«, »Das kleine wilde Pferd Ryn«.

Jaroslav Seifert (1901) ist einer der großen tschechischen Dichter, er schrieb mehrere Gedichtbücher für Kinder. Erwähnt sei »Der Junge und der Stern«. *Zdenek K. Slaby* (1930) ist Redakteur der Zeitschrift »Zlaty Maj«, gehört zu den Theoretikern der Kinderliteratur, schrieb aber auch selbst Erzählungen und Geschichten wie »Drei Bananen«, »Die Schule der Sterne«, »Das Mädchen vom schwarzen Turm«, »Das Geheimnis der orangefarbenen Katze«, eine spannende und modern geschriebene Erzählung.

Lhostejnost a chlad
nevymizely ze světa,
jímž chtěl Amicis vést cestu
vzájemného pochopení
a lidského vciťování.
Ale možná že i to
je příčinou,
proč jeho Srdce
zůstává
tak živou knihou
pro naše děti
a učebnicí lásky i pro nás,
kteří tak často hřešíváme proti lidským vztahům
k ostatním. Myslím,
že může dosud působit na děti.
A nás se ptá, jestli jsme se svému dětství nezpronevěřili.
/František Kožík/

9
1970

časopis
o dětské
literatuře

Titel der Zeitschrift »Zlaty Maj«

Die slowakische Kinder- und Jugendliteratur – Humor, Phantasie und Abenteuergeist als vorherrschende Kennzeichen

Der slowakische Landesteil der Republik mit kaum vier Millionen Einwohnern besitzt eine ausgedehnte Kinder- und Jugendliteratur, das beweist die reiche und individuelle Ausdruckskraft seiner Schriftsteller. Am Anfang war sie wie die gesamte europäische Literatur sehr didaktisch, doch gelang es ihr zu Beginn des 19. Jahrhunderts, sich von der Fessel des Didaktischen zu befreien und sich als organischer Teil der Kunstliteratur zu entwickeln. Sie ging auf die Folklore, die unzähligen slowakischen Volkserzählungen, Legenden, Lieder und Spiele zurück, stützte sich aber auch auf das Erbe der klassischen slowakischen Literatur.
Zu diesen Schriftstellern gehören: *S. Chalupka, J. Král, J. Botto, J. Kalinciak, M. Kukucín, J. G. Tajovsky,* deren epischer Stil, Einfachheit des Ausdrucks und Liebe zum Kind völlig die Ansprüche der Leser aus der jungen Generation befriedigten.

229

Ludmila Podjavorinská (1872–1951) ist die erste in der Reihe bedeutender slowakischer Schriftsteller der Kinder- und Jugendliteratur. Sie schrieb auch Prosa, aber ihre Gedichte sind von größerer Vitalität. Sie zeichnen sich durch die Dynamik der Themen, melodischen Rhythmus und durch ihre Wortspiele aus. L. Podjavorinská will vor allem das kindliche Spiel als Äußerung der Aktivität, Vitalität und Phantasie der Kinder verstehen. Anmutig sind auch ihre Verserzählungen über Tiere. Die Tiere, Spatzen, Hasen, Eulen, Mücken, Füchse und Mäuse handeln in ihnen wie Geschöpfe der Natur, doch gleichzeitig auch wie ungehorsame Kinder. All ihre Erzählungen besitzen vitalen Optimismus und erfrischenden Humor. Gedichtsammlungen von ihr sind: »Kleine Ähren«, »Der Honigtopf«, »Kleine Glocken«, »Chin chin«, »Auswahl«, »Sie bringen ihn schon« und »Die Eule ging zum Tanz«.

In den dreißiger Jahren wurden vor allem Bücher geschrieben, die die psychischen Schwierigkeiten im Kindesalter darstellen. Die damalige Lage der Slowakei erforderte eine veränderte Entwicklung des Kindes zum künftigen Staatsbürger. In den Büchern dieser Zeit ist die Kindheit nicht mehr ein sorgloses Spiel zum Leben hin, sie selbst ist das Leben. Kindheit bedeutet nicht mehr nur Freude und Vergnügen, sie ist auch der erste Schmerz über den Zusammenprall mit den sozialen und moralischen Widersprüchen der Umgebung. So wird die Einteilung in eine Literatur »für Große« und in eine Literatur »für Kleine« aufgehoben oder zumindest überwunden. Hierhin gehören die Geschichte »Kleiner Martin«, die auf Kindheitserinnerungen ihres Autors *Martin Rázus* (1888–1937) zurückgeht, Bücher voll sozialer Anklage von *Frano Král* (1903–1955), »Johannes« und »Die Kinder der Cenko« (der lyrische Bericht über das Leben eines Jungen aus den Bergen), »Fahnenjugend« von *Ludo Ondrejov* (1901–1962) und die psychologische Erzählung von *Jan Bodenek* (1908) »Die weiße Mutter Ivkos«.

Entgegengesetzt zu dieser Literatur, die darum kämpft, soziale Probleme zu lösen, ist das Werk von *Josef Ciger Hronsky* (1896-1958). In seiner Prosa entwickelt er die gleiche Kunst der Personifizierung wie Ludmila Podjavorinská, und in den Fortsetzungsgeschichten »Die Schweinchen Dubquito und Budquito«, »Der kühne Hase« und »Drei kleine Ziegen« schenkt er Kindern unterhaltsame Lektüren voller Phantasie, Erfindungsgabe und meisterhafter Erzählkunst. Von ihm stammen auch Bearbeitungen über verschiedene folkloristische und historische Themen für Kinder: »Die Geschichten von Brondo«, »Der Falkner Thomas«, »Das vergrabene Schwert«.

Eine Verbindung der slowakischen Jugendliteratur vor und nach dem Krieg bilden mit ihrem Werk *Maria Rázusová-Martáková* (1905–1963), *Josef Horák* (1906) und *Ludo Zubek* (1907). *Maria Martáková* gab zum ersten Mal in der Kinderpoesie Gefühlen Ausdruck. Ihre Gedichte erzählen nicht nur die Geschichte der Helden – seien es Kinder oder Tiere – in Versen von großer Meisterschaft, sie sind auch der poetische Ausdruck ihrer Gefühlsregungen. Einige ihrer Gedichte muten wie eine große Metapher an. Auswahlbände aus ihren Gedichten sind »Unter einem blauen Himmel« und »Die Maßliebchen«. Für Kinder im Vorschulalter schrieb sie »En ten Tulipán«. Sie veröffentlichte auch eine freie Bearbeitung von Volkslegenden über den slowakischen Nationalhelden Juro Jánosik »Der Kampf der tapferen

Jünglinge«. »Sommer eines Knaben« ist die poetische Huldigung an eine Kindheit auf dem Dorf, das inmitten einer herrlichen Landschaft lag.

J. Horák wurde vor allem durch seine Legenden und historischen Geschichten beliebt: »Legenden von Sitno« und »Die Musiker von Sebechleby«. Ebenfalls der Historie zugewandt hat sich Ludo Zubek; er schrieb mehrere biographische Erzählungen über Persönlichkeiten der National- und der Weltgeschichte: »Doktor Jesenius«, »Der Frühling der Adela Ostrolucka«, »Gold und Wort«; die letzte Erzählung berichtet von dem Kampf des humanen Bischofs Las Casas.

Nach dem Kriege (1945) wurde die slowakische Jugendliteratur immer mannigfaltiger. Ihre Hauptvertreter sind: *Krista Bendová,* sie ist Schriftstellerin und Dichterin. Für die Kleinsten schrieb sie »Cacky-hracky«, für größere Leser satirisch-humoristische Gedichte »Es gab einmal eine Klasse«, außerdem eine Sammlung von Geschichten und »nonsens«-Gedichten: »Die schwarz-weiße Geschichte«. In letzter Zeit wurde sie durch die Fortsetzungen von Büchern mit Phantasiegeschichten »Osmijanko erzählt« und durch das fröhliche Buch von den Abenteuern dreier Jungen unserer Zeit »Die Affen von unserem Bücherbrett« sehr beliebt.

Rudo Moric stellt Kindern in seinem Buch »Aus der Tasche des Jägers« einen erfahrenen Waldhüter vor und läßt ihn seine aufregenden Abenteuer mit wilden Tieren erzählen. Besonders zu erwähnen sind: »Von der kleinen Wildente«, »Die Geschichte vom Kuckuck«, »Die kleine Hirschkuh mit den roten Sternchen«. Er schrieb auch über Themen aus dem Sport, indem er einigen konkreten Sportereignissen literarische Form gab, so in seinem Buch »Der traurige Suárez«, in dem er moralische Probleme und Gefühlsprobleme von Sportlern analysiert. In seiner Geschichte über die nationale slowakische Erhebung »Die Explosion« und in der humoristischen Erzählung »Oktavia läuft 100 Kilometer pro Stunde« sind Kinder die Hauptgestalten.

Maria Duricková wollte mit ihrem Werk die beispielhafte slowakische Erzählung schreiben. Sie verwandte Elemente des Symbolismus und der klassischen Novelle, suchte jedoch eine moderne Erzählung zu schaffen. In dem Geschichtenzyklus »Zarandilla« will sie moralisieren. Ebenso großen künstlerischen Wert haben ihre literarischen Darstellungen Kinder und Jugendlicher von heute. In den drei Kurzgeschichten »Wir von der Klasse 8a«, »Ein Jagdpilot auf Rädern« und »Marina Parlanchina« untersucht sie die inneren Konflikte und die moralischen Krisen heranwachsender Jungen und Mädchen. Für kleinere Kinder schrieb sie »Danita und Juanita«, in der Erzählung werden die lustigen Abenteuer eineiiger Zwillinge beschrieben.

Klara Jarunková und *Jaroslava Blazková* teilen das Interesse von Maria Duricková für das Kind von heute und für die Gefühlsprobleme der jungen Generation. Die Erzählungen von J. Blazková über zwei jugendliche Erfinder »Heroische Aufzeichnungen« und »Die Einzige« und »Bruder des schweigenden Wolfes« bedeuten für die Literatur eine Rückkehr zur wahren Kindheit und Jugend. Sie verneint den Wert bloß ideologischer oder literarischer Überlieferung. Die gleiche Vorliebe für die Wahrheit und für den Versuch, der kindlichen Weise der Weltbetrachtung im literarischen Schaffen Ausdruck zu verleihen, findet man in den Büchern von Jaroslava

Blazková »Antonio, ich und die Ameisen«, »Die Insel des Kapitän Hashasjar« und »Feuerwerk für Großväterchen«. Charakteristisch für diese Bücher ist die Achtung vor der Ernsthaftigkeit des Kindes, seinem Wunsch nach Humor, Phantasie und Abenteuern.

Der vielversprechendste in der Generation der jungen Schriftsteller ist *Vincent Sikula.* Er hatte seinen ersten literarischen Erfolg mit poetischen Erinnerungen an seine Kindheit während des Krieges. Sein Buch »Ferien mit Onkel Rafael« hatte auch international bemerkenswerten Erfolg. Erzählkunst und feiner Humor verbinden sich in diesem Buch mit einer tiefen Meditation über die scheinbaren und die realen Werte in dieser veränderlichen Welt. In der Poesie ist neben *Milan Ferko* der bedeutendste der junge *Jubo Feldek,* der außer sprühenden Versen auch lyrische Prosa und einfallsreiche Werke für Theater und Radio schrieb. Die moderne Literatur, die alles nur Erdichtete ablehnt, hat ihren besten Vertreter in *Vojtech Zamarovsky.* Er schrieb eine Reihe von Erzählungen über alte Geschichte und alte Kulturen und über die Geschichte ihrer Entdeckungen: »Die sieben Weltwunder«, »Das Geheimnis des Hethiter-Reiches«, »Die Entdeckung von Troja«, »Am Anfang war Sumer«. Andere Themenkreise der realistischen Literatur bearbeiteten *Vladimir Ferko, Natasna Tanská* und *Josef Ponec.*

In Bratislava wird seit 1965 die Biennale der Kinderbuch-Illustration veranstaltet. Die Leitung hat Dusan Roll.

Bibliographie

Bibliografiscký Soupis 1949–1963. Státni Nakladatelstvi Detské Knihy. Prag 1966. (Literaturverzeichnis)

Capek, Karel: Towards a theory of fairy-tales. In: Praise of newspapers and other essays on the margin of literature. London 1951.

Cervenka, Jan: Literatura pro mladez. Pomocná kniha pro pedagogické skoly. Prag 1961. (Kinderliteratur)

Holesovsky, Frantisek: Nase ilustrace pro deti a její vychovné pusobení. Prag 1960.

Die Kunst durch Kunst zu erziehen. Internationales Treffen der Schriftsteller und Schaffenden in der Jugendliteratur in Prag. Prag 1965.

Slabý, Z. K.: Rozpory a vyhry dnesni detskéknihy. Prag 1962. (Erfolge und Fehler der Kinderliteratur)

Sliacky, Ondrej: Bibliografía slovenskej literatúry pre mládez. 1945–1964. Bratislava 1965.

Stejaskal, Václav: Cesty soucasné literatury pro deti. Prag 1960. (Richtungen der zeitgenössischen Kinderliteratur)

— Moderní česká literatura pro deti. Prag 1962. (Moderne tschechische Kinderliteratur)

Zlatý máj. Vydává Kruh Pratel Detské Knihy, Ulibusinych Lázni 5, Prag 4. (Monatlich erscheinende Zeitschrift über Kinderliteratur)

Polen

Wie in fast allen europäischen Ländern hatte auch die polnische Kinderliteratur in ihren Anfängen eine enge Beziehung zur Pädagogik; sie war ein Mittel mehr zur Unterweisung.

Die vergleichende Literaturwissenschaft lehrt, daß die Kinderliteratur erst vom 20. Jahrhundert ab eigene künstlerische Bedeutung erlangte, bis dahin wurde sie literarischen Kriterien nach als untergeordnete Gattung betrachtet.

Die ersten polnischen Kinderbuchautoren schrieben Ende des 18. Jahrhunderts. *Klementina Hoffmanowa* (1789–1845) und *Stanislaw Jachowicz* (1796–1857) verfolgten dabei als einziges Ziel, ihre jungen Leser zu belehren. Klementina Hoffmanowa schrieb 1819 »Moralische Geschichten«; übereinstimmend mit den Gedanken der Aufklärung suchte sie darin, das Kind vernünftig und tüchtig zu erziehen und ihm das Ideal des polnischen Patrioten nahe zu bringen. Heute haben ihre Bücher nur noch historischen Wert.

Stanislaw Jachowicz war ein Dichter für Kinder. Er war als Lehrer in Waisenhäusern angestellt und fühlte große Zuneigung zu seinen Schülern. Daher schrieb er für sie Erzählungen und Fabeln in Versform, die Beispiele von Kindern und Tieren enthielten. Seine Bücher hatten großen Erfolg. Er predigte in ihnen Tugend, Gehorsam, das Gute und Strenge. Er wird immer noch verlegt und gelesen, obwohl er ganz den Geist der Zeit vertritt, in der er seine Bücher schrieb.

Von 1870 an, als Folge der polnischen Aufstände für die nationale Unabhängigkeit, beschäftigten sich die pädagogischen Programme viel mit Erziehung. Man gab eine Serie von didaktischen Erzählungen heraus in der Absicht, den jungen Leser zu bilden. Andererseits fanden historische Erzählungen große Zustimmung.

Walery Przyborowski (1845–1913) schrieb so wertvolle historische Erzählungen wie »Die Schweden in Warschau«, die den Einfall der Schweden im 17. Jahrhundert beschreibt. Man kann die interessante Beobachtung machen, daß von diesem Autor an fast alle historischen Erzählungen, die von Polen geschrieben wurden, eine doppelte Absicht haben: sie wollen nicht nur vergangene Epochen darstellen, sie wollen auch zwischen den Zeilen etwas über gegenwärtige Ereignisse aussagen. Das polnische Volk wurde durch so viele Einfälle unterdrückt, daß ihm nur ein einziges Mittel blieb, gegen die jeweilige Oberherrschaft zu kämpfen: sich auf vergangene Fremdherrschaft zu beziehen. Auch heute bringen historische Filme in den Filmtheatern, selbst wenn sie Geschehnisse aus dem alten Ägypten darstellen, getreue Nachbildungen von dem, was gegenwärtig in Polen geschieht.

Antonina Domanska (1853–1917) schrieb humorvolle historische moralische Erzählungen; besonders zu nennen ist »Die Geschichte der gelben Sandale. Lebensgeschichte des berühmten polnischen Bildhauers Wit Stwosz«. *Waclaw Gasiorowski* (1869 bis 1939) schrieb eine Trilogie über die napoleonische Epoche: »Der Orkan«, »Die Wachhabenden«, »Das Jahr 1809«. Unter den Autoren von Reisebüchern ist besonders *Wladyslaw Uminski* (1865–1945) zu erwähnen, der der »polnische Jules Verne« genannt wurde; er schrieb »Im Ballon zum Pol« und »Die Freibeuter«.

Sehr gering war das Werk der Dichter in dieser Zeit der realistischen Erzählung. Dennoch hatten Ende des 19. Jahrhunderts die Bücher von *Maria Konopnicka* (1842–1910) hohes literarisches und künstlerisches Niveau. Sie verstand Kinder sehr gut und wandte sich wirklich an sie. In einem ihrer Briefe sagte die Autorin: »Ein Kind muß nicht nur sehen und wissen. Das Didaktische genügt nicht für die zarten Regungen der Kinderseele, die frei fliegen und Geräusche und Töne hören will. Ich bin nicht gekommen, um Kinder zu unterrichten oder sie zu unterhalten, ich bin gekommen, um mit ihnen zu singen.« Die Schriftstellerin schuf echte lyrische Kunstwerke für Kinder, die in zahlreichen Ausgaben veröffentlicht wurden. Eines ihrer besten Bücher heißt: »Das, was die Sonne sah«. Ihr Märchen »Die Geschichte der Brownies und des Waisenkindes Maria« (1896) wurde ein Klassiker der Kinderliteratur. Es ist in poetischer Prosa geschrieben und verbindet ein phantastisches Thema mit der realistischen Darstellung eines polnischen Dorfes. Sie beschrieb ihre Heimat mit viel Liebe und fühlte tiefe Sympathie für die Bauern dort. Ihre Gedichte für Kinder sind sehr beliebt, vor allem »Johann, der Reisende« und »Beim Erdbeerpflücken«. Die Dichterin verstand, wie nötig für Kinder die Phantasie ist.

Ein anderer Klassiker der Kinderliteratur ist *Henryk Sienkiewicz* (1846–1916), in Litauen geboren, dann in Polen ansässig. Er schrieb die Erzählung »Durch die Wüste und die Wälder«; sie handelt von einem heldenhaften Jungen, der wegen des Aufstandes des Mahdi zusammen mit einem achtjährigen Mädchen den Sudan durchquert. Dieses Buch nennt man den »polnischen Robinson«. Viele Generationen von Kindern haben es gelesen und waren von seinen Abenteuern begeistert. Das Buch wurde auch wegen seiner moralischen Werte geschätzt. Der Held der Erzählung ist edel und tapfer; man glaubte, daß seine Ideale auch zur Befreiung des polnischen Volkes beitragen könnten. Eines der berühmtesten und verbreitetsten Bücher des Autors ist »Quo vadis?«. Es ist ebenfalls eine historische Erzählung. Sie spielt zur Zeit der ersten Christen und der römischen Dekadenz. Der Autor versuchte im Unterschied der antiken heidnischen Welt und der gerade entstehenden christlichen Welt den Unterschied der Werte einer vergehenden und einer werdenden Epoche darzustellen. Das Buch wurde ursprünglich für Erwachsene geschrieben, hatte aber so außerordentlichen Erfolg bei Kindern und Jugendlichen, daß es heute zu den Klassikern der Jugendliteratur gehört. Der Autor wollte mit seinem Buch eine geistige Lehre geben; er dachte beim Schreiben viel an sein Vaterland und wollte Hoffnung und Trost verbreiten.

Zeichnung von J. Stanny aus »Zaczarowany Krawiec«

Unter den Schriftstellern, die im 20. Jahrhundert zu veröffentlichen begannen, ist einer der besten *Janusz Korczak* (1879–1943). Er war Professor und Schriftsteller. Sein Werk neigt zum sozialen Realismus und wurde wie bei vielen anderen Schriftstellern auch durch die politischen Ereignisse beeinflußt. »König Hänschen I.« enthält pädagogisch wertvolle Erzählungen. *Halina Gorska* (1889–1914) schrieb »Das zweite Gitter« und »Die Kinder der Stadtstraße«; in der Erzählung beschreibt sie das Leben von Arbeiterkindern in den Armenvierteln von Warschau. Beide, Gorska und Korczak, versuchten, die Lebensbedingungen verlassener und elender Kinder zu verbessern.

Wanda Wasilewska schrieb »Der Dachboden«, *Helena Boguszewska* »Die gefärbte Schlange«. Zusammen mit *Jan Brzoza* schrieben sie über Kinder der Arbeiterklasse und die schwierige ökonomische Situation, in der sie sich befanden. Brzoza schrieb »Kinder« und »Die Rache des Kabunaris Stock«; die Erzählung handelt von der Revolution in Georgien.

Maria Dabrowska (1889–1960), mit der Kinderpsychologie sehr vertraut, schrieb »Freundschaft« und »Marcin Kozera«. *Janina Borazinska* (1888) hat mit ihren, den Kindern gewidmeten Gedichtbänden die polnische Literatur bereichert. Sie war eine der ersten, die folkloristische und ländliche Motive in ihrem Werk verwandte, und zwar in größerem Umfang als Maria Konopnicka. Sie schrieb schöne poetische Geschichten, die von Volksmärchen beeinflußt waren und in dem Band »Das Buch des Zauberers« zusammengefaßt sind, außerdem eine Reihe kleiner Gedichte »Das Zimmer des Wojuts« und eine Bearbeitung des finnischen »Kalevala«-Epos und von »Sampo Lappelill« von Topelius. Sie schrieb auch eine biographische Erzählung über den polnischen Dichter des 16. Jahrhunderts Jan Kochanowski mit dem Titel »Wer hat mir Flügel gegeben?«.

Ewa Szelburg-Zarembina und *Hanna Januszewska* schrieben Verse und Erzählungen für Kinder. *Julian Tuwim* verfaßte »Verse für Kinder«. Er gehört zu den Klassikern der polnischen Kinderliteratur. Seine Werke sind von großer Einfachheit und sensibler Lyrik, sie haben unterhaltenden Humor und sind voll unerwarteter Assoziationen. Seine Verse sind sehr beliebt, viele Kinder in Polen wissen sie auswendig.

Jan Brzechwa (1900–1966) gehörte zur selben Schule wie Tuwim, obwohl seine Verse satirischer und grotesker sind. Es gibt darin viele Wortspiele, Widersinnigkeiten, Wortassoziationen, Kehrreime und Sprichwörter. Seine Bücher sind sehr verbreitet. Zu den besten gehören: »Hundert Geschichten« und »Von Märchen zu Märchen«. In derselben Art wie Brzechwa schreibt *Wanda Chotomska* sehr unterhaltende Versbücher; sie tritt auch im Fernsehen mit ihren Puppen Jack und Agatha auf. Besondere Erwähnung verdient Czeslaw Janczarski, der die Kinderzeitung »Der Teddybär« herausgibt.

Auf dem Gebiet der folkloristischen Erzählungen sind verschiedene Autoren zu nennen, die aber auch Märchen schreiben. *Gustaw Morcinek* (1891–1963) ist ein ausgezeichneter Erzähler, besonders in seinen Geschichten aus Schlesien. Zu nennen sind »Wie der Bergmann Bulandra den Dämon betrog« und »Die außerordentliche Geschichte des Diebes Ondraszek«. *Hanna Januszewska* ist Verfasserin sehr schöner poetischer Erzählungen, die von der polnischen Folklore beeinflußt sind, so »Der Goldapfel«.

Jerzy Ficowski schrieb Zigeunergeschichten, z. B. »Ein Zweig des Baumes«. Für kleine Kinder schrieb *Maria Kownacka* »Die Kinder vom Hazel-Hügel« und *Jadwiga Korczakowska* »Die Liste«. *Zukrowski* schrieb »Eine Entführung in Tiutiurlistan«, *Ludwik Jerzy* eine Hunde-Geschichte »Der berühmte Fernando«.

Erzähler mit sozialer Tendenz sind *Igor Newerly, Maria Zarebinska* (»Kinder in Warschau«) und *Arkady Fiedler* (»Geschwader 303«). Unter den Autoren, die über Probleme der Jugendpsychologie schreiben, ist *Irena Jurgielewiczowa* zu nennen;

sie stand auf der Ehrenliste des Andersen-Preises für ihr Buch »Wir sind Freunde, Marek«. Sehr beliebt sind *Edmund Niziurski* und *Hanna Ozogowska*, die Geschichten voller Humor schreiben, so Niziurski »Nikodemus und die Geheimnisse des Kabinetts«, Ozogowska »Das Geheimnis des grünen Saales«.

Bibliographie

Bibliografia literatury dla dzieci 1945–1960. Warschau 1963.

Kaniowska–Lewanska, Izabella: Literatura dla dzieci i mlodziezy od poczatkow do roku 1864. Zarys rozwoju. Materialy. Warschau 1960. (Kinderliteratur von ihren Ursprüngen bis 1864)

Kulickowska, Krystyna: Literatura dla dzieci i mlodziezy w latach 1864–1914; zarys rozwoju. Warschau 1965. (Geschichte der Literatur)

Kulickowska, Krystyna/Irena Slonska: Maly slownik literatury dla dzieci mlodziezy. Warschau 1964. (Lexikon der Kinder- und Jugendliteratur)

— Quelques remarques sur la littérature pour les enfants et la jeunesse en Pologne. L'Enfance. Paris. No. 3. 1956, Seiten 100–207.

Rusinek, Kazimierz: Polska ilustracja ksiazkowa. Polish book illustration... Warschau 1964.

Skrobiszewska, Halina: Ksiazki naszych dzieci. Warschau 1971.

Rußland

Ursprünge der Kinderliteratur – Die Fabeln von Krilow

Da Rußland lange westeuropäischen Einflüssen ausgesetzt war und erst relativ spät eine eigene Kultur entwickelte, ist seine Literatur noch jung, so auch die Kinderliteratur. Wie in jeder Literatur muß man in der russischen zwei Elemente unterscheiden: gesprochene und geschriebene Literatur. Seit alters her waren Barden die Übermittler der gesprochenen Literatur; am liebsten erzählten sie Heldenmärchen oder »Bylinen«. Man kann sich vorstellen, daß Kinder dieser epischen Erzählung aufmerksam lauschten. Zur gleichen Zeit wurden die Volksmärchen von Mund zu Mund weitergegeben. Sie haben ihren Ursprung in der mittelalterlichen Folklore, in den Mythen und Legenden der ersten Einwohner des riesigen Rußland und in den märchenhaften Taten einer weit zurückliegenden Vergangenheit.

Alexander Puschkin beschreibt, wie er seiner Amme Arina Rodionowna, seiner alten »Njanja«, zuhörte und durch sie den Schatz der russischen Märchen und Sagen entdeckte, auf die ein großer Teil der Kinderliteratur zurückgeht; selbst heute ist der Einfluß dieser reichen und vielfältigen Überlieferung noch ungemein groß.

Sie bildet allerdings nur *einen* Ursprung der Kinderliteratur. *Possochkow* schrieb 1673 eine »Belehrung für meinen Sohn«, um ihm Ratschläge für eine Reise nach Europa zu geben. Diese Ratschläge sind Verhaltensregeln nach Art der »Demostroi«. Das Buch gehört in die Serie von Büchern, in denen einmal die moralisierende Absicht, dann aber auch der Wunsch, Literatur für Kinder und Jugendliche zu schreiben, deutlich wird. Man stellte sich zumindest einen jungen Leser vor.

Wenig später schrieb *Wassili Nikititch Tatitchew* (1685–1750) ebenfalls eine »Belehrung für meinen Sohn«; er lebte unter Peter dem Großen, der das russische Volk erziehen wollte. Starke französische Einflüsse machten sich bald bemerkbar, und durch Übersetzungen kam eine didaktische, Kindern gewidmete Literatur nach Rußland. *Wassili Kirillowitsch Tredjakowski* (1703–1769), der in Europa gelebt hatte, übersetzte den »Telemach« und die Fabeln des Äsop.

Den entscheidenden Schritt aber tat Katharina II., die Große. Die Kaiserin folgte dem Beispiel Frankreichs und gründete für ihre Enkel eine Kinderbibliothek, die sie »Alexander-Konstantin« nannte. In ihr gab es pädagogische Erzählungen, die von den Mode-Pädagogen der Zeit, Montaigne, Locke, Basedow und Rousseau, beeinflußt waren, außerdem Sprichwörter, Anekdoten und allegorische Erzählungen, die auf

Farbtafel von I. Bilibin aus »Die schöne Wassilissa«

den nationalen Sagen beruhten. Die Neigung Katharinas zum Französischen oder Europäischen brachte der Kinderliteratur viel Erfolg, obwohl fast nur Übersetzungen erschienen. Die französischen Werke beeinflußten aber auch nationale Bücher wie z. B. »Die Abenteuer des Miramond« von *Fjodor Emine* (1735–1770), die eine Art russischer »Telemach« sind. Damals gab Nikolai Iwanowitsch Nowikow (1744–1818), Schriftleiter einiger Moskauer Zeitschriften, als Ergänzung eine Kinderzeitung »Die Kinderlektüre für das Herz und für die Vernunft« heraus, die für Kinder aller sozialen Klassen bestimmt war.

Trotz allem aber waren Rittergeschichten und Volksmärchen die von groß und klein bevorzugte Lektüre. »Der Spruch der Bande Igors« in all seiner epischen Größe und die »Eroberung von Zargrad durch die Türken« bildeten das Entzücken des naiven Lesers, ebenso »Die Geschichte der Tochter des Königs von Iberien«, »Die Zarin Dinaria«, »Peter von den goldenen Nägeln«, »Melusina«, »Das Mädchen mit den abgeschnittenen Armen«, »Iwan der Schreckliche« und »Der Platz des Solovec«.

Die höfische Literatur, geschickt gelenkt, nahm die Fabeln zum Vorbild. *Iwan Chemnicer* (1745–1784) und *Dmitrijew* (1760–1837), der La Fontaine übersetzte, waren die ersten bedeutenden russischen Fabeldichter. Der beliebteste Fabeldichter war allerdings *Iwan Andrejewitsch Krilow* (1768–1844). Er wurde unter dem Namen »Großväterchen Krilow« bekannt. Seine Fabeln finden sich noch heute in allen Schulanthologien. Krilow wurde in Moskau als Sohn einer sehr einfachen Familie geboren; er lebte ärmlich, bis er mit zwölf Jahren als Abschreiber zum Gericht kam. Durch seine eigenen Verdienste und durch die Protektion hoher Beamter stieg er bis zum Sekretär des Fürsten Gallitzin auf. Seine 1808 veröffentlichten Fabeln hatten großen Erfolg. 1811 wurde er zum Bibliothekar der Kaiserlichen Öffentlichen Bibliothek in Petersburg ernannt. Seine Fabeln wurden stark verbreitet und in viele Sprachen übersetzt, 1825 durch Graf Orloff ins Französische. Die hervorragende Ausgabe enthielt auch den russischen Text, das Bild des Autors und einige Stiche. Andere französische Übersetzungen wurden von berühmten Autoren angefertigt, die sich besonders der Kinderliteratur widmeten. Zu ihnen gehörte Madame Aimable Tastu, die die berühmte Fabel »Die Fischsuppe« übersetzte, in der sich Krilow über zu wortreiche Dichter lustig macht. Als Beispiel dient ihm der Freund, der einem Gast immer wieder Fischsuppe anbietet und ihn dadurch zwingt, zu gehen.

Krilow war ein sehr national gesinnter Schriftsteller, der sich satirisch über russische Zustände und Fehler äußerte. Dabei schrieb er lebhaft und schlicht, so daß viele seiner Ausdrücke zu üblichen Redewendungen der russischen Umgangssprache wurden. Er schrieb auch Theaterstücke: »Die verrückte Familie«, »Der Notar im Vorzimmer«, »Die unartigen Kinder«, »Das Mode-Kaufhaus« und »Lektion für meine Kinder«.

In einer Umgebung, die alles Französische bevorzugte – die Fabeln von Krilow bildeten eine Ausnahme –, wurde *Alexander Puschkin* (1799–1837) geboren und erzogen. In der Familie wurde französisch gesprochen, sein Vater gab ihm außerdem französische Lehrer, so daß Puschkin einem Freund versichern konnte: »Ich werde mit Ihnen die Sprache Europas sprechen, sie ist mir vertrauter als die unsrige.«

Seine Mutter war eine Enkelin des abessinischen Prinzen Abraham Petrowitsch Hannibal, der als der »Schwarze« Peters des Großen bekannt war. In sie verliebte sich Sergius Lwowitsch, ein großer Herr der Zeit Katharinas II. und begeisterter Anhänger der französischen Kultur. So kam es, daß der heranwachsende Puschkin noch auf der Schule autobiographische Verse auf Französisch schrieb.

Dieser Junge mit dem Affengesicht (wie er selbst sagte!) hatte ein bewegtes Leben. Sein Vorbild war Byron. Als er seine Ode »Die Freiheit« veröffentlichte, wurde er nach Sibirien verbannt. Die Strafe wurde dann in eine Verbannung in den Kaukasus umgewandelt. Dort begann Puschkin, beeindruckt von den Naturschönheiten und der Art der Einwohner, zu schreiben. Während des langen Exils unterhielt sich Puschkin oft mit seiner alten Amme Arina Rodionowna, die ihm in russischer Sprache viele Legenden und Geschichten seines Landes erzählte. Damals begann Puschkin, russisch zu schreiben; er wollte diese Erzählungen, die ihn sehr beeindruckten, aufzeichnen. Die russischen Verserzählungen, die »Skaski«, die ihm seine Amme vortrug, erschienen ihm leuchtend vor Schönheit und Farbigkeit. Die Entdeckung der eigenen Sprache und der russischen Literatur prägten Puschkin endgültig und ließen ihn sich auch der Kinderliteratur zuwenden. In dieser Zeit des Staunens und Wunderns schrieb er die »Russischen Legenden und Erzählungen«; in dem Prolog zu »Ruslan und Ludmilla« wandte er sich mit schönen Worten an »die Kinder, die dieses Buch lesen werden«: »Auf dem Strand in der Nähe einer Meeresbucht wächst eine kräftige grüne Eiche. Ein kluger Kater, der mit einer goldenen Kette am Stamm angebunden ist, läuft ohne Unterlaß um ihn herum. Wenn er nach rechts läuft, beginnt er zu singen, und wenn er nach links läuft, erzählt er ein Märchen. Alles dort ist geheimnisvoll und seltsam; man sieht Prinzen und Helden, Zauberer und eingesperrte Zarinnen. Dort herrscht russischer Geist. Alles dort ist russisch. Und dort war ich... Ich trank zuckersüßes Honigwasser, ich sah jene grüne Eiche und in ihrem Schatten den klugen Kater, der mir Geschichten von seiner Familie erzählte. Einige habe ich behalten, und will sie nun der ganzen Welt erzählen.«

Diese magischen Worte mit ihrem einschmeichelnden Zauber sind die eigentümliche Eingangspforte zu Puschkins Erzählungen. Sie hinterließen bei den Lesern so großen Eindruck, daß noch Jahre später der Schriftsteller *Iwan Bunin* in seinen Memoiren an sie als eine der stärksten Erinnerungen seiner Kinderlektüre zurückdenkt. Er erzählt, wie ihm seine Mutter diese Verse aus dem Prolog zu »Ruslan« vorsprach: »Einige wenige Verse scheinen etwas Unbedeutendes zu sein, seien sie auch noch so schön und seltsam. Ich muß jedoch gestehen, daß sie für mich wie ein Zaubertrank

Zeichnung von I. Bilibin aus »Das Märchen vom Zaren Saltan«

waren, der mein ganzes Sein durchdrang und für mich zu einer der größten Freuden wurde, die ich auf Erden kennengelernt habe.« Der Zauber und die Kostbarkeit der Worte – so, als sei der Dichter selbst verzaubert gewesen – und die seltenen Verse entzückten ihn; hinzu kam die halb gesungene, träumerische Vortragsweise der jungen Mutter, die ein leichtes, sehnsüchtiges Lächeln auf den Lippen trug.

»Ruslan und Ludmilla« ist eine Geschichte aus alten Zeiten, eine Legende der fernsten Vergangenheit. Sie erzählt, wie der Hexenmeister Chernomor eine Prinzessin in der Nacht ihrer Hochzeit raubte. Die Geschichte erinnert an »Tausend und eine Nacht«, ihres humoristischen Tones wegen auch an die Gedichte von Ariost, in denen bärtige Zwerge und sprechende Köpfe unvermutet in der Höhe erscheinen. Alles ist wunderbar und so poetisch, daß Gogol mit Recht sagen konnte: »Puschkin ist ein außerordentliches Phänomen und vielleicht auch ein Phänomen des russischen Geistes!« Später sagte M. de Vogue: »Puschkins Sprache ist so geschliffen wie ein Diamant!«

In »Die Zarin und die sieben Krieger« gibt Puschkin eine neue Version von Schneewittchen. Die sieben Zwerge sind durch die sieben Krieger ersetzt, und die Stiefmutter der Zarin besitzt einen Spiegel wie die Stiefmutter von Schneewittchen.

»Das Märchen vom Zaren Saltan« erzählt die Geschichte des tapferen Helden Gvidor Saltanowitsch und der schönen Schwanenprinzessin. Wie in einem orientalischen Märchen mit vielen Anklängen an die asiatische Welt kommen Zauberer und Hexen vor, es gibt wunderbare Inseln und Ströme von Gold. Hin und wieder gibt es humorvolle Stellen wie die am Schluß, als den Schwestern, die sich wie Fässer vollaufen ließen, vergeben wird. Der Autor sagt: »Ich kann es sagen, ich war selbst zugegen; sie boten mir Bier, Wein und Honig an...«

Für »Der goldene Hahn und andere Geschichten« hatte Puschkin weitere Erzählungen der russischen Folklore gesammelt und sie dann mit so großer literarischer Ausdruckskraft bearbeitet, daß ihn alle späteren Schriftsteller als den Begründer der russischen Literatur ansahen. Noch einmal sei *Iwan Bunin* zitiert, da er beispielhaft ausdrückt, was Puschkin vielen Russen bedeutete: »Puschkin war für mich in jener Zeit nicht nur eine Lektüre, er war Teil meines Lebens!«

Es muß hier auch das Werk von *Wasilli Andrejewitsch Tschoukowsky* (1783–1852) erwähnt werden, denn er schrieb auf Grund einer Wette mit Puschkin »Die Legende des Zaren Berendei und des Prinzen Iwan«, während Puschkin »Der Zar Saltan« schrieb.

Tschoukowsky wurde zum Hauslehrer der Söhne des Zaren ernannt (in den Jahren von 1817 bis 1830), nachdem er durch sein Gedicht »Der Sänger auf russischen Kriegsfeldern« berühmt geworden war. Das Gedicht war im Stil der Barden und zur Erinnerung an die Schlacht von Borodino geschrieben, an der der Autor selbst teilgenommen hatte. Er wurde auch durch ein dem Zaren gewidmetes Gedicht bekannt, das Turgenjew sehr bewegt öffentlich vorlas. Der Autor übersetzte »Nala und Damaiante« aus dem Mahabharata und schrieb mehrere Erzählungen für Kinder, darunter »Der Kapitän Bopp«.

Aus zahlreichen Aussagen und Erinnerungen russischer Schriftsteller des 19. Jahrhunderts kann man erkennen, welche Quellen die Kinderliteratur hatte und was die Lieblingslektüre war. Gogol (1809–1852) erzählt in »Der Abend des Iwan Kupala« in den »Ukrainischen Geschichten«, wie wunderbar sein Großvater erzählen konnte. Während die Schneeflocken fielen und die Mutter spann, »setzten sich die Kinder zusammen und lauschten dem Großvater, der wegen seines Alters schon seit fünf Jahren nicht mehr vom Ofen herabgestiegen war. Aber all die wunderbaren Geschichten über ferne Zeiten, über die Invasion der Kosaken, über die Polen, über tapfere Heldentaten unterhielt uns nichts so sehr wie die Erzählungen über alte und erstaunliche Geschehnisse, bei deren Erwähnung wir Schauer über den Rücken laufen fühlten und uns die Haare zu Berge standen.«

Es waren haarsträubende Geschichten von Besessenen und teuflischen Gespenstern, in denen sich alles auf eine unzusammenhängende Art bewegte und Männer und Sachen den »Hopak« tanzten. Die Teufel und die Hexe Baba Jaga kamen in phantastischem Lauf vorbei und nahmen die betrunkenen Muschiks mit, die später voller Entsetzen über die in ihren Hütten oder auf den Jahrmärkten erlebten Alpträume ins normale Leben zurückkehrten.

Feodor Dostojewski (1821–1881) sagt in seinen Briefen und Erinnerungen sehr genau, welche Bücher er in der Kindheit hatte. Die biblischen Geschichten und das Neue Testament waren seine Fibel. Mit fünf Jahren las er »Die Geschichte des russischen Staates« von Karamzin, der auch das sentimentale und pathetische Buch »Arme Liese« geschrieben hatte. Andreas, der Bruder Dostojewskis, berichtet, daß der Vater und die Mutter laut vorlasen und daß Feodor sich später die Geschichte holte, um sie selbst zu lesen. Es war sein Hauptbuch. Er las außerdem »Das Buch Hiob«, »Quentin Durward«, »Ivanhoe«, »Ein Held unserer Zeit« von Lermontow, »Helden« von Puschkin, die »Fabeln« von Krilow, »Arabische Märchen«, die Geschichten Gogols, »Die Räuber« von Schiller und die Erzählungen von E. Th. A. Hoffmann. Die Illustrationen von Gavarni zu den Erzählungen Hoffmanns gefielen ihm besonders gut.

Leo Tolstois (1828–1910) tiefe und ernste Besorgnis um alles Moralische veranlaßte ihn, auch für Kinder zu schreiben. Der Autor der Erinnerungen »Kindheit und Jugend« schrieb ein Buch mit Geschichten und Fabeln, das etwas enzyklopädisch wirkt. Wahrscheinlich wußte er aus seiner eigenen Kindheit, wie nötig Kinder gute Lektüre haben. Für Tolstoi war Pädagogik eine Lebensnotwendigkeit. Er gründete die Schule in Jasnaja Poljana, um seine pädagogischen Methoden einzuführen – genauso machte es später ein anderer großer Mann, Rabindranath Tagore. Tolstoi schrieb auch ein Buch für Kinder, in dem er seine Ansicht über Kinderliteratur darlegt; sie stimmt mit seiner allgemeinen Idee über die Kunst, wie er sie in seinen letzten Jahren ausführte, überein: Kunst war für ihn im besten Sinne des Wortes Moral.

Der Autor von »Anna Karenina«, »Auferstehung« und »Die Kreutzersonate« war ein wahrer Apostel des Christentums, obwohl er ein Christentum eigener Prägung vertrat. Er glaubte nicht an das »l'art pour l'art«, sondern bekräftigte immer seine Überzeugung, daß Kunst ein moralisches Ziel habe. Sie solle den Menschen würdiger und besser, ja, sie solle ihn gut machen. In der Kinderliteratur fand er ein geeignetes Feld für seine Theorien. Im Vorwort zu den »Geschichten und Fabeln« sagt er: »Dieses Buch enthält außer der Beschreibung wirklicher Ereignisse Fabeln, Legenden und ausgewählte Geschichten, um die Menschen gemäß der Lehre Christi besser zu machen.« Er erläutert auch seine Vorstellung des Wirklichen und des Wunderbaren. Dabei überrascht er mit dem Paradox, daß gerade das, was wir real nennen, irreal sei, während das, was wir als wunderbar bezeichnen, wahr sei: Denn es ist das, was sein soll, die ideale Welt, auf die wir hinstreben. »Alle diese Bücher sind gut und nützlich, wenn sie lehren, was sein soll, und nicht beschreiben, was ist. Sie sind nicht gut, wenn sie beschreiben, wie Menschen leben, wohl aber, wenn sie den einzig rechten Weg aufweisen, der im Einklang mit dem Willen Gottes zum wahren Leben führt... Es kann im Gegenteil vorkommen, daß in Erzählungen, Fabeln, Legenden oder Allegorien wunderbare Dinge stehen, die niemals geschehen sind und niemals geschehen werden, die aber doch wahr sind, denn sie zeigen, worin der Wille Gottes besteht und wo die Wahrheit des Königreiches Gottes zu finden ist. Was bedeutet es dann noch, daß die Geschichte etwas Wunderbares erzählt? Lassen wir ruhig geschehen, daß das wilde Tier die Sprache des Menschen spricht und daß Menschen unsichtbaren Kräften gehorchen. Obwohl diese Legenden, Allegorien und Geschichten unwahrscheinlich sind, besitzen sie doch Wahrheit: sie lassen die Wahrheit des Königreiches Gottes ahnen.«

Tolstoi schrieb nicht nur selbst Fabeln und Geschichten, er übersetzte auch andere große Autoren für Kinder.

Leo Tolstoi

Afanasiew und die russischen Volksmärchen – Maxim Gorki und die Gründung des Verlages »Dietizdat« – Autoren des 20. Jahrhunderts

Um 1850 begann eine große nationale Bewegung in Rußland. Sie ging einher mit den proslawischen Strömungen, die sich gegen die Vorliebe für alles Westliche, bis dahin immer im Vorrang, durchsetzten. Diese Besinnung auf das Nationale war in fast allen Ländern, so in Deutschland, Frankreich, Spanien und von Finnland bis zur Tschechoslowakei zu beobachten.

Zu den Bewunderern nationaler Folklore gehörte *Alexander Kolajewitsch Afanasiew* (1826–1871). Er war Forscher und Sammler überlieferter Geschichten und Legenden und stellte »Russische Volksmärchen« zusammen. In ihnen finden sich viele der Geschichten, die kindliche Träume bereichert haben. Alle die mündlich erzählten Geschichten, die Großväter ihren Enkeln und Väter ihren Söhnen weitergaben, finden sich mit ihrer ganzen Mannigfaltigkeit in dieser Sammlung.

Die berühmte Erzählung von der »Schönen Wassilissa«, in der die Hexe Baba Jaga erscheint und die alle russischen Kinder auswendig kennen, schrieb er Wort für Wort nieder. Es ist die Geschichte eines armen Witwers, der sich mit einer Witwe, die zwei Töchter hat, wiederverheiratet. Sie aber behandeln seine eigene Tochter, die schöne Wassilissa, schlecht. (Es handelt sich um eine russische Version von Aschenputtel!)

Die Mutter befiehlt ihnen, Spitzen zu arbeiten, dabei geht das Licht aus, und Wassilissa muß zum Haus der Hexe Baba Jaga gehen, um Licht zu holen. In der Erzählung gibt es geheimnisvolle Reiter, einen weißen, einen schwarzen und einen roten: sie symbolisieren die Morgendämmerung, die Nacht und die blutige Abenddämmerung. Eine Puppe kommt Wassilissa zu Hilfe und befreit sie aus der Gewalt der Hexe Baba Jaga. Alles ist sehr spannend und geheimnisvoll. Eine andere Erzählung, in der die böse Hexe und die weiße Wassilissa wieder vorkommen, ist »Die Froschkönigin« oder »Die Froschprinzessin«. Weitere Geschichten sind: »Der kleine Hahn mit dem goldenen Kamm«, »Die Spinne Mizguir«, die Mücken einspinnt, »Das wunderbare Kind«, »Der schnelle Läufer«, »Das kluge Mädchen« mit seinen seltsamen Rätseln, »Die braune Kuh«, eine merkwürdige Geschichte von einer Frau mit drei Töchtern, von denen jede ein, zwei oder drei Augen besitzt, »Der König der Kälte«, die spätere Erzähler wie Marschak beeinflußte.

Diese kostbare Sammlung, in der immer die mächtige Baba Jaga herumgeistert, ist eine ausgesprochen russische Sammlung. Schönheit und Schrecken, leuchtende Farben und bestürzende Überraschungen, die in solchem Wechsel dem russischen Volk vertraut sind, kennzeichnen diese Erzählkunst, in der sich Phantasie mit lebensnahem Realismus zu einer bezaubernden Mischung verbindet.

Auf die Sammlung Afanasiews folgten andere folkloristische, in denen die Kinder die so oft gehörten Märchen nachlesen konnten. In einer modernen Sammlung »Die Froschprinzessin und andere Geschichten aus der UdSSR« herrschen folkloristische Erzählungen über die Arglist und anderes mit Belehrungen und Beispielen darin vor, denn die russische Folklore ist so reich, daß sich Material für alles findet.

»Das Beilgericht« ist eine einfallsreiche Erzählung, in der ein Soldat eine alte Frau, die ihm nichts zu essen geben wollte, dazu bringt, sein Beilgericht, das er vorher mit Getreide und Öl gewürzt hatte, zu essen. »Wie ein Bauer und ein hoher, sehr stolzer Herr zusammen essen«, »Warum der Dachs und der Fuchs im Bau wohnen« – in dieser Geschichte wird der Ursprung des Tierschwanzes erklärt –, sind die Titel anderer folkloristischer Erzählungen.

Noch einmal sei hier Iwan Bunin zitiert, der sich in seinem Buch »Das Leben beginnt« an seine Kinderlektüre erinnert und dazu schreibt: »Wenn ich mich an die gelesenen und die gehörten Erzählungen meiner Kindheit erinnere, merke ich, daß die eindrucksvollsten immer die waren, die von dem Unbekannten und Unerkannten handelten: Es war einmal ein Königreich, das lag im Traumland am anderen Ende zahlloser Länder... weit hinter den Bergen und Tälern, jenseits des Meeres... die jungfräuliche Königin Wassilissa, die sehr kluge...«

Ein anderer Schriftsteller mit entscheidendem Einfluß auf die Bewegung, die sich für die Kinderliteratur in Rußland gebildet hatte, war *Maxim Gorki* (eigentlich Alexei Maximowitsch Peschkow, 1868–1936). Er berichtet von dem unvergeßlichen Eindruck, den auf ihn die Geschichten seiner Großmutter machten: »Es war unmöglich, den Worten der Großmutter keinen Glauben zu schenken... Ihre größte Ausdruckskraft erreichte sie jedoch, wenn sie Gedichte, die die Geschichte der Jungfrau Maria erläuterten, vortrug. Sie sprach mit solcher Einfachheit und Über-

Maxim Gorki

zeugung. In diesen Gedichten durcheilte die Jungfrau Maria die Welt, um das Elend der Menschen zu sehen; sie ermahnte die Prinzessin Engulitchef, die eine Räuberbande anführte, nicht mehr die russischen Bauern zu töten und zu berauben.

Sie erzählte auch Verslegenden über Alexis, den Heiligen Gottes, über Iwan, den Krieger, sie kannte die Geschichte der klugen Wassilissa, des Vater Ziegenbock und des Patenkindes Gottes. Sie wußte auch die haarsträubenden Geschichten über Marta, die Frau des Bürgermeisters, über Baba Usta, eine andere Bandenführerin, und die Abenteuer Marias, der ägyptischen Sünderin, und noch viele andere Geschichten, Legenden und Volksdichtungen.«

Diese mündliche Überlieferung war die Grundlage der Kinder-Literatur. Sie war vermischt mit Aberglauben, gleichzeitig aber auch mit schönen und naiven religiösen Überlieferungen. In ihr kamen überraschende Ereignisse vor. So traten Bandenanführerinnen und berühmte Krieger in erstaunlicher Weise auf; schon ihr Leben bot viele Möglichkeiten zur Entwicklung außerordentlicher Dinge. Als Ergänzung zu der von seiner Großmutter ihm mündlich überlieferten Literatur erhielt Gorki als Preis für seine Examen »Das Neue Testament, die Fabeln von Krilow (gebunden!) und einen Band Fata Morgana«, den er nicht verstand.

War dies die Kinderliteratur, die es in der Kinderzeit Gorkis, also etwa bis 1878, gab, muß man nun den entscheidenden Wandel sehen, den die Kinderliteratur unter der Leitung Gorkis durchmachte. Gleichzeitig muß die Beziehung dieses Wandels zu der neuen politischen Richtung des Landes erkannt werden. Vorher aber muß man etwas über die Kindheit Gorkis wissen. Gorkis Pseudonym bedeutet »bitter«. Er stammte aus einer einfachen Familie, sein Großvater war Bootsführer, sein Vater klebte Plakate an. Er wuchs in einer beengten und dumpfen Umgebung auf, die er in seinem Buch »Meine Kindheit« beschrieben hat. Diese Geschichte flößt Schrecken ein. Sein Großvater schlug ihn bei Familienzwisten mit dem Ochsenziemer. Er ging nur fünf Monate in die Volksschule, mit sieben Jahren begann er schon, im Hafen zu arbeiten.

Er wurde krank und vagabundierte durch Rußland, bis er zum Journalismus kam, wozu ihm Korolenko verhalf. Diese Erfahrungen schildert er in »Meine Universitäten«. Der Titel ist ironisch gemeint, denn die Straße, die Elendviertel, die harten Erfahrungen waren mehr als Bücher, und Hörsäle die wahre Universität, auf der sich der Schriftsteller bildete.

Der rasche literarische Triumph ließ Gorki nicht seine bittere Kindheit vergessen; sie regte ihn vielmehr an, für eine glücklichere Kinderzeit zu arbeiten. Eigene Erfahrungen und revolutionäre Ideen brachten ihn dazu, sich Ende des Jahrhunderts besonders um die Schule zu kümmern, die er erneuern wollte, so, wie er auch gute Kinderbücher schreiben wollte.

Nach dem Zusammenbruch der revolutionären Politik ging Gorki nach Nordamerika, wo er sich noch mehr für Kinderliteratur interessierte und u. a. »Tom Sawyer« für die Bühne bearbeitete.

Nach Jahren des Exils kehrte Gorki nach Rußland zurück und trug während des Ersten Weltkrieges zum Triumph der Revolution bei. Jetzt war für Gorki der Augenblick gekommen, seine Projekte für eine neue Kinderliteratur zu entwickeln. 1915 schrieb er Briefe an bekannte Schriftsteller und Wissenschaftler und forderte sie auf, Bücher für eine Kinderbibliothek zu schreiben. Er bat Romain Rolland, Wells und F. Nansen um Beiträge. Er selbst schrieb für Kinder »Erzählungen aus Italien« und übersetzte Erzählungen wie »Das Bienchen« von Anatole France. Um 1921 veröffentlichte er die erste russische Kinderzeitung »Sewernoje Sijanie«; er hielt eine Zeitung für das Kind für unbedingt notwendig. Gorki gründete auch den Nationalverlag »Dietizdat«.

Hier schuf Gorki einen Grundstock an Kinderklassikern – es waren Erwachsenenbücher, die dem Alter der Kinder angepaßt wurden. Zugleich ließ er auch einige der traditionellen Kinderklassiker zu, andere wurden abgewiesen, da sie nicht der neuen Ideologie entsprachen. An der Reihe »Unterhaltsame Wissenschaft« arbeiteten Wissenschaftler mit. So schrieb z. B. das Akademiemitglied *Fersman* »Unterhaltsame Mineralogie für Kinder«.

Gorki führte auch Briefwechsel mit Kindern. Er bat sie um ihre Meinung zu Büchern, regte sie zur Lektüre an und empfing Hunderte, ja Tausende von Briefen, in denen sie von ihren Vorlieben berichteten, Bemerkungen zu neuen Werken machten und Rat erbaten. Diese bewunderungswürdige Korrespondenz, der Gorki große Bedeutung zollte und die er selbst führte, war von großem Wert für die Entwicklung der Kinderliteratur im Lande. In gleicher Weise führte Monteiro Lobato in Brasilien einen Briefwechsel mit Kindern. Auch Kinderbriefe fand er notwendig für seine Arbeit. In dieser anregenden Zeit gewann Gorki Beziehungen zu den künftigen Kinderbuchschriftstellern des neuen Regimes. Er bewunderte Marschak, den er für den größten russischen Schriftsteller hielt, und war mit dem damals besten Pädagogen, Makarenko, befreundet.

Kornej Tschukowski, der das verlegerische Werk Gorkis weiterführte, sagte: »In unserer wunderbaren Zeit, der Epoche der kühnsten wissenschaftlichen und sozialen Phantasien, die noch vor kurzem wie ein widersinniges Märchen erschienen wären, müssen wir um jeden Preis eine Generation von Erfindern und Träumern schaffen, die auf allen Gebieten und in allen Zweigen, sei es Technik, Landwirtschaft, Architektur oder Politik, begabt sind.« Aus solchen Sätzen wird Gorkis großes Interesse für alle Wissenszweige verständlich; er machte große Anstrengungen, wissenschaftliche Erkenntnisse über die Kinderliteratur Kindern mitzuteilen. In dieser Weise bestimmte er die Richtung, die die Kinderliteratur innerhalb des sozialistischen Realismus nahm.

In seinem ebenso interessanten wie unausgewogenen Buch »Über Kinderliteratur« stellt Gorki seine persönliche Meinung zu diesem Thema dar. Sie hält sich natürlich innerhalb der marxistischen Zielsetzungen. Sein Buch ist das deutlichste Zeugnis für die Theorie der Kinderbuchliteratur im nachrevolutionären Rußland. Durch seine Lektüre erklärt sich ein großer Teil der Bücher, die später von sowjetischen Schriftstellern geschrieben wurden, gleichzeitig versteht man aber auch die Abweichungen, die heute zu beobachten sind. Da die Religion und alles, was eine Beziehung zu einer übernatürlichen Welt verrät, aus der Kinderliteratur ausgeschlossen wurde, versteht man heute die Anstrengungen Tschukowskis, Bearbeitungen und Versionen einiger Stellen der Bibel zu schaffen, die bis dahin aus der Kinderlektüre ausgeschlossen waren.

Diese Zusammenhänge lassen erkennen, wie wichtig es ist, die soziale Situation und die politische Evolution eines Volkes zu verstehen, um die Tendenzen und das Wachsen großer kultureller Bewegungen erkennen zu können. War die Kinderliteratur im 18. und 19. Jahrhundert zum großen Teil das Werk religiöser Moralisten und unterrichtender Pädagogen und erhielt sie von ihnen die prägende Form, so entsprach die russische Kinderliteratur unter Gorki der Weisung, die die neue Lebensanschauung mit sich brachte. Beide Literaturen haben, obwohl sie unter verschiedenen Vorzeichen stehen, eins gemeinsam: sie wurden dirigiert und hatten eine starke ideologische Last zu tragen.

Zeichnung von L. Zusman aus »Zwölf Monate«

Die Anstrengungen Gorkis waren nicht nutzlos, obwohl man über seine Theorien diskutieren kann. Die Kinderliteratur gewann in Rußland große Bedeutung, und Kinderschriftsteller wurden mit Respekt angesehen. Kinderliteratur wurde von da ab als ein ernsthafter Zweig der Gesamtliteratur betrachtet – obwohl diese Anschauung auch manchmal von pragmatischen Erwägungen diktiert war.

Was Slonim in seiner »Modernen russischen Literatur« über Gorki sagt, kann auch die Kinderliteratur in dieser Zeit definieren: »Er war ein nationaler Schriftsteller, den das Leiden des Volkes und das Schicksal des Landes beunruhigte. Er teilte den sozialen Utopismus und das Mitleid seiner großen Vorgänger und glaubte, daß die Kunst im Dienste der Humanität stünde. Er war völlig unmetaphysisch und bewies seine stark positivistische Richtung und seinen Glauben an den Fortschritt, der aus der Zeit der sechziger Jahre herrührte.«

Zeitgenössische Schriftsteller: Samuil Marschak – Kornej Tschukowski: Kinder-
poesie – Valentin Katajew und die nationalen Ereignisse – Arkadi Gaidar und der
soziale Realismus

Vom Werke Gorkis an entwickelte sich die Kinderliteratur in Rußland sehr rasch.
Einer der besten Repräsentanten der Gegenwart ist *Samuil Marschak* (1887–1964).
Er wurde in dem kleinen Dorf Ostrogorsk (Woronesh) geboren. Den Lehrern fiel
seine große Intelligenz auf, sie halfen ihm weiter. Er erzählt in seinen »Erinnerungen«,
daß er die Fabeln von Krilow auswendig kannte und sie gern aufsagte.
Als Heranwachsender ging er nach Petersburg, wo ihm Wladimir Stossow behilflich
war und ihm den Zugang zu den großen Bibliotheken ermöglichte. Er stellte ihn auch
Künstlern wie Schaljapin vor. 1904 lernte er Gorki im Hause von Stossow kennen
und verbrachte später mehrmals einige Zeit mit der Familie Gorkis am Schwarzen
Meer. Der Jüngling lernte und bildete sich im Verkehr mit den Meistern. In dieser
Zeit las und kommentierte er Puschkin. Meist war er in Geldschwierigkeiten. Um
sich seinen Lebensunterhalt zu verdienen, ging er nach England. Dort übersetzte er
Klassiker, aber auch englische Balladen und englische Folklore. Als er nach der
Revolution nach Rußland zurückkehrte, begann er, sich mit Kinderliteratur zu
beschäftigen und sich für die Erziehung zu interessieren. Zusammen mit anderen
Pädagogen gründete er in Krasnodar »Die Stadt der Kinder«, in der es Bibliotheken
und ein Theater gab. In diesem Theater wurden seine ersten Stücke für Kinder uraufgeführt, die er 1922 unter dem Titel »Das Theater der Kinder« veröffentlichte. Sie
waren von den Volksmärchen beeinflußt. Marschak war von der Bedeutung der
literarischen Erziehung für die Bildung eines Kindes überzeugt. Er sagte: »Für die
Erziehung und die Bildung eines Kindes reicht die Schule nicht aus. Sie wird allein,
ohne die Hilfe der Literatur, nicht zum Ziel kommen. Die reinen Schemata ohne
die Fülle der Anschauung, wie sie die Kunst bietet, werden niemals aus dem Menschen
ein gebildetes Wesen machen; ohne sie wird er weder die Worte, noch die Begriffe,
noch den Reichtum der Sprache verstehen, die so alt ist wie die tausendjährige
Menschheit; auch wird er kein Verständnis für historische Zusammenhänge gewinnen.«
Marschak war von den Volksmärchen begeistert und hielt Andersen für den besten
Märchenerzähler der Welt. Er sammelte auch Volksmärchen und bearbeitete sie
für Kinder. In der Zeit zwischen 1920 und 1930 kämpfte er für einen neuen Realismus
und für die Erneuerung realistischer Traditionen, so daß Volkspoesie und Folklore
die neue Literatur entscheidend beeinflußten. Marschak gab alten russischen Er-
zählungen wie »Die zwölf Monate« eine neue Fassung, er veröffentlichte auch Verserzählungen und Legenden unter dem Titel »Verse für Kinder«. Als der Verlag
»Prawda« eine Kinderzeitung herausgeben wollte, trat man an Marschak heran,
und »Der neue Robinson« wurde gegründet. Das Blatt bestand mehr als drei Jahre.
An ihm arbeiteten u. a. Boris Jitkow, Vitalij Bianki und Boris Lawrenew mit.
Marschak ist einer der berühmtesten und beliebtesten russischen Schriftsteller.
Kinder kennen seine Verse auswendig. Auf zwei Kongressen sowjetischer Schrift-
steller, 1934 und 1936, gab er Berichte über die Kinderliteratur. In einem von ihnen,

»Eine große Literatur für Kinder«, formulierte Marschak seine Ideen über den Stil, das Kunstwerk, über Phantasie und Realität und forderte die literarische Bildung des Kindes und des Jugendlichen.

Kornej Iwanowitsch Tschukowski (1882–1970) trug ebenfalls dazu bei, das Niveau der Kinterliteratur zu heben. Er ist ein großer Poet und guter Kenner der kindlichen Psyche. Seine Theorie über Kinder und Dichtung legt er in seinem berühmten Buch »Von zwei bis fünf« dar. Er glaubt, daß die Kinderpoesie ihren Ursprung in Volksüberlieferungen und der Kinderfolklore habe und sagt: »Ich habe die Überzeugung gewonnen, daß der einzige Weg die Volkspoesie ist. Natürlich will ich damit nicht sagen, daß wir die alten Volkspoesien und Volksmärchen einfach nachahmen sollen. Es ist nicht nötig, getreue Imitationen der Folklore zu schreiben. Aber wir dürfen nicht vergessen, daß durch Jahrhunderte hindurch das Volk in seinen Liedern, seinen Erzählungen, in seinen »Bylinen« und Versen die idealen künstlerischen und didaktischen Methoden gefunden hat, um das Kind zu beeinflussen. Für uns wäre es nicht gut, wenn wir diese tausendjährige Erfahrung mißachteten.«

Neben dem Volk ist das Kind selbst sein Lehrmeister. Die erste Regel, die man beim Umgang mit Kindern lernt, ist die, daß das Kind Bilder und Handlung wünscht. Daher müssen Gedichte graphisch gut dargestellt werden und die Bilder einen guten optischen Eindruck machen, damit Verse »gesehen« werden können. »Der Dichter-Maler oder Dichter-Zeichner sollte auch ein Dichter-Musiker oder ein Dichter-Sänger sein, der gesungene oder getanzte Poesie schreiben kann.« Diese Forderung wird beim gesungenen und getanzten Chorlied erfüllt.

Eine andere Regel der Kinderpoesie besagt nach Tschukowski, daß Verse gesungen und getanzt werden sollen und daß sie von Musik begleitet sein müssen, denn Kinderfolklore sei immer musikalisch gewesen. Die Musikalität der dichterischen Sprache sei genauso notwendig wie der Wechsel im Rhythmus. Jeder Vers müsse eigenes Leben haben. Der Vers müsse auch im Spiel verwendbar sein, daher empfiehlt er das Spiel mit Worten, die zweierlei Bedeutung haben. Der Dichter nennt es »Wort-Spiele«. »Man muß sehen, wie die Kinder lachen, wenn ich ihnen meine kleine Fabel ›Kotaoussi und Maoussi‹ vorlese, die auf der Zerstückelung der Worte nach Art der englischen Folklore beruht.« Er fügt später hinzu: »Die Kinderpoesie von den ›Ladouchki‹ unserer Großmütter bis zu den ›Karawei‹ ist durch das Spiel hervorgebracht worden.«

Tschukowski ist vom künstlerischen Wert der Kinderpoesie überzeugt, und er bestätigt, daß eine Poesie, die für Kinder geschrieben wurde, auch für Erwachsene gültig sein müsse. Seine Hauptsorge galt der ästhetischen Bildung des Kindes im Alter von zwei bis fünf Jahren, einer entscheidenden Periode im Leben. Schon Leo Tolstoi sagte: »Von einem Kind von fünf Jahren bis zu mir herüber ist nur ein Schritt; zwischen einem Neugeborenen und einem Kind von fünf Jahren besteht ein großer Unterschied.« Diese ganze entscheidende Periode sollte von der Poesie bestimmt werden. Zu Tschukowskis besten Werken gehören: »Das Krokodil«, »Der Doktor tut mir weh« und »Die Mücke Zon-Zon«.

Die historisch-politischen Ereignisse spiegelten sich auch in den Werken der Schriftsteller, die die Geschehnisse ihrer Epoche wiedergaben. *Valentin Katajew* (1897) schrieb einen ausgezeichneten Roman »Es blinkt ein einsam Segel«. Er handelt von der Familie des Lehrers Bachei, die gerade in den Sommerferien ist, als die Revolution ausbricht. Durch die Kinder Petja und Paulik erfährt der Leser, was geschieht: der Aufstand auf dem Panzerkreuzer »Potemkin« führt zur Suche nach aufständischen Matrosen. Einer von ihnen versteckt sich im Wagen der Familie, als sie aus den Sommerferien zurückkehren wollen. Der Roman beschreibt eine Episode der nationa-

Arkadi Gaidar

len Zeitgeschichte, hat aber auch Züge eines Kriminalromans. Die Verfolgung des Matrosen, der sich versteckt hat, wird spannend geschildert. Besonders edel ist die Gestalt des Vaters, der von der Menge geschlagen wird. Auch ein Pogrom wird beschrieben.
Wenn alle russischen Kinderbücher, die auf historischen Ereignissen beruhen, nur über Taten der Revolution berichteten, könnte die Verherrlichung der Ereignisse des Bürgerkrieges, die Übertreibung der nationalen Werte und das Lob auf die Helden manchmal zu politischem Fanatismus führen. Bei Katajew entwickelt sich jedoch der politische Roman natürlicher, verhaltener, er gehorcht keinem auferlegten Zwang.

Es liegt nahe, daß sich die Umwandlung des Landes, der Wechsel der Ideologie und der sozialen Struktur in der Kinderliteratur spiegelt. Man spürt die Begeisterung des russischen Schriftstellers für den Soldaten und für den Matrosen, die beide Helden des Volkes wurden. Diese Schriftsteller erzählen den Kindern von den Heldentaten der Revolution und des Krieges. Sie beginnen aber nach einigen ausgearbeiteten Theorien und ausgegebenen Losungen, diese Art von Büchern serienmäßig herzustellen und wenden sich an die Kinder, die zu den »Pionieren« gehören. Im faschistischen Italien gab es eine ähnliche Literatur für die »Balillas«. Die Mehrzahl der russischen Kinderbücher hat das Ziel, zu guten kommunistischen Staatsbürgern zu erziehen, so wie es früher zu Ende des 19. Jahrhunderts das allgemeine Ziel war, gute Christen zu bilden. Der Schriftsteller sucht nationale Literatur über ausschließlich nationale und moderne Themen zu schreiben; alles andere wird durch die russische Folklore bestimmt. Mit der Zeit wird jedoch die echte Begeisterung für historische Ereignisse, wie man sie bei Katajew spürt, zur Manier, und der Leser kann voraussagen, wie die Geschichte weitergeht. Kennt man die Prämissen, sind die Folgen vorhersehbar.

Eine andere Art von Romanen oder Erzählungen berichtet in rein humaner Absicht von Kinderabenteuern.

Arkadi Gaidar (1904–1941) schrieb »Timur und seine Brigade«. Helden des Buches sind einige Kinder, die Familien in Not helfen. Sie trösten die Traurigen und beschützen die, die in Gefahr sind. Sie helfen Genia in ihrer Hütte auf dem Feld und bilden eine Gruppe von Freunden, die in allem zusammenhalten. Es ist Krieg, ihre Väter stehen im Heer an der Front – so wie der Schriftsteller selbst schon in sehr jungen Jahren. Diese Geschichte über die gemeinsame Anstrengung einer Gruppe ist interessant und könnte revolutionär wirken, sie läßt aber nur die Ideen wieder aufleben, die bereits Campe in Deutschland, L. M. Alcott in Nordamerika und die französischen pädagogischen Schriftsteller hoch priesen.

Wladimir Majakowski (1894–1930) schrieb Kindergeschichten und arbeitete vor allem an der Kinderzeitung »Prawda der Pioniere« mit. Eines seiner besten Bücher ist die 1925 veröffentlichte »Geschichte von Petja und Sima«. Genannt werden muß auch das bei Kindern sehr verbreitete poetische Werk von *Agnija Barto* (geb. 1906) und die Erzählkunst von *Vitali Bianki* (1894–1951), der Geschichten über Waldtiere und über die Jagd schreibt, in denen es kaum Abenteuer, aber viele Naturbeschreibungen gibt. Zu erwähnen sind auch Geschichten und Erzählungen von *Alexei Tolstoi* (1882–1945), die sehr verbreitet sind: »Nikitas Kindheit«, »Der goldene Schlüssel« und »Russische Fabeln«, und die Erzählungen von *Sergej Mikhalkov*.

Das Werk von *Michail Prischwin* (1873–1954) ist von großer Bedeutung. Der Schriftsteller, der aus Rußland vertrieben wurde und in Leipzig Landwirtschaft studierte, war der Natur immer sehr nah verbunden. Gut kannte er die Welt der Tiere und den Norden Rußlands. Er schrieb »Kalender der Natur« (1948), »Der Sonnenspeicher« (1949) und »Nordlegende« (1954).

Lew Kassil (1905–1970) ist ein patriotischer Schriftsteller. Er veröffentlichte »Sein großer Bruder« (1950), »Deine Beschützer«, »Seid bereit, Eure Hoheit« (1965);

in dem Buch beschreibt er, wie Kinder aus aller Welt in einem Pionierlager zusammenleben. In »Was ist Glück?« wirft er Fragen über die Zukunft auf.

Nikolai Nossow (1908) schreibt humorvolle Erzählungen wie »Lustige Geschichte« (1951), »Eine fröhliche Familie« und »Ich war ein schlechter Schüler« (1952). *Nikolai Dubow* (1911) beschreibt in seinem Roman »Der Junge am Meer« (1964) die kindliche Umwelt auf einem Kolchos von Arbeitern und Bauern. *Anatoli Rybakow* (1911)

Juri Korinetz (Beltz-Verlag, Weinheim und Basel)

behandelt das Thema der Kinderpioniere in »Der Marinerdolch« (1953); »Ein Autowrack und tausend Streiche« hatte bei Groß und Klein viel Erfolg.

Anatoli Alexin (1924) berichtet über die Probleme von Schüler-Pionieren in »Ferien am Meer« (1952), »Sascha und Schura« (1956) und »Im Land der ewigen Ferien« (1966). *Radi Pogodin* (1925) untersucht die Psyche des Kindes, das seine Fehler bessern und sich selbst vervollkommnen will; er veröffentlichte »Ameisenbutter« (1960) und »Erzählungen über fröhliche Leute und schönes Wetter« (1960). *Juri Korinetz* schrieb »Dort, weit hinter dem Fluß«.

In der gegenwärtigen Richtung von Kritik und Theorie zur Kinderliteratur der Gegenwart in der UdSSR sehen Schriftsteller und Sachverständige immer mehr die

Notwendigkeit enger Verbindung zwischen der Literatur für Erwachsene und der Literatur für Kinder. Man fordert daher neue Grundlagen.

Bibliographie

Akademiia pedagogichieskikh nauk RSFSR. Moskau 1962. (Geschichte der Kinderliteratur)

Alekseeva, O. V.: Deskaia literatura; posobie dlia pedagogicheskikh uchilishch. Moskau 1957. (Kinderliteratur, Buch mit Schülertexten)

Babushkina, Antonina Petrowna: Istoriia russkoi detskoi literatury. Moskau 1948. (Geschichte der russischen Kinderliteratur)

Borschchewskaia, A. I.: Detskaia literatura (vtoraia polovina XIX nachalo XX vv.); khrestomatiia dlia pedagogicheskikh institutow. Moskau 1954. (Kinderliteratur)

Ceux qui écrivent pour les enfants (Gorki, Jitkow, Gaidar, Iline, Tschukowski, Bianki, Barto usw.) Moskau 1954.

Gankina, Ella: Russkie knudozhniki detskoi knigi. Moskau 1963. (Geschichte der Illustration im Kinderbuch)

Gorki, Maxim: O detskoi literature; stat'i i vyskazvania. Moskau 1958. (Dt. »Über Kinderliteratur«, Berlin 1953)

Hurvych, Fenia Khaimivna: Ukrains'ka dytiacha literatura; khrestomatiia kritichnikh materialy. Kiew 1962.

Jureviciute, I.: Vaiku literatura; bibliografija 1940–1964. Wilna 1965. (Kinderliteratur. Bibliographie von Litauen)

Literatura soviética. Extranummer, der Kinderliteratur gewidmet. Moskau

Ludwig, Nadescha/Wolfgang Busewitz: Sowjetische Kinderliteratur. Berlin 1974.

Makarenko, Anton Semenovitsch: O detskoh literatura i detskom ctenii; sta'i recenzii pisma. Moskau 1955.

Tschechow, Nikolai Wladimirovitsch: Detskaia literatura. Moskau 1909.

Tschukowski, Kornej: Ot dvukh do pati. Moskau 1960.

Iran

Wie in der Mehrzahl der Entwicklungsländer, die in den letzten Jahren eine große Umwandlung erlebt haben, beginnt man auch im Iran, dem alten Persien, sich mit der Lektüre der Kinder zu beschäftigen. In diesem Land, in dem es noch große

Farbtafel aus »Der Held« von Abdol Razzagh

Gebiete mit Analphabetismus gibt, in dem Mangel an Schulen herrscht, nur wenige Verlage und schlechte Kommunikationsmittel bestehen, muß man sich mit all den Problemen auseinandersetzen, die bei der Eingliederung in die gegenwärtige Zivilisation auftauchen.

Die Idee einer Kinderliteratur ist sehr jung. Die Kinder lauschten früher den Erzählungen, die mündlich überliefert wurden, »Calila und Dimna« und den Volksmärchen. Es gab keine für sie geschriebenen Bücher, ja, es gab nicht einmal viele Bücher für Erwachsene. Als zu Beginn des 20. Jahrhunderts die verfassungschaffende Revolution begann, schrieb *Iraj Mirza* Verse für Kinder in der Volkssprache, die voller Einfallsreichtum und gleichzeitig lehrreich waren. Auch die Dichter *Yahya Dolatabadi* und *Ali Naghi Vaziri,* der eine Anthologie mit Geschichten in kleinen Auflagen zu Preisen herausgab, die nur für reiche Kinder erschwinglich waren, müssen erwähnt werden. Jabbar Baghcheban gründete eine Schule und schrieb für Kinder.

Zur gleichen Zeit, in der die Erziehungsreformen begannen, sammelten einige große Schriftsteller Volksmärchen und veröffentlichten sie: *Shahrzad, Sadegh Hedayat, Koohi Kermani* und *Sobhi Mohtadi.*

Nach dem Weltkrieg 1914–1918 wurde die erste Kinderzeitung »Nonahalan« veröffentlicht. Wenig später gab die gleiche Gruppe von Redakteuren »Bazi« heraus. 1947 wurden unter der direkten Aufsicht des Erziehungsministeriums andere Zeitungen veröffentlicht. Seit 1964 erscheint »Paik«, die sich an Kinder in ländlichen und städtischen Gebieten wendet; ihr Ziel ist es, alle Kinder des Landes, das sich auf dem Wege des sozialen und ökonomischen Übergangs befindet, zu belehren und zu unterhalten. In diesem Sinn versuchen sowohl die Zeitungen wie die Bücher, die für Kinder veröffentlicht werden, das Kind und den Jugendlichen ohne Bruch mit den traditionellen persischen Werten zu einer dynamischen und aktiven Vorstellung von der Gesellschaft zu führen, die im Gegensatz zu dem Fatalismus und dem Fetischismus der früheren Zeiten steht. Man sieht, daß die Kinderliteratur im Iran eine bestimmte Aufgabe zu erfüllen hat: sie dient der Umwandlung einer in ihrer Tradition verknöcherten Gesellschaft. Neben anderen erfolgreichen Institutionen arbeitet das »Institute for the intellectual development of children and young adults« für die Veröffentlichung von Kinderbüchern.

Der Unterschied zwischen ländlichen Gebieten und den Städten ist wie auch in Indien und den Ländern Südamerikas sehr groß. Es gilt, diese Unterschiede und Abstände zu überwinden. In einem interessanten Artikel (maschinengeschrieben in der Internationalen Jugendbibliothek in München) stellt *F. Shirvanloo* die Forderung nach einer »dynamischen Literatur« auf, um »einen dynamischen Menschen zu entwickeln«. Gleichzeitig fordert er die geschriebene Literatur, um die Unwissenheit und den Analphabetismus auslöschen zu können.

In der Gegenwart schreiben junge Schriftsteller Kinderbücher, deren Themen die Volksmärchen, die schönen persischen Sagen in vereinfachter und modernisierter Form und die historischen Erzählungen sind, die einen Beitrag zur Festigung des Nationalgefühls leisten. Es sind Bücher, bei denen der Illustration eine besondere Bedeutung zukommt. Zu den besten Illustratoren gehören Farshid Mesghali, der

1974 den Andersen-Preis erhielt, Nikzad Nojocmi, Nooredin Zarinkelk und Bahman Dadkhah.

Bibliographie

Ramseger, Ingeborg: Persische Kinderbücher von heute. Neue Gebrauchsgraphik 1973.
Shirvanloo, F.: Literature for Children and Young People in Iran. Maschinen-schriftliches Manuskript in der Internationalen Jugend-Bibliothek in München.

259

Arabische Länder

In der arabischen Welt gibt es eine nur für Kinder und Jugendliche geschriebene und von ihnen fast ausschließlich gelesene Literatur erst von Beginn des 20. Jahrhunderts an. Doch wird sie auch bestimmt und beschränkt durch feste Leitsätze einer langen, während eines Zeitraums von dreizehn Jahrhunderten einer ununterbrochenen literarischen Tradition und durch gegebene künstlerische wie soziale Probleme.

Die klassische arabische Literatur und die Kinder

Die arabische Literatur bietet unzählige Beispiele von Werken, die Kinder mit Sicherheit kannten und die Teil ihrer Welt des Wissens und ihrer Spiele waren. Infolge ihrer Thematik, durch ihren attraktiven Stil und wegen ihrer bildenden Absicht erreichten sie weite Verbreitung bei Kindern und Jugendlichen.

Vor allem durch mündliche Überlieferung gelangten diese Werke zu ihrem kindlichen Publikum. Das hatte zwei Ursachen: einmal ist das gesprochene Wort in den frühen Stadien der Entwicklung die beste Brücke zum Kind, dann aber erreichte die arabische Literatur in ihren mündlich überlieferten Zeugnissen besonderen Rang. Schon ganz früh wurde in der arabischen Gesellschaft dem Rezitativ und dem Gesang große Bedeutung beigemessen, ebenso der Kunst, auswendig vorzutragen. Hinzu kam, daß die Druckkunst erst sehr spät bekannt wurde, so daß die größte Zahl von literarischen Werken durch mündliche Überlieferung bewahrt und tradiert wurde (was aber nicht ausschließt, daß es auch handgeschriebene Exemplare von fast allen Werken gibt). Daher kann das mündlich Überlieferte sowohl das Volkstümliche wie gelegentlich auch das Gelehrte und Gebildete umfassen.

Die klassische arabische Literatur hat in zwei literarischen Gattungen ihre größte Verbreitung und Vollkommenheit erreicht: in der Lyrik und in der Erzählkunst. Zu diesen beiden Gattungen gehören daher auch die von Kindern bevorzugten Werke.

Die Erzählung orientalischen Ursprungs wie die original arabische Erzählung verbreitete sich im Mittelalter im ganzen Nahen Osten, im Norden Afrikas und im Andalus, bis sie schließlich sogar zu einem Teil der europäischen Erzähltradition wurde. Auch heute noch ist die Erzählung allgemein beliebt. Immer wieder war sie das magische gemeinschaftsbildende Band zwischen Einzelnen und Gruppen: von den einfachen Kaffeehäusern in Kairo an, in denen sich Jugendliche und Erwachsene um den Erzähler-Schauspieler drängen, bis zu dem großen Platz in Marrakesch, auf dem sich bei Anbruch der Dämmerung Runden aufmerksamer Zuhörer bilden. Die arabische Literatur hat orientalische Erzählungen übernommen und umgeformt, die so nach Europa kamen. Oftmals verlor sich dabei die originale indische Version. Zahlreiche Erzählungen wurden auch hinzugefügt; man kennt sie, ohne zu wissen, daß sie arabischen Ursprungs sind. Zu den frühesten gehören »Calila und Dimna« in der Version von *Ibn al-Muqaffaʻ* im neunten Jahrhundert, zu den späteren die unter dem Namen »Tausend und eine Nacht« bekannte Sammlung, deren vollständige schriftliche Fassung erst im 16. Jahrhundert erfolgte.

Ebenfalls hat sich bis heute eine Reihe von epischen Erzählungen erhalten, die entweder einen Helden oder einen komischen Charakter zur Hauptfigur haben und von deren Taten oder berühmten Abenteuern berichtet wird. So waren und sind bei arabischen Kindern die »Sīra« (eine Art Biographie) von *ʻAntara*, von *Zubayr* und *Sayf Ben Ḏī Yazan*, die von einem Helden berichten, sehr bekannt, ebenso die Fortsetzungsserien von *Ŷuḥā*, die von einer komischen Figur handeln.

In der Dichtung werden die Wiegenlieder (agānī-l-mahd) und die Lieder zum Tanz und zum Spiel (agānī tarqīṣ) allmählich systematisch von arabischen Gelehrten gesammelt und veröffentlicht. All diese volkstümlichen und hauptsächlich mündlich überlieferten Werke zeichnen sich durch beredte Sprache, durch einfachen Satzbau und einfachen Stil sowie durch Verwendung einer Fülle von stilistischen Hilfsmitteln wie Reim, Stabreim und den Gebrauch von Worten mit mehrfacher Bedeutung aus. Daneben gibt es Werke gebildeterer Art, die manchmal fragmentarisch mündlich überliefert wurden, manchmal auch durch Schulen, durch Privatlehrer und durch Lektüre. Unter ihnen sind die zahlreichen Abhandlungen, »Adab«, zu nennen; es sind Werke lehrhafter Art, ähnlich den Enzyklopädien, die wir heute kennen. Sie hatten ursprünglich die Aufgabe, die Beamten des Staates, ʻAbbāsī, zu belehren. Aber bald schon begannen immer mehr Schriftsteller sich mit dieser Art Literatur zu beschäftigen. Daher vermehrte sich ihre Zahl, und ihre Thematik erweiterte sich: sie wurde oft »merkwürdig«, manchmal auch wunderlich und erheiternd. Geschichte, die Sitten verschiedener Völker, seltsame Ereignisse, Erfindungen, Zeremonien, Spiele... all das wurde beschrieben und später auch von Kindern gelesen. (Die Illustrationen, die oft die Texte begleiten, sind so anziehend und erfreulich wie ihr Inhalt.) Zu den besten Autoren gehört der große arabische Schriftsteller des neunten und zehnten Jahrhunderts, *Al-Ŷāḥiẓ*.

Ein ähnlicher erzieherischer Impuls findet sich auch in den Reisebeschreibungen. Der Andalusier *Abū-Ḥāmid* und der aus dem Maghreb (Nordafrika) stammende *Ibn Baṭūṭa* zeichnen sich beide durch ihre liebenswerten Beschreibungen wie auch durch die Kühnheit ihres Reiseweges aus: der erste gelangte bis nach Sibirien, der zweite an die Grenzen Asiens.

Zuletzt seien noch die »Maqāma«, eine Sammlung von Erzählungen mit einer Hauptgestalt, die fast schon eine Art Roman bilden, und die didaktische Poesie erwähnt.

Die bekanntesten Autoren der »Maqāma« sind *al-Ḥamadānī* und *al-Harīrī*. Bei der didaktischen Poesie sind weniger die einzelnen Autoren als ihr allgemein lehrhafter Charakter bedeutsam: die verschiedensten Disziplinen wie Philologie, Philosophie und Naturwissenschaften benutzten eine bestimmte poetische Modellform. Bei dieser Art der Dichtung ist nur ihr lobenswertes Streben, zu vereinfachen und Kindern und Jugendlichen zu helfen, hervorzuheben; literarischen Wert besitzt sie kaum.

Diese mehr lehrhaften Werke bilden innerhalb der Erzählkunst eine eigene Gattung, die unter dem Namen »Saŷ‹« bekannt ist (Prosa mit Binnenreim); es sind manchmal Renommierstücke an Gelehrsamkeit mit vielfältigen logischen Argumenten und sachlichen Angaben. Diese didaktische Poesie ahmt die große lyrische Literatur der Araber nach, ohne jedoch ihre Höhe zu erreichen.

Die vielfältige, oft sehr schöne arabische Poesie ist für Kinder schwer zu genießen, wenn sie nicht durch ihren Wohlklang auf sie wirkt. Dasselbe gilt vom Koran, der in eindrucksvoller gereimter Prosa geschrieben ist. Kinder müssen ihn kennen. Aber sie nehmen von ihm wohl mehr gewisse Formen des Sprechgesangs und seiner Modulationen auf und behalten aus ihm einige Legenden.

Die Renaissance der arabischen Kultur und die Kinderliteratur

Auf Grund des Zusammenwirkens verschiedener Umstände entstand in der zweiten Hälfte des vorigen Jahrhunderts in der arabischen Welt echtes Bemühen um eine

Aus einem ägyptischen Kinderbuch der Gegenwart

262

kulturelle Erneuerung. Der Kontakt mit der westlichen Welt warf in dieser Zeit erneut die verschiedensten Probleme auf: sie reichten von dem Verlangen nach nationaler Einheit bis zu der Forderung, auf wissenschaftlichem, wirtschaftlichem und kulturellem Gebiet auf der Höhe der Zeit zu stehen.

In dieser Epoche gab es viele Männer, die sich ernsthaft um die Umformung der Gesellschaft bemühten und erkannten, daß ein echter Wandel nur mit Hilfe der neuen Generationen und ihrer Bildung möglich sei. Einer dieser Pädagogen, der gleichzeitig Schriftsteller war, ist der Ägypter *Rifāʿa al-Ṭahṭāwī* (1801–1873). Mit ihm beginnt die erste moderne Kinderliteratur in Arabien mit ihren beiden Zweigen:

Bearbeitungen und Neuschöpfungen. Da er sich bemühte, den Jugendlichen eine Reihe positiver Werte wie wissenschaftliche Neugierde und Entscheidungsfreudigkeit nahezubringen, übersetzte er »Die Abenteuer des Telemach« ins Arabische und regte andere Übersetzungen wissenschaftlicher Art an; außerdem schrieb er ein Buch über seine Reisen nach Paris (»Tajlīṣ al-ibrīz fī-taljīṣ Bārīz«).

Neben diesen verdienstvollen Werken müssen auch die erfolgreichen sprachwissenschaftlichen Arbeiten von *al-Ṭahṭāwī* erwähnt werden. Er versuchte eine Sprache, die nicht so überladen war wie das damalige Schrift-Arabisch, zu schreiben und stand mit diesem Bemühen in einer Reihe mit den Philologen-Pädagogen im Libanon wie zum Beispiel *Buṭrus al-Bustānī*, der das erste moderne arabische Wörterbuch schuf.

Die Werke von Al-Ṭahṭāwī stehen jedoch der Welt der Kinder und Jugendlichen sehr viel näher: es sind einmal patriotische Hymnen (anāshīd) für Jugendliche in einem kurzen, einfachen Stil voller Klangfülle, zum anderen die erste Veröffentlichung, die Kindern gewidmet ist: »Rawḍat al-madāris al-miṣriyya« (Der Garten der ägyptischen Schulen) 1870. Das Erscheinen dieser ersten Zeitung ist um so bedeutsamer, als die arabische Presse gerade erst an ihrem Anfang stand. (Die erste Druckerei der arabischen Welt wurde 1799 gegründet.)

In dieser ersten Periode pädagogischen Strebens und fortschrittlicher Literatur muß auch der Ägypter *ʿUthmān Ŷalāl* genannt werden. Er bearbeitete die Fabeln des Äsop in seinem Buch »Al-ʿUyūn al-yawāqiẓ fī-l-amthāl wa-l-mawāʿiẓ«, wobei er die Volkssprache und den Vers verwandte (das Versmaß »Raŷaz«, das volkstümlich und leicht im Gedächtnis zu behalten war).

Absichten und Erfahrungen in der arabischen Kinderliteratur

Die folgenden Jahre bis in die neueste Zeit waren Zeuge großer Veränderungen in der arabischen Welt. Auf literarischem Gebiet bildete sich eine Generation bedeutender Lehrer — Schöpfer einer modernen arabischen Sprache, die schön und fähig war, die Gedanken ihrer Meister auszudrücken und zu vermitteln. Auch auf dem Gebiet des Politisch-Sozialen erlebte man eine Zeit voller Aktivität des Optimismus und des Aufbaues.

Trotz oder vielleicht gerade wegen dieses Überschäumens nach allen Richtungen macht die Kinder- und Jugendliteratur in dieser Zeit einen unreifen Eindruck; die glücklichen und vielversprechenden Anfänge verfestigten sich ins rein Formale und Quantitative statt zu schöpferischen Fortschritten zu führen. Zwar folgen seit der ersten Zeitung, die wir kennen, bis in die fünfziger Jahre Veröffentlichungen für Kinder einander in bemerkenswerter Zahl, dennoch sind sie in ihrer Art selten originell und schwanken zwischen rein Didaktischem und der Reproduktion westlicher Kinderzeitungen mit »comic strips«.

Auch Kinderbücher erschienen in reicher Anzahl, gleichzeitig verbesserte sich die Qualität der Drucktechnik. Illustrationen wurden verschwenderisch verwandt, sie erschienen auch farbig... Für einen oberflächlichen Beobachter macht die Kinderliteratur vom Ende des ersten Weltkrieges an bis gegen Ende der fünfziger Jahre erstaunliche Fortschritte, in Wirklichkeit aber beruht dieser Fortschritt auf einem großen gesellschaftlichen Wandel: Kinder und Jugendliche, deren Anteil an der Bevölkerungszahl in diesen Ländern so groß ist, erhielten fast alle Schulbildung. Gleichzeitig entstand eine Buch-Industrie. Heute ist die Kinderliteratur eine offensichtliche Tatsache, ja, es gibt eine reiche Buchproduktion, die fast ausschließlich Kindern gewidmet ist. Die Kinder beginnen die Hauptrolle in ihrer eigenen Welt als Leser zu spielen.

Der Libanon und Ägypten sind führend in dieser Kinderliteratur, wie es ihnen auch logischerweise als den wirtschaftlich mächtigsten und den kulturell reichsten Ländern zukommt. Kairo und Beirut verzeichnen die größte Blüte an Verlagshäusern, Druckereien, Universitäten und Schulen, Literaten und Journalisten.

Die großen Autoren der Zeit beschäftigen sich nicht ausdrücklich mit der Kinderliteratur. Dennoch wenden einige ihre Aufmerksamkeit auch Kindern und Jugendlichen zu. Sie werden dabei einmal von dem allgemeinen erzieherischen Impuls geleitet, zum anderen halten sie selbst es für notwendig, für ihre eigenen Kinder zu schreiben.

Von dem noch »klassischen« Dichter *Aḥmad Šawqī* stammt der »Dīwān al-aṭfāl« (Diwan der Kinder) im vierten Band seiner Gesammelten Werke. Er enthält Gedichte und Erzählungen in der Art kleiner Fabeln und Geschichten, von denen die meisten Tiere als Hauptfiguren haben. Der Autor, der um dieses Werkes willen »König der Dichter« genannt wurde, spricht ganz menschlich und weit entfernt von jeder Manier zu uns.

Innerhalb der erzählenden Literatur zeichnen sich zwei ägyptische Schriftsteller in ihrem Eifer, für Jugendliche zu schreiben, aus: *Ṭāhā Ḥusayn* schrieb Erinnerungen »Al-Ayyām« (Die Tage), die er seinen Kindern widmete, damit sie sie läsen, wenn sie älter wären. Es wird die bewegende Geschichte seiner Kindheit und Jugend erzählt von den traurigen Erfahrungen an, die er als blindes Kind vom Lande machte, bis hin zu der Hoffnung, die ihm seine eigenen Anstrengungen als Schriftsteller und Intellektueller einflößte und die ihn zu Höhen literarischen Ruhms und zu höchsten Posten sozialer Verantwortung führte. Sein Buch ist ein herausragendes Werk der neuarabischen Literatur und verdient es, gelesen und in die westlichen Sprachen übersetzt zu werden. Hauptcharakteristika seiner Prosa sind die Flüssigkeit seines Stils und ein klar durchgehaltener Rhythmus.

Der Schriftsteller und Reformator *Aḥmad Amīn*, der soviel zur Verteidigung und für die Emanzipation der arabischen Frau schrieb, veröffentlichte »An meinen Sohn« (Ilà waladī). Das Buch bringt hauptsächlich eine Reihe von Ratschlägen an seinen Sohn, der damals in England studierte.

Neben diesen bekannten Autoren gibt es natürlich noch eine große Zahl von weniger bekannten Schriftstellern, die für Kinder schreiben, einige von ihnen fast ausschließlich. Sie bevorzugen historische und religiöse Erzählungen, Fabeln und die phantastische Literatur. Die Presse fügt Belehrendes und oftmals auch Erheiterndes hinzu.

Kāmil Kīlānī, der erste arabische Kinderbuchautor

Es wäre nicht recht, diese weitgespannte und schillernde Periode abzuschließen, ohne den arabischen Schriftsteller zu nennen, den man als den ersten richtigen Kinderbuchautor bezeichnen kann, und das sowohl wegen des Umfangs seines Werkes (mehr als 150 Titel) als auch wegen der stetig sich steigernden Qualität: Kāmil Kīlānī (geb. 1897). Er hatte bereits in seiner Familie literarische Vorbilder. Seine Mutter war Dichterin, sie schrieb »Zaĝal«, Dichtungen in volkstümlicher Art. Die Stellung seines Vaters, der Ingenieur war, erlaubte ihm ausgedehnte Studien zunächst an der traditionellen Azhar-Universität, später an der neugegründeten ägyptischen Universität. Die vielfältige Tradition Ägyptens im Mittelmeerraum – die pharaonische, hellenistische und arabische – spiegelt sich in dem fruchtbaren Werk von Al-Kīlānī. Er bearbeitete für Kinder die Abenteuer der antiken Helden oder das Leben verschiedener Gestalten der arabischen Literatur, sei es, daß sie wirklich gelebt hatten (wie *Ḥayy Ben Yaqẓān*, der berühmte autodidaktische Philosoph, ein Vorläufer des modernen Robinson) oder nur erdacht waren (wie die Helden aus »Tausend und eine Nacht«). Seine erste Prosaerzählung erschien 1927: »Sindbad, der Seefahrer«. Darauf folgten zahlreiche eigene Erzählungen des Autors, meist Fabeln oder humorvolle Geschichten in knappem, treffendem Stil, mit moralisierender Absicht und voll patriotischen Geistes. Einige Kritiker nennen diese Erzählungen romantisch und ausschließlich phantastisch. Vielleicht trifft das auch auf einige zeitgenössische Autoren oder sogar auf die Mehrzahl von ihnen zu, bei Al-Kīlānī helfen jedoch all diese Geschichten, den Geist des ägyptischen Kindes zu bilden und zu formen, da sie ihm mit Hilfe der Phantasie und der Geschichte reiches Material über seine Gesellschaft vermitteln. Obwohl Al-Kīlānī schon im Bereich der Prosa so fruchtbar war, übersetzte er und schrieb Gedichte für Kinder. Er ist in seinem Land äußerst beliebt.

Übersicht über die gegenwärtige Kinder- und Jugend-Literatur – Die Verbreitung der Kinderliteratur – Die Problematik der zeitgenössischen Kinderliteratur – Perspektiven und Programme in den letzten Jahren

Von den fünfziger Jahren und noch konkreter von den letzten zehn Jahren an kann man deutlich eine Erweiterung des Panoramas der Kinderliteratur in jeglicher Hinsicht beobachten. Einmal tritt der große Schriftsteller hervor, der sich ganz der Kinderliteratur widmet: es handelt sich um wirklich bedeutende, schöpferische Autoren, die sich nicht nur dadurch auszeichnen, daß sie ausschließlich für Kinder schreiben, sondern die wegen ihrer literarischen Qualität zu nennen sind. Außerdem sind es nicht mehr allein Ägypten und der Libanon, die auf diesem Gebiet hervorragen. Die verschiedenen arabischen Länder im Westen und Osten reihen sich eins nach dem anderen in die erste Linie mit ein: unter ihnen muß vor allem Syrien genannt werden. Aus seinen zahlreichen Autoren ragt der Romanschriftsteller und Erzähler *Zakariyā Tāmir* hervor. Dieser junge Autor ist fortschreitend immer mehr zur Kinderliteratur übergegangen, bis er 1975 endgültig darin bestätigt wurde, als er für sein Kinderbuch »Al-Bayt« (Das Haus) den ersten Preis in der Ausstellung für das arabische Buch in Beirut erhielt. Es erschien in Arabisch, Englisch, Französisch und Spanisch mit den Illustrationen von Muḥyī-l-Dīn al-Labbād. In ihm drückt sich klar die neue Linie der wertvollsten arabischen Kinderliteratur aus:

der Autor versucht seinen kindlichen Lesern die Welt, in der sie leben und der sie verpflichtet sind, so zu beschreiben, wie sie ist, ohne sie zu verfälschen. Daher beschäftigt sich das Buch von Tāmir auch mit einem nationalen Problem: dem Palästinas. Dennoch suchen diese modernen Autoren nicht den Weg des sozialen Realismus oder den einer plumpen Anbiederung an das Kind, sie wollen einen sehr poetischen und universalen Symbolismus, der für alle Breiten und alle Menschen gültig ist.

Das Werk von Zakariyā Tāmir für Kinder umfaßt mehr als hundert kurze Erzählungen, die auf der Grenze zwischen Prosa und Poesie stehen und dem Kind verschiedene Erfahrungsmöglichkeiten der Realität und der Natur spiegeln und aufzeigen. Das Mädchen Randa, Hauptfigur in vielen Erzählungen, ist für die kleinen Leser eine fast reale Gestalt. Andere syrische Autoren, die sich mit Tāmir zu einer Art Gruppe bei der Gründung der syrischen Kinderzeitung »Usāma« (1969) zusammenfanden, sind: *'Ādil Abū-Shanab* (sein letztes Buch: »Al-Shayj wa-l-jashab«, Der Alte und das Brennholz, 1975) und *'Abd Allāh Abd* (er veröffentlichte kürzlich: »Al-'Uṣfūr al-musāfir« (Der Zugvogel, 1975). Es handelt sich bei allen um Sammlungen von Erzählungen. In gewisser Weise gehört auch der Roman »Kiyān« der syrischen Schriftstellerin *Colette Suhayl Jūrī* seines symbolischen und einfachen Stils wegen hierhin. Obwohl sei ihn ihrer kleinen Tochter widmete, macht ihn sein Umfang vielleicht noch eher für Jugendliche und Erwachsene geeignet.

Andere Prosaschriftsteller sind die Irakerin *Sulāfa Ḥiŷāwī* mit ihrem Buch »Der Apfel der Jugend und das Wasser des Lebens« (1971) und *Michel Ŷīlās*, Gewinner

Aus einem libanesischen Kinderheft der Gegenwart

des Nationalpreises für Kinderliteratur 1970 mit seinem Roman »Wenn das Licht zurückkehrt«.

Weniger gepflegt wurde dagegen in der letzten Zeit der Kindervers. Daher hat die Veröffentlichung der »Hymne für die Kleinen« des syrischen Schriftstellers *Sulaymān al-ʿĪsà* große Aufmerksamkeit erregt. Er war früher als Schriftsteller für die arabische Einheit bekannt geworden, widmet sich aber in letzter Zeit – wie auch die vorher genannten Autoren – der Kinderliteratur. Dabei wählt er weniger oft vorkommende Gattungen wie Lyrik und Drama. Seine Theaterstücke sind gewöhnlich in Versen

267

geschrieben und singbar: z. B. »Das Kinderkrankenhaus«, »Ein Regentropfen«...
Aus dem dramatischen Werk des Irakers *Saʻdūn al-ʻAbīdī* ist »Zahrat al-Uqḥuwān«
(Das Maßliebchen, 1971) erwähnenswert.

Von den Autoren aus dem Maghreb (Nordafrika) hat der Marokkaner *Muḥammad al-Ṣabbāġ*, sonst als Erwachsenenschriftsteller bekannt, ein geistvolles, »ʻAndala«, seiner kleinen Tochter gewidmetes Werk in lyrischer Prosa geschrieben, in dem er sie auch beschreibt.

Außer den allgemeinen Problemen, die sich jeder zeitgenössischen Kinderliteratur stellen und die z. B. von der Thematik und dem Wandel des Stils den Altersklassen gemäß herrühren, hat die zeitgenössische arabische Kinderliteratur ein besonderes, gewichtiges Problem: das sprachliche. Es ist nicht mehr als ein Aspekt (allerdings vielleicht schwerwiegender als andere) der Sprache in der Literatur und in der Kommunikation innerhalb der arabischen Welt. Es gibt zwei sehr verschiedene Sprachebenen – die der gesprochenen Umgangssprache, die nach Ländern variiert, und die der Hoch-Sprache, die im Schriftlichen verwendet wird. Die Kluft zwischen beiden Sprachen war sehr groß geworden. Die Kulturrenaissance gegen Ende des 19. Jahrhunderts, »Nahḍa«, hatte sich gerade deren Überwindung zum Ziel gesetzt. Von dieser Erneuerungsbewegung an sind große Fortschritte zu verzeichnen, die sich auch auf die Kinderliteratur auswirken: sie gebraucht eine allen Ländern gemeinsame, vereinfachte Schriftsprache, die nicht mehr so überladen wie das klassische Arabisch früherer Zeiten und mehr der Umgangssprache angenähert ist. Die Mehrzahl der Schriftsteller benutzt sie, und nur einige wenige und ein Teil der Kinderzeitungen schreiben in Mundart. Interessant ist in diesem Zusammenhang der Vorschlag des Kritikers und Romanschriftstellers *Yūsuf al-Shārūnī*, ein Wörterbuch mit dem von Kindern gebrauchten Wortschatz zu schaffen, damit der Schriftsteller eine Hilfe habe, die ihm die Wahl der Worte erleichtere. Ein erster Versuch auf diesem Gebiet wurde im Februar 1975 in Marokko, in »Al-Raṣīd al-lugawī al-waẓīfī« gemacht.

Parallel zu dem Sprachenproblem gibt es das Problem der Einheit der Literatur und der Einheit der arabischen Welt. Der Gebrauch einer gemeinsamen Sprache findet große Unterstützung, da sie die Voraussetzung für die Schaffung eines gemeinsamen übernationalen Kulturraums darstellt. Wirkungsvoll tragen Radio und Fernsehen dazu bei (Radio gibt es seit den vierziger Jahren, Fernsehen erst seit kurzem), die im größten Teil ihrer Programme eine ähnliche Sprache verwenden. Da sich die Länder dieses Problems bewußt sind, suchen sie sowohl auf Regierungsebene wie auch durch einzelne Bürger Kongresse und Versammlungen zusammenzurufen, die gemeinsame Fragen analysieren. In diesem Sinne kann man als konkrete Schritte, die auch die wachsende Sorge für die Kinderliteratur aufzeigen, folgende Ereignisse nennen:

1968: Am Sitz der Liga der Arabischen Staaten in Kairo beschließt man, eine Kulturabteilung, die sich mit Forschungen über das Kind beschäftigen soll, einzurichten. Der Plan wird 1970 in Beirut mit der Gründung eines Seminars für Nationale Kinderkultur verwirklicht. In einigen Nationalbibliotheken (wie in »Dār al-Kutub« in Kairo) gibt es Sonderabteilungen für Kinder angesichts der großen Zahl der veröffentlichten Titel. Andere Veranstaltungen zeigen ebenfalls den Aufschwung der

Kinderliteratur. Schon seit Jahren widmet die tunesische Zeitung »Ibla« einige Artikel der Lektüre ihrer jugendlichen Leser und den Bibliotheken des Landes. Die Regierungen haben außerdem seit etwa fünf Jahren jährliche Preise für Kinderliteratur ausgesetzt; außerdem wurden Verlage gegründet, die sich nur auf Kinderliteratur spezialisierten. Zu ihnen gehören »Al-Fatà al-'arabī« in Beirut, die Sammlung »Maÿallatī« in Bagdad und »al-Manāhil« in Rabat. Große Verlage haben besondere Abteilungen für Kinderliteratur wie der Verlag »Dār al-Ma'ārif« in Kairo. Auch erscheinen in den arabischen Ländern Kinderzeitungen speziell arabischen Charakters; sie sind nicht mehr nur Kopien aus dem Ausland — erwähnt wurde schon »Usāma« (Syrien 1969), »Rafī'« (Syrien), »Samīr« (Ägypten). Zu bedauern ist, daß die Zeitung »Bisāṭ al-rīḥ« (Der Teppich der Winde; Libanon) und »Sindibād« (Ägypten, 1951–1961) erloschen sind. Einige Gattungen, die es in der traditionellen arabischen Literatur nicht gab und die sich erst in der Gegenwart entwickeln wie das Theater, wenden sich ebenfalls der Welt der Kinder zu. Das beweist überzeugend, daß die neuesten Tendenzen der allgemeinen arabischen Literatur auch bis zu den Kindern gelangen und damit ihre Lebenskraft beweisen. Jugendliche und Kinder werden selbst zu Schauspielern in einigen Theaterstücken. In Tunesien ist das Theaterleben auf den Höheren Schulen sehr lebendig (vor allem durch Bearbeitungen aus dem Französischen). In Kairo wurden bei der Gründung des Zentrums für die Kultur des Kindes auch eine Kinderbibliothek und ein eigenes Theater für Kinder geschaffen, auf dem Kinder als Schauspieler auftreten können. Algerien nahm vom 19. bis 26. April 1975 zum ersten Mal am V. Internationalen Kongreß für Kinder- und Jugendtheater teil.

So beginnt das Drama, das es in der arabischen Literatur bisher nur sehr selten gab, als Gattung mit eigenem Rang in der Kinderliteratur zu erscheinen. Doch darf man auch nicht das arabische Schattenspieltheater türkischer Tradition vergessen, das ursprünglich aus China kam und in der Zeit der Ottomanen existierte; ebensowenig das bedeutende Marionettentheater »Masraḥ al-'arā'is in Kairo in den Gärten von Ezbekiyya.

Als neueste Äußerung zur Entwicklung der arabischen Kinderliteratur ist die wachsende Zahl von Studien zu werten, die arabische Forscher ihr widmen, ebenso einige Sonderhefte literarischer Zeitschriften. So hieß auf dem X. Kongreß arabischer Schriftsteller im Mai 1975 in Algerien eines der drei Themen »Das Kind und die Literatur«. Unter diesem Titel standen mehrere Referate über das Studium der Kinderliteratur in arabischen Staaten, die alle in ihren Schlußfolgerungen die Wichtigkeit des Themas betonten und die Entschlossenheit verkündeten, sich mit ihr zu beschäftigen. Man schlug vor, den nächsten Kongreß nur unter dieses eine Thema zu stellen. Einige Referate bezogen sich auf ein anderes Thema: das Kind in der arabischen Literatur im allgemeinen. Ohne dieses Thema weiter zu verfolgen, muß man doch darauf hinweisen, daß es im Werk einiger Schriftsteller einen Teil gibt, der Kindern und Jugendlichen gewidmet oder in Gedanken an sie entworfen ist und den sie mit den Erwachsenen teilen können. Hierhin gehören z. B. einige Gedichte des irakischen Autors *'Abd al-Wahhāb al-Bayātī*.

Bibliographie

Abū-Shanab, 'Ādil: Adabal-aṭfāl fī-Sūriyā (Die Kinderliteratur in Syrien). In: AL-THAQĀFA (Algerien). Nr. 27, Juni 1975. S. 101–119.

'Azīz, Sāmī: al-Ṣaḥāfa li-l-atfāl (Kinderzeitung). Kairo 1973.

Badawī, 'Abd al-Gannī: Kāmil Kīlānī, al-rā'id al-'arabī li-adab al-aṭfāl (Kamil Kilani, Pionier der arabischen Kinderliteratur).

al-Dībūlāŷī, Sa'īd: Ash'ār al-tarqīṣ 'inda-l-'arab (Tanzgedichte bei den Arabern). Bagdad 1970.

al-Hadīdī, 'Alī: al-Adab wa-binā' al-insān (Die Literatur und die Struktur des Menschen). Veröffentlichungen der lybischen Universität 1973.

al-Hāshimī, Bashīr: al-Ṭifl fī-l-adab al-'arabī (Das Kind in der arabischen Literatur). In: AL-KITĀB (Algerien). Juni 1975. IX. Jahr, Nr. 6, S. 300–315.

Haykal, Shawqī: Ash'ār al-tarqīṣ (Tanzgedichte). In: AL-THAQĀFA, Nr. 12, 1974.

Ibrāhīm, Aḥmad Abū-Bakr: al-Buṭūla fī-adab al-aṭfāl (Das Heldentum in der Kinderliteratur). Arabischer Schriftstellerkongreß Kuwait 1968.

'Īsà, Aḥmad: al-Ginā' li-l-aṭfāl 'inda-l-'arab (Das Kinderlied bei den Arabern).

AL-KITĀB AL-'ARABĪ (Zeitung), Kairo. Sondernummer für Kinderliteratur, 1970.

Matwī, Muḥammad al-'Arūsī: al-Ṭifl fī-l-adab al-'arabī (Das Kind in der arabischen Literatur). In: AL-THAQĀFA (Algerien), Nr. 27, Juni 1975. S. 87–100.

AL-MAWQIF AL-ADABĪ (Zeitung), Syrien: Malaff 'an adab al-aṭfāl fī-Sūriyā (Bericht über die Kinderliteratur in Syrien). III, Vol. 11, März 1975. S. 98–142.

Mubārak, Zakī: al-Adab wa-binā' al-insān (Die Literatur und die Struktur des Menschen). AL-BALĀG (Kairo), 8/9/1931.

al-Muqāliḥ, 'Abd al-'Azīz: al-Ṭifl fī-l-adab al-'arabī (Das Kind in der arabischen Literatur). In: AL-KITĀB (Algerien). Juni 1975. S. 283–299.

Sa'd, Fārūq: Min waḥy alf layla wa-layla (Über Tausendundeine Nacht)

al-SHĀRŪNĪ, Yūsuf: Siehe Artikel über Kamil Kilani (In: AL-RISĀLAT AL-ŶADĪDA, Nr. 48, März 1958) und Ahmad Naguib. In AL-TAQĀFA (Kairo), Nr. 2, 1974.

Wadhan, Nadra 'Abd el-Halim: Die Kinderliteratur in Ägypten. Spanisch-Arabisches Kulturinstitut. Madrid 1972.

Südafrika

Die Entstehung einer Kinderliteratur ist eng verbunden mit dem Problem der Sprachen. Das war der Fall bei Korea in bezug auf Japan, bei den verschiedenen Sprachen Indiens, wo die Regierung eine Sprache bestimmte, und, während sie diese Sprache förderte, eine Entwicklung der anderen Sprachen ausschloß. Belgien hatte Ende des 19. Jahrhunderts sein Problem mit dem Flämischen und Französischen, auch in Thailand gab es ein Sprachenproblem, in Griechenland ebenfalls, als der Versuch gemacht wurde, die gesprochene Volkssprache gegen die antike Hoch-Sprache durchzusetzen, und in der Türkei bei der Umformung des Alphabets und der Vereinfachung der türkischen Sprache.

Literatur ist mehr als einmal Ergebnis der sozialen, politischen, historischen und kulturellen Situation; ihre Blüte wie ihr Niedergang können durch außerliterarische Gründe erklärt werden.

Die Produktion von Kinderbüchern in Afrikaans ist eng verknüpft mit den politischen und sprachlichen Problemen Südafrikas. Afrikaans ist eine Sprache, die im 17. Jahrhundert aus einer Mischung von Holländisch, Deutsch, Französisch und Malayisch entstand. Bis vor wenigen Jahren wurde in der Südafrikanischen Republik alles Geschriebene auf Englisch gedruckt. Nach dem Krieg der Buren gegen die Engländer 1899–1902 begann eine Bewegung für das Afrikaans als gesprochene und später auch als geschriebene Sprache. Schon 1880 hatte *C. P. Hoogenhout* auf Afrikaans eine Geschichte aus der Bibel, die Geschichte Josephs, geschrieben, weil er glaubte, daß Kinder die Heilige Schrift besser in ihrer eigenen Sprache verstünden.

Dank der Gesetze von 1923 und 1927 wurde Afrikaans als zweite Amtssprache eingeführt, und von dieser Zeit an erschienen darin auch qualitätvolle Bücher. *Rothmann,* der auch mit den Initialen M. E. R. zeichnet, schrieb einen Roman »Die tweeling trek saam«, der die Abenteuer zweier Kinder während des Großen Trecks beschreibt. *Grosskopf* verfaßte einen Schülerroman »Patryshulle«, *P. J. Schoeman* veröffentlichte »Fanie se veldskooldae«; in dem Buch werden die Abenteuer eines Mädchens erzählt. Diese drei Bücher gelten als Klassiker.

Nun erschienen auch die ersten Übersetzungen klassischer Kinderbücher; aber noch 1958 hatte der größte Teil der Bücher englische Autoren. Kinder, die als erste Sprache Englisch sprechen, bekommen ihre Bücher aus England und lesen sie gleich auf Englisch, dagegen haben Kinder, deren erste Sprache Afrikaans ist, große Schwierigkeiten, gute Bücher in ihrer Sprache zu finden. Einige Autoren begannen, Bücher in Afrikaans in einem sehr schlichten Stil und mit klarer Handlung zu schreiben; meist handelt es sich um sehr einfache Erzählungen. Dank der Bemühungen einer Bibliothekarin, Frau B. Lyndhurst, die sich für auf Afrikaans geschriebene Bücher einsetzte, wuchs die Produktion nach 1958 beträchtlich.

Man begann, viele ausländische Autoren zu übersetzen; Schriftsteller des Landes schrieben für Kinder und Jugendliche. *W. O. Kühne* veröffentlichte »Huppelkind« in sechs Bänden, die Geschichte eines Kindes von fünf Jahren, das in einer Phantasiewelt lebt, bis es sechs Jahre alt wird und in die Schule gehen muß. *Alba Bouwer* schrieb »Stories van Rivierplaas«, die Geschichte eines Mädchens von zwölf Jahren und ihrer schwarzen Köchin, die auf einer Farm im Oranje-Freistaat leben. Beide Autoren haben eine musikalische und plastische Sprache voller Rhythmus.

1960 wurde zum ersten Mal der C. P. Hoogenhout-Preis für das beste, auf Afrikaans geschriebene Buch verliehen. Um die Veröffentlichungen in Afrikaans zu fördern, ließ man die übersetzten Bücher durch die Bibliotheken erwerben, damit mehr Bücher in Afrikaans und weniger Übersetzungen angekauft würden.

Die verbreitetsten modernen Autoren sind neben *Alba Bouwer W. O. Kühne, Freda Linde, P. H. Nortje, Anna Rothmann, Flooi du Plessis*. P. H. Nortje schrieb »Pennie se vuur«, »Die groen ghoen« und »Donkerwater«, das von der Natur und der Welt der Tiere handelt. Freda Linde zeigt ebenfalls großes Interesse für Tiere. So ist eine Taube die Hauptfigur in ihrem Buch »Dakkuiken«, Vögel sind es in »Swiera van die waterkant«, und alle ihre Gedichte in »As jy fluit op hierdie matt« sind Insekten und Pflanzen gewidmet.

In unserer Zeit wurden auch Sammlungen von Eingeborenenerzählungen veröffentlicht. »Direstoies« sind Geschichten und Fabeln der Hottentotten und eine Sammlung von Geschichten der Bantu.

Die besten Illustratoren sind Katrine Harries, Willem Jordaan, Gunther Komnick, Eleanor Esmonde-White...; einige sind deutscher Abstammung und daher von der deutschen Illustrationskunst beeinflußt.

Bibliographie

Hean, Jessie: Kinderlektuur in afrikaans vor Kinders tot op die ouderdom van 12 jaar. South Afrikans Librairies. Johannesburg. Vol. 6. No. 2. oct. 1938. South African Library Association.
Pienaar, Lydia: Aspekte der Jugendliteratur in der Südafrikanischen Republik. Zeitschrift für Jugendliteratur 7/1967.

Nordamerika

Anfänge der amerikanischen Kinderliteratur – Benjamin Franklin und seine »Auto-biographie« – Andere Autoren

Untersucht man die nordamerikanische Kinderliteratur, begegnet man einem ähn-lichen Phänomen wie in Südamerika: jede europäische Zivilisation brachte zum neuen Kontinent ihre eigene Kultur und so auch ihre eigenen Bücher mit. In der Kinder-literatur Südamerikas bemerkt man den Einfluß der spanischen Literatur, in Brasilien den Portugals, und in Nordamerika ist eindeutig der richtungweisende Einfluß der englischen Literatur festzustellen.

Die Einwanderer, die das Land »Neu-England« nannten – wie in Südamerika die Länder »Neu-Spanien« genannt wurden –, zwangen ihm auch ihre Sitten, ihre Moral und ihre Bücher auf. Mit der Zeit vermischte sich das Bodenständige mit der Kultur der neuen Einwanderer, und eine originale Kinderliteratur konnte beginnen. Daher ist es nicht überraschend, daß bereits 1691 der »New England Primer« erschien, der von den »primers« oder Fibeln Englands abstammte.

Die englischen Väter gaben ihren Kindern denselben Unterricht, den sie bei ihren Vätern erhalten hatten. Außer der Fibel gab es Gebete und die »Hymnen« von *Watts*, das Buch von *John Cotton* »Geistliche Milch für amerikanische Kinder« und den berühmten »Dialog zwischen Christus, der Jugend und dem Teufel«.

Für diese Übersicht ist auch die »Autobiographie« von Benjamin Franklin (1806 bis 1890) interessant, die 1849 erschien. Er berichtet in ihr, welche Lektüre ein nord-amerikanisches Kind damals hatte, und erinnert sich, daß er von klein auf so be-geistert las, daß er alles Geld, das er bekam, für Bücher ausgab. Seine erste Erwer-bung waren die Werke von Bunyan, die er später verkaufte, um sich die »Historischen Sammlungen« von R. Burton anzuschaffen. Da die Bücherei seines Vaters aus reli-giösen Büchern und religiösen Streitschriften bestand, las er auch viele Bücher dieser Art, dazu die »Lebensbeschreibungen« von Plutarch, ein Buch von Defoe »An Essay on Projects« und ein anderes von Dr. Mather »Ein Aufsatz über die Weise, wie man Gutes tun soll«, das sehr großen Einfluß auf sein Leben gewann. Als Junge wollte er über »Die Kunst der Tugend« schreiben.

1732 wurde der »Almanach des armen Richard« veröffentlicht; er enthielt kluge Grundsätze und Ratschläge für das Leben. Benjamin Franklin sah, wie gut dieser Almanach aufgenommen und wie er von allen gern gelesen wurde. Er schloß daraus, daß solch ein Almanach ein gutes Mittel darstelle, das Volk zu belehren, das sonst keine Bücher kaufte. In allen Häusern Neu-Englands fand man damals einen »Almanach des armen Richard«.

Bereits 1827 erschien eine Kinderzeitung »Der Begleiter der Jugend«, die großen Einfluß gewann. 1829 wurde die Zeitung von einer anderen, »The american boy«, übernommen, die bis 1941 erschien. An ihr arbeiteten so bedeutende Schriftsteller wie Tennyson, Mark Twain, Gladstone und andere mit.

Im selben Jahre, 1827, erschien ein Buch, das großen Erfolg hatte. *Peter Parley* (1793–1860), so lautete das Pseudonym von Samuel Goodrich, schrieb die »Geschichten von Peter Parley über Amerika«, eine Reihe von Erzählungen über die geographische Beschaffenheit seines Landes. Später schrieb er auch über Afrika, Asien und Europa. Diese Art Reiseliteratur für die Jugend war damals Mode; sie stellte eine unterhaltsame, den Jugendlichen angenehme Form des Geographieunterrichts dar. In dieser Zeit findet man auch in Nordamerika die gleichen, unermüdlich arbeitenden Kinderschriftstellerinnen wie in England. *Lydia Maria Child* (1802–1880) schrieb mehrere gern gelesene Bücher, die sie Kindern und Familien widmete: »Das Buch der Mutter« (1831), »Bibliothek der Jugendlichen in der Familie« (1832) und »Blumen für Kinder«. Ihre poetische Erzählung »Philotea« (1836) gefiel Poe besonders gut.

Erwähnt werden muß auch *Felix Summerly* (1841–1897), unter diesem Pseudonym schrieb Sir Henry Cole, der Autor des »Häuslichen Schatzes an Büchern, Spielen und Zeichnungen... die zusammengestellt wurden, um die Gefühle, die Phantasie, die Einbildungskraft und den Geschmack der Kinder zu bilden«. Früher gefielen diese langen und ausgeschmückten Buchtitel.

Sehr bekannt außerhalb Amerikas und sehr beliebt in seiner Heimat war *Washington Irving* (1783–1859), der sein erstes Buch 1819 veröffentlichte, »Das Skizzenbuch«. Es führte ihn dazu, sich für die Folklore und die Sagen Nordamerikas zu interessieren. Das Ergebnis wurde sein Buch über »Rip Van Winkle«.

Washington Irving reiste auch nach Europa und hielt sich in Spanien, vor allem in Andalusien auf. Er wohnte zu einer Zeit in der Alhambra von Granada, als sie noch Zuflucht der Zigeuner war. Seine Wohnung in dem wundervollen arabischen Gebäude und seine Spaziergänge im Generalife inspirierten ihn zu den »Geschichten der Alhambra«, die ganz den Geist des spanisch-arabischen Orientalismus verspüren lassen.

Man sieht, daß neben der rein didaktischen und belehrenden Literatur um diese Zeit die ersten wirklichen Kinderschriftsteller kommen, die Zeitungen gründeten, über Sitten und Traditionen des Landes schrieben und die Abenteuergeschichte schufen.

Wieder einmal muß man der Kinderliteratur einen Autor hinzuzählen, der sein Werk gar nicht ausschließlich Kindern und Jugendlichen widmen wollte, obwohl es seines jugendlichen, dynamischen und abenteuerlichen Geistes wegen sehr bald ureigenster Besitz der Jugend wurde.

James Fenimore Cooper wurde 1789 in Burlington geboren und lebte nahe der Grenze in Cooperstown. Dieses Grenzland bildete später den Hintergrund seiner Geschichten. Er schrieb sich bei der Marine ein, verließ sie aber wegen seines unruhigen und unbeständigen Temperamentes bald wieder. Dann begann er zu schreiben und veröffentlichte 1830 eine Erzählung »Der Robinson des Vulkans«, eine weitere der vielen Robinsonaden.

James Fenimore Cooper

1826 erschien die Erzählung, die ihn berühmt machte, »Der letzte der Mohikaner«. In ihr erzählt er die Ereignisse des Krieges von 1757 zwischen England und Frankreich um den Besitz eines großen Landstriches der Vereinigten Staaten, der den eingeborenen Indianern gehörte. Im Vorwort des Buches sagt der Autor: »Wer in diesem Buch ein Werk reiner Erfindung sieht, sollte die Lektüre besser gar nicht erst beginnen. Diese Erzählung ist ein wahrheitsgemäßer Bericht, der nur als Erzählung geschrieben wurde, um ihn angenehmer und unterhaltender zu machen.«

Die realistische Erzählung ist typisch amerikanisch wie später auch »Onkel Toms Hütte« und »Tom Sawyer«. Sie konnte so nur in Amerika geschrieben werden und spiegelt seine Probleme, seine Menschentypen und seinen besonderen Geist.

Fenimore Cooper beschreibt die verunglückte Reise der Schwestern Cora und Alice durch die Wälder, die sie zu ihrem Vater, dem Obersten Munro, führen soll. Der Oberst ist Kommandant eines Forts auf indianischem Gebiet und befindet sich im Kampf mit den Franzosen. Die zwei jungen Mädchen werden von einem englischen Offizier, Major Heyward, und dem Jäger Falkenauge, der aus dem Grenzgebiet stammt und den Wald gut kennt, begleitet. Außerdem sind noch der mohikanische Krieger Chingachgook und sein Sohn Uncas bei ihnen. Ihr Feind ist Magua, der Häuptling des Stammes der Huronen und ein Freund der Franzosen. Er verfolgt die Reisenden und macht sie zu seinen Gefangenen. Mehrfach versucht er vergeblich, Cora zu seiner Frau zu gewinnen. Sie stirbt zusammen mit Uncas, der sie verteidigen wollte. Magua, auch »Schlauer Fuchs« genannt, stürzt ab und stirbt auch. Heyward und Alice, die sich lieben, wollen zusammenbleiben, nachdem Cora und Uncas begraben wurden.

Der Kampf zwischen Engländern und Franzosen ist *ein* Motiv der Handlung, das Hauptthema ist jedoch der primitive Indianer, Ureinwohner Nordamerikas. Als die Indianer ihre Gebiete verloren, änderte sich nicht nur ihr Leben, sie verloren auch die Fähigkeit, zu überleben. Das Aussterben ihrer Rasse begann. Sie bekämpften sich untereinander und wurden von den weißen Soldaten für ihre Zwecke benutzt.

Fenimore Cooper hat eine historische Erzählung geschrieben. Zu Recht hat man ihn mit Walter Scott verglichen. Aber während sich Scott dem Mittelalter zuwandte und die alten Ritter mit ihren Turnieren in seinen Romanen aufleben ließ, schrieb Cooper über eine viel näherliegende geschichtliche Zeit: seine Ritter sind Rothäute und weiße Männer, die auf moderne Weise in Kriegen miteinander kämpften.

Original bei Cooper ist jedoch, daß er den Typ der Indianergeschichte modellhaft geschaffen hat. Im »Letzten der Mohikaner« erscheinen zum ersten Mal all die Szenen, die später Gemeingut wurden: der verschlagene Indianer, der im Hinterhalt liegt und den Spuren der Reisenden folgt, findet sich genauso in allen Büchern dieser Art wieder wie der Marterpfahl, an den die Reisenden geschlagen werden sollen, und die indianischen Zeremonien im Wald. Auch die Sprache, in der Cooper die Rothäute reden läßt, wurde in späteren Erzählungen nachgeahmt. Vor allem aber ist der tapfere und edle Uncas, der den vollkommenen und idealisierten Indianer verkörpert, das spätere Modell für den guten Indianer. Dieser gute Indianer wurde der Held der Serienfilme aus Hollywood, die von Kindern und Erwachsenen gleich gern gesehen werden und die einfach unter dem Titel »Indianerfilme« bekannt sind.

»Der letzte der Mohikaner« ist in der Tat eine Indianergeschichte, und das Verdienst Coopers ist es, dieses Thema entdeckt und literarisch ausgewertet zu haben. Ein genialer Vorläufer ist Chateaubriands »Atala oder die Geschichte zweier Wilder in der Wildnis«. Diese Liebesgeschichte der in den Wald flüchtenden Indianer machte zum ersten Mal Rothäute zu Helden einer Erzählung, wobei die amerikanischen Wälder die exotische und für den Leser neuartige Landschaft waren.

Man erkennt im »Letzten der Mohikaner«, wie sehr der Autor durch romantische Ideen beeinflußt war. Es ist gut möglich, daß sich Spuren aus »Atala« bei Cooper feststellen lassen. Die Indianergeschichte wurde durch die Romantik entdeckt. Cooper, als romantischer Nordamerikaner, verlieh seinen Gestalten, besonders Uncas – trotz allen Verismus –, ritterliche Art bei einem edlen Kampf, in dem er sein Leben verliert.

Die Erzählung brachte ihrem Autor in Amerika, aber vor allem auch in Europa so großen Ruhm, daß er in einem 1836 geschriebenen Buch »Eine Fahrt an die Ufer des Rheins« schildert, welchen Eindruck sein Besuch machte: »In Bergheim empfing

Zeichnung von M. Slevogt aus den »Lederstrumpf-Erzählungen«

ich auch den Besuch des Postmeisters und seines Untergebenen. Nachdem sie mich gefragt hatten, ob ich der Autor des ›Letzten der Mohikaner‹ sei, überschütteten sie mich mit Glückwünschen. Amerikaner kennen nicht diese Begeisterung für die Literatur und die Schönen Künste, die man bei europäischen Nationen findet; bei uns gibt es nur wenige, die sich für einen Namen begeistern.«

Im Jahr 1822 veröffentlichte Cooper den »Pfadfinder«, eine gut und lebendig geschriebene Abenteuergeschichte aus dem Unabhängigkeitskrieg Amerikas. Der Autor erlebte viele Unannehmlichkeiten und Prozesse, da er auch politische Literatur schrieb und immer die Rechte der Amerikaner verteidigte. So betrachtet ist auch »Der letzte der Mohikaner« eine politische Erzählung über eine nationale Episode und gleichzeitig Teil eines Heldengedichtes über die Einheit Amerikas.

F. Cooper schrieb noch zwei berühmte Erzählungen: »Die Abenteuer des Kapitäns Miles Wallingford« und die Fortsetzung dazu »Lucia Harding«.

Wie bereits gesagt, wurde Fenimore Cooper viel nachgeahmt.

Robert Michael Ballantyne (1823–1894) ist ein anderer großer Autor, der Abenteuergeschichten schrieb, die so gut den dynamischen und unternehmenden Geist der Menschen des 19. Jahrhunderts spiegeln. Er schrieb »Koralleninsel«, – es war die Lieblingsgeschichte von Stevenson –, »Die jungen Pelzhändler« (1856) und »Eine Eskimo-Geschichte« (1837).

Obwohl *Herman Melville* (1819–1891) mit seiner bedeutenden Erzählung »Moby Dick« nicht in eine Geschichte der nordamerikanischen Kinderliteratur gehört, muß er hier doch zitiert werden, da es so viele Bearbeitungen und Ausgaben für Kinder von dieser Erzählung gibt, die trotz ihres Symbolgehalts auch eine Abenteuergeschichte ist. Ähnlich verhält es sich mit den »Phantastischen Erzählungen« von *Edgar Allan Poe* (1809–1849), des wahren Erfinders der Kriminalgeschichte.

Harriet Beecher Stowe und »Onkel Toms Hütte« – Der Puritanismus und seine soziale Tat

1852 erschien ein Buch mit dem Titel »Onkel Toms Hütte«, das das ganze Land bewegte und revolutionierte, so daß der Präsident Abraham Lincoln mitten im Sezessionskrieg sagen konnte, indem er auf die Autorin wies: »Ich habe hier die kleine Dame, die diesen großen Krieg ausgelöst hat.«

Wer ist die Autorin und unter welchen Umständen schrieb sie ihr Buch?

Harriet Beecher wurde 1811 in Litchfield im Staat Connecticut geboren, wo ihr Vater, Lyman Beecher, Geistlicher an der ersten Kirche der Kongregationalistengemeinde war. Sie wuchs in einer frommen, puritanischen Umgebung auf, die ihr ganzes späteres Werk beeinflußte. Um 1832 zog sie nach Cincinnati (Ohio), wo ihr Vater Präsident des theologischen Seminars wurde. Das junge Mädchen begann zu schreiben und veröffentlichte 1843 eine Geschichtensammlung mit dem Titel »Die Mayflower«, in der sie die heldenhafte Ankunft der ersten amerikanischen Kolonisatoren beschrieb. Sie heiratete Calvin E. Stowe und zog nach Brunswick, wo ihr

Mann am Bowdoin College lehrte. Stowe wurde wegen seiner Äußerungen gegen die Sklaverei angegriffen, und sie mußten in den Staat Massachussetts übersiedeln. Hier entstand die Erzählung »Onkel Toms Hütte«.

Die soziale Struktur der Vereinigten Staaten gestattete noch mitten im 19. Jahrhundert rechtskräftig die Sklaverei. Vom 17. Jahrhundert an wurde im Land mit Hilfe der Neger Tabak angebaut. Ende des 18. Jahrhunderts arbeiteten etwa zwei Millionen Negersklaven auf den Feldern, vor allem im Süden. Es gab schon Anfang des 19. Jahrhunderts eine puritanische Gesellschaft, die Sklaven die Freiheit wiedergab und sie in die liberianische Republik nach Afrika schickte, die 1822 gegründet worden war.

Die Lage war ganz unerträglich. Die Beziehungen zwischen Weißen und Schwarzen waren bis auf Ausnahmen die von Herren und Sklaven. Hinzu kam noch die unsympathische Mittlerrolle des Sklavenhändlers. Der Sklave oder die Sklavin wurden wie bloße Objekte oder Arbeitswerkzeuge behandelt. Die Ehe wurde nicht respektiert, verheiratete Sklaven konnten getrennt und an verschiedene Orte des Landes verschickt werden. Kinder wurden von ihren Müttern gerissen und Alte schlecht behandelt und aufgegeben, da sie zu nichts mehr nutze wären. Hübsche junge Sklavinnen hatten keinen Anspruch auf Achtung. Die Sklaven lebten unter bedauernswerten Umständen, sie waren Krankheiten und Ungerechtigkeiten ausgeliefert, denn man leugnete, daß sie menschliche Wesen mit Gefühl und Moral seien. Ausschreitungen, Despotismus und Mißbrauch wurden so brutal, daß sich viele Weiße für die Neger einsetzten und die Abschaffung der Sklaverei forderten. Gegen die Sklaverei trat man vor allem in den Nordstaaten ein, während man sie in den Südstaaten verteidigte, denn hier waren Neger für die zahlreichen Baumwollplantagen notwendig. Wenn auch in einigen Fällen, wie bereits gesagt, ein patriarchalisches Verhältnis herrschte und die Neger wie Diener der Familie behandelt und sogar von ihren Herren geliebt wurden, so waren doch auf der Mehrzahl der Farmen die Lebensbedingungen unmenschlich. Einige Gegner der Sklaverei konnten es nicht mehr länger ertragen.

Harriet Beecher und ihr Mann gehörten entschieden zu ihnen. »Onkel Toms Hütte« entstand aus religiöser Begeisterung und der Überzeugung, daß vor Gott alle Menschen gleich seien. Das Buch erschien 1852. In der Einführung zu der Ausgabe von 1878 erklärt die Autorin, warum sie die Erzählung mit dem Tod Onkel Toms, des Negersklaven und Haupthelden, begonnen habe. Sie habe die Vision dieser Szene in der Kirche von Brunswick (Maine) gehabt und damals heftig darüber geweint. Als sie nach Hause kam, schrieb sie sie nieder, und da ihr Mann auswärts war, las sie das Kapitel ihren beiden Söhnen im Alter von zehn und zwölf Jahren vor, die ihm zustimmten. Bewegt schrieb sie die Erzählung, die sie mit dem Ende begonnen hatte, weiter. Später sagte die Autorin: »Gott selbst schrieb sie, ich war nur ein Instrument seiner Hand!« Sie will damit sagen, daß sie in einer Art mystischer Trance schrieb, wobei sie überzeugt war von der Wahrhaftigkeit ihres Anliegens und den festen Glauben hatte, Gutes zu tun.

Der vollständige Titel des Buches lautet: »Onkel Toms Hütte oder das Leben unter den Demütigen«. In einem interessanten Prolog zur ersten Ausgabe sagt die Autorin: »Wie der zweite Teil des Titels angibt, kommen in dieser Geschichte vor allem Demütige, Unterdrückte, Verachtete vor, die einer exotischen Rasse angehören. Ihre Vorfahren, die unter tropischer Sonne geboren wurden, vererbten an ihre Nachkommen Charakterzüge, die wesentlich verschieden von den unbeweglichen Charakteren der herrschenden englischen Rasse waren. Während vieler Jahre gaben diese Charakterzüge ein falsches Bild von den Negern; sie bewirkten, daß man sie verachtete. Aber schon kommt ein neuer und besserer Tag herauf. Alle literarischen, dichterischen und künstlerischen Bestrebungen dieser Zeit zielen auf den Menschen und suchen jedesmal mit größerer Energie die christliche Lehre zu erfüllen: Liebe deinen Nächsten!«

Harriet Beecher Stowe

Die Autorin setzte das Evangelium in die Tat um, denn sie glaubte, daß eine Gesellschaft mit Sklaven eine heidnische Gesellschaft sei. Gleichzeitig griff sie die rassische Diskriminierung an. Deswegen sagt sie auch dem Leser, daß sich durch das Beispiel dieser Erzählung die »großen Prinzipien christlicher Brüderlichkeit« entwickeln sollten.

Die Erzählung hat eine eindeutig soziale Absicht. Sie gehört zu der – wie man heute sagen würde – engagierten Literatur. »Ziel dieser Niederschrift ist es, Mitleid und Sympathie für die Menschen der afrikanischen Rasse, die unter uns leben, zu wecken, die Ungerechtigkeiten zu enthüllen und die Leiden zu nennen, die sie unter einem grausamen und ungerechten System erdulden müssen, das notwendigerweise alle

Bemühungen neutralisiert und zunichte macht, die ihre besten Freunde für sie unternehmen.«

Am Ende dieser pathetischen Erzählung über die Erlebnisse der Negersklaven, die den Schrecken der Sklaverei zu entfliehen suchen, fügt die Autorin einige Bemerkungen an, die das Anfangswort ergänzen. Sie sind ein eindrucksvoller Aufruf an alle Nordamerikaner und in einem Stil geschrieben, den John Bunyan in »The Pilgrim's Progress« verwandte. Der Aufruf wirkt wie die schwärmerische Predigt einer sehr frommen Christin. Man erkennt, daß der Puritanismus Bunyans in dieser Erzählung und bei ihrer Autorin weiterlebt. Das Buch ist als religiöser Kreuzzug gedacht und geschrieben von einer Gläubigen, die der Gedanke an Sünde und ewige Verdammnis entsetzte. Harriet Beecher Stowe gebraucht die Predigersprache und sagt schreckliche Dinge voraus, wenn sich nichts wandelt. Die Kirche Christi habe Verpflichtungen gegenüber der verfolgten Rasse der Neger, die ebenso tüchtig und wertvoll seien wie andere auch; sie müsse deswegen für ihre Freilassung und Erziehung sorgen.

Die Autorin endet mit einem langen Bibelzitat, in dem man den religiös-puritanischen Ursprung des Sezessionskrieges erkennt; neben starken ökonomischen Motiven gab es auch die religiösen des Puritanismus aus dem Norden: »Die große Sache der menschlichen Freiheit ist in den Händen dessen, von dem der Psalmist gesagt hat: ›Er wird nicht weichen noch die Hand ruhen lassen, bis er nicht in der Welt das Reich der Gerechtigkeit errichtet hat; er wird nicht taub sein für die Rufe des Notleidenden, des Armen, des verlassenen Waisen, sondern ihre Seelen vor Betrug und Gewalttat verteidigen, und er wird schauen, wie wertvoll ihr Blut ist.‹« Gegenüber der händlerischen Brutalität die Hand des Mitleids und Erbarmens.

Die Erzählung hatte so großen Erfolg, daß eine Ausgabe der anderen folgte. Im Jahr nach der Veröffentlichung besuchte die Autorin Europa und schrieb »Eine Erklärung zu Onkel Toms Hütte«. 1857 starb ihr ältester Sohn, und sie rebellierte gegen den Calvinismus. 1865 sah sie mit Befriedigung, daß die Abschaffung der Sklaverei proklamiert wurde. Sie schrieb weiter und veröffentlichte 1867 »Little Pussy Willow« in der Kinderwochenzeitung »Unser junges Volk«. In dieser Erzählung stellt sie ein Mädchen vom Lande einem Mädchen aus der Stadt gegenüber; das Buch ist ein Vorläufer von L. M. Alcotts »An Old-Fashioned Girl«.

Kein früheres und kein späteres Buch der Autorin besaß die gleiche Ausdrucks- und Überzeugungskraft wie »Onkel Toms Hütte«. Mit Recht sagte H. Beecher Stowe, daß ihr Buch »a living dramatic reality« sei, lebendige dramatische Realität. Die Dramatik ist so stark, daß man das Buch schon als Hintertreppenroman bezeichnet hat. Einige Szenen sind unerträglich pathetisch, aber darum nicht weniger real. Wenn hin und wieder ein Kritiker den Stil wegen seiner mangelnden literarischen Qualität angegriffen hat, so muß man doch zugeben, daß die einzelnen Szenen unmittelbar und überzeugend geschildert sind. Wenn *H. Künnemann* sagt, daß die Verherrlichung und Idealisierung der Indianer in den Kinderbüchern aus schlechtem Gewissen ihnen gegenüber komme, so ist »Onkel Toms Hütte« ein Ergebnis des Negerproblems in Amerika, der Sklaverei, des Rassismus und der Diskriminierung.

Nordamerikanischer Bilderbogen

Das Buch, das an alle Christen gerichtet war, wurde bald Kinder- und Jugendlektüre. In der Erzählung ist eine der Hauptheldinnen ein weißes Mädchen, die Tochter eines reichen Farmers. Sie ist gut und mitleidig, in ihren barmherzigen Worten spiegeln sich die Ideen der Autorin. Das Mädchen hängt sehr an seinem Diener, Onkel Tom, und durch ihr Beispiel beginnt auch der Vater, Mitleid mit den Sklaven zu spüren. Das Buch wurde in alle Sprachen übersetzt, und fast alle Theater der Welt brachten Vorstellungen über sein Thema. In den von Europäern geschriebenen Kinderliteraturgeschichten nimmt das Buch einen hervorragenden Platz ein. Daher berührt es seltsam, daß in der Geschichte der nordamerikanischen Kinderliteratur das Buch nicht erwähnt und seine Autorin nicht genannt wird. Es beweist, daß auch heute noch die Grenzen einer Kinderliteratur ungewiß und ihre Kriterien nicht einheitlich sind.

Louisa May Alcott – Erziehungsexperimente in »Junge Frauen« und »Junge Männer«

Es wurde schon darauf hingewiesen, daß die nordamerikanische Kinderliteratur ein Produkt ihres Landes, seiner Lebensart und seiner Glaubensüberzeugungen ist. Indianergeschichten und Erzählungen über Neger konnten nur in einer Nation entstehen, die lebhaft diese brennenden Probleme ihrer Gesellschaft spürte. Wohl gab es die romantischen europäischen Vorläufer der Indianergeschichten und der Erzählungen über Gegner der Sklaverei, die den Weg vorbereiteten. Ähnliches geschah bei dem Werk von Louisa May Alcott. Seine Ursprünge sind in der pädagogischen Literatur Deutschlands und Englands zu finden, das Ergebnis aber ist ganz amerikanisch.

L. M. Alcott wurde in Germantown (Pennsylvania) geboren und wuchs in einer Umgebung heran, die alles Pädagogische sehr ernst nahm. Selbst das Haus wurde nach pädagogischen Gesichtspunkten geleitet. Der Vater war Schriftsteller, Pädagoge und Superintendent der Schulen von Concord. Als junges Mädchen arbeitete sie während des Sezessionskrieges als Krankenschwester in einem Hospital und begann früh, für den »Atlantic Monthly« zu schreiben. 1863 veröffentlichte sie »Skizzen aus einem Krankenhaus«, in denen viele autobiographische Erinnerungen an ihre Zeit als Krankenschwester zu finden sind.

1867 erschien das Buch, das sie berühmt machte: »Junge Frauen.« Die Geschichte spielt während des Bürgerkrieges und handelt von der Familie March, die allein, ohne den Vater, zurechtkommen muß. Mr. March ist als Soldat im Kriege. Trotz des Geldmangels bringen es die vier Töchter Mag, Jo, Betty und Ann fertig, während eines entscheidenden Jahres das Haus zu führen und dabei glücklich zu sein. Die Hauptgestalten im Haus sind die Mutter und das alte Dienstmädchen Hanna.

Im Laufe der Erzählung zeichnet sich der Charakter der heranwachsenden Mädchen immer deutlicher ab. Man sieht, daß sich in Jo die Schriftstellerin selbst darstellt, denn es gibt viele gemeinsame Charakterzüge: auch Jo hat literarische Neigungen und publiziert in Zeitungen. Die Erzählung ist bejahend und anregend, so wie damals und auch heute noch der amerikanische Geist. Die Gruppe der Schwestern besitzt gesunden Menschenverstand, sie können gut zusammen leben und gemeinsam eine Arbeit zu Ende bringen. Sie verlieren vor Widrigkeiten nicht den Mut, lösen mit Gelassenheit alle Probleme, besitzen Initiative und Fleiß und sind von fröhlicher Aktivität bei all ihren Handlungen. Die Autorin wollte ohne Zweifel ein Erziehungsexperiment in einer Familie darstellen, die durch die politischen Umstände des Landes in einem schwierigen Augenblick ganz auf sich allein gestellt war. Wie kommen diese jungen Mädchen weiter, die wie auf einer einsamen Insel in ihrem

Louisa M. Alcott

eigenen Haus leben? Das ist die Grundfrage der Erzählung. Sie kaufen ein, kochen, putzen das Haus, lesen, unterhalten sich und ziehen sogar in ihre kleine aber vollkommene Gesellschaft einen jungen, reichen und gelangweilten Nachbarn hinein, den sie mit ihrem Tätigkeitsdrang und ihrer Lebenstüchtigkeit für sich gewinnen. Die Mädchen haben viel Freiheit und besitzen die Entscheidungsfähigkeit und Selbständigkeit der nordamerikanischen Frau, die daran gewöhnt ist, sich allein aus Schwierigkeiten zu helfen. Praktischer Sinn und moralische Festigkeit führen die Mädchen sicher ans Ziel. Sie finden ihren Weg dank einer gesunden Erziehung und durch das Vertrauen, das ihre Mutter in sie setzt.
Von dem Erfolg wurde die Autorin angeregt, weiterzuschreiben; 1871 veröffentlichte sie »Junge Männer«, eine Erzählung über ein Erziehungsexperiment bei Jungen. Wahrscheinlich entwickelte sie hier die pädagogischen Ideen ihres Vaters. Sie bietet das Modell einer integralen physischen, intellektuellen und geistigen Erziehung,

bei der auf gegenseitige Hilfeleistung und Zusammenarbeit Wert gelegt wird und Verständnis für den anderen vorherrschend sein muß. Auf diesen Ideen gründet das ganze amerikanische Leben.

In der Schule von Plumfield gibt es Kinder aus verschiedenen sozialen Schichten. Einige von ihnen sind schwierig. Man sucht, sie nach einer neuen Methode zu erziehen: durch Zusammenarbeit, Freiheit und Gemeinschaftsgeist. Plumfield gleicht nicht anderen Schulen der Zeit.

Nat Blake ist ein armer Waisenjunge, der die neue Erziehungsmethode miterlebt. Tante Jo ist die Lehrerin, die ihm hilft. Ein Beispiel soll zeigen, wie sehr diese neue Art zu erziehen den Jungen entspricht: nach dem Bad am Samstag organisieren die Jungen vor dem Schlafengehen eine Kissenschlacht. »Das ist das Paradies!« ruft Nat auf dem Höhepunkt der Freude aus.

»Es ist etwas Außergewöhnliches, etwas Besonderes, wolltest du sagen!« antwortet ihm Jo. »Mein großer Wunsch ist, daß die Jungen hier glücklich sind; und sie wissen es. Da ich ihnen diese Spiele, die ihnen soviel Vergnügen machen, nicht verbieten will, habe ich ihnen einen Vertrag vorgeschlagen, den wir beide halten. Paß auf! Jeden Samstag erlaube ich ihnen eine Viertelstunde lang eine Kissenschlacht. Ich nehme vorher die Spiegel und Lampen fort, damit sie mehr Freiheit haben. Dafür sind sie alle anderen Nächte vernünftig. Wenn sie während der Woche ihr Versprechen nicht erfüllen, gebe ich am Samstag keine Erlaubnis. Franz darf sein Zimmer wie ein Schiff herrichten.«

In dieser besonderen Schule gibt es auch den vergnügten und frechen Tommy Bangs, der Hühner jagt, die Köchin am Tischbein anbindet und die Suppenschüssel umwirft, die das Mädchen gerade hereinbringt...

Die Kinder erziehen sich untereinander. Dan, der schwierigste von allen, läuft fort und alle suchen ihn, um ihm zu helfen. Zum Schluß sind alle Jungen und Mädchen glücklich und die Schule scheiterte nicht, wie mancher ihr voraussagte. Das pädagogische Experiment hatte Erfolg, da man in jedem Kind die Anlagen suchte, die es zu vervollkommnen galt, sein eigenes Idealbild.

Mark Twain und »Tom Sawyer« – Nathaniel Hawthorne – Die gegenwärtige amerikanische Literatur

Zu den großen Gestalten der nordamerikanischen Literatur gehört Samuel Langhorne Clemens, der unter dem Pseudonym *Mark Twain* (1835–1910) schrieb. Den Namen wählte er in Erinnerung an den so oft an den Ufern des Mississippi beim Ankern der Schiffe gehörten Ruf: »Mark Twain!« (Marke zwei). Wenn das Senkblei zwei Klafter tief anzeigte, konnten die Dampfschiffe ohne Gefahr zu stranden ankern.

Er war ein unruhiger und viel umherziehender Mann, der nach dem Tode seines Vaters verschiedene Berufe ausübte: er arbeitete in einer Druckerei, war Bergmann in Nevada und Felljäger, gewann aber dadurch auch viel Lebenserfahrung. Als er schließlich seine wahre Berufung entdeckte und Journalist und Schriftsteller wurde, verarbeitete er Erlebnisse seines aufregenden Lebens, um eines der unterhaltendsten und wertvollsten Bücher der nordamerikanischen Literatur zu schreiben: »Die Abenteuer Tom Sawyers« (1876). Es wurde ein klassisches Kinderbuch, obwohl es ursprünglich nicht für Kinder geschrieben war und obwohl heute einige Kritiker seinen Nutzen diskutieren.

Es handelt sich um eine realistische Erzählung: sie berichtet die möglichen und wirklichen Abenteuer eines amerikanischen Jungen. In ihr werden die täglichen Gewohnheiten geschildert, die dem Leser die Umgebung vertraut und die Psychologie der Menschen verständlich machen. Ein echter Junge – im Grunde ist es Mark Twain selbst! – ist der Held einer Reihe von Geschehnissen aus dem täglichen Leben, die sich mit außergewöhnlichen, aber wahrscheinlichen Ereignissen überschneiden. Der Autor sagt im Prolog zu seinem Buch, daß der größte Teil der Abenteuer tatsächlich geschehen sei: einige habe er selbst erlebt, andere seine Freunde. Huck wurde dem wirklichen Leben nachgebildet und Tom Sawyer drei Jungen, die Twain kannte. Die Geschichte spielt um 1836. »Wenn es auch das Hauptziel dieses Buches sein soll, Jugendliche zu unterhalten, so hoffe ich, daß es deswegen nicht von erwachsenen Männern und Frauen zurückgewiesen wird; ich wollte auch die Erwachsenen in freundlicher Weise daran erinnern, wie sie in ihrer Jugend waren, wie sie früher fühlten, dachten und sprachen und welch seltsame Dinge sie manchmal unternahmen.« Tom Sawyer ist ein Vorläufer der lebendigen und wachen Jungen, die Erich Kästner in »Emil und die Detektive« beschreibt, er gleicht auch dem berühmten »William« von Richmal Crompton. Jeder Junge könnte sich in dem Buch wiedererkennen, auch das, was über die Eltern gesagt wird, würde von jedem verstanden werden. Der Humor, die guten Beobachtungen und die spannende Handlung, die manchmal sogar Züge einer Kriminalgeschichte hat, brachten der Erzählung vom ersten Augenblick an Erfolg.

Einige Jahre später, 1885, schrieb Mark Twain die Fortsetzung zu »Tom Sawyer«: »Huckleberry Finns Abenteuer.« Huckleberry ist ebenfalls ein aufgeweckter Junge, der wiederum ein Bild nordamerikanischen Lebens vermittelt. Eine Europareise inspirierte den Schriftsteller zu der Erzählung »Ein Yankee am Hofe König Arthurs«. In der Universität von Oxford erhielt er den Doktor honoris causa. Die Gegensätze zwischen der Alten und der Neuen Welt regten ihn zu den humorvollen Ereignissen der Erzählung an.

Mark Twain schrieb zwei für die Kinderliteratur bedeutsame Artikel mit paradoxem Ziel: »Das gute Kind« und »Das schlechte Kind«. Er kannte die Gemeinplätze, die zum unverrückbaren Bestand der Kinderliteratur gehörten: seit der Aufklärung war das gute Kind das literarische Vorbild, das allen Schülern vorgehalten wurde. In den Lektüren der Sonntagsschulen war es sogar chemisch rein zu finden. Das Übermaß an Gutsein ohne jeden Schatten eines Bösen machte schließlich diese Art von Literatur unerträglich, obwohl man schon im Gegensatz zu dem perfekten guten Kind das Modell des bösen Kindes mit allem was daraus folgte geschaffen hatte. Das gute Kind war glücklich im Leben und verdiente das ewige Heil, während das böse Kind unglücklich wurde und seine schreckliche Strafe verdiente.

Zeichnung von E. W. Kemble aus »Huckleberry Finn«

Aus Widerspruchsgeist und voll paradoxen Humors ließ Mark Twain nun in seinen Artikeln das böse Kind triumphieren und glücklich sein, während das gute Kind unglücklich wurde und ohne Belohnung blieb. Dank dieser Widersinnigkeit wurden die traditionellen Gemeinplätze, die man so mißbraucht hatte, aufgelöst und ein echtes Kind erschien, das nichts mehr mit dem strengen, aseptischen und unsympathischen Vorbild zu tun hatte, das ein überspannter Idealismus so lange gefordert hatte. Mit Tom Sawyer, einem Jungen aus Fleisch und Blut, kam echter Realismus in die Kinderliteratur.

Einen ganz anderen Stil hatte *Nathaniel Hawthorne* (1804–1894), der »The Scarlet Letter« (Der scharlachrote Buchstabe) schrieb und einige seiner Bücher Kindern widmete. 1875 veröffentlichte er »Mythologische Erzählungen« und 1889 »Außergewöhnliche Legenden«. Im Vorwort erklärt der Autor scharfsinnig, warum einige grausame Erzählungen Kindern nicht schaden. Seine Worte über dieses oft debat-

287

tierte Thema der Kinderliteratur sind klar genug. Da man heute soviel über den Wert einiger Märchen von Grimm und Perrault diskutiert, kann das Gespräch des Autors mit einem Freund hinreichende Antwort geben:

»Ich gebe zu, daß er nicht verstand, wie ich alle Schwierigkeiten überwand, die mir begegneten, als ich sie (die Mythen) für Kinder niederzuschreiben begann. Waren diese alten Sagen, die so melancholisch, schrecklich und jammervoll sind, für Kinder geeignet? Unter ihnen suchten die griechischen Tragiker ihre Themen aus und gossen sie in die strengsten Formen des Schmerzes, den die Welt je gesehen hat. Wie konnte man erreichen, daß das helle Licht der Sonne in die Qual ihres Verhängnisses eintrete? Eustachius sagte mir jedoch, daß diese Sagen die wunderbarste Sache der Welt seien; er staune jedesmal, wenn er eine zu erzählen beginne, wie sie sich der kindlichen Reinheit seiner Zuhörer angleiche.«...

»Die schrecklichen Sagen verwandeln sich – und nicht durch die Anstrengung des Erzählers, sondern dem Samen gemäß, den sie in sich tragen – sie nehmen die Gestalt an, die sie wahrscheinlich im reinen Kindheitsalter der Welt besaßen. Als der erste Dichter diese wunderbaren Sagen erzählte, befand sich die Welt noch im Goldenen Zeitalter. Das Böse gab es noch nicht; Strafe, Unglück, Verbrechen waren nur Schatten, die sich der Geist phantastisch zum Schutz gegen die zu sehr vom Licht der Sonne erfüllten Wirklichkeiten erschuf. Vielleicht waren es auch prophetische Träume, an die der Träumer aber selbst nicht mehr glaubte, wenn er erwachte. Einzig die Kinder gleichen heute noch den Männern und Frauen jener glücklichen Zeit. Und deswegen müssen wir im Verstehen und in der Phantasie wieder auf die Stufe der Kindheit gelangen, um erneut die ursprünglichen Mythen zu schaffen.«

Ein Zeitgenosse von Hawthorne war *Clement Clarke Moore* (1779–1863). Er war Religionslehrer und Autor eines sehr verbreiteten Buches »The night before Christmas«. Eine bemerkenswerte Schriftstellerin war auch *Mary Mapes Dodge,* die ein Buch über Holland schrieb, »Hans Brinker«, 1865. Noch bekannter war das Werk von *Horatio Alger* (1834–1899), der mehr als hundert Bücher schrieb und dessen Held ein armer Junge war, der mit allen Schwierigkeiten fertig wurde. 1867 veröffentlichte er »Ragged Dick«, darauf folgten »The ragged Dick Series«, »Luck and Pluck Series« und »Tattered Tom Series«.

Frances Hodgson Burnett war die erfolgreiche Autorin einer Erzählung, die ungemein große Verbreitung fand »Little Lord Fauntleroy« (Der kleine Lord) 1886; das Buch ist in sehr klarer und treffender Sprache geschrieben. Erwähnenswert sind außerdem »The secret Garden« 1911 und »A little Princess« 1905.

Das Werk des Schriftstellers und Illustrators *Howard Pyle* (1853–1911) gehört in das sogenannte Goldene Zeitalter der nordamerikanischen Kinderliteratur. Volkserzählungen und Legenden des Mittelalters wie auch die überlieferten Ritterabenteuer übten große Anziehung auf den Autor aus. 1883 schrieb er »The Merry Adventures of Robin Hood«, die großen Erfolg hatten. Es folgten »King Arthur and his Knights« 1903, »Otto of the Silver Hand« 1888, »Men of Iron« 1892; die Romane gehören in den historischen Zyklus der Ritter von der Tafelrunde. Sehr geschätzt wurden auch seine Bücher »When I was a little Boy«, »Pepper and Salt, or Seasoning for

Young People« und »Wonder Clock«; dieses Buch ist in der Art einer Volkserzählung geschrieben.

Palmer Cox (1840–1921) schrieb in gutem Stil und mit der Leichtigkeit eines Serien-
schriftstellers mehr als neun Bücher über »The Brownies« 1887. Eines der besten
ist »The Brownies' Many More Nights«.

Eliza Orne White (1856–1947) schrieb Geschichten, in denen Mädchencharaktere
skizziert werden. Ihre Hauptromane sind: »When Molly was six« 1894, »A little girl
of long ago« 1896, »The Borrowed Sister« 1906, »The blue Aunt« 1918.

Der große Schriftsteller *Carl Sandburg* hat gelegentlich, aber ausgezeichnet für
Kinder geschrieben: »Rootabaga Stories« 1922, »Abe Lincoln Grows Up« 1928,
und »Abraham Lincoln: The Prairie Years« 1928.

Um das Jahr 1925 wurden bebilderte Bücher für kleine Kinder Mode, Bücher,
bei denen der Illustrator immer größere Bedeutung gewann. Ihre Zahl vermehrte
sich, je größer das Interesse an der vorschulischen Erziehung und an den ersten
Schuljahren wurde. *Wanda Gág* wurde durch ihr 1928 veröffentlichtes Buch »Millions
of cats« berühmt. Wertvoll sind auch »The Funny Thing« 1929, »Snippy and Snappy«
1931 und »Tales of Grimm« 1936. *Munroe Leaf* bereicherte mit seiner Geschichte
vom Stier »Ferdinand« 1932 das internationale Bilderbuch.

Sehr groß ist die Zahl zeitgenössischer nordamerikanischer Kinderbuchautoren,
ihr Namensverzeichnis ist umfangreich. Daher bleibt kaum anderes übrig, als nur
einige hervorragende Namen und Werke zu zitieren: *Marguerite de Angeli,* die
»Ted and Nina go to the Grocery Store« 1935 und »Copper-Toed Boots« 1938
schrieb, eine Geschichte aus der Kindheit ihres Vaters. In »The Door in the wall«
1949 beschreibt sie das mittelalterliche England. »Bright Apul« 1946 ist die Geschichte eines Negermädchens. Sie schrieb auch »The Book of Nursery and Mother
Goose Rhymes«. *Ruth Sawyer* hat sich nicht nur theoretisch mit der Kinderliteratur
in ihrem Buch »The Way of the Storyteller« beschäftigt, sie schrieb auch für Kinder
»The Long Christmas« 1941 und »Year of Jubilo« 1940. *Maud* und *Miska Petersham*
sind die Autoren und Illustratoren einer Reihe von belehrenden Büchern über die
Natur und das Leben. *James Thurber* schrieb »Many Moons« 1943 und »Great
Quillow« 1944. *Alice Dalgliesh* müssen wir auch nennen, sie gab 1943 »The little
Angel« heraus, eine Geschichte, die in Rio de Janeiro zur Zeit des Königs Dom
Pedro I. spielt. Das Hauptwerk des Schriftstellers und Illustrators *Robert Lawson*
ist »They were Strong and Good« 1940 und »Ben and me«.

Lois Lenski verfaßte eine Reihe von Büchern, die die Vielfalt Amerikas beschreiben:
»We live in the South«, »We live by the River«, »We live in the City«, »Little Sioux
Girl« (Das Abenteuer der jungen »Maisblüte«) 1950. Für die Kleinsten schrieb sie
»Spring is here«, »Now It's Fall«, »I like Winter«. *Barbara Cooney* schrieb »Chanti-
cleer and the Fox« 1958 und Mary Stolz eine schöne Liebesgeschichte »To tell your
Love« 1950 (Liebe hat Zeit).

1962 erhielt auf dem Kongreß des IBBY in Hamburg *Meindert de Jong* die Andersen-
Medaille für sein Werk. Er wurde in Friesland/Holland geboren, lebt in den USA
und schrieb mehrere Romane über seine Erinnerungen an die Niederlande: »Far

out the Long Canal.« Sein Werk ist reichhaltig; auch asiatische Landschaften werden in ihnen beschrieben: »The House of Sixty Fathers« 1957, »The singing Hill« 1962. Berühmt sind »The Wheel on the School« (Das Rad auf der Schule) und »Dirk's Dog Bello« (Dirk's Freund Bello).

Zeichnung von M. Sendak aus »Grimm's Märchen« (Diogenes-Verlag, Zürich)

Auch *Scott O'Dell* erhielt 1972 für sein Werk die Andersen-Medaille. Seine Hauptromane sind »Island of the Blue Delphins« (Insel der blauen Delphine), die Geschichte eines Mädchen-Robinson's auf einer Insel bei Südkalifornien, »The King's Fifth« 1966 (Vor dem Richter des Königs), »The Black Pearl« 1967 und »The Dark Canoe« 1968.
Erwähnt werden müssen auch die Künstler Louis Slobodkin, Alice und Martin Provensen, Robert McCloskey, Frank Baum, Laura Ingalls Wilder, Clyde Robert Bulla und die sehr bekannten Illustratoren wie Autoren *Maurice Sendak*, der 1970 die Andersen-Medaille erhielt, und *Tomi Ungerer*.

290

Aarne, Antti/Stith Thompson: The types of the folk-tale. A classification and bibliography. New York 1962.

Adam, Bess Porter: About books and children; a historical survey of children's literature. New York 1953.

Arbuthnot, May Hill: Children and books. Chicago 1964.

— Anthology of children's literature. Chicago 1961.

Barry, Florence Valentine: A century of children's books. New York 1923.

Brewton, John E. and W. Sara: Index to children's poetry. New York 1942.

Children's Literature in Education. APS Publications Inc., 150 Fifth Avenue. New York 10011. (Zeitschrift)

Commire, Anne: Something about the author. Facts and Pictures about Contemporary Authors and Illustrators of Books for Young People. Gale Research. Book Tower. 3 Bde. Detroit 1971.

Eaton, Anne Thaxter: Reading with children. New York 1963.

Field, Walter Taylor: A guide to literature for children. Boston 1928.

Halsey, Rosalie V.: Forgotten books of the American nursery. Boston 1911.

Haviland, Virginia: Children's literature. A Guide to Reference Sources. Library of Congress. Washington 1966.

— Children and Literature. Views and Reviews. Glenview, Illinois 1973.

Hollowell, Lilian: A book of children's literature. New York 1966.

The Hornbook Magazine. Boston. 585 Boylston Street.

Johnson, Edna/Evelyn R. Sickels/France Clarke Sayers: Anthology of children's literature. Boston 1959.

The Junior Book of Authors: Second Edition Revised. New York 1951.

Kiefer, Monica: American children through their books. 1700–1835. Philadelphia 1948.

Kingman, Lee: Newbery and Caldecott Medal books, 1956–1965. Boston 1965.

Mahony, Bertha E./Louise Latimer/Beulah Folmsbee: Illustrators of children's books 1744–1945. Boston 1947.

Meigs, Cornelia/Anne Thaxter Eaton/Elizabeth Nesbitt/Ruth Hill Viguers: A critical history of children's literature. A survey of children's books in English, from earliest times to the present, prepared in four parts under the editorship of Cornelia Meigs. New York 1953.

Miller, Bertha Mahony/Elinor Whitney Field: Caldecott Medal books, 1938–1957. Boston 1963.

Milton, Jennie Low: Courses in children's literature in colleges and universities in the U. S. Ann Arbor, Michigan 1946.

More Junior Authors. Edited by Muriel Fuller. New York 1963.

Mott, Frank L.: A history of American Magazines 1865–1885. Cambridge, Mass. 1935.

Pellowski, Anne: The World of Children's literature. New York/London 1968.

Porter Adams, Bess: About Books and Children. A history of children literature from its earliest times. New York 1953.

Rawlinson, Eleanor: Introduction to literature for children. Rev. ed. New York 1937.

Rosenbach, A. S. W.: Early American children's books. Portland, Maine 1953.

Smith, Irene: A history of the Newbery and Caldecott Medals. New York 1963.

Third Book of Junior Authors. Edited by Doris de Montreville and Donna Hill. New York 1972.

Top of the News. American Library Association. Chicago, 50 East Huron Street.

Toronto Public Library. The Osborne Collection of early children's books. 1566–1910; a catalogue, prepared at Boys and Girls House by Judith St. John. Toronto 1942.

Watt, Homer A./Karl J. Holzknecht: Children's books of long ago. A Garland of pages and pictures. New York 1942.

Puerto Rico

In Puerto Rico kümmerten sich als erste die Lehrer um die Kinderlektüre. Als es noch kaum Kinderbücher gab, schrieb der universale Pädagoge *Eugenio Maria de Hostos* »Das Buch meiner Söhne« (1882), das nicht ausdrücklich für Kinder bestimmt war, aber als Hauptthema das Kind hat und als Lesebuch benutzt werden konnte.

In einfacher Sprache beschreibt Hostos häusliche Szenen und gibt gute Ratschläge für die Erziehung der Kinder. Da er sich mit der Kinderlektüre beschäftigte und sich Gedanken über die schulische Erziehung machte, schrieb er einige kurze Stücke für das Schultheater, »Der Geburtstag«, das er seiner Tochter an ihrem Geburtstag widmete, und »Die Ankunft des Säuglings«, das er nicht ganz beendete.

Die besondere Situation Puerto Ricos, das bis 1898 von den Spaniern und danach von den Nordamerikanern beherrscht wurde, brachte interessante Aufgaben für die Schullektüre mit sich. Einem Mann wie Manuel Fernandez Juncos, der in Spanien 1846 geboren wurde, aber auf der Insel lebte, verdankt Puerto Rico, daß das Spanische nicht aus den Schulen verbannt wurde. Er selbst redigierte die Lesebücher.

Antonio Pedreira und José Mercado erklären den Ursprung dieser Lesebücher, die der Autor überstürzt schreiben mußte: »Als die Insel in Besitz genommen wurde, gaben die nordamerikanischen Behörden eine Frist von sechs Monaten, innerhalb derer Schulbücher vorgewiesen werden mußten, die den Fortschritten in Pädagogik und Methode angepaßt waren... Wären nach dieser Frist nicht die geeigneten pädagogischen Hilfsmittel bereit, würde Englisch zur offiziellen Sprache erklärt. Dadurch aber ginge mit der Sprache auch der geistige Einfluß auf die Formung von Charakter und Persönlichkeit des Volkes verloren.«

Manuel F. Juncos machte sich an die Arbeit und schrieb Schulbücher. Dank seiner Arbeit wurde verhindert, daß die spanische Sprache in den Schulen verboten wurde und mehr als tausend Lehrer, die kein Englisch konnten, im Schuldienst verblieben. F. Juncos gelang das Wunder, die Bücher rechtzeitig fertig zu haben, die – wie es nur natürlich war und wie es die amerikanische Regierung befohlen hatte – Übersetzungen aus dem Englischen und zum größten Teil unterhaltend waren. Die Bücher hießen z. B.: »Die ersten Schritte im Spanischen«, »Lieder für die Schule«, »Erstes Lesebuch«.

»Ich konnte mich nicht darauf beschränken, nur zu übersetzen«, sagte Juncos, »und mußte daher in einigen Fällen Bearbeitungen machen, schrieb aber sehr häufig auch eigene Lieder.«

Die große puertorikanische Schriftstellerin Concha Meléndez erinnert sich im Vorwort zu »Die puertorikanische Galerie« von Manuel F. Juncos an den Eindruck, den sie in ihrer Kindheit bei der Lektüre dieser Bücher gewann. Damals bestand die Bibliothek Conchas aus der Geschichtensammlung von Calleja, die pro Bändchen für fünf Centavos verkauft wurde und ihre ganze Wonne war. »Die Staubkörner Don Perlimplins«, »Schneewittchen und die sieben Zwerge«, »Die verzauberten Prinzen« und die Lektüre der »ersten Schritte im Spanischen« erweckten in ihr die Liebe zur Poesie.

Sie sagte: »Wie oft haben puertoricanische Kinder am Tage des Baumes das Gedicht ›Liebe zum Wald‹ in der schönen Übersetzung von Woodman aus ›Spare that tree‹ von George P. Morris rezitiert. Es gibt eine Geschichte ›Die kleinen magischen Koffer‹, die für mich die Manifestation der Schönheit des Lebens war, die aus dem Dunkel emporstieg in das zarte blaue Wunder aus ›Glorie des Morgens‹, und es ist die Stimme von Don Manuel, die immer noch zu dem Kind, das in unserem Herzen lebt, die Worte des Gedichtes von Celia Thaxter spricht, das er ins Spanische übersetzte.«

1913 veröffentlichte Fernández Juncos eine »Puertorikanische Anthologie« und 1890 mehrere Bände über »Typen und Charaktere«, »Sitten und Überlieferungen«, die in der »Puertorikanischen Galerie« gesammelt wurden. Obwohl sie in die literarische Sittenschilderung gehören, könnten viele Seiten als Lektüre für Kinder und Jugendliche benutzt werden.

Wie zu erwarten war, erweckte das Beispiel von Fernández Juncos das Interesse an Kindern, und einige Autoren begannen, für sie zu schreiben. *José González Gimorio* veröffentlichte 1916 mehrere Lesebücher mit eigens für Kinder verfaßten Gedichten.

Nun müssen wir uns wie schon oft erneut die Frage vorlegen: was machen Kinder in den Ländern, in denen es keine für Kinder geschriebene Literatur gibt? Und wir kommen, wie früher, zur selben Antwort: sie haben ihre eigene Kinderfolklore. Die großen Sammlungen der Folkloristen geben uns eine Ahnung von dem Reichtum in Puerto Rico, der zum größten Teil ein Erbe der spanischen Tradition ist.

1933 veröffentlichte *Maria Cadilla Martínez* »Volksdichtung aus Puerto Rico«; sie sammelte alle Romanzen der Insel, religiöse Dichtungen, besonders die für Weihnachten, Lieder. 1940 veröffentlichte sie »Kinderlieder und Spiele aus Puerto Rico«; das Buch ist eine echte Quelle der Inspiration für Dichter und eine Goldmine für die Schulen. In diesen ausgezeichneten Büchern können Kinder und Lehrer reich verwendbares Material finden.

Neben dieses Buch muß das schon 1926 erschienene »Puertorikanische Folklore« von *Rafael Ramírez de Arellano* gestellt werden, das eine große Zahl von Geschichten und Rätseln der mündlichen Überlieferung enthält. 1955 machte der Autor davon eine Auswahl für Kinder und bestimmte das Buch für den Gebrauch in Schulen.

1957 wurden die folkloristischen Geschichten, die in der Bearbeitung von *Carmen Alicia Cadilla* in der Zeitung »Die Schule« der Abteilung für Unterricht erschienen waren, unter dem Titel »Folkloristische Geschichten« herausgegeben; einige von ihnen waren nach dem Buch »Sing mit mir!« von Muñoz y Pastor vertont.

In den puertorikanischen Geschichten der mündlichen Überlieferung findet man mehr als genug Motive, um eine reiche Kinderliteratur zu schreiben. Mit Recht sagt *Ester Feliciano Mendoza* in ihrem – auch gedruckten – Vortrag über »Puertorikanische Kinderliteratur«, in dem sie sich über das Fehlen einer echten Kinderliteratur und den Mangel an Helden auf der Insel beklagt: »Welchen Helden hätte das puertorikanische Kind, der ganz sein eigener Held wäre, so sehr, daß es sich in ihm wiedererkennen könnte? Keinen! Es gibt die stellvertretende Erfahrung all der Helden, die aus anderen Literaturen kommen. Jedoch der Held, der Blut von seinem Blute, Seele von seiner Seele wäre, ist noch nicht da. Noch haben wir für unsere Kinder nicht den Helden gefunden, der im Herzen das Banner der Dauer aufrichtet. Wohl gibt es in unserer Geschichte Gestalten, die die Literatur darstellen könnte: Agüybana, Guaybaná, Guanina, Pepe Díaz, Manolo el Leñero, Cofresi, Becerillo und andere mehr. Es ist nicht so, als ob man in ihnen nicht das poetische Material erkannt hätte. Nein! Wir sind vielmehr an dem Augenblick angelangt, in dem man die Helden schaffen muß im vollen Bewußtsein dessen, was wir nötig haben und was wir mit ihrem Beispiel und dem Wunderbaren ihres Lebens beweisen wollen, um unsere Kinder von dem leeren Zauber, der sie in einigen schrecklichen ›comics‹ hypnotisiert, zu befreien, die heute die mythischen Gespenster ersetzen müssen.«

Juan Bobo, eine berühmte Figur der überlieferten Geschichten, und Pedro de Urdemalas, die in ganz Spanisch-Amerika bekannt sind, sind auch charakteristische Typen der Volks- und Kinderliteratur in Puerto Rico und könnten Anregung für neu zu erfindende Abenteuer geben.

Wie schon gesagt, kann das Werk einiger Sittenschilderer auch als Kinderlektüre dienen; z. B. die 1928 veröffentlichten »Legenden« von Coll y Toste, obwohl man einige von ihnen fortlassen müßte, da sie nicht für Kinder geeignet sind.

Der Schriftsteller *Enrique Laguerre* schrieb eine »Anthologie puertorikanischer Geschichten« für Jugendliche, Auswahl aus den Werken der besten Erzähler von Puerto Rico.

Carmen Gómez Tejera und *Juan Asencio Alvarez* haben 1938 ebenfalls eine »Anthologie der puertorikanischen Dichtung für Kinder« veröffentlicht.

Neben dieses Buch muß man »Der Regenbogen« (1951) stellen, das der Oberste Erziehungsrat veröffentlichte; es enthält die besten Geschichten und Gedichte und ist für Schulkinder bestimmt.

Die Dichtung – Anthologien – Die Ankunft J. Ramón Jiménez' in Puerto Rico – Das Fest für »Dichtung und Kind« – Dichter der Insel – Neueste Bücher

Etwas später, 1958, veröffentlichte der Rat der Universität von Puerto Rico zwei Bände einer »poetischen Anthologie« hispano-amerikanischer Autoren mit vielen puertorikanischen Gedichten: »Kinder und Flügel«.

Der Schriftsteller und Historiker *Manrique Cabrera* veröffentlichte 1943 als Frgebnis eines interessanten Experimentes ein kleines Buch, eine »Kinderanthologie« mit Gedichten von Kindern.

Um 1924 veröffentlichte *Juan B. Huyke* seine »Kinderreime«; er hielt es für notwendig, für Kinder zu schreiben, wandte sich deshalb an die puertorikanischen Schriftsteller und lud sie ein, für Kinder etwas aufzuzeichnen. Ihm antworteten so gute Schriftsteller wie *Maria Cadilla* mit ihren »Geschichten für Lillian« (1925); *Ramón Fortuño Sellés* mit »Die heiligen Stunden« (1927); *Virgilio Dávila* mit »Das Buch für meine Enkel« und Gedichten »Blumenhochzeiten«; *Joaquin Parilla* mit »Flaumfeder und Schwan« (1928); *Rivera Otero* und *Rechani Agrait* mit »Eine Wolke in der Zeit«; der unvergessene Dichter *Evaristo Rivera Chevremont* mit »Die Mandelbäume der Allee von Covadonga«, seinen Kindheitserinnerungen, und *Martha Lomar* mit »Fibel aus Schaum« (1931).

Nach Ester Feliciano bedeutete die Ankunft von *Juan Ramón Jiménez* in Puerto Rico ein solches Ereignis, daß man von einer Erneuerung der Dichtung und der Kinderliteratur sprechen kann. Es ist bekannt, wie gern Juan Ramón Kinder hatte. 1935 wurde das Fest für »Dichtung und Kind« geschaffen, man feierte am 19. November den ersten Festtag. Juan Ramón Jiménez sprach zur Eröffnung. Unter anderem sagte er: »Wir sind hier unter dem Zeichen des guten Buches versammelt. Die erste Idee derer, die dieses Fest beschlossen, war, jeden Beitrag zum Erwerb guter Bücher für Kinder der Landschulen von Puerto Rico zu bestimmen. Dann dachten sie, nur einen Teil der Beiträge dafür zu verwenden und mit dem anderen jedes Jahr das schönste, noch nicht gedruckte Buch eines Puertorikaners zu prämiieren und herauszugeben. Zum Schluß vereinigte man beide Ziele. Wir halten es für besser, jedes Jahr den ganzen Geldbetrag dafür zu nehmen, die beste Sammlung von Volksdichtung oder Dichtung, Legenden, Biographien, Zeichnungen, Musik, Photographien von Landschaften, Menschen, Städten, Bäumen, Quellen, Blumen, Vögeln, Wolken... aus Puerto Rico, die ein Puertorikaner auswählt, zu prämiieren, herauszugeben und unter die Kinder zu verteilen: als den Schatz an Schönem, Moralischem und Gestaltetem aus Puerto Rico. Diese Bücher, deren Motive unendlich groß sein können, würden sich Jahr für Jahr folgen, und sie würden so Jahr auf Jahr eine Enzyklopädie des Schönen von Puerto Rico bilden.«

1938 wurde das Fest der »Dichtung und des Kindes« Virgilio Dávila gewidmet, dem die Dichter und Kinder aus Puerto Rico ihre Ehrerbietung und Bewunderung bezeugen wollten.

Wir zitieren kurz die Gedichtbände, die danach publiziert wurden: 1941 schrieb *Samuel Lugo* »Übersetzung eines Frühlingstraums«, *Carmelina Vizcarrondo* schrieb »Gedichte für mein Kind«, *José Antonio Vizcarrondo* »Trödellager« und *Manrique Cabrera,* den wir schon als Herausgeber zitierten, schrieb »Spur-Schatten-Gesang«. 1949 veröffentlichte *Angeles Pástor* reizende, von der Folklore der Insel inspirierte Gedichte, »Kinderrundgesänge«, und 1956 *Carmen Alicia Cadilla* das »Alphabet des Schlafs«.

Besondere Erwähnung verdient *Ester Feliciano Mendoza,* die 1951 »Regenbogen« veröffentlichte, ein Buch mit fröhlichen und einfachen Gedichten und Erzählungen.

Die Autorin gestaltet ihre große Begeisterung als Lehrerin-Schriftstellerin; sie will belehren, aber so, daß das Didaktische das Schönheitsgefühl nicht stört. 1957 veröffentlichte sie Gedichte und Erzählungen »Coquí« und wenig später »Weihnachtslieder«, die von der »Überlieferten Spanischen Liedersammlung« und von berühmten und bekannten puertorikanischen Liedern beeinflußt ist. Kürzlich veröffentlichte sie »Wiegenlieder der Jugend«. Zur Zeit ist Ester Feliciano Professorin an der Universität von Rio Piedra. Sie widmet ihre ganze Schaffenskraft dem Lehren und der Kinderliteratur. Sie hat noch unveröffentlichte Schriften über dieses Thema; außerdem leitet sie die Nationale Puertorikanische Abteilung, die dem IBBY angehört. Ihre »Sinfonie von Puerto Rico« vereinigt Mythen und Legenden der Insel.

Wir müssen noch auf die Bedeutung des Buches von *Monserrate Deliz* »Renadio« (1951) und auf »Sonnenblume« von *Cesareo Rosa Nieves* hinweisen. Auch *José Emilio González* und *Nimia Vicens* haben Gedichte für Kinder veröffentlicht.

Von den großen Prosaisten möchten wir *Tomás Blanco* mit »Die Weihnachtsgeschenke des Infanten« und »Drei Glossen zur Epiphanie« als ausgewählte Beispiele des großen Stilisten zitieren. Kürzlich veröffentlichte *Aníbal Díaz Montero* eine Reihe von Erzählungen »Die verzauberte Bibliothek«.

Für die Zeitung »Die Schule«, die seit 1950 von der Abteilung für Erziehung herausgegeben wird, hat *Samuel Lugo* einen Beitrag mit mehreren Geschichten geleistet: z. B. »Der kleine Schmied vom Meer«, »Der Waldgeist« und andere.

Für das Kindertheater haben Andrés Quiñones Vizcarro und Ethel Ríos seit 1953 große Arbeit mit ihrem Marionettentheater geleistet. Die Abenteuer von Juan Bobo sind ein Thema, das Kinder begeistert. Die Einfälle und Witze dieser bekannten Figur sind sehr für das Theater und besonders für das Kasperletheater geeignet.

Maria Molina und López Cepero haben ein Schultheater in Prosa und Versen und einen »Juan Bobo als Kind« geschrieben.

Die Dominikanerin Maricusa Ornos hat mit ihrer Theater-Akademie ebenfalls große Arbeit geleistet; sie brachte Szenendarstellungen von Romanzen und Gedichtrezitationen. Luis Rafael Sánchez schrieb und führte »Die kleine Kakerlake als Witwe« auf; er erhielt den Preis des Atheneums. Es gibt in Puerto Rico vielerlei Möglichkeiten und viel Enthusiasmus. In einem Land, in dem das Spanische wie ein Schatz mit Liebe bewahrt wurde, verdienen die Autoren, die die Sprache hochhalten und die Kinderliteratur pflegen, unseren Dank und unsere Achtung. Es war hier nicht so leicht wie in anderen Ländern, das Erbe der Sprache zu bewahren und zu bereichern.

Bibliographie

Babín, María Teresa: Panorama de la cultura puertoriqueña (Panorama der puertorikanischen Kultur). New York 1958.

Cabrera, Manrique: Historia de la literatura puertoriqueña (Geschichte der puerto-rikanischen Literatur). New York 1956.

Feliciano Mendoza, Ester: Literatura infantil puertoriqueña (Puertorikanische Kinderliteratur). San Juan 1960.

Dominikanische Republik

Der erste Fabeldichter von Santo Domingo war *Núñez de Cáceres* (1772–1846), der unter dem Pseudonym »Der ungeübte Fabeldichter« schrieb. Seine Vorbilder waren wie die fast aller Fabeldichter Hispanoamerikas Iriarte und Samaniego. Seine Fabeln wurden in der Zeitung »El Duende« (Der Kobold) während der Zeit der Ruhe zwischen 1809–1821 veröffentlicht. Núñez war Rechtsanwalt. Er verhalf seinem Land im Jahre 1821 zur Unabhängigkeit, war aber ein Gegner Bolívars. Seine Fabeln waren die Lektüre der Kinder und Jugendlichen. Sie werden auch heute noch in den Schulen gelesen, z. B. »Die Eule und der Storch«, »Das Kaninchen, die Schafe und der Hirte«, »Die Spinne und der Adler«, »Das Maultier und der Esel«, »Der Wolf und der Fuchs«, »Die Hummel und die Biene«, »Der Täuberich, die Taube und die Eule« ... Zu den bedeutenden dominikanischen Fabeldichtern zählt auch der Lehrer und Journalist *Manuel de Jesús Peña y Reinoso* (1834–1915). Er schrieb zahlreiche Fabeln, mehr Parabeln, denn sie hatten keine satirische oder kritische Absicht, sondern nur eine didaktische. Im Unabhängigkeitskrieg wurde Manuel de Jesús Sekretär des Generals Carlos Manuel Céspedes. Er gründete die Schule La Paz und die Zeitung »Der Dominikaner«, später die literarische Gesellschaft »Amantes de la luz« (Liebhaber des Lichtes). Von seinen Fabeln wurde bekannter »Die Kalorie und das Licht«. Er veröffentlichte auch eine kritische Studie über »Enriquillo«.

Dávila Fernández de Castro (1804–1879) stammte aus Puerto Rico, wohin seine Familie wegen der Besetzung Haitis floh; er verbrachte einen großen Teil seines Lebens in Spanien und war auch als Diplomat in London. Seine Fabeln bilden einen Beitrag zur Kinderliteratur.

Dank des Fleißes von *Emilio Rodríguez Demorizi,* der 1946 einen Band mit »Dominikanischen Fabeln« und den Lebensbildern ihrer Autoren veröffentlichte, haben wir genaue Daten über diese ersten Schriftsteller.

Mit einer Studie über die »Dominikanische Volksdichtung« (1938) und mit der »Dominikanischen Romanzensammlung« (1943) vervollständigte Demorizi den Überblick über die Poesie, die von den Kindern in Santo Domingo aufgenommen wird, da sie die Kinder früher erreicht als geschriebene Literatur.

Unter den Volkslieddichtern ragte der Lehrer, Theaterautor, Staatssekretär und Gesetzesautor *Félix María del Monte* (1819–1899) hervor, der Verfolgungen und Verbannungen erlitt. Er schrieb »Dominikanische Lieder und Romanzen«, von denen nach unserem Geschmack die besten »Weihnacht in San Miguel« und »Das Tal von Huiguero« sind. In seiner Dichtung bemerkt man das Eindringen des Kreolismus, den der Schriftsteller Domingo del Monte y Aponte, der die Sitten der Eingeborenen besang, in Kuba in Mode brachte. Mit Recht sagt Demorizi, daß es einen »zoologischen, botanischen und geographischen Kreolismus gibt. Aber wer nur die Wasserfälle, Mangobäume, einen Fluß oder ein Gebirge des Landes erwähnt, hat damit noch nicht, wie die Schriftsteller selbst und auch ihre Leser glauben, kreolische Poesie geschaffen. Sie vergessen ... die dominikanische Seele..., ihre besonderen Gefühle.«

Félix María del Monte vergaß nichts davon und wurde ein guter kreolischer Dichter. Wie die dominikanischen Kinder seine Dichtungen singen und rezitieren, noch ehe sie die Fibel lesen können, so lernen sie auch andere Volksdichter früh kennen.

R. Emilio Jiménez berichtet in seinem Buch über dominikanische Überlieferungen und Sitten »Die Liebe zur Schilfhütte« von Vorlieben und Abneigungen der Kinder. In dem Kapitel »Unsere alte Schule« sagt er: »Das Schlimmste waren die Lektionen, die man auswendig lernen mußte. Wenn man in die Schule kam, mußte man ein Stück Holz vom Mangobaum bei sich haben, das »Täfelchen« genannt wurde; darauf klebte man das ABC. Das Ganze wurde »Jesus« genannt, denn es begann mit einem Kreuz und den Initialen unseres Herrn Jesus Christus auf Hebräisch. Da »Jesus« das erste Wort in der Fibel war, mußte der Schüler mit diesem Wort beginnen. So sagte man auch, wenn einer nichts wußte, daß er ›noch nicht einmal Jesus kenne‹.«

Der Autor berichtet auch, daß die Kinder damals begeistert waren von den Liedern, den Rätseln und des Versen der Kinderfolklore. Ein Kapitel seines Buches heißt sogar »Die Rätsel«.

Juan Antonio Alix (1833–1917), der berühmte »Sänger von Yuque«, war ein sehr volkstümlicher Dichter. Er schrieb Dezimen über geschehene und zukünftige Dinge, einiges sehr ungeniert, anderes aber kann von Kindern gelesen werden.

Einer der bedeutendsten Autoren des 19. Jahrhunderts war *Manuel de Jesús Galván,* der den Roman »Enriquillo« (eine historische dominikanische Legende) schrieb. In ihm werden die Ereignisse des Kampfes zwischen Spaniern und Eingeborenen in Santo Domingo geschildert. Der Roman gehört in die Reihe historischer Romane, die zu jener Zeit Mode waren, wie z. B. »Cumandá«, »Tabaré« und andere.

Galváns Interesse gilt den Personen, ihrem Dialog und ihren Handlungen, er beschreibt keine Landschaft. Man versteht, daß sich die Jugendlichen für diesen Roman begeisterten. Als Vorwort ist ihm ein Brief von Martí vorangestellt, in dem er an Galván schreibt, daß dieser Roman »Sache unseres ganzen Amerika sei«; er fügt hinzu: »Das ist keine historische Legende, sondern eine ganz neue und bezaubernde Art, unsere amerikanische Geschichte zu schreiben.«

Tatsächlich ist »Enriquillo« eines der bedeutendsten Bücher Südamerikas; es bringt ein überschwengliches Lob auf alles Eingeborene. Obwohl der Roman die romantische Geschichte einer nationalen Episode mit einem tapferen und großherzigen Helden schildert, ist er heute noch von künstlerischem und historischem Interesse.

Schon in anderen Kapiteln aus dem Bereich Südamerika wiesen wir darauf hin, daß man, da es so viele historische Ereignisse gab, auch eine Kinderliteratur schaffen könnte, die von den Ereignissen der Vergangenheit inspiriert wäre, wie es bei »Enriquillo« geschah.

Zeitgenossin von Galván war die große Dichterin *Salomé Ureña de Henríquez* (1850–1897), sie widmete ihr ganzes Leben dem Lehren und schuf dazu ein lyrisches Werk von beachtenswertem Rang. Salomé Ureña gründete eine Schule für junge Mädchen; sie fühlte wie viele große Männer und Frauen in Südamerika eine pädagogische Berufung. Sie war mit Francisco Henríquez Carvajal, dem Freund und Mitarbeiter des puertorikanischen Pädagogen Eugenio Maria de Hostos, verheiratet. Salomé teilte das Interesse beider an Erziehungsfragen.

Der Historiker Joaquin Balaguer sagte über die Dichtung Salomé Ureñas, daß sie »ein Lehrbuch des Patriotismus und des guten Geschmacks für Schüler« sein könne. Wollte man eine póetische Kinderanthologie machen, könnte man dazu die Gedichte einer feinsinnigen und sehr weiblichen Dichterin, *Martha Maria Lamarche,* und diejenigen von Eulogio Cabral auswählen, dessen malerische Visionen zusammen mit ihrem sozialen Inhalt Kinder interessieren könnten; ebenso könnte man die Gedichte von Tomás Hernandez Franco, dem originellen Autor von »Der Gruß des Pancho Alegria« und der »Lieder von der fröhlichen Küste« nehmen.

Die dominikanische Folklore wurde von *J. Andrade* in seinem verdienstvollen Werk »Folklore der dominikanischen Republik« gesammelt; es enthält Erzählungen und Geschichten der spanischen und eingeborenen Überlieferung. Alle diese Geschichten, die mündlich von den Großeltern an die Kinder und Enkel weitergegeben wurden, sind ohne jeden Zweifel die reichste Fundgrube der Kinderliteratur. Daher sollten wir niemals müde werden, den Autoren der Kinderliteratur zu sagen, sie müßten sich von all diesen Legenden und der Erzählkunst des Volkes inspirieren lassen und moderne Bearbeitungen schaffen.

Bibliographie

Balaguer, Joaquín: Historia de la literatura dominicana (Geschichte der dominikanischen Literatur). Ciudad Trujillo 1956.

Kuba

Wie in fast allen südamerikanischen Ländern wurde auch in Kuba die Literatur sehr von der spanischen beeinflußt. Daher folgen die ersten Zeugnisse der Kinderliteratur dem Vorbild spanischer Schriftsteller.

Der Mulatte *Plácido* (1809–1844) schrieb unter dem Pseudonym Gabriel de la Concepción Valdés eine Reihe von Fabeln in der Art Samaniegos, die von Kindern zweifellos auch gelesen wurden. Er war ein spontaner Dichter, wurde aber ein Opfer der Politik seiner Zeit. Die Fabeldichtung war während des 18. und 19. Jahrhunderts Mode; der größte Teil der Unterrichtslektüre bestand aus dieser kleinen unterweisenden Prosaform.

Entsprechendes bemerkt *Cintio Vitier* in der Anthologie kubanischer Fabeln. Schon in der »Papierzeitung von Habana« (1790–1805) erschienen die ersten Fabeln mit Bildern von Tieren und typisch kubanischen Pflanzen, wie z. B. der Baumschlange, des Tabaks, des Spechtes, des Jamaikaraben. Einen eigenen Akzent erhielten diese Fabeln durch die kreolische Stichelei, die sie von den Fabeln Iriartes und Samaniegos, die damals in Mode waren, unterscheiden.

José Maria Heredia stellte bereits als Jugendlicher eine Fabelsammlung in der Nachfolge des Franzosen Florian zusammen, von der »Der Philosoph und der Uhu« eine gewisse Beliebtheit erlangte. Es waren noch keine guten Dichtungen; sie waren im neuklassischen Stil geschrieben und sind für uns nur als rhetorische Übungen von Interesse, da sie die literarische Frühreife ihres Autors beweisen.

Dem frischen natürlichen Ton Plácidos gelang es, die Dichtung mit der sorglosen Leichtigkeit und Schelmerei seines improvisierenden Talentes zu »kubanisieren«, was ihn aber nicht hinderte, zumindest in einem Fall, die Fabeln zur Würde eines wirklichen Gedichtes zu erheben. In »Die Malve und die Palme« gibt es einige der besten beschreibenden Verse von Plácido; z. B. wenn die Malve sagt: »Es scheint, daß ein Stern dich schmückt / und daß deine Krone der Wind bewegt...«

Diesem gut vorbereiteten Weg folgten mit unterschiedlichem Erfolg: der verdienstreiche Autor von Aufsätzen über Sitten und Überlieferungen, *José Maria de Cárdenas,* der brillante Fabeldichter *Francisco Javier Balmaseda* und die zurückhaltende, vornehme *Aurelia Castillo de González.*

Von den zwei traditionellen Möglichkeiten der Fabel – der Moral und dem Humor – gaben die Kubaner dem Humor den Vorzug, indem sie das Lächerliche der Situationen beschreiben. Sie geben der Handlung und dem Dialog eine Leichtigkeit und Natürlichkeit, die ihr größter Zauber ist.

Die Anmut und der sprachliche Reichtum einiger dieser kleinen Dichtungen ohne großen Anspruch, besonders der aus der Feder von Javier Francisco Balmaseda, des unbestrittenen Meisters dieser Form, drücken den frohen Geist und das Sprühende des kubanischen Charakters aus. Diese Fabeln stellen keine lästige Lektüre dar, sie sind voll gesunder vitaler Freude und eng verknüpft mit der sozialen Situation, die sie nachzeichnen wollen; daher in der Tat – lehrreich!

José Martí (1853–1895), dessen kurzes Leben wie ein Blitz leuchtet, bezeichnete deutlich den Weg, den die Kinderliteratur nehmen mußte. Er war ein vornehmer, aufrichtiger Geist, der sich mit Eifer jeder Aufgabe widmete; er erkannte, daß Kinder gute Bücher nötig haben, die sie außerhalb der Schule lesen können, die ihnen nur didaktische Texte in die Hand gibt. Martí wandte sich an das künstlerisch aufnahmefähige, das sensible Kind, das, um seine Weltneugier zu befriedigen, sich der guten Literatur und dem Reichtum der Geschichte und der Wissenschaft zuwendet.

Er erinnerte sich, daß er selbst als Kind großes Verlangen nach Lektüre hatte und daß er außer den Büchern der Erwachsenen nichts zum Lesen fand. In seinem unruhigen Leben – von seiner Kindheit in der Städtischen Schule für Jungen und auf dem Institut von Habana an bis zu seinem endgültigen Wohnsitz in Madrid, wo er Jura studierte – suchte Martí die Freiheit des Menschen und die Freiheit des kubanischen Volkes. Der große Verbannte wurde zum Wanderer – in Paris, Mexiko, Guatemala, Venezuela, bis er sich in New York niederließ. Immer und überall aber suchte er der Humanität zu dienen.

Martí war von Natur aus Lehrer – ein leidenschaftlicher Lehrer und ein politisch engagierter Mensch. Er liebte die Schönheit und suchte die Wahrheit und wollte beide anderen Menschen übermitteln.

Dieses intensive, sprühende, von vielerlei Tätigkeiten und dauernden Reisen erfüllte Leben fand bald ein Ende. Vor seinem Tod und aus seinem Exil in New York wandte sich Martí noch an die Kinder und schuf für sie eine sehr schöne Zeitung, die er »Das goldene Zeitalter« nannte und deren Direktor, Redakteur und Korrespondent er war. »Das goldene Zeitalter« war die erste kubanische Kinderzeitung.

Martí äußerte sich mit Klarheit, Einfachheit, Reinheit und Feuer über alles, was einen Jungen oder ein Mädchen interessieren konnte: »...denn Mädchen müssen mit Jungen wie Freunden sprechen können, wenn sie heranwachsen, es ist schade, wenn der Mann außerhalb seines Hauses jemanden suchen muß, mit dem er sprechen kann, weil die Frauen des Hauses von nichts anderem zu erzählen wissen als von Vergnügungen und Moden... Diese Zeitschrift ist für Jungen und natürlich auch für Mädchen. Ohne Mädchen kann man nicht leben, wie die Erde nicht ohne Licht leben kann... Mit klaren Worten und feinen Bildern müssen wir ihnen sagen, wie die Welt gemacht ist: wir werden ihnen sagen, was von Menschen bis jetzt getan wurde. Mit diesem Ziel erscheint ›Das goldene Zeitalter‹. Die amerikanischen Kinder sollen wissen, wie man früher und wie man heute in Amerika und in den anderen

Ländern lebt; wie man soviele Häuser aus Glas und Eisen, die Dampfmaschinen, die hängenden Brücken und das elektrische Licht erzeugt... Wir werden ihnen sagen, was in den Werkstätten geschieht, in denen noch seltsamere und interessantere Dinge vor sich gehen als in den Märchen; es handelt sich hier um echten Zauber, der noch schöner ist als der andere. Wir werden ihnen sagen, was man vom Himmel, von der Tiefe des Meeres und der Erde weiß; wir werden ihnen lustige Geschichten

José Marti

und Kinderromane erzählen für die Zeit, wenn sie nach dem Lernen oder Spielen ausruhen wollen.« In diesem Prolog, der »Für die Kinder, die ›das Goldene Zeitalter‹ lesen« heißt, stellt Martí sein ganzes literarisches und wissenschaftliches Programm auf. In seiner Zeitung veröffentlichte Martí Lebensbilder griechischer Helden, Anthologien aus großen Werken der Weltliteratur, »Die Geschichte des Menschen, von seinen Häusern erzählt«, »Elefantengeschichten«, Gedichte wie die Romanze »Die zwei Prinzen«, Bearbeitungen von Andersens Märchen, z. B. das berühmte »Die chinesische Nachtigall«, Fabeln, »Ein neues Spiel und andere alte« ... Die Zeitung erschien nur ein Jahr, war aber für Kinder etwas Besonderes und ließ wohl unvergeßliche Erinnerung zurück. Martí hatte den Weg für Kinderzeitungen und gute Literatur gewiesen. 1882 widmete Martí seinem Sohn ein Buch mit Versen »Ismaililo«; es sind Gedichte voll echten Gefühls, mit denen er zur Bildung der Jugend und zur Bereicherung der Jugendliteratur beitrug.

Nach dem großen Versuch von Martí, eine Literatur für kubanische Kinder nach dem Beispiel anderer Literaturen zu schaffen, ist es schwierig, eigens für Kinder geschriebene Bücher zu finden. Eine in Kuba geborene Schriftstellerin, die dort auch ihre Kindheit und Jugend verbrachte, obwohl sie heute in Puerto Rico lebt, Nilita Vientos, zählt ihre Kinderlektüre auf: diese Übersicht zeigt, daß es keine Bücher für Kinder gab außer denen, die aus Spanien kamen und einigen klassischen Werken der Weltliteratur. Sie sagt: »Ich las alles, Kinderbücher und die Bücher der Sammlung Calleja. Von den kleinen Büchern Pinocho, Aschenputtel, die Märchen von Andersen... Auch die Romane von Salgari, Jules Verne, Victor Hugo, Balzac, Alexandre Dumas... Mein Vater hatte eine gute Sammlung von Balzac, Hugo, Dumas, Anatole France und eine Sammlung der großen Romane, die Blasco Ibañez herausgab. Mit elf Jahren kannte ich das ganze Werk von Balzac, Dumas und Victor Hugo und viel von kubanischer Dichtung. Ich konnte Martí, Heredia, Plácido und die Avellaneda aufsagen... auch schwärmte ich für die Bearbeitung von ›Tausend und einer Nacht‹.« Nilita vergißt dabei zu sagen, daß die Bücher und die Bearbeitungen berühmter Werke der Sammlung Araluce in Kuba auch sehr viel gelesen wurden.

Später gab es dann einige von Schullehrern geschriebene Bücher für Kinder und Jugendliche, die der Lektüre so sehr bedurften. Unter ihnen ist »Altes Gold« von *Herminio Almendros,* ein sehr gutes Lesebuch für die Grundschulen (1949), zu erwähnen, das Legenden aus verschiedenen Ländern enthält. Hierhin gehört auch die »Romanzensammlung der kleinen Lehrerin« (1936) von *René Potts.*

Das kubanische Kind hatte aber auch wie die Kinder in anderen Ländern seine eigene poetische Kinderfolklore und die Volksmärchen. Die Schriftstellerin und Folkloristin *Concepción Teresa Alzola* hat diese reiche Folklore gesammelt, deren spanische Wurzeln noch deutlich erkennbar sind, obwohl auch eingeborene und afrikanische Elemente ihr einen einzigartigen und anziehenden Charakter verleihen.

Dennoch genügt die mündliche Überlieferung der Eltern an ihre Kinder, so reich sie auch sei, nicht, um eine gute Kinderliteratur zu begründen. Man muß noch in den jüngsten Jahren nachforschen, um die Bemühungen der Schriftsteller um die Kinderliteratur zu sehen. *Emilio Moreau Bacardi* mit seinen »Geschichten für alle Nächte«, *Emma Pérez* mit »Sonneninsel«, *Hilda Perera Soto* mit ihren »Geschichten von Apollo« versuchten, Kindern etwas Eigenes zu widmen.

Sehr interessant ist die Arbeit des Nationalen Puppentheaters, das 1955 in Habana gegründet wurde. Seine Direktoren Carucha Camejo, Pepe Camejo und Pepe Carril, der früher Direktor des Theaters »Der Wagen« war, übernahmen eine große Aufgabe. Zusammen mit ihren tüchtigen Mitarbeiterinnen Maria Luisa Rios, Concha Alzola und Maria Alvarez Rios führten sie ein reichhaltiges Repertoire auf: vom »Selbstsüchtigen Riesen« von Oskar Wilde bis »Die Bosheit des Schmetterlings« von García Lorca und klassischen Werken wie »Das Altarbild von Meister Pedro«. Kubanische Autoren schrieben Stücke für dieses Marionettentheater: Dora Alonso

»Pelusín«, Silvia Barros »Copito«, Modest Centeno »Der Chinese Palanqueta«, Clara Ronay »Tisito« (die kleine Kreidepuppe). Sie schrieb auch »Es regnet, es regnet«. Die Stücke von Conchita Alzola »Die schöne und die häßliche Mariquita« und »Montag, Dienstag und Mittwoch sind drei« wurden mit großem Erfolg im Nationalen Puppenspieltheater aufgeführt.

1956 überraschte wegen seiner Originalität und wegen seiner treffsicheren Art das Buch von *Anita Arroyo* und *Antonio Ortega* »Das grüne Pferdchen« mit verschiedenen Erzählungen: »Der böse Junge und der Spatz«, »Gazapui«, »Die Übereinkunft«, »Birijita«, »Frijolito«, »Der Gagatvogel«, »Die Angst« . . . In einem Land wie Kuba, das einen Martí hatte, war es nur natürlich, daß unterhaltende und gleichzeitig belehrende Schriftsteller für Kinder schrieben. Jedes neue Buch gibt eine Lektion der Zärtlichkeit, des guten Beispiels, der mitleidigen Liebe und der Reue. *Anita Ortega* schrieb »Der Vogel aus der Dose«, »Schwester Juana Inés de la Cruz« und »Wurzel und Flügel«. *Antonio Ortega* gewann den Erzählerpreis Hernández Catá.

Bibliographie

Almendros, Herminio: »La Edad de Oro« (»Das goldene Zeitalter«) de José Martí. Bemerkungen zur Kinderliteratur. Santiago de Cuba 1956.

306

Mexiko

Guillermo Prieto und seine »Erinnerungen« – J. Joaquín Fernández Lizardi – »Periquillo Sarniento« – Der Fabeldichter José Rosas Moreno – Juan de Dios Peza und die »Hauslieder«

In den Memoiren einiger mexikanischer Schriftsteller des 19. Jahrhunderts finden sich interessante Angaben, die eine Rekonstruktion des Lebens der Kinder jener Zeit ermöglichen und einen Überblick über ihre Lektüre geben. Im 19. Jahrhundert begann in aller Welt echtes Interesse am Familienleben.

Guillermo Prieto (1828–1897), der unter dem Pseudonym »Fidel« berühmt wurde, sagt in den »Erinnerungen an meine Zeiten« (Band I, 1828–1840) über seine Kindheit: »Meine Hauptstütze waren meine Mutter, meine Cousinen und die Dienstmädchen. Sie erfanden Spiele und sagten Verse auf, sie lasen ›Die Enttäuschungen des Lebens‹ und ›Heiligenleben‹, rezitierten Stücke von Lope und Calderón de la Barca, die ich auswendig lernte und die mir großes Ansehen bei Abendgesellschaften und Damenbesuchen brachten.

Mein Vater hatte nur Umgang mit Händlern und Landarbeitern, bewahrte aber auf dem Bücherbrett neben Weizenmustern, Maschinenteilen der Mühle, dem Tintenfaß und dem Buch mit den Grenzlinien auch ›Periquillo‹, ›Nachmittage auf dem Gutshof‹, ›Gulliver's Reisen‹ neben den Gedichten von Arriaza auf, der damals Manna für brennende und verliebte Herzen war. Die Sonntagnachmittage verbrachten wir im Theater, wo der ›Ring des Gyges‹, ›Johanna mit dem ganz kurzen Kleid‹, ›Der wunderbare Zauberer‹ und andere köstliche Komödien mit dem ›Café von D. Dieguito‹ und anderen Stücken für die guten Leute abwechselten.

Das Puppentheater in der Quellstraße, das Kunst in hoher Vollendung zeigte, brachte mich ganz aus dem Häuschen: ich geriet darüber tatsächlich in Verzückung. Da gab es diesen kleinen verliebten Neger und Kämpfer, der jede Szene mit Fußtritten zu Ende führte; da war Don Folias, der zum Staunen der Kinder Nacken und Nase lang machen konnte; da war die Geliebte des Negers, Mariquita, die sanft mit dem Nachbarn, eine Tänzerin und prüde war; da war Juan Panadero, der immer uneinig mit dem Publikum war, und jener Chor der Scheinheiligen vor dem Polizisten, die spitzbübisch und schrecklich böse wurden, wenn er den Rücken kehrte. Sie alle waren für mich lebende Wesen und unzertrennliche Freunde, für die ich mich mit Wonne geopfert hätte.« Das Puppentheater, das aus viel früheren Zeiten als der »Quijote« stammte, bildete immer noch das Entzücken der Kinder, die sich mit Leidenschaft diesem Schauspiel mit so alter Tradition hingaben. Guillermo Prieto trug seinerseits später zur Unterhaltung der Jungen, die die Coplas der Straße lesen wollten, mit seiner »Straßenmuse« (1885) und seiner »Romanzensammlung« (1883) bei.

Die Erwähnung des »Periquillo« läßt uns bei dem Autor dieses seltsamen und in allen Häusern Mexikos verbreiteten Buches verweilen. *José Joaquín Fernández Lizardi* (1776–1827), der der »mexikanische Denker« genannt wurde, war ein liberaler und gebildeter Mann mit fortschrittlichen Ideen über die Erziehung. Er schrieb den – wie man gesagt hat – ersten südamerikanischen Roman mit pädagogischen und reformatorischen Zielen: »Periquillo Sarniento«.

»Periquillo« ist von den spanischen Klassikern beeinflußt: von Quijote, Rinconete und Cortadillo, Lazarillo.

Die Abenteuer dieses spitzbübischen mexikanischen Periquillo gaben dem Autor Anlaß, im Stil des Guzmán de Alfarache zu moralisieren. Tatsächlich überwiegen in dem Roman moralisierende Abschweifungen, es gibt kaum eine Episode ohne Moral.

Der Autor schildert die Erziehung eines mexikanischen Kindes von der Wiege an, läßt es darauf das Leben auf verschiedenen Schulen nach Art des Lazarillo de Tormes kennenlernen und kommt zu der Schlußfolgerung, daß Laster und schlechter Umgang der Grund für sein Unglück seien. Nach Altamirano bereitete dieser Schelmen- und Erziehungsroman den Weg für den mexikanischen Roman.

Lizardi untersuchte Tugenden und Laster der mexikanischen Gesellschaft, daher wurde der Roman von der damaligen Regierung verboten.

1817 veröffentlichte Lizardi »Fabeln«, die von Iriarte und Samaniego und anderen Fabeldichtern wie z. B. *José Ignacio Basurto,* der einige »Moralische Fabeln zur nützlichen Unterhaltung der Kinder in den Volksschulen« (1802) geschrieben hatte, beeinflußt waren. Kurze Zeit nach den Fabeln veröffentlichte Lizardi einen Roman über die Ehe und über die Erziehung Jugendlicher »Die Quijotita und ihre Kusine«.

Menéndez y Pelayo sagt in seiner Beurteilung südamerikanischer Dichtung, daß die Fabeln von Rosas »die faden und in schlechten Versen geschriebenen Fabeln von Lizardi ersetzt« hätten. Wenn Lizardi der Romanschriftsteller der mexikanischen Jugend war, so war *José Rosas Moreno* (1838–1883) der Dichter der Kinder, der mexikanische La Fontaine. 1872 veröffentlichte er »Der Garten der Kindheit« und »Fabeln für Kinder«. Vasconcelos erinnert sich, daß seine Mutter ihn das Kapitel »Der ehrliche Verbrecher« lesen ließ und welchen Eindruck diese Lektüre auf ihn machte. Rosas schrieb eine Zeitung für Kinder »Das glückliche Alter« und später eine andere »Die ganz Kleinen«. Für das Theater schrieb er 1876 »Schwester Juana Inés de la Cruz«, den ersten Essay, der in Mexiko für das Kindertheater geschrieben wurde. Für Kinder schrieb er auch eine dramatische Allegorie in Versen »Das neue Jahr« und eine Komödie und ein lustiges Spiel, beide in Prosa, »Eine Geographiestunde« und »Kindliche Liebe«, die 1874 erschienen.

Altamirano lobte die Fabeln von Rosas, er nannte sie »kleine Bilder, leuchtend vor Leichtigkeit, Anmut und farbiger Poesie«. Das Urteil *Altamiranos* (1834–1893), der sich selbst gern den Indianer nannte, ist von Bedeutung für die Kinderliteratur. Dieser Mann vom Lande, der in seiner Kindheit wie ein Wilder aufwuchs, auf den Feldern umherstreunte und in der Natur lebte, der sich aber bald darauf als Student begierig auf Lektüre stürzte, wies der mexikanischen Literatur und besonders der Kinderliteratur neue Wege. Er wollte, daß sich die Dichter Südamerikas vom französischen und spanischen Einfluß befreiten und die Anden, die Pampa, den La Plata und im Schatten des Pampasbaumes die unendlichen Wälder besängen. Es gäbe im eigenen Land genug Stoff, um Geschichten, Romane und Gedichte zu erfinden, auch gäbe es genug Überlieferungen, um Schriftsteller zu inspirieren.

Altamirano schrieb – wie Sarmiento in Argentinien – sehr klar und gewählt und in erzieherischer Absicht, wie alle großen Südamerikaner sie hatten, die darin dem Spanier Jovellanos glichen. Sie waren Söhne einer verspäteten Aufklärung. Im 19. Jahrhundert gab es noch viel zu tun in Südamerika: sie zeigten die Wege.

In die Dörfer ohne Schulen und ohne Bibliotheken, in denen es nur Fliegende Blätter und Volkshefte gab, wollte Altamirano zu den Dorfbewohnern und zu den Kindern Literatur bringen. Wie alle großen Männer sagte Altamirano Elementarweisheiten. Es ist nur gerecht anzuerkennen, daß diese Pädagogen oft weiche und gute Menschen waren, die unter einem Panzer aus Eisen ihr Herz verbargen; so war auch Martí, der die Erwachsenen wie Kinder behandelte und Kinder, als wären sie seinesgleichen. Diese Pädagogen waren Menschen, die das Schwert mit der Feder vertauschten, die von der Politik zur Erziehung der ganz Kleinen übergingen. Sie waren groß, die Männer mit dem Kinderherzen, begabt für ihre Arbeit und fähig, sich zu begeistern. Sie begannen mit dem Kleinsten und gelangten zu sehr differenzierten Vorstellungen – wie später auch Vasconcelos.

Altamirano sagte mit Recht bei seinen Bemühungen, eine Literatur für das Volk und für die Schule zu schaffen: »Die drei Jahrhunderte spanischer Herrschaft sind eine Quelle poetischer, ausgezeichneter Legenden. Da gibt es Cortéz mit seinen kühnen Abenteuern, Muñoz mit seinem Galgen und seinen Morden und die lange Reihe der Vizekönige, von denen einige edel und wohltätig waren, andere tyrannisch, aber fast alle beachtenswert wegen der Monumente, die sie hinterließen.«

Wer würde sich nicht inspirieren lassen, wenn er die Nachtigallen im Tal von Mexiko hört und die von Geistern bewohnten Vulkane sieht, deren Legenden die Einwohner gesammelt haben?

Als hätte er die beschwörenden Worte von Altamirano gehört, schrieb *Juan de Dios Peza* (1852–1910) »Mexikanische Überlieferungen und Legenden« und in Versen im Stil des Spaniers Zorilla, jedoch mit nationalem Air die berühmten »Legenden der Straßen von Mexiko«. Einige Legenden wie »Die Straße der Moras« sind den klugen und schönen Mädchen Maria und Christina Frias y Soto gewidmet.

In »Die kleine Straße des Monstrums« sagt der Autor, daß er diese Geschichte von einem Veteranen als Kind an schönen Abenden im Haus gehört habe. Diese Veteranen – es waren Soldaten aus dem Unabhängigkeitskrieg – die die großen Patrioten

Morelos und Hidalgo gekannt hatten, lehrten das Kind patriotisches Fühlen und regten es an, sich mit den Helden, unter deren Befehl sie gestanden hatten, zu beschäftigen. Sechs oder sieben Jahre zählte der Dichter, als er diesen historischen Überlieferungen auf mexikanischen Straßen zuhörte.

Juan de Dios Peza, der in seinem privaten Leben unglücklich war und so sehr seine Kinder und alle Kinder liebte, verdient einige Worte. In seinem Buch »Lieder fürs Haus (1884) schrieb er viele Gedichte für Kinder, deren Thema das Kind selbst war. Die Gedichte »Gewehre und Puppen«, »Das war ein König«, »Im Himmel und auf der Straße« könnten in eine Anthologie aufgenommen werden. Sie wurden in der damaligen Zeit gern gelesen. Er war ein Dichter, der das Landleben liebte und bewußt nüchtern schrieb; seine »Lieder fürs Haus« repräsentieren die Literatur einer vergangenen Zeit.

Mündlich überlieferte Literatur – Hirtenlieder und »Posadas« – Kinderfolklore – Vicente Mendoza – Rubén M. Campos – Das Werk Vasconcelos'

Der Schriftsteller Antonio García Cubas gibt in seinen Memoiren »Das Buch meiner Erinnerungen« ein vollständiges Bild über das Leben in Mexiko während des letzten Drittels des 19. Jahrhunderts, vor allem auch über das Leben der Kinder, ihre Unterhaltungen, Lektüre und ihre Folklore.

In dem Kapitel »Den Schlaf vertreiben« erzählt eines der Kinder, daß die Dienstmädchen die Kinder mit Geschichten und Märchen unterhielten, während die Erwachsenen das Tresillo-Spiel begannen. Eine Alte, die von Mädchen und Kindern umringt war, erzählte: »Wie sehr gefielen den Zuhörern die Abenteuer von Däumling, Rotkäppchen, dem gestiefelten Kater und den anderen Helden aus den Märchen von Perrault! Aber noch häufiger nahm die gute Frau überlieferte Schreckensgeschichten zum Thema: die von Don Juan Manuel, der Llorona, der Mulattin von Córdoba, des Feuerwagens oder kriminelle Ereignisse wie die Morde von Dongo zu Ende des 18. Jahrhunderts, oder haarsträubende Dinge wie ›Der grüne Mantel von Venedig‹ oder Schwindeleien, die sich durch Beispiele lebendig erhielten, oder in den Gestalten ihrer Hauptakteure wie dem Teufel mit Schwanz und Hörnern oder den Toten auf dem Dach, Hexen oder Nahua-Indianern, die das Blut von Kindern saugten.« Die Märchenerzählerin fing jede Geschichte mit den Worten an: »Ihr seid hier, um gut zu hören, und ich, um schlecht zu erzählen, daß dies der Anfang ist...«, und die Geschichte endete: »...so betritt man eine ganz kleine Gasse und dann eine schönere.«

Mit gutem Gedächtnis erinnert sich A. Garcia Cubas, daß mexikanische Kinder damals gern die Fabeln von Iriarte und Samaniego aufsagten und daß ihre Lesebücher »Der Kinderfreund«, der von Escoiquiz übersetzt war, »Simon von Mantua« oder »Der fremde Händler«, der »Historische Katechismus« des Abtes Fleury und »Das zweite Buch der Akademie« waren. Pepe Rosas war der inspirierte Sänger der Kinder und ein fleißiger Schilderer nationaler Sitten.

Was aber wirklich zur Unterhaltung der Kinder beitrug, war ihre eigene Folklore. An den Abenden unterhielten sich die Kinder mit ihren Kindermädchen, indem sie Rätsel fragten.

In der Weihnachtszeit führten die Kinder Hirtenspiele nach alter Art auf. Es war in den Familien Sitte, in eigenen Theatern im Haus oder auf kleineren gemieteten Bühnen Aufführungen zu veranstalten. Gewöhnlich gab es ein Gespräch, in dessen Verlauf der Engel Gabriel den Hirten die gute Nachricht verkündete. Die Jungen und Mädchen verkleideten sich als Hirten – auch in Brasilien und Argentinien waren diese Hirtenspiele Theaterfeste für Kinder. Typisch mexikanisch waren die Posadas, eine Art von Hausfesten in der Zeit der letzten Andachten vor Weihnachten, um die Geburt Christi zu feiern. Die Kinder machten mit den Erwachsenen eine kleine Prozession in Erinnerung an die Tage, da Joseph und Maria von Nazareth nach Bethlehem zogen, um sich nach dem Befehl des Kaisers Augustus registrieren zu lassen.

Die Feier der Posadas ist eine schöne Sitte, die die Liebe der mexikanischen – wie auch der spanischen – Kinder für die Weihnachtskrippe bestärkte. In ihr stellten sie eine große Zahl von Figuren auf, die sie gern hatten und mit denen sie spielten. Es gab nicht nur die Krippenfiguren, sondern auch die Heiligen Drei Könige aus dem Orient und daneben bescheidene Wäscherinnen und Landleute.

Die Schriftstellerin *Blanca Lydia Trejo* sagt in ihrem Buch »Die Kinderliteratur in Mexiko (Von den Azteken bis in unsere Zeit)« von den Posadas: »Diese Sitte ist eine rein mexikanische Sitte. Sie wurde von Klosterbrüdern eingeführt, die aus Spanien kamen, obwohl man sie in Spanien nie feierte.«

Diese Art Folklore muß man der Kinderliteratur hinzurechnen, sie hat gemeinsame Wurzeln mit allen volksliterarischen Überlieferungen. Der bedeutende Folklorist *Vicente Mendoza* untersuchte und vervollständigte sie in seinem Buch »Kinderlyrik aus Mexiko«. In ihm sind die Lieder, Volkslieder, Wiegenlieder, Weihnachtslieder, Posadas, Rundgesänge und Kinderspiele gesammelt. Das Buch ist für Kinder und Lehrer unentbehrlich, ebenso zwei andere Bücher desselben Autors »Romanze und Volkslied« (1939) und »Die Dezime in Mexiko« (1947).

Auch die Bücher von *Higinio Vázquez Santa Ana,* »Lieder, Gesänge und Volkslieder« und die »Geschichte des mexikanischen Gesanges«, sind sehr nützlich. Ein anderer tüchtiger Folklorist, *Rubén M. Campos,* bezieht sich in seinem Buch »Die folkloristische Literatur Mexikos« nicht nur auf die Folklore der mexikanischen Kinder, sondern auch auf die Folklore der Ureinwohner. Er zitiert Sahagún und die »Geschichte des neuen Spanien« in dem Kapitel »Von einigen Rätseln und Ratespielen der Kinder, die es in Mexiko gibt«. Auch weist er darauf hin, daß es gute aztekische Fabeln gibt, die in Schulanthologien und in Anthologien der mexikanischen Kinderliteratur stehen sollten. Der Autor schrieb außerdem »Mexikanische Überlieferungen und Legenden«, »Mexikanische Geschichten« und »Folklore und mexikanische Musik«.

Wenn dies alles zur folkloristischen Dichtung Mexikos gehört, so gibt es daneben aber auch eine reiche Volkserzählkunst. Lehrer und Kinder könnten den umfangreichen Band von *Aurelio Espinosa* »Neue mexikanisch-spanische Folklore« lesen, in dem viele mexikanische Geschichten stehen, die für Kinder leicht verständlich sind. Nur hin und wieder könnten Schwierigkeiten entstehen, da die Geschichten aus der derben bäuerlichen Sprache übernommen wurden.

Die Sammlung von *Juan B. Real* »Spanische Geschichten aus Neumexiko und Colorado« (1957) bietet ebenfalls wertvolles Material, das mexikanische Kinder für ihre eigene Lektüre oder in der Schule nutzen könnten. Der deutsche Märchenforscher *Friedrich Ranke* bewunderte diese umfangreiche Sammlung und hielt sie für ebenso interessant wie die Märchen der Brüder Grimm in Deutschland.

Erzähler könnten sich von der sehr vielfältigen volkstümlichen Erzählkunst spanischen Ursprungs, die von den Mexikanern im eigenen Stil überarbeitet wurde, inspirieren lassen oder auch von den Fabelsammlungen und den Eingeborenenerzählungen; auf jeden Fall könnten sie wertvolle Neudichtungen für Kinder daraus

Aus einem mexikanischen Kinderliederbuch

schaffen. So machten es *Alfredo Ibarra* in seinem Buch »Geschichten und Legenden aus Mexiko« (1941), *Pascuala Corona* (Pseudonym für Teresa Inturbide Castelo) in »Mexikanische Geschichten für Kinder« (1945) und *Blanca Lydia Trejo* in »Geschichten und Eingeborenenlegenden für Kinder«. Diese Autorin widmete Kindern einen großen Teil ihrer Arbeit; sie fand in der Folklore die reichste Quelle der Inspiration. Blanca Lydia Trejo schrieb mehrere Geschichtenbücher für Kinder wie »Marimba« (eine Art Xylophon), »Das, was beim Feigenkaktus geschah...«

Will man Kinderlektüre finden oder Material für Kinder suchen, muß man auch folgende Namen nennen: *José Peón y Contreras* (1843–1907) schrieb »Historische mexikanische Romanzen« und »Dramatische Romanzen«, aus denen die Romanze »Die Tochter des Königs« hervorragt; *José Maria Roa Bárcena* schrieb »Legenden«.

José Vasconcelos (1881–1959), der sich als Minister für Öffentlichkeitsarbeit sehr um die Kultur seines Landes bemühte und alle nur vorstellbaren Anstrengungen unternahm, um das Volk zu belehren, erkannte bald, wie notwendig es war, Kindern und Jugendlichen geeignete Bücher zu verschaffen. Ohne besondere pädagogische Berufung – wie er sagte (obwohl er sie doch hatte!) – und ohne Lehrpraxis veröffentlichte er das Buch »Von Robinson bis Odysseus« (Strukturierte Pädagogik), um zu zeigen, wie ein Philosoph vorgeht, wenn er das Volk und die Kinder belehren will. Im siebten Kapitel sagt er über »Die Bibliothek«: »Neben den Unterrichtsbüchern, die fast allein die Bibliothek des Lehrers ausmachen, kann es keine gute Schule ohne andere Bücher geben, die eigens für Kinder geschrieben wurden... Im Hinblick auf die Kinderliteratur ist die angelsächsische Schule bewundernswert... Welche Bücher gibt ihnen die Schule in die Hand?... Die Klassiker, denn in ihnen lernt man die Gipfelpunkte menschlichen Geistes durch die Zeiten hindurch kennen. Und wie man nicht die eigene Sprache und das überlieferte Volksgut verteidigen kann, ohne zunächst seinen Geist zu retten, so genügt es nicht, die Abenteuer von ›Alice im Wunderland‹ zu übersetzen. Es ist notwendig, eigene Geschichten zu erfinden oder sie aus den verschiedenen Quellen der universalen Kinderliteratur zu nehmen.

Das Problem wird größer: denn von der Gründung einer Kinderbibliothek geht es weiter zur notwendigen Neuschöpfung von Büchern, die diese Bibliothek füllen könnten. Glücklicherweise übt man bei der Auswahl der sogenannten Klassiker nicht die Kritik, die etwa ein Professor für klassische Bildung für nötig hielte: klassisch sind die Erzählungen von Swift und die Märchen von Andersen, klassisch ist der ›Don Quijote‹ und klassisch ist auch, was echt lachen macht. Aber das genügt nicht! Was ein Kind wirklich sucht, wenn sein Bewußtsein erwacht, ist ein Epos! Kein pädagogischer Essay hatte in Mexiko den Erfolg wie die Odyssee und die Ilias. Sehr bald schon gab es Volksausgaben, und jedes Kind liebte sie... Nichts scheint mir wichtiger, als die Jugend schon von Kindheit an an die großen Vorbilder aller Zeiten heranzuführen...«

1924 veröffentlichte dann auch der Verlag des Sekretariats für Erziehung einen Band »Klassische Lektüren für Kinder«, eine Anthologie von Legenden und Heldensagen aller Völker. An ihr arbeiteten Gabriela Mistral, Alfonso Reyes und andere Schriftsteller mit. Vasconcelos hatte die chilenische Schriftstellerin aufgefordert, nach Mexiko zu kommen und ihm bei seiner pädagogischen Aufgabe zu helfen.

Später sagte Vasconcelos: »Es ist merkwürdig, daß die Nordamerikaner, die so eifrig die Privilegien ihrer weißen Rasse hüten, immer, wenn es sich um Mexiko handelte, mit den Indianern und niemals mit den Spaniern sympathisierten. Die Lehre vom barbarischen Spanier und dem edlen Indianer wurde nicht nur in mexikanischen Schulen, sondern auch in amerikanischen Schulen verbreitet. Man vermutete damals natürlich nicht, daß unsere eigenen Texte nichts anderes als eine Paraphrase der amerikanischen waren und dazu dienten, den neuen amerikanischen Einfluß zu verstärken.«

Es galt, die amerikanische Vorherrschaft über die Lesebücher und den mächtigen

Einfluß der angelsächsischen Kinderliteratur zu bekämpfen. Aber wenn es nichts gab, um sie zu ersetzen? Nun, dann muß man etwas erfinden! – sagte Vasconcelos genial.

Die Bemühungen Vasconcelos' blieben nicht fruchtlos. Wenige Jahre später, etwa 1950, erschien in Mexiko »Das goldene Buch der Kinder«, das der spanische Schriftsteller *Benjamín Jarnés,* der in Mexiko lebte, herausgab und das von dem italienischen Buch gleichen Namens beeinflußt war. Als Vorwort nahm man einige Zeilen der großen Dichterinnen Juana de Ibarbourou und Gabriela Mistral, die beide der Kinderliteratur ihre Aufmerksamkeit gewidmet hatten.

Die mexikanische Schriftstellerin *Maria Enriqueta,* die mit dem Historiker Carlos Pereira verheiratet ist, veröffentlichte vier Bände »Rosen der Kindheit«, die als Lesebücher in den Schulen Mexikos verwendet werden und die mit dem guten Geschmack einer sehr gebildeten und sensiblen Frau geschrieben sind.

Dichtung – Amado Nervo und die »Schullieder« – Die Lehrer und die Erzählkunst – Geschichtenerzähler – Das Kindertheater

Nicht nur Maria Enriqueta schrieb Gedichte für Kinder, auch *Amado Nervo* fühlte sich von der Kinderzeit inspiriert und widmete ihr einen Teil seines Werkes. Der mystische und selbstquälerische moderne Dichter schrieb Verse für Kinder in seiner Zeitung, als er schon älter war und sich von der Tyrannei des Adjektivs befreit hatte. Wie José Asunción Silva, Santos Chocano und Rubén Dario löste er sich von allem modernistischen Pomp und allem nur dekorativen Beiwerk und schrieb eine ganz einfache und klare Prosa.

Er schrieb auch kurze Gedichte mit leichten Reimen von entzückender Einfachheit, die der Auffassungskraft der Kleinkinder angemessen waren. In diesen Gedichten sah sich Amado Nervo selbst als Kind, er erreichte in ihnen die Reinheit der Kinderzeit. Alle Kindergedichte veröffentlichte er in den, den Schulkindern gewidmeten, »Schulliedern«.

In diesem Zusammenhang ist die späte, erst 1955 erschienene einzige mexikanische Bearbeitung des Buches von De Amicis »Cuore« bemerkenswert, die *F. Ginér de los Rios* für die Schulen besorgte. Der Verleger Luis Fernández sagte, daß er mit diesem Buch »einen ausgesprochenen Kontrast zu den seit einigen Jahren offiziell in unseren Klassenzimmern eingestellten Büchern« bieten wolle, die demagogisch und sektiererisch seien und das Kind zum Haß, zum Klassenkampf und zu heißem Protest gegen die Reichen verleiteten.

Andrerseits weist *Zoraida Pineda* in ihrer Studie über »Die Erziehung der Vorschulkinder« auf die wertvolle Arbeit der mexikanischen Lehrerinnen für die Kinderliteratur hin.

Berta von Glumer schrieb »Weihnachtsgeschichten«, »Weihnachtsspiele«, »Für dich, mein Kleiner!« und »Reime und Fingerspiele«. *Alicia Fernández de Jiménez* bearbeitete mexikanische Legenden. *Luz Maria Serradell* schrieb mehrere Bücher, führt

Puppenspiele auf, dirigiert Kinderkonzerte und nimmt sie auf Schallplatten auf. Sie veröffentlichte »Eine Handvoll Blumen«, »Willst du, daß ich dir eine Geschichte erzähle?«, »Eine Weihnachtsgeschichte«, »Frühling und Sommer«, »Neue und andere Rhythmen«. »Kinderfreude« ist eine Szenenfolge für Puppen. »Kindertheater« und »Rate, rate!« sind ebenfalls Arbeiten für das Kindertheater.

Rosaura Zapata leitete die Zeitschrift »Aladino«, *Maria Oropeza* arbeitete bei »Semillita« mit (Kleiner Samen). Neben diesen Arbeiten aus der Lehrerschaft muß man noch die sehr gelungenen Lesebücher von Santiago Hernández erwähnen, besonders sein Buch »Continente« mit Lektüren und Kommentaren dazu.

Aus der zahlenmäßig geringen Produktion in unserer Zeit verdient das Buch von *Dolores Roldán de Vázquez* »Admiral« erwähnt zu werden, ebenso »Der Jäger und seine Hunde« von *Celedonio Serrano Martínez*; es ist ein gelungener Versuch, dichterische Bilder über das mexikanische Landleben zu entwerfen. *Enrique Soto Izquierdo* schrieb »Die Vogelscheuche«; *Mercedes Villareal de la Garza* »Peter und Maria«; *Maria Médiz de Bolio* »Die Goldwabe«, eine Reihe von Kindergeschichten; *Rafael Castillo Iriarte* schrieb »Geschichten und Komödien in einem Akt«; *Irene G. Lanz* schrieb die mit einem Preis ausgezeichnete Geschichte »Der rosarote Parguito« und »Tismische«, Bilder aus dem Leben eines Negerkindes. Es wäre wünschenswert, daß sich in Zukunft diese Reihe mexikanischer Schriftsteller vergrößerte. Es gibt viele Möglichkeiten für die Erzählung, die Dichtung, die wissenschaftliche Darstellung und die gute Kinderzeitung. Das Beispiel, das Gabilondo Solér mit seinem Musical »Cri cri« gab, könnte weitergeführt werden.

Dank des Berichtes der Abteilung für Theater im Nationalinstitut der Schönen Künste können wir alles, was man in Mexiko für das Kindertheater getan hat, verfolgen. Wir wissen, daß man in Mexiko seit 1857 Theater spielte: Hirtenspiele und Mysterienspiele brachten für das Theater eine lebendige, geistvolle, dynamische Zeit, die die rein theatralischen Effekte der Kulissen und der Bewegung verleugnete.

Das erste Kindertheater des 20. Jahrhunderts wurde von dem Schauspieler José Palacios zusammen mit dem spanischen Künstler Austin gegründet; es hieß »Kinder-Gesellschaft Austin-Palacios«. Es begann zwei Jahre vor der Jahrhundertwende. In dieser Gesellschaft waren auch Jungen von neun bis fünfzehn Jahren beschäftigt, sie hatten großen Erfolg. Man brachte so völlig verschiedene Werke wie »Boccaccio«, »Das Maskottchen«, »Die große Herzogin«, »Adriana Angot«, »Riesen und Zwerge« und »Die Köche«. Wie man sieht, gab es viele spanische Zarzuelas darunter.

Zwischen 1908 und 1912 versuchten Felipe J. Haro und sein Bruder Manuel, ein Kindertheater zu schaffen; sie brachten Stücke wie »Charley's Tante«, »Die zwei Spitzbuben« und »Rocambole«. Außer den Vorstellungen des Zirkus Orrín und den Bemühungen von Carlos Amador, Rogelio Zaragoza und Joaquin Pardavé gab es bis 1942 kein ernst zu nehmendes Kindertheater. Dann brachte die Akademie der Schönen Künste eine Aufführung von »Pinocho im Land der Märchen« von Magda Donato und Bartolozzi heraus, spanischen, in Mexiko lebenden Autoren. Sie hatten auch »Prinzessin Tütchen und der Drache« geschrieben. Ferner wurden

»Die Puppe Schokoladentäfelchen« von Miguel N. Lira, »Die Schneekönigin« von Andersen, »Perlimplin auf dem Mond« von Emilio Abreu Gómez, »Cri cri und der König Bombós« von Gabilondo Solér und »Mariquita« von Alfredo Mendoza aufgeführt. Es würde sehr lang, die ganze Reihe der aufgeführten Werke aufzuzählen. Von den Klassikern wurden inszeniert: »Don Quijote« von Cervantes, »Ein Sommernachtstraum« von Shakespeare, »Die Reise des unglücklichen Peter« von Strindberg, »Der blaue Vogel« von Maeterlinck usw. Diese von der Generaldirektion für Ästhetische Erziehung und ihrem Direktor Benito Coquet begonnene Arbeit ist von großer Bedeutung. Man hat keine Anstrengung gescheut, die besten Regisseure, Autoren, Komponisten usw. zu finden.

Die Organisatoren dieses Theaters sind überzeugt, daß das »Kindertheater« erzieherisch, tendenziös und konstruktiv sei; durch Textbücher, die der kindlichen Mentalität angemessen sind, könnte es eine bedeutsame Botschaft bringen. Neben der plastischen Schönheit der Vorstellungen, der Poesie der Dialoge, der Musik, dem Farbenzauber, der Beleuchtung und dem Ballett, die alles vervollständigen und liebenswürdiger gestalten, wollen die Stücke im Kind ein höheres Pflichtbewußtsein, größere Aufgeschlossenheit, Heroismus, Opfer- und Hilfsbereitschaft wecken. Jedes Werk habe also einen hochherzigen und fruchtbaren Inhalt. Möge sich das, was im Theater und im Musical für Kinder in Mexiko geschaffen wurde, auch auf literarischem Gebiet manifestieren!

Bibliographie

Arzubide, Armando: Apuntes sobre literatura infantil (Notizen über Kinderliteratur). Mexiko 1940.

Campos, Rubén: El folklore literario de México (Die literarische Folklore von Mexiko). 1929.

Espinosa, Aurelio: New Mexican Spanish Folklore (Neue mexikanisch-spanische Folklore).

Glumer, Berta von: Apuntes de literatura infantil (Notizen über Kinderliteratur).

González Peña, Carlos: Historia de la literatura mexicana (Geschichte der mexikanischen Literatur). Mexiko 1945.

Mendoza, Vicente T.: Lírica infantil de México (Mexikanische Kinderlyrik). Mexiko 1951.

Trejo, Blanca Lydia: La literatura infantil en México (Die Kinderliteratur in Mexiko). Mexiko 1950.

Vasconcelos, José: Obras completas (Gesammelte Werke). Mexiko 1957.

Guatemala

Man müßte eine Kinderliteratur in Guatemala wie in allen Ländern, in denen diese Gattung selten ist, erfinden, um eine kurze Geschichte über sie schreiben zu können. Während eines großen Teils des 19. Jahrhunderts lasen die Kinder wohl dasselbe wie spanische Kinder auch. Kinder auf dem Land hörten Volkserzählungen, die Geschichte der Eingeborenen und die mündlich überlieferte Folklore, die sich mit eigener und europäischer Literatur mischte.

In der schriftlich aufgezeichneten Literatur muß man die besten Fabeldichter erwähnen: *Bruder Matias de Córdova, José Domingo Hidalgo, Antonio José de Irisarri* und besonders *Simón Bergaño y Villegas,* der trotz seines unglücklichen Lebens als Paralytiker ein froher Dichter und scharfer Kommentator menschlichen Lebens in seinen Fabeln war. Bergaño in Guatemala bedeutete soviel wie ein guatemaltekischer Iriarte oder ein Samaniego, und seine viel von Kindern in der Schule gelesenen Fabeln waren die bevorzugte Lektüre in Kindheit und Jugend.

Ebenso schrieb der aus Ekuador stammende *Rafael García Goyena,* den man aber als Guatemalteken ansehen kann, da er dauernd in diesem Land lebte, »Fabeln und verschiedene Dichtungen« (1825), die als Schullektüre benutzt werden. In der Ausgabe von 1894, die Antonio Batres Jáuregui herausbrachte, gilt die Widmung allen Schulkindern Mittelamerikas. Der Herausgeber bemerkt, daß diese Fabeln die geistige Nahrung mehrerer Generationen waren; und wenn die Kinder sie auswendig lernen mußten, so »dachten die Erwachsenen über die sozialen Verhältnisse in Guatemala nach«. Goyena greift die wirre Erziehung der Jugend und die wenig klare Art des Lehrens an.

Es gab in Mittelamerika eine ständige Verbindung zwischen den Literaten und den Ländern, die heute eigene Nationalität besitzen. Daher kann man auch Einheitlichkeit in der Lektüre bis zu dem Zeitpunkt vermuten, da die Gebiete geteilt wurden. Noch heute besteht Ähnlichkeit in der Folklore; die costarikensischen Geschichten gleichen denen aus Nicaragua, Ekuador und Guatemala. Die reichhaltige volkstümliche Tiermythologie ist all diesen Nationen gemeinsam: Onkel Kaninchen, Tante Boa, Onkel Tiger sind für das Kind vertraute Figuren in den Geschichten Guatemalas.

In der geschriebenen Literatur haben die Geschichten und Legenden von Guatemala Bücher wie das von *Francisco Barnoya Gálvez* »Sie müssen da sein und sie werden da sein«, das auch als Lektüre für Kinder und Jugendliche benutzt werden kann, und das schöne Buch von *Carlos Samoya Chinchilla* »Mutter Milpa« beeinflußt, in dem die Erzählung »Die Smaragdeidechse« nach dem Wunder des Bruders Peter von Betancourt steht.

Wie andere berühmte Schriftsteller hat *Miguel Angel Asturias* hin und wieder eine Geschichte Kindern gewidmet, die jedoch immer weniger gut als seine Romane waren.

Die Bemühungen *Teresa Arévalos* verdienen erwähnt zu werden; sie schrieb einen unterhaltenden Roman für Jugendliche in der Form des Tagebuches eines guatemaltekischen Mädchens, das in Washington lebt und von ihren Eltern in das Internat einer Klosterschule geschickt wird. In dem Roman werden die Gefühlswelt junger Menschen und die Gespräche zwischen Jungen und Mädchen in moderner und unbefangener Sprache beschrieben.

El Salvador

Es ist nicht leicht, zur Geschichte der Kinderliteratur von El Salvador zu schreiben, denn es gibt nur wenige Autoren, die sich für diese literarische Gattung interessierten. Doch kann man in den letzten Jahren Namen wie den der Schriftstellerin *Claudia Lars* (1899) nennen, die mehrere Bücher mit Themen über Kinder und Mütter geschrieben hat, z. B. »Das Glashaus« (1942) und »Die Schule der Vögel« (1956). Sie gab auch eine Anthologie mit Kinderdichtung heraus »Sonnenblume«, für die sie das Beste an hispano-amerikanischer Kinderlyrik gesammelt hatte; die Ausgabe selbst besitzt künstlerischen Wert.

Die Gedichte von Claudia Lars sind besonders gut, wenn sie in der traditionellen Art der Klassiker, im Stile Lope de Vegas schreibt; aber auch die Weihnachtslieder und Weihnachtsgesänge, von denen einige in »Sonnenblume« stehen, wie z. B. »Altes Lied«, sind lesenswert. Die Schriftstellerin und Anthologin besitzt Geschmack, sie achtet auf die ästhetische Erziehung des Kindes und wählte die repräsentativsten Gedichte jedes Landes aus. In »Kinderland« (1958) beschreibt Claudia Lars in Prosa eine Reihe von Kinderabenteuern.

In einer Auswahl aus den Werken von Dichtern, die gut von Kindern gelesen werden können oder die speziell für sie geschrieben sind, müßten folgende Namen genannt werden: *Mercedes Durand, Alvaro Menéndez Leal, Alfredo Espino, Ricardo Martel Caminos, Oswaldo Escolar Velado, Pedro Geoffroy Rivas,* der in der Art *García Lorcas* schreibt, *Hugo Linfo, Trigueros de León...* Bereits 1948 hatte *Adolfo Márquez* eine Anthologie hispano-amerikanischer Gedichte für Kinder herausgegeben; die Absicht war lobenswert und die Anthologie in einigem auch gelungen. Jedoch verringert die seltsame Mischung von Versen berühmter Dichter und Versen seiner eigenen Schülerinnen ihren Wert. Aus poetischen Anthologien und Sammlungen wie »Die hundert besten lyrischen Gedichte von San Salvador« von *F. Espinosa* ragen einige schöne Gedichte hervor: »Mit dir wurde das Universum geboren« von *Juanita Soriano* und »An die Mutter« von *Joaquin Castro Carrizales.*

Die Folklore aus Salvador bietet wie gewöhnlich zahlreiche Überraschungen. Francisco Espinosa hat in einem kostbaren Büchlein »Folklore aus Salvador« (1932) eine Reihe von Wiegenliedern gesammelt, die schöner und poetischer sind als viele Gedichte von Dichtern. *Miguel Angel Espino* schrieb eine Reihe von Legenden »Mythologie von Cutcatlán«; *Maria de Baratta* schrieb »Typisches Cutcatlán« und »Sammlung der Folklore von Salvador«, in der sich vieles findet, was zur Kinder

literatur gehört. Eine der besten heutigen Schriftstellerinnen ist *Claribel Alegría*;
sie schrieb »Die Geschichte der nicht einverstandenen Weide« und andere sehr
poetische und moderne Kindergeschichten.

Das Kindertheater in San Salvador scheint beachtenswert. Dario Cossier veröffentlichte einen Band mit Kindertheaterstücken »Der Traum des armen Mädchens«
und »Das verzauberte Schaufenster« (1956), beide sind sehr hübsche Werke. Mercedes
Maiti hat in dem Band »Kindertheater« (1940) 31 kurze Schultheaterstücke gesammelt.
Dieser pädagogische Versuch bedeutet schon einen guten Anfang.

Bibliographie

Cossier, Darío: Teatro infantil (Kindertheater). San Salvador 1956.
Espinosa, Francisco: Folklore salvadoreño (Folklore von San Salvador). San
    Salvador 1946.
Urrutia, Carlos Gustavo: Teatro escolar (Schultheater). San Salvador 1949.

Nicaragua

Nicaragua ist das Land der Dichter. Man übertreibt nicht, wenn man sagt, daß es vor *Rubén Darío* (1867–1916), dem großen Dichter Nicaraguas, nichts in der Kinderliteratur gab und nach ihm alles. Dichter wie er sind so bedeutend, daß ihr Schatten über die Erde fällt, die sie hervorbrachte und ihre ganze Dichtung beeinflußt.

Nur die Folklore gab es für die Kinder in Nicaragua; sie war fröhlich und malerisch wie alle iberoamerikanische Volksüberlieferung. Rubén hörte als Kind sicher die Gesänge und Volkslieder seines Landes, er lauschte auch den Alten, wenn sie den Jungen etwas erzählten, und bewahrte die Geschichten von Juan Bueno und Juan Bobo im Gedächtnis; später begann er die Werke spanischer Autoren zu lesen; er begeisterte sich für die Verse von Zorrilla und die Gedichte von Espronceda, von Campoamor und Nuñez de Arce, den Meistern seiner Jugend und vieler anderer Kinder in Nicaragua; außerdem waren die Fabeln von Iriarte und Samaniego bekannt.

Später entdeckte Darío die französischen Dichter Baudelaire und Verlaine und die englische Dichtung mit dem Wunder Shakespeare. Der Jüngling hatte, als er sich 1888 auf den Weg nach Spanien machte, bereits sein erstes Buch mit Erzählungen bei sich, »Azul« (Blau), das er Juan Valera, dem berühmten Kritiker der »Amerikanischen Briefe« vorlegte; Valera erkannte wohlwollend und klarsichtig das Talent des Jünglings und schrieb das Vorwort für ihn, das dem beginnenden Dichter die erste Weihe gab.

Viele der Geschichten aus »Azul« könnten Geschichten für Kinder und vor allem für Jugendliche sein. Alle aber sind Geschichten eines Dichters; in ihnen sind Lyrik, Phantasie und dekorative Elemente vorherrschend. In einem Kommentar zu einer der Erzählungen »Der Schleier der Königin Mab« sagt der Dichter: »Meine Vorstellungsgabe fand ein angemessenes Motiv. Die shakespearesche Verblendung erfüllte mich ganz und ich schuf zum ersten Mal ein Gedicht in Prosa. Besser als in jedem anderen meiner Versuche gelang mir hier der Rhythmus und die Klangfülle der Worte, die ›musikalische‹ Übersetzung, die bis dahin – und das ist eine bekannte Tatsache – in kastilischer Prosa unbekannt war. Die Klangfülle einiger Klassiker in ihren freien Perioden ist eine andere Sache.«

In »Schleier der Königin Mab« sind das Poetische die Klagen der Künstler in vier lyrischen Prosagesprächen, in denen das Leiden an der Kunst und der Schmerz des Scheiterns sich in pathetischen Wiederholungen ausdrückt.

Die Geschichten besitzen in ihrer sprachlichen und rhetorischen Brillanz für gebildete Jugendliche tiefgreifende Symbolik.

Rubén Dario

Kurz nach »Azul« veröffentlichte Rubén Darío weitere Geschichten, die wegen ihrer Kürze und wegen ihrer didaktischen Absicht für Kinder geeignet sind; z. B. »Die Geburt des Kohls«, die 1893 in »La Tribuna« in Buenos Aires erschien. In der Geschichte empört sich die Schönheit der Rose gegen die Nützlichkeit des Kohls – der Dichter kämpft gegen das Vulgäre des nur Prosaischen! Hierhin gehört auch die Erzählung »Die Verluste des Juan Bueno«, die in Costa Rica 1892 in »El Heraldo« erschien. Diese von der Folklore beeinflußte Erzählung läßt die Begabung Rubéns für alle Stilarten der Erzählkunst, von der phantastischen Geschichte bis zur Volkserzählung, erkennen, obwohl sie nicht die seinem Stil angemessene Erzählart war. Die Welt der Feen und Elfen und der Märchen besaß für den modernen Dichter große Anziehungskraft; er spürte die Faszination, die Märchen auf Kinder ausüben. Rubén schrieb für Kinder Verserzählungen nach orientalischer Art, sehr blühend und geheimnisvoll, und schöne religiöse Legenden wie »Das Mädchen als Rose«, in der sich ein Mädchen in eine Rose verwandelt, um sich dem Herrn darzubringen; oder »Die Gründe des Wolfes«, in der eine Episode aus dem Leben des Franz von Assisi berichtet wird.

Die Gedichte Rubén Daríos, die von alten Legenden der »Heiligenleben« inspiriert sind, führen uns in eine Welt wunderbarer Möglichkeiten, in der das Übernatürliche Gestalten unserer Wirklichkeit annimmt.

Die Wortkunst Rubén Daríos und seine poetische Phantasie geben seinem Werk für Kinder den reichen Glanz eines Edelsteins. Das »Kleine Kindergedicht« und »An Margarita Debayle« sind eigens Kindern gewidmete Versgedichte. Der große Dichter nahm sich die Zeit, Kunstwerke für die Kinderliteratur zu schreiben, wie später auch Gabriela Mistral und Juana de Ibarbourou. Die Kinder in Nicaragua können sich über einen Dichter wie Rubén Darío nur freuen, der so gut und so klug war, für sie zu schreiben.

Dank des Beispiels von Rubén ist die Liebe zur Dichtung in Nicaragua lebendig geblieben. Wenn man eine Auswahl von Gedichten für Kinder und Jugendliche treffen wollte, so wäre es leicht, aus den Versen der Dichter, die mit und nach Rubén Darío lebten, viele gute auszuwählen.

So hat der Dichter und Priester Azarías H. Pallais (1885), der aus einer alten, ursprünglich französischen Familie stammte und in León geboren wurde, sehr schöne Verse geschrieben, die Kinder lesen sollten. Die avantgardistischen Jugendlichen seiner Zeit nannten ihn »unseren Kaplan und Erzpriester«, wie Ernesto Cardenal in seiner gut geschriebenen Einführung zur »Neuen nicaraguensischen Dichtung« sagt. Er reiste nach Belgien und studierte in Löwen. In seiner Dichtung beschreibt er Mittelalterliches in modernen Farben und zeigt in seinen Distichen die ursprüngliche Kraft des Meßbuches. Der christliche Dichter mutet wie ein verfeinerter Primitiver an. Er schrieb »Das Buch der Worte, die das Evangelium verkünden«. Durch José Coronel Urtecho (1906) lebt die Kinderliteratur weiter. Dieser originelle, konservative, dialektische und überschwengliche Dichter, der 1906 in Granada geboren wurde, schrieb Gedichte, die für Kinder geeignet sind. Er schrieb auch eine »Ode an Rubén Darío«. Wie Cardenal berichtet, schrieb er eine Zeitlang in der Art der Volksdichtung; »in seinen Versen von damals leben die Wiegenlieder der indianischen Ammen, die Legenden und Sprichwörter des Volkes, die Rätsel und Kinderspiele...«

Die nicaraguensische Volksliteratur, besonders die Kinder- und Scherzliteratur, war sehr für Reimspiele geeignet. Sie sind eine Art phonetischer Scherze wie die englischen Nursery rhymes und bringen Reihen von Reimen und Anspielungen, die, da ein spanischer Name dafür fehlte, in Nicaragua »Rimas chinfónicas« genannt wurden; in ihnen wiederholt sich dasselbe gleichlautende Wort. Coronel Urtecho schrieb die »Kleine Ode an den Onkel Koyote«, die, wie Cardenal sagt, auf einer »im Vorübergehen« gehörten Geschichte beruht. »In Nicaragua nennt das Volk die Fabeln und Geschichten, die man Kindern erzählt, poetisch ›Weggeschichten‹. Es gibt kein nicaraguensisches Kind, das nicht die ›Weg-Geschichte‹ des Onkel Koyote kennt, die schmerzlich und lächerlich gleichzeitig ist. Diese kurze Fabel könnte man unser kleines Volks-Heldengedicht nennen. Onkel Koyote ist ein romantisches Tier, das Früchte stiehlt und immer verspottet wird. Einmal sagte man ihm, daß das Licht des Mondes auf dem Wasser ein Käse sei und so ertrank er in einer Lagune.« Wie sehr verdeutlichen diese Zeilen die Kinderliteratur von Nicaragua und all ihre Möglichkeiten!

Joaquin Pasos (1915–1947) war ein fröhlicher, stilistisch begabter Avantgardist und ein Meister des kurzen Rhythmus wie der malerischen Schilderung. Sein Werk ist voller Jubel und reich an tropischen Überraschungen.

Er arbeitete mit José Coronel an der satirischen und urwüchsigen »Bürgerlichen Symphonie« mit. Noch einmal sei Cardenal zitiert, der das Werk dieser Dichter so gut erklärt: »Während dieser Zeit suchten wir begierig nach unserer Nationalkunst in den geringen Spuren der Volksdichtung, die wir aus der Kolonialzeit geerbt hatten. Die kürzeste Analyse brachte uns die formalen Kriterien, die sie charakterisierte: der sich wiederholende Reim und die suggestive Wirkung dieses Reims. Der sich wiederholende Reim mit seiner ständigen, fortdauernden Repetition stammte sicher aus den vorklassischen Formen monorhythmischer Gedichte, reichte jedoch über die Grenzen einer wahrhaft idiomatischen Erschöpfung, obwohl er immer noch innerhalb der Grenzen eines einzigen Verses blieb. Die suggestive Wirkung des Reims ist das poetische Element unserer alten Wiegenlieder; er läßt im Vers den poetischen Sinn der Komposition aufleuchten, der oft unabhängig von der Absicht des Autors ist. Vielleicht ist diese Sensibilität im Wort der Ausdruck des kindlichen und primitiven Charakters des südamerikanischen Volkes.«

Diese nicaraguensische Überlieferung, die das Werk der Dichter mitbestimmte, hat die Aufmerksamkeit tüchtiger Folkloristen erregt: so sammelte Ernesto Mejía Sánchez »Romanzen und nicaraguensische Volkslieder« (1944) und H. Secundino García veröffentlichte die »Folkloristische nicaraguensische Liedersammlung« (1945). *José Antonio Lezcano y Ortega* veröffentlichte als seinen Beitrag zum Studium der nationalen Folklore die sehr guten »Volkserzählungen« und die »Erinnerungen und Anekdoten aus meinen ersten Jahren« (1942), die er den Kindern aus Nicaragua widmete. All dies eröffnet viele Perspektiven für die Kinderliteratur, die die heutigen Schriftsteller sich zunutze machen sollten.

Alfonso Oviedo Reyes veröffentlichte seine »Geschichten für Kinder von fünf bis hundert Jahren«.

Über das Kindertheater gibt es wenig zu berichten; es muß jedoch das Buch von Maria Berrios erwähnt werden: »Beitrag zum nicaraguensischen Schultheater« (1947) mit mehreren kleinen Stücken wie z. B. »San Marino aus Nicaragua«, »Batallion«, »Die Negerin Camila«, »Gabriela«.

Bibliographie

Berrios, María: Contribución al teatro escolar nicaragüense (Beiträge zum Schultheater in Nicaragua). Managua 1947.

García, Secundino: Cancionero folklórico nicaragüense (Folklorische Liedersammlung aus Nicaragua). Managua 1945.

Lezcano y Ortega, José Antonio: Cuentos populares (Volksmärchen). Managua 1942.

Costa Rica

Die Kinderliteratur in Costa Rica verdankt ihren Ursprung Pädagogen, die wir eigener Lektüre und der Übersicht von *Carlos Luis Sáenz* in »Die Costarikensische Kinderliteratur«, die 1958 in der Zeitschrift für Erziehung veröffentlicht wurde, entnehmen. Diese Wegbereiter aus der Mitte des 19. Jahrhunderts waren Männer guten Willens und begeistert von ihrer Aufgabe wie alle Pädagogen Südamerikas. Sie widmeten sich ihren Verpflichtungen mit Eifer und zumeist auch mit völliger Hingabe.

Farbtafel von P. Sánchez aus »El delfin de Corubici«

José Maria Alfaro Cooper war ein Lehrer, an den wohl heute noch manch ein Schüler mit Dankbarkeit zurückdenkt. Er schrieb Gedichte für den Hausgebrauch und Verse mit ganz kurzen Reimen für Kinder. Seine pädagogische Absicht wird dabei deutlich. Ebenfalls Pädagoge und zugleich ein angesehener Naturforscher war *Anastasio Alfaro González,* der zufällig einen Roman schrieb, der heute der beste Roman der Kinderliteratur in Costa Rica ist: »Der Delphin von Corubici« (er beschreibt darin Nocoya vor der spanischen Eroberung); der Roman erschien 1923. Es handelt sich um eine Geschichte, in der das Leben der Ureinwohner mit naturwissenschaftlichen und ethnographischen Details beschrieben wird. Anlaß zu diesem Buch war ein Vortrag vor Schülerinnen einer Oberschule über die Sitten der Ureinwohner, sagt der Autor im Vorwort. Er war überrascht darüber, wie eifrig die Schülerinnen zuhörten, und ihr Interesse veranlaßte ihn wenig später, seine Vorträge niederzuschreiben, sie zu vervollständigen und ihnen romanhafte Form zu geben. »Der Delphin von Corubici« ist ein historischer Roman, der auf den Kenntnissen des Wissenschaftlers aufbaute, der das Leben der Ureinwohner und der präkolumbianischen Zeit studiert hatte. In ihm werden die Sitten der Völker, die Jagd, der Fischfang, die ältesten Handwerke wie Weben und Mahlen gut verständlich beschrieben. Die Sprache des Romans ist klar und reich, es werden viele typische Ausdrücke verwandt. Die Handlung entwickelt sich im Stil des byzantinischen Romans: zwei Geschwister, Copey und Nina, erkennen sich daran, daß die Muscheln ihrer Halskette Teile eines Ganzen sind. Besonders wird der Edelmut des »Delphins von Corubici« gerühmt, der ein Freund des Friedens und des Frohsinns ist.

Der ganze Roman ist eine edle Idylle: auf renaissancehafte Weise wird das Leben idealisiert. Die Natur wird in all ihrer Schönheit beschrieben: die tropische Wildnis, das Meer, der Strand und dazu das Leben der geschäftigen Menschen. Jedes Kapitel hat entsprechende Anmerkungen und in der Literaturangabe werden als historische Quellen »Die allgemeine und naturhistorische Geschichte beider Indien, der Inseln und des Festlandes des Ozeans« von González Fernández de Oviedo und die »Allgemeine Geschichte beider Indien« von Pedro Mártir de Angleria genannt.

Anastasio Alfaro schrieb gelegentlich einige Festgedichte wie »Der Papagei und Mercedes«. Das Beispiel A. Alfaros blieb jedoch vereinzelt. Die costarikensischen Schriftsteller haben keine Kinderromane mehr geschrieben. Nur *Joaquin Gutiérrez Mángel* (1918) veröffentlichte 1947 »Cocorí«, einen Kinderroman über einen kleinen Neger aus dem Binnenland, der zum ersten Mal ein Schiff sieht, auf dem weiße Menschen und ein blondes Mädchen ankommen, das ihm eine Rose schenkt. Die schöne Blume blüht nur einen Tag. Erschrocken über das schnelle Welken der Rose kehrt der kleine Neger in seine Wildnis zurück; er fragt sich, warum die Rose nur so kurze Zeit blühen könne? – All das gibt Anlaß, sehr viele Tiere der Wildnis zu beschreiben: die Krokodile, Bienen, Seidenäffchen, Schlangen und dazu die Pilgerreise des kleinen Cocorí durch die majestätische Natur.

Neben diesem wenig umfangreichen erzählerischen Werk ist vor allem *Carmen Lira* (Maria Isabel Carvajal, 1888–1951) zu nennen, die »Die Geschichten meiner Tante Panchita« schrieb, eine Sammlung erzählerischer Folklore aus Costa Rica. Wenn wir uns eine Geschichtenerzählerin vorstellen, die ein ausgezeichnetes Gedächtnis für alles mündlich Überlieferte besitzt, wenn wir ferner in ihr eine der costarikensischen Vertreterinnen der Geschichten erzählenden brasilianischen Großmütter oder der chilenischen Mama Chayo oder der zahlreichen Ammen, Tanten und Mütter Südamerikas sehen, dann haben wir eine Idee von der »Tante Panchita«, die uns viele der überlieferten Geschichten ihres Landes erzählt. »Die Geschichten meiner Tante Panchita«, sagte Carlos Luis Sáenz, »sind für uns dasselbe, was für die Spanier die Geschichten von Fernán Caballero, für die Franzosen die Märchen von Charles Perrault und für die Deutschen die Grimm'schen Märchen sind.«

Diese »Geschichten meiner Tante Panchita« von Carmen Lira sind sehr anmutig erzählt, sie stecken voller Übermut und enthalten den südamerikanischen Fabelschatz, in dem Onkel Kaninchen, Onkel Tiger und Onkel Koyote vorkommen. Die Tiergeschichten sind in der Volkssprache geschrieben und mit Redewendungen und typischen Ausdrücken gewürzt, die manchmal für den Schwierigkeiten bringen können, der nicht an sie gewöhnt ist. Sie sind sehr witzig. Die Verkleinerungsform »tico«, die für die costarikensische Sprache chrakteristisch ist, wird häufig verwandt. »Die Geschichten meiner Tante Panchita« wurden so beliebt, daß sie auch die Grenzen überwanden und in Südamerika und in den Schulen mit Spanisch als Sprache in Nordamerika gelesen wurden.

Maria Noguera schrieb in der Art von Carmen Lira ihre »Alten Geschichten« (1923), eine beachtenswerte Sammlung folkloristischer Erzählungen, die es verdienten, in allen Ländern spanischer Sprache verbreitet zu werden. Sie war ebenso wie Carmen Lira Lehrerin und ließ sich ihre Geschichten von den Leuten auf dem Land erzählen. So leistete sie auch Arbeit im Dienst der Folklore. Die in den kleinen costarikensischen Dörfern bewahrte erzählerische Tradition ist hier aufgezeichnet. Mit Recht schrieb J. Garcia Monje im Vorwort: »Die Geschichten der Tante Panchita und die von Maria Noguera sind der beste Beitrag, den Costa Rica bis jetzt der Kinderliteratur der Welt bieten kann.« Sie sollten von den Lehrerinnen den Kindern weiter erzählt werden. Ganz besonders gut sind »Onkel Kaninchen und Tante Boa«, »Tante Garcita Morena und Onkel Kröte«, »Die Alte von Sandillar«, »Der Strang des Cadejal«, »Kleiner Fisch, Krötenfisch« . . .

Lilia Ramos ist eine eifrige Autorin, die sich sehr für Kinderzeitungen einsetzt. Sie veröffentlichte »Die Geschichten über Nausikaa« (1952), unter denen die »Neidische Tante Füchsin« besonders zu erwähnen ist; bereits 1942 erschienen von ihr »Zehn Geschichten für dich«. Ihr Interesse für die Kinderliteratur ließ sie den »Delphin von Corubici« von A. Alfaro und einen Theaterband »Licht und Sofitten« (1961) herausgeben, in dem sie kleine Theaterstücke mit didaktischem Charakter verschiedener costarikensischer Schriftsteller zusammenstellte. Unter ihnen sind auch einige eigene Stücke, die durch ein Interesse an der Jugendpsychologie bestimmt sind wie z. B. »Jugendliche im September«. Lilia Ramos ist Psychologin und Pädagogin, sie studierte in Europa und Nordamerika bei hervorragenden Lehrern. Heute betreut sie die Veröffentlichungen des Ministeriums für Öffentliche Erziehung.

Unter den Kinderschriftstellern sind erwähnenswert: *Alfredo Cardona Pena* (1917) mit »Das Geheimnis der Königin Amaranta«, *Evangelina Gamboa* mit »Zauber-geschichten«, *Claudio González Rucavado* »Kindereien von gestern« (1907), *Ramón Junoy* »Vom Land der Weisen« (1912) und *Caridad Salazar Robles* mit »Ähnlich wie Robinson« (1927). Zu nennen ist auch das Werk des großen Lehrers *Carlos Gagini,* der »Graue Geschichten« schrieb und vier Bände Lesebücher für die staat-lichen Schulen herausgab »Der costarikensische Leser«. Sie stellen einen der größten Beiträge zur Kinderliteratur dar.

Das Werk von *Carlos Luis Sáenz* (1899) ist umfangreich und wertvoll. Da er sich für Kinderliteratur interessierte, verfaßte er eine kurze, aber inhaltsreiche Studie und eine Anthologie über die bedeutendsten costarikensischen Schriftsteller mit einer Bibliographie von Luis Ferrero Acosta. Als Erzähler stellte er gute Geschichten zusammen, unter denen das schöne und bewegende »Weihnachtswunder in Quiteche« hervorragt. Er schrieb »Die Samenkörner unseres Herrn« (Legenden der Ureinwohner von Costa Rica 1958) und »Etwas aus Costa Rica« (1956). Außerdem beschäftigte er sich mit dem Theater und schrieb »Bilder von 56«, kleine patriotische Theater-stücke, die für Schulen bestimmt waren, und »Dramatisierungen«. Für die Dichtung leistete er einen großen Beitrag mit »Mütterlich« (1954) und »Weihnachtsfeste« (1928).

Die Kinderdichtung ist in Costa Rica in Anthologien reich vertreten, sie enthalten eine Auswahl costarikensischer und südamerikanischer Dichter. So z. B. die Samm-lung von *Samuel Arguedas* »Literatur für Kinder« (1928); »Verse für Kinder« von *Emma de Gamboa* und die ausgezeichnete Sammlung von *Fernando Luján* (1912), die 1941 veröffentlicht wurde und 1962 in neuer Auflage erschien. Diese Anthologie »Kinderdichtung« enthält auch spanische Dichter wie A. Machado, Juan Ramón Jiménez, Lorca und Alberti. Der Autor schrieb 1937 »Seefeste Erde«.

Manuel Segura Méndez veröffentlichte auf Anregung des Sekretariates für Öffent-liche Erziehung »Was man in Costa Rica singt«, eine Sammlung von Liedern für die Schule und typisch costarikensischen Liedern.

An Kinderzeitungen erschienen »San Selerín«, die Carmen Lira und Lilia González leiteten, und »Triquitraque« (Der Knallfrosch), die Lilia Ramos leitete.

Bibliographie

Literatura infantil costarricense (Introducción, bibliografía y recopilación por Luis Ferrero Acosta. Estudio introductorio por Carlos Luis Sáenz.) Kinderliteratur aus Costa Rica. Einführung, Bibliographie und Zusammenstellung Luis Ferrero Acosta. Einführung von Carlos Luis Sáenz. Revista de Educación San José Mai–Juni 1958.

Quesada, Evangelina: Costa Rica y su folklore (Costa Rica und seine Folklore). San José 1956.

Panama

Wir können nicht genug wiederholen, daß während des 19. Jahrhunderts Fabeldichter diejenigen waren, die Lektüre für Kinder schufen.

Jedes Schulbuch enthielt belehrende und unterhaltende Fabeln und patriotische
Fragmente. Daneben hatten die Kinder keine eigenen Bücher außer denen, die in
den Bücherschränken der Erwachsenen standen. Die Kinderfolklore ersetzte jedoch
diesen Mangel, und bei Spielen, Liedern und anderem Zeitvertreib tummelte sich
das Kind in einer ihm ganz gemäßen Literatur. Diese Folklore bot ihm auch eine
große Zahl von Märchen zur Unterhaltung.

So müssen wir die erste geschriebene Kinderliteratur bei den Fabeldichtern Panamas
suchen.

Rodolfo Caicedo (1868–1905) veröffentlichte in seinen »Poetischen Essays« mehrere
Fabeln, die Kinder und Jugendliche in Panama lasen. Besonders zu erwähnen sind
davon »Der Esel als Architekt«, wo sich der Autor über die nicht ernst zu nehmenden
Kritiker lustig macht, die in großen Werken nach unwichtigen Fehlern suchen,
und »Der Uhu, der Hund und andere Tiere«.

Ricardo Miró (1883–1940) schrieb mit pädagogischer Absicht »Patriotische Verse
und Schulrezitationen« (1925). Durch sie suchte man im Kind die Begeisterung für
das Vaterland und moralische Gefühle zu wecken.

Moises Castillo (1899) widmete Kindern »Schulfeste« (1927) und »Theater und
Lektüre« (1948). Mit Recht erhielt der Autor 1950 eine nationale Ehrung für sein
Werk. Aus seinem Buch »Romanzen meiner Heimat« (1939) könnte man einige
für Kinder auswählen. Alle seine Bücher geben Zeugnis von der Arbeit eines Lehrers,
der sich für die Kinderliteratur interessierte.

Die didaktische Absicht dieser Schriftsteller und des größten Teils der Lehrer in
Panama bedeutet jedoch nicht, daß die Kinderliteratur auf die Schule beschränkt
bliebe. Man könnte aus dem Werk einiger Dichter wie z. B. *Cristóbal Martínez*
(1867–1914) eine Auswahl für Kinder treffen. So ist die moderne Ballade »Karina«
eine poetische Erzählung im Stile der Gedichte Rubén Daríos, in ihr wird dem Kind
eine moralische Lektion durch die Dichtung erteilt.

Maria Olimpia Obaldía (1918) ist eine bemerkenswerte Dichterin; sie widmete
jungen Lesern den »Kinderparnaß« (1948). 1929 erwies man ihr eine nationale
Ehrung und nannte sie Maria Olimpia von Panama. Aus ihrem »Lyrischen Brevier«
kann man einige Gedichte für Kinder auswählen.

330

Aus dem Werk der besten Dichter Panamas könnte man eine Auswahl für eine Kinderanthologie treffen. Auch wenn sie nie für Kinder schrieben, müßten doch einige ihrer Gedichte und Lieder wegen ihrer Anmut, Einfachheit, Klarheit und auch wegen ihrer Beispielhaftigkeit von Kindern und Jugendlichen gelesen werden, so z. B. auch *Antonio Noli* (1884–1943), der zusammen mit *Tomás A. Maytin* unter dem Pseudonym »Die Gebrüder Tintero« Volkserzählungen und einige so vergnügliche Fabeln wie »Der Affe, die Maus und die Katze« schrieb.

Am meisten jedoch hat sich *Rogelio Sinán* (1904) um die Kinderliteratur in Panama bemüht. Unter dem Pseudonym Bernardo Dominguez Alba schrieb er zwei Theaterstücke für Kinder »Die kleine Kakerlake Mandinga« und »Chiquilinga oder die Ehre, eine Ameise zu sein«. Sinán war Diplomat und ist viel gereist; als er Konsul in Kalkutta war, schrieb er »Chiquilinga«. 1943 erhielt er den Nationalpreis für Romane und gründete später in Mexiko aus Begeisterung für das Theater den Theaterclub »Die Chimäre«. Rogelio Sinán besitzt außergewöhnliches Temperament. Sein dramatisches Werk erweist ihn als phantasievollen, vitalen, überschäumenden, humorvollen und sehr modernen Autor. In seinen Komödien gibt es immer eine große Zahl von Darstellern, die Handlung ist bewegt und der Dialog atemberaubend. Die klassischen Figuren der Folklore Panamas, Onkel Fuchs, Onkel Hase, Onkel Tiger und Onkel Pferd gehören in diese malerische und drollige Szenerie, bei der sich traditionelle und moderne Elemente auf treffendste Weise mischen. Sinán hat ein feines Gespür für das Theater und kennt die kindliche Psyche gut, außerdem gefällt ihm die heitere und phantastische Komödie.

Wertvoll ist auch das Werk von *Luisita Aguilera Patiño,* die einen Band »Legenden aus Panama« veröffentlichte, die aus der Eingeborenenfolklore und der Kolonialfolklore gesammelt wurden: »Der Kastellan des Schlosses«, »Setetule«, »Die Legende des Flusses Tuiré und des Sees Pita«, »Die drei schwarzen Steine der Stromschnelle von Chorreara«, »Tabararé«, »Der weinerliche Corotu«; sie sind alle spannend und können von Kindern gelesen werden.

Die Arbeit von *Manuel F. Zárate* und *Dora Pérez de Zárate* in ihrer Sammlung »Die Dezime und die Copla in Panama« (1952) ist von Interesse, da in ihr die in Form der Dezimen mündlich überlieferte Literatur vereinigt ist; diese Form ist sehr gebräuchlich, und die Dezimen sind eine der bedeutendsten Quellen der Kinderliteratur in Panama.

Bibliographie

Aguilera Patiño, L.: Leyendas panameñas (Legenden aus Panama). Buenos Aires 1949.

Zárate, Manuel F. und Dora Pérez de Zárate: La décima y la copla en Panamá (Die Dezime und die Copla in Panamá). Panamá 1952.

Venezuela

Es ist ein Glück, in den Ursprüngen der Kinderliteratur eines Landes einer Gestalt wie *Andrés Bello* zu begegnen. Dasselbe Glück hatten Argentinien mit Sarmiento, Mexiko mit Vasconcelos, Uruguay mit Rodó, Puerto Rico mit Eugenio Maria de Hostos und Chile mit Gabriela Mistral.

Die Dichter-Erzieher interessieren sich ebenso für das Volk wie für das Kind; und das ist nur natürlich, denn das Volk ist wie ein Kind. So schreiben sie einfach und wie mit dem Herzen auf der Zunge.

Eine verspätete Aufklärung in Lateinamerika, die mit dem Höhepunkt der Unabhängigkeitsbewegung zusammenfiel, bestimmte das große Interesse an der Volkserziehung. Die Nation war frei und Herrin ihrer selbst, aber sie war ungebildet. Das war die große Entdeckung der humanistischen südamerikanischen Schriftsteller. Das, was Europa während des 18. Jahrhunderts verwirklicht hatte, mußte das freie Hispanoamerika mit Riesenschritten und überstürzt nachholen.

Die Aufgabe war sehr groß. Auf die glorreichen militärischen Führer mit dem Schwert folgten die Weisen mit der Feder in der Hand. Diese Weisen waren sehr klug, aber auch sehr einfach; es kam sogar vor, daß sie selbst die Ziegelsteine für die Schulen aufeinandersetzten und auf dem Rücken der Maultiere die Bergpfade erklommen oder die Pläne für die Institute und die Schulen selbst entwarfen und zeichneten.

Kluge Männer auf dem Land wie Sarmiento oder gebildete, die Griechisch und Latein beherrschten wie Bello, schämten sich nicht, dicht mit dem Indianer und dem Armen zusammenzusitzen und ihnen die tägliche Lektion mit der Einfachheit eines ländlichen Volksschullehrers zu geben.

Andrés Bello begann mit dem Anfang der kulturellen Entwicklung des unabhängigen Venezuela zu schreiben, und er formte seine Fabeln mit solcher Meisterschaft, daß wir sie heute noch als politische Prophezeiungen betrachten können. Er erzog das Kind in der Liebe zur Freiheit, während es noch mit dem Papierdrachen spielte; den Kampf der Tiere in seinen Fabeln nutzte er für seine Schulstunden.

Dieser Freund von Bolívar und Humboldt erzog die Jugend zur Begeisterung für die Freiheit, zum Streben nach Bildung und nach den humanistischen Erkenntnissen – wie es für die hispano-amerikanische Aufklärung des 19. Jahrhunderts typisch war.

Die Schullektüre dieses Jahrhunderts ähnelte wahrscheinlich der spanischen. *Olga Mazzei* weist in ihrer nützlichen, aber nur kurzen »Kinder-Bibliographie« von Venezuela nach, daß die Fabeln von Iriarte gelesen wurden, »Das Buch der Kinder«

von Martínez de la Rosa, »Traktate über gutes Benehmen«, ein Lesebuch, das nur venezolanische Schriftsteller enthielt, und einige Fabeldichter wie *Amenodoro Urdaneta,* der 1874 in der National-Druckerei von Carácas einen Band »Fabeln für Kinder«, die der damaligen Mode entsprachen, veröffentlichte.

Eine interessante und repräsentative Gestalt in der zweiten Hälfte des 19. Jahrhunderts war *Tulio Febres Cordero* (1860–1938), der ein ausgezeichneter Volkskundler und Sittenschilderer war; er interessierte sich für die Kinderfolklore, schrieb über die Sitten seiner Heimat und Mexikos und zeichnete einige schöne venezolanische Legenden auf.

Picón Salas sagt in dem Vorwort zu dem Buch »Mythos und Überlieferungen« zu Tulio Febres: »Diese Wehmut nach den Reden der Vorkämpfer und Großväter im literarischen Werk von Don Tulio rührt daher, daß er in seiner Kindheit noch diese letzten Veteranen der heroischen Tage, diese gebildeten Alten und Krieger gekannt hatte, die ihr Rheuma und ihre Geschichten durch die sonnenbeschienenen Straßen von Mérida spazieren führten.«

In seinem Verlag druckte er: »Geschichten«, »Der Mythos der Anden«, »Überlieferungen und Legenden«, »Don Quijote in Amerika«, »Die kreolische Küche«, »Die Tochter des Häuptlings« und die »Dekaden der Geschichte von Mérida«.

Man bot ihm das Wissenschaftsministerium an, er lehnte aber ab. Tulio Febres war ein Historiker, der die Seiten seiner Bücher mit eigenem Leben füllte. »Alles ist in einem Stil geschrieben, in dem die lebendige Erinnerung an die gute Unterhaltung der alten Zeit lebt. Seine Sprache war die der Familie und ohne Emphase. Den Schriftsteller interessierten die Orte, wo es noch ›Huacas‹ und Götzentempel gab.«

Die »Mythen und Überlieferungen« enthalten »Mythen der Anden«, »Die Lagune des Urao«, »Die fünf weißen Adler«, »Die Legende der Eschenwurz«, »Die Zauberin von Mérida«. In »Überlieferungen und Legenden« gibt es sehr schöne Erzählungen wie die Geschichte »Der Hund Nevado«, der der Hund Bolivars war. Es wird erzählt, wie man Bolivar einen Riesenhund schenkte, den der Indianer Tinjaca versorgte, ihm gehorchte der Hund auf jeden Pfiff. In dieser Geschichte leben die Heldentaten des venezolanischen Unabhängigkeitskrieges auf. Und der Hund Nevado wird in der Kinderliteratur seinen Platz behalten wie das Eselchen Platero und die Tiere der Wildnis von Rudyard Kipling.

Noch einmal zitieren wir Picón Salas, der über Tulio Febres sagte: »Er war wegen seines Stiles, seines Werkes und seines Lebens wie ein kleiner Walter Scott der Anden.« Man kann ihn aber auch als einen Ricardo Palma von Venezuela ansehen.

Es wurde bereits gesagt, daß sich Febres sehr für die Kinderfolklore interessierte; er schrieb einen Artikel über »Die Lehre vom Läuten der Glocken«, der sehr witzig und ansprechend geschrieben ist.

Aristides Rojas (1826–1894) war ein anderer guter Schriftsteller, der sich von den primitiven Chronisten wie Bruder Simon und den ersten Geschichtsschreibern Amerikas inspirieren ließ; er selbst schrieb die »Historischen Legenden von Venezuela«, die er jungen Lesern widmete, »die sich dem Studium der historischen Annalen widmen wollen«.

Von den Fabeln Andrés Bellos an hielt sich die Fabeldichtkunst in Venezuela bis zur Gegenwart; es gibt das bemerkenswerte Beispiel der »250 kleinen Fabeln« von *V. M. Pérez Perozo,* in denen das traditionelle Erbe weiterlebt und sich mit der anmutigen Volkskunst verbindet.

Die Vorliebe für die Kunst des Volkes in einem an verschiedenartiger Folklore so reichen Land wie Venezuela wurde zum Glück auf die Kinderliteratur übertragen. Der Pädagoge und Schriftsteller *Olivares Figueroa* beschäftigte sich schon sehr früh mit der Kinderlektüre und schrieb eine »Kinderanthologie neuer venezolanischer Dichtung« (1939); sie ist wertvoll und interessant durch den Versuch, Kindern einen Band Poesie zu widmen. Er selbst trug dazu mit leichten, einfachen und für die Kleinen sehr geeigneten Reimen bei.

1948 veröffentlichte er einen Band »Venezolanische Folklore«, der den ganzen Reichtum an Kinderfolklore, an Wiegenliedern, Weihnachtsliedern, Gesängen und Rundgesängen enthält. Das Buch entstand als Ergebnis früherer Arbeiten des Autors: »Die Folklore in der Schule« (Betrachtungen über ihre praktische Anwendung, 1947) und »Der folkloristische Schulkalender« (1946), der das pädagogische Ziel hatte, die Folklore in den Unterricht einzufügen.

Zu diesen beständigen Bemühungen Figueroas gehörten auch die Veröffentlichung der »Volksliedersammlung für das venezolanische Kind« und »Die Hefte der venezolanischen Aguinaldos (Weihnachtsgeschenke)«, die von *Vicente Emilio Sojo* veröffentlicht wurden. Ebenso gehört das Werk der bedeutenden Folkloristin *Isabel Aretz* hierhin, die ein »Handbuch der venezolanischen Folklore« schrieb, das die für die Schule und für Kinderlektüre geeigneten Texte gesammelt enthält. Ein hervorragendes Werk ist die »Tachirensische Folklore« von *Rivera* und *Isabel Aretz.* Es enthält Reime, Geschichten, Legenden, Rätsel, Gedichte, Coplas, Stegreifdichtung, Romanzen und Spottverse. Dieses Buch könnte man, so wie es ist, Kindern in die Hand geben. Die »Weihnachtslieder« (1962) sind eine Sammlung von Weihnachts- und Neujahrsliedern, die es wert sind, in eine Geschichte und in eine Anthologie der venezolanischen Kinderliteratur aufgenommen zu werden.

In der heutigen Zeit schreiben in Venezuela Gedichte für Kinder: *Edda Arriaga* mit ihrer »Kinderliedersammlung«, die den Kindern Südamerikas gewidmet ist (1944); *José Manuel Colmenares,* der »Guarapita«, Weihnachtsgeschenke für 1942, veröffentlichte; *Luis Churión* schrieb »Weihnachtsabend« und *Manuel Felipe Rugeles* ein hübsches und leichtes Buch für die ganz Kleinen »Singe, Pirulero!« mit so treffenden Gedichten wie »Hör auf zu weinen!« und »Das Manifest des Baumes«. *Morita Carrillo* veröffentlichte »Die Hefte Donanas«, Geschichten über das Licht und die Melisse (1952), die vorher in der ausgezeichneten Kinderzeitschrift »Dreifarben« und »Kindergarten der Sterne« erschienen waren.

Es muß immer wieder gesagt werden, daß das venezolanische Kind auch die Dichtung lesen kann, die ihm nicht ausgesprochen gewidmet wurde. Zum Beispiel Gedichte von *Eloy Andrés Blanco* (1897–1955), der besonders Coplas und Romanzen bevorzugte und seiner Dichtung die volkstümliche Poesie der Eingeborenen voller malerischer venezolanischer Elemente einfügte. Einige seiner Verse wie »Malt mir etwas, schwarze Engelchen« wurden auch durch ihre Vertonung berühmt. In seinem einfachen und menschlichen Gedichtband »Giraluna«, der seinem Sohn gewidmet ist, gibt er dem Kind von heute eine hervorragende Lektion, daß es mehr als je verpflichtet sei, sich um den Nächsten zu kümmern.

Aquiles Nazoa (1920) ist ein junger Dichter, der nach Meinung von José Ramón Medina »dabei ist, die Welt der Kinderdichtung in ihrer höchsten Reinheit zu gestalten«. Er hat recht! Wie ein Rätsel für Kinder erscheint das Gedicht »Gärten für den Regen«, in dem der Regen das zu Erratende ist. Sein reichhaltiges Werk »Kreolisches Rotkäppchen«, »Gedichte zum Ausmalen«, »Der Esel als Flötist«, »Das Butterpferd« und »Praktische Methode, um das Lesen von Gedichten zu lernen« (1943) enthält viel anmutigen Lesestoff für Kinder.

In der venezolanischen Literatur gibt es eine bezaubernde Frauengestalt, *Teresa de la Parra*. Ana Teresa Parra Sanojo wurde 1890 in Paris geboren, ihre Eltern waren

Farbtafel von P. Sánchez aus »Las memorias de Mamá Blanca«

335

Venezolaner. Mit zwei Jahren kam sie nach Venezuela auf die Farm »Tazón« zwischen den Bergschluchten von Turmerito und Piedra Azul nahe bei Carácas. Bis zum achten Lebensjahr wurde sie von einer französischen Erzieherin unterrichtet, dann kam sie nach Spanien. Mit 15 Jahren gewann sie einen Preis für Poesie in der Schule. Mit siebzehn Jahren war sie in Paris, wo sie zwei Jahre lebte.

Sie kehrte nach Venezuela auf die Farm zurück und begann dort sehr viel zu lesen. Sie lebte einsam und las Anatole France, B. Constant, Maurois und die spanischen Klassiker. Erste Erzählungen veröffentlichte sie in »El Universal«, außerdem Artikel über Sitten in Carácas. In Macuto am Meer schrieb sie »Iphigenie« (das Tagebuch einer jungen Dame, die schreibt, weil sie sich langweilt). 1924 gewann sie damit in Paris den ersten Preis bei einem Wettbewerb amerikanischer Autoren. Gabriela Mistral lobte an diesem Buch »die Leichtigkeit, die Anmut und den Witz, wie man sie seit dem Tode der heiligen Teresa nicht mehr in einem von einer Frau geschriebenen Buch gefunden hat«.

Teresa de la Parra reiste auf Einladung nach Kuba und Kolumbien und später nach Europa. In der Schweiz schrieb sie am Genfer See »Die Erinnerungen von Mama Blanca« (1927), die von Miomandre ins Französische übersetzt wurden. 1929 kehrte sie nach Venezuela zurück und begann »Das innere Leben Bolívars« zu schreiben. 1932 kehrte sie nach Paris zurück und reiste dann, schon sehr krank, in die Schweiz. Nach einer leichten Besserung ging sie in das Sanatorium von Fuenfría bei Madrid. Dort starb sie am 23. April 1936.

Diese literarisch begabte, sensible, humorvolle und kultivierte junge Dame, die sich ganz dem Vergnügen an der Literatur und der Erinnerung an ihre Kindheit, der Kindheit eines reichen Mädchens, widmete, schrieb ein reizendes Buch für venezolanische Kinder und Jugendliche, obwohl es ursprünglich nicht für sie gedacht war. Wir nehmen dieses Buch mit der gleichen Freude in die Geschichte der venezolanischen Kinderliteratur auf, mit der es die Autorin schrieb. Es gibt auf den Seiten Vielerlei: köstliche Poesie, Gefühl und Zärtlichkeit, sanftes Lächeln, kindliche Schelmerei, Gedankenblitze und durchdachte Analysen.

Sie beschwört mit Wehmut die Welt einer schönen verschwundenen Epoche, in der die Autorin mit ihrem klaren und gut gezeichneten Profil die Schönste von allen war. In »Die Erinnerungen von Mama Blanca« beschreibt die Autorin ihre glückliche Kindheit wie auch Juana de Ibarbourou in ihrem Buch »Der Junge Karl«. Piedra Azul hieß die Farm – ein wahres Paradies – auf der die Autorin als Kind lebte.

In diesen Kindheitserinnerungen erscheint die entzückende, noch junge Mama mit ihren sieben kleinen Mädchen; sie schaukelt in der Hängematte und ist von Dienern und Dienerinnen umgeben. Die Kapitel »Schneewittchen und Gesellschaft«, »Es kommt Besuch«, »Maria Moñitos«, »Hier ist der Vetter Juancho«, »Vicente Cochocho«, »Es hat aufgehört, Trapiche«, »Wasserwolke«, »Kräutertee-Wolke« und »Aurora« rufen die Erinnerung an eine unvergeßliche Zeit wach. Wir erleben die Abenteuer einiger Mädchen des gleichen Alters in dem Garten der venezolanischen Hazienda. Wir erleben auch die Übersiedlung der ganzen Familie in die Stadt und zum Schluß des Buches ihre Rückkehr zur Farm, die an einen neuen, sehr reichen

Besitzer verkauft wurde. Alle sind über alle Maßen enttäuscht, denn es war ihr verlorenes Paradies.

In der venezolanischen Erzählkunst für Kinder sind neben diesen einzelnen Schriftstellern die Biographien der Serie »Schulbibliothek« zu nennen: *Israel Peña* schrieb »Teresa Carreno«; *Elías Pérez Sosa* »Das heroische Leben Simón Bolívars«; *Arturo Uslar Pietri* schrieb die Biographie von Arístides Rojas, *Mariano Picón Salas* die von Simón Rodriguez, *Eduardo Carreño* veröffentlichte »Anekdoten aus dem Leben der Venezolaner«, *Jesús Antonio Cova* schrieb »Der heilige Martin, der Hannibal der Anden«; und andere gute Autoren wie *Ramón Díaz Sánchez, J. A. Escalona Escalona, Víctor Manuel Giménez, Benito Raúl Losada, Augusto Márquez Cañizales* und *José Ramón Medina*.

Unter den Folkloristen gibt es auch begeisterte Sammler der Volkserzählkunst wie z. B. *Juan Pablo Sojo,* der die »Folkloristischen venezolanischen Geschichten« herausgab.

Tiergeschichten und Eingeborenenlegenden sind fester Bestandteil der Kinderliteratur. Inspiriert von ihnen schrieb *Rafael Rivero Oramas* die »Geschichten des Onkel Nicolás«, in denen die Fabelerzählungen des »Onkel Kaninchen« und des »weisen Hirschen«, des »Onkel Kater, des Onkel Hahn und des Onkel Fuchs«, »Juan Bobo und der Tiger«, »Onkel Fuchs und Onkel Affe«, »Onkel Kaninchen und die Wachspuppe« vorkommen, in denen die Listen und klugen Einfälle der personifizierten Tiere beschrieben werden.

Rafael Rivero ist außerdem Direktor der Zeitschrift »Dreifarben«, die im Leben venezolanischer Kinder einen bedeutsamen Platz einnimmt. Sie wurde 1950 gegründet und wird vom Erziehungsministerium unterstützt. An dieser Zeitschrift haben alle Kinderbuchautoren aus Venezuela mitgearbeitet. Sie ist ein Beispiel für eine gute Kinderzeitung gegenüber all den niveaulosen Comics, die man Kindern in die Hand gibt. Bereits 1938 erschien die Schulzeitung »Jaguar, Tiger und Löwe«, die auch bei venezolanischen Kindern sehr beliebt war.

Das Kindertheater wurde durch Alarico Gómez (1922–1954) gut vertreten; er schrieb acht Stücke »Kindertheater«, die in den Schulen des Landes aufgeführt wurden. Vorher hatte er sie in der Zeitschrift »Dreifarben« unter dem Pseudonym Martin Púlgar veröffentlicht. Maria Luisa de Planchart schrieb »Meisterstücke zur Weihnacht«, zwei kurze Mysterienspiele »Heilige Pastorale« und »Die Anbetung der Hirten«, die von den klassischen spanischen und venezolanischen Autoren beeinflußt sind und wirkliche literarische Meisterstücke darstellen. Sie werden als Kindertheater zur Weihnachtszeit in den Schulen aufgeführt.

In neuester Zeit ist das Werk von *Luis Eduardo Egui* (1921) besonders zu erwähnen. Er schrieb als Lehrer eine Reihe wertvoller und moderner Lesebücher mit dem Titel »Wie schön ist Venezuela«, außerdem Kindergeschichten »Es wird erzählt, daß einmal...« und »Ich, Pepe Bilunga«, ein Buch, das von Kindheitserinnerungen und venezolanischer Folklore beeinflußt ist.

Bibliographie

Sojo, Vicente Emilio: Cancionero popular del niño venezolano (Volksliedersammlung des venezolanischen Kindes). 1946.
— Cuentos folklóricos venezolanos (Venezolanische folklorische Geschichten). Archivos venezolanos de folklore.

Kolumbien

Die Fabeln – José Manuel Marroquín – José Caicedo Rojas – Das Werk Rafael Pombos,
des Kinderdichters

Die Fabeldichtung gedeiht in Kolumbien; es gab dort immer gute Fabeldichter. Diese
Kunst des 18. Jahrhunderts, die während des ganzen 19. Jahrhunderts weiterlebte,
hielt man immer für Kinder und Jugendliche und selbst für Erwachsene sehr geeignet. Die Fabel kann wie ein Epigramm sein und eine nützliche Lehre für klein wie
groß enthalten. Das Beispiel von Bello in Venezuela und das anderer tüchtiger
Pädagogen wurde von Zeitgenossen und Schülern nachgeahmt. Einer von ihnen war
José Manuel Marroquín (1827–1908). Er war Pädagoge in Bogotá, wurde Präsident
der Republik und schrieb reizvolle Fabeln. Da er humorvoll und einfallsreich war,
haben seine Fabeln etwas Sprühendes, das bei vielen anderen Pädagogen fehlt. *José
Caicedo Rojas* (1816–1897) veröffentlichte in seinem Buch »Poesie« (1870) einige
treffende Fabeln, die in der überlieferten Art moralisieren. Moralische Fabeln
schrieb auch *Ricardo Carrasquilla.* Er war ein begabter Lehrer und gründete eine
Kinderschule, für deren Schüler er die Fabeln erdachte.
Die Liebe zu Kindern, die Sorge für ihre Erziehung und das wohl angeborene pädagogische Talent vieler großer kolumbianischer Männer bestimmte auch das Werk des
berühmten *Rafael Pombo* (1833–1912), der etliche seiner Bücher Kindern widmete.
Pombo schrieb in seinem Vaterland und im Exil immer auch Kinderliteratur.
Er wurde in Bogotá geboren und studierte in England Ingenieurwissenschaft. 1854
reiste er als Sekretär der Kolumbianischen Gesandtschaft in die Vereinigten Staaten.
Dort beauftragte ihn der Verlag Appleton, aus dem Englischen die »Die illustrierten
moralischen Geschichten« zu übersetzen. Der Dichter machte aus ihnen eine echte
Neuschöpfung. Von ihnen sagte Antonio Gómez Restrepo in seiner »Kolumbiani-
schen Literaturgeschichte«: »Sie wurden in den Vereinigten Staaten illustriert und
bei Appleton herausgegeben, dann haben sie ganz Südamerika erobert und wurden
Kindern so vertraut wie Aschenputtel und Däumling... Bei ›Doña Panfaga‹ jedoch
konnte keiner diesen Wörtertanz mit betonter drittletzter Silbe nachahmen.«
Die Geschichten vom »Kugelrunden Simon«, den »Katzen mit Handschuhen« und
»Rin Rin Kaulquappe« sind auch heute noch bei allen kolumbianischen Kindern
bekannt und werden von ihnen aufgesagt. Es ist erstaunlich, daß diese englischen
Originale, die ein Dichter übersetzte, um sich den Lebensunterhalt zu verdienen,

seine berühmtesten Werke wurden. Wer dem entgegenhält, Pombo habe ein Plagiat begangen, irrt. Seine Version ist völlig neu, wie auch die Version, die José Martí von dem Märchen »Die chinesische Nachtigall« von Andersen machte und wie die vielen anderen Versionen schöpferischer Dichter.

Diese Geschichten und Gedichte für Kinder wurden so beliebt, daß *Olga Ramos*, die die »Kurze Skizze der kolumbianischen Kinderliteratur« schrieb, mit Recht sagte: »Es gibt viele, die nicht eines der großen lyrischen Gedichte kennen. Aber gibt es jemanden, der nicht schon bei den ersten Versen von ›Das arme alte Mütterchen‹ oder ›Die Kaulquappe auf dem Spaziergang‹ aufhorcht?« Es stimmt! In der kurzen Zeit, in der Pombo Lehrer der Kinder eines Freundes war, erfand er eine »Neue Methode, das Lesen zu lernen«, die sehr unterhaltend und ansprechend war und die das Lesenlernen zu einem Spiel machte.

Pombo war einer der Wegbereiter der kolumbianischen Kinderliteratur; durch seine Bücher brachte er der zunächst gering geschätzten Gattung Ansehen.

Glücklicherweise fanden die kolumbianischen Kinder und Jugendlichen bald geeignete Lektüre für ihre Erziehung und ihre Aufnahmefähigkeit: Auf der einen Seite bereicherten Fabeldichter wie Bello, Marroquin und andere den Fabelschatz und schrieb ein Dichter wie Pombo Verserzählungen, auf der anderen bot ein Romanschriftsteller wie *Jorge Isaacs* (1837–1895) mehr als zwei Generationen Lektüre mit seinem romantischen Liebesroman »Maria«. Der Roman spielt im Tal von Cauca und erzählt von der Leidenschaft zweier junger Menschen, deren Liebe an der schweren Krankheit Marias zerbrechen muß. Es ist ein sanfter und melancholischer Roman mit schönen Naturbeschreibungen. Isaacs war ein Dichter, den die Natur entzückte. Gefühle werden zart und niemals übertrieben beschrieben. Ähnlich wie »Paul und Virginie« bewegten Maria und Efrain ihre jugendlichen Leser. Noch heute liest fast jeder junge Kolumbianer »Maria« mit Vergnügen. Man kann das Buch einen Klassiker nennen.

»Maria« wurde schon bald nach der Veröffentlichung sehr bekannt und erlebte viele Auflagen; es wurden auch viele Übersetzungen von dem Roman gemacht. Der größte Zauber des Romans besteht in den Schilderungen der Naturschönheiten, vor deren Hintergrund sich zwei verliebte schöne Seelen begegnen. Ähnlich wie Atalá und René dazu beitrugen, die Sensibilität der Jugend zu wecken, trug auch »Maria« in Kolumbien dazu bei, die Reinheit jugendlicher Liebe, frei von Morbidität, darzustellen.

José Asunción Silva (1867–1896) spiegelt in seinen Versen seine Kinderlektüre, obwohl ein solches Wunderkind wie er schon bald Bücher aller Art las. Die Erinnerung an die Figuren von Pombo findet sich in seinem Gedicht »Dämmerung«. Spricht er einmal von seiner eigenen Dichtung, besonders von dem berühmten »Nocturno«, das die Musikalität eines Tangos hat und soviele gebildete Jugendliche begeisterte, so sagt er, daß ihn dazu eine Fabel von Iriarte inspiriert habe. Der neue Rhythmus und die Harmonie der Gedichte Silvas, die von Erinnerungen an die Kinderlektüre in der Schule überquellen, lassen sie für Kinder und Jugendliche geeignet erscheinen. Sein schönes Gedicht »Erstkommunion« schrieb er nach Alberto Miramón 1875 mit zehn Jahren, als er gerade zur ersten Kommunion gegangen war. Es war sein erstes Gedicht überhaupt. Die Gestalt J. A. Silvas geht wie ein schöner Schatten durch die kolumbianische Literatur. Seine Musikalität und seine Kindheitserinnerungen sind voll einer Rubén Dario vorausgreifenden Klangfülle. In seiner Dichtung verteidigt der Autor die düsteren und phantastischen Kindermärchen, die soviele Illusionen geben und den poetischen Sinn der Kinder wecken.

Die Romanzen – Die »Kolumbianische Romanzensammlung zu Ehren von Simón Bolívar« – Die Liedersammlungen

José Asunción Silva wurde in der Schule eines guten Lehrers und Dichters erzogen, *Ricardo Carrasquilla* (1827–1886), der selbst Fabeln schrieb und an der »Kolumbianischen Romanzensammlung zu Ehren Simón Bolívars« mitarbeitete; sein Beitrag war die Romanze »Die Umarmung«. Diese Romanzensammlung ist nicht nur historisch bedeutsam, sie hat auch künstlerischen Wert und bietet ein gutes Beispiel für den Erfolg des volkstümlichen achtsilbigen Reimes. Um ein patriotisches Ereignis zu rühmen, fanden die Dichter keine bessere Form als die Romanze, denn für die zu erzählende Anekdote bot sich deren kurzer Vers geradezu an.

An der »Kolumbianischen Romanzensammlung« arbeiteten die besten Dichter des Landes mit, unter ihnen Rafael Pombo, José Maria Marroquín, Ricardo Carrasquilla, Ruperto S. Gómez, Miguel Antonio Caro. Manches aus diesem Buch sollte wegen seiner patriotischen Ziele in eine Kinderanthologie aufgenommen werden. Die Einfachheit und Klarheit der Verse und der lehrhaft erzählende Ton machen es für Kinder wie für das gesamte Volk geeignet.

Die Geschichte der Kinderliteratur sollte in einem südamerikanischen Land immer besonderes Interesse für die Romanzen zeigen, denn sie besitzen eine der klarsten und für Kinder am leichtesten zu verstehenden Formen. Alle politischen Wechselfälle Kolumbiens werden in der Romanzensammlung erzählt: von der tragischen Emigration der besiegten Spanier an – die Ruperto S. Gómez mit mitleidsvollem Blick begleitet – bis zu der Begeisterung der siegreichen Kolumbianer und ihrer Verehrung für den triumphierenden Bolivar; in »Umarmung« wird diese begeisterte Verehrung einer alten Frau für den General beschrieben. Mit dem Geschlecht der Caro, das der Nation so viele Dienste leistete, beschließt Miguel Antonio Caro die Sammlung; seine Romanze heißt »Versöhnung«, er predigt in ihr großherzig, großzügig und in edler Gesinnung Frieden und Versöhnung zwischen den Söhnen und der Mutter (Kolumbien und Spanien!), da sie alle die gleiche Sprache sprechen. Seine schöne Idee von den vielen Spanien, die alle aus dem einen großen Spanien herauswuchsen, nahm in unserer Zeit ein anderer großer Dichter, Juan Ramón Jiménez, auf.

Den Autoren der Romanzensammlung stand auch *José Joaquin Casas* nahe (1866 bis 1951); er war Pädagoge, wurde Erziehungsminister und Gründer der Akademie für Sprache. Er schrieb die »Romanzen der Savanne«; seine »Schwindeleien« waren sehr verbreitet, er traf in ihnen den Volkston, auch seine »Dorfgeschichten« wurden mit Vergnügen gelesen. Die Liedersammlungen müssen für eine Geschichte der Kinderliteratur mit dem gleichen Interesse wie die Romanzensammlungen untersucht werden. Die »Liedersammlung von Antiochia« von Antonio José Restrepo zum Beispiel könnte ausgezeichnet den Lesehunger von Kindern stillen. Seine Lieder und Coplas, die reiche Variation der Verse aus dem Volk müssen für die Kinderlektüre genutzt werden. Dasselbe kann man auch von der »Kolumbianischen Volksliedersammlung« von Otero Muñoz, der folkloristischen Sammlung »Die Sänger von Boyaca« des Folkloristen Octavio Pardo Quiñones und dem ausgezeichneten Buch »Der Geist meines Ostens« (Volksliedersammlung) von José Antonio León Rey sagen; es erschien in zwei Bänden und ist eine würdige Fortsetzung der »Liedersammlung von Antiochia«. Welch folkloristischer Reichtum, welche Schönheit in den kolumbianischen Volksgedichten! All das müßte man auch in der Schule benutzen und für Kinderbücher auswählen! Hier wurde der ganze dichterische Reichtum Kolumbiens und seiner Kinderfolklore mit den Weihnachtsliedern, Tänzen und Rundgesängen gesammelt.

Das Kindertheater – Das Werk von Ruperto S. Gómez – Das Theater von Oswaldo Diaz

Fast zur gleichen Zeit, als Pädagogen Fabeln schrieben, beschäftigte man sich auch mit dem Schultheater. In Kolumbien, wo die Erziehung immer ein hohes Niveau hatte, betrachtete man auch die Erziehung fürs Theater als ein notwendiges Nebenfach.

Schon sehr früh, um die Mitte des 19. Jahrhunderts, begann man mit der Arbeit in dieser Richtung. Ruperto S. Gómez, der Dichter und Pädagoge, der auch an der Kolumbianischen Romanzensammlung mitarbeitete, schrieb kleine Theaterstücke für Kinder.

Er war in Bogotá geboren und widmete sich schon sehr früh mit Ricardo Carrasquilla dem Unterricht in der von diesem gegründeten »Kinderschule«. Er selbst gründete später die »Anstalt für objektive Erziehung« und wurde Rektor des Nationalen Gymnasiums. Für diese Anstalten schrieb Ruperto S. Gómez die »Tafeln der vier Rechenarten in Versen« und »Probleme der Geographie in Versen«, die sehr beliebt waren.

Sein Kindertheater bestand aus mehreren kleineren Stücken: »Die Fleischpasteten«, »Die Weihnachtsnacht«, »Die Weihnachtsgeschenke« – alle sehr einfallsreich und leicht geschrieben. Sie wurden bei Schulfesten aufgeführt. Der Autor war der Vater des berühmten Schriftstellers Antonio Gómez Restrepo, der im Vorwort zu den »Ausgewählten Gedichten« von seinem unermüdlichen und pädagogisch begabten Vorfahren sagt: »Die Kinderkomödien, die Herr Gómez für seine Schule und für die jungen Damen, die die verehrungswürdige Matrone Doña Carmen Carrera de Barrera leitete, schrieb, sind sehr schätzenswert. In ihrer einfachen und wenig komplizierten Art sind es echte dramatische Stücke, die in guter Sprache und in tönenden

Versen geschrieben wurden; sie haben gut skizzierte Charaktere, ein moralisches Ende und eine interessante Handlung.«

Der ehrenwerte Schulmeister war ein echter Wegbereiter. In seiner Zeit hielt man dieses Kindertheater für wertvoll und auch heute noch hat es Verdienste, so z. B. die Komödie »Die Weihnachtsgeschenke«, in der ein betrügerischer Kohlenhändler mehr Geld verlangt, als recht ist. Der 1850 geborene Francisco de Paula Cortéz schrieb mehrere Kindertheaterstücke. Die besten sind »Die drei Studenten« – in ihnen wird eine Art Geographie– oder Geschichtsstunde dargestellt, in der sich die trägen von den fleißigen Schülern scheiden. – »Das Heiligtum«, »Der Schutzengel«, »Die Reise« wurden in dem Band »Spiele für den Salon oder Theater für Kinder« (1893) veröffentlicht. Rubén J. Mosquera (1860) schrieb »Die Novize«, »Blanca« und »Das indiskrete Mädchen«.

Diese Theatertradition wurde im 19. Jahrhundert weitergeführt. Zu nennen sind Antonio Alvarez Lleras (1892), Autor von »Der Vizekönig Solis«, mit »Der Weihnachtsengel«, der Geschichte zweier bettelnder Waisenkinder; Arcadio Velasco mit seinem reichhaltigen Werk, seine didaktischen »Komödien von einer halben Stunde« waren für Schulgedenkfeiern gedacht: »Die Benjamine«, »Die Puppen«, »Blumen für die Mutter«, »Das beste Geschenk« und »Der Maulesel und der Ochse«. Gewiß sind diese Theaterstücke nicht das, was wir eigentlich wünschten, aber vielleicht ist es, wie das bekannte Sprichwort sagt: »Wenn Brot fehlt, ist Kuchen gut!« Und wer weiß, vielleicht ist manchmal der Kuchen sogar besser! Oswaldo Díaz (1910) schrieb »Blondinette« (Theater Guiñol), das Stück wurde im Kindertheaterwettbewerb ausgezeichnet, es ist gut und leicht aufführbar. Der Autor gründete und leitete die Theatergruppen der Staatlichen Schule San Bartolomé und des Modernen Gymnasiums von Bogotá. Sein kleines Stück »Der Zauberer« ist für Kinder gedacht und wurde im Wettbewerb der Gesellschaft Kolumbianischer Autoren ausgezeichnet.

Seit der Gründung des Staatlichen Radios 1940 arbeitete er an der Dramatisierung von »Unsere wunderbare Welt«, »Kolonialbilder« und »Wunderbare Reisen der Geschichte« mit. Er ist Dichter und Erzähler und wird uns später noch beschäftigen.

Erzähler im 19. und 20. Jahrhundert

Wenn wir zur Mitte des 19. Jahrhunderts zurückkehren, um zu sehen, was Kinder lasen und lesen konnten, finden wir nur sehr wenig Lektüre, denn die Kinderliteratur steckte noch in den Kinderschuhen. Man könnte aus dem Werk von Tomás Carrasquilla (1858–1940) der den berühmten Roman »Früchte meiner Erde« schrieb, einige Erzählungen auswählen, wie »Angel«, »Rogelio«, »Der Strauch«, »Salutaris Hostia« und vor allem die gelungene und urwüchsige Erzählung »In der rechten Hand Gottes«. Diese reizende Erzählung wurde in der Sprache der Leute auf dem Lande geschrieben, im Stil von Gabriel y Galán und Vicente Medina, der »Das Krümelchen des Castuos« schrieb; sie besitzt die ganze folkloristische Anmut des kolumbianischen Volkes. Carrasquilla gehört zu den realistischen Milieuschilderern des 19.

Jahrhunderts wie in Spanien die Gräfin Pardo Bazán, Palacio Valdés, Clarín und Pereda. Man findet bei ihm viel Schelmerei und sprachlichen Doppelsinn, die auch eine Eigentümlichkeit der Rasse sind.

Die Heranziehung der Folklore für Erzählmotive brachte reiche Ernte. Ganz Südamerika ist eine Goldgrube an Volksmärchen. Es wird noch sehr viel mehr davon in den kleinen Dörfern und der Gebirgseinsamkeit geben, die noch nicht gesammelt wurden – so ist es auch in Spanien. Man lese heute nur die unterhaltsame »Geschichte des lausbübischen Onkel Kaninchen« von *Euclides Jaramillo Arango*, die von mündlicher Überlieferung beeinflußt ist. Der Einfallsreichtum des Onkel Kaninchen besiegt die Schläue der Tante Fuchs und der anderen klugen Tiere. Scherz und Betrug, Scharfsinn und Spitzfindigkeiten aller Art finden wir in diesen Tiergeschichten von Jaramillo. Es sind Erzählungen, die schon die dynamischen Zeichnungen von Walt Disney vorausnehmen. Gewiß hat sich der geniale Zeichner in Südamerika für all seine Tierfilme inspirieren lassen.

Olga Castilla Barrios, Historikerin der kolumbianischen Kinderliteratur, sagt von diesen Volkserzählungen, an denen die kolumbianische Folklore so reich ist: »Onkel Kaninchen ist in erster Linie der Held unserer Kindergeschichten aus dem Volk. Lange bevor wir Rotkäppchen im Wald begegnen und mit Däumling oder Schneewittchen Bekanntschaft schließen, hat er uns bereits in die Geheimnisse der Dickichte und Rodungen eingeführt und uns die Vielfalt seiner Listen bewiesen. Außerdem lernt ein großer Teil der Kinder auf dem Lande keine anderen Geschichten als die von Onkel Kaninchen kennen.« Das ist ein interessanter Gesichtspunkt, denn er weist uns auf die Situation des Kindes in der Stadt und des Kindes auf dem Lande hin. Das Stadtkind besitzt Bücher und darunter wohl auch Kinderlieratur, die eigens für es geschrieben wurde. Es kennt noch die Helden anderer Kontinente, europäische, orientalische und Helden aus aller Welt. Das kolumbianische Dorfkind kennt nur seine ländlichen Helden aus der Folklore seiner Heimat, darunter auch die, von denen Onkel Kaninchen erzählt. Daher ist es so wertvoll, diesen Volkshelden so vieler Kinder in einem Buch weiterleben zu lassen. Diese Kinder werden durch die mündliche Überlieferung, dadurch, daß sie Geschichten hören, sie aber nicht selbst lesen, erzogen.

Zu den bekannten Kinderbuchautoren in Kolumbien gehört *Santiago Pérez Triana* (1858–1916), der die »Geschichten für Sonny« (1906) schrieb. Sie erschienen auf Englisch in London 1906 mit dem Titel »Tales to Sonny«, wurden später von Thomas Eastman übersetzt und erschienen in Madrid. Der Autor wurde nicht in seiner Heimat, sondern in Deutschland erzogen und lebte immer im Ausland. Die Geschichten schrieb er für seinen Sohn, der in England geboren wurde. Als der Junge acht Jahre alt war, erzählte ihm Pérez Triana die Geschichten und veröffentlichte sie dann mit einer Widmung an ihn. Unter den sechs Erzählungen sind besonders »Das Land Dorado«, »Die Galeone«, »Eine Tertulia« und »Der Bach« zu erwähnen. Die Versammlung der Tiere beschreibt ihr Verhalten, wenn sie sich wie Menschen betragen wollen. Diese Art von Druckwerken wurde in Frankreich viel durch das berühmte Buch »La vie privée des animaux«, das Grandville illustrierte und an dem die besten Schriftsteller mitarbeiteten, verbreitet.

344

Eco Nely (1905) veröffentlichte einen Band mit Erzählungen; von ihnen sind »Märchen«, »Für einen Kuß« und »Garoso« erwähnenswert, es sind menschlich bewegende Erzählungen. Die Autorin schrieb für die Literaturbeilage von »El Tiempo« die »Sonntagslektüren«. *Oswaldo Díaz* (1910) veröffentlichte »Das Land Lilac« (1938) und »Noch einmal in Lilac« (1942) mit einigen historischen Erzählungen wie »Die Papageien von Christophorus«, »Der Glöckner vom 10. Juli« und »Der Trommelschlag«, wo Kinder die Helden sind, die die Karavellen von Palos in See stechen sehen. Schon früher haben wir die vielfältigen Beiträge von Oswaldo Díaz zur Kinderliteratur erwähnt. *Lilia Senior de Baena* ist eine gute Erzählerin. Sie schrieb »Der kleine blaue Bär«. *Maria Eastman* (1901–1947) war Lehrerin, studierte Experimentalpsychologie und war auch für Kinderliteratur begabt. Sie schrieb »Das reisende Kaninchen« und mehrere Geschichten, darunter »Die gelehrte Maus«, »Die meuternde Puppe«, »Das eitle Streichholz«, »Der glückliche Garten«.

Auch *Eduardo Caballero Calderón* (1910) schrieb für Kinder. »Geschichte in Geschichten« heißt eine 1935 erschienene Serie, die von den Taten zur Zeit der Eroberung und des Unabhängigkeitskrieges in romanhafter Form berichtet: »Sonnensöhne«, »Der Schweinehirt«, »Der Verrat des Francisquillo«, »Der Kinderadmiral«, »Der König von Rom«, »Das kleine Pferd von Bolivar«, »Alles für einen Blumenstock«, »Das klare Horn«; es gibt auch Erzählungen über Ereignisse der Biblischen Geschichte, die auf die Weltgeschichte Einfluß genommen haben: »Der Schuster als Soldat«, »Der Stern von Israel«, »Die Tochter des Jairo« und »Die Passion, wie sie die Tochter des Jairo erzählt«. Caballero Calderón war mehrere Jahr ständiger Vertreter Kolumbiens bei der UNESCO; er schreibt für Kinder leicht verständlich, obwohl man ihm manchmal bei der Wiedergabe historischer Ereignisse Mangel an Objektivität vorwerfen kann. Denselben Vorwurf macht man auch dem Historiker *Guillermo Hernández de Alba* (1906) bei seinen »Geschichtsfragmenten«. *Simón Latino* (Carlos H. Pareja) schrieb in der Reihe historischer Erzählungen »Das Leben Bolivars, für Kinder erzählt« (1930).

Die Dichter – Volksdichtung – Geschichte in Versen von Raimundo Rivas – Isabel Pardo Hurtado – Eduardo Carranza

In einem Augenblick der Mutlosigkeit beklagt sich *Olga Castilla Barrios* in ihrer »Kurzen Skizze der kolumbianischen Kinderliteratur« über den Mangel an geeigneter Kinderlektüre in ihrem Land; sie sagt: »In anderen Nationen wie Argentinien, Uruguay und Chile gibt es eine echte literarische Hingabe für das Kind. Bei uns jedoch nicht; …mit Ausnahme des Wettbewerbs, den die kolumbianische Sparkasse 1949 ausschrieb, kenne ich keine andere Initiative, die die Kinderliteratur anregen und fördern könnte… Das wahre Problem liegt in der Verirrung des kindlichen Geschmacks, der sich an Bildergeschichten und Comics orientiert und nichts oder doch nur sehr wenig Geeignetes findet, um sie zu ersetzen. Außerdem müßte dieser Ersatz von uns kommen, und wir haben das Problem keineswegs gelöst. Einige Aspekte unserer Kinderliteratur sind sehr begrenzt. In anderen wiederum gibt es reiche Möglichkeiten, z. B. in der Dichtung. Unsere Kinder warten auf die poetische Anthologie, in der für sie das Geschenk, das ihnen ihre Dichter gemacht haben, gesammelt wird. Aber niemand, keine offizielle und keine private Stelle hat sich damit beschäftigt, diese Lücke zu füllen, obwohl wir ohne Frage reichliches Material dafür hätten.«

Im gleichen Sinne äußert sich *E. Caballero Calderón* in seinem Artikel »Ohne Kinderliteratur«, der am 16. August 1953 in »El Tiempo« in Bogotá erschien. Nachdem er das Fehlen von Kinderbüchern beklagt hat, sagt der Autor: »Nichts bleibt so hartnäckig im Gedächtnis des Menschen wie die Erinnerungen an seine Kindheit und an das, was er in ihr hörte und lernte.«

Zum Glück nährt sich das Kind von Poesie, wenn es Lieder und Coplas hört, es kennt die Lieder von Tieren und die Volkslieder auswendig. Aber die Gedichte »echter« Dichter – wir wollen sie so nennen, um sie von den anonymen Volksdichtern zu unterscheiden – müßten sie durch ihre Bücher erreichen. Einige Versuche didaktischer Art wurden zu Beginn des Jahrhunderts gemacht; so gibt es »Die ausgewählten Lektüren« für Kinder von *Rodolfo Bernal* (1891). Ismael Enrique Arciniegas schrieb, als er den Erfolg der Romanzen sah, »Romanze der Eroberung und der Kolonie«. Der Band enthält Romanzen, die in einer Kinderanthologie stehen sollten. *Viktor Eduardo Caro* (1875–1944), der Sohn des Miguel Antonio Caro, schrieb für Kinder viele Gedichte in traditioneller Art. Victor E. Caro war wie seine Vorfahren ein humanistisch gebildeter Mann, er gründete und protegierte die Kinderzeitschrift »Chanchito«. Sie war sehr beliebt. Seine einfache und unkomplizierte Art zu dichten kam bei Kindern gut an, obwohl sie ohne große künstlerische Ansprüche ist. Der Autor beschrieb sich selbst: »Ich habe ein kleines Eigentum: ›Der Steinkauz‹, einen Schatz: meine Familie; meinen Stolz: meine Freunde, und kenne eine doppelte Verehrung: für die Toten und die Kinder. Durch die Gebete der einen und durch den Einfluß der anderen hoffe ich, wenn ich sterbe, in den Himmel zu kommen, ohne ins Fegefeuer zu müssen.«

Ein Schriftsteller, von dem wir nicht wissen, ob er zu den Dichtern oder zu den Erzählern zu rechnen ist, war *Raimundo Rivas* (1889–1947). Er schrieb »Die Geschichte Kolumbiens, für Kinder erzählt« (1944). Zweifellos erzählte dieser Diplomat und Pädagoge in traditioneller Weise wie auch Ruperto S. Gómez, der die vier mathematischen Rechenarten in Versen lehrte. Rivas gehörte zur Akademie der Sprache und der Geschichtswissenschaft. Als er während einer langen Schiffsreise von Buenos Aires nach Buenaventura die Zeit nützen wollte, um seinen Sohn in der Geschichte Kolumbiens zu unterweisen, fand er, daß die Lektionen weniger trocken seien, wenn er sie in Versen schrieb; er schrieb sie in Dezimen, weil er meint, daß sich diese einfache Form eher dem Gedächtnis einpräge. »Es sind einfache Verse für den Kinderverstand«, um die Liebe zu Kolumbien und seinen Bewohnern zu vertiefen. Raimundo Rivas wäre nur ein einfacher Verseschmied, wäre er nicht gleichzeitig auch ein Dichter, der in leicht verständlicher Weise die Geschichte seines Landes schreibt.

Die Arbeiten in der Gegenwart sind erwähnenswert; obwohl sie manchmal wie

Nachzüglerwerke aussehen, kann man sie doch moderne künstlerisch-didaktische Kinderdichtung nennen. *Isabel Pardo Hurtado* (1910) schrieb unter dem Pseudonym »Diana Rubens« ein Buch mit Kindergedichten (1952), »Eine Zisterne aus Kristall«; sie beschäftigte sich viel mit Kinderliteratur. Für ihre Arbeiten gewann sie mehrere literarische Preise; sie lehrt an einer Höheren Schule. Sicher könnte man aus dem großen kolumbianischen Parnaß zahlreiche Gedichte für Kinder auswählen, obwohl sie nicht für sie geschrieben wurden.

Ein Dichter unserer Zeit, *Eduardo Carranza* (1913), dachte an Kinder, als er in den »Liedern, ein Fest zu begehen« die »Landschaft von Micky Maus« beschrieb, ebenso in einigen Gedichten aus »Blauer Dezember«. Die Sonette von Eduardo Carranza, seine Gedichte, die die Landschaft der schönen kolumbianischen Täler beschreiben, können auch Kinder verstehen; sie wecken bei ihnen den Sinn für Poesie.

Bibliographie

Caballero Calderón, Eduardo: Sin literatura infantil (Ohne Kinderliteratur). El Tiempo, Bogotá, 16. August 1953.

Castilla Barrios, Olga: Breve bosquejo de la literatura infantil colombiana (Kurze Skizze der kolumbianischen Kinderliteratur). Dissertation 1954.

Gómez Restrepo, Antonio: Historia de la literatura colombiana (Geschichte der kolumbianischen Literatur). Bogotá 1926.

Ecuador

In Ecuador gibt es kaum Kinderliteratur; die vorhandene wurde der Pädagogik untergeordnet, das heißt, sie fand Zuflucht in didaktisch bestimmten Schulbüchern. Noch hat sich die Kinderliteratur nicht als eigene Gattung entwickelt; nur wenige Schriftsteller schreiben für Kinder.

Es ist zu vermuten, daß während des 19. Jahrhunderts Fabeldichter die Schriftsteller waren, die Kinder gezwungenermaßen lasen. Die Fabeln von *Rafael Carcia Goyena* und die des Paters *Vicente Solano* waren lehrreich und unterhaltend, bis der bedeutende *Juan León Mera* (1832–1894) kam, der sich in der Art von Marti auf Kuba und wie so viele andere Pädagogen um Kinder und Jugendliche kümmerte und belehrende Leitfäden schrieb wie das »Handbuch zur Erklärung der Konstitution« und das »Handbuch der Geographie Ecuadors«.

Das Besondere dieses Schriftstellers war seine Vorliebe für das Volkstümliche, für die Folklore seines Landes; er stellte ein ausgezeichnetes Buch zusammen »Dichter und Sänger des Volkes von Ecuador«, in dem er die reiche Zahl überlieferter Coplas, Verse und Rätsel von Ecuador sammelte. Das Buch kann Kindern gut als unterhaltende Lektüre dienen.

Das vielfältige Werk von Mera wird durch einen Roman vervollständigt: »Cumandá« (1879). In ihm wird die Geschichte einer jungen Jívaro (aus einem noch nicht zivilisierten Indianerstamm) erzählt, die in einer katholischen Mission vor der Verfolgung von Kriegern ihres Stammes um Hilfe bittet, die sie nach ihren alten Riten am Grab des verstorbenen Häuptlings opfern wollen. Cumandá wird von den Missionaren beschützt und gerettet. Sie stammte von Spaniern ab, obwohl sie in der Wildnis lebte. Bei ihrer ersten Berührung mit der Zivilisation verliebt sich Cumandá in einen jungen Weißen, der aber – wie sich später herausstellt – ihr Bruder ist. Wie in den romantischen Romanen von Chateaubriand, »Atala« und »René«, bezwingen auch hier Pflicht und Keuschheit jeden anderen Wunsch. Die Handlung wird nicht nur zum Anlaß, christliche Gefühle zu preisen, sie gibt Juan León Mera auch die Möglichkeit, Wildnis und Natur in Ecuador zu beschreiben. Der eingeborene Dichter, ein großer Sammler folkloristischer Legenden, gibt in »Cumandá« abermals ein Zeugnis seines Könnens.

Der Roman wurde von Erwachsenen und von Kindern gelesen. Er begeisterte die Heranwachsenden und wurde schon sehr bald von Lehrern dramatisiert, damit er bei der Abschlußfeier nach den Examen aufgeführt werden konnte. So wurde

»Cumandá« das beliebteste Buch bei den Lesern der damaligen Zeit, es wurde vor allem ein Jugendbuch wie der Roman »Maria« von Jorge Isaacs in Kolumbien und die autobiographischen Schriften von Rizal auf den Philippinen.

Juan León Mera schrieb auch kleine Erzählungen über Sitten und Gewohnheiten; im Prolog zu dieser Sammlung sagt er: »Diese literarische Gattung..., die volkstümlich sein soll und für das Volk geschrieben werden muß, mußte wie für Kinder geschrieben werden... mit Einfachheit, mit Natürlichkeit und mit einem moralischen Ende.« »Zwischen zwei Tanten und einem Onkel« und »Warum ich Christ bin« könnte man in eine Kinderanthologie aufnehmen.

Auch bei anderen Schriftstellern, die nicht ausdrücklich für Kinder schrieben, könnte man eine Auswahl treffen: bei Luis Cordero, Eloy Proano, Abel Romero Castilla und Jorge Carrera Andrade; viele ihrer Gedichte kann man für Kinder auswählen. Wir müssen aber auch auf den Dichter *Darío Guevara* hinweisen, der mehrere Bücher für Kinder schrieb: »Ein Kind folgt seinem Stern«, »Sonne meines Gartens«, »Kinderdichtung, von dem Kind, für das Kind«, außerdem auch ein Stück für das Schultheater »Kinder des Prometheus«. Guevara unternahm bemerkenswerte Anstrengungen, eine Kinderliteratur in seinem Land zu schaffen; er gab auch Kurse über Kinderliteratur in Mexiko, war jedoch enttäuscht über die geringe Resonanz, die seine Bemühungen im eigenen Land fanden. Die Ausgaben seiner Bücher lassen in bezug auf ihre künstlerische Ausstattung viel zu wünschen übrig. In der Gegenwart schrieben für das Kindertheater: Enrique Avellán Ferrés, Lucia Baquero de León und Garibaldi Toscano. *Vicente Moreno Mora* gibt in seiner ,,Kinderliteratur" (1946) eine kurze Übersicht über diese Literatur in Ecuador.

Bibliographie

Guevara, Darío: Esquema didáctico del folklore ecuatoriano (Didaktische Skizze der Folklore von Ecuador).

Moreno Mora, Vicente: Literatura infantil (Kinderliteratur). Cuenca 1946.

Pino, Manuel del: Antologia de la literatura infantil ecuatoriana (Anthologie der ecuatorianischen Kinderliteratur). Quito 1973.

Peru

Während des 19. Jahrhunderts richtete sich die Kindererziehung in Peru nach europäischen, und, da es die Kolonialzeit war, vor allem nach spanischen Vorbildern. Nach Peru kamen spanische Bücher und Übersetzungen aus dem Französischen und Englischen, die in Spanien gemacht worden waren. Zwischen einem peruanischen und einem spanischen Schüler gab es kaum einen Unterschied; so war es damals in allen hispano-amerikanischen Nationen, die sich noch nicht von Spanien gelöst hatten. Nach dem Krieg um die Unabhängigkeit und nach der Zeit der amerikanischen Kriege, die sehr den Fortbestand aller Institutionen gefährdeten und viele Rückwirkungen auf die Pädagogik, auf die Schuleinrichtungen und auf die mögliche Entwicklung der peruanischen Kinderliteratur hatten, ist das Werk einiger Erzieher, Lehrer und Schriftsteller, die die Sitten der Zeit darstellten, hervorzuheben.

José Maria Sánchez Barra (1806–1855), der in Arequipa geboren wurde und den man den peruanischen Iriarte genannt hat, ist mit seinem Werk repräsentativ für diese ersten Versuche, Kinderlektüre zu schaffen; allerdings wendet sich der Fabeldichter an die Menschen ganz allgemein und nicht besonders an Kinder.

Ventura Calderón sagt in seinem Lebensbild des Autors, das seinen »Gedichten« in dem Band »Sittenschilderer und Satiriker« vorangestellt ist: »Sánchez Barra besaß die echte Begabung für die Fabel, die in Peru sehr selten ist. Er ist unser Iriarte und unser Samaniego.«

Die Fabeln »Der Esel-Präsident« und »Das Maultier und die Bremse« sind gute Beispiele für seinen Einfallsreichtum. Den gleichen sprühenden Geist bewies *Felipe Pardo y Aliaga* (1806–1868), der Fabeln schrieb, die gut in eine Kinderanthologie passen würden. Von diesem witzigen Fabeldichter könnte man so hübsche und ironische Fabeln wie »Was für ein schöner Junge!« auswählen, die eine sehr moderne Bedeutung hat. Denn leider ändert sich oft der Typ nicht, und eingebildete Kinder gibt es immer! Der Autor schrieb auch eine Reihe von Sittenbildern »Spiegel meines Landes« (1840), die auf sanfte Art lächerlich machen, ohne sarkastisch zu werden; sie könnten Heranwachsenden als Lektüre dienen. In der Art der Komödien von Iriarte schrieb er »Der schlecht erzogene junge Herr« und »Das schlecht erzogene junge Fräulein« und in satirischer Absicht, eine gute Komödie »Früchte der Erziehung«.

Unter Schülern sehr verbreitet waren die 1885 veröffentlichten und der Jugend gewidmeten Fabeln von Mariano Melgar. Unter den verschiedenen peruanischen Fabeldichtern muß man *José Joaquin Lareiva*, der ein Bändchen »Fabeln« schrieb,

José Pérez Vargas und *Luis Benjamin Cisneros* besonders nennen. Die Fabel war eine der Lieblingsformen der Zeit und jedesmal, wenn man über Kinderliteratur spricht, muß man auch die Fabelsammlungen erwähnen. Etwas anderes ist es, wenn man die mündlich überlieferte geistige Nahrung der Kinder entdecken will. Dann muß man sich auf die Folklore beziehen, wie wir es immer getan haben, wenn es galt, die Quellen der Kinderliteratur zu entdecken.

Doch wir wollen erst einen anderen Schriftsteller und ausgezeichneten Sittenschilderer zitieren, Hernán Velarde (1863–1935), der »Das Lima der Kolonialzeit (Erzählungen meiner Großmutter)« schrieb, ein Buch, das von Lehrern benutzt werden könnte. Dieser gebildete Kreole war der Sohn des Generals Velarde, er war Soldat im Krieg mit Chile, Gesandtschaftssekretär in Brasilien und Botschafter in Washington. In seinem Buch beschreibt er die großen Häuser mit ihren Wappenschildern, den künstlerisch gearbeiteten Balkonen, dem Gitterwerk und den Eisengittern, die Kirchen der Zeit, die Typen und Gestalten von damals. Alles wird in der Erinnerung ironisch verbrämt.

Wenn wir Fabeln bei den Fabeldichtern und den peruanischen Schriftstellern, die Sitten und Gebräuche schildern und uns so hübsche Bilder entwerfen, suchen, dann ist es nur gerecht, das Werk des bedeutenden Ricardo Palma (1833–1919) zu zitieren. Wir wissen wohl, daß er nicht für Kinder schrieb und daß es manchmal sehr schwierig sein dürfte, etwas aus den »Peruanischen Überlieferungen« auszuwählen, da sie voll eschatologischer Anspielungen sind und von einem spöttischen Antiklerikalisten geschrieben wurden, aber aus einem solch gewaltigen Werk lassen sich mehrere Anthologien machen. Man denke nur an das dramatische Opfer in »Mutterliebe«, das Pérez Galdós begeistert und das man als ein Beispiel auswählen könnte. Es gibt noch viele andere Einfälle und Beschreibungen für Kinder und Jugendliche, die sich nicht an eine allzu einfache und leichte Kinderliteratur gewöhnen sollten, wie sie einige Spezialisten schreiben wollen, die damit das Kind nicht fortbilden, sondern es nur primitiv sein lassen.

Wenn schon der Reichtum an Gebräuchen aus der Kolonialüberlieferung sehr groß ist, so kann sich der Leser wohl vorstellen, wie groß der Reichtum an Eingeborenenüberlieferungen sein muß, wenn der Folklorist sie einmal näher untersuchen würde. Das sagenhafte Gold Perus, das uns in den Vitrinen der Museen erstaunt, der mächtige Zauber der peruanischen Inkaschätze entspricht dem überaus reichen Schatz an Legenden und Erzählungen. Peru ist ein Volk reich an Gold und an Literatur! Welch ein Glück! Die Peruaner müßten ihre eigenen geistigen Schätze für die Literatur ihrer Kinder ausnutzen. Warum sollten sie im Norden Feen, Gnome und Elfen suchen, wenn sie doch Geister und Zauberer im eigenen Land haben? Es wäre unsinnig, Anleihen bei fremden Mythologien zu suchen, solange die eigenen nicht erschöpft sind.

Das haben zeitgenössische Schriftsteller und ausgezeichnete Folkloristen verstanden, so José Maria Arguedas, der zwei Bücher von eindrucksvoller Schönheit veröffentlichte; man wird nicht müde, sie zu loben und als beispielhaft hinzustellen: »Die Lieder und Geschichten des peruanischen Volkes« (1949). Hier sind Tiergeschichten und Legenden gesammelt, von denen der Autor viele einem Pfarrer aus Cuzco, Pater Lira, verdankte. »Peruanische Mythen, Legenden und Geschichten« (1947) entstand in Zusammenarbeit mit Francisco Izquierdo Ríos.

Welche Überraschung enthält die »Geschichte des Michael Wayapa« aus den »Liedern und Geschichten des peruanischen Volkes«! Auch die Geschichten »Die Geliebte der Schlange« und »Die Geliebte des Kondor« sind überraschend; in ihnen bemächtigen sich personifizierte Tiere junger Mädchen, um sie zu ihren Frauen zu machen. Peruanische Hexen und ihre Bosheit werden in der Geschichte »Die Achiqué« beschrieben.

Arturo Jiménez Borja schrieb »Geschichten und Legenden aus Peru« (1940); in dem Buch sind Geschichten der Inkas gesammelt wie »Die Kröte und die Füchsin« und »Der Puma und der Fuchs«. Im Prolog heißt es, daß der Band »peruanischen Lehrern und Schülern empfohlen wird«. Die knappe Sprache, die Metaphern, das Dramatische und die Vorliebe für Handlungen machen die Geschichten lesenswert.

Ausgezeichnet ist auch die Sammlung von Geschichten von *Marcos Yauri Montero* »Gauchiscocha« aus der Gegend von Ancash. Besonders originell darin sind »Der Fuchs und der Kondor« und »Die Frau des Puma«. Verdienstvoll ist die Sammlung von »Peruanischen Legenden«, die *Miguel Sumar Pachá* in Zusammenarbeit mit *José Campos, Victor Landa, Hernán Velarde, Alfonsina Barrionuevo* und *Manuel Torres* besorgte. Auch die tüchtige Folkloristin *Mildred Merino de Zela* hat eine Sammlung von Geschichten und Legenden zusammengestellt.

Cesar Angeles Caballero schuf eine »Anthologie überlieferter Legenden aus Ancash« und schrieb »Legenden aus Huaylas«.

Inspiriert von der folkloristischen Tradition der Ureinwohner seines Landes hat *Enriqueta Herrera Gray* »Peruanische Legenden und Fabeln« veröffentlicht; es enthält Geschichten wie »Die acht Brüder«, »Herr Faulpelz«, »Die Abenteuer einer Maismühle«, »Der Baum der Glückseligkeit«, »Goldherz«, »Steinherz«, »Der Zauberspiegel und die Menschen aus Stein«, »Der stolze Otorongo«. Die Autorin ist von den Überlieferungen ihres Landes erfüllt, sie hat einen großen Teil ihres Lebens den Kindern gewidmet.

1962 veröffentlichte *Amalia Alayza de Gamio* »Der kleine Hirte aus den Anden« und, fast wie eine Fortsetzung dazu, »Die Abenteuer von Machu Picchu« (1963). Der Held ist ein indianisches Kind aus den Bergen, das eine Herde von Lamas hütet. Eine Sammlung der besten peruanischen Erzähler, die von der Folklore beeinflußt sind, gab *Salazar Bondy* (1958) in dem Buch »Peruanische Kindergeschichten« heraus. Es enthält Erzählungen von José Maria Arguedas, Maria Rosa Macedo, Maria Wiesse, Porfirio Meneses, Enriqueta Herrera, C. Carvallo de Núñez, José Portugal, Francisco Izquierdo, Miguel Sumar Pachá und Enrique Congrains.

Auch *Carlota Carvallo de Núñez* ließ sich von der peruanischen Landschaft, dem Gebiet des Urwaldes inspirieren. Sie schrieb den Roman »Der kleine Rutsi mit den Halluzinationen«. Es ist die Geschichte eines peruanischen »Mowgli«, der aus dem Wald in die Stadt kommt und auf seinem Weg Gespräche mit den Geschöpfen des Waldes und den Menschen, die ihm begegnen, beginnt. Die Schriftstellerin widmet

CUENTOS
PERUANOS

carlota carvallo
francisco izquierdo

Titelblatt von J. Montañés zu »Cuentos Peruanos«

sich ganz der Kinderliteratur. Sie weiß, wie man einen Jugendroman schreiben muß. Ihr Roman, der in der Kinderliteratur des Landes fast einzigartig dasteht, hat die literarische Schönheit und Spannung guter Kinderbücher. Carlota Carvallo de Núñez hat in der Peruanischen Schul-Sammlung »Das Silbertäschchen« veröffentlicht, eine Marionettenkomödie, die im Wettbewerb des Ministeriums für Öffentliche Erziehung einen Preis erhielt. Sie schrieb außerdem »Das Vogelkind« (1958), »Der kleine Baum« (1962) und verschiedene Erzählungen.

Von den guten Erzählern erwähnen wir nur noch *Palma Angélica* »Geschichten erzählend« (1938) und die »Legenden und Fabeln« von *Catalina Recavarren de Zizold*, einer Schriftstellerin, die besonders für Kinderliteratur begabt ist. *Elias Lozada Benavente* schrieb »Legenden vom Amazonas« (1942), *Acuña Figueroa* »Stoffball« (Schulgeschichten), *Elisa Conroy* »Geschichten« (1957). Von *Alberto González Zúñiga* ragt hervor »Ein Himmel mit 48 Sternen«, »Goldei«, »Die Flamme des heiligen Sees«. *Francisco Izquierdo Ríos* schrieb »Der weiße Baum«.

In der Dichtung sind Sammlungen der Kinderfolklore zu erwähnen, z. B. die von *Miguel A. Y. Ch. Ugarte*, der »Spiele, Lieder, Sprichwörter und andere Unterhaltungen der Kinder von Arequipa« (1947) auswählte; ebenso die von *Efraim Morote Best* »Einige unserer Kinderreime«, die in »Zungenbrecher«, Wiegenlieder, gereimte Namen und gereimte Parodien unterteilt ist. Es gibt von allem etwas in diesem Arsenal der Kinderliteratur. *Amadeo Delgado Pástor* veröffentlichte eine interessante »Anthologie der peruanischen Kinderdichtung«, *Alberto Carlos Fonseca* »Die Gedichtsammlung Amerikas« und *Julio Garrido* »Gesang an den Frühling« (1940) und »Die Erde der Kinder«. *Catalina Recavarren de Zizold* schrieb »Der Rundgesang im runden Hof« (Rondas und Wiegenlieder). Aus der gesamten peruanischen Dichtung könnte man eine Auswahl treffen: von dem Gedicht »Die Kinder« von Carlos Germán Amézaga an bis zu Santos Chocano, den wir bereits nannten, und anderen Dichtern der Gegenwart.

Im Theater gibt es wenig, und nur Weniges ist veröffentlicht. Erwähnenswert ist der Band »Schultheater«, der 1944 vom Ministerium für Öffentliche Erziehung herausgegeben wurde. Zu dem Wettbewerb wurden zweihundert Theaterstücke eingeschickt, ein Zeichen dafür, wie beliebt diese Gattung ist – »Das Silbertäßchen« von Carlota Carvallo erhielt den Preis. Es ist ein kurzes und reizendes Stück, das von Lucinda berichtet, die eine feine, mit Zauberkraft begabte Silbertasse verlor, auf deren Boden sich alles zeigte, was sie sich wünschte. Aber der König Cacharpa aus dem Land der verlorenen Dinge kann niemals das bekommen, was er auf dem Grund der Tasse sieht. Die symbolhafte Bedeutung ist klar: was sich auf dem Boden der Tasse zeigt, ist das Ideal, das nie greifbar ist.

Besonders zu erwähnen ist noch »Haus und Schule« von Teófilo Burga Quijano; das Stück berichtet von einem Indianer, der von seinem Herrn auf die Schule geschickt werden soll. Er aber widersetzt sich, denn ihm genügt es, das Vieh zu hüten und Flöte zu spielen. Erwähnt werden muß auch »Das Opfer der Olaya«, »Die Abenteuer des Kolumbus« und »Die Gründung von Arequipa«. Matilde Indacochea hat einen Band Radio-Theater und Kindertheater mit zwölf kleinen Stücken und einer Studie über »Kinderliteratur« veröffentlicht. 1963 erschien »Marionettentheater« von Emilio Galli.

In der Gegenwart wird in Peru — wie in allen Entwicklungsländern — der Verbreitung von Kinder- und Jugendliteratur in den ländlichen Gebieten große Aufmerksamkeit gewidmet.

Bibliographie

Arguedas, José María: Canciones y cuentos del pueblo Quechua (Lieder und Märchen des Quechuavolkes). Lima 1949.
Indacochea, Matilde: Bibliografia de literatura infantil y juvenil. Lima 1966.
Morote Best, Efraín: Algunas de nuestras rimas infantiles (Einige unserer Kinderreime). Cuzco 1949.
Ugarte, Miguel A.: Juegos, canciones, dichos y entretenimientos de los niños de Arequipa (Spiele, Lieder, Sprichwörter und Zeitvertreib der arequipanischen Kinder). Arequipa 1947.

Chile

Das chilenische Kind las im 19. Jahrhundert ähnliche Bücher wie spanische und europäische Kinder. Es hatte Schulbücher, didaktisch ausgewählte Sammelbände, spielte, wenn die Erwachsenen ihm Zeit ließen, Drachensteigen oder Münzwurfspiele und las aus eigenem Antrieb Robinson Crusoe, dieses Universalbuch.
Alberto Blest Gana erzählt in seinem Erinnerungsbuch »Der verrückte Estero«, wie einer der Helden der Geschichte, ein armer Ehemann, der im Zustand dauernder Infantilität lebte, immer nur zwei typische Kinderbücher las; er hoffte, durch diese Lektüre seinem Unglück entfliehen zu können. Es handelte sich um »Der in seinem Gefängnis getröstete Chilene« und »Robinson Crusoe«.
Drachensteigen und Hüpfspiel, Fabeln, sentimentale Novellen und Robinson, dazu einige ausgewählte Gedichte eines begabten Dichters bildeten die Freizeitbeschäftigung und die Lektüre chilenischer Kinder. Das chilenische Kind, das durch die Straßen der Städte lief und ihre Ruhe der Jahrhundertwende störte, glich dem argentinischen und kolumbianischen Kind. Wenn es still wurde, so nur, um den Märchen und Erzählungen des Volkes und den Geschichten von Geistern, Hexerei und Dämonen zu lauschen.
Blest Gana erzählt weiter, wie seine jungen Helden bei Tisch staunten, als sie Kommentare über kriegerische Taten hörten und das Wort »Feind« fiel: »... bis dahin bedeutete Feind für sie einzig der Teufel, das haarsträubende Wesen aus den Geschichten der Dienstmädchen, der Schrecken ihrer Kindheit.«
Diese Kinder und Jugendlichen wuchsen mit furchteinflößenden Geschichten auf – wie alle Kinder der Welt. Ähnlich auch wie jene mexikanischen Kinder am Ende des Jahrhunderts, die sich später als Erwachsene in ihrer Erinnerung an ihre Kindheitsliteratur auf nichts anderes mehr besinnen konnten als auf die Geschichten und Lügenmärchen der Dienstmädchen.
Aus Spanien kamen hauptsächlich die Erzählungen des Verlages Calleja, wie überhaupt dessen gesamte Produktion. Jules Verne war ein Lieblingsschriftsteller. Als

Kinderzeitschrift erfreute »Die Vorschule« viele Kinder, die, fast zu Beginn des Jahrhunderts, von Roxane (Elvira Santa Cruz) gegründet worden war, bis sie durch nordamerikanische Veröffentlichungen ersetzt wurde, die zumeist aus Übersetzungen und Bearbeitung der Serie von der kleinen Lulu, Disneyland... bestanden. *Elvira Santa Cruz*, die Gründerin der Kinderzeitschrift, widmete ihr ganzes Leben den Kindern; sie gründete Schulen und Ferienkolonien für den Sommer und bearbeitete Gedichtsammlungen.

Auch in Chile kann man beobachten, wie bedeutend die Arbeit der Folkloristen und Lehrer für die Anfänge einer Kinderliteratur ist. *Roberto Lenz* verstand es, das allgemeine Interesse für alles, was mit dem Kind zusammenhängt, zu wecken. 1912 veröffentlichte er einen kleinen Band »Rätselgeschichten« und »Eine Reihe chilenischer Märchen«, eine Studie über vergleichende Erzählkunst mit einer Einführung über den Ursprung und die Verarbeitung der Volksmärchen. Im Vorwort unterteilt Lenz diese Geschichten in Märchen oder Mythen, die »Consejas« genannt werden, und in traditionelle Erzählungen oder historische Legenden und in moralische Geschichten.

Lenz analysierte diese Märchen, und da er auch ein großer Kenner der kindlichen Psyche war, sagte er dazu: »Dem Stadium der psychischen Entwicklung des primitiven und ungebildeten Menschen entspricht in einer zivilisierten Nation die Kinderseele. Daher versteht man, warum das, was früher eine ernste Beschäftigung für alle Erwachsenen war, heute für uns, die wir in einer verfeinerten und höheren Kultur leben, eine Beschäftigung für das Kind geworden ist. Jedoch ist nur der »überzivilisierte« Mensch unfähig, die Verzauberung der Märchen zu erleben; immer wieder gab es einen beschränkten Pädagogen, der es für schädlich hält, Kindern die Lektüre dieser alten Geschichten und Fabeln zu erlauben, da sie der Wirklichkeit widersprächen und die Urteilsfähigkeit des Kindes verwirrten. Wie wenig kennen diese Realisten die Seele des Kindes, das die Puppe, die spricht und die Augen schließt, fortwirft, um ein Stück Holz oder einen Schuh in ein Tuch einzuwickeln und es als seine Lieblingspuppe gern zu haben. Die Phantasie verwirrt nicht die logische Urteilsfähigkeit, sie ist eine ursprüngliche Kraft der menschlichen Seele. Sie ist nicht nur die Mutter der Künste, sondern auch der Wissenschaften. Der geniale Mensch unterscheidet sich von den anderen viel mehr durch die überragende Kraft seiner Phantasie als durch die größere logische Kraft seines Intellekts. Die Phantasie nicht zu entwickeln war während langer Zeit und wird immer wieder ein schwerer Fehler der Pädagogik sein.«

Lenz analysiert dann die Kinderseele und ihre besonderen Idiosynkrasien und spricht von den Möglichkeiten, die die Lektüre folkloristischer Werke bietet, die er für sehr empfehlenswert hielt. »Die neuesten Fortschritte in der modernen Pädagogik sind darauf zurückzuführen, daß man an offizieller Stelle diese Wahrheit erkannt hat und sowohl im Zeichenunterricht wie auch in der Aufsatzlehre in der Muttersprache versucht, die Reproduktion durch das Kind mit Erfolg durch eigene Produktion des Kindes zu ersetzen. Zu den bevorzugten Themen, um das freie literarische Schaffen des Kindes anzuregen, gehört die Aufforderung, das Kind solle die alten Märchen erzählen. Wir empfehlen daher den Lehrern, dem Kind eine gute Übung zu verschaffen und Themen aus der Folklore auszuwählen.

Es besteht keine Gefahr, daß Kinder selbsterfundene Geschichten schreiben werden. Denn gerade die Treue, mit der das Gedächtnis des Volkes dieselben Geschichten behält und sie ohne wesentliche Änderungen durch Jahrhunderte hindurch überliefert, ist der beste Beweis dafür, daß nur wenige, ganz wenige fähig sind, etwas Eigenes zu erfinden. Wenn wir von den großen Städten absehen, in denen sich während der letzten Jahre die kleinen Geschichtenbücher der Sammlung Calleja bei den Oberschülern einer gewissen Anerkennung erfreuten, dann hat kein chilenisches Kind Märchen gelesen. Denn die Volksmärchen aus Spanien wurden niemals in einem Band gesammelt wie die Märchen, die die Gebrüder Grimm in Deutschland sammelten und die heute in diesem Land, zumindest in gekürzten Ausgaben, in allen Familien und in den Händen aller Kinder der mittleren Klassen zu finden sind.« Lenz hat mit seinen Beobachtungen und mit seinem Werk das Fundament der chilenischen Kinderliteratur gelegt. Es muß immer wieder darauf hingewiesen werden, daß er Folklorist war. Für lesens- und beachtenswert hielt Lenz auch die »Araukanischen Geschichten« des Pater *Felix José Augusta* (1940), die jener bei den araukanischen Indianern sammelte, obwohl sie in der Mehrzahl spanischen Ursprungs sind. *Julio Vicuña Cifuentes* (1865–1936) war wie Lenz ein begeisterter Folklorist. Als Wissenschaftler sammelte er jede Art von Folklore seines Landes: Romanzen, Volksdichtungen, Märchen und überlieferte Geschichten. Sein bedeutendstes Werk »Die chilenische Volksdichtung«, enthält Vieles, was auch für Kinder geeignet ist.

Ramón A. Laval veröffentlichte 1910 »Chilenische Geschichten, die niemals aufhören« und später »Überlieferungen, Legenden und nach mündlicher Überlieferung in Carahué aufgezeichnete Geschichten« (1920). Mit Recht hat das Werk dieses bedeutenden Volkskundlers breites Interesse für alles Chilenische geweckt und zahlreiche und interessante Veröffentlichungen veranlaßt: z. B. die »Geschichten für Kinder« von Bernardo Ibáñez, die aus chilenischer und internationaler Folklore gesammelt und ausgewählt wurden (1936); die »Chilenischen Erzählungen« von *Blanca Santa Cruz Ossa* und ihre »Araukanischen Legenden und Geschichten, die, wie die Autorin selbst sagte, vom Werk der besten Historiker und Folkloristen und von den Traditionen der Ureinwohner beeinflußt wurden.

Diese Erzählungen sind in der knappen Sprache vergangener Zeiten geschrieben; sie sind so schön und lebendig, daß sie Erinnerungen an die Welt der Ureinwohner wachrufen. »Der große Caupolicán«, »Der alte Latrapay«, »Die drei Schwestern«, »Der Araukaner Bodadsa«, »Die Schlange Treng Treng und die Schlange Kaikai« sind Titel von Erzählungen, die chilenischen Geist spiegeln.

Der nüchterne, klare, lehrreiche Stil, die gefeilten Dialoge und die Farbigkeit der Erzählungen machen sie anziehend und geeignet für die Kinderliteratur. Im Vorwort zu ihren »Chilenischen Geschichten« sagt Blanca Santa Cruz, daß sie seit ihrer Kindheit fest in ihrem Gedächtnis verwurzelt seien: »So vergrößert sich in meinem Gedächtnis die Erinnerung an Mama Chayo, die liebe Alte, die uns in den Schlummer sang, indem sie uns ihre faszinierenden Geschichten erzählte... Diese

Geschichten waren einzigartig für mich. Sie waren nicht mit gelesenen Geschichten zu vergleichen, bei denen man nicht unterbrechen und fragen konnte. Die Geschichten von Mama Chayo wirkten echt. Beim Höhepunkt eines Abenteuers wurde ihre warme Stimme ganz eindringlich. Und die ständigen Wiederholungen! Diese von unserem Volk selbst geheiligten Formeln! Keine Geschichte konnte ohne das übliche Um zu wissen und um zu erzählen beginnen, und dann folgten die nicht aufhörenden, sinnlosen, halb gereimten Worte, die uns lachen ließen oder ungeduldig machten, weil sie den Fortgang der Geschichte verzögerten.«

Der Ursprung der von Blanca Santa Cruz gesammelten Geschichten ist also klar, und Mama Chayo hat in der Kinderzeitung »Die Vorschule« viele Jahre weiter gelebt, denn unter diesem Pseudonym erzählte die Autorin den Kindern. Als eine Art Ehrung für Mama Chayo bewahrte sie auch die Formeln zu Beginn und das »Geschwätz« zu Ende einer Geschichte.

Hören wir den Anfang von »Der verrückte Papagei«: »Um zu wissen und zu erzählen, um zu wissen. Brot und Käse für die ganz Verrückten, Brot und Mehl für Catalina. Jetzt sage ich euch nicht mehr und lasse es bis zum Schluß. Es war einmal ein Stockdummer, der hieß Perico«. Betrachten wir auch die Schlußformel: »Und hier endet die Geschichte vom dummen Perico. Jedesmal, wenn ich sie erzähle, lachen sogar die Toten und steigen aus ihren Gräbern in Richtung Vichuquén vom Pferdchen in den Zug und essen eine schöne Pastete.« Eine andere Geschichte beginnt: »Wenn die Schweine fliegen und die Schlangen stille stehen...« Es handelt sich um eine Art magischer Beschwörungen, um die Geschichte zu beginnen.

In anderer, mehr volkstümlicher Art schrieb *Ernesto Montenegro* sein Buch »Mein Onkel Ventura« (1938); er benutzte für seine Erzählungen die folkloristische Überlieferung und inspirierte sich an der traditionellen Volkserzählkunst. Die Redewendungen, die den Erzählungen soviel Kolorit geben, und die ländliche Einfachheit der Umgebung, in der sie spielen, bewirken, daß Kindern die Geschichten des Onkels Ventura gut gefallen. Für den Kritiker Alone steht dieses Buch über den folkloristischen Sammlungen von Ramón A. Laval und Vicuña Cifuentes; er sagt: »Die Lebendigkeit seiner Formulierungen läßt nie nach und ist Anlaß zu stets neuer Freude. Es gibt in diesen Erzählungen wenigstens drei Gründe zur Freude: zunächst die tausendjahrealte Erfindung, die Phantasie der Legende, deren historischer Ursprung sich in weit entfernten Jahrhunderten verliert; dann die Bearbeitung der Erzählung durch unser Volk, das typisch Chilenische in ihnen, das immer wieder hindurchscheint voll positiver Bosheit, resignierend und verschmitzt...; und zuletzt die Seele der zwei Erzähler, des Onkels und des Neffen. Wir alle wissen, daß ein wesentlicher Unterschied zwischen dem Folkloristen und dem künstlerisch begabten Schriftsteller besteht. Der Folklorist ist Wissenschaftler und beschränkt sich darauf, Material zu sammeln, ohne auch nur einen Akzent wegzulassen. Der Schriftsteller fügt hinzu, verändert, schreibt Literatur. Seine Erfindungsgabe geht über das Tradierte hinaus. Das macht auch den Wert der ›Geschichten meines Onkels Ventura‹ aus. Es sind Volkserzählungen, die von einem Literaten niedergeschrieben wurden.«

Im Gegensatz zu ihnen kommen die »Folkloristischen Erzählungen aus Chile« (1960)

von *Yolando Pino Saavedra* aus der besten folkloristischen Tradition; durch den Reichtum an Erzählgut ist es ein ausgezeichnetes Buch, das zum größten Teil auch von Kindern gelesen und verstanden werden kann.

Der Schriftsteller *Antonio Acevedo Hernández* spricht im Vorwort zu seinen »Chilenischen Legenden« (1952) von seiner Kinderlektüre; er las eine Fibel von Sarmiento und die Erzählungen des Verlags Calleja. »Ich glaubte an Hexen und kannte chilenische Hexen, wenn ich den unheilverkündenden Gesang des Tué-Tué hörte, dieses mythischen Vogels, der chilenischen Hexen... Habe ich euch erzählt, daß ich zusammen mit anderen, auch an Geister glaubenden Jungen auszog, um die Stadt ›Sinnenlust‹ zu suchen?« Diese Stadt ›Sinnenlust‹ war eine Art Schlaraffenland. Der Autor schlägt in einem anderen seiner Bücher »Die chilenische Legende als Grundlage einer nationalen Literatur« vor, daß wunderbare Abenteuer auf der Suche nach dem Amazonas, dem Land Dorado und nach dem Quell der Erfindungen Jugendbücher inspirieren sollten.

Die Dichtung – Gabriela Mistral

Kommt man zu dem Kapitel über Dichtung, so kann man sagen, daß in jedem Land das Kind vor allem die Fabeldichter kennenlernt, denn in Form der Fabel gelangt die Poesie zuerst in die Schulen. Auf der anderen Seite nährt die Kinderfolklore die Phantasie mit Versen und überlieferten Gedichten; sie wird – man weiß nicht recht wie – weitergegeben und von den Kindern selbst verändert.

Volksdichter wie *Juan Rafael Allende* (1850–1909) brachten in dichterische Form, was Kindern lieb war. In ähnlicher Weise halfen Copla- und Weihnachtsliedersänger, das Kind poetisch zu bilden, obwohl diese Coplas nicht immer für Kinder geeignet waren. Aber Kinder suchen, wenn es keine eigene Kinderliteratur gibt, Dichtung dort, wo sie sie finden können. Eine abwechslungsreiche, fröhliche Kinderfolklore, die voll von geheimnisvollen Symbolen war und gleichsam die Poesie der Kinderspiele enthielt, sammelte in Chile der tüchtige Folklorist *Orestes Plath* in seinen Büchern »Kindliche Aspekte« (1946) und »Das Johanniswürmchen«. Diese sehr guten Sammlungen, die es wert sind, in den Schulen gelesen zu werden, könnten auch Dichter inspirieren. Der Autor, der etwas von Pädagogik und von Kindern verstand, trat für eine folkloristische Literatur nicht nur bei der Dichtung, sondern auch bei der Erzählkunst ein.

Hätte das chilenische Kind einmal Dichtung lesen wollen, die nicht in den gebräuchlichen didaktischen Fabelsammlungen stand, nicht aus seiner eigenen Folklore oder den gesungenen, vom Volk und der Tradition übermittelten Romanzen bestand, hätte es nur zu den großen Dichtern gehen müssen. Die »Georgica« von Carlos Pezoa Veliz hätte ihm gefallen (1879–1908). Dieser Dichter hatte Kindern viel zu sagen, obwohl er nicht eigens für sie geschrieben hat.

Auch M. Magallanes Moure (1878–1924), ein ausgezeichneter Poet, der lehrt, daß Chile ein Land der Dichter ist, wäre bereichernd für jede Kinderanthologie. Dieser einfache und vornehme Mann mit den großen Ideen war, obwohl er sich immer wieder auf sich selbst zurückzog, ein Dichter für alle. Er verehrte die Frauen, seine Verse verraten seine Aufrichtigkeit und seine Hingabefähigkeit. Seine Seele war voller Liebe, wie er in dem Gedicht »Meine Seele« und in »Friede« sagt.

Wer jedoch wahrhaft mütterlich beim Schreiben an die Kinder dachte, war die große chilenische Dichterin *Gabriela Mistral* (1889–1957). Wieder einmal wurde eine Leh-

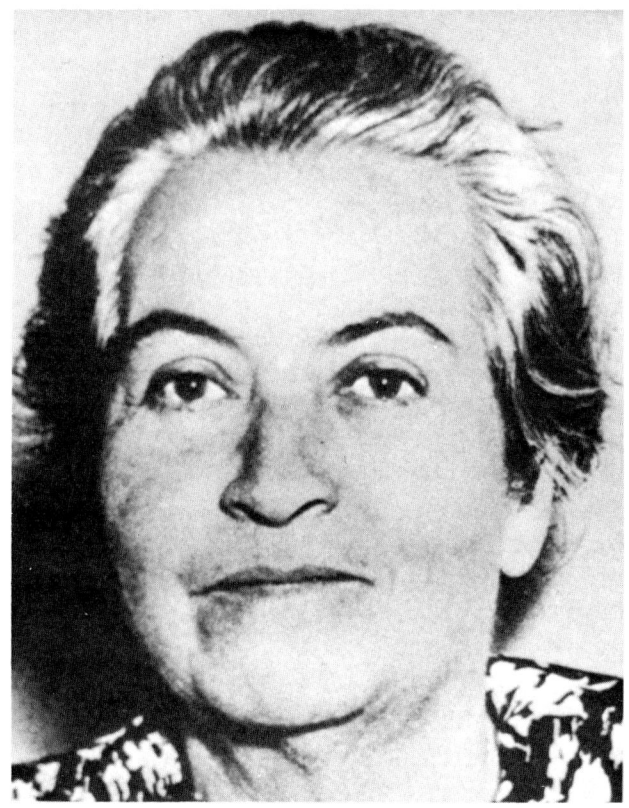

Gabriela Mistral

rerin die bedeutendste Persönlichkeit für die Kinderliteratur ihres Landes. Sie wurde im Tal von Elqui in Vicuña geboren und hieß eigentlich Lucila Godoy Alcayaga. Da sie den Erzengel Gabriel sehr verehrte, wählte sie seinen Namen als Vornamen und den Nachnamen vom Mistralwind, wie sie selbst erzählt. Ihr Vater und ihre Schwester waren Lehrer, auch sie wurde Lehrerin, auf dem Lande, und begann schon mit fünfzehn Jahren, in der Volksschule zu unterrichten. Sie lernte viele Schulen des Landes kennen und kam sogar bis zur Magalhaesstraße. Auch ihre Tanten Maria Mercedes Godoy vom Guten Hirten und Mutter Carmen waren Lehrerinnen: Eine ganze Sippe von Lehrern.

Gabriela wurde später Rektorin einer Oberschule. 1914 gewann sie die »Natürliche Blume« in den Blumenspielen von Santiago mit den »Todessonetten«.
In ihnen spiegelt sich eine große Gefühlserfahrung, eine tiefe unglückliche Liebe. Ihre starke, kühle, ernste und vornehme Persönlichkeit erweckte Aufmerksamkeit.
Gabriela Mistral dachte immer an Kinder. In ihren Büchern »Zärtlichkeit« und »Klipperspiel« widmete sie ihnen Gedichte, die von Schulkindern der ganzen Welt gelesen werden. Sie interessierte sich auch für Folklore. 1935 veröffentlichte sie in Madrid einen wichtigen Artikel »Folklore für Kinder« in einer pädagogischen Zeitschrift. Sie glaubte, daß die Kinderfolklore die Art der Dichtung anzeige, die man für Kinder schreiben müsse: Lieder, Wiegenlieder und Verse... Alles übrige sei so künstlich, so gezwungen und so weit entfernt von der kindlichen Welt, daß sie sogar fürchtete, es könne Kindern schaden.
Mit großer Ehrlichkeit spricht sie dann über ihre eigenen Dichtungen und sagt, was wohl schon mehr als ein Autor im Inneren gedacht hat: »Wenn ich meine Dichtungen, die mehr oder weniger für Schüler sind, lese, oder sie von einem Kind gesprochen höre, fühle ich nicht nur Scham – die aber nichts mit dem Literarischen zu tun hat –, nein, ich werde wirklich rot im Gesicht und möchte wie ein angstvoller Sünder irgendetwas ausmerzen: die Härte des Verses, die anmaßende Idee, das zu streng Pädagogische, die Wahl zu süßlicher Worte.« Das sind all die Fehler, die ein Schriftsteller begehen kann, der für Kinder schreibt und sich vergebens auf ihre Ebene begibt.
Einmal sagte Gabriela Mistral über die Kinderliteratur: »Sie liegt noch in den Windeln. In der spanischen Volksdichtung, im Provençalischen, im Italienischen des Mittelalters habe ich die für Kinder geeignetsten Rundgesänge gefunden, die ich kenne. Die Folklore dieser Regionen ist voller Dichtung, die für Kinder geeignet ist.«
Es stimmt: wenn keine ausdrücklich für Kinder bestimmte Dichtung da ist, muß man sie suchen, und wenn man sie nicht findet – erfinden. Das sagte auch Vasconcelos, als er Informationsminister in Mexiko war und lud Gabriela Mistral ein, an dem Programm der Volksschulerziehung mitzuarbeiten. Das Ergebnis war ein sehr schönes »Lesebuch« mit alten Geschichten und Legenden, Heldengeschichten und Erzählungen der Eingeborenen.
Gabriela Mistral, die das »Gebet der Lehrerin« schrieb, in dem sie Gott um Erleuchtung für jeden Tag bat, um sich an die geliebten Schüler zu wenden, sammelte aus der folkloristischen Quelle für ihre literarischen Schöpfungen. Sie war eine große Neuschöpferin von Worten; daher bot sie Kindern, die selbst vom Instinkt her schon Dichter sind, Überraschungen in der Sprache. In dem Gedicht »Welten werden erzählt« spricht sie von der Mutter Granatbaum, als sei die Natur eine phantastische Welt. Gabriela Mistral war selbst nicht Mutter, besaß aber reinstes Muttergefühl. Sie litt mit den Kindern während der Kriege und bestimmte den Erlös eines ihrer Bücher zur Linderung der Not von Flüchtlingen.
In dem Gedicht »Bittgebet für ein Nest« spricht die Autorin ein poetisches Gebet, läßt aber auch über die Einfälle eines Papageien lachen, der dem Leser gegenüber

frech wird. Gabriela Mistral war auf vielen Gebieten begabt. Sie schrieb nicht nur Gedichte für Kinder in den Bänden »Zärtlichkeit« und »Klipperspiel« und »Verzweiflung«, sondern fügte diesem letzten Buch auch »Schulprosa« hinzu: »Warum ist das Zuckerrohr hohl?«, »Warum haben die Rosen Dornen?«, »Die Rosenstrauchwurzel«, »Das Kämmen«, »Der Tümpel«. Diese schönen und beispielhaften Geschichten sind in der Art von Wilde und Rubén Darío geschrieben.

Die Worte von Gabriela Mistral, man müsse Material für Kinderbücher suchen, waren sehr überzeugt gemeint. So kann man auch bei einem anderen großen chilenischen Dichter, *Pablo Neruda* (Neftalí Ricardo Reyes, 1904–1974) für Kinder eine Auswahl treffen. Seine Mutter war Volksschullehrerin. Die große, überschäumende Phantasie Nerudas, seine geniale Intuition, seine an Vergleichen so reiche Einbildungskraft mußte auch etwas für Kinder Geeignetes geschaffen haben. So gibt es in den »Elementaren Oden« (1954) und in den »Neuen elementaren Oden« die »Ode an die Zwiebel« und die »Ode an das Holz«, die wie für die poetische Phantasie eines Kindes geschaffen sind. Die Zwiebel, das Holz und der Wind sind für das Kind eigene Persönlichkeiten; sie sind keine tote Materie oder nur Pflanze und Luft, es sind be-

Zeichnung von Hernán del Solar aus »La vaca rabiosa«

seelte Wesen, die sprechen und sich bewegen, die handeln können und uns täglich in ihrer schönen Sprache anreden.

Es gibt zahlreiche chilenische Dichter, die eigens für Kinder schrieben. *Maria Romero* bietet eine Auswahl ihrer gelungenen Verse in ihrer Anthologie »Die besten Verse für Kinder«. Auch *Luis Felipe Contardo* (1880–1921) ist zu erwähnen; er schrieb »Palme und Heim« (1908) und »Bergblume« (1903). Diesem einfachen Priester gelangen schöne und humane Gedichte.

Cora Bindhoff schrieb »Lieder für die Jugend Amerikas«, »Weihnachtslieder« und »Weihnacht«. *Roberto Meza* schrieb »Das Kind beim Rundgesang«, »Weihnachtsbaum« (Lieder für Mütter und Kinder) und eine »Romanzensammlung« über Bernardo O'Higgins (Kindheit und Jugend Bernardos, 1954); *Maria Christina Menares* veröffentlichte »Rundgesänge für Kinder«, *Humberto Diaz Casanueva* machte eine »Auswahl von Gedichten für Kinder« (1928) und *Armida Figueroa Hernández* veröffentlichte »Ein Verzeichnis der Kinderdichtung«. *Carlos Ruiz Zaldívar* schrieb »Der heroische Romanzensänger von Aconcagua«, in dem einige sehr hübsche Romanzen stehen, wie die »Romanze des Gründers und seiner Stadt« und »Das alte Haus von Carmen«. *Nicanor Parra* schrieb Volksdichtung mit Volkstänzen, Ständchen und Liedern, die man auch für die Kinderdichtung heranziehen kann.

Der Roman und die Erzählung – Hernán del Solar und sein Werk – Marcela Paz und die Fortsetzungsreihe von »Der Papierwisch« – Andere Autoren – Das Kindertheater

Zum Glück hat ein Land wie Chile, das so reich an Legenden und Überlieferungen ist, auch ganz moderne Romane; deren Autoren haben ebenfalls die Kinderliteratur bereichert. *Hernán del Solar* ist der beachtenswerteste und fruchtbarste Autor Chiles. Seine Bücher, die von Detektivgeschichten in der Art Chestertons beeinflußt sind, stecken voller Geheimnisse und Überraschungen; sie bringen rätselhafte, den Verstand anregende Abenteuer und geben der kindlichen Welt die ganze Beweglichkeit und den lebendigen Rhythmus unserer Zeit. Die Ereignisse sind der täglichen Wirklichkeit nachgebildet, sie könnte jeder so erleben. Sein unruhiger, neugieriger, einfallsreicher Geist erfindet immer neue außerordentliche Situationen, die er dann meist gemäß einer dialektischen Logik entwirrt.

Das Paradoxe ist bei Hernán del Solar anziehend und vergnüglich. Er kennt die kindliche Psyche gut und wendet sich an die Phantasie und die Intelligenz der Kinder; zugleich beherrscht er die Romantechnik und weiß das Interesse jeden Augenblick wach zu halten. Man kann Hernán del Solar wegen der hohen Qualität seiner Bücher als einen Klassiker der chilenischen Kinderliteratur bezeichnen. »Die Abenteuer des Totora«, »Als der Wind aufhörte«, »Mac, die unbekannte Mikrobe«, »Das Geheimnis von Bakal«, »Der Mann mit der Stulpe am Hut«, »Die wütende Kuh«, »Pascual aus dem Gebirge« und viele andere seiner Bücher sind bei chilenischen Kindern sehr berühmt. Einige wurden unter verschiedenen Pseudonymen geschrieben, denn Hernán del Solar wollte seinen eigenen Namen ebenso geheimnisvoll verbergen wie die Intrigen seiner Romane. So ist Aldu Bru eines der Pseudonyme von Hernán del Solar, der darunter die rätselhafte und schöne Geschichte »Das Mädchen aus Stein« schrieb. In allen Erzählungen von Hernán del Solar gibt es einen poetischen Hintergrund, eine wehmütige Erinnerung an gute Ideale und bessere Welten. Der Wunsch nach Flucht aus der Wirklichkeit ist ein Hauptmotiv all seiner Romane.

Marcela Paz ist das Pseudonym für Ester Huneus de Claro; sie ist ebenfalls Lieblingsschriftstellerin der Kinder. Sie schrieb »Papierwisch«, die Geschichte eines Kindes aus einer wohlhabenden Familie, dessen typisch kindliche Einfälle ohne sein Wollen zu den größten Dummheiten führen, gleichzeitig aber auch zu den besten Taten. Marcela Paz besitzt großes psychologisches Einfühlungsvermögen und einen ausgeprägten Sinn für Humor. Das Kind »Papierwisch«, das alles aus der Welt der Erwachsenen mit sympathischer Unverfrorenheit kommentiert, sich in alles einmischt und »schreckliche« Taten vollbringt, ist reizend und spitzfindig. Es spricht eine Kindern verständliche Sprache und handelt wie ein besonders waches und lebhaftes Kind mit eigener Initiative. Jedes Buch über »Papierwisch« ist ein Treffer. Auch die Nebenfiguren, die die Heldin umgeben, sind gut beschrieben.

Dem ersten Buch über »Papierwisch« folgten: »Papierwisch fast ein Waisenkind«, »Papierwisch als Geschichtsschreiber«, »Papierwisch als Detektiv«, »Papierwisch in der Klinik« und »Papierwisch – verloren!«

»Papierwisch in der Klinik« ist ein gelungener Roman, der Kinder und Erwachsene erfreut. Wenn Kinderliteratur gut ist, überwindet sie die Altergrenzen. Marcela Paz wurde zur Präsidentin des Nationalen Chilenischen Ausschusses gewählt, der dem »International Board on Books for Young People« angehört; sie begann eine intensive Arbeit in ihrem Land zum Wohl der Kinderliteratur.

Auf dem Gebiet des historischen Romans ist das Werk von *Jorge Inostrosa* zu erwähnen; er beschrieb nationale Episoden. Das historische Thema verbindet sich mit der Romanhandlung und wird nach traditioneller Art zu einer den Leser unterhaltenden Geschichte. Inostrosa widmete seine Romane »Abschiedsgruß für den siebten im Glied«, »Grenze in Flammen«, »Die Kreuze der Wüste«, »Die Kinder von Bronce«, »Die Rückkehr der Unsterblichen« und »Die vergessenen Bataillone« den Veteranen aus dem pazifischen Krieg, den Peruanern, Bolivianern und Chilenen, als Erinnerung an eine romantische und heroische Epoche.

Fernando Coloane schrieb »Die Eroberer Amerikas« und »Die Eroberer der Antarktis«; es sind leicht zu lesende wissenschaftliche Erzählungen und historische Geschichten, für die sich Jugendliche interessieren.

Alejandro Magnet schrieb »Schwert und zimtfarbenes Pferd«, einen historischen Roman über die Kämpfe um die Unabhängigkeit Chiles. Die chilenische Vergangenheit ist zweifellos eine Quelle für Romanmotive, wobei sowohl die Ereignisse wie auch die Helden beider Seiten interessant und anziehend sind. Mit Recht sagt der Autor im Vorwort: »Statt der üblichen Cowboy-Abenteuer, die die chilenischen Kinder aus Mangel an anderen Büchern lesen, sollen sie in ›Schwert und zimtfarbenes Pferd‹ ein begeisterndes Abenteuer ihres eigenen Landes und ihrer eigenen Geschichte finden, in dem araukanische und spanische Krieger miteinander an Mut und Heldentum wetteifern.«

Erwähnenswert ist auch *Jacobo Danke* mit seinem Roman »Hutusine«. Weiter ragen hervor: *Carmen de Alonso*, die »Mondmedaillons«, »Sonnenmedaillons« und »Kleine

Sänger« schrieb, eine Sammlung von Erzählungen, von denen einige von chilenischen Legenden und Geschichten beeinflußt sind, andere von ihr selbst erfunden wurden: *Silvia Moore* schrieb »Pepita Canela« und »Die Abenteuer Panchitos mit den Sommersprossen«, eine reizende Verserzählung: *Alicia Morel* schrieb »Die singende Ameise« und andere Erzählungen; außerdem *Ester Cosani, Robinson Saavedra Gomez* und *Damita Duende.*

Bemerkenswert ist das Interesse der bekannten Schriftstellerin *Martha Brunet* für die Kinderliteratur. Die mit dem Nationalpreis für Literatur ausgezeichnete Autorin, eine der besten ihres Landes, schrieb für Kinder: »Eine Geschichte über den Kondor«, »Geschichten für Mari-Sol« und »Aleluyas für die ganz Kleinen«, die von der »Verkehrten Welt« beeinflußt sind.

Ein interessantes Buch, das auf der Grenze zwischen Kinderliteratur und Erwachsenenliteratur steht, ist das von *Carlos Ruiz Tagle* »Erinnerungen eines Hosenmatzes«. Diese Erinnerungen sind in der Art des »Jungen Karl« geschrieben und berichten die Eindrücke eines Heranwachsenden und seine Anschauungen über die anderen, vor allen Dingen über die Großen, die ihm befehlen und die ihn ertragen.

Bibliographie

Latorre, Mariano: Estudios críticos de literatura chilena (Kritische Studien über chilenische Literatur). Santiago 1940.

Laval, Ramón A.: Cuentos chilenos de nunca acabar (Chilenische Märchen, die nie aufhören). Santiago 1910.

Lenz, Rodolfo: Narraciones araucanas (Araukanische Erzählungen). Santiago 1910.
– Cuentos de adivinanzas (Rätselgeschichten). Santiago 1912.

Mistral, Gabriela: El folklore para los niños (Kinderfolklore). Revista de pedagogia. Madrid 1935.

Pino Saavedra, Yolando: Cuentos folklóricos de Chile (Chilenische folkloristische Geschichten). Santiago 1960.

Plath, Orestes: Aspectos populares infantiles. Santiago 1946.
– Folklore chileno (Chilenische Folklore). Santiago 1962.

Torres Rioseco, Arturo: Nueva historia de la gran literatura iberoamericana (Neue Geschichte der großen iberoamerikanischen Literatur).

Vicuña Cifuentes, Julio: La poesía popular chilena (Die Chilenische Volkspoesie). Santiago 1916.

Argentinien

Die Wegbereiter – Der Pädagoge Domingo Faustino Sarmiento: »Hunger und Durst nach Lektüre«

In der Mitte des 19. Jahrhunderts fragte sich Sarmiento, ein bedeutender Mann und eine hervorragende Gestalt, besorgt, warum Kinder bis zur Jugendzeit nichts läsen? »In Buenos Aires«, sagte er, »sind die Kinder am wenigsten von ganz Südamerika entwickelt; die Schulkinder lesen überhaupt kein Buch während ihrer Schulzeit. Einige lesen Zeitungen..., so daß man behaupten kann, daß die menschliche Intelligenz, was das Ansammeln von Daten und von Wissen betrifft, bis zum Jünglingsalter wie gelähmt ist.«

Mit solcher Klarheit und Hellsichtigkeit der Worte und mit fast rustikalem Edelsinn, der sich manchmal auch heftig und stürmisch äußern konnte, zeigte Domingo Faustino Sarmiento (1811–1888) eines der vitalen Erziehungsprobleme seines Landes auf. Sarmiento interessierte sich sehr für Volks- und Kindererziehung. Er gehörte nicht zu den Theoretikern, die sich im Schreiben und Denken erschöpfen, ohne je ihre Theorien zu verwirklichen. Der »Hunger und Durst nach Lektüre«, den er bei Kindern und im Volke erwecken wollte, ließ ihn Schulen und Schulbibliotheken gründen. Mit vollem Recht gab es Momente des Stolzes bei diesem einfachen und bescheidenen Mann, wenn er sagen konnte: »Ich war der erste, der eine Lehrerbildungsanstalt in Südamerika gründete.«

Sarmiento reiste durch Europa und Nordamerika, um Bildungsanstalten und Bibliotheken zu besuchen; das Gesehene wollte er auch in seinem Land verwirklichen, denn er war wie besessen von dem Wunsch, Kinder und Jugendliche zu erziehen. Er war ein Mann der Tat und der Wissenschaft, von großem Schwung und frühzeitig ergraut durch die Anstrengungen. Alles, was er sagte, war einfach und genial. »Das Leben«, schrieb Sarmiento, »ist fortwährendes Lernen, und das ist das wesentliche Merkmal des zivilisierten Menschen; nur die barbarischen Völker bleiben, wenn sie den heimatlichen Herd verlassen, unwiderruflich in Gewohnheiten, Ideen, Moralvorstellungen und selbst in ihren Zielen gefangen.«

In seinem Bericht »Über die Volksbibliotheken« und in seinem Artikel »Geschichten für Kinder« dachte Sarmiento als erster überhaupt in Argentinien an die Notwendigkeit von Kinderbüchern. Er sprach und schrieb über den erzieherischen Wert der Biographien großer Menschen, und um ein Beispiel seiner Theorie zu geben, schrieb er selbst eine Biographie über seinen Adoptivsohn »Das Leben des Dominguito« (1866), der mit zwanzig Jahren im Krieg mit Paraguay starb. Es ist ein schönes und bewegendes Buch und in der lebendigen und offenen Sprache geschrieben, die charakteristisch für Sarmiento war.

Sarmiento hatte bereits eine bemerkenswerte Tatsache in der europäischen Literatur erkannt: »Alle Autoren guter Erziehungsbücher für Kinder sind Frauen.« Zweifellos dachte er an Madame Genlis und an alle französischen und englischen Erzieherinnen, die belehrende Gespräche aufzeichneten und der Jugend unterhaltsame Abendgesellschaften beschrieben. In seinen Erinnerungen erzählte Sarmiento, daß ihn in seiner Jugend die Lektüre der Biographie von Franklin sehr beeindruckt habe.

Sarmiento, der aktiv und besessen von seiner Idee war, aber sein ganzes Leben Autodidakt blieb, glaubte fest an den Wert einer gelenkten Erziehung und an die Bedeutung der Lektüre für Kinder und Jugendliche. »Man hat gesagt, daß die Erziehung meine Manie sei«, sagte er einmal, »aber die Manien haben aus der Welt das gemacht, was sie heute ist.« Und in der Tat ist es Sarmiento zu verdanken, daß man heute von einer argentinischen Kinderliteratur sprechen kann.

Erste Kinderlektüre – Argentinische Folklore – José Hernández und »Martin Fierro« – Die Liedersammlungen – Erzählungen und Legenden

Während die großen Pädagogen eine Kinderliteratur aus Texten von hier und dort zusammenstellten, sie aus Extrakten und Zusammenfassungen zusammensuchten und manchmal wohl ein Werk zustande brachten, das von europäischen und nordamerikanischen Einflüssen frei war, lasen die argentinischen Kinder dasselbe wie die europäischen, besonders wie die spanischen Kinder. Das war nur natürlich, denn bis 1816, dem Jahr der Nationalen Unabhängigkeit, kam alles, was man in Argentinien an Lektüre erhielt, aus Spanien. Die Kinder lasen die Fabeln von Iriarte und Samaniego, Phädrus und La Fontaine; die Fabeln von La Fontaine kannten sie in der argentinischen Version von *Domingo de Azcuénaga*, der sie im »Handelstelegraph« veröffentlichte (1801–1802); sie lasen auch die Fabeln von *Alexander Real de Azúa*. Vor allem aber lauschten die Kinder den Geschichten aus »Tausend und eine Nacht«.

Folkloristische argentinische Legenden und Fabeln von Tieren, die die Lebensgewohnheiten der Einheimischen angenommen hatten, nährten ihre Phantasie. Man muß sich auch vorstellen, daß die Kinder mit Aufmerksamkeit und Entzücken den argentinischen »Trobadores« der Pampa zuhörten. Die volkstümliche Anmut und die balladenhaften Strophen des Sängers mit den seltsamen Vergleichen beeindruckten ihre Phantasie. Vielleicht könnte man sagen, daß das alles etwas vulgär war, aber die Kinder hörten oder lasen diese Verse in den »Fliegenden Blättern« mit derselben Freude wie Kinder in Spanien die Aleluyas lasen. Mehr als ein begabter Dichter sagte später, daß »Martin Fierro« und der »Faust« von Estanislao del Campo Begleiter seiner Jugend waren. Daher gehört mit Recht *José Hernández* (1834–1886) in eine Geschichte der argentinischen Kinderliteratur.

Er vertritt das bodenständige Argentinien. Er schuf das lange epische Gedicht »Martin Fierro«. Wie ein Zeitgenosse berichtet, muß er wie eine Gestalt aus alten Zeiten gewirkt haben. Sein üppiger Jupiterbart, seine Körperfülle und seine wohlwollende Miene waren eindrucksvoll. Immer ging er mit Gaucho-Hut und hohen Stiefeln. Er wurde in San Martin, Provinz Buenos Aires, geboren. Schon in früher Jugend besuchte er die Viehfarmen zum Kauf und Verkauf des Viehs und lernte es, mit Gauchos und Indianern zusammenzuleben; so lernte er auch ihre Lieder und Sitten kennen. Er nahm an Feldzügen unter dem Befehl von Rosas teil, beschäftigte sich mit Politik und wurde Wirtschaftsminister. Außerdem war er Journalist und schrieb »Der Argentinier«. Er ging ins Exil nach Brasilien. In seinem Lebenslauf spiegeln sich die Wechselfälle seines Vaterlandes: die Revolte für die Unabhängigkeit und die politischen Kämpfe. Vorläufer in der Reihe der Schriftsteller, die sich auch mit Themen aus dem Leben des Gaucho beschäftigten, war *Hilario Ascasubi* (1807–1875) mit »Santos Vega oder die Blumenzwillinge« und »Paulino Lucero oder die Gauchos vom Rio de la Plata«.

Hernández veröffentlichte »Der Gaucho Martin Fierro«. Das Buch hatte so außerordentlichen Erfolg, daß er gezwungen war, den zweiten Teil zu schreiben: »Die Rückkehr des Martin Fierro« (1879). Das Gedicht ist eine Art Epos in der Sprache des Volkes. Der Held ist der Gaucho, der Mann der Pampa, der auf dem Rücken seines Pferdes die Lande durchreitet, unter dem wolkenlosen Himmel schläft und das Vieh hütet. Die Erfahrungen des Gaucho, auch die bittersten, verdichten sich zu Ratschlägen einer gesunden Philosophie. Der inspirierte, analphabetische Barde besitzt die Gabe der Improvisation, ein Erbe früherer Generationen, bei denen die mündliche Überlieferung gepflegt wurde. Aus der Kehle des Gaucho – wie auch beim spanischen Copla-Dichter und wie beim uruguayischen Gauchosänger, der ihm in seinen Sitten sehr gleicht – quillt der übersprudelnde Vers, scharf und treffend, sentenziös und absichtsvoll, ohne daß Anmut oder Bosheit das Leid verdecken wollen.

Seit ihren Kindertagen haben Argentinier und Uruguayer diesen Dorfsängern bewundernd zugehört; daher sollten in einer Kinderanthologie auch Coplas aus »Martin Fierro« stehen. Der Wettgesang oder »Gauchogesang« zwischen zwei Sängern ist eine Art musikalischer Dialog in der Weise der mittelalterlichen Fragen und Antworten oder Tenzons, bei dem man die Erfindungsgabe und die Fähigkeit zur Improvisation des Gegners prüfte. Die schwierigen und rätselvollen Fragen halten beim Zuhörer die Spannung wach. Es handelt sich dabei um kindliche Rätsel. Der Gauchogesang ist somit ein poetisches Turnier, bei dem sich die Begabung der Gegner ähnlich erweist wie bei den aragonischen »Pique«-Tänzen. Der Gesang ist kontrapunktisch mit Versen von vier Zeilen und acht Silben.

Grundelemente der argentinischen Kinderliteratur sind einmal die traditionellen und volkstümlichen Liedersammlungen und in noch höherem Maße die Kinderliedersammlungen. Es gibt heute dank des Fleißes und Geschmacks der Sammler sehr viele gute Liedersammlungen, z. B.: »Liedersammlung vom Rio Plata« von Jorge Furt, »Cuyanische Volksliedersammlung« von Juan Draghi; »Argentinische Rundgesänge und Lieder« von L. J. Lanuza; »Sammlung überlieferter argentinischer Lieder« (ausgewählt zum Gebrauch für Kinder); »Überlieferte Lieder und Tänze für Schulkinder« von Isabel Aretz; »Liedersammlung von Santiago de Estero« von Orestes di Lullo und die zahlreichen Liedersammlungen, die der große Folklorist Juan Alfonso Carrizo zusammenstellte, der auch die große Geschichte der argentinischen Folklore schrieb.

Die ausgezeichneten Liedersammlungen der argentinischen Provinzen Salta, Jujuy, Tucumán, La Rioja, Catamarca bieten reichen Stoff für Kinder, so daß Carrito eine »Didaktische Anthologie überlieferter Lieder« zum Gebrauch für die Schulen herausgegeben hat und vor einigen Jahren »Überlieferte Verse und kindliche Spiele«. Er versucht in seinen Sammlungen, die Herkunft der gesammelten Lieder zu bestimmen und erklärt: »Wenn auch die Romanzen, die Kinderreime und die Gebete in der Mehrzahl spanischen Ursprungs sind, so sind es doch die Glossen und die Coplas (ursprünglich spanische Gedichtform) nicht im gleichen Maße.«

Wer die spanische Kinderfolklore kennt, erkennt sowohl in Argentinien wie in ganz Südamerika, von Chile bis Santo Domingo, die berühmten Reime wieder: »Reis mit Milch, ich will mich verheiraten«, »Es war einmal eine Hirtin, larán, larán, larito«, »Um eins sprang der Maulesel«... und hundert mehr dieser Rondas und kindlichen Spiele, die heute zum Besitz aller Völker spanischer Zunge geworden sind.

Die »Folkloristische Anthologie für Schulen« ist eine beachtenswerte und gelungene Anstrengung, nationale Folklore für die Erziehung fruchtbar zu machen; das Buch als didaktisches Modell könnte auch anderen Nationen dienen. Doch stellt diese Anthologie keine vereinzelte Anstrengung dar. Der hervorragende *Ismael Moya* schrieb für den Nationalen Erziehungsrat »Kreolische Rätsel« (Auswahl für Schulen); er betrachtete das Rätsel als pädagogisch wertvoll, bildend und als liebenswürdige Hilfe im Unterricht. In seinem Buch »Überlieferte Rätsel« mit einem Aufsatz über diese besondere folkloristische Gattung sammelte er mehr als 550 Beispiele, die im Gedächtnis des argentinisches Volkes lebendig geblieben waren. Dieses Buch war letztlich das Ergebnis der berühmten »Rätsel vom Rio de la Plata« von Lehman Nietzsche. Der Rat für Didaktik in der Erziehung beschloß die Verbreitung der Folklore, denn »in unseren Schulen pflegt man die Folklore nicht, trotz ihrer suggestiven Wirkung auf Kinder..., man schätzt also den reichen Schatz des autochthonen Fabelerzählers und der Volkssprichwörtersammlungen nicht genug.« In den Schulen halfen die Lehrer mit, Legenden, Erzählungen, Phantasiegeschichten, Geschichten über tatsächliche Ereignisse, Fabeln, Gleichnisse, Anekdoten, Tiergeschichten, Rätsel, Kinderreime, Weihnachtslieder, Zungenbrecher und Tänze zu sammeln. All diese Bemühungen wurden in Argentinien von Autoren wie *Julius Aramburú* unterstützt, der »Folklore bei Kindern« veröffentlichte, eine Sammlung von Spielen, Rundgesängen, Liedern, Erzählungen und Legenden (1940), und eine Geschichtensammlung, »Die Tage des Pedro de Urdemalas«. Pedro war der Held einer Komödie von Cervantes, ein durchtriebener Gauner, dessen Abenteuer und Spitzfindigkeiten schon unsere Vorfahren erfreuten. Als Typ gehört er in die Volksdichtung wie auch die Gestalten des »Königs, der wütete«, »Marie Kastanie«, »Johann ohne Furcht« und viele andere. Pedro verübte seine Gaunereien, weil ihn das Leben dazu zwang; seine bösen Listen waren für mehr als einen, der ihn betrügen wollte, eine schlimme Erfahrung.

Wie Johanna die Kluge in den Volksmärchen strengte sich auch Pedro de Urdemalas (Bösewicht) an, um aus der Klemme zu kommen, und dank seiner Erfindungsgabe blieb er immer Sieger. Die Geschichte seiner Taten ist in ganz Südamerika beliebt, während sie in Spanien vergessen wurden oder nur noch in den Volksmärchen auf den Dörfern leben. Er ist unter vielen Namen bekannt: Peter mit den bösen Taten, Peter mit den bösen Künsten, Peter, der Böses anzettelt, und Peter mit den dummen Streichen.

Das Interesse an der argentinischen Folklore, die mündlich überliefert und dann von Sammlern aufgezeichnet wurde, bereicherte die Kinderliteratur. Die Sammlung von *Juan B. Ambrossetti* (1865–1917) »Aberglaube und Legenden« (1917) bereitete den Weg für spätere, Kindern gewidmete Schriften.

Zur gleichen Zeit schrieb *Ada Maria Elflein* die »Argentinischen Legenden« in vollem Bewußtsein dessen, was eine Sammlung von Erzählungen aus dem Land bedeuten kann; ihre Geschichten wurden bei Kindern sehr bekannt, ja, sie wurden ein Lieblingsbuch argentinischer Kinder.

Der Schriftsteller *Ricardo Rojas* (1880–1957) begann schon mit zwanzig Jahren und wahrscheinlich angeregt durch die Erzählungen, die er von Dienstmädchen gehört hatte, aber auch angeregt durch die Vorliebe des Modernismus für alles Exotische, mit der Veröffentlichung von »Das Land der Wildnis« im Feuilleton einer Zeitung. Zwei Jahre später erschienen die Beiträge als Buch. Die Provinz von Santiago de Estero zwischen den Bergen und den tiefen Tälern der Flüsse ist das »Land der Wildnis«.

Zu erwähnen sind noch *Alberto Franco* und seine »Legenden aus Tucumán« (1944), eine Sammlung der überlieferten Legenden des Landes in didaktischer Form; *Susana Chertudi* und ihre »Folkloristischen Erzählungen aus Argentinien« (1960), *Jesús Maria Carrizo* und seine »Mündlich überlieferten argentinischen Geschichten«, die in Catamarca und Corrientes gesammelt wurden, und *Berta Vidal de Battini* mit ihren ausgezeichneten »Geschichten und Legenden für Kinder«.

Aus all dem wird deutlich, daß Pädagogen und Folkloristen mit Gefühl für das Moderne und Freude am Überlieferten einen sehr bedeutenden Beitrag für die argentinische Kinderliteratur geleistet haben.

Die Dichter – Leopoldo Lugones: »Das Buch der Landschaften«, José Sebastian Tallón und sein Kinderbuch: »Die Türme von Nürnberg« – Rafael Jijena – Germán Berdiales, Fryda Schultz de Mantovani

Ende des 19. Jahrhunderts veröffentlichte *Fray Mocho* in »Gesichter und Masken« Fabeln, die von argentinischer Folklore beeinflußt waren, so daß sich in ihnen die alten klassischen Formen mit neuem amerikanischem Inhalt verjüngten. Der traditionelle Fabelschatz wurde weiterhin Kindern vermittelt und zugleich als Lehre und Unterhaltung betrachtet, während gleichzeitig ein Fabelschatz der Gauchos entstand, der später seinen besten Ausdruck in den »Fabeln der Pampa und der Wildnis« von *Hector Pedro Blomberg* (1946) erlangte; in diesen Fabeln sprechen die

Titelblatt von Ribas zu »La reina de los pájaros«

Tiere in der Art von »Martin Fierro« eine doppelsinnige Sprache von urwüchsiger Weisheit.

Obwohl es zu dieser Zeit noch keine Dichter gab, die ausdrücklich für Kinder schrieben, da Kinderliteratur eine unbekannte Gattung war, kann man doch aus dem poetischen Werk einiger Dichter Teile oder auch vollständige Dichtungen herauslösen, die für Kinder geschrieben zu sein scheinen, so bei *Leopoldo Lugones* (1874–1938) alle Beschreibungen von Vögeln aus »Flügel« in dem »Buch der Landschaften«: Der Singspatz, der grüne Mönchssittich, der Specht, der Stieglitz fliegen umher wie für Kinder von der Feder des Dichters beschrieben, der sich selbst wie ein Kind an dem Flug seiner Gestalten begeistert. Die graziöse Tänzerin aus »Das Rebhuhn«, der fast unsichtbare Flug des winzigen Kolibri, der überraschende Abendvogel, der freche Papagei, der einen ganzen Tango singen kann, der nachdenkliche und mit scharfem Verstand begabte Falke, die ungezähmte Turteltaube und der geschäftige Töpfervogel bleiben in der kindlichen Welt wie Tierminiaturen. Man könnte aus Lugones' Werk noch viel mehr auswählen. Seine Verse über das Vaterland und »Das schwierige Glück« aus »Die goldenen Stunden« könnten poetische Lektionen für die Jugend sein; ebenso »Das Lied des Morgens«.

1925 veröffentlichte ein junger, in der Welt der Kunst noch unbekannter Autor, *José Sebastian Tallón* (1904–1954) in Buenos Aires einen Band mit Gedichten »Die Kehle der Kröte«. Der Dichter war erst zwanzig Jahre alt und erzählte von seiner

Kindheit in Buenos Aires. Drei Jungen der Stadt treten in einigen seiner Gedichte auf. Der Dichter preist die unscheinbarsten Dinge der Stadt, besingt den Spatz und läßt die Kröte reden. Zwei Jahre später, 1927, veröffentlichte Tallón »Die Türme von Nürnberg«, ein Buch, das ganz der Kindheit gewidmet ist und voller Kindermotive steckt. Diese Verse haben endgültig mitgeholfen, eine eigene argentinische Kinderliteratur zu schaffen. Schon frühere Dichter hatten den Weg vorgezeichnet; so *Ernst Mario Barreda* (1883) mit »Ein Weg in der Wildnis« und dem »Hymnus auf meine Arbeit«; *Juan Manuel Cotta* mit »Glückliche Erholung« (1887) und *Baldomero Fernández Moreno* mit seinen »Volkslied und Tanz«, »Romanzen« und »Versen der kleinen Negerin«.

In »Türme von Nürnberg« wird die ideale Stadt der Kindheit beschrieben, sie ist die Stadt mit den wunderbaren Geschichten, in der ganz Alte leben wie der Herr Geschenk und die gütige Mutter der Vögel. Tallón fügt auch Rätsel ein, einen vergnügten Gesang in Kauderwelsch, Geschichten von den Wassertropfen und Lieder vom Regen auf dem Regenschirm.

Kurz vor der Veröffentlichung dieses Buches schrieb ein anderer Erzieher und Dichter, *Germán Berdiales*, »Die Feste meiner kleinen Schule«. Während Tallón nur ein sehr kurzes Leben beschieden war, widmete Berdiales sein langes und glückliches Leben der Kinderliteratur. Vom Erscheinen seines ersten Buches an folgte ein Kinderbuch dem anderen, besonders für Kinder im Vorschulalter. In klarer, einfacher Sprache schrieb er »Kleine Kostbarkeiten« (1930), »Wiegenlied« (1937) und veröffentlichte eine Reihe von Anthologien und Studien über dieses Thema. In seiner Anthologie »Neuer Rhythmus der Kinderpoesie« (1943) bietet er eine reiche Auswahl aus südamerikanischer Dichtung und gibt eine gute Überschau über die argentinische. »Die Kunst, für Kinder zu schreiben«, »Die Geschichte vom Rio Plata« »Die fröhliche Kinderfolklore«, »Unsere Legenden« und »Lektüren für das Mädchen, das Frau werden will« sind bemerkenswerte Anstrengungen, die Grenzen der Kinderliteratur zu bestimmen und sie zu vergrößern. In »Vorhang auf!« schreibt der Autor für das Theater und in »Meine besten Geschichten für Kinder« gibt er eine Auswahl aus seinem erzählerischen Werk.

Berdiales hat alles versucht: Erzählungen, Poesie, Theaterstücke und Essays. Nach unserer Meinung ist das Dichten für Kinder im Vorschulalter seine besondere Stärke. Hier entfaltet er voll sein Talent; es gelingen ihm auch glückliche Funde innerhalb dieses traditionsreichen Umkreises, in dem niemals der Wind des Ultraismo (Erneuerungsbewegung im spanischen Sprachraum, die 1919 begann) geblasen hat; genauso gelingen ihm auch kurze und in bestimmter Absicht geschriebene Theaterstücke für die Schule, z. B.: »Komisches Kindertheater« und »Neues Schultheater«.

Um 1930 wurde die argentinische Kinderliteratur von der Entdeckung und erneuten Wertschätzung der Folklore belebt. Viele Schriftsteller, die gleichzeitig auch Erzieher waren, erhielten Anregung durch sie. Dadurch erfüllte sich eine ideale Forderung: daß Volksdichtung durch gebildete Dichter geschaffen werde, wie es schon bei Lope, Garcia Lorca u. a. war.

Rafael Jijena Sánchez veröffentlichte »Einfacher Vers«. Diese Einfachheit beruht mehr auf kluger Stilisierung denn auf schöpferischer Leistung. Der Meister stand in engem Kontakt zu Kindern und durchreiste als Folklorist das Land. Er wußte gut, wie sehr sich Kinder an den Versen der Kinderfolklore freuten. Warum sollte man sie ihnen nicht in einer von einem Dichter überarbeiteten Form darbieten? Daher schrieb er »Der Mond und die Sonne«, »Goldfaden, Silberfaden«, die später in die schöne Anthologie aus seinem poetischen Werk »Grüner Zweig« aufgenommen wurden. Jijena veröffentlichte außerdem eine Anthologie mit überlieferten Liedern, die auch für Kinder geeignet ist, und schrieb »Die Geschichten des alten Mütterchens« (1946), »Herr Kleiner Finger«, »Vom Hören und Singen«; außerdem veröffentlichte er eine Sammlung mit den fünfhundert besten Rätseln »Rate erratend!«. Sein Werk ist verdienstvoll und verrät Liebe und Geschmack für das Beste der Volksdichtung.

Fast zur gleichen Zeit erlebte die Romanze, obwohl sie niemals ganz vergessen war, eine neue Blüte bei argentinischen Dichtern. *Luis Cané* (1897) schrieb die »Romanzensammlung für Mädchen« (1932) und »Neue Romanzen und Lieder der Kolonie«; das Buch ging seiner großen »Liedersammlung von Buenos Aires« voraus (1937). In allen Anthologien steht die berühmte »Romanze vom Negermädchen«, mit dem die weißen Kinder nicht spielen wollen, mit dem aber dann die Engel spielen. Der Autor bringt in Form der Romanze soziale Probleme, die die christliche Caritas lösen kann. Die Romanze wird auch zur Beschwörung der Erinnerungen an Buenos Aires genommen.

Arturo Capdevila (1889), der unvergessene Autor von »Córdoba in der Erinnerung«, begann auf Grund der Bitte, zur Feier eines patriotischen Festes in der Presse mitzuarbeiten, Romanzen zu schreiben. »In den Schulen und Oberschulen«, sagte A. Capdevila, »geschah auch etwas Erzählenswertes. Einige (der Romanzen) wurden mit verteilten Rollen gesprochen – mit großem Erfolg! So zum Beispiel die Romanze vom »Schwarzen Rächer«. Ein Schüler rezitierte und der Chor wiederholte einige Strophen.« Die Romanzen waren anziehend, sehr patriotisch, einige sogar sprühend. So z. B. die »Romanze von Mariquita Sánchez« und die »Romanze von der empfindlichen Dame«; erwähnt werden müssen auch die »Romanze von der Schlacht von Suipacha«, »Romanze von Bruder Luis Beltrán«, »Romanze von Sarmiento und Mariquita«, »Romanze vom Tod des Generals San Martín« und die »Romanze von Banarce Yaco«.

Capdevila wünschte, daß sich Argentinien und das Volk seiner nationalen Tradition bewußt würden. Das vermittelte auch Kindern über die Volksdichtung, die schon früher Ereignisse weithin bekannt machte, Geschichtskenntnisse. Die Romanzensammlung von Capdevila gehört daher ebenfalls in die Kinderliteratur; wie alle guten literarischen Werke ist sie ambivalent, an ihr freuen sich große und kleine Leser.

Da nun einmal der Weg für die Dichtung bereitet war, traten zahlreiche Dichter auf: *Alfredo Buffano* (1895–1950) schrieb »Gedichte für die Kinder der Städte« und eine »Romanzensammlung« (1932); *Juan B. Grosso* »Kinderlieder und Rundgesänge für Kindergärten«; *Ida Réboli, Antonio Están Agüero, Julia Bustos, José Constela,*

Marcos Leibovich, *José Maria Palmeiro*, *Rafael Obligado* schrieben ein beachtenswertes Werk. Besonders ist *Fryda Schultz* mit ihrem reichhaltigen Werk, das von dauerndem Wert für die Kinderliteratur ist, hervorzuheben.

1934 wandte sich die Schriftstellerin mit »Marionetten des Meisters Peter« und »Die Marionette« (1935) an Kinder. Später veröffentlichte sie ein Geschichtsbuch mit leichten Reimen »Der Seefahrer« (1940) und 1949 »Der Baum, der Stimmen bewahrte«; in diesem Buch steht auch »Der heilige Waldkauz der Morenica«, ein gutes, von den Versen Lope de Vegas und der Tradition des klassischen, religiösen spanischen Theaters beeinflußtes Stück. Die Autorin kennt Kinder und Kinderautoren gut. Sie gab die Zeitschrift »Kinderwelt« heraus und schrieb über Themen der Kinderliteratur. Ihr Buch »Über die Feen« vereinigt ausgezeichnete Essays über ihre Lieblingsschriftsteller.

Inés Malinow, *Angel Mazzei*, *Ricardo A. Molinari*, *Pedro Juan Vignale* haben Kinderpoesie geschrieben. *Alfonsina Storni* schrieb gelegentlich für Kinder; es ist zu bedauern, daß sie das nicht häufiger tat, denn sowohl ihre Gedichte wie auch das Kindertheaterstück »Der Gott der Vögel« sind voll von der Poesie, die Kinder suchen.

Emma de Cartosio erweiterte ihre schriftstellerische Tätigkeit durch Kindern gewidmete Bücher. Sie schrieb »Dumme Lieder für die kleine Grille«, ein Buch, das, wie sie sagt, nicht nur für Kleine und nicht nur für Große ist. Wenn man die »dummen Lieder« oder die »verrückten Lieder« von Emma de Cartosio liest, nachdem man vorher ihre früheren Bücher »Vor der Zeit« (1950) und »Reife Einsamkeit« (1948) gelesen hat, so findet man bestätigt, was auch früher schon gesagt wurde: ein Kinderbuchautor sollte ein begabter Schriftsteller sein, wie es z. B. Tolstoi, Gorki, Gabriela Mistral, Rabindranath Tagore, Horacio Quiroga und andere waren.

Das Kindertheater – Javier Villafañe und die »Marionetten der Andariega« – Maria Elena Walsh – Das Schultheater

Kindertheater ist vor allem das Marionettentheater. Marionetten in der Schule, Marionetten zu Hause und auf der Straße! Mit diesen kleinen Puppen beginnt das Kind instinktiv, Theater zu spielen. Das Mädchen spielt mit seiner Puppe, bringt sie zum Schlafen und beginnt ein nicht endenden Gespräch mit ihr, das manchmal auch mit Schlägen und Kopfverletzungen endet: sie wird zum Puppenspieler. Der Junge, der mit seinen Soldaten, seinen Pappfiguren und seinen Stofftieren spielt und spricht, ist gleichzeitig Schauspieler, Direktor und schöpferischer Künstler. Schon von klein auf spielte das Kind spontan Puppentheater.

In Argentinien war der Wegbereiter der Marionetten der – Don Quijote ähnliche – Meister Peter: Javier Villafañe, der im ganzen Land durch seine »Marionetten der Andariega« berühmt war, eine wandernde Theatergruppe, die alle Kinder mit ihrem farbigen Kauderwelsch und den lustigen Derbheiten der Puppen erfreute. Andariego, der umherzog wie früher die Gaukler, die ihr kleines Theater auf Plätzen und Straßen

Titelblatt von F. Molina zu »Fausto«

aufschlugen, und Javier Villafañe, der sich vom Volkskasperle beeinflussen ließ, der herumgestikulierte und in lautmalerischen, kurzen poetischen Versen sprach, war auch wie ein Kind, das mit seinen Puppen spielte. Man lacht und staunt mit den »Marionetten der Andariega«, und wenn der Dichter den gemalten Hahn sprechen läßt, hört man dem Dialog von Pintín Pintonero zu und versteht etwas von dem Zauber des Puppentheaters. Javier Villafañe hat ein großes Werk mit seinem kleinen Theater und seinen Veröffentlichungen geschaffen: »Coplas, Gedichte und Lieder« (1938), »Puppentheater« (1943), »Der gemalte Hahn« (1944), »Der Koffer« (1958), »Kinder und Marionetten« (1944) und mit der schönen und gut gelungenen Sammlung »Das Buch der Geschichten und Legenden« (1945), das mit Zeichnungen von Kindern aus der Volksschule illustriert ist.

Zur Zeit gibt es das Puppentheater in der Schule häufig. Man lese dazu das Buch von Alfredo S. Bagaglio »Das Puppentheater in der Schule« mit einer Studie und einem Anhang der »Die verzauberte Fee«, »Der falsche Fakir«, »Die wunderbare Orgelpfeife«, »Piraterien«, »Trapi besiegt die Hexe« enthält. Ismael Moya hat mit seinen Schülern Theater gespielt und die angeborene Neigung des Kindes zum Theaterspielen bewiesen.

Auch Maria Elena Walsh ist besonders zu erwähnen. Wie Villafañe ist sie zugleich Autorin und Spielerin. Ihr Werk begann 1947 mit »Unverzeihlicher Herbst«, »Kaum gereist« (1948) und den »Balladen mit Angel« (1951); es setzte sich dann mit Gedichten »Tutu Maramba« fort, die fröhlich und verrückt gesungen sind und einen Kinderreim haben, der hüpft und Kinder singen läßt. Dieser kurze und musikalische Rhythmus ihrer Bühnengeschichten macht ihre Stücke so gut. Ein Volk kann sich glücklich schätzen, wenn es solche Schriftsteller-Schauspieler für das Kindertheater besitzt.

Geschichten und Novellen – Hugo Wast und »Fröhlich«, ein Roman für Jugendliche – Benito Lynch und das »Rotschimmelfohlen« – Anna Maria Berry »Die Abenteuer von Celedín« und andere Geschichten – Weitere argentinische Autoren

Es gibt in der vielfältigen argentinischen Buchproduktion für Kinder und Jugendliche wohl kein Übermaß, aber Qualität. Sehr früh schon, fast zu Beginn des Jahrhunderts, veröffentlichte ein bekannter, obwohl nicht immer geschätzter Schriftsteller, Gustavo Martinez Zubiría, gen. *Hugo Wast*, seinen ersten Roman, der ein Roman für Kinder war; er hieß »Fröhlich«. Der Autor sagte darüber: »Es war für mich der schönste Teil meiner Aufgabe, der romantischen Figur eines kleinen Helden mehr Männlichkeit zu verleihen. Ich will, daß diese Erzählung ein gutes Beispiel für eine reine Freundschaft und für Selbstverleugnung ist und nicht eine arme, tränenreiche und zersetzende Episode.«
Der Held ist ein kleiner Neger. Der Autor berichtet über seine Erfahrungen in der Gesellschaft seiner Zeit und lobt seinen Charakter. Der Roman gehört in die Reihe der Erzählungen voll eines edlern Humanismus wie »Onkel Tom's Hütte«, »Cuore« und andere. 1924 veröffentlichte *Benito Lynch* die lange Erzählung »Das Rotschimmelfohlen«, die jugendliche und erwachsene Leser anspricht. Als gute Kennerin der Kinderliteratur gab Dora Etcheberne eine Zeittafel der in Argentinien veröffentlichten Erzählungen in ihrem Buch »Die Erzählung in der Kinderliteratur«.
Anna Maria Berry schrieb »Die Abenteuer von Celendín« und andere Geschichten; mit bemerkenswertem Geschick weiß die Autorin die Abenteuer ihres jungen Helden in der Pampa und in der Wildnis des ungeheuer großen argentinischen Landes anzusiedeln. Das Volkstümliche gibt der Erzählung besonderen Reiz, und die Märchen der Eingeborenen gestalten den Weg des reisenden Celendín farbiger. Die Autorin hat einen klaren und kraftvollen Stil.
Wilhelm Hudson veröffentlichte 1946 »Das verlorene Kind«; *Hortensia Raffo* »Die Geschichte der Weihnacht und der Heiligen Drei Könige«; *Maria Granata* »Der verzauberte Hahn und andere Geschichten« (1956); *Ricardo Pose* »Schwarze Legenden für weiße Kinder« (1946); *Juan Manuel Cotta* »Geschichten und Episoden aus der Pampa« (1944) und »Geschichten von Mingo Revulgo«; *Carmen Pacheco* »Neue Geschichten von der Farm« (1945).
Das sehr verbreitete Werk von *Constancio Vigil* verdient besondere Erwähnung, obwohl es heute veraltet erscheint. Der Autor von »Das Ödland« widmete in dem Buch »Die Erziehung des Sohnes« auch Kindern einige Seiten; außerdem schrieb er sympathische Werke, die von Federico Ribas illustriert wurden: »Der kleine Spaßmacher«, »Die Kaninchenfamilie« heißen Bücher, die von vielen argentinischen und spanischen Kindern gelesen werden.

Abschließend kann man sagen, daß die Übersicht über die argentinische Kinderliteratur ein beachtliches Ergebnis zeigt. Von Beginn des Jahrhunderts an, wo es noch nichts gab, bis 1974 haben viele Samen Frucht getragen. Die Verlage interessieren sich für das Kinderbuch. Die Stimme Sarmientos blieb nicht ungehört. Er hatte recht, seinen »Manien« zu folgen.

Bibliographie

Antología folklórica argentina (für Volksschulen). Buenos Aires 1940.
Etcheberne, Dora Pastoriza de: El cuento en la literatura infantil (Das Märchen in der Kinderliteratur). Buenos Aires 1962.
Huertas, José Guillermo: El cuento y su hora (Das Märchen und seine Stunde). Buenos Aires 1962.
Schultz de Mantovani, Fryda: Sobre las hadas (Über Feen). Buenos Aires 1959.

Uruguay

Die Vorläufer: Zorrilla de San Martín und Rodó, Lehrmeister der Jugend

Wie in Spanien und den Ländern Iberoamerikas gibt es in Uruguay erst sehr spät eine Kinderliteratur. Soll das nun bedeuten, daß die Kinder in Uruguay keine Lektüre hatten? Sie hatten sie durch ihre großen Dichter.

Es ist immer ein besonderes Glück, wenn ein Genie Erwachsenen *und* Kindern gefällt. Der Dichter, der für alle schreibt und von der Mehrzahl gelesen wird, der Volksdichter also, ist ein Geschenk des Himmels. In Uruguay war *Juan Zorrilla de San Martín* (1855–1931), der das lange Gedicht »Tabaré« (1886) schrieb, der Dichter, den die Jugendlichen und sogar schon die Kinder aus Uruguay lasen. Er thront wie ein literarischer Gott in allen Bibliotheken. »Tabaré« wurde in Versen geschrieben und berichtet von dem letzten »Charrúa« (Indianer); es gleicht dem »Letzten Mohikaner«. Die Handlung spielt zwischen den Flüssen Uruguay und Paraná, die wie amerikanische Euphrat und Tigris erscheinen.

Zorrilla beschreibt die Schönheit und Größe der Natur der Neuen Welt. In diesem Buch sind die Wilden echt und nicht künstlich geschildert wie in »Atala« von Chateaubriand. »Tabaré« ist ein Nationalgedicht, in seinen Strophen wird die Landschaft Uruguays beschworen und beschrieben. Der Autor läßt den Indianer in Metaphern seiner eigenen Sprache reden.

José Enrique Rodó (1871–1917) bedeutete für seine Generation dasselbe wie Zorrilla für die Jugend der Romantik. In seiner Zeit lauschten ihm alle Jugendlichen. Er war ihr Führer für die Zeit, in der Jugend zuhören und geführt werden will. Rodó war Humanist mit umfassender Bildung; er schrieb in klassisch vollkommener Prosa »Ariel«, »Die Motive des Proteus«, »Der Ausguck des Prospero«, »Der Weg des Paros« und »Parabeln«. Als guter Stilist setzte er seine Worte treffend und genau. Als Soziologe und Künstler suchte er den Weg zum inneren Leben. Er liebte aber auch die Freiheit und wandte sich an die Jugend durch das würdige und edle Beispiel seines Lebens und mit der Eleganz seines Stils. Zu Recht wurde er 1941 in Chile der »Lehrmeister der Jugend des Kontinents« genannt. Rodó predigte die geistige Einheit der ibero-amerikanischen Völker. Der Kritiker Arturo Torres Ríoseco sagte von »Ariel«: »Dieses Buch hat mehr Einfluß auf das Aufkommen eines genuinen Amerikanismus gehabt als jedes andere in Spanisch-Amerika geschriebene Buch«. Rodó riet einmal »den Kindern von heute, die Männer von morgen sein werden, sie sollten, wenn sie gefragt werden, wie ihr Land hieße, nicht mit dem Namen Brasilien, nicht mit dem Namen Chile, nicht mit dem Namen Mexiko antworten, sondern mit dem Namen Amerika!« Welch schöner Satz! Rodó wollte die geistige Einheit Amerikas wie Bolivar die territoriale wollte und wie wir heute Europa sagen und nicht Frankreich, Italien, England.

Rodó gab der Jugend in »Ariel« Ideale, er wandte sich gegen das reine Nützlichkeitsstreben. Nach Zadumbilde ist Rodó einer der beliebtesten Autoren auf dem Kontinent. Er ist ein Beispiel der Gelassenheit und des seelischen Gleichgewichts und in seinem Stil von durchsichtiger hellenischer Klarheit. Er gibt Regeln zur Lebensführung und liebt es dabei, die Dinge gut auszudrücken. Sein Buch »Parabeln und symbolische Geschichten« könnten auch Kinder, für die er immer besondere Vorliebe fühlte, lesen. Die erste Parabel, die »Die Dinge gut sagen« heißt, beginnt er: »Die Dinge gut zu sagen, in der Feder die besondere Größe der Anmut und im Gedanken die makellose Klarheit des Lichtes zu haben, in das die Ideen tauchen müssen, um schön zu erscheinen: ist das nicht auch eine Art, gut zu sein?...«

»Zärtlichkeit für die Seele des Kindes liegt einmal in der Wärme des Schoßes und dann auch in der Stimme, die Märchen erzählt. Ohne sie bleibt unfruchtbares Ödland in der Seele, die sich bilden muß und nie Zärtliches gehört hat. Däumling ist ein Bote des Heiligen Vincent von Paul. Blaubart hat für die Kleinen mehr getan als Pestalozzi. Auch die Zärtlichkeit für uns – und nur, wenn wir etwas Verachtenswertes getan haben, hören wir völlig auf, Kindern zu gleichen – drückt sich in schönen, uns Schlaf schenkenden Worten aus.«

Sein Leben lang fühlte Rodó große Vorliebe für Perrault und seine Märchen, die ihm während seiner Kindheit einen unauslöschlichen Eindruck gemacht hatten. Seine Liebe zu Kindern ließ ihn die Parabel »Es gehen die besonderen Kinder vorbei...« schreiben, eine Beschwörung der Kindheit großer Männer wie Cervantes, Lope de Vega, Michelangelo, Händel...

Rodó war ein moderner Künstler, der dem Kult der Form wie Rubén Darío ergeben war; aber immer war diese virtuose Form nur die Gestalt eines tiefen inhaltsreichen Gedankens. Die Worte Rodós sind weiterhin gültig, obwohl heute sein Stil manchmal ein wenig zu sehr gemeißelt und zu ästhetisch wirkt. In »Ariel« vertritt der Lehrer, der sich von seinen Schülern verabschiedet, symbolisch alle bedeutenden Lehrer, die sich an ihre Schüler wenden.

Die Dichtung – Die Gaucho-Dichter – Fernán Silva Valdés – Juana de Ibarbourou

Die Jugendlichen Uruguays lauschten Rodó und lernten »Tabaré« von Zorrilla San Martín kennen, die Kinder lasen Perrault, Andersen und die europäischen Klassiker, die in der ganzen Welt verbreitet waren. Sie rezitierten Gedichte von Iriarte und lasen auch den »Robinson«. Aber sie lasen und rezitierten auch mit großer Begeisterung die volkstümliche Gaucho-Dichtung.

Fernán Silva Valdés sagte: »Mit neun Jahren rezitierte ich ein Stück des ›Faust‹.

›Martin Fierro‹ und der ›Faust‹ waren die ersten Bücher, die ich las. Ich nahm sie im Reitzeug mit oder im Gurt, wenn ich ohne Sattel ritt.«

Er bezog sich auf den Faust von *Estanislao del Campo* (1834–1880) oder Anastasio el Pollo, den Gauchodichter und Nachahmer von Hilario Ascasubi, Aniceto el Gallo. Nach einer Vorstellung des ›Faust‹ von Gounod hatte er die Idee, einige Szenen des Werkes in Gauchosprache umzuformen. Dieser Eingeborenen-Faust gefiel Groß und Klein.

Durch Fernán Silva Valdés wissen wir, daß Kinder die Gedichte von *Bartolomé Hidalgo* (1778–1822) und die von eingeborenen Dichtern lasen, die alle Experten für Dialoge, Reigentänze und schwermütige Volksweisen waren. Unter ihnen nahm der Alte Pancho den ersten Platz ein. Das war gut so, denn neben der großen Beredsamkeit und übertriebenen Feierlichkeit einiger tüchtiger und ernster Lehrer gab es so die Anmut, den Witz und die Frechheit der Volks- und Straßenlieder. Das Realistische kann von dem übertrieben Kultivierten befreien. Kinder müssen ernsthaft sein, aber sie müssen auch lachen. Valdés widmete Kindern »Gedichte und Legenden für Kinder«. Er schrieb auch »Geschichten aus Uruguay«; das Buch enthält Mythen, Überlieferungen und Legenden.

Die Volksdichtung, besonders die Kinderfolklore, hat in Uruguay viele interessante Sammlungen hervorgebracht; z. B. die »Volksliedersammlung aus Uruguay« von *Ildefonso Pereda Valdés*, die »Folkloristische Kinderdichtung von Uruguay« von *Zahara Zaffaroni Becker* und die »Kinderliedersammlung« und »Lieder für Kinder« (1960) von *Alba Martínez Prado*. Die großen Dichter in Uruguay dachten an Kinder, und wenn *ein* großer Meister an sie denkt, beeinflußt er auch andere. Das zeigt das Beispiel von Gabriela Mistral in Chile und das von Rodó in Uruguay, die das Interesse vieler zeitgenössischer Schriftsteller weckten.

So war es bei *Juana de Ibarbourou* (geb. 1895), die ihre glückliche Kindheit in dem Erinnerungsbuch »Der Junge Karl« beschreibt. Juana de Ibarbourou sagt uns mehr als viele literarische Untersuchungen über das, was Kinder lasen und hörten. In dem Kapitel »Großmutter Santa Ana« heißt es: »All meine Kinderträume wurden durch Geschichten der Eingeborenen voll verschmitzter Anmut oder phantastischer Dramatik in den Schlaf gesungen. Feliciana, meine schwarze Kinderfrau, und Mama teilten sich die liebenswürdige Aufgabe, der Unersättlichen Geschichten von redenden Tieren und umherirrenden Gespenstern zu erzählen. Ich weiß nicht, welche ich lieber hatte. Ich war Herrin in einer anmutigen, außerordentlichen und Schauer einjagenden Welt, in der die kleinen wilden Tiere philosophierten und die Geister ohne Ruhe in ihren Gräbern zu Rächern und Richtern wurden... Sie erzählte mir nach kostbaren und fast verloren gegangenen Überlieferungen die Schicksale und Abenteuer der Feldtiere. Auf diese Art lernte ich, die haarigen grauen Eselchen zu lieben, die weich wie Baumwolle und in der zwanzigsten Linie Ururenkel jenes Esels waren, der die heilige Familie nach Ägypten brachte und den Sankt Joseph mit einem Schößling der Blume antrieb, die seinen Namen trägt. So hörte ich auch von der Schlauheit des Fuchses, der sich tot stellte, um den Löwen lächerlich zu machen...« Und so fährt Juana mit Kindheitserinnerungen fort; sie erzählt auch die Legende von den

Johanniskäferchen, die ihre Lichter der heiligen Anna gaben, als sie des Nachts das Jesuskind besuchen wollte.

Glücklich über die ersten Kindheitseindrücke und den guten Einfluß, den diese auf sie hatten, sagt sie: »Ich gründete eine Familie, in der Traditionen wie ein Teil des häuslichen Reichtums geliebt und gepflegt werden. In ihr kann ein Nachkomme, der mit fünf Jahren nicht an Geister und verzauberte Wesen, an Tiere, die sprechen, und an Dinge, die im Geheimen von einem Geist wie dem seinen belebt werden, glaubt, nicht von meinem Blute sein..., sie müssen Freunde und sogar Paten des Ochsen sein, der mit seinem Atem das heilige Kind in Bethlehem wärmte, des Hirtenhundes, der gegen den Teufel im Gewand des Wolfes kämpft, auch ein Freund der Herde, die seiner Hut anvertraut ist, der Schwalben, die mit dem Schnabel Christus die Dornenkrone aus dem Haupt gezogen haben, des Sperlings, der den Bauern anzeigt, wann der Wind kommt oder wann es Regen gibt. Sie müssen auch Freunde des Straußes sein, der den kleinen Kopf in der Wiese versteckt und so seine Jäger abzulenken glaubt, der kleinen Kuh Victoria und Johannes des Großen, der auf seine roten Strümpfe so stolz ist.«

Diese Welt der Tierfabeln, von der sie in ihrer Kindheit mit so viel Freude hörte, überlieferte die Dichterin ihren Kindern, ihren Enkeln und allen Kindern Uruguays. Die frische, sanfte, verzauberte und reine Welt der Tiere spricht aus den Büchern von Juana de Ibarbourou, so »Das Eselchen ohne Ohren und andere Geschichten«.

»Ich war ein glückliches Kind«, sagte Juana de Ibarbourou. Sie hatte die Legenden und Geschichten ihrer gütigen brasilianischen Kinderfrau, die sie zärtlich Feli nannte, behalten und wollte, daß auch die Kinder von Uruguay glücklich seien. Deshalb übernahm die Schriftstellerin die Rolle ihrer alten Kinderfrau, die ihr die Geschichten und Märchen erzählt hatte.

Die Mitteilungen Juana de Ibarbourous sind unschätzbar. Sie bestätigen, was wir ahnten, als wir uns vorzustellen versuchten, wodurch die südamerikanischen und konkret die uruguayischen Kinder lernten: sie lernten durch ihre Lieder der Volksdichtung.

Juana de Ibarbourou unterrichtet uns in »Der Junge Karl« noch ausführlicher über kindliche Vorlieben; obwohl es ihre persönlichen Vorlieben waren, kann man sie doch auf das uruguayische Kind allgemein übertragen. Sie gibt auch eine Übersicht über die Kinderliteratur ihrer Zeit: viel mündlich überlieferte Literatur, die Geschichten der Eingeborenen und Märchen, viel Volksmusik, Kinderfolklore und vor allem eine farbig illustrierte »Heilige Geschichte«, die eine unvergeßliche Erinnerung bedeutete. »Dieses Buch«, sagt die Autorin in dem Kapitel »Das ewige Kind«, »war viele Monate meiner Kindheit hindurch mein Entzücken. Es war ein Geschenk des Himmels mit seinen Jungfrauen in blauen Mänteln und seinen Märtyrern mit offenen roten Wunden. Hier war die Erde mit dem Volk Gottes und seinen Schlachten und dort der Allerhöchste vor Gold leuchtend, mit väterlichem Bart auf einem reichen Thron von rotschimmernden Wolken... Mehr als alle Märchen vergegenwärtigte mir mit meinen sieben Jahren das Alte Testament das Übernatürliche. Abraham und Moses, Elias und Jonas erfüllten bei mir die Pflicht, die alle Helden bei Kindern zu erfüllen haben: sie waren zugleich furchteinflößend und wunderbar. Die Phantasie Perraults, der überschäumende Reichtum von Tausend und eine Nacht, die wunderbare Anmut der Fabeln mit ihren philosophierenden Tieren konnten mir niemals mehr bieten.« Diese Zitate sind lang, aber es lohnt sich, sie zu hören. Mit ihnen könnte man eine ganze Geschichte der Kinderliteratur schreiben, die durch das Werk der Autorin, die die »Lieder von Natascha« und viele kleine Theaterstücke schrieb, noch bereichert würde. Juana de Ibarbourou und Gabriela Mistral schrieben das Vorwort zu dem »Goldenen Buch«, einer Anthologie die von Benjamin Jarnés in Mexiko herausgegeben wurde. *Gaston Figueira* (1905) ist einer der ersten uruguayischen Dichter, der Gedichte für Kinder schrieb. Sein Vater war ein bekannter Pädagoge und veröffentlichte Schulbücher: »Willst du lesen?«, »Vorwärts!«, »Ein guter Freund« und »Arbeit und Leben«.

Juana de Ibarbourou schildert im Vorwort zu dem Buch von Figueira »Theater des Kinderdichters«, wie beliebt der Vater von Gaston bei allen Schulkindern war und fügt hinzu: »Hinter seiner scheinbaren Leichtigkeit steht wertvolle pädagogische Intuition, ein Erbteil seines Vaters. Mit dieser Intuition hat er seine ganzen Kinderbücher geschrieben und gab ihnen dazu die besondere südamerikanische Note, die wie ein Siegel ist.«

Gaston Figueira schrieb ein Buch »Für die Kinder von Amerika«, das berühmt und auch übersetzt wurde. Er reiste häufig durch die Kontinente von Amerika, kannte die Bäume, Vögel, Blumen, Tiere und besang nicht nur die Glyzinien und Strände von Uruguay, die argentinische Pampa, die brasilianischen Wasserfälle, sondern auch die guaranische Überlieferung aus Paraguay, die Inkakultur von Peru, die chilenischen Anden, die Seen von Bolivien, den Orinoco und den Urwald von Venezuela, das grüne Ecuador, die Täler von Kolumbien, die mexikanische Kunst, die Inseln von Kuba und Puerto Rico, die Buchten von Mittelamerika, die Inseln von Santo Domingo und Haiti und in seinem optimistischen Panamerikanismus auch die Vereinigten Staaten. Mit poetischer Begeisterung beschrieb er für alle Kinder Amerikas die Pampa, die Savanne und den Dschungel. In der Art von Rubén Daríos »Gruß des Optimisten« besingt Gaston Figueira die Schaffenskraft und die Arbeit; er ist ein jubelnder Dichter, ein Sänger der Kontinente. Gaston Figueira schrieb »Poetische Geographie Amerikas« (1939), »Die Balladen von Gaston Figueira« 1930, ein Lesebuch (»Anna und Pepe lernen gut und mit Vergnügen zu lesen«, »Land der Anmut und der Klarheit«, eine Geschichte für Kinder, die anfangen lesen zu lernen) und »Theater des Kinderdichters« (1953).

Unter den Schriftstellern, die Gedichte für Kinder verfaßten, nennen wir *Ernesto Pinto* und seine Bücher »Jacarandá« (Kindergedichte) – es sind einfache Gedichte in der Art von Juan Ramón Jiménez und Garcia Lorca – und »Das Lied des reisenden Kindes« (1936); außerdem *Yolanda Lleonhart* mit »Rolle, Rad!« (1941), *Maruja Aguiar de Mariani* mit »Kindergedichte« (1956), *Maria Morrison de Parker* mit »Mamboretá«, *Armando Rey López*, der »Zwanzig Gedichte und ein Prosastück« schrieb (1955), darunter so treffende und gute Gedichte wie »Die schwarze Axt«.

Geschichten und Romane – Horacio Quiroga und »Geschichten der Wildnis« – Montiel Ballesteros und sein Werk – »Die Abenteuer von Johann dem Fuchs« von J. García Serafín – Die Prosa von Morosoli

Kommt man zu den Prosaschriftstellern, überrascht zunächst die bewundernswerte Persönlichkeit *Horacio Quirogas* (1878 1937). Dieser seltsame und geheimnisvolle uruguayische Schriftsteller wurde 1879 in Salto Uruguay geboren. Nachdem er einen Gedichtband »Das Korallenriff« veröffentlicht hatte, ging er 1901 mit zweiundzwanzig Jahren nach Argentinien und verbrachte dort sein ganzes Leben, so daß sich Uruguay und Argentinien den Schriftsteller streitig machen könnten.

Horacio Quiroga schrieb »Geschichten aus der Wildnis für Kinder«, nachdem er lange Zeit in der Wildnis des Missionsgebietes von Argentinien gelebt hatte. Er war ein großer Kenner der Natur und der Tiere und hörte auf ihre Stimmen, wie es früher auch die Fabeldichter getan hatten. Er berichtete den Kindern vom Leben dieser Welt, die einmal freundlich und ein anderes Mal feindlich sein konnte. Da er ein Künstler war, sind seine Geschichten schön. Einige gefallen, weil sie Naturschönheiten wiedergeben, andere wegen der moralischen Schönheit ihrer Helden. So sind z. B. die guten Koatis die Helden in der bewegenden »Geschichte der zwei Welpen der Koati und der zwei kleinen Menschenkinder«. Diese Geschichten sind durch ihren Realismus, ihre Zärtlichkeit, ihre farbige Anschaulichkeit und die große Güte, die in ihnen gestaltet wird, unvergeßlich; sie nehmen auf literarischem Gebiet das filmische Werk von Walt Disney voraus.

Wenn Horacio Quiroga in England geboren worden wäre, so hätten ihn seine »Geschichten aus der Wildnis« zu einem Klassiker der Kinderliteratur gemacht und er stände neben Lewis Carroll und Rudyard Kipling. Wäre er in Frankreich geboren, hätten seine Geschichten den Rang der Märchen von Perrault, und wäre er in Deutschland geboren, hätten sie den Ruhm der Märchen von Grimm. Obwohl er in Amerika sehr bekannt ist, hat sein Werk nicht den verdienten Widerhall in Europa und in der ganzen Welt gefunden. Die »Geschichten aus der Wildnis« müßten ausgezeichnet illustriert erscheinen wie andere Kinderklassiker. Alle Erzählungen aus den »Geschichten der Wildnis« sind rühmenswert: »Die Riesenschildkröte«, »Die Strümpfe der Flamingos«, »Der gerupfte Papagei«, »Der Krieg der Alligatoren«, »Das blinde Damtier«, »Der Schritt des Yabebirir«, »Die faule Biene«…

Es scheint unglaublich, daß dieser Mann, der so viele dekadente und krankhafte, aber immer außerordentliche Geschichten wie die »Geschichten der Liebe, des Wahnsinns und des Todes« mit komplizierten psychologischen und anderen Problemen schrieb, die vollkommene Art für Kinder zu schreiben fand, als er damit begann: eine einfache Sprache, Anmut, nüchtern beschriebene Naturbeobachtungen, den modernen Fabelton und didaktische Beispielhaftigkeit. Auf die »Geschichten aus der Wildnis« folgten »Neue Geschichten aus der Wildnis«, »Der Mensch zwischen Tieren« und »Für Kinder«. Sie alle erschienen in den Zeitschriften »Das Heim« und »Die argentinische Welt«.

Adolfo Montiel Ballesteros (1888) war ein hervorragender Schriftsteller, der Kindern einen großen Teil seines Werkes widmete. »Queguay, das Indianerkind« nannte der Autor Erzählungen für Kinder, obwohl es sich eher um einen kleinen Roman handelt, in dem die Geschichte des Jungen Queguay erzählt wird, der in die Wildnis geht, um dort zu leben. Queguay kennt und respektiert das Gesetz der Natur; er berichtet seine Gespräche mit Tieren und Pflanzen. Er ist ein uruguayischer »Mowgli«.

Montiel Ballesteros schrieb »Geschichten für die Kinder Amerikas«, »Das Land der Träume«, »Die Kinderrepublik«, »Abenteuer eines Sonnenstrahls«, »Der kleine weiße Esel«, »Das Kind, dem das Herz trocken wurde«, »Die Reise Pibes um die Welt«, »Pitite«, »Die Stadt der fröhlichen Augen«, und einen sehr anmutigen und modernen Band »Kleines Theater«, der sechzehn Kindertheaterstücke enthält, unter ihnen »Marionetten per Post« und »Haraganoff, der Pirat«. *Francisco Espínola* schrieb einen Kinderroman, der sehr gefiel: »Saltoncito«.

Wenn man von volkstümlicher Prosa spricht, muß man *J. García Serafín* nennen, der »Die Abenteuer von Johann dem Fuchs« schrieb, die er im Untertitel »Fabeln der Eingeborenen« nannte und von denen er sagte: »Die Fabeln, die hier stehen, versuchen mit größtmöglicher Genauigkeit den ironischen und frechen Ton jener alten Eingeborenenerzähler wiederzugeben, die sie uns als Kindern überlieferten. Es ist klar – und wir hoffen entschuldbar – daß ihnen die malerische und sprühende Anmut fehlt, die nur sie den mündlich erzählten Geschichten zu geben wußten.«

Die folkloristischen und uruguayischen Eingeborenenüberlieferungen inspirierte *Elena Pesce* zu eigenen Geschichten. »Cric zum luri« (1958) ist eine Sammlung von Geschichten über das Amerika der Ureinwohner, die einfach geschrieben sind und den Ernst der Indianer beim Sprechen nachgestalten. Unter ihnen ragen hervor: »Der Mais und die Truthähne«, »Hiawatha«, »Der See, in dem die Sonne schlief«, »Guasiu und das Feuer« und »Vinland«.

Ein anderer interessanter Autor der uruguayischen Kinderliteratur ist *Juan José Morosolí* (1899–1957). Er wurde in Minas geboren und lebte auch in dieser Stadt. Sein Vater war Schweizer und arbeitete als Maurer. Morosolí kam 1907 auf die Volksschule, mußte sie aber 1909 schon wieder verlassen um zu arbeiten, so daß er nicht zu einem Studium kam. Morosolí schrieb »Der kleine Papagei« (Geschichten für Kinder) 1945 und einen Roman »Jungen« (1950). »Der kleine Papagei« wurde in Ausschnitten in den Schulen gelesen. Er handelt von den verschiedenen uruguayischen Typen und verschiedenen Geschehnissen. Themen: »Der Sandkasten«, »Der Romanschreiber«, »Der Fuhrmann«, »Die Industrie«, »Der Dompteur«, »Die Söhne«, »Der Regen«, »Der Hohlweg«, »Der kleine Bauernhof«, »Die Pferdeherde«, »Der Feldbau«.

Der Kritiker Santiago Dossetti sagt, daß »Morosolí ganz genau die Weidewege, die Hügel und die Bäume... seiner Umwelt kannte. Er war ein seßhafter Mann, der wenig reiste. Felder, Himmel, Wege, Straßen, Farben, Zeit und Musik, das Getreide, die Vögel, die Kräuter, das offene Feld kannte er und sammelte alles an Gerüchen und Farben für seine Geschichten wie die Kräutersammler ihre Kräuter einbringen... Er hat einen spielerischen, poetischen Stil... und berichtet und beschreibt die einfachen Dinge seiner Heimat mit geschmeidiger Anmut. Er spricht, als habe er im Mund den Geschmack wilder Früchte.«

Zeichnung von Pieri zu J. J. Morosolí »Périco«

Morosolí hatte die sparsame Wortwahl und den Stil eines uruguayischen Azorín und besaß das Gefühl für die Schönheit poetischer Prosa wie Juan Ramón Jiménez, wenn er auch stets ein Dichter eigener Originalität war. Sein Buch wurde ebenso ein Lesebuch für die uruguayischen Kinder wie es »Platero und ich« in Spanien war. Es hat die frische, genaue und starke Sprache eines Dichters, der in Kontakt mit der Erde lebte. Die Ausgabe des »Bäckers« von La Banda Oriental mit Illustrationen von Ayax Barnes und Carlos Pieri ist sehr gut und hebt sich vorteilhaft von so vielen schlecht editierten und noch schlechter illustrierten Büchern ab.

Auch andere Autoren haben Geschichten und Romane für Kinder geschrieben. *Robina Ipuche Riva* schrieb »Kindheit« (1953), ein poetisches Buch in Prosa über Themen der Kindheit, *Carlos Emilio Tacconi* schrieb »Das Fräulein Maria« (Schuldrucke 1947), *Pedro Leandro Ipuche* schrieb »Locke, das kleine Reitpferd der Farmschule Nr. 39«, die Geschichte eines Pferdchens. *Alfredo Gadino* schrieb »Das Leben des Helden José Artigas« für Kinder erzählt (1964). Weitere Autoren haben über das Leben großer Männer berichtet. Zum Beispiel schrieb *Juana Maria Salvá* »Rodó für Schüler«, eine kurze Lebensbeschreibung des Schriftstellers und eine kurze Erläuterung seiner Ideen.

Das Kindertheater – Die Presse

Zarrilli schrieb »Hassan der Träumer«, »Die Eroberung des Feuers«, ein prähistorisches Drama, »Die glückliche Insel«, eine Szenenfolge über die Geschichte Jasons, »Der Heldengesang der Emanzipation« (1936), ein Epos über Artigas, »Der Exodus

386

des orientalischen Volkes« (1937). Seine Werke sind durchdrungen von der Überzeugung, daß die Heimat im Geiste wie im Herzen lebendig bleiben müsse. In den Theaterstücken von Zarrilli gibt es einen klar erkennbaren Symbolismus ethischer Ausrichtung. Das Kind und der Jugendliche erkennen in seinen Werken die Größe des Ideals und der edlen Handlung. In »Iphigenie auf Aulis« einem anderen Stück von Zarrilli, spürt man das christliche Lebensgefühl, das Opfer erinnert an die ersten Märtyrer des Christentums. Auch die ästhetische Komponente dieses Theaters findet klaren Ausdruck.

In einem an den Autor gerichteten Brief sagt der uruguayische Schriftsteller Alberto zum Felde aus Anlaß der Erstaufführung der »Eroberung des Feuers«: »Ich bin immer ein wenig skeptisch in Bezug auf das positive Ergebnis der meisten Theorien und reformistischen Essays dieser sogenannten wissenschaftlichen Pädagogik – und ich bitte Sie, mir das zu verzeihen – ich glaube dagegen voll an die Wirkkraft des Ästhetischen in der moralischen und intellektuellen Erziehung aller Altersstufen... als eines geistigen Elements innerhalb der Didaktik selbst... Das nur Intellektuelle, das nur Didaktische bleibt etwas rational Abstraktes, das nicht das Innerste des Menschen berührt und sich daher auch nicht in das Leben einfügt. Ich halte es für gewiß, daß der Mensch nicht nach seinen Ideen lebt, sondern nach seinen Gefühlen; und wenn er glaubt, nach den Regeln der Logik zu handeln, so handelt er in Wahrheit nach den Regeln seines Gewissens. Damit die Ideen sich in wirksame Kräfte verwandeln, müssen sie den Weg über das Gefühl nehmen. Und nur die Kunst besitzt die Kraft, diese psychologische Verwandlung zu verwirklichen.«

Der Nationalrat für Erziehung förderte die Veröffentlichung der Schulzeitung »El Grillo« (Die Grille), deren erste Nummer im Dezember 1949 erschien, mit einer Auflage von 160000 Exemplaren, die kostenlos verteilt wurden.

Paraguay

Es gibt sehr wenig Kinderliteratur in Paraguay, und meist haben die Kinderbücher eine rein didaktische Zielsetzung. Außerdem bringt es die Nähe zu Argentinien und Uruguay mit sich, daß Kinderbücher aus diesen Ländern importiert werden. Dennoch kann man eine Skizze der paraguayischen Kinderliteratur schreiben und hoffen, daß sich künftig mehr Schriftsteller dort der Kinderliteratur widmen werden.

Wir wissen durch das Buch von Guillermo Furlong S. J. »Die Missionare und ihre guaranischen Stämme«, daß bereits 1640 Theateraufführungen stattfanden. In einigen wirkten mehr als hundert Kinder mit, »die verschieden bemalt waren. Das waren Ehrenbezeugungen vor der Gesellschaft Jesu«. Man kümmerte sich um die Gründung neuer Schulen und darum, daß die Eingeborenen Lesen lernten. So stieß die Verbreitung von Fibeln und anderer didaktischer Grundbücher auf großes Interesse, aber es erschöpfte sich auch damit.

Während des 19. Jahrhunderts machten die Bemühungen um die Erziehung im Land weiter große Fortschritte, wenn sie auch während der Diktatur Francia schlimme Rückschläge erlitten. 1906 finden wir das Lesebuch »Vaterland« von *Hector L. Barríos*, in dem neben didaktischen Stücken auch einige literarische Fragmente stehen. Streng genommen gehört dieses Buch noch nicht zur Kinderliteratur wie wir sie heute verstehen, da man glaubt, daß sie nicht nur eine didaktische, sondern auch eine ästhetische Aufgabe habe. So finden wir erst 1917 eine Art Kindersonntagszeitung »Kavurei« (= Raubvogel: ein kleiner Uhu, der die kleinen Vögel anlockt, von denen er sich ernährt). Der Direktor der Zeitung war Juan R. Dahlquist (er wurde in Argentinien geboren). An »Karuvei« arbeiteten Schriftsteller, Jugenderzieher und Kinder mit; man veröffentlichte Geschichten, Theaterstücke für Kinder, Gedichte, Bearbeitungen von berühmten europäischen und amerikanischen Schriftstellern. Zu den Mitarbeitern gehörten der Dichter und Historiker Juan E. O. Leary, Natalicio Rivera, Silvano Mosqueiro, Rosa Ventre, Ricardo Marrero, Eloy Fariña. Charakteristisch für diese Zeitschrift ist ihre Tendenz zu didaktischen Themen.

1930 wurden die Bücher des tüchtigen Erziehers der paraguayischen Kinder und Jugendlichen, *Ramón Cardozo Indalecio*, veröffentlicht; sie hießen »Der Paraguayer«. Die Schriftstellerin *Concepción Leyes de Chaves* veröffentlichte fünf ausgezeichnete Lesebücher »Morgendämmerung«, »Der kleine Weg«, »Das Schiff«, »Die Freude« und »Mein Vaterland«, die einen bemerkenswerten Fortschritt auf dem Gebiet der Kinderliteratur darstellten. Diese Frau, deren Wirken im Leben ihres Landes bedeutsam ist, schrieb ein von den Mythen, Legenden und der paraguayischen Folklore beeinflußtes Buch »Der Fluß Lunado«, das als Unterhaltungslektüre für Schüler der Sekundarstufe und der Volksschulen gedacht war. *Bienvenida Ugarte Centurión* und *Carmen Navarro de Dominguez* schrieben Lesebücher, die heute in den Schulen benutzt werden.

Über die Dichtung sagt *Maria Luisa Artecona* in ihrer Arbeit »Kinder- und Jugendliteratur in Paraguay«: »In der nationalen Lehrerschaft gibt es eine wachsende Zahl von Lehrerinnen, die didaktische Gedichte schreiben, aber wir finden in ihnen nichts Wesentliches über unsere Zeit ausgesagt. Die Sprache ist in einem unangemessenen Romantizismus zum Stillstand gekommen, der nicht dazu geeignet ist, in den jungen Lesern das Gefühl für das wirklich Schöne zu wecken. Alles, was mit dieser Art intellektueller Arbeit zusammenhängt, bleibt unbekannt«.

Die Autorin leitet die Seiten, die die Tageszeitung »La Tribuna« und die Wochenzeitschrift »Comunidad« wöchentlich Kindern widmet. Die »Seite für die Schule« in »La Tribuna« bemüht sich um die Verbreitung allgemeinen Wissens, während »Comunidad« sich mehr um das Ästhetische bemüht. Es ist in Ländern mit starkem Analphabetismus auf dem Lande, in denen die unterentwickelten Gebiete noch sehr groß sind, nur natürlich, wenn die Kinderliteratur weitgehend von pädagogischen und didaktischen Überlegungen bestimmt wird.

Auch in der paraguayischen Folklore finden wir eine reiche Quelle, die von den Literaten des Landes, die für Kinder schreiben, ausgenutzt werden sollte. Die berühmten Märchen der Brüder Grimm, Andersen und anderer Erzähler kennt die Landbevölkerung unter anderem Namen: so ist »Maria Tanimbú« Aschenputtel, und Däumling heißt in guaranischer Sprache »Pychäi«. Noch interessanter jedoch sind die Helden, Geister und Gestalten der eingeborenen Folklore.

Das Studium lohnen auch die zahlreichen paraguayischen Romanzen, die aus spanischem Erbe stammen, und die Rundgesänge, Lieder, Rätsel und die Kinderfolklore.

Brasilien

Die Ursprünge der Kinderliteratur – Die mündlich überlieferte Literatur – Die Geschichtenerzählerinnen – Silvio Romero, Cámara Cascudo

Immer schon habe ich geglaubt, daß in der Kinderliteratur die mündliche Überlieferung eine bedeutende Rolle spielt. Beim Studium der brasilianischen Kinderliteratur wächst die Bedeutung der mündlichen Überlieferung ungemein, sie nimmt die Maße des gewaltigen amazonischen Urwaldes an. Der Reichtum mündlicher Überlieferung in Brasilien ist so groß wie die Verschiedenartigkeit der Bevölkerung, die sich aus Eingeborenen, Portugiesen und Afrikanern zusammensetzt.

Ganz Südamerika ist eine Mischung von Kulturen und Rassen und besitzt daher eine sehr abwechslungsreiche Folklore. Ein so großes Volk wie das der Brasilianer, in dem die Verbreitung gedruckter Texte noch relativ jung ist, während es die mündliche Überlieferung immer schon gab, ist daran gewöhnt, zuzuhören und zu erzählen.

Seit alten Zeiten hören die brasilianischen Kinder die gesprochene Literatur, anstatt sie zu lesen, und noch heute spricht und hört ein Teil des analphabetischen Volkes wie in früheren Zeiten, obwohl sie reicher an überlieferten Kenntnissen geworden sind. Nach und nach wird das, was man von Mund zu Mund weitererzählte, was man sang, – Poesie und Prosa – aufgeschrieben; die Bücher werden dann das bewahren, was sich sonst eines Tages verlöre.

In diesem Sinn besitzt die brasilianische Kinderliteratur noch große Möglichkeiten trotz allem, was schon getan wurde. Dieses Volk, das so sehr für die Dichtung, die Erzählkunst, das Theater und den Tanz begabt ist, könnte eine Kinderliteratur ganz origineller Art schaffen. Daher muß man in den Ursprüngen der brasilianischen Kinderliteratur vor allem die Kinderfolklore und die brasilianische Folklore allgemein berücksichtigen.

Der große Folklorist Silvio Romero (1851–1914) studierte und formulierte als erster die Grundzüge der brasilianischen Kinderfolklore. Welch große Bedeutung hatten damals die Dienstmädchen, Kinderfrauen und brasilianischen Ammen, die Geschichten erzählten! Sie waren außerordentliche Erzählerinnen, diese genialen Negerinnen mit dem wunderbaren Gedächtnis, die zum Entzücken der Kinder Geschichten überlieferten und zur gleichen Zeit neu schufen. Solche Frauen gab es in der Kinderzeit vieler Brasilianer. Eine von ihnen, die Negerin Feliciana, war die

Kinderfrau von Juana Ibarbourou, die sie in ihren Erinnerungen »Der Junge Karl« erwähnt.

Viele Schriftsteller Brasiliens ehrten die Erzählerinnen in ihren Erinnerungsbüchern, wenn sie die Geschichte ihrer literarischen Bildung erzählten und – wie Gilberto Amado – versichern, daß diese Frauen die Berufung für die Kunst mitbestimmten.

Blaise Cendrars sagt in seiner »Schwarzen Anthologie«, die erste literarische Institution in Brasilien sei die der schwarzen »Akápalos« gewesen, die von alten Sklaven und Sklavinnen ausgeübt wurde. In einigen alten Zonen des Landes wurde sie von Negerinnen gebildet, die weißen Kindern erfinderische Geschichten erzählten; so z. B. die alte Totonha, die José Lins de Rego in seinem Erinnerungsbuch »Menino de Engenho« erwähnt.

Wie schon gesagt wurde, sammelten die Folkloristen einen großen Teil solcher Überlieferungen. *Silvio Romero* (1851–1914) sammelte lyrische Lieder, Hirtenlieder, gesprochene und gesungene Romanzen, Gebete und Anrufe, Zungenbrecher, Erzählungen ohne ein Ende und Märchen.

Wie die Spanier auf dem Weg nach Amerika auch ihre mündliche Überlieferung über das Meer brachten, so führten auch die Portugiesen Lieder und Romanzen aus der portugiesischen Heimat mit. Es gab bereits einheimische und später auch afrikanische Gesänge und Märchen, die von der mestizischen Bevölkerung angenommen wurden. Indianer, Neger und Portugiesen hatten ihr folkloristisches Erbe, das sich überschnitt, je mehr sie sich mischten.

Cámara Cascudo sagt in seiner Studie über die »Mündlich überlieferte Literatur«: »Der Portugiese verließ sein Land, bewahrte aber alles im Gedächtnis. Er brachte die Wolfsmenschen, die verzauberten Mauern, Maria Sabida, alles über Hexen, Feen, Erscheinungen, Riesen, Prinzen, Schlösser, vergrabene Schätze... mit sich über das Meer.« Der Einfluß Portugals auf die brasilianischen Feste war sehr groß: »Alle diese Feste kamen von Portugal«, sagt der berühmte Folklorist, »es ist sehr selten, daß sie einmal nicht von dorther beeinflußt waren.« Die Tänze und besonders der Wäscherinnentanz waren portugiesischen Ursprungs, auch die »Cheganza dos Marujos«, der »Reisado de Borboleta, do Maracuja e do Pica-pau«, »Las loas de Natal e Reis« und die »Hirtenlieder zur Weihnacht«. In den »Erinnerungen an meine Kindheit« sagt Gilberto Amado, daß das Kind König dieser Feste war.

Ein berühmter folkloristischer Tanz, »O Bumba meu Boi«, der das Entzücken von Groß und Klein bildete, war auch portugiesischen Ursprungs. Eine Gruppe tanzte voran und wurde von einer tanzenden Menge verfolgt, die die Figur eines Ochsen mit sich führte, unter der sich ein junger Tänzer verbarg. Der typische Tanz »Folgança dos Marujos« stellte eine Schlacht zwischen als Seeleute verkleideten Jungen dar, die ein kleines Schiff mit sich führten. Sie sangen dabei verschiedene Verse und machten viele Tanzfiguren. Nach der Darstellung des Kampfes sangen sie die ursprünglich portugiesischen Verse »Nau Catarineta«.

All diese Aufführungen, die fast wie Theater sind, und von Kindern und Jugendlichen ausgeführt werden, bilden die Grundlage der Kinder- und Volksliteratur. In Pernambuco zum Beispiel kennen die kleinen Kinder schon das Volksstück »Das

Seepferd« auswendig und warten darauf, daß sie an der Aufführung teilnehmen dürfen.

Es gibt Zeiten im Leben eines Volkes, in denen es schwer ist, zwischen der Literatur für Erwachsene und der Kinderliteratur zu unterscheiden, da sich alle an dem Gleichen erfreuen.

In Brasilien sind die reichhaltigen und häufigen folkloristischen Darbietungen bis in unsere Zeit für Groß und Klein von gleicher Bedeutung. Die Bewohner der »Matas« von Pernambuco, die Mandiocas von Rio de Janeiro, die Menschen aus dem »Sertão« und die, die an den Stränden wohnen, vereinen sich mit ihrer Kinderschar beim fröhlichen Volksfest.

Dasselbe wie bei den Festen ist auch bei den Romanzen zu beobachten. »Alle Volksromanzen Brasiliens kamen aus Portugal«, sagt Cámara Cascudo. Einer der ältesten Rundgesänge, »An die Gräfin«, ist ursprünglich »Die Gräfin von Aragón«. Die Großmutter von Cámara Cascudo, die 1835 geboren wurde, sang die Romanze unzählige Male und vererbte sie dem Enkel, so daß diese Romanze die bekannteste bei den vornehmen Fräulein jener Zeit wurde. »Goldfuß, Silberfuß« war einer der ältesten Rundgesänge in Spanien, der während des 16. Jahrhunderts in Portugal gesungen wurde und später in Südamerika sehr verbreitet war. Auch unter den traditionellen Spielen gibt es viele portugiesische, ebenso bei den Wortspielen, die die Portugiesen »lenga-lengas« nennen. Das bekannteste von ihnen heißt: »Morgen ist Sonntag«.

Erzählkunst und Roman – Die »gebundene« Literatur – Figueiredo Pimentel – Der Verlag Quaresma – Couto de Magalhães und »O Selvagem«

Als Lektüre gab es die sehr verbreitete, sogenannte »gebundene Literatur«, die bei Kindern und Erwachsenen beliebt war, die es später aber nur noch für Kinder gab, denn sie wurde auf Märchen und Wundergeschichten begrenzt. Sie bestand aus Büchern, die im 14., 15. und 16. Jahrhundert aus Spanien und Portugal kamen, und enthielt die weithin bekannten Geschichten »Das Mädchen Theodora«, »Die Kaiserin Porcina«, »Die Prinzessin Magelona«, »Johannes von Calais«, »Karl der Große und die zwölf Großen aus Frankreich«.

Gegen Ende des 19. Jahrhunderts wurden diese kleinen Werke von dem Verlag Do Povo Quaresma mit großem Erfolg herausgegeben. Zu dieser »gebundenen Literatur« kamen viele Übersetzungen aus dem Französischen, da der Einfluß der französischen Literatur sehr groß war. Seine Kinder ließ man in jener Zeit in den französischen, aber auch in den englischen und nordamerikanischen Schulen erziehen. Man las Bücher aus England und Frankreich und übernahm auch die Kleidung und Festkleidung aus diesen Ländern.

Um diese Zeit veröffentlichte der Verlag Quaresma die »Geschichten von Carochinha« von *Figueiredo Pimentel*, einem der ersten Kinderbuchautoren Brasiliens.

Die »Geschichten von Baratinha« wurden ebenfalls als »ein dicker, gut gedruckter und in Paris eingebundener Band« angekündigt, »der siebzig gute neue Geschichten enthält, die alle sehr berühmt, angenehm, phantastisch, traurig, fröhlich und moralisch sind«. Der Erfolg dieser Bücher bewog Pimentel, einen dritten Band herauszugeben, »Historia de Avosinha«, der »fünfzig der berühmtesten, neuesten, schönsten, moralischen und frommen Geschichten enthält, die alle ganz verschieden von den ›Geschichten von Carochinha‹, den ›Historias de Arco Velha‹ und den ›Historias de Baratinha‹ sind«. In den »Historias do arco velha« sind Volkserzählungen europäischen und portugiesischen Ursprungs gesammelt. Im Vorwort heißt es: »Ein Buch für Kinder. Es enthält sechzig der besten moralischen Volkserzählungen aus verschiedenen Ländern; einige wurden nach den Gebrüdern Grimm, nach Perrault, Andersen, Madame D'Aulnoy... übersetzt, andere direkt nach mündlicher Überlieferung niedergeschrieben.« Der Verlag Quaresma und Figueiredo Pimentel riefen eine Kinderliteratur ins Leben und bauten sie systematisch auf. Olavo Guerra nennt Figueiredo Pimentel in dem Vorwort zu seinen Werken 1896 den »Autor der Kinder«. Aus Liebe zu Kindern sammelte Pimentel überlieferte Volksreime und veröffentlichte sie unter dem Titel »Os meus brinquedos«. Figueiredo beschränkte sich nicht nur auf das Schreiben und Sammeln von Erzählungen, von folkloristischen Versen und Gedichten, er schrieb auch »Kindertheaterstücke«, die »komischen Szenen, Monologe, Dialoge, Komödien, Tragödien, Melodramen und sogar Operetten mit Musik und ohne Musik« enthielten. Unter ihnen sind besonders zu erwähnen: »Das Neue Jahr«, »Die schöne Hirtin«, »Der Zahnarzt«, »Der Naschhafte«, »Der Arzt«, »Das Geheimnis von Yayá«.

Im gleichen Verlag wurden auch Bücher veröffentlicht, die Kinder sicher lasen, obwohl sie nur von Erwachsenen gekauft wurden, z. B. Erzählungen von Leo Tolstoi. Der Herausgeber sagte, daß nach der Lektüre dieses Buches »niemand sich traue, wie hart und verhärtet auch immer er sei, einem Armen eine Gabe oder einem Verzweifelten Hilfe zu verweigern.«

Es wurde auch das berühmte »Buch der Geister« veröffentlicht, eine erstaunliche Sammlung von Geschichten über Seelen aus dem Jenseits. Mit einem Wort, es waren all die Geschichten, die die Dienstmädchen den Kindern und die die Kinder sich untereinander erzählten. Sie wechselten mit Volkserzählungen wie die »Geschichte der Blanca-Flor« ab. Ein anderes der veröffentlichten Bücher hieß »Die Listen Bertoldos«, es gab auch das kuriose des »Papagaio Falante« oder »die höchst einfache Methode, einen Papagei in kurzer Zeit das Sprechen zu lehren«.

Neben diesen verschiedenartigen Veröffentlichungen gab der Verlag Quaresma »Das Beste portugiesischer Dichtung«, »Volkslyrik« und sehr viele Romanzen auf einzelnen Blättern heraus, die beim Volk und bei der Jugend sehr verbreitet waren. Nicht alle waren von guter Qualität, denn das Sensationelle herrschte vor. »Die unglückliche Maria« und »Heirat und Tod« hatten von den singbaren Romanzen den größten Erfolg.

Nach der interessanten Studie von *Leonardo Arroyo*, »Brasilianische Kinderliteratur«, führte der Verlag David Corazzi in Lissabon die Werke von Jules Verne nach Bra-

silien ein. Man übersetzte damals auch »Cuore«, »Robinson«, die Geschichten
von Schmid, J. F. Cooper und zahlreiche Bücher, die das europäische Kind in jener
Zeit ebenfalls las. 1865 veröffentlichte der Verlag Endrizzi in São Paulo mehrere
Bände »Moralische Geschichten für Kinder« und »Der kleine Polegar«. Huberto
de Campos erinnert sich in seinen »Unvollendeten Memoiren« daran, daß ihm sein
Onkel ein kartoniertes Exemplar von »Il Cuore« von De Amicis in der portugiesischen Übersetzung von J. de Ribeiro schickte. »Dieses Buch«, sagte er, »bedeutete
ein Ereignis in Pernaiba. Ich kenne nach ›Genoveva von Brabant‹ kein anderes
Buch, über das ich in unserem Haus soviele Tränen vergoß«. Alle seine Freunde und
Kameraden wollten es geliehen haben. Auch »Quo vadis« von Sienkiewicz wurde bei
ihnen sehr berühmt. Humberto Campos las auch »Die Geschichte Kaiser Karls
des Großen« und berichtete, wie er mit seinen Ersparnissen die Bücher »Das Testament des Flohs« und »Das Testament des Esels« kaufte. All das erzählt er im ersten
Teil seiner Erinnerungen aus den Jahren zwischen 1886 und 1900. Als er größer war,
las er in der Öffentlichen Bibliothek Jules Verne.

Zur gleichen Zeit, als diese gedruckte Literatur in die Hand der Kinder gelangte,
sammelten Volkskundler die reichen Überlieferungen der Ureinwohner Brasiliens,
von denen wir bereits sprachen. Ihre Fabeln, Geschichten und Erzählungen waren
im Volk verbreitet und wurden mündlich von den Tälern und Wäldern bis in die
Städte weitergegeben.

1876 veröffentlichte *Couto de Magalhães* sein Buch »Die Wildnis«, eine Sammlung
einheimischer brasilianischer Erzählungen. Der Autor war als Soldat in den Urwald geschickt worden, um die Sprache der Tupís zu studieren und eine Grammatik
ihrer Sprache zu schreiben. Er interessierte sich aber auch für die Erzählungen der
Tupís und veröffentlichte am Ende seines Buches einige literarisch überarbeitete
Erzählungen, als Beispiele und Übungen zur Grammatik. Es handelt sich dabei um
Tiergeschichten; sie haben die Kürze antiker Fabeln und erinnern manchmal an
diejenigen von Äsop, Phädrus und Avianus. Diese Tiergeschichten, besonders die
Reihe über »Jabutí«, waren im Volk sehr verbreitet. Cámara Cascudo erzählt, daß
er in seiner Kindheit um 1870 eine Frau gekannt habe, die diese Fabeln erzählte und
noch viel mehr Tiergeschichten der Art kannte, wie sie Couto de Magalhães sammelte.

Silvio Romero veröffentlichte 1885 in seinen »Volkserzählungen aus Brasilien« und
später in »Brasilianische Folklore« viele Eingeborenengeschichten und Legenden in
der Art Couto de Magalhães. »Die Füchsin und der Rabe«, »Der Geier und die
Kröte«... sind Fabeln von literarischer Prägnanz und bewundernswerter Kunst-
fertigkeit, die man in Anthologien der Kinderliteratur und in die Schulbücher aufnehmen sollte. Diese Tiergeschichten entsprechen »Onkel Kaninchen«, »Onkel
Fuchs« und »Onkel Tiger«; sie stellen eine Eigentümlichkeit Südamerikas dar und
haben große Bedeutung für die Kinderliteratur.

Wenn die mündliche Überlieferung und die Arbeiten der Folkloristen in ihrer ursprünglichen Form bereits für die Kinderliteratur verwandt wurden, so ist es dennoch wenig, was bis jetzt in Brasilien veröffentlicht wurde; zum größten Teil kam

es dazu aus dem Ausland. Daher sagen die Brasilianer selbst, daß es bis zu Monteiro Lobato und bis er für Kinder schrieb, nichts gegeben habe. Er verdient ein eigenes Kapitel.

José Bento Monteiro Lobato – Sein Leben – Die »Reinacões de Narizinho« – Die Entdeckung der Welt der Kinder – Werke, Darstellungen und Übersetzungen

José Benato Monteiro Lobato wurde am 18. April 1882 in der Stadt Taubate, in dem großen herrschaftlichen Haus seines Großvaters geboren. Er wuchs auf einer Hazienda nahe am Walde auf. Der kleine Juca, so wurde er in seiner Kindheit genannt, war sehr oft auf der Hazienda seines Großvaters, der ein gutmütiger Mensch, ein großer Herr, ein Freund des guten Essens und begeisterter Gärtner war, der auf seiner kleinen Farm alle Arten brasilianischer Bäume anpflanzte.

Eines Tages beschloß José Benato seinen Namen in José Bento umzuwandeln, um den Spazierstock seines Vaters mit diesen Initialen benützen zu können. Von der Hazienda weg ging er auf die Schule und später nach São Paulo, um dort zu studieren. Er arbeitete an der Studentenzeitschrift »O Guarany« mit und las während dieser Zeit »Robinson«, Werke von Laemmert, »Karl der Große und die zwölf Edlen von Frankreich« und Jules Verne.

1898 starb der Vater und wenig später die Mutter. Mit der Unterstützung des Großvaters studierte er Jura und gründete während dieser Zeit Vereinigungen und Zeitungen. Damals begann auch seine Freundschaft mit Godofredo Rangel, die, ebenso wie eine ausgedehnte Korrespondenz, das ganze Leben hindurch andauerte. Er heiratete und hatte mehrere Kinder. Mit dem Tode des Großvaters erbte er dessen Farm, auf der er sich niederließ und sich mühte, bis sie in einem guten Zustand war. Brandstifter fügten seiner Besitzung großen Schaden zu; das veranlaßte ihn, einen bösen Brief an die wichtigste Zeitung des Staates São Paulo zu schreiben, in dem er den Vorfall anzeigte. Dieser Brief-Artikel hieß »Velha Praga« und erweckte Interesse für das Thema und für seine Person.

Um die Brandstifter des »Mato« zu strafen, schrieb er »Urupes« und wies den Urheber der Brände, Jeca Tatu, einen Landstreicher, in »Ideen von Jeca Tatu« mit beißenden Sticheleien zurecht. Er wollte damit die Krankheit, die Apathie und den Analphabetismus seines Landes bekämpfen.

Mit der Gründung eines Verlages war der Name Monteiro Lobato bekannt: Man nennt ihn den Gründer der Buch-Industrie seines Landes überhaupt. 1921 veröffentlichte sein Verlag eine Serie bebilderter Hefte mit seinen Kindergeschichten »A menina do narizinho«, die bei den Kindern sofort großen Erfolg hatten, so daß man mehr als 50 000 Exemplare verkaufte. Die dynamische Natur Monteiros und der Wunsch nach ständiger Erneuerung, der ihn sein Leben lang bewegte, führte ihn als brasilianischen Wirtschaftsattaché nach Rio de Janeiro und New York. In den Vereinigten Staaten ersann er Projekte, um seinem Lande durch Schwerindustrie und Erdölnutzung größere wirtschaftliche Bedeutung zu verleihen. Während er sich mit diesen Ideen beschäftigte, fuhr er fort, Kinderbücher zu schreiben. Monteiro war ein praktischer Idealist, ständig ersann er Verbesserungen für Brasilien und versuchte, wie ein Reformator des 18. Jahrhunderts, alle Aspekte des Lebens zu erwägen; er tat dies mit moderner Leichtigkeit und Dynamismus. Viele seiner Projekte scheiterten und wurden nicht beachtet.

Monteiro Lobato

Seine geistige Gewandtheit, sein Scharfblick, seine große Kultur und sein psychologisches Wissen verschafften ihm, als er sie auf die Kinderliteratur anwandte, einen der größten Erfolge seines Lebens. Vom ersten Augenblick an bewunderten ihn die Kinder, und das ganze ungeheure Brasilien begeisterte sich an den »Reinacões de Narizinho«, »Viagem ão Ceu e o Saci« und den »Caçadas de Pedrinho e Hans Staden«. Der Schriftsteller, dem seine Bücher für Erwachsene Ruhm und Geld verschafft hatten, staunte über seinen Erfolg bei Kindern. Sie bestürmten ihn, und dieser jähe Mann, der so rasch, so scharf und manchmal ironisch mit den Journalisten und der Welt der Erwachsenen war, schenkte ihnen geduldige Aufmerksamkeit bei ihren Forderungen und ihrer Kritik. Die Kinder baten ihn um Fortsetzungen der Abenteuer; jemand bat um die »Bolinhos« der Tante Nastacia, und einige wollten eine Audienz: »Einige Minuten der Aufmerksamkeit in einem Lokal! Der Herr möge den Tag und die Stunde bestimmen.« Das ist rührend und bezaubernd.

Auf dem Kinderkongress von Brasilien umringten ihn die Kinder und baten ihn um Unterschriften und Bilder. Diese Kinder, die in einem befehlenden Ton schrieben, sagten: »Warum machen Sie nicht mehr Bücher mit den Göttern von Griechenland?« – »Ich möchte, daß Sie ein Buch schreiben, das am Amazonas spielt.« – »In dem nächsten Buch möchte ich auftreten!« Geduldig beantwortete Monteiro alle Briefe und hob sie auf; er empfing die Kinder, erfüllte die Forderungen der jugendlichen Leser, die manchmal diktatorhaft anmuteten, und schrieb Jahr für Jahr neue Kinderbücher.

Wie begann Monteiro Lobato sich für die Kinderliteratur zu interessieren? Er selbst berichtet, daß ihm eines Tages ein Freund beim Schachspiel die Geschichte eines Fischleins erzählte, das die Kunst des Schwimmens verlernte, als es einige Zeit außerhalb des Wassers gewesen war; als es zum Fluß zurückkehrte, ertrank es. Die Geschichte regte seine Phantasie an, und er schrieb die »Geschichte des Fischleins, das ertrank«.

Danach griff er auf Erlebnisse auf der Hazienda zurück. Er erinnerte sich an die Mulattin Joaquina, die Sklavin seines Vaters, mit der er an den Fluß fischen ging. Sie verließ ihn später, um mit einer sechzigjährigen Alten, Doña Benta de Oliveira, zu leben. Seine eigenen Kindheitserinnerungen, die Jahre, die er mit seinen Schwestern auf der Hazienda seines Vaters und seines Großvaters verbrachte, halfen ihm, die Gestalten von Emilia, Pedrinho, Lucia, des Vicomte de Sabugosa, des Schweinchens Rabicó und des Esels Conselheiro zu erfinden.

Einige dieser erfundenen Gestalten verwandelten sich in Symbole. Das Rhinozeros Quindín versinnbildlicht menschliche Brutalität, Rabicó den Magen, der Esel den Philosophen. Monteiro sagte: »Kindern gute und ihrem Alter entsprechende Bücher in die Hand zu geben, ist die beste Art, Menschen zu erziehen.« Durch seine Kinderbücher macht das Kind Bekanntschaft mit dem Himmel auf Erden, in dem auch »Picapau Amarelo« in der Phantasie lebt, nachdem er zehn Jahre alt geworden war.

Allein die Erfindung des berühmten Landes der Doña Benta genügte schon, um Monteiro mit Perrault, Andersen und Carroll zu vergleichen. Mit Recht sagte man in Brasilien: »Ist er nicht der Kinderschriftsteller unserer Zeit? Der Erneuerer der Kinderliteratur? Andersen vergleichbar!... In seinen Geschichten gibt es keinen Unterschied zwischen Realem und Irrealem: das ist universale Kinderpsychologie... Lobato schrieb seine Geschichten mit größter Natürlichkeit.« Er entdeckte die Kunst, Kinder jeden Landes und auch die Erwachsenen anzusprechen. Die Bücher Monteiro Lobatos wurden millionenfach verkauft. In Argentinien wurden sie ins Spanische übersetzt und ebenfalls viel gelesen.

Zu der Mischung von Realem und Irrealem, die Monteiro so gut beherrschte, traten noch Humor und beispielhafte Lehren. Monteiro dachte sich höchst unterhaltsame Situationen aus. Sein treffsicherer Instinkt verlieh seinen Büchern den Witz, der dem intelligenten Kind so gut gefällt; gleichzeitig aber wurde dieser moderne sprühende Humor von erziehender und moralisierender Absicht begleitet.

Es ist charakteristisch für die Bücher von Monteiro Lobato, daß die Kinder in ständigem Gespräch mit den Erzählenden sind; dadurch wird ein lebhafter Dialog möglich. Seine Art zu schreiben wurde für viele spätere Schriftsteller beispielhaft. Natürlich gleichen seine Dialoge nicht den didaktischen Gesprächen zwischen Lehrern und Schülern, den »Nachmittagen auf der Farm«. Es sind vielmehr fröhliche und unterhaltende, interessante und ernsthafte Gespräche zwischen neugierigen und lernbegierigen Kindern und ihren Gesprächspartnern.

Die Bücher von Monteiro sind in ihrer Art vollkommen. Der Schriftsteller verdient es, mit allen Ehren in die Weltgeschichte der Kinderliteratur aufgenommen zu werden. Welch originellen, unserer Zeit angemessenen Humor beweist er, wenn eines seiner literarischen Geschöpfe, Emilia, Monsieur La Fontaine begrüßt, der sich wie ein Journalist über das Gespräch zwischen Fuchs und Rabe Aufzeichnungen macht!

Der unermüdliche Monteiro schrieb »Erinnerungen Emilias und Peter Pans«, »Emilia im Lande der Grammatik«, »Die Arithmetik Emilias«, »Die Geographie der Doña Benta«, »Geschichte der Erfindungen«, »Der Brunnen des Vicomte«. Der »Don Quijote der Kinder«, »Der Minotaurus«, »Die zwölf Arbeiten des Herkules«, und »Weltgeschichte für Kinder« sind berühmte Werke der Weltliteratur, die Monteiro inspirierten. Das letzte Buch war eine sehr eigene Version Monteiros, der »Child's History of the World« von V. M. Hillyer, des Direktors der Calvert School von Baltimore.

Neben der Arbeit an seinen eigenen Kinderbüchern übersetzte Monteiro Märchen von Grimm und Andersen, »Alice im Wunderland«, »Robinson« und »Robin Hood«. Das Werk Monteiros enthält Erzählungen, Fabeln, Romane und allgemein verständliche Darstellungen wissenschaftlicher Themen. Er wollte Kindern alles geben. Daher schrieb er auch das berühmte Buch über die »Abenteuer des Hans Staden«, der 1549 an der Küste von Brasilien Schiffbruch erlitt und acht Monate Gefangener der Tupinambas (Indianerstamm) war. Dieser brasilianische Robinson Crusoe, der in der Version Monteiros sehr liebenswert dargestellt ist, sollte die Kinder mit den klassischen Büchern vertraut machen.

Monteiro war für Brasilien einzigartig. Man kann sagen, daß er allein ein Werk vollbrachte, in das in anderen Ländern sich viele Autoren teilen. Natürlich bestimmte Monteiro auch den Stil, die Art und den Aufbau des Kinderbuches; seinem Vorbild folgten andere Autoren in guter Weise, obwohl sie ihn nicht übertrafen.

Thales de Andrade und »Saudade« – Francisco Marins und sein Werk – Lucia Machado de Almeida

Ein Zeitgenosse von Monteiro war *Thales de Andrade*, der 1922 sein Buch »Saudade« veröffentlichte; es ist eine Art brasilianisches »Cuore«. »Saudade« ist die Geschichte einer Familie, die ihre Hazienda verkauft und in die Stadt zieht, in der Hoffnung, dort mehr zu verdienen; aber sie haben auch in der Stadt viele Schwierigkeiten. Der Junge, Held der Geschichte, hat Sehnsucht (saudade) nach dem Land. Schließlich kehren sie auf das Land zurück, kaufen erneut eine Hazienda und beginnen mit großem Eifer von Neuem.

Der Autor schrieb auch einen ausgezeichneten Jugendroman, »Itai, das Kind der Wildnis«. Held des Romans ist ein Junge in der Art Mowglis – der immer jugendlichen Lesern so gut gefiel! – der im brasilianischen Urwald lebt. Thales de Andrade bediente sich für seine Bücher der Folklore und der Wissenschaft. So beschrieb er sehr interessante und schöne Gebräuche der Eingeborenen. Der Autor selbst sagte, daß er Folkloristen und Linguisten herangezogen habe, um etwas über die Sitten und die Sprache der Bewohner des Urwaldes zu erfahren und um die dort lebenden Tiere beschreiben zu können.

Thales de Andrade hat mehr als 25 Bücher mit phantastischen und realen Erzählungen veröffentlicht, darunter »Die Tochter der Floresta«, »König Kröte«, »Königin Ica«... Die lehrhaft-unterhaltsame Erzählung ist in Brasilien weit verbreitet. In den letzten Jahren schrieb *Viriato Correa* einige lehrreiche Bücher über die Geschichte Brasiliens in Romanform, z. B.: »Die Geschichte der Befreiung Brasiliens«, »Die Fahne in der Farbe der Smaragde, aus der Zeit der kühnen Forscher und Entdecker«, »Das Brasilien meiner Ahnen«, »Die schönsten Erzählungen aus der Geschichte Brasiliens«.

Murillo Araujo schrieb »Begebenheiten aus unserem Land«, *Roberto Macedo* »Sie machten Geschichte in Brasilien«, *Sergio T. Macedo* »Die ersten Einwohner Brasiliens«, »Amazonas, ein Fluß erzählt seine Geschichte«, »Von Tordesillas nach Ope«. Der Autor schreibt eine Art didaktischer Schullektüre im Stil einer belehrenden Anthologie. Darin gleicht er pädagogischen Schriftstellern. Er berichtet von tatsächlichen Geschehnissen und trifft eine Auswahl für Kinder.

Francisco Marins hält sich mehr an phantastische Erfindungen, obwohl er immer in der Art moderner Abenteuerbücher schreibt und Kinder zu Hauptpersonen macht. So stellt er uns in »Die Geheimnisse des Taquara Poca«, »Reise zur unbekannten Welt« und »Die Länder des Königs Kaffee«, eine Jugendbande unserer Zeit im brasilianischen Urwald vor, denen ein Abenteuer nach dem anderen begegnet und die eine Welt erleben, in der Tiere sprechen und von Zeit zu Zeit Gestalten aus der Sage auftauchen. Der Autor schrieb auch Biographien wie »Das wunderbare Abenteuer des Fernão de Magalhães« und »Das heilige Dorf«.

In »Drei Pfadfinder machen Ferien am Fluß Paraná« beschreibt *F. Barros* Taten und Mißgeschicke junger, waghalsiger Boy-Scouts in der brasilianischen Natur. In allen Büchern, die wir erwähnt haben, spürt man die Gegenwart des Landes, des riesigen und geheimnisvollen Mato mit seiner Anziehungskraft auf Kinder und Jugendliche. Bei *Lucia Machado de Almeida* ordnet sich die lehrhafte und wissenschaftliche Tendenz – wie bei Monteiro Lobato – der humoristischen Phantasie unter. Die Schriftstellerin schreibt mit Anmut und feinem Humor. Ihre Helden leben in der Natur, z. B. in »Das Geheimnis des Pols«, »Auf dem Grund des Meeres«, »Atiria in Borboleta«. Lucia Machado hat geistreiche Einfälle und gibt witzige Kommentare.

Wenn man die gegenwärtige erzählende brasilianische Kinderliteratur untersucht, kann man feststellen, daß sich der Einfluß Monteiro Lobatos in doppelter Weise bemerkbar macht: in seiner Nachfolge stehen einmal die humoristischen Schriftsteller, die glücklichen Erben der Anmut des Schöpfers der Kinderliteratur, und auf der anderen Seite die lehrhaften Schriftsteller, die aber gleichfalls glückliche Erben sind, denn ihre unterhaltsame Belehrung hat nichts mit den überaus langweiligen

Zeichnung von O. H. Settin zu M. Lobato »Historias diversas«

Schriften anderer Länder zu tun. Monteiro wußte sehr geschickt diese beiden Möglichkeiten, für Kinder zu schreiben, modellhaft hinzustellen. Später zeigte der absurde Humor *Gerda Brentanis* in »Psiuuu« einen moderneren Weg auf; ihre Erzählungen heißen »Der Prinz«, »Der König Peixe« und »Die drei Hexen«.

400

In dieser kurz zusammengefaßten Geschichte der brasilianischen Kinderliteratur zählen wir nun nur noch die Namen folgender Autoren auf: *Donato Hernani* schrieb »Geschichte der Indianerkinder«; aus dem umfangreichen Werk von *Renato Seneca Fleury* sind besonders erwähnenswert die »Geschichten von Tieren« und Biographien wie die von »Ruy Barbosa«; *Malba Tahan* schrieb »Maktub«, *Oswaldo Orico* »Geschichten vom Land João und andere Geschichten« und *Guiomar Rinaldi* schrieb in der Art des sentimentalen Romans »Carlos Gomez«, »Evangelina« und »Liebeswalzer«. *Coelho Neto* und *Arnaldo Magalhães de Giacomo* schrieben die Biographie des Komponisten »Villa-Lobos, tönende Seele Brasiliens«. In den letzten Jahren ist besonders das Werk von *Odette de Barros Mott*, die Jugendromane schrieb, zu erwähnen. Von ihren Büchern seien »Justino, der Emigrant« und »Die Rose der Winde«, in dem Probleme der brasilianischen Jugend aufgeworfen werden, genannt.

Die Dichtung – Volksdichtung – Romanzen – Alexina Pinto Magalhães, Cecilia Meireles – Andere Dichter – Das Theater – Das Werk Maria Clara Machados

Ein Land mit einer so großen mündlichen Überlieferung wie Brasilien besitzt auch eine reiche Volksdichtung, die gesprochen und gesungen weitergegeben wurde. Folkloristen und Sprachforscher machten bereits große Anstrengungen, alles Material im Volk und bei Kindern zu sammeln. So gibt *Gustavo Barroso* mit seiner Sammlung »Ao som da viola« eine ausgezeichnete Überschau über die Volksdichtung, ebenso *Silvio Romero* in »Brasilianische Folklore«, die er in folgende Themenkreise aufteilt: Weihnachtszyklus, Hirtenzyklus, Zyklus der Pfadfinder und Zyklus der »caboclos«. Sie alle könnten von Kindern gut gelesen werden.
Wie in ganz Ibero-Amerika gibt es auch in Brasilien Lieder, mit denen man andere herausfordert. In Uruguay und Argentinien nennt man sie kontrapunktische Gauchogesänge und in Venezuela Wettstreit-Lieder. Diese Gesänge, die an griechische Wechselgesänge erinnern, haben Ähnlichkeit mit den Tenzonen der Troubadours. Es sind einfallsreiche Zwiegespräche, die an die Fragen und Antworten mittelalterlicher Sänger erinnern. Man sollte sie in Anthologien und Schulsammlungen aufnehmen.
Die Romanzen waren mit den folkloristischen Liedern die erste Dichtung, die die brasilianischen Kinder und Jugendlichen kennenlernten. Es waren Ritterromanzen wie die von der Infantin, der geraubten Braut, von Bernal Francés, von Dom Duarte und dem Mädchen, und die so lebhaften und kräftigen modernen Romanzen. Auch die Negerfolklore, die pernambucanische Folklore hat Gedichte, die als Kinderlektüre geeignet sind. Die typische Kinderfolklore mit ihrem reizenden, in Versen gefaßten »Geschwätz«, mit ihren Rätseln in Form der Aleluyas ist ebenfalls ein Element der brasilianischen Kinderliteratur. So haben z. B. die von *Verissimo da Melo* gesammelten brasilianischen Kinderrundgesänge eine ganz eigene Poesie.
Alexina Pinto Magalhães veröffentlichte 1916 »Kinderlieder und Volkslieder«; sie sammelte dazu alle Gedichte, die Kinder von klein auf rezitierten, und all ihre Kinderlieder. Diese große Pädagogin war die erste in Brasilien, die sich ernsthaft und

intensiv um die Kinderliteratur kümmerte. Auch die Dichterin *Cecilia Meireles* beschäftigte sich mit diesem Thema und hielt eine Reihe von Vorträgen über Kinderliteratur, die veröffentlicht wurden. Aus ihrer schönen Sammlung kann man viele Romanzen für Kinder auswählen.

Beim Theater waren die traditionellen Mysterienspiele, die zu den jährlichen Festen aufgeführt werden, als eine eigene Erscheinung des brasilianischen Kindertheaters zu werten. Es gibt z. B. »Das Mysterienspiel der Hirten«, »Das Mysterienspiel der Caritas«... Auch der ganze Weihnachtszyklus und die Aufführungen der »Marujos« sind für Kinder geeignet.

Die in Szenen umgesetzten Romanzen sind eine große Hilfe für das Theater. Sucht man Autoren, die eigens für das Kindertheater geschrieben haben, so wird ihre Seltenheit durch ihre Qualität aufgewogen. In ganz außerordentlicher Weise ragt die Schriftstellerin Maria Clara Machado hervor, ähnlich wie in früheren Zeiten Monteiro Lobato. Maria Clara wurde in Belo Horizonte geboren und studierte in Rio de Janeiro. Auf einer Reise in die Vereinigten Staaten, auf der sie Brasilien im Internationalen Lager der Pfadfinderinnen vertrat, fiel sie besonders auf. Sie begann ihre künstlerische Karriere in einem Puppen-Theater, das sie gründete und fünf Jahre lang leitete. Wenig später veröffentlichte sie ein Buch »Wie man Puppentheater macht« und zehn Marionettenstücke.

Nachdem sie eine Zeitlang in Paris verbracht und Theaterkurse besucht hatte, gründete sie in Rio mit Martin Gonçalves eine Amateurgruppe »Tablado«, die sie leitete und mit der sie Werke von G. Lorca, Tschechow, Thornton Wilder, Claudel... aufführte. Sie gründete auch die Zeitschrift »Theaterhefte«. Maria Clara ist Professorin für Improvisation an der Theaterakademie und am Nationalen Konversatorium. Sie leitete auch das Theaterwesen im Staate Guanabara und das Städtische Generalsekretariat für Theater in Rio de Janeiro.

Maria Clara Machado führte folgende Werke auf oder sammelte sie in Büchern: »Kindertheater« mit »Pluft, das Gespenst«, »Der Raub der Zwiebeln«, »Der Ochse und der Esel auf dem Weg nach Bethlehem«... und ein Band »Theater« mit drei kleinen Stücken, darunter »Das blaue Pferd« und »Noas Schiff«. Nach unserer Meinung ist das »Blaue Pferd« ein für die Autorin typisches Stück. Es erzählt die Geschichte eines Jungen, Vicente, der mit seinem blauen Pferd spielt, das aber nach Meinung seiner Eltern nur unnütz und nicht mehr zu gebrauchen ist. Da sie arm sind und nicht genug zu essen haben, beschließen sie, das Pferd fortzuschaffen. Das Kind wird sehr traurig und geht auf die Suche nach seinem blauen Pferd. Es hat die große Hoffnung, es zu finden, da es ohne das Pferd nicht leben kann. Ein Schauspieler, Johannes von Gott, erzählt auf der Bühne, was der Zuschauer nicht sehen kann und wie die Zeit verläuft. Alles ist voller Humor, bezaubernd und phantastisch. Der Junge verliert niemals die Hoffnung, sein Pferd zu finden. Er erlebt eine Zirkusaufführung, bei der er ein reizendes Mädchen kennenlernt und drei Elefanten tanzen sieht, besteht mit einigen Pfadfindern Abenteuer, bis endlich das blaue Pferd wieder erscheint. Das Ende ist bewegend; der Junge spielt mit seinem Pferd, als sei nichts geschehen. Das blaue Pferd symbolisiert wie der blaue Vogel von Maeterlinck das Ideal, die unzerstörbare Kinderhoffnung. »Noas Schiff« wurde 1957 ur-aufgeführt. Es ist ein Stück mit bewußt gewollten Anachronismen. Es werden die Vorbereitungen Noahs, seiner Frau und seiner Söhne Sem, Ham und Jafet für die Einschiffung der Tierpaare in die Arche beschrieben. Es gibt ein Giraffenpärchen, ein Affenpärchen, ein Löwenpärchen und ein Pinguinpärchen. Frau Noah näht auf der Nähmaschine kleine Vorhänge für das Zimmer der Vögel. Ein Menschenpaar möchte auch die Arche besteigen. Da es ihm verboten wird, verkleiden sie sich als »Proti-zimbios«, eine Tierrasse, die es in Wirklichkeit gar nicht gibt. Die ganze Handlung dreht sich um die Einschiffung, die bei allem Scherz doch tiefere Bedeutung hat.

Das Werk Maria Clara Machados weist einen Weg; es ist zu hoffen, daß sie in Brasilien nicht allein bleibt, sondern Nachfolger findet. Unter den wenigen Büchern, die es über das Theater gibt, sei das von T. Bianchi »Laßt uns vom Theater sprechen!« besonders erwähnt.

Von der Kinderzeitung wollen wir nur einige Titel angeben: 1887 erschien »Der Heranwachsende«, von Virgilio R. Batista und A. C. Rivera geleitet; 1898 erschien »Aurora Juvenil«; seit 1905 erscheint mit großem Erfolg die beliebte Zeitschrift »Tico Tico«, die Luis Bartolomé de Sousa e Silva in Rio de Janeiro gründete.

Diese Zusammenfassung soll nicht beendet werden, ohne das Werk Lenyra Fracca-rolis besonders zu erwähnen. Sie ist die Gründerin und Leiterin der Jugendbiblio-thek von São Paulo und hat neun weitere Bibliotheken gegründet. Außerdem ver-öffentlichte sie eine vollständige »Bibliographie der Kinderliteratur in portugiesi-scher Sprache« (1955).

Bibliographie

Arroyo, Leonardo: O tempo e o modo. Conselho estadual de Cultura. Comissão de literatura. São Paulo 1963.
   – Literatura infantil brasileira (Brasilianische Kinderliteratur). São Paulo 1968.
Cavalheiro, Edgard: Monteiro Lobato. Vida e obra (Monteiro Lobato. Leben und Werk). São Paulo 1955.

Indien

Indien ist eines der an Erzählungen und Legenden reichsten Länder. Seine große epische Dichtung enthält viele Geschichten, Fabeln, Mythen und Überlieferungen, die die westliche Erzählkunst beeinflußt haben. Gleichzeitig diente aber auch alles, was die große Dichtung an Erzählungen und Geschichten bot, Kindern und Jugendlichen als Lektüre. Sowohl das alte »Mahabharata« wie auch das »Ramayana« sind eine unerschöpfliche Quelle erzählerischer Überlieferung, in unzähligen Übersetzungen und Bearbeitungen wurden sie der Jugend zugänglich gemacht.

Die mündlich überlieferten Geschichten und Tierfabeln wurden gesammelt und aufgezeichnet. Diese Sammlungen waren auch weit verbreitet, vor allem »Die fünf Bücher« (Panchatantra) und die »Nützliche Unterweisung« (Hitopadesa). Der Hitopadesa wurde im Auftrag des Königs Amarassacti zur Erziehung seiner Söhne geschrieben, und dazu ein weiser Brahmane, Visnusarma, auserwählt. Er machte es so gut, daß die jungen Prinzen in nur wenigen Monaten erzogen waren und fortan sein Buch zur Unterweisung von Kindern gebraucht wurde.

Der Hitopadesa ist eine Sammlung von Fabeln, Erzählungen und kurzen Gleichnissen, die leicht zu lesen und deren Moral leicht erfaßbar war.

Die riesige Ausdehnung Indiens birgt eine Vielfalt von Sprachen und Rassen, doch lesen all diese verschiedenen Völker die großen Bücher der Vergangenheit, aus denen auch zum großen Teil der Fabelschatz des Westens und Amerikas stammt. Jeder, der sich mit Folklore oder Dichtung beschäftigt, muß daher immer wieder zu den indisch-orientalischen Quellen zurückkehren.

In einem so reichen Kulturland, in dem der Ursprung europäischer Fabel- und Erzählkunst zu finden ist, verwundert es nicht, wenn sich ein hervorragender Dichter der Kinderliteratur zuwendet. *Rabindranath Tagore* (1861–1941) war der Sohn einer mächtigen und reichen bengalischen Familie. Sein Vater, Debendranath Tagore, war eine der Hauptfiguren der literarischen Renaissance in Bengalen und ein bevorzugter Schüler des Radscha Ram Mohum Roy. Rabindranath wuchs ohne Mutter auf, verehrte aber sehr seinen Vater, obwohl er ihn wenig sah. In seinem Buch »Briefe an einen Freund«, die an C. F. Andrews gerichtet waren, sagt er: »Nach dem Tode meiner Mutter blieb ich unter der Aufsicht der Hausangestellten; ich gewöhnte mir an, mich jeden Tag ans Fenster zu setzen, hinauszusehen und mir vorzustellen, was draußen wohl geschähe.« Genauso macht es die Hauptfigur in seinem Kinderstück »Briefträger des Königs«.

Als Heranwachsender fühlte Rabindranath leidenschaftliche Hinneigung zur Natur, später spiegelte sich dieses starke Gefühl in seinem gesamten Werk.

Als Sohn aus reicher Familie studierte er in England; nach seiner Rückkehr begann er, für Zeitschriften zu schreiben. In Kalkutta hatte er eine Vision der Dichtung. »Von diesem Tage an«, sagte Tagore, »wußte ich, daß es meine Aufgabe sei, die Fülle des Lebens, seine Schönheit und Vollkommenheit auszudrücken, damit sich der Schleier hebe.«

Diese Schönheit, die der Dichter in seinem ganzen Werk zu gestalten suchte, geht zusammen mit ernster Freude. Das Leben brachte R. Tagore viel schmerzliche Stunden. Seine Frau starb mit kaum vierzig Jahren, später verlor er auch seine Tochter und seinen Sohn. Er aber überwand alles Schwere durch seinen Glauben an Freude und Fröhlichkeit: »In der Schöpfung gelingt es der Freude immer, den Schmerz zu besiegen. Wäre es nicht so, unser Mitgefühl für den Schmerz wäre unverständlich. Warum sollen wir verzweifeln? Wir können nicht in das Geheimnis des Seins eindringen. Doch wissen wir wohl, daß es eine Liebe gibt, die viel stärker ist als Schmerz und Tod. Sollte uns das nicht genügen?«

Die bejahende Kraft Tagores, die ihn auch die Begrenzung des eigenen Ich überwinden ließ, machte ihn aufgeschlossen für die politischen und kulturellen Probleme Indiens und darüber hinaus für die der ganzen Welt. Er kämpfte an der Seite Gandhis in dem friedlichen Kampf um die Unabhängigkeit Indiens, wandte sich aber gegen jeden engen Nationalismus; sein Ziel war die Brüderlichkeit aller Menschen. 1900 gründete er in Bolpur das »Haus des Friedens« (Santiniketan), eine Art internationaler Schule. In ihr sollte den Kindern ein erweitertes Bewußtsein der Welt, in der östliche und westliche Werte sich verbinden, vermittelt werden, damit sie »an den allgemeinen Interessen des Menschengeschlechts« teilnehmen können. Tagore glaubte, daß diese Schule weit ausstrahlen und ein Mittelpunkt menschlicher Solidarität sein könnte. In »Santiniketan« suchte man die geistigen Quellen Indiens: die Einfachheit des Lebens, Klarheit geistige Schau, Reinheit des Herzens, Harmonie mit dem Universum und das Bewußtsein einer unendlichen Persönlichkeit in der ganzen Schöpfung.

Der Dichter gab selbst Unterricht in seiner Schule und schrieb Lehrbücher für sie. Diese für einen Dichter ungewöhnliche Arbeit führte er aus Liebe zu den Jungen aus, mit denen er auch in Briefwechsel stand. »Ich fahre mit dem Unterricht fort«, sagte Tagore in einem Brief, »denn er gibt mir die Möglichkeit, engen Kontakt zu den Kleinen zu halten; sie sind für mich eine ständige Quelle der Freude«. An seiner Schule lehrte Tagore Toleranz, Eigeninitiative, Liebe zur Natur und zur Dichtung und Freundschaft zwischen Lehrern und Schülern. Wie Tolstoi auf Jasnaja Poljana, so setzte Tagore seine ganze Hoffnung auf dieses erzieherische Experiment.

R. Tagore reiste unermüdlich. Er besuchte Europa und Nord- und Südamerika; dabei war er überzeugt, daß es möglich sei, die östliche mit der westlichen Kultur zu vereinen. Er stand damit in Gegensatz zu Rudyard Kipling, der behauptete: »Osten und Westen werden sich niemals begegnen.«

Tagore war ein ebenso überzeugter Pazifist wie Romain Rolland und trat für die Zusammenarbeit und Einigung zwischen Ost und West ein. »Das Allerbedeutendste in unserer Zeit ist es, Orient und Okzident geeint zu halten« schrieb er 1920. »Es ist die Aufgabe aller Menschen guten Willens, alles zu tun, bis diese Einheit verwirklicht ist.«

Tagore war Idealist und ein guter Mensch, der an die Vervollkommnung der Menschheit glaubte und alles in seiner Macht stehende tat, um dazu beizutragen. Für sein Werk, das seine idealistischen Ideen spiegelt, erhielt er 1913 den Nobelpreis. In der Kinderliteratur nehmen seine Bücher einen hervorragenden Platz ein. Er schrieb den »Frühlingszyklus«, den er »seinen Kindern von Santiniketan widmete, die die verborgene Quelle der Jugend im Herzen dieses alten Dichters geöffnet haben.«

Eines seiner besten und bekanntesten Bücher ist »Neumond«; es enthält Gedichte in Prosa, in denen der Dichter Augenblicke aus dem täglichen Leben des Kindes beschreibt. Diese Gedichte, die wie Gestalt gewordene Eindrücke flüchtiger Augenblicke anmuten, sind von großer Reinheit und Harmonie. Sie spiegeln das Bild eines einfachen und gleichzeitig in hohem Maße verfeinerten Indien, das jeder von dem Quell der Schönheit weiter entfernten Zivilisation Neid einflößen muß. Unvergeßliche Bilder, die der westliche Leser aus dem Werk des Dichters behält, sind: die Blumen, die leuchtenden Armspangen der Frauen, die weißen Tunikas, das Gestammel des Kindes, das mit der Mutter spricht, die Unschuld ihres Gespräches, der Flug des Vogels, der Neumond, der in der Dämmerung die Ankunft der Nacht verkündet. Ein Gefühl von Liebe und Heiterkeit vor soviel Schönheit berührt den Leser bei diesem Buch.

R. Tagore schrieb viele Erzählungen: »Die hungrigen Steine«, »Maschi und andere Geschichten« und ein berühmtes Theaterstück »Der Briefträger des Königs«, in dem viele autobiographische Züge zu erkennen sind. Sein tiefer Symbolgehalt geht weit über bloße Kinderliteratur hinaus. In dem Theaterstück wird die Geschichte eines kranken Kindes dargestellt, das immer aus dem Fenster schaut und die Vorübergehenden sieht. Es hat einen Brief an den König geschrieben und erwartet jeden Tag seine Antwort. Als endlich der Briefträger des Königs kommt, stirbt das Kind.

Das Werk ist symbolisch zu verstehen, der Dichter selbst interpretiert: »Amahl, der in seinem Haus eingeschlossene Junge, stellt den Menschen dar, dessen Seele den Ruf der Freiheit gehört hat. Sie begehrt aus dem bequemen Gefängnis der durch die Klugheit geheiligten Gewohnheiten und aus den Mauern der festen Meinungen, die durch die Rücksicht auf das äußere Ansehen gebaut wurden, auszubrechen. Madhab jedoch, die weltliche Wissenschaft, sieht in seiner Ungeduld das Zeichen einer schlimmen Krankheit. Sein Ratgeber, der Arzt, der die gewohnten Gemeinplätze bewacht und nur aus Lehrbüchern voller Vorschriften zitiert, schüttelt bedenklich den Kopf und sagt, Freiheit sei gefährlich, der Gefangene müsse für immer eingeschlossen bleiben. Dem Fenster gegenüber steht jedoch die Post, und Amahl wartet auf den Brief des Königs, der kommen und ihm die Botschaft seiner Befreiung bringen muß. Zuletzt öffnet sich die Tür für den Arzt des Königs selbst. Er erweckt zur Welt der geistigen Freiheit, was für die Welt des aufgehäuften Reichtums und der festen Glaubensregeln tot ist.«

Später übertrug R. Tagore diesen Symbolgehalt auf Indien; er sagte, Indien sei Amahl, der den Brief des Königs erwarte, nicht aber die Botschaft des Britischen

Parlaments. Wenn die Seele Indiens einmal erwache, würde sie nichts mehr in ihren Wänden zurückhalten.

Da dieses scheinbar so einfache und klare Kinderbuch einen so tiefen Sinn hat, gleicht es mehr einem Buch für Erwachsene wie früher »Robinson« und »Gulliver«, die mit einer ausgesprochen religiösen und politischen Tendenz geschrieben wurden. Der Ruhm Tagores verbreitete sich über die ganze Welt, er reiste viel und hielt Vorlesungen aus seinen Werken. Er empfand sich selbst als reisenden Nomaden und sagte, es sei seine Pflicht, Dinge in Bewegung zu setzen und sie nachher sich selbst zu überlassen. Auf einer seiner Reisen nach Japan, einer wunderbaren und schönen, aber, wie der Dichter auch sagte, schmerzlichen Welt, wandte sich Tagore an die Schüler der Grundschulen in Tokio. Er sagte in dieser schönen Rede, die später unter dem Titel »Paradies« veröffentlicht wurde: »Ich glaube an ein ideales Leben!«

Der große Idealist, der jedoch nicht Utopist war – dazu besaß er zuviel gesunden Menschenverstand –, glaubte an die geistigen Werte des Lebens. Deswegen ist Tagore in hohem Maße vorbildlich. Er wollte nicht nur die ästhetische Begabung bei Kindern und Jugendlichen erziehen und fördern, er wollte ihnen bewußt machen, welche Möglichkeiten und Pflichten zum Ideal führen, das das eigentlich Wirkliche ist. Bezeichnend für das Verständnis seines ganzen Werkes sind die Worte, die er 1914 an einen Freund schrieb: »Man sagt, daß wir den idealisieren, den wir lieben. Tatsache aber ist, daß wir durch die Liebe das Ideale, das in ihm ist, Gestalt werden lassen... das Ideale ist das Seiende, wenn wir es richtig verstehen... niemals können wir uns dessen, was wir mehr sein können, als was wir sind, bewußt werden, wenn wir nicht geliebt würden.«

Neben der überragenden Gestalt Tagores bleiben andere Namen zu nennen, die zur größeren Wertschätzung der Kinderliteratur beigetragen haben. 1883 veröffentlichte *Pundit Shvnath Shastri*, einer der hervorragendsten Männer der bengalischen Renaissance, eine Zeitung »Sakha«; es war die erste Jugendzeitung in indischer Sprache. *Pundit Chandra Vidyasayar* schrieb eine Reihe von Kinderbüchern, und später veröffentlichte der Dichter *Jogindra Nath Sarkar* Bücher mit Gedichten und Zeichnungen. Auch die Familie Roy, unter ihr *Satyajit Roy*, bereicherte die Kinderliteratur.

In unserer Zeit interessieren sich mehrere Verlage für Kinderliteratur. Der Verlag »Shishu Sahitya Samsad« veröffentlicht illustrierte Bücher mit Themen über das Ramayana, das Mahabharata, mit Biographien großer Männer und Erzählungen über wissenschaftliche Gebiete. Man versucht, Bücher in den verschiedenen Sprachen des Landes, in Hindu und Orija, herauszugeben. Sehr wenige Kinderbücher gibt es in Urdu. Das erste Buch in Urdu wurde 1887 von *Jawad Ali Khan* in Delhi veröffentlicht. Es hieß »Guldasta«. Ins Urdu wurden auch »Gulliver«, »Robinson« und »Ali Baba« übersetzt. *Krishna Chandler* ist der beliebteste Schriftsteller. Die jetzige Regierung unterstützt allerdings das Urdu nicht. Die Schriftsteller wenden sich dem Hindu auf Kosten des Urdu zu.

Von den Schriftstellern, die in Urdu schrieben, seien *Ghalib* und *Syed Imtiaz Ali Taj* genannt, der 1918 die erste Kinderzeitung herausgab, an der große Schriftsteller mitarbeiteten. Andere Zeitungen waren »Taj« und »Medina«. Für Kinder schrieben auch *Muhammad Igbal* und *Muhammad Ismail.*

Nachdem Indien 1947 seine Unabhängigkeit erreicht hatte, richtete sich die Aufmerksamkeit der Regierung auch auf die Kinderlektüre. Die Erziehungskommission plante eine Reihe von Lesebüchern für die Schulen, die zur Formung des Nationalgefühls beitragen sollten. Die Regierung regte eine Reihe von Büchern über verschiedene Themen von nationalem Interesse an. Das Projekt wird vom National Book Trust getragen und heißt »Nehru Bal Pustakalaya«. Man will zunächst hundert und später bis zu tausend Bücher über verschiedene Probleme und Themen des Landes publizieren.

Die Frage, die sich Indien stellt, ist die gleiche wie in allen Entwicklungsländern: wie schafft man eine eigenwertige Literatur? Die Probleme, die es zu lösen gilt, sind: Der Kampf gegen den Analphabetismus und das niedrige Lebensniveau, gegen den Mangel an Erfahrung und den Mangel an Maschinen und späterhin gegen die Unfähigkeit, den Wettkampf mit der industrialisierten Verlagstätigkeit anderer, weiter entwickelter Länder aufzunehmen. Befreiung vom Kolonialismus und Erlangung völliger Selbständigkeit ist eine der letzten Episoden in der Geschichte Amerikas, Asiens und Afrikas.

Daher müssen sowohl Illustratoren wie auch Schriftsteller mit Verlegern und mit den Verantwortlichen des Staates zu einer Einigung kommen, und diese müssen das Buch als Instrument der Kulturpolitik fördern. Beim Erwachen der Völker der Entwicklungsländer ist der bedeutendste Schritt der von der mündlich überlieferten Literatur zur geschriebenen Literatur und die Erlangung einer eigenen nationalen Persönlichkeit. Im Augenblick sind die Kinderschriftsteller in Indien noch abhängig vom kulturellen Erbe. Aber zweifellos reichen Moral und Ethik allein nicht aus. Das Kind lebt in einer modernen Welt, und daher muß nach entsprechender Thematik gesucht werden. Nur eine Minderheit liest Bücher. Es gilt, die Gewohnheit des Lesens zu entwickeln. Daher ist auch die Produktion von Kinderbüchern noch recht spärlich, sie hat erst die Anfangsstufe erreicht.

Eine interessante Gestalt auf dem Gebiet der heutigen Kinderliteratur ist Shankar (1902), der in Bombay studierte und 1931 zu zeichnen begann. Voller Begeisterung gründete er 1959 »The Children's Trust« und gründete 1970 die Zeitung »The Hindi Shankar's Weekly«, die große Verbreitung fand. Shankar hat das Patronat über den Internationalen Wettbewerb für Kinderzeichnungen übernommen. Er besitzt auch ein internationales Museum mit mehr als fünftausend Puppen. In Neu-Delhi fördert er die Publikation von Kinderbüchern.

Bibliographie

Basu, Bani: Bamla sisusahitya: Granthapanji. Kalkutta 1965. (Übersicht über die bengalische Literatur)
Dey, Provash Ronjan: Who's who of Indian children's literature. Kalkutta 1962.
Gangopadhyaya, Asa: Bmala sisusahityera kramabikasa, 1800–1900. Kalkutta 1961.
Mitra, Khagendranath: Satabdira sisusahitya. Kalkutta 1958.

Thailand

Die Geschichte der Kinderliteratur in Thailand ist jung. Während des 19. Jahrhunderts wurden viele didaktische Bücher veröffentlicht, der hervorragendste Autor war *Sunthorn Bhoo*. Auch gegen Ende des 19. Jahrhunderts gab es immer noch vorwiegend Bücher pädagogischen Inhalts. Einige Verleger und Institutionen begannen, Kinderzeitungen herauszugeben. So erschien 1891 »Aesop Pakaranam« und 1892 »Saeng Aroon«, die erste Schulzeitung. Später kamen »Dek Thai« (Thailändische Kinder) (1921) und »Nang Sue Pim Nakrien« (Studentenzeitung) (1922) heraus.

Die Jahre zwischen 1929 und 1947 waren eine Zeit großer Unbeständigkeit, in der es kaum Kinderliteratur gab. Seither jedoch wurden die Kinderbücher von zu lehrhaftem Inhalt befreit; man begann, unterhaltende erzählende Serien herauszugeben, die den neuen Richtungen in aller Welt entsprachen. In dieser Zeit gab es berühmte Illustratoren wie Saward Jutharo (1932) und Prayoon Chanyuwong (1946).

Khuru Sapha veröffentlichte mit Unterstützung des Erziehungsministeriums zwei Serien von Kindergeschichten: »Klang Niyay« und »Nitan Prateebthong«. Von den Kindern wurden besonders gern die thailändischen Märchen und die Märchen und Sagen anderer Länder gelesen.

Um 1950 begann man, klassische Bücher der Weltliteratur zu übersetzen. Urai Snitwong übersetzte viele Werke, auch See Darunee, der »Little Woman« von L. M. Alcott und »Heidi« von J. Spyri übersetzte.

1953 schrieb *Preecha Intarapalit*, ein Schriftsteller für Erwachsene, auch für Kinder: »Sua Bai« und »Sua Dum«. Um 1956 gab der Verlag Thai Watana Kinderzeitungen heraus, deren beste, »Chayaprueg«, noch heute besteht.

Zu dieser Zeit veröffentlichte das Erziehungsministerium neue Lesebücher. Als Zeichner ragen Rong Rajabhoom und Tookta hervor. Unter den bebilderten Kinderbüchern der Gegenwart sind zu nennen: die Sammlung »Plah Boo-thong« von *Mom Dusdi Paribatra*, die von Sukit Choongdharmkasem illustriert wurde, »Na Chaihahd Sa-ard Sai« (Wander along the beach) von *Phanee Chiowanich* und *Mom Dusdi Paribatra* »Samohsorn Wahnorn Lopburi« (Lopbury Monkey Club) von *Mom Luang Mariratana Bunnag*, illustriert von Ratana Atthakor, »Sanohnoi Ruan-Ngam« (Princee Sanohoi Ruan-Ngam) von *Mom Luang Manirata Bunnag*, illustriert von Suwarnaboon.

Philippinen

Seitdem die erste »Christliche Lehre« auf den Philippinen gedruckt wurde, ist der spanische Einfluß auf den Inseln fortwährend zu spüren. Die aus Spanien kommenden Bücher wie auch spanische Folklore bestimmten die wesentlichen Merkmale des größten Teiles philippinischer Schriften. Das soll jedoch nicht heißen, daß die originale Folklore sich nicht in der Kinderfolklore manifestierte und sie beeinflußte.

Der hervorragendste Schriftsteller der philippinischen Literatur war *José Rizal Mercado* (1861–1896), der in vielem einem anderen großen Schriftsteller, José Martí aus Kuba gleicht. Beide waren tüchtige Männer mit Herz, beide verloren sehr jung ihr Leben für das Vaterland; sie waren gute Schriftsteller mit einem klaren Stil und Apostel voller Ernsthaftigkeit und Gedankenreichtum.

José Rizal stammte aus Calamba und war der Sohn wohlhabender Landleute; nachdem er bei den Jesuiten studiert hatte, wo er auch schon ein Drama aufführte, kam er 1882 nach Spanien, wo er zum Doktor der Medizin und Philosophie promovierte. Er durchreiste Europa und praktizierte in Krankenhäusern in Deutschland und Österreich. Er nahm freiwillig aktiv am politischen Leben teil, da er die Unabhängigkeit der Inseln wünschte; dadurch bekam er Schwierigkeiten mit den Behörden, er wurde deportiert und ausgewiesen, später standrechtlich erschossen. Der Freiheitsheld ahnte nicht, daß seine Tat – wie später die des Generals Aguinaldo – sinnlos war, denn ein unheilvolles Geschick wollte es – ähnlich wie in Kuba – daß diese kleinen Territorien nicht unabhängig blieben, sondern unter die Herrschaft anderer Völker gerieten.

Rizal wurde der Held der philippinischen Jugend; seine Bücher wurden mit der gleichen Verehrung gelesen wie das Evangelium; sie sind in der Tat die Bibel des Patrioten! Deswegen wurde er auch in eine Geschichte der Kinderliteratur aufgenommen. Denn sollten autobiographische Konfessionen eines Heranwachsenden nicht von anderen Heranwachsenden gelesen werden? Und werden sie nicht von ihnen besser als von erwachsenen Lesern verstanden?

Der Verlust der Philippinen 1898 für Spanien bedeutete nicht, daß die spanische Sprache, die hier auf den Inseln so tief verwurzelt war, verschwand, obwohl die Amerikaner versuchten, sie wie in Puerto Rico zu verdrängen.

1911 schrieb der philippinische Dichter Claro M. Recto auf Spanisch sein Buch »Unter den Kokospalmen«, aus dem viele Gedichte für eine Kinderanthologie ausgewählt werden könnten. In dem Gedicht »Als ich ein Kind war« beschwört Claro

M. Recto jene Augenblicke aus seiner Kindheit, wenn mit Beginn der Abenddämmerung die Kinderspiele zu Ende gingen.

Man erkennt deutlich, daß er als Kind den Geschichten der Eingeborenen lauschte, in denen die Geister der Insel, die Tigbalans, entscheidend in die Weiterführung der Geschichte eingreifen.

Solche Geschichten wurden von der philippinischen Schriftstellerin *Adelina Gurrea* gesammelt; sie war Tochter von Spaniern und in Carlotta geboren. Die Autorin hörte in ihrer Kindheit die malaiischen Erzählungen, die sie in ihrem Buch »Geschichten der Johanna« sammelte. Wie in vielen alten folkloristischen Sammlungen ist hier Johanna ein altes eingeborenes Dienstmädchen, das Spanisch und den Visayo-Dialekt der Negerinsel sprach und unendlich viele folkloristische Geschichten kannte.

Das Kind Adelina hörte diese Geschichten von ihrem Kindermädchen, und da sie sich für ihre Insel begeisterte, zeichnete sie alle Erinnerungen in diesem schönen Buch voller »folkloristischer Düfte«, wie die Autorin selbst sagte, auf.

Das Merkwürdigste in diesen Erzählungen ist die Rolle der Geister, die in den Stämmen der Bäume wohnen; sie haben große Macht über die Sterblichen, so daß diese sich sehr in acht nehmen müssen, sie nicht zu beleidigen. Die allmächtige Gestalt in diesen Erzählungen ist der Baum und sein mit großer Gewalt ausgestatteter, rachsüchtiger Geist.

Die Hispanistin Adelina Gurrea hat, da sie diese Eingeborenenüberlieferungen in Spanisch schrieb, die Philippinen wie Spanien geehrt.

In unserer Zeit haben *Leonor Agrava* und *Araceli Pons Garcia* (1955) in Madrid ein Buch mit »Philippinischen Legenden« veröffentlicht, in dem ein großer Teil des folkloristischen Schatzes der Inseln gesammelt ist; es zeigt aber auch, was auf diesem Gebiet noch zu tun ist, trotz des Einflusses der englischen Sprache und der – seltenen – spanisch geschriebenen Bücher.

»Angenehme Lektüre für Filipinos« von *P. R. Verzosa* ist für die Kinderliteratur wichtig, obwohl das Buch mehr eine Anthologie der besten philippinischen Schriftsteller darstellt.

China

Die mündliche Überlieferung – Das chinesische Mittelalter (Tung und Sung) – Soziales Beispiel und didaktische Absicht

In allen östlichen Ländern gibt es eine große Tradition der mündlichen Überlieferung, die sich bis in unsere Tage erhalten hat. Im Volk überwog die Zahl der Analphabeten, es war aber gewohnt, zuzuhören und zu erzählen, so wie es in fast allen ländlichen Gegenden der Welt üblich ist. Die Kunst des Lesens und Schreibens war den gelehrten Weisen vorbehalten, die die komplizierten Schriftzüge und die Literatursprache beherrschten. Wie in Indien und Japan findet man auch in China viele Sagen und Erzählungen, die von Generation zu Generation vor allem wegen ihrer beispielhaften Lehre überliefert wurden.

Interessant ist das Zeugnis der Schriftstellerin Ping-Ying Hsih in ihrer »Autobiographie eines chinesischen Mädchens«, in der sie von ihrer Kindheit erzählt: »Die Großmutter erzählte uns Geschichten wie ›Liebesgeschichte‹, ›Der Kuhhirte‹, ›Die junge Weberin‹ und ›Die Göttin der Himmel‹. Sie berichtet auch über das traditionelle Literaturerbe und fügt hinzu: »Ich sah auch die ›Jugendzeitschrift‹ und die Zeitung ›Kleine Freunde‹, die mir sehr gefielen. Doch las ich genauso gern Abenteuer- und Detektivgeschichten.«

Auch der Schriftsteller Cheng Tcheng widmet in seinem Buch »Meine Mutter« (1943) das zwölfte Kapitel der Erinnerung an »Einige Erzählungen des alten China«; wie zu vermuten, fehlen weder die so bekannte »Der Kuhhirte und die Prinzessin« noch »Menschliche Gemeinschaft«.

All diese Erzählungen bilden den Ursprung eines großen Teiles der gegenwärtigen Kinderliteratur. Die chinesischen Erzählungen sind so zahlreich, so abwechslungsreich und so geeignet für Kinder und Jugendliche, daß die chinesische Kinderliteratur aus ihnen allein schöpfen könnte. Obwohl sie in ihrer Mehrzahl für Erwachsene bestimmt waren, gehören sie doch auch den Kindern; der kindliche Geist und der des einfachen Menschen sind einander sehr ähnlich. In den verschiedenen Epochen der chinesischen Literatur, sowohl während der Tung- wie auch der Sungzeit, die unserem Mittelalter entsprechen, gab es Sagen und historische Erzählungen, die von Musik begleitet und von allen erlernt wurden.

In der Ming-Zeit gab es einige Erzählungen und Geschichten, die auch heute noch von Jugendlichen gelesen werden wie: »Die Geschichte von den drei Königen« eines unbekannten Autors und »Erinnerungen an eine Reise in den Westen« von Wu Chengen.

Im 20. Jahrhundert versuchten Erzieher, den Analphabetismus zu überwinden und Kinderlektüre zu schaffen. Ein grundsätzlicher Wandel, den man bei allen asiatischen Völkern beobachten konnte, war eingetreten: man versuchte, sich der westlichen Kultur anzugleichen und den Bruch mit einer Reihe von verhärteten Traditionen zu vollziehen; hinzu kam die chinesische Revolution. Allerdings suchten die Erzieher aus den chinesischen Geschichten die für sie nützlichsten aus: die eine soziale Lehre enthielten und eine klare pädagogische Absicht verrieten. Gleich-

Zeichnung aus »Das Tagebuch von Lei Feng«

zeitig übersetzte man Kinderbuchklassiker aus aller Welt. Die Arbeit war beachtlich, denn sie brachte Kinderliteratur ins Land, während gleichzeitig aus den Quellen der nationalen Literatur geschöpft wurde.

Bibliographie

Chou, Shu-jen: Lu Hsün lun erh t'ung chiao yü ho erh t'ung wenhsüeh. (Kinderliteratur
  und Erziehung nach der Ansicht Lu Hsün's.) Shanghai 1961.
Headland, Isaac Taylor: Chinese rhymes for children, with a few from India, Japan
  and Corea. New York 1933.

Korea

Kinderliteratur in Korea gibt es erst in unserer Zeit. An die Vorherrschaft der mündlich überlieferten Literatur erinnert sich der Schriftsteller Mirok Li, der erzählt, daß in seiner Kindheit die Großmütter ihren Enkeln Geschichten und Märchen erzählten, die begannen: »Es war einmal, als der Tiger brüllte...« Die Erwachsenen saßen um das Feuer, rauchten ihre Pfeifen aus Bambusrohr und hörten zu, während die Kinder den Geschichten hingerissen lauschten. Es gab damals keine Bücher für Kinder, und die Frauen konnten nicht einmal lesen. Dennoch wurde eine sehr reiche Überlieferung an Volkserzählungen von Mund zu Mund weitergegeben.

Während der Zeit von 1910 bis 1945 war Korea unter japanischer Herrschaft. Die Kinder lasen japanisch und schrieben koreanisch. Japanische Bücher wurden mehr und mehr gelesen, während eine koreanische Literatur praktisch nicht bestand. Nach allgemeiner Auffassung beginnt die Geschichte der Kinderliteratur erst nach der Befreiung. Die bedeutendsten Autoren, die Kinderbücher, Erzählungen und Romane schreiben, sind *Yu Kyong-Hwan* und *Choi Yo-An* mit »Brother and Sister Shop« (1970). Das Buch enthält 26 realistische Geschichten aus der Welt von heute. 1974 veröffentlichte der gleiche Autor »Kleines Reh«.

Mirok Li (1899–1950), der in München lebte, wo er seine Universitätsstudien beendete, schrieb »Iyagi, Kurze Koreanische Erzählungen« (1974); in dem Buch gibt er Märchen und überlieferten Sagen aus Korea literarische Form. (Seine Freunde veröffentlichten das Buch posthum.) Durch ihre Schönheit, erzählerische Treffsicherheit und durch ihre weise Lehre ragen »Am Schwanz des Tigers«, »Die Schildkröte und der Hase«, »Der kranke Fuchs«, »Uolma und die böse Stiefmutter«, »Herr und Knecht« und »Der Durst nach Leben« hervor.

In einer Zeit weltweiter Umwandlungen, kultureller Durchdringung und neuer Kommunikationsmittel wird auch der Kinderliteratur in Korea besondere Aufmerksamkeit geschenkt. Nationale Autoren schreiben für Kinder, während gleichzeitig ausländische Klassiker übersetzt werden.

Der bedeutendste Autor unserer Zeit ist *Josep Kim* (1926), der »Rosen-Theater« (1962) schrieb, eine Sammlung kurzer Erzählungen, die inszeniert werden können. In ihnen beschreibt er das Leben Jugendlicher in Nordkorea unter kommunistischem Einfluß. 1951 übersiedelte der Autor nach Südkorea, um dort zu leben.

Japan

Die japanische Literatur ist so reich an Volkstraditionen, schönen Erzählungen und folkloristischen Geschichten, daß die Kinderliteratur ständig diese verschiedenartige Kunst in sich aufnimmt, die gut geeignet ist, den Lesehunger von Kindern und Jugendlichen zu stillen. Gleichzeitig erscheinen kurze Gedichte wie die Haiku besonders geeignet, die ästhetische Erziehung zu fördern. Diese Gedichte, leicht wie impressionistische Pinselstriche, vermitteln wie kein anderes, langes Gedicht einen Hauch von Schönheit. Haiku sind malerische Aufzeichnungen der japanischen Poesie, die die jugendliche, Bildern aufgeschlossene Phantasie nähren kann. So überrascht es nicht, schon sehr früh in der japanischen Literatur Kinderbücher zu finden.

Wertvoll ist die Sammlung »Alte Geschichten« von *Minamoto Takamuni* (1004–1077) mit dem Titel »Koniaku monogatari«, ebenso die von *Fijiwara Teika*. Die bemerkenswerteste Sammlung ist jedoch die Kusa-Zoshi (Kinderfabeln) genannte. Sie besteht aus kleinen Erzählungen, die von berühmten Malern illustriert wurden. Diese sehr beliebt gewordenen Geschichten enthalten Sagen und ganz alte Erzählungen wie die von »Momotaro«, in der die wunderbare Geschichte eines Kindes erzählt wird, das in einem Pfirsich geboren und von zwei alten Bauersleuten aufgezogen wurde. Später besiegte es die Teufel von Onigashima und wurde Herr über einen großen Schatz. Eine andere Erzählung ist die »Geschichte des kleinen Fischers von Urashima« oder »Der verzauberte Spiegel« und vieles andere, die in die westliche Literatur eingegangen sind.

In unserer Zeit lassen sich japanische Autoren wie *Momoko Ishii*, die viel für die Kinderliteratur getan hat, von diesen alten japanischen Geschichten in ihren Büchern inspirieren. Gleichzeitig gibt sich die Autorin große Mühe, das Beste der westlichen Literatur mit der japanischen zu verbinden; daher studierte sie die angelsächsische Literatur und ließ sich besonders von den »nursery rhymes« und einigen nordamerikanischen Erzählungen beeinflussen. Sie hat viele Bücher veröffentlicht, die von dem Verlag Fukuinkan Shoten, einem der bedeutendsten Japans, auch auf Englisch herausgegeben wurden. Einige Titel ihrer Bücher heißen: »Nouchan geht durch die Wolken fort«, »Geschichte eines Kätzchens«, »Die ehrgeizige Hanako«, »Der Tag einer Puppe, für Yoshito«. Momoko Ishii versucht, die Traditionen zu bewahren und gleichzeitig die Literatur ihres Landes moderner zu gestalten, indem sie sie Nordamerika angleicht. Im selben Verlag wurden beachtenswerte Bücher, besonders auch für Kinder, veröffentlicht.

Farbtafel aus Kajiyama »The Wind Dance«

Tadashi Matsui hat die alte Erzählung »Der Alte und die drei Geister« neu überarbeitet, deren Illustrationen von Suikichi Akaba im Stile der großen japanischen Maler gezeichnet wurden. Von *M. Matsuno* stammt die Neufassung der Erzählung »Taro und der Bambusstab«, die von Yasuo Segawa illustriert wurde. Er gewann den ersten Preis der I. Biennale für Illustratoren in Bratislava (1967), was zeigt, daß die heutigen japanischen Künstler dem Kinderbuch eine ästhetische Note gegeben haben, die die gesamte Arbeit der Buchillustration, die einige Zeit vernachlässigt wurde, bereicherte und veredelte. Die Originalität der Zeichnungen verleiht auch der Produktion westlicher Art ein besonderes Gesicht, denn Zeichnung und Farbe sind so typisch japanisch, daß die Kinderliteratur durch diese neuen Beiträge nur gewinnt.

Das moderne Japan ist neuen Techniken bei Zeichnungen und Illustrationen durchaus aufgeschlossen; ein bemerkenswerter Einfluß nordamerikanischer Illustratoren wird erkennbar. Man findet also Bücher, die die alten Illustrationen sich unterhaltender Tiere von Choju Gija aus dem elften Jahrhundert verwenden, ebenso wie moderne Geschichten über eine Maschine, die *Tadashi Matsui* erzählte und Tadashi Ota illustrierte, oder wie »Jeeper, das Feuerwehrauto« von *Shigeo Watanabe*, die Yamamoto illustrierte.

Ein anderer bedeutender Name ist der des Dichters *Ujo Sakujo Nogughi*, der Bearbeitungen klassischer Werke der japanischen Mythologie und Tiergeschichten für Jugendliche herausgab.

Es wurde bereits gesagt, daß der Haiku eine kurze Gedichtform ist. Natur und Naturbetrachtung inspirieren diese stimmungsvollen Gedichte: es kann ein fallendes Blatt, ein Leuchtkäfer, der Regen, der Glanz des Mondes, der Flug eines Schmetterlings, die Kirschblüte sein. Diese Poesie erfreut Kinder wie Erwachsene. Liegt nicht im Haiku die Essenz kindlicher Poesie? Warum sollte man sie woanders suchen? So können viele Gedichte klassischer Dichter in Anthologien für Kinder aufgenommen werden: zum Beispiel Haiku von Basho (1644–1694) und einigen seiner Schüler wie Otsuyu und Tchigetsu-ni.

Das Puppenspiel besitzt eine lange Tradition in Japan. Es ist kein realistisches Theater. Ein Kritiker sagte mit Recht, daß man in Europa die Puppen so lebendig wie möglich spielen lasse, während in Japan auch heute noch die Schauspieler die Bewegungen der Puppen nachahmen. Im Marionettentheater haben berühmte Dramaturgen mitgearbeitet. Kinder erhalten hier auch eine angemessene Vorbereitung, die man in westlichen Ländern oft vermißt.

Nach Veröffentlichungen in letzter Zeit kann man noch einige Daten und Angaben hinzufügen. In der zweiten Hälfte des 19. Jahrhunderts wurden die Fabeln des Äsop, »Tausend und eine Nacht«, »Robinson Crusoe« und verschiedene Werke von Jules Verne übersetzt, was das Interesse an ausländischen Autoren beweist. Zur gleichen Zeit übersetzte *Shizuko Wakamatsu* (1864–1896) die Märchen von Andersen und den »Kleinen Lord« von Frances H. Burnett.

Ein großer Schriftsteller, *Sazanami Iwaya* (1870–1933), wird mit seinem Werk mit den Brüdern Grimm in Deutschland verglichen. Er sammelte in mehreren Bänden zahlreiche Erzählungen aus Japan. Diese Sammlung ist so ausgezeichnet, daß sie als die Grundlage der modernen Kinderliteratur angesehen wird. Daher nennt man Iwaya auch den »Vater der japanischen Kinderliteratur«. Sein Werk umfaßt mehr als 150 Bände.

Mimei Ogawa (1882–1961) wird wegen der Schönheit und Anmut seiner Geschichten der »japanische Andersen« genannt. 1910 veröffentlichte er eine Sammlung unter dem Titel »Akai Fune« (Rotes Schiff), 1918 »Hoshi no Sekai kara« (Aus der Welt der Sterne). Sein ganzes Werk ist geprägt durch romantischen Idealismus von großer Schönheit. 1950 erschienen seine Gesammelten Werke.

Miekichi Suzuki (1882–1936) ist ein anderer bemerkenswerter Autor, der viel Einfluß auf die jungen Schriftsteller seiner Zeit ausübte. Er veröffentlichte »Kojiki monogatari« (Erzählungen aus der uralten Geschichte Kojiki). Die Autorin *Akai Tori* (Roter Vogel) setzte sich zusammen mit anderen Schriftstellern für eine ästhetisch bestimmte Kinderliteratur ein.

Außerordentlich bedeutend ist *Kenji Miyazawa* (1896–1933), der ein Klassiker der Kinderliteratur wurde. Er veröffentlichte Gedichte und zahlreiche Geschichten. Sein nur auf geistige Dinge gerichtetes Leben war der Kunst, der Meditation, aber auch der Hilfe für andere gewidmet. Er erreichte, daß der Leser nachzudenken und gleichzeitig tiefer zu fühlen beginnt. In seinem Werk sucht er Harmonie und heitere Gelassenheit. Seine Erzählungen können in phantastische Geschichten, Geschichten aus dem Norden Japans und Tiergeschichten eingeteilt werden.

Außerdem müssen *Nankichi Niimi* (1913–1943), *Hirosuke Hamada* (1893–1973), *Joji Tsubota* (1890) und *Shozo Chiba* (1892) erwähnt werden.

Zu den besten Autoren der Gegenwart zählt *Sigheo Watanabe* den Schriftsteller *Michio Takeyama*, der »A Harp of Burma«, einen Kriegsroman, schrieb, außerdem *Sakae Tsuboi*, die »Twenty-four Eyes« (1952) veröffentlichte, und *Takeji Hiratsuka*, der »A Horse Thief« (1955), »The Wind and the Flower Petals« und »The Story of an Iridiscent Shrine« schrieb. Allerdings arbeiten all diese Autoren grundsätzlich mehr für Erwachsene.

Zu den jüngsten Schriftstellern zählen *Tomiko Inui*, der Bücher für die ganz Kleinen verfaßte, darunter »A long Story of Penguins«; *Toshito Kanzawa*, *Satoru Sato* und *Miyoko Sato*, der »Dragon Taro« veröffentlichte und 1962 auf der Ehrenliste des Andersen-Preises stand.

Bibliographie

Flory, Esther und Eiko Takahashi: The Grimm and Andersen of Japan and other authors of children's books. Horn book, Vol. 37. Boston 1961.
Ishii, Momoko: Kodomo to bungaku. Tokio 1960. (Kinder und Literatur)

Kawai, Hiroshi: Japanische Kinderliteratur. Geschichte und Gegenwart. Ferris College for Women. Maschinenschriftliches Manuskript in der Internationalen Jugend-Bibliothek, München.

Namekawa, Michio: Dokusho noto. Tokio 1960. (Bemerkungen zur Lektüre)
    – Shokokumin bungaku shiron. Tokio 1942. (Essay über Kinderliteratur)

Ozeki, Iwaji: Jido bungaku no riron to jissai. Tokio und Kyoto 1949. (Theorie und Praxis der Kinderliteratur)

Uno, Khoji: Juvenile literature in Japan. Contemporary Japan. Tokio. Vol. 9. Nr. 8, August 1940. (Jugendliteratur in Japan)
    – Nihon jido bungaku shoshi. Enpono omoide. Tokio 1941. (Skizze über die Geschichte der japanischen Literatur)

Watanabe, Shigeo: Postwar Children's Literature in Japan. In: Virginia Haviland: Children and Literature. Glenview, Illinois 1974.

Träger des Hans-Christian-Andersen-Preises

1956	Eleanor Farjeon		1970	Gianni Rodari
1958	Astrid Lindgren			Maurice Sendak
1960	Erich Kästner		1972	Scott O'Dell
1962	Meindert de Jong			Ib Spang Olsen
1964	René Guillot		1974	Maria Gripe
1966	Tove Jansson		1974	Farshid Mesghali
	Alois Carigiet		1976	Cecil Bødker
1968	José Maria Sánchez-Silva			
	James Krüss			
	Jiří Trnka			

420

Namenverzeichnis